अग्निपथ योजना

भारतीय थल सेना

अग्निवीर

ऑफिस असिस्टेंट/SKT

फेज 1: ऑनलाइन कम्प्यूटर आधारित लिखित परीक्षा (CEE)

मेजर आर.डी. आहलुवालिया

arihant
SUCCESS AND NOTHING LESS

arihant
SUCCESS AND NOTHING LESS

अरिहन्त पब्लिकेशन्स (इण्डिया) लिमिटेड

卐 **रजि. कार्यालय**
'रामछाया' 4577/15, अग्रवाल रोड, दरिया गंज, नई दिल्ली- 110002
फोन: 011-47630600, 43518550

卐 **मुख्य कार्यालय**
कालिन्दी, टी०पी० नगर, मेरठ (यूपी)– 250002
फोन: 0121-7156203, 7156204

卐 **शाखा कार्यालय**
आगरा, अहमदाबाद, बरेली, बंगलुरु, चेन्नई, दिल्ली, गुवाहाटी, हैदराबाद, जयपुर, झाँसी, कोलकाता, लखनऊ, नागपुर तथा पुणे

卐 **मूल्य** ₹ 285.00

PO No : TXT-XX-XXXXXXX-X-XX

PUBLISHED BY ARIHANT PUBLICATIONS (INDIA) LTD.

'अरिहन्त' की पुस्तकों के बारे में अधिक जानकारी के लिए हमारी वेबसाइट **www.arihantbooks.com** पर लॉग इन करें या **info@arihantbooks.com** पर सम्पर्क करें।

Follow us on...

विषय सूची

फ्री ऑनलाइन मॉक टेस्ट करने के लिए दिए गए QR Code को स्कैन करें

ऑनलाइन CEE के सन्दर्भ में...

गुणात्मक आवश्यकता के अनुसार निम्नलिखित श्रेणी के लिए उम्मीदवारों की स्क्रीनिंग की जाएगी

क्रमांक	श्रेणी	शैक्षिक योग्यता	आयु
(i)	अग्निवीर ऑफिस असिस्टेंट/ स्टोर कीपर तकनीकी (आयुध)	कुल 60% अंकों के साथ किसी भी संकाय (कला, वाणिज्य, विज्ञान) में कक्षा 10+2/ इण्टरमीडिएट परीक्षा उत्तीर्ण की हो तथा प्रत्येक विषय में न्यूनतम 50% अंक होने आवश्यक हैं। इण्टरमीडिएट के (CI) में, अंग्रेजी और गणित/वाणिज्य/किताब संरक्षण में न्यूनतम 50% अंक प्राप्त करने आवश्यक हैं।	$17\frac{1}{2}$–21 वर्ष

शारीरिक स्वास्थ्य परीक्षण (रैली क्षेत्र में)

1.6 किमी दौड़		बीम (ऊपर तक)			9 फीट गड्ढा	सन्तुलन बनाना
समूह	समय	कुल अंक	कुल बीम	प्राप्त अंक		
समूह–I	5 मिनट 30 सेकण्ड	60	10	40	केवल उत्तीर्ण होना है।	केवल उत्तीर्ण होना है।
समूह–II	5 मिनट 31 सेकण्ड से 5 मिनट 45 सेकण्ड	48	9	33		
			8	27		
			7	21		
			6	16		

शारीरिक मापन (रैली क्षेत्र में)

शारीरिक मापन, दिए गए शारीरिक मानकों के आधार पर किया जाएगा।

चिकित्सकीय परीक्षण

(i) रैली के समय होने वाले चिकित्सकीय मानकों के अनुसार।

(ii) अस्वस्थ अभ्यर्थियों को विशेष पैनल के अन्तर्गत जाँच के लिए MH भेजा जाएगा। अभ्यर्थी को परामर्श हेतु 5 दिनों के अन्तर्गत निर्धारित MH में उपस्थित होना होगा और 14 दिनों के अन्दर MH में अपना पुनः चिकित्सकीय परीक्षण करवाना होगा।

अग्निवीर ऑफिस असिस्टेंट/SKT परीक्षा

भारतीय थल सेना
अग्निवीर

सॉल्वड पेपर 2024*

1. ज्ञानपीठ पुरस्कार के प्रथम प्राप्तकर्ता कौन थे?
(a) अमिताभ घोष (b) महादेवी वर्मा
(c) कृष्णा सोबती (d) जी. शंकर कुरुप

2. निम्नलिखित में से कौन स्वतन्त्र भारत के पहले कानून मन्त्री थे?
(a) जवाहरलाल नेहरू
(b) अबुल कलाम आजाद
(c) भीमराव रामजी अम्बेडकर
(d) आसफ अली

3. हिमालय के उत्तर में स्थित पर्वत श्रेणी है
(a) हिमाद्री (b) शिवालिक
(c) महाभारत श्रेणी (d) पीर पंजाल

4. भारतीय संसद के ऊपरी सदन को ……… के रूप में भी जाना जाता है।
(a) राज्यसभा (b) विधानसभा
(c) विधानपरिषद् (d) लोकसभा

5. 'ग्रैण्डमास्टर' शब्द किस खेल से सम्बन्धित है?
(a) टेनिस (b) शतरंज
(c) क्रिकेट (d) गोल्फ

6. निम्नलिखित में से कौन एक क्षार है?
(a) H_2SO_4 (b) NaOH
(c) HNO_3 (d) HCl

7. आँख में प्रवेश करने वाले प्रकाश की मात्रा को ………… द्वारा नियन्त्रित किया जाता है।
(a) पुतली (b) स्क्लेरा
(c) कॉर्निया (d) रेटिना

8. एक्स-रे के बहुत अधिक सम्पर्क में आने से हमें कौन-सा रोग हो सकता है?
(a) कैंसर
(b) एचआईवी एड्स
(c) H1N1 फ्लू
(d) गोनोरिया

9. ध्वनि की चाल किसमें अधिकतम होती है?
(a) निर्वात (b) गैस (c) द्रव (d) ठोस

10. यदि किसी मरीज का तापमान 40°C है, तो फॉरेनहाइट पैमाने में उसका तापमान क्या होगा?
(a) 104° F (b) 98° F
(c) 108° F (d) 106° F

11. $\sqrt{256} - \sqrt{81} + \sqrt{25} + \sqrt{36} = ?$
(a) 16 (b) 17
(c) 18 (d) 19

12. निम्नलिखित संख्याओं के समूह का औसत ज्ञात कीजिए
13, 42, 22, 35, 68.
(a) 36 (b) 44
(c) 56 (d) 64

13. एक वृत्त की त्रिज्या 14 सेमी है, तो इसका परिमाप क्या होगा?
(a) 168 सेमी (b) 88 सेमी
(c) 140 सेमी (d) 280 सेमी

14. अनुपात 7 : 11 के प्रत्येक पद में क्या जोड़ा जाए, कि यह अनुपात 3 : 4 हो जाए?
(a) 2 (b) 3 (c) 6 (d) 5

15. $51 - 75 + 125 - 25 = ?$
(a) 72 (b) 70 (c) 76 (d) 74

16. एक कार 40 किमी/घण्टा के साथ आधी दूरी तय करती है और 60 किमी/घण्टा के साथ आधी दूरी तय करती है, तो कार की औसत चाल (गति) क्या होगी?
(a) 60 किमी/घण्टा (b) 52 किमी/घण्टा
(c) 48 किमी/घण्टा (d) 40 किमी/घण्टा

17. ₹ 8000 पर 6% प्रति वर्ष की दर से तीन वर्षों के लिए साधारण ब्याज कितना होगा?
(a) ₹ 1440 (b) ₹ 1120
(c) ₹ 1800 (d) ₹ 2400

18. एक शंकु का आयतन ज्ञात कीजिए, जिसके आधार की त्रिज्या 9 सेमी और ऊँचाई 14 सेमी है।
(a) 1848 सेमी^{3} (b) 1188 सेमी^{3}
(c) 1108 सेमी^{3} (d) 1484 सेमी^{3}

19. एक पूर्ण वर्ग बनाने के लिए 3850 में से कौन-सी छोटी-से-छोटी संख्या घटाई जानी चाहिए?
(a) 1 (b) 4 (c) 6 (d) 9

20. 64% को भिन्न में बदलें।
(a) $\frac{25}{64}$ (b) $\frac{16}{25}$
(c) $\frac{8}{25}$ (d) $\frac{19}{64}$

* स्मृति पर आधारित

21. एक स्लाइड पर एक लेबल बनाने के लिए ...... ।
(a) <फॉर्मेट> पर जाएँ विकल्प चुनें
(b) <व्यू मेनू> पर जाएँ विकल्प चुनें
(c) <एडिट मेनू> पर जाएँ और विकल्प चुनें
(d) <इन्सर्ट> पर जाएँ और विकल्प चुनें

22. हाई लेवल लैंग्वेज 'C' का आविष्कार किसने किया था?
(a) निकलस रिथ (b) सेमुर पेपर्ट
(c) डेनिस एम. रिची (d) डोनाल्ड कुंथ

23. पावर प्वाइण्ट में ...... व्यू उपस्थित नहीं है।
(a) स्लाइड सॉर्टर (b) स्लाइड शो
(c) नार्मल (d) आउटलाइन

24. नेटवर्क बनाने के लिए कम-से-कम कितने सिस्टम की आवश्यकता होती है?
(a) 2 (b) 100 (c) 10 (d) 3

25. एक सामान्य CD ROM समान्यत: ...... डेटा तक स्टोर कर सकता है।
(a) 600 GB (b) 600 KB (c) 680 बाइट्स (d) 680 MB

26. Select the most appropriate ANTONYM of the given word.
FRIGID
(a) Salty (b) Chilly
(c) Frosty (d) Warm

27. Select the most appropriate ANTONYM of the given word.
ACCEPT
(a) Attain (b) Welcome
(c) Take (d) Deny

28. The word opposite in meaning to 'Kind' is
(a) Honest (b) Famous
(c) Similar (d) Cruel

29. Select the most appropriate synonym of the given word.
SUFFICIENT
(a) Full (b) Less
(c) Integrity (d) Enough

30. Choose the word which is most similar in meaning to the word.
GULLIBLE
(a) Credulous (b) Credible
(c) Fallible (d) Believable

31. Choose the correct spelling.
(a) Superceede (b) Superscede
(c) Supersede (d) Superseed

32. Give synonym of the following word.
HUMBLE
(a) Proud (b) Sweet
(c) Bold (d) Modest

33. In the question four words are given out of which only one word is correctly spelt. Find the correctly spelt word.
(a) Tabeleau (b) Tabaleau
(c) Tableaw (d) Tableau

34. The following sentence has been split into four segments. Identify the segment that contains a grammatical error.
The mother as well as the sons / were asked to appear / before the magistrate / for interrogation.
(a) were asked to appear
(b) for interrogation
(c) before the magistrate
(d) The mother as well as the sons

35. Correct the error relating to prepositions in the following sentence.
'Most of Leo Tolstoy's works have been translated **to** Hindi and other Indian languages.'
(a) for (b) from
(c) into (d) besides

36. Select the most appropriate word to fill in the blank.
Either of the boys .... not ready to join the camp.
(a) was (b) were
(c) have (d) are

37. Select the most appropriate option to fill in the blank.
They .... Math Olympiad and Science quiz next Friday.
(a) have (b) will have
(c) will be having (d) has

38. Fill in the blank using the correct preposition.
We are sitting .... the tree.
(a) over (b) under
(c) inside (d) above

39. **Direction** Choose the most appropriate answer and fill in the blanks
The buses are running .... Nagpur and Hyderabad.
(a) between (b) for
(c) from (d) towards

40. Select the most appropriate meaning of the given idiom.
Find your feet
(a) To play safe (b) To feel tired
(c) To become confident (d) To walk away

41. Choose the option which best expresses the meaning of the given idiom/phrase.
Give it a shot.
(a) To try to do something
(b) Be unsure of how you feel
(c) Be in trouble
(d) None of the above

42. **Directions** (Q. Nos. 42-45) Choose the correct passive voice of the sentence
"The TV channel broadcasts the news every hour."
(a) The news is being broadcasted by the TV channel every hour.
(b) The news is broadcasted by the TV channel every hour.
(c) The news was broadcasted by the TV channel every hour.
(d) The news will be broadcasted by the TV channel every hour.

43. Choose the correct passive voice of the sentence - "They are organising a grand farewell party for the seniors next week."
(a) A grand farewell party for the seniors is being organised by them next week.
(b) A grand farewell party for the seniors has been organised by them next week
(c) A grand farewell party for the seniors was being organised by them next week.
(d) A grand farewell party for the seniors will be organised by them next week.

44. Select the correct indirect form of the given sentence.
Jake said to his sister, "He will be attending the conference."
(a) Jake told his sister that he would attend the conference.
(b) Jake told his sister that he was attending the conference.
(c) Jake told his sister that he would be attending the conference.
(d) Jake told his sister that he has attended the conference.

45. Select the correct indirect form of the given sentence.
Ava said to her friend, "You will be bringing my book tomorrow."
(a) Ava told her friend that he will bring her book the next day.
(b) Ava told her friend that you will be bringing my book tomorrow.
(c) Ava told her friend that he would bring her book tomorrow.
(d) Ava told her friend that he would be bringing her book the next day.

Directions (Q. Nos. 46-50) *Read the given passage and answer the questions given below.*

Two important reports of the Intergovernmental Panel on Climate Change (IPCC), on the impact of higher global temperatures on land, oceans and the cryosphere, lend further urgency to the task before countries now meeting in Madrid for the UN conference. The member-nations of the UN Framework Convention on Climate Change have been trying to finalise measures under Article 6 of the Paris Agreement to commodify carbon emissions cuts and to make it financially attractive to reduce emissions. The IPCC scientists, whose research helps the international community decide on actions to reduce greenhouse gas emissions, are worried that even under the most optimistic scenarios, human health, livelihoods, biodiversity and food systems face a serious threat from climate change. In the case of oceans and frozen on land, accelerated rates of loss of ice, particularly in Greenland, the Arctic and the Antarctic, will produce a destructive rise in sea levels; increases in tropical cyclone winds, rainfall and extreme waves, combined with relative sea-level rise, will exacerbate catastrophic sea-level events. All this will deal a blow also to the health of fish stocks. What is particularly significant for countries with a long coastline, including India, is that local sea level anomalies that occurred once in a century may become annual events, due to the projected global mean sea level rise over the 21st century. This is an alarming scenario for the 680 million residents of low-lying coastal areas, whose population may go up to one billion by 2050, and for those living in small is land.

46. What is alarming scenario for the countries with a long coastline ?
(a) Accelerated rates of loss of ice
(b) Increase in population
(c) Local sea level anomalies that occur once in a century might become annual event.
(d) Deterorating human health and food shortage

47. Accelerated rates of loss of ice due to climate change in the case of oceans and frozen areas on land particularly in Greenland, the Arctic and the Antarctic will not produce?
(a) Increase in tropical cyclone winds
(b) Rainfall and extreme waves
(c) Greenhouse gas emissions
(d) Rise in sea level

48. 'Climate change will exacerbate catastrophic sea-level events' What is the meaning of this line from passage ?
(a) Climate change will further increase the catastrophic sea level event.
(b) Climate change will help in mitigating the catastrophic sea level event.
(c) Climate change will solve the problem of sea level rising.
(d) Climate change will help the sea level to rise more.

49. According to the passage, where was the UN conference for Climate Change held?
(a) Paris (b) India
(c) Madrid (d) Antartica

50. Research of IPCC Scientists helps the international community decide on actions to reduce?
(a) Population
(b) Extreme waves
(c) Greenhouse gas emissions
(d) Air pollution

उत्तरमाला

1. (d)	2. (c)	3. (a)	4. (a)	5. (b)	6. (b)	7. (a)	8. (a)	9. (d)	10. (a)
11. (c)	12. (a)	13. (b)	14. (d)	15. (c)	16. (c)	17. (a)	18. (b)	19. (c)	20. (b)
21. (a)	22. (c)	23. (b)	24. (a)	25. (d)	26. (d)	27. (d)	28. (d)	29. (d)	30. (a)
31. (c)	32. (d)	33. (d)	34. (a)	35. (c)	36. (a)	37. (a)	38. (b)	39. (a)	40. (c)
41. (a)	42. (b)	43. (a)	44. (c)	45. (d)	46. (c)	47. (c)	48. (a)	49. (c)	50. (c)

संकेत एवं हल

11. (c) $? = \sqrt{256} - \sqrt{81} + \sqrt{25} + \sqrt{36}$

$\Rightarrow ? = 16 - 9 + 5 + 6$

$\Rightarrow ? = 27 - 9$

$\therefore ? = 18$

12. (a) औसत $= \dfrac{\text{पदों का योग}}{\text{पदों की संख्या}}$

$= \dfrac{13 + 42 + 22 + 35 + 68}{5}$

$= \dfrac{180}{5} = 36$

13. (b) दिया है, वृत्त की त्रिज्या, $r = 14$ सेमी

$\therefore$ वृत्त की परिधि $= 2\pi r$

$= 2 \times \dfrac{22}{7} \times 14$

$= 88$ सेमी

14. (d) माना प्रत्येक पद में x जोड़ा जाए।

$\therefore \dfrac{7 + x}{11 + x} = \dfrac{3}{4}$

$\Rightarrow 28 + 4x = 33 + 3x$

$\Rightarrow 4x - 3x = 33 - 28$

$\therefore x = 5$

15. (c) $? = 51 - 75 + 125 - 25$

$\Rightarrow ? = 176 - 100$

$\therefore ? = 76$

16. (c) माना कुल दूरी d है।

तब, कार की औसत चाल $= \dfrac{\text{कुल दूरी}}{\text{कुल समय}}$

$= \dfrac{d}{\dfrac{d/2}{40} + \dfrac{d/2}{60}} = \dfrac{d}{\dfrac{d}{80} + \dfrac{d}{120}}$

$= \dfrac{d}{\dfrac{3d + 2d}{240}} = \dfrac{240d}{5d}$

$= 48$ किमी/घण्टा

17. (a) साधारण ब्याज (SI) $= \dfrac{P \times R \times T}{100}$

$= \dfrac{8000 \times 6 \times 3}{100} = ₹\,1440$

18. (b) दिया है, $r = 9$ सेमी, $h = 14$ सेमी

$\therefore$ शंकु का आयतन $= \dfrac{1}{3}\pi r^2 h$

$= \dfrac{1}{3} \times \dfrac{22}{7} \times 9 \times 9 \times 14$

$= 22 \times 3 \times 9 \times 2$

$= 1188$ सेमी^{3}

19. (c)

```
        6
    ---------
  6 | 38 50
    | 36
    ---------
122 | 250
    | 244
    ---------
    |   6
```

$\therefore$ घटाई जाने वाली छोटी-से-छोटी संख्या = 6

20. (b) $64\% = 64 \times \dfrac{1}{100}$

$= \dfrac{16}{25}$

भारतीय थल सेना
अग्निवीर

अग्निवीर ऑफिस असिस्टेंट/SKT परीक्षा

ऑफिशियल ऑनलाइन प्रैक्टिस टेस्ट

1. 'आराम हराम है' का नारा किसने दिया?
(a) सरदार पटेल (b) जवाहरलाल नेहरू
(c) लाल बहादुर शास्त्री (d) सुभाषचन्द्र बोस

2. निर्विरोध चुने जाने वाले भारतीय राष्ट्रपति हैं
(a) ज्ञानी जैल सिंह (b) नीलम संजीव रेड्डी
(c) राजेन्द्र प्रसाद (d) प्रणव मुखर्जी

3. यू .एस. ए. की संसद को ……… कहते हैं।
(a) मजलिस (b) राष्ट्रीय सम्मेलन
(c) डाइट (d) कांग्रेस

4. स्वराज्य पार्टी की स्थापना कब हुई?
(a) 1921 (b) 1920 (c) 1923 (d) 1922

5. पुलिस विभाग का प्रमुख कार्य क्या है?
(a) भूमि का रिकॉर्ड रखना (b) कर हटाना
(c) कर लगान (d) शान्ति व्यवस्था बनाए रखना

6. चुम्बक का चुम्बकत्व सर्वाधिक ……… होता है।
(a) उत्तरी ध्रुव पर (b) दक्षिण ध्रुव पर
(c) दोनों ध्रुवों पर (d) दोनों ध्रुवों के मध्य में

7. निम्न में से कौन-सी पौधारोपण फसल है?
(a) चाय (b) आलू (c) आम (d) दाल

8. बोनसाई पौधा ……… है।
(a) झाड़ियाँ (b) औषधियाँ
(c) कृत्रिम रूप से बना वामन पौधा (d) इनमें से कोई नहीं

9. निम्न में से निष्क्रिय गैस कौन-सी है?
(a) हिलियम (b) निऑन
(c) क्रिप्टॉन (d) ये सभी

10. लैक्टोमीटर ……… की शुद्धता की माप करता है।
(a) डीजल (b) पेट्रोल (c) पानी (d) दूध

11. 35% का खण्ड क्या होगा?
(a) 2.5 (b) 5/17 (c) 35 (d) 7/20

12. दिए गए समीकरण में प्रश्न चिह्न के स्थान पर कौन- सा अंक आएगा?
$36 \times 45 + \sqrt{?} = 1700$
(a) 512 (b) 64 (c) 640 (d) 6400

13. प्रश्न चिह्न के स्थान पर लगभग क्या मूल आएगा।
$23.3 \times 23 + 100.1 = ?$
(a) 636 (b) 600 (c) 630 (d) 650

14. $a + b = ?$
(a) $3ab$ (b) ab (c) $2ab$ (d) $b + a$

15. एक संख्या दो अंकों की बनी है, जिसका योग 8 है, यदि पहले अंक को दूसरे अंक के स्थान पर और दूसरे अंक को पहले के स्थान पर बदल दे, तो संख्या 18 से अधिक हो जाती है । संख्या ज्ञात करें।
(a) 53 (b) 35 (c) 44 (d) 42

16. एक समचतुर्भुज के विकर्ण 10 सेमी और 8 सेमी है तो उसका क्षेत्रफल ज्ञात करो।
(a) 42 सेमी^{2} (b) 10 सेमी^{2} (c) 38 सेमी^{2} (d) 40 सेमी^{2}

17. यदि $15x + 4 = 3x + 8$ है, तो x का मान ज्ञात करों।
(a) 1/3 (b) 1/2 (c) 1 (d) 1/4

18. एक त्रिभुज के तीनो कोणों का योग कितना होता है?
(a) 360° (b) 260° (c) 180° (d) 90°

19. दो संख्याओं का ल. स. और म. स. क्रमश: 84 और 21 है। यदि दोनों संख्याओं का अनुपात 1 : 4 है, तो बड़ी संख्या का मान बताओ।
(a) 84 (b) 105 (c) 63 (d) 85

20. $4x - 6 = 3x / 4 + 20, x = ?$
(a) 6 (b) 7 (c) 5 (d) 8

21. ग्राफिकल तस्वीर जोकि फाइल फोल्डर इत्यादि दर्शाती है, उन्हें क्या कहते हैं?
(a) डेस्कटॉप (b) विण्डो (c) आइकन (d) टास्कबार

22. एण्टी-वायरस क्या है?
(a) एप्लिकेशन सॉफ्टवेयर (b) प्रोग्राम कोड
(c) कम्प्यूटर (d) कम्पनी नाम

23. निम्नलिखित में से कौन-सा ऑपरेटिंग सिस्टम नहीं है?
(a) लाइनेक्स (b) ओरेकल
(c) विन्डोस (d) डोस

24. निम्नलिखित में से कौन-सा स्टोरेज डिवाइस का उदाहरण है?
(a) टेप (b) मैग्नेटिक डिस्क
(c) डीवीडी (d) ये सभी

25. ……… कम्प्यूटर की प्रोग्रामिंग भाषा नहीं है।
(a) कोबोल (b) जावा (c) विन्डोस (d) फोरट्रान

26. We saw a man/from the mist/but we could not/see who he was.
(a) see who he was (b) We saw a man
(c) but we could not (d) from the mist

Directions (Q. Nos. 27-31) *Read the passage carefully and choose the correct answer from the given alternatives.*

Work expands so as to till the time available for its completion. The general recognition of this fact is shown in the proverbial phrase, it is the busiest man who has time to spare. Thus, an elderly lady at leisure can spend the entire day writing a postcard to her niece. An hour will be spent in finding the postcard, another hunting for spectacles, half an hour to search for the address, and hour and a quarter in composition and twenty minutes in deciding whether or not to take an umbrella when going to the pillar box in the street. The total effort that would occupy a busy man for three minutes, all told, many in this fashion leave another person completely exhausted after a day of doubt, anxiety and toll.

27. What does the expression 'pillar box' stand for?
(a) A pillar types post box
(b) A box in the pillar
(c) Box office
(d) A box attached to the pillar

28. Explain the sentence: Work expands so as to fill the time available for its completion.
(a) The more work there is to be done the more the time needed.
(b) If you have more time, you can do more work.
(c) Whatever time is available, the work will use all of it.
(d) It you have some important work to do, you should

29. What is the total time spent by the elderly lady in writing a postcard?
(a) an hour (b) An entire day
(c) Four hours (d) Three minutes

30. Who is the person likely to take more time to do work?
(a) An elderly person (b) A busy man
(c) An exhausted person (d) A man of leisure

31. What happens when the time to be spent on some work increases?
(a) The work is done smoothly
(b) The work consumes all the time
(c) The work is done leisurely
(d) The work needs additional time.

32. Rearrange the jumbled words into a meaningful sentence: Is cheaper between gold silver the latter and
(a) Gold and silver between the latter is cheaper.
(b) Between gold and silver, the latter is cheaper.
(c) None of these
(d) The latter is gold and silver cheaper between

33. 1 : For some time after
P : it was commonly assumed
Q : the treaty of versailles
R : that Germany had caused World War I by itself.
S : by scholars and laymen alike
6 : and by encouraging Italy in its aggression.
(a) QPRS (b) SPQR (c) PRQS (d) QPSR

34. Write synonym of Defect.
(a) Shortcoming (b) Delicate
(c) Harm (d) Loss

35. 1 : By all standards.
P : belonging to this district
Q : particularly to those
R : innocent people of this hilly state
S : nature's punishment to the
6 : has been inordinately cural.
(a) PRQS (b) RPSQ
(c) SQRP (d) SRQP

36. I have to make .... humble proposal.
(a) a (b) an
(c) The (d) None of these

Directions (Q. Nos. 37-41) *Read the passage carefully and choose the correct answer from the given alternatives.*

Kitchen garden today is driven by both aesthetics and necessity. A great variety of vegetables are combined with herbs, annual and perennial flowers and fruit trees in creative ways. Concept of Kitchen garden dates back to several thousand years. By 2700 B. C, the Egyptians had a recorded history of growing over 500 herbs, which were used as drugs to cure illness. In today's India herbal plants are the new entrants in Indian gardens. An is cities, people mostly reside in high rise apartments, kitchen garden in roofs or terraces are coming up where pot culture is the current trend. Today herbs in the kitchen garden are appreciated for their beauty and their use in healthcare. Chefs use herbs to liven their dishes. So, herbs in Indian kitchen garden is coexisting with annual and perennial flowers.

37. The Egyptians had grown herbs
(a) Used as drugs to cure illness
(b) Used for religious purpose
(c) Used for insecurity and lawlessness
(d) Used for beautification of their cities

38. In today's time the kitchen gardens are
(a) For selling and profit
(b) Aesthetics and need based
(c) None of these
(d) For hobby

39. At present kitchen gardens are appreciated ....
(a) to have competition and rest.
(b) to rest and beauty care in garden
(c) supply the medicines to market.
(d) for their beauty and their use in healthcare.

40. What is the meaning of perennial?
(a) Mortal (b) Lasting
(c) Ending (d) Everlasting

41. What are the new entrants in the Indian gardens?
(a) Flowers baskets (b) Pot culture
(c) India herbal plants (d) Perennial flowers

42. After her long illness she is trying her best to make .... her deficiency in studies
(a) up for (b) none of these
(c) out (d) for

43. I don't usually like staying hotels/but last summer spent a few days/a very nice hotel by sea/No error
(a) No error
(b) but last summer we spent few days
(c) at a very nice hotel by sea
(d) I don't usually like staying at hotels

44. What does he do? He sells .... cars
(a) An (b) A
(c) No article needed (d) The

45. Write synonym of intervention
(a) Dislocate (b) Interchange
(c) Interference (d) Connection

46. I .... not stand before you.
(a) None of these (b) dareing
(c) dare (d) dares

47. .... fan which you gave me, is lost.
(a) The (b) A
(c) An (d) None of these

48. Find out the alternative which is the most opposite in meaning of the word. TOIL
(a) Vivid (b) Laborious task
(c) Sloth (d) Strive

49. One who is in charge of a museum is a ....
(a) supervisor (b) curator (c) warden (d) caretaker

50. The success of the/merger of the two/banks is dependence/on various factors.
(a) banks is dependence
(b) The success of the
(c) on various factors
(d) merger of the two

उत्तरमाला

1.	(b)	2.	(b)	3.	(d)	4.	(c)	5.	(d)	6.	(c)	7.	(a)	8.	(c)	9.	(d)	10.	(d)
11.	(d)	12.	(d)	13.	(a)	14.	(d)	15.	(b)	16.	(d)	17.	(a)	18.	(c)	19.	(a)	20.	(d)
21.	(c)	22.	(b)	23.	(b)	24.	(d)	25.	(c)	26.	(d)	27.	(a)	28.	(c)	29.	(b)	30.	(d)
31.	(c)	32.	(b)	33.	(d)	34.	(a)	35.	(d)	36.	(a)	37.	(a)	38.	(b)	39.	(d)	40.	(d)
41.	(c)	42.	(a)	43.	(c)	44.	(c)	45.	(c)	46.	(c)	47.	(a)	48.	(c)	49.	(b)	50.	(a)

संकेत एवं हल

11. (d) $35\% = \frac{35}{100} = \frac{7}{20}$

12. (d) $36 \times 45 + \sqrt{?} = 1700$

$\sqrt{?} = 1700 - 1620$

$\sqrt{?} = 80$

दोनों ओर का वर्ग करने पर,

$? = 6400$

13. (a) $23.3 \times 23 + 100.1 = ?$

$? = 535.9 + 100.1$

$= 636$

14. (d) $a + b = ?$

$? = b + a$ (क्रम विनिमेय नियम से)

15. (b) माना संख्या $= 10x + y$

$\therefore \quad x + y = 8 \quad \ldots(i)$

प्रश्नानुसार, अंक बदलने पर बनी संख्या

$10y + x = 10x + y + 18$

$9y - 9x = 18$

$x - y = -2 \quad \ldots(ii)$

समी (i) व (ii) को जोड़ने पर,

$2x = 6$

$x = 3$

$\therefore \quad y = 5$

अतः संख्या $= 10 \times 3 + 5 = 35$

16. (d) दिया है, समचतुर्भुज का विकर्ण

$d_1 = 10$ सेमी

$d_2 = 8$ सेमी

$\therefore$ समचतुर्भुज का क्षेत्रफल

$= \frac{1}{2}$ विकर्णों का गुणनफल

$= \frac{1}{2} \times 10 \times 8$

$= 40$ सेमी^{2}

17. (a) $15x + 4 = 3x + 8$

$15x - 3x = 8 - 4$

$12x = 4$

$x = \frac{4}{12} = \frac{1}{3}$

18. (c) हम जानते हैं कि त्रिभुज के तीन कोणों का योग 180° होता है।

19. (a) माना दोनों संख्याएँ क्रमशः x और $4x$ हैं।

दिया है, संख्याओं का ल. स. = 84

तथा म. स. = 21

हम जानते हैं कि दो संख्याओं का गुणनफल उनके ल. स. और म. स. के गुणनफल के बराबर होता है।

$x \times 4x = 84 \times 21$

$4x^2 = 84 \times 21$

$x^2 = 21 \times 21$

$x = 21$

अतः बड़ी संख्या $= 4 \times 21 = 84$

20. (d) $4x - 6 = 3x/4 + 20$

$\Rightarrow 16x - 24 = 3x + 80$

$\Rightarrow 16x - 3x = 80 + 24$

$\Rightarrow 13x = 104$

$\Rightarrow x = \frac{104}{13} = 8$

सामान्य ज्ञान

अध्याय 01

भारत का इतिहास

प्राचीन भारत का इतिहास

ऐतिहासिक स्रोत

प्राचीन भारतीय इतिहास को जानने के लिए प्रमुख ऐतिहासिक स्रोतों का विवरण निम्न है

1. **साहित्यिक स्रोत** वेद, उपनिषद्, पुराण, रामायण, महाभारत, बौद्ध ग्रन्थ व जैन ग्रन्थ आदि।
2. **पुरातात्विक स्रोत** अभिलेख/शिलालेख, सिक्के, स्मारक/भवन, मूर्तियाँ व शैल चित्रकला।
3. **विदेशी यात्रियों के वृत्तान्त** हेरोडोट्स, मेगस्थनीज, प्लिनी फाहियान, ह्वेनसांग, अलमसूदी, अलबरूनी आदि।

सिन्धु घाटी की सभ्यता

- सिन्धु घाटी सभ्यता विश्व की प्राचीनतम सभ्यताओं में से एक है। यह सभ्यता मिस्र व मेसोपोटामिया की सभ्यता के समकालीन थी। इस सभ्यता की अवधि **2500 ईसा पूर्व से 1750 ईसा पूर्व** के मध्य मानी जाती है।
- यह सभ्यता उत्तर में माण्डा (जम्मू-कश्मीर), दक्षिण में दैमाबाद (महाराष्ट्र), पूर्व में आलमगीरपुर (मेरठ) तथा पश्चिम में सुत्कागेंडोर (बलूचिस्तान) तक विस्तृत थी।
- सिन्धु सभ्यता, भारतीय उपमहाद्वीप में प्रथम नगरीय सभ्यता थी। सर्वप्रथम हड़प्पा नामक स्थान पर अवशेषों की खोज दयाराम साहनी ने वर्ष 1921 में की। इसे **हड़प्पा सभ्यता** भी कहा जाता है।
- हड़प्पा सभ्यता की प्रमुख विशेषता **नगर-नियोजन** व **जल-निकासी व्यवस्था** थी।
- सिन्धु सभ्यता के लोगों का प्रमुख आर्थिक आधार कृषि, पशुपालन व व्यापार था। यहाँ प्रमुख खाद्यान्न **गेहूँ** व **जौ** थे।
- विश्व में सर्वप्रथम कपास की खेती सैन्धव सभ्यता में ही प्रारम्भ हुई थी, इसलिए ग्रीकवासियों ने इस सभ्यता को **सिण्डन सभ्यता** भी कहा है।
- मातृ देवी की उपासना का सैन्धव संस्कृति में प्रमुख स्थान था। इसके अतिरिक्त पशुपतिनाथ, वृक्षों व पशुओं की पूजा भी की जाती थी।
- सैन्धव सभ्यता की लिपि **भावचित्रात्मक** थी। यह दाईं से बाईं ओर लिखी जाती थी। इस लिपि को अभी तक पढ़ा नहीं जा सका है।

हड़प्पा सभ्यता : प्रमुख स्थल, उत्खननकर्ता, वर्ष, नदी, स्थिति एवं साक्ष्य

प्रमुख स्थल	उत्खननकर्ता	वर्ष	नदी	वर्तमान स्थिति	प्राप्त साक्ष्य
हड़प्पा	दयाराम साहनी	1921	रावी	मोण्टगोमरी (पाकिस्तान)	मुहरों पर एक शृंगी पशु, ताँबे की इक्कागाड़ी
मोहनजोदड़ो (मृतकों का टीला)	राखलदास बनर्जी	1922	सिन्धु	लरकाना (पाकिस्तान)	तीन मुख वाले देवता (पशुपतिनाथ), नर्तकी की काँस्य मूर्ति, विशाल अन्नागार व स्नानागार
चन्हूदड़ो	एन. जी. मजूमदार	1931	सिन्धु	सिन्ध (पाकिस्तान)	मनके बनाने के कारखाने
कोटदीजी	एफ. ए. खान	1955-57	सिन्धु	खैरपुर (पाकिस्तान)	पत्थर के बाणाग्र
कालीबंगा	अमलानन्द घोष	1953	घग्घर	हनुमानगढ़ (राजस्थान)	जुते हुए खेत, नक्काशीदार ईंटें
रंगपुर	एस. आर. राव	1953-54	मादर	काठियावाड़ (गुजरात)	चावल की भूसी
रोपड़	यज्ञदत्त शर्मा	1953-56	सतलज	रोपड़ (पंजाब)	मानव के साथ कुत्ते दफनाने का साक्ष्य
लोथल	एस. आर. राव	1957-58	भोगवा	अहमदाबाद (गुजरात)	बन्दरगाह (डॉकयार्ड)
बनावली	रवीन्द्र सिंह बिष्ट	1974	सरस्वती	हिसार (हरियाणा)	मिट्टी का खिलौना, हल, जौ
धौलावीरा	आर. एक. बिष्ट	1990	मनसा	गुजरात (भारत)	साइन बोर्ड जल संग्रहण के अवशेष

वैदिक काल (1500 ईसा पूर्व से 600 ईसा पूर्व)

- वैदिक काल को ऋग्वैदिक काल (1500-1000 ई.पू.) तथा उत्तरवैदिक काल (1000-600 ई.पू.) में विभाजित किया गया है।
- ऋग्वैदिक काल की जानकारी का मुख्य स्रोत ऋग्वेद है। आर्य लोग भारत में जिस क्षेत्र में आकर बसे उसे 'सप्त सैन्धव प्रदेश' कहा गया।

प्रमुख वेद व उनकी विशेषताएँ

वेद	विशेषता
ऋग्वेद	ऋग्वेद में 10 मण्डल व 1028 सूक्त हैं। इसके पाठकर्ता को होतृ कहा जाता था। गायत्री मन्त्र ऋग्वेद के तीसरे मण्डल में है।
सामवेद	यह मन्त्रों का संग्रह है तथा इसे भारतीय संगीत का जनक कहा गया है।
यजुर्वेद	इसमें यज्ञ अनुष्ठान से सम्बन्धित नियमों को बताया गया है। यजुर्वेद आधा 'गद्य' व आधा 'पद्य' में रचित है।
अथर्ववेद	इसमें ब्रह्म ज्ञान, औषधि प्रयोग, रोग-निवारण, तन्त्र-मन्त्र तथा जादू-टोना आदि का वर्णन किया गया है।

ऋग्वैदिक कालीन प्रमुख नदियाँ

प्राचीन नाम	आधुनिक नाम	प्राचीन नाम	आधुनिक नाम
क्रुमु	कुर्रम	परुष्णी	रावी
कुभा	काबुल	शतुद्रि	सतलज
वितस्ता	झेलम	विपाशा	व्यास
अस्किनी	चिनाब	गोमल	गोमती

बौद्ध धर्म

छठी शताब्दी ई.पू. में बौद्ध धर्म का उदय हुआ। इस धर्म के संस्थापक गौतम बुद्ध थे। गौतम बुद्ध को 'एशिया का प्रकाश', शाक्य मुनि व 'तथागत' भी कहा जाता है।

गौतम बुद्ध का संक्षिप्त विवरण

जन्म	563 ई.पू., लुम्बिनी (कपिलवस्तु)
परिवार	पिता - शुद्धोधन (शाक्य गण के प्रधान) माता - महामाया पत्नी - यशोधरा
गृह त्याग (महाभिनिष्क्रमण)	29 वर्ष की आयु में
ज्ञान प्राप्ति	35 वर्ष की आयु में (निरंजना नदी के किनारे बोधगया)
प्रथम उपदेश (धर्मचक्रप्रवर्तन)	सारनाथ, पाली भाषा में
महापरिनिर्वाण	483 ईसा पूर्व 80 वर्ष की आयु (कुशीनगर)

बौद्ध संगीतियाँ

- प्रथम बौद्ध संगीति का आयोजन 483 ई.पू. में **राजगृह** में हुआ, जिसकी अध्यक्षता महाकस्सप ने की थी।
- द्वितीय बौद्ध संगीति का आयोजन 383 ई.पू. में **वैशाली** में हुआ, जिसकी अध्यक्षता सुबुकामी ने की थी।
- तृतीय बौद्ध संगीति 250 ई.पू. में **पाटलिपुत्र** में आयोजित हुई, जिसकी अध्यक्षता मोगलिपुत्ततिस्स ने की थी।
- चौथी बौद्ध संगीति 725 ई.पू. में **कश्मीर** में आयोजित हुई, जिसकी अध्यक्षता वसुमित्र (उपाध्यक्ष-अश्वघोष) ने की थी।

जैन धर्म

जैन धर्म के संस्थापक ऋषभदेव (प्रथम तीर्थंकर) थे, परन्तु महावीर स्वामी (24वें तीर्थंकर) को जैन धर्म का वास्तविक संस्थापक माना जाता है। महावीर स्वामी को **निर्ग्रन्थ, जिन, कैवल्य** भी कहा जाता है।

महावीर स्वामी का संक्षिप्त विवरण

जन्म	540 ई.पू., कुण्डग्राम (वैशाली)
परिवार	पिता - सिद्धार्थ (ज्ञातृक क्षत्रिय कुल) माता - त्रिशला (लिच्छवी नरेश चेटक की बहन) पत्नी - यशोदा पुत्री - प्रियदर्शना
गृह त्याग	30 वर्ष की आयु में
ज्ञान प्राप्ति	42 वर्ष की आयु में (ऋजुपालिका नदी के किनारे, जृम्भिक ग्राम में)
प्रथम उपदेश	राजगृह (प्राकृत भाषा में)
निर्वाण	468 ईसा पूर्व (पावापुरी), 72 वर्ष की आयु में

जैन संगीतियाँ

- प्रथम जैन संगीति का आयोजन 322 से 298 ई.पू. में **पाटलिपुत्र** में हुआ, जिसकी अध्यक्षता **स्थूलभद्र** ने की।
- द्वितीय बौद्ध संगीति का आयोजन 512 ई.पू. में **वल्लभी** (गुजरात) में हुआ, जिसकी अध्यक्षता **देवार्धिगणि क्षमाश्रमण** ने की थी।

महाजनपद काल

- छठी शताब्दी ई.पू. में उत्तर तथा मध्य भारत में 16 महाजनपदों की चर्चा है। बौद्ध ग्रन्थ 'अंगुत्तर निकाय' तथा जैन ग्रन्थ 'भगवती सूत्र' में 16 महाजनपदों की चर्चा है।
- 'अस्मक' मध्य भारत में स्थित महाजनपद था, जिसकी राजधानी पोटली अथवा पोटाना थी। महाजनपदों में 'मगध' सर्वाधिक शक्तिशाली महाजनपद था, जिसकी आरम्भिक राजधानी 'राजगृह' थी।

प्राचीन भारत के प्रमुख राजवंश व शासक

मगध साम्राज्य

- मगध पर शासन करने वाला आरम्भिक शासकीय राजवंश हर्यंक वंश था। इस वंश के शासन की स्थापना का श्रेय **बिम्बिसार** (544-492 ई.पू.) को दिया जाता है।
- बिम्बिसार का पुत्र **अजातशत्रु** अपने पिता की हत्या कर मगध की गद्दी पर बैठा। अजातशत्रु के बाद उदायिन शासक बना। उसने पाटलिपुत्र (वर्तमान-पटना) की स्थापना कर उसे अपनी राजधानी बनाया।
- हर्यंक वंश का अन्तिम शासक **नागदशक** था। नागदाशक की हत्या कर शिशुनाग ने 412 ई.पू. एक नए राजवंश के शासन की स्थापना की, जिसे 'शिशुनाग वंश' कहा जाता है। इस वंश का सबसे प्रसिद्ध शासक कालाशोव था।
- शिशुनाग वंश के अन्तिम शासक **नन्दिवर्द्धन** की हत्या कर महापद्मनन्द ने नन्द वंश (344-322 ई.पू.) की स्थापना की।
- इस वंश के अन्तिम शासक **धनानन्द** था, जिसके समय सिकन्दर का भारत पर आक्रमण हुआ।

सिकन्दर का आक्रमण

- सिकन्दर ने भारत पर 326 ई.पू. में आक्रमण किया। सिकन्दर की सेना तथा पंजाब के शासक पोरस की सेना के बीच झेलम अथवा हाइडास्पीज की लड़ाई (326 ई.पू.) हुई।
- भारत से वापस लौटते समय 323 ई.पू. में **बेबीलोन** नामक स्थान पर सिकन्दर की मृत्यु हो गई।

मौर्य साम्राज्य (322-184 ई.पू.)

- मौर्य वंश का प्रथम शासक **चन्द्रगुप्त मौर्य** (322-298 ई.पू.) था। चाणक्य चन्द्रगुप्त का मार्गदर्शक था। यूनानी शासक सेल्यूकस निकेटर ने उसके दरबार में अपने राजदूत मेगस्थनीज को भेजा।
- चन्द्रगुप्त के बाद **बिन्दुसार** (297-273 ई.पू.) शासक बना। बिन्दुसार के पश्चात् **अशोक** (273-232 ई.पू.) ने अपने राज्याभिषेक के 8वें वर्ष (261 ई. पू.) में कलिंग पर आक्रमण कर उसे मगध में मिला लिया। वह बौद्ध धर्म का अनुयायी था।
- मौर्य वंश का अन्तिम शासक **बृहद्रथ** था।

गुप्त साम्राज्य (275-570 ई.पू.)

- गुप्त साम्राज्य का संस्थापक **श्रीगुप्त** था, परन्तु वास्तविक संस्थापक चन्द्रगुप्त प्रथम (319-335 ई.) था। उसने 319-320 ई. में **गुप्त सम्वत्** प्रारम्भ किया तथा 'महाराजाधिराज' की उपाधि धारण की।
- चन्द्रगुप्त प्रथम का पुत्र **समुद्रगुप्त** (335-375 ई.) एक महान योद्धा व कुशल सेनापति था। उसे **भारत का नेपोलियन** भी कहा जाता है।
- समुद्रगुप्त के उत्तराधिकारी **चन्द्रगुप्त द्वितीय** ने (380-412 ई.) शकों को पराजित कर **विक्रमादित्य** की उपाधि धारण की।
- **कालिदास**, चन्द्रगुप्त द्वितीय का दरबारी कवि था। चन्द्रगुप्त द्वितीय के शासनकाल में ही चीनी यात्री **फाहियान** भारत की यात्रा पर आया। गुप्त वंश का अन्तिम शासक **विष्णुगुप्त** था।
- गुप्तकाल को प्राचीन **भारतीय इतिहास का स्वर्णयुग** कहा जाता है। इस समय कला, साहित्य तथा संस्कृति की स्थिति प्रभावपूर्ण थी।

पुष्यभूति या वर्द्धन वंश (606-647 ई.)

- इस वंश का संस्थापक **पुष्यभूति** (नरवर्धन) था, परन्तु वास्तविक संस्थापक **हर्षवर्द्धन** था।
- हर्षवर्द्धन के समय ही चीनी यात्री **ह्वेनसांग** भारत यात्रा पर आया। उसकी यात्रा वृत्तांत का नाम **सी-यू-की** है।
- हर्षवर्द्धन को **अन्तिम भारतीय हिन्दू सम्राट** भी कहा जाता है।

प्राचीन इतिहास की प्रमुख रचनाएँ व रचनाकार

पुस्तक	लेखक	पुस्तक	लेखक
बुद्ध चरित	अश्वघोष	अष्टाध्यायी	पाणिनी
कुमारसम्भव, मेघदूत	कालिदास	मुद्राराक्षस	विशाखदत्त
अर्थशास्त्र	कौटिल्य	पंचतन्त्र	विष्णु शर्मा
राजतरंगिणी	कल्हण		

मध्यकालीन भारत

भारत पर मुस्लिम आक्रमण

- भारत पर आक्रमण करने वाला प्रथम मुस्लिम शासक **मुहम्मद-बिन-कासिम** था, जिसने 712 ई. में सिन्ध व मुल्तान पर आक्रमण करके उसे जीत लिया, आक्रमण के समय सिन्ध का शासक **दाहिर** था।
- **महमूद गजनवी** भारत पर आक्रमण करने वाला प्रथम तुर्की था, इसने भारत पर 1001 ई. से 1027 ई. के बीच 17 आक्रमण किए।
- महमूद गजनवी का सबसे प्रसिद्ध आक्रमण **1025 ई.** में **सोमनाथ मन्दिर** (सौराष्ट्र, गुजरात) पर था।
- मुहम्मद गोरी व पृथ्वीराज चौहान के बीच दो युद्ध हुए-**तराईन का प्रथम युद्ध** (1191 ई.) जिसमें पृथ्वीराज चौहान की विजय हुई थी तथा **तराईन का द्वितीय युद्ध** (1192 ई.) जिसमें पृथ्वीराज चौहान की हार हुई थी।
- मुहम्मद गोरी के सेनापति बख्तियार खिलजी ने नालन्दा व विक्रमशिला विश्वविद्यालय को ध्वस्त कर दिया था।

मध्यकालीन भारत के प्रमुख वंश व शासक

गुलाम वंश (1206-1290 ई.)

- गुलाम वंश का पहला शासक **कुतुबुद्दीन ऐबक** (1206-1210 ई.) था। उसने अपनी राजधानी लाहौर से दिल्ली स्थानान्तरित की थी।
- कुतुबुद्दीन ऐबक ने दिल्ली में **कुतुबमीनार** व **कुव्वत-उल-इस्लाम मस्जिद** का निर्माण कराया। अपनी उदारता के कारण उसे **लाखबक्श** भी कहा जाता है।
- कुतुबुद्दीन ऐबक की मृत्यु लाहौर में चौगान (पोलो) खेलते हुए **1210 ई.** में हो गई।
- कुतुबुद्दीन के बाद **इल्तुतमिश** (1210-1236 ई.) दिल्ली का शासक बना।
- इल्तुतमिश ने कुतुबमीनार को पूरा कराया तथा राज्य में 'इक्ता' व्यवस्था लागू की।
- **रजिया सुल्तान** (1236-1240 ई.) दिल्ली की पहली व अन्तिम महिला शासिका थी।
- **बलबन** (1266-1287 ई.) ने दिल्ली सल्तनत में **बलबनी वंश** की स्थापना की तथा अपने विरोधियों के लिए 'लौह व रक्त नीति' अपनाई। उसने 'सिजदा' एवं 'पाबोस' को दरबार में लागू किया तथा नौरोज त्योहार की शुरुआत की।
- गुलाम वंश का अन्तिम शासक **शम्मूद्दीन कैयूमर्स** (1290 ई.) था।

चंगेज खाँ

- चंगेज खाँ एक मंगोल शासक था। उसका वास्तविक नाम तेमुचिन था। वह बौद्ध धर्म का अनुयायी था।
- उसने मंगोल साम्राज्य के विस्तार में महत्त्वपूर्ण भूमिका निभायी तथा मध्य एशिया व चीन के महत्त्वपूर्ण क्षेत्रों पर शासन किया।

खिलजी वंश (1290-1320 ई.)

- खिलजी वंश की स्थापना जलालुद्दीन खिलजी (1290-1296 ई.) ने की।
- जलालुद्दीन की हत्या करके अलाउद्दीन खिलजी (1296-1320 ई.) दिल्ली सल्तनत का **सुल्तान** बना। उसने स्वयं को **सिकन्दर-ए-सानी** घोषित किया।
- अलाउद्दीन खिलजी के दक्षिण युद्ध अभियोनों का नेतृत्व 'मलिक काफूर' ने किया था।
- अमीर खुसरो (तूती-ए-हिन्द) अलाउद्दीन के दरबारी कवि थे। उन्हें तबले व सितार का आविष्कारक माना जाता है।

तुगलक वंश (1320-1414 ई.)

- तुगलक वंश दिल्ली सल्तनत पर सबसे अधिक समय (94 वर्ष) तक शासन करने वाला वंश है, **ग्यासुद्दीन तुगलक** ने दिल्ली सल्तनत में तुगलक वंश की स्थापना की।

- ग्यासुद्दीन तुगलक के बाद मुहम्मद-बिन-तुगलक (1325-1351 ई.) दिल्ली का सुल्तान बना, इतिहास में उसे अदूरदर्शी शासक के रूप में जाना जाता है।
- मुहम्मद-बिन-तुगलक ने अपनी राजधानी दिल्ली से दौलताबाद (महाराष्ट्र) स्थानान्तरित की तथा कृषि के विकास के लिए **दीवान-ए-कोही** नामक विभाग की स्थापना की।
- मुहम्मद-बिन-तुगलक की मृत्यु के बाद फिरोजशाह तुगलक (1351-1388 ई.) दिल्ली का सुल्तान बना।
- फिरोजशाह की आत्मकथा का नाम **फुतुहात-ए-फिरोजशाही** है।
- तैमूर के वापस जाने के बाद नसिरुद्दीनशाह तुगलक को अपदस्थ कर खिज्र खाँ ने सैय्यद वंश के शासन को आरम्भ किया।
- **नसिरुद्दीन महमूदशाह** तुगलक वंश का अन्तिम शासक था। इसके शासन काल में 1398 ई. में तैमूर ने दिल्ली पर आक्रमण किया।

लोदी वंश (1451-1526 ई.)

- **बहलोल लोदी** (1451-1489 ई.) ने लोदी राजवंश की स्थापना की। दिल्ली पर शासन करने वाला वह प्रथम **अफगानी शासकीय वंश** था।
- सिकन्दर लोदी (1489-1517 ई.) ने आगरा शहर की स्थापना 1504 ई. में की तथा 1506 ई. में इसे अपनी राजधानी बनाया।
- सिकन्दर लोदी की मृत्यु के बाद इब्राहिम लोदी (1517-1526 ई.) दिल्ली का शासक बना। वह दिल्ली सल्तनत का अन्तिम शासक था।
- 21 अप्रैल, 1526 को पानीपत के प्रथम युद्ध में इब्राहिम लोदी मुगल शासक बाबर के हाथों मारा गया और इसी के साथ दिल्ली सल्तनत का शासन समाप्त हो गया।

मुगल साम्राज्य (1526-1857 ई.)

बाबर (1526-1530 ई.)	• भारत में मुगल साम्राज्य का संस्थापक था। • वह अपने पिता की ओर से तैमूर (तुर्क) का तथा माता की ओर से चंगेज खाँ (मंगोल) का वंशज था। • बाबर ने पानीपत के प्रथम युद्ध (1526 ई.) में इब्राहिम लोदी को हराकर मुगल वंश की नींव रखी।
हुमायूँ (1530-1540) तथा (1555 -1556 ई.)	• हुमायूँ बाबर का उत्तराधिकारी था। • शेरशाह सूरी ने हुमायूँ को **चौसा के युद्ध (1539 ई.)** तथा **कन्नौज के युद्ध (1540 ई.)** में पराजित कर भारत से बाहर जाने को बाध्य कर दिया था। • जून, 1955 में हुमायूँ सरहिन्द के युद्ध में विजय प्राप्त कर पुनः दिल्ली की गद्दी पर बैठा। • गुलबदन बेगम ने **हुमायूँनामा** की रचना की। गुलबदन 'बेगम' हुमायूँ की सौतेली बहन थी।
अकबर (1556-1605 ई.)	• हुमायूँ के उत्तराधिकारी अकबर ने बैरम खाँ की सहायता से पानीपत के दूसरे युद्ध (1556 ई.) में हेमू विक्रमादित्य को पराजित किया। • अकबर ने 1582 में **दीन-ए-इलाही** नामक नए धर्म की स्थापना की। • आगरा के फतेहपुर सीकरी के पास **बुलन्द दरवाजा** का निर्माण गुजरात विजय (1572 ई.) के उपलक्ष्य में कराया। • अकबर के दरबारी कवि अबुल फजल ने **आइने-ए-अकबरी** व **अकबरनामा** की रचना की।
जहाँगीर (1605-1627 ई.)	• जहाँगीर के बचपन का नाम **सलीम** था। उसने 1611 ई. में शेर-ए-अफगान की विधवा मेहरुन्निसा से निकाह किया तथा उसे **नूरजहाँ** की उपाधि प्रदान की। • नूरजहाँ की माँ **अस्मत बेगम** ने **गुलाब से इत्र** निकालने की विधि ज्ञात की। • जहाँगीर के काल को **चित्रकला का स्वर्णकाल** कहा जाता है।
शाहजहाँ (1627-1658 ई.)	• जहाँगीर का उत्तराधिकारी शाहजहाँ हुआ, उसने अर्जुमन्दबानो बेगम से निकाह किया तथा उसे **मुमताज महल** की उपाधि दी। • शाहजहाँ ने मुमताज महल की याद में आगरा में ताजमहल का निर्माण कराया। इसके अतिरिक्त दिल्ली में लाल किला व जामा मस्जिद का निर्माण भी शाहजहाँ ने कराया। • शाहजहाँ के काल को **स्थापत्य कला का स्वर्ण काल** कहा जाता है।
औरंगजेब (1658-1707 ई.)	• शाहजहाँ के उत्तराधिकारी को लेकर उसके पुत्रों दारा शिकोह व औरंगजेब के बीच धरमत का युद्ध (1658 ई.), सामूगढ़ का युद्ध (1658 ई.) व देवराई का युद्ध (1659 ई.) हुआ, जिसमें दारा शिकोह को हराकर औरंगजेब शासक बना। • औरंगजेब ने दिल्ली के लाल किले में मोती मस्जिद का निर्माण कराया। उसे **जिन्दा पीर** भी कहा जाता है।

मराठा साम्राज्य

- 17वीं शताब्दी के उत्तरार्द्ध में शिवाजी (1627-1680) के नेतृत्व में मराठा शक्ति का उदय हुआ, शिवाजी ने 1674 ई. में रायगढ़ के किले में स्वतन्त्र शासक के रूप में अपना राज्याभिषेक कराया तथा 'छत्रपति' की उपाधि धारण की।
- शिवाजी की मृत्यु के बाद उनका पुत्र सम्भाजी शासक बना, तदुपरान्त पेशवाओं ने मराठा साम्राज्य की बागडोर सँभाली।

सिख साम्राज्य

सिखों के प्रमुख गुरु व उनके कार्य

गुरु	समय	प्रमुख कार्य
गुरु नानक देव	(1469-1539 ई.)	सिख धर्म की स्थापना की।
गुरु अंगद	(1539-1552 ई.)	गुरुमुखी लिपि के जनक
गुरु अमरदास	(1552-1574 ई.)	मन्त्री प्रणाली की शुरुआत
गुरु रामदास	(1574-1581 ई.)	अमृतसर की स्थापना की।
गुरु अर्जुन देव	(1581-1606 ई.)	श्रीहरमिन्दर साहब (स्वर्ण मन्दिर) का निर्माण तथा 'गुरु ग्रन्थ साहिब' का संकलन किया।
गुरु हरगोविन्द सिंह	(1606-1645 ई.)	अकाल तख्त की स्थापना तथा सिखों को सैनिक रूप दिया।
गुरु हर राय	(1644-1661 ई.)	दारा शिकोह के साथ मैत्री पूर्ण सम्बन्ध
गुरु हरकिशन	(1661-1664)	7 वर्ष की आयु में निधन
गुरु तेग बहादुर	(1664-1675 ई.)	इस्लाम कुबूल न करने के कारण औरंगजेब ने मृत्युदण्ड दिया।
गुरु गोविन्द सिंह	(1675-1708 ई.)	सिखों के अन्तिम गुरु तथा खालसा पन्थ (1699 ई.) की स्थापना की।

आधुनिक भारत

भारत में यूरोपीय शक्तियों का आगमन

भारत में यूरोपीय व्यापारिक कम्पनियों के आगमन का क्रम है—पुर्तगाली-डच-अंग्रेज-डेनिश-फ्रांसीसी।

यूरोपीय कम्पनियाँ

कम्पनी	स्थापना वर्ष
पुर्तगाली ईस्ट इण्डिया कम्पनी	1498 ई.
अंग्रेजी ईस्ट इण्डिया कम्पनी	1600 ई.
डच ईस्ट इण्डिया कम्पनी	1602 ई.
डेनिश ईस्ट इण्डिया कम्पनी	1616 ई.
फ्रेंच ईस्ट इण्डिया कम्पनी	1664 ई.
स्वीडिश ईस्ट इण्डिया कम्पनी	1731 ई.

यूरोपीय कम्पनियों की भारत में प्रथम फैक्ट्री

कम्पनी	स्थान	वर्ष
पुर्तगाली	कोचीन	1503 ई.
डच	मसूलीपट्टनम	1605 ई.
अंग्रेज	मसूलीपट्टनम	1611 ई.
डेनिश	ट्रावणकोर	1620 ई.
फ्रांसीसी	सूरत	1668 ई.

बंगाल व भारत के प्रमुख गवर्नर जनरल

गवर्नर जनरल	कार्यकाल	प्रमुख तथ्य
वारेन हेस्टिंग्स	1773-1785 ई.	1773 ई. के रेग्यूलेटिंग एक्ट के तहत बंगाल का गवर्नर जनरल बना तथा कलकत्ता में एक उच्चतम न्यायालय की स्थापना की।
लॉर्ड कार्नवालिस	1786-1793 ई.	1793 ई. को बंगाल में स्थायी बन्दोबस्त लागू किया। कार्नवालिस को भारत में **प्रशासनिक सेवा** व **नागरिक सेवा** का जनक माना जाता है।
लॉर्ड वेलेजली	1798-1805 ई.	वेलेजली ने **'सहायक सन्धि'** की नीति अपनाई तथा ब्रिटिश अधिकारियों के प्रशिक्षण के लिए कलकत्ता में 'फोर्ट विलियम कॉलेज' की स्थापना की।
लॉर्ड हेस्टिंग्स	1813-1823 ई.	प्रेस पर लगे प्रतिबन्धों को हटाया तथा 1822 ई. में बंगाल में काश्तकारी अधिनियम लागू किया।
लार्ड विलियम बैण्टिंक	1828-1835 ई.	1833 ई. के चार्टर एक्ट के तहत भारत का प्रथम गवर्नर जनरल बना तथा 1835 ई. में कलकत्ता मेडिकल कॉलेज की स्थापना की तथा 1829 ई. में **सती प्रथा** का अन्त किया।
लॉर्ड चार्ल्स मैटकॉफ	1835-1836 ई.	इसे **भारतीय प्रेस का मुक्तिदाता** कहा जाता है।
लॉर्ड डलहौजी	1848-1856 ई.	इसने **हड़प नीति** लागू की, जिसके तहत नागपुर, सतारा व झाँसी आदि राज्यों पर भ्रष्टाचार का आरोप लगाकर उन्हें अंग्रेजी राज्य में मिला लिया। इसे **रेलवे का जनक** भी कहा जाता है।

भारत के प्रमुख वायसराय

प्रमुख वायसराय	कार्यकाल	प्रमुख तथ्य
लॉर्ड कैनिंग	(1856-1862 ई.)	अन्तिम गवर्नर जनरल व प्रथम वायसराय, 1857 ई. का ऐतिहासिक विद्रोह। बम्बई, कलकत्ता तथा मद्रास में (1862 ई.) उच्च न्यायालय की स्थापना।
लॉर्ड लिटन	(1876-1880 ई.)	प्रथम दिल्ली दरबार का आयोजन, महारानी विक्टोरिया को भारत की महारानी की उपाधि तथा वर्नाक्यूलर प्रेस एक्ट लागू किया।
लॉर्ड रिपन	(1880-1884 ई.)	प्रेस की स्वतन्त्रता, स्थानीय स्वशासन की शुरुआत, प्रथम जनगणना सम्पन्न, प्रथम फैक्ट्री अधिनियम (1881 ई.) लागू किया।
लॉर्ड कर्जन	(1899-1905 ई.)	प्रथम विश्वविद्यालय आयोग व पुलिस आयोग का गठन, बंगाल विभाजन (1905), रेलवे बोर्ड का गठन।
लॉर्ड चेम्सफोर्ड	(1916-1921 ई.)	भारत शासन अधिनियम (1919), जलियाँवाला बाग हत्याकाण्ड (1919 ई.), रौलेट एक्ट लागू, असहयोग आन्दोलन।
लॉर्ड इरविन	(1926-1931 ई.)	साइमन कमीशन का भारत में आगमन (1928 ई.), गाँधीजी की दाण्डी यात्रा, नेहरू रिपोर्ट, कांग्रेस द्वारा पूर्ण स्वराज्य (1929 ई.) की माँग।
लॉर्ड लिनलिथगो	(1936-1944 ई.)	द्वितीय विश्व युद्ध का प्रारम्भ, अगस्त प्रस्ताव (1940 ई.), क्रिप्स मिशन व भारत छोड़ो आन्दोलन (1942 ई.)
लॉर्ड वैवेल	(1944-1947 ई.)	शिमला समझौता, कैबिनेट मिशन का भारत आगमन (1946 ई.), संविधान सभा का गठन।
लॉर्ड माउण्टबेटन	(1947-1948 ई.)	अन्तिम वायसराय व स्वतन्त्र भारत के प्रथम गवर्नर जनरल, स्वतन्त्रता प्राप्ति व भारत विभाजन।

1857 ई. का ऐतिहासिक विद्रोह

- **29 मार्च, 1857** को मंगल पाण्डे ने बैरकपुर छावनी में विद्रोह किया तथा **10 मई, 1857** को मेरठ के सिपाहियों ने विद्रोह की शुरुआत की।
- मेरठ से विद्रोहियों ने दिल्ली पहुँचकर अंतिम मुगल सम्राट **बहादुरशाह II** को विद्रोह का नेता स्वीकार किया।

1857 ई. विद्रोह के प्रमुख केन्द्र व विद्रोही नेता

केन्द्र	विद्रोही नेता	विद्रोह की तिथि
दिल्ली	बहादुरशाह II, बख्त खाँ	11 मई, 1857
कानपुर	नाना साहब, तात्याँ टोपे	5 जून, 1857
लखनऊ	बेगम हजरत महल	4 जून, 1857
झाँसी	रानी लक्ष्मीबाई	4 जून, 1857
जगदीशपुर	कुँवर सिंह	12 जून, 1857
इलाहाबाद	लियाकत अली	जून, 1857
बरेली	खानबहादुर खान	जून, 1857
फैजाबाद	मौलदी अहमदुल्ला	जून, 1857

भारतीय राष्ट्रीय आन्दोलन

भारतीय राष्ट्रीय कांग्रेस की स्थापना	1885 ई.	अंग्रेज प्रशासनिक अधिकारी ए.ओ. ह्यूम द्वारा स्थापना की गई, प्रथम अधिवेशन (1885 ई.) मुम्बई में हुआ, जिसकी अध्यक्षता व्योमेश चन्द्र बनर्जी ने की थी।
स्वदेशी एवं बहिष्कार आन्दोलन	7 अगस्त, 1905	बंगाल विभाजन (वर्ष 1905) के विरोध में शुरू हुआ, जिसमें विदेशी सामानों व वस्त्रों का बहिष्कार किया गया।
मुस्लिम लीग	वर्ष 1906	आगा खाँ व सलीमुल्ला खाँ के नेतृत्व में ढाका में स्थापना की। इसका उद्देश्य मुस्लिमों के राजनैतिक अधिकारों की रक्षा करना था।
होमरूल लीग आन्दोलन	वर्ष 1916	स्वशासन प्राप्त करने के उद्देश्य से अप्रैल, 1916 में बालगंगाधर तिलक ने पूना से तथा सितम्बर, 1916 में ऐनी बेसेण्ट ने मद्रास से शुरुआत की।
जलियाँवाला बाग हत्याकाण्ड	13 अप्रैल, 1919	रौलेट एक्ट के विरोध में डॉ. सैफुद्दीन किचलू व डॉ. सत्यपाल की गिरफ्तारी का विरोध करने के लिए आयोजित जनसभा पर जनरल डायर द्वारा गोली चलाने का आदेश दिया गया, जिसमें सैंकड़ों निहत्थे लोगों की मृत्यु हो गई।
असहयोग आन्दोलन	वर्ष 1920-1922	इस आन्दोलन का प्रमुख उद्देश्य सरकारी कार्यक्रम व योजनाओं का बहिष्कार करना था। चौरी-चौरा काण्ड (गोरखपुर, उ.प्र.) के कारण 12 फरवरी, 1922 को गाँधीजी ने असहयोग आन्दोलन वापस ले लिया।
सविनय अवज्ञा आन्दोलन	वर्ष 1930	12 मार्च, 1930 को गाँधीजी ने साबरमती आश्रम से दाण्डी तट (नवसारी जिला) के लिए यात्रा आरम्भ की। 6 अप्रैल, 1930 को दाण्डी पहुँच कर गाँधीजी ने नमक कानून तोड़ा, इसलिए इसे **नमक सत्याग्रह** भी कहा जाता है।
भारत छोड़ो आन्दोलन	8 अगस्त, 1942	कांग्रेस ने 'अबुल कलाम आजाद' की अध्यक्षता में वर्ष 1942 को **भारत छोड़ो** प्रस्ताव पारित किया। इस दौरान गाँधीजी ने **करो या मरो** का नारा भी दिया।
कैबिनेट मिशन	मार्च, 1946	भारतीय नेताओं से भारत का संविधान तैयार कराने, अन्तरिम सरकार के गठन के उद्देश्य से भारत आया। इस मिशन के सदस्य स्टेफोर्ड क्रिप्स, पैथिक लॉरेन्स (मिशन के अध्यक्ष) ए.वी. अलेक्जेण्डर थे।
माउण्टबेटन योजना व भारत विभाजन	वर्ष 1947	'माउण्टबेटन योजना' के अन्तर्गत 3 जून, 1947 को भारत का विभाजन करने की घोषणा हुई तथा 15 अगस्त, 1947 को 'भारत व पाकिस्तान' दो नए राष्ट्र अस्तित्व में आए।

राष्ट्रीय स्वतन्त्रता आन्दोलन तथा समाज सुधार से सम्बन्धित महत्त्वपूर्ण संस्थाएँ

संस्था	स्थापना वर्ष	प्रमुख सूत्रधार
प्रार्थना समाज	1867	आत्माराम पाण्डुरंग, महादेव गोविन्द रानाडे
वेद समाज	1871	के. श्रीधरालु नायडू
बॉम्बे प्रेसीडेन्सी एसोसिएशन	1885	फिरोजशाह मेहता, के.टी. तेलंग तथा बदरुद्दीन तैय्यबजी
सर्वेण्ट्स ऑफ इण्डिया सोसायटी	1905	गोपाल कृष्ण गोखले
गदर पार्टी	1913	लाला हरदयाल, काशीराम व सोहन सिंह भाखना
कम्युनिस्ट पार्टी ऑफ इण्डिया	1920	एम.एन. राय (ताशकन्द में)
सर्वेण्ट्स ऑफ पीपल सोसायटी	1920	लाला लाजपत राय
स्वराज पार्टी	1923	मोतीलाल नेहरू, चितरंजन दास व एन. सी. केलकर
राष्ट्रीय स्वयंसेवक संघ	1925	के.बी. हेडगेवार
हिन्दुस्तान सोशलिस्ट रिपब्लिकन एसोसिएशन	1928	चन्द्रशेखर आजाद, भगत सिंह
अखिल भारतीय किसान सभा	1936	एन.जी. रंगा व सहजानन्द
खुदाई खिदमतगार	1937	खान अब्दुल गफ्फार खान
फॉरवर्ड ब्लॉक	1939	सुभाषचन्द्र बोस
आजाद हिन्द फौज	1942	कैप्टन मोहन सिंह

नोट वर्ष 1943 में आजाद हिन्द फौज का पुनर्गठन सिंगापुर में नेताजी सुभाषचन्द्र बोस ने किया।

प्रमुख क्रान्तिकारी घटनाएँ

वर्ष	घटना	स्थान	क्रान्तिकारी
1908	किंग्सफोर्ड की हत्या का प्रयास	मुजफ्फरपुर	खुदीराम बोस व प्रफुल्ल चाकी
1912	वायसराय हार्डिंग की हत्या का प्रयास (दिल्ली बम काण्ड)	दिल्ली	रासबिहारी बोस व बसन्त कुमार
1925	काकोरी काण्ड	काकोरी	रामप्रसाद बिस्मिल व अशफाक उल्ला खाँ
1928	साण्डर्स हत्याकाण्ड	लाहौर	भगत सिंह
1940	माइकल ओ डायर हत्याकाण्ड	लन्दन	सरदार ऊधमसिंह

बीसवीं शताब्दी के प्रमुख किसान आन्दोलन/संगठन

आन्दोलन/संगठन	संस्थापक/अध्यक्ष/नेतृत्व	वर्ष
चम्पारण सत्याग्रह	महात्मा गाँधी	1917
खेड़ा सत्याग्रह	महात्मा गाँधी	1918
उत्तर प्रदेश किसान सभा (संयुक्त प्रान्त किसान सभा)	गौरीशंकर मिश्र, इन्द्रनारायण द्विवेदी एवं मदन मोहन मालवीय	1918
अवध किसान सभा	बाबा रामचन्द्र	1920
एका आन्दोलन	मदारी पासी एवं सहदेव	1921
बारदोली सत्याग्रह	वल्लभभाई पटेल	1928
बिहार किसान सभा	स्वामी सहजानन्द सरस्वती	1929
अखिल भारतीय किसान सभा	स्वामी सहजानन्द सरस्वती	1936
तेभागा आन्दोलन	कम्पाराम, भवन सिंह	1946

राष्ट्रीय आन्दोलन से सम्बन्धित प्रमुख पत्र-पत्रिकाएँ व पुस्तकें

पुस्तकें/पत्र	लेखक
अनहैप्पी इण्डिया	लाला लाजपत राय
एनेशन इन द मेकिंग	सुरेन्द्रनाथ बनर्जी
इण्डिया डिवाइडेड	डॉ. राजेन्द्र प्रसाद
न्यू इण्डिया	ऐनी बेसेण्ट
हिन्दू पैट्रियॉट	हरिश्चन्द्र मुखर्जी
माई एक्सपेरीमेण्ट्स विद ट्रुथ	महात्मा गाँधी
हिन्द स्वराज	महात्मा गाँधी

पुस्तकें/पत्र	लेखक
वन्दे मातरम्	अरविन्द घोष
इण्डिया मिरर (पत्र)	देवेन्द्रनाथ टैगोर
लीडर हिन्दुस्तान (पत्र)	मदन मोहन मालवीय
केसरी (पत्र)	बाल गंगाधर तिलक
यंग इण्डिया	महात्मा गाँधी

प्रसिद्ध वचन	सम्बद्ध व्यक्ति
"करो या मरो"	महात्मा गाँधी
"भारत छोड़ो"	युसूफ मेहर अली
"हिन्दी, हिन्दू, हिन्दोस्तान"	भारतेन्दु हरिश्चन्द्र
"वेदों की ओर लौटो"	स्वामी दयानन्द सरस्वती
"विजयी विश्व तिरंगा प्यारा"	श्यामलाल गुप्त 'पार्षद'

राष्ट्रीय स्वतन्त्रता आन्दोलन सम्बन्धी प्रमुख वचन/नारे

प्रसिद्ध वचन	सम्बद्ध व्यक्ति
"स्वराज हमारा जन्म सिद्ध अधिकार है"	बाल गंगाधर तिलक
"सरफरोशी की तमन्ना अब हमारे दिल में है"	रामप्रसाद बिस्मिल
"सारे जहाँ से अच्छा हिन्दोस्ताँ हमारा"	इकबाल
"वन्दे मातरम्"	बंकिमचन्द्र चटर्जी
"जन-गण-मन अधिनायक जय हे"	रवीन्द्रनाथ टैगोर
"हू लिव्ज इफ इण्डिया डाइज"	जवाहरलाल नेहरू
"पूर्ण स्वराज"	जवाहरलाल नेहरू
"आराम हराम है"	जवाहरलाल नेहरू
"इन्कलाब जिन्दाबाद"	भगत सिंह
"दिल्ली चलो"	सुभाषचन्द्र बोस
"तुम मुझे खून दो, मैं तुम्हें आजादी दूँगा"	सुभाषचन्द्र बोस
"जय हिन्द"	सुभाषचन्द्र बोस

प्रमुख व्यक्तियों के उपनाम

वास्तविक नाम	उपनाम
सी. एफ. एण्ड्रयूज	दीनबन्धु
चितरंजन दास	देशबन्धु
लाला लाजपत राय	पंजाब केसरी, शेर-ए-पंजाब
लालबहादुर शास्त्री	शान्ति पुरुष
बालगंगाधर तिलक	लोकमान्य
भगत सिंह	शहीद-ए-आजम
महात्मा गाँधी	राष्ट्रपिता, बापू , भर्ती कराने वाला सार्जेण्ट
जयप्रकाश नारायण	लोकनायक
रवीन्द्रनाथ टैगोर	गुरुदेव, विश्वकवि, कविगुरु
राजेन्द्र प्रसाद	देशरत्न, अजातशत्रु
वल्लभभाई पटेल	लौह पुरुष, सरदार, भारत का बिस्मार्क
सरोजनी नायडू	भारत कोकिला

भारतीय इतिहास के प्रमुख युद्ध

युद्ध	तिथि/स्थान	पक्ष	विजय
चन्दावर का युद्ध	1194 ई./चन्दावर (पूर्व में फिरोजाबाद)	मुहम्मद गोरी व जयचन्द के बीच	मुहम्मद गोरी
खानवा का युद्ध	1527 ई./खानवा (आगरा के समीप)	बाबर व राणा सांगा	बाबर
चन्देरी का युद्ध	1528 ई./चन्देरी (मध्य प्रदेश)	बाबर व मेदिनीराय	बाबर
तालीकोटा का युद्ध	1565 ई./तालीकोटा (बीजापुर, कर्नाटक)	बहमनी व विजयनगर साम्राज्य	बहमनी साम्राज्य
हल्दीघाटी का युद्ध	1576 ई./हल्दीघाटी (राजस्थान)	राणा प्रताप व अकबर	अकबर
प्लासी का युद्ध	1757 ई./प्लासी (पश्चिम बंगाल)	अंग्रेज व सिराजुद्दौला	अंग्रेज
वाण्डीवाश का युद्ध	1760 ई./वाण्डीवाश (तमिलनाडु)	अंग्रेज व फ्रांसीसी	अंग्रेज
पानीपत का तीसरा युद्ध	1761 ई./पानीपत (हरियाणा)	अहमदशाह अब्दाली व मराठों के बीच	अहमदशाह
बक्सर का युद्ध	1764 ई./बक्सर (पश्चिम बंगाल)	अंग्रेज व संयुक्त सेना	अंग्रेज
प्रथम मैसूर युद्ध	1767-84 ई./मैसूर (कर्नाटक)	हैदर अली व अंग्रेज	हैदर अली
द्वितीय मैसूर युद्ध	1780-84 ई./मैसूर (कर्नाटक)	हैदर अली व अंग्रेज	अनिर्णित
तृतीय मैसूर युद्ध	1790 ई./मैसूर (कर्नाटक)	टीपू सुल्तान व अंग्रेज	सन्धि द्वारा समाप्त
चौथा मैसूर युद्ध	1799 ई./मैसूर (कर्नाटक)	टीपू सुल्तान व अंग्रेज	अंग्रेज

आधुनिक भारत के प्रमुख चर्चित व्यक्तित्व

प्रमुख व्यक्ति	महत्त्वपूर्ण तथ्य
राजाराम मोहन राय (1772-1833 ई.)	इन्हें **भारतीय पुनर्जागरण का अग्रदूत** व **आधुनिक भारत का जनक** कहा जाता है। ये सामाजिक, शैक्षिक सुधारक व पत्रकार थे, इन्होंने 1828 ई. में **ब्रह्म समाज** की स्थापना की तथा सती प्रथा की समाप्ति के लिए अधिनियम (1829) पारित कराया, मुगल सम्राट अकबर द्वितीय ने 'राजा' की उपाधि प्रदान की।
ईश्वर चन्द विधासागर (1820-1891 ई.)	ये प्रसिद्ध शिक्षाविद्, लेखक व महान समाज सुधारक थे, इनके बचपन का नाम 'ईश्वर चन्द्र बन्दोपाध्याय' था। ये 'स्त्री शिक्षा' के समर्थक थे, इनके प्रयासो से ही 1856 ई. में विधवा-पुनर्विवाह अधिनियम पारित हुआ।
दादा भाई नौरोजी (1825-1917 ई.)	इन्हें **ग्रैण्ड ओल्डमैन ऑफ इण्डिया** भी कहा जाता है। ये ब्रिटिश संसद के निचले सदन **हाउस ऑफ कॉमन** में चुने जाने वाले पहले भारतीय थे। भारतीय राष्ट्रीय कांग्रेस की स्थापना में सक्रिय योगदान, इनके प्रमुख पत्र 'वॉयस ऑफ इण्डिया तथा पुस्तक' **पावर्टी एण्ड अनब्रिटिश रूल इन इण्डिया** हैं।

प्रमुख व्यक्ति	महत्त्वपूर्ण तथ्य
मंगल पाण्डे (1827-1857 ई.)	एक भारतीय स्वतन्त्रता सेनानी थे, इन्होंने 1857 ई. में प्रथम स्वाधीनता संग्राम में महत्त्वपूर्ण भूमिका निभाई। ईस्ट इण्डिया कम्पनी 34वीं बंगाल इन्फेण्ट्री के सिपाही को 8 अप्रैल, 1857 को फाँसी दे दी गई।
रानी लक्ष्मी बाई (1828-1857 ई.)	बचपन का नाम 'मनु' व 'मणिकर्णिका' था। प्रथम स्वतन्त्रता संग्राम (1857 ई.) की वीरांगना थीं, इन्हें 'झाँसी की रानी' भी कहा जाता है।
बेगम हजरत महल (1820-1879 ई.)	अवध के अन्तिम नवाब वाजिद अली शाह की पत्नी थी, 1857 ई. में भारत में भारत के पहले स्वतन्त्रता संग्राम में अंग्रेजों के खिलाफ लखनऊ से विद्रोह का नेतृत्व किया, इन्हें 'महक परी' भी कहा जाता है। अंग्रेजों के विरुद्ध संघर्ष में हार के पश्चात् नेपाल चली गई।
ज्योतिबा फुले (1827-1890 ई.)	इन्हें 'महात्मा फुले' भी कहा जाता है। ये प्रसिद्ध समाज सुधारक, दार्शनिक व क्रान्तिकारी कार्यकर्ता थे। 1873 ई. में इन्होंने महाराष्ट्र में 'सत्य शोधक समाज' की स्थापना की तथा महिलाओं व दलितों के उत्थान के लिए अनेक कार्य किए।
ऐनी बेसेन्ट (1847-1933 ई.)	ये आयरिश महिला थीं तथा थियोसोफिकल सोसाइटी की स्थापना हेतु नवम्बर, 1893 में भारत आगमन सेण्ट्रल हिन्दू कॉलेज की स्थापना की (1898 ई.)। वर्ष 1916 में स्वदेशी आन्दोलन हेतु मद्रास में होमरूल लीग की स्थापना की। वर्ष 1917 में कांग्रेस के कलकत्ता अधिवेशन में कांग्रेस की प्रथम महिला अध्यक्ष बनी। इनकी महत्त्वपर्ण पुस्तकें 'न्यू इण्डिया', '1930' आदि तथा प्रमुख पत्र 'कॉमनवील' हैं।
बाल गंगाधर तिलक (1856-1920 ई.)	ये उग्रवादी विचारधारा के समर्थक थे, महाराष्ट्र में 'गणपति व शिवाजी महोत्सव' का आयोजन कराया, 'लोकमान्य' व भारत के बेताज बादशाह' नाम से प्रसिद्ध, 'केसरी' व 'मराठा' जैसे पत्रो द्वारा जागृति फैलाने का प्रयास किया इनकी प्रसिद्ध पुस्तकें 'गीता रहस्य' व 'आर्कटिक होम इन द वेदाज' हैं।
गोपाल कृष्ण गोखले (1866-1915 ई.)	महाराष्ट्र के प्रसिद्ध राष्ट्रवादी नेता, महात्मा गाँधी के 'राजनीतिक गुरु' थे। वर्ष 1905 में 'सर्वेण्ट्स ऑफ इण्डिया सोसायटी' की स्थापना तथा कांग्रेस के बनारस अधिवेशन (1905) की अध्यक्षता की, दक्कन एजुकेशन सोसायटी के सदस्य, 'सुधार पत्र' के सम्पादक रहे।
लाला लाजपत राय (1865-1928 ई.)	ये कांग्रेस के गरम दल 'लाल-बाल-पाल' में से एक थे तथा पेशे से वकील थे। 'गदर पार्टी' व 'आर्य समाज' के सक्रिय कार्यकर्ता रहे। इन्हें 'शेर ए पंजाब' या 'पंजाब केसरी' भी कहा जाता है। नवम्बर, 1928 में साइमन कमीशन के विरुद्ध प्रदर्शन के दौरान लाठी-प्रहार में घायल व शहीद हुए। महत्त्वपूर्ण पुस्तकें–यंग इण्डिया, पॉलिटिकल फ्यूचर ऑफ इण्डिया हैं।
मदन मोहन मालवीय (1861-1946 ई.)	ये पेशे से वकील तथा प्रमुख राष्ट्रवादी थे, 'हिन्दू महासभा' के संगठनकर्ता तथा वर्ष 1934 में साम्प्रदायिक निर्णय (पंचाट) का विरोध किया। वर्ष 1916 में बनारस में 'काशी हिन्दू विश्वविद्यालय' की स्थापना की। इनके प्रमुख पत्र–द लीडर, हिन्दुस्तान, अभ्युदय व मर्यादा हैं। इन्हें 'महामना' भी कहा जाता है।
मैडम भीकाजी कामा (1869-1935 ई.)	भारत की प्रथम सुविख्यात क्रान्तिकारी महिला थीं। भारतीय क्रान्तिकारियों द्वारा 'माँ' की उपाधि से अभिहित, यूरोप (पेरिस) तथा अमेरिका में क्रान्तिकारी गतिविधियों का 'संचालन' किया। ये विदेश में भारत का स्वनिर्मित प्रथम राष्ट्रीय ध्वज फहराने वाली प्रथम व एकमात्र महिला थीं।
स्वामी विवेकानन्द (1863-1902 ई.)	ये वेदान्त के विख्यात व प्रभावशाली 'आध्यात्मिक गुरु' थे। इनका वास्तविक नाम 'नरेन्द्रनाथ दत्त' था। 1893 ई. में शिकागो में आयोजित विश्व धर्म महासभा में भारत की ओर से 'सनातन धर्म' का प्रतिनिधित्व किया। 1896 ई. में न्यूयॉर्क में वेदान्त सोसायटी की स्थापना तथा 1897 ई. में 'रामकृष्ण मिशन' की स्थापना की। इनकी प्रसिद्ध पुस्तक 'राजयोग' है।
महात्मा गाँधी (1869-1948 ई.)	भारतीय स्वतन्त्रता आन्दोलन के प्रमुख राजनैतिक व आध्यात्मिक नेता वर्ष 1915 में 'भारत आगमन'। वर्ष 1930 में नमक सत्याग्रह व वर्ष 1942 में भारत छोड़ो आन्दोलन शुरू किया। इनकी प्रमुख पुस्तकें 'सत्य के साथ मेरे प्रयोग' व 'नवजीवन' तथा 'हिन्द स्वराज' हैं।
चन्द्रशेखर आजाद (1906-1931 ई.)	वर्ष 1921 में असहयोग आन्दोलन में भाग लिया, वर्ष 1925 में काकोरी ट्रेन लूट काण्ड में भाग लिया तथा वर्ष 1928 में दिल्ली के फिरोजशाह कोटला में हिन्दुस्तान सोशलिस्ट रिपब्लिकन एसोसिएशन (HSRA) की स्थापना की वर्ष 1928 में लाला लाजपत राय की मौत का बदला लेने के लिए लाहौर में अंग्रेज अधिकारी 'साण्डर्स' की हत्या की, वर्ष 1931 में इलाहाबाद के अल्फ्रेड पार्क में पुलिस मुठभेड़ के दौरान शहीद हो गए।
भगत सिंह (1907-1931)	ये प्रमुख क्रान्तिकारी थे। वर्ष 1925 में लाहौर में 'नौजवान भारत सभा' की स्थापना की। वर्ष 1929 में बटुकेश्वर दत्त के साथ दिल्ली के केन्द्रीय असेम्बली में बम फेंका व आत्मसमर्पण कर दिया। मार्च, 1931 में लाहौर षड्यन्त्र केस में इन्हें फाँसी दे दी गई। इनकी प्रसिद्ध रचना 'व्हाई आई एम एन एथीस्ट' है।
सुभाष चन्द्र बोस (1897-1945 ई.)	वर्ष 1920 में भारतीय सिविल सेवा में चौथा स्थान प्राप्त किया, वर्ष 1938 व 1939 में (हरिपुरा व त्रिपुरी अधिवेशन) कांग्रेस अधिवेशन की अध्यक्षता की। वर्ष 1939 में फॉरवर्ड ब्लॉक नामक दल की स्थापना तथा अगस्त, 1943 में आजाद हिन्द फौज की कमान संभाली। वर्ष 1945 में ताइवान में विमान-दुर्घटना में मृत्यु। प्रमुख पुस्तकें–इण्डियन स्ट्रगल, एन इण्डियन पिलग्रिम आदि।
जवाहरलाल नेहरू (1888-1964 ई.)	भारतीय राष्ट्रीय आन्दोलन के प्रमुख नेता व धर्मनिरपेक्ष व समाजवादी थे। स्वतन्त्र भारत के प्रथम प्रधानमन्त्री थे। 'पण्डित नेहरू' व 'चाचा नेहरू' के नाम से प्रसिद्ध। वर्ष 1955 में 'भारत रत्न' से सम्मानित। प्रसिद्ध पुस्तकें– ग्लम्पसेज ऑफ वर्ल्ड हिस्ट्री, द डिस्कवरी ऑफ इण्डिया है।
मदर टेरेसा (1910-1997 ई.)	ये अल्बानिया की मूल निवासी थीं तथा असली नाम 'गोंकशे-बोजशियु' था। वर्ष 1948 में भारतीय नागरिकता ली तथा वर्ष 1950 में कोलकाता में 'मिशनरीज ऑफ चैरिटी' की स्थापना की। वर्ष 1971 में नोबेल शान्ति पुरस्कार तथा वर्ष 1960 में 'भारत रत्न' से सम्मानित किया गया।

प्रमुख व्यक्ति	महत्त्वपूर्ण तथ्य
रवीन्द्रनाथ टैगोर (1861-1941 ई.)	ये महान कवि, लेखक, चित्रकार व शिक्षाविद् थे। वर्ष 1901 में 'शान्ति निकेतन' में एक विद्यालय की स्थापना की। वर्ष 1911 में राष्ट्रगान 'जन मण गन' लिखा। वर्ष 1913 में 'गीतांजलि' पुस्तक के लिए साहित्य का नोबेल पुरस्कार मिला, वर्ष 1915 में ब्रिटिश सम्राट जॉर्ज पंचम द्वारा 'सर' की उपाधि से विभूषित इनके द्वारा रचित गीत 'आमार सोनार बांग्ला' बांग्लादेश का राष्ट्रीय गान है। इनकी प्रसिद्ध पुस्तकें चित्रा, गोरा, गीतांजलि, नौका डूबी आदि हैं।
भीमराव अम्बेडकर (1891-1956 ई.)	इन्होंने वर्ष 1924 में दलित वर्ग संस्थान तथा बहिष्कृत हितकरणी सभा की स्थापना की। इन्हें 'संविधान का पिता' कहा जाता है तथा अन्तरिम सरकार में विधि मन्त्री तथा संविधान सभा की प्रारूप समिति के अध्यक्ष प्रसिद्ध पुस्तकें/पत्र-मूकनायक (पत्र), एनीहिलेशन ऑफ कास्ट, कास्ट्स इन इण्डिया आदि।
सरोजिनी नायडू (1879-1948 ई.)	ये प्रख्यात कवयित्री व राष्ट्रवादी नेता थीं, 'भारत कोकिला' नाम से प्रसिद्ध, कांग्रेस की प्रथम भारतीय महिला अध्यक्ष (कानपुर अधिवेशन, 1925), स्वतन्त्रता के पश्चात् प्रथम महिला राज्यपाल (UP)। प्रमुख पुस्तकें - सांग्स ऑफ इण्डिया व ब्रोकन विंग।
सरदार वल्लभ भाई पटेल (1857-1950 ई.)	वर्ष 1918 में खेड़ा सत्याग्रह में भाग लेकर राजनैतिक जीवन प्रारम्भ किया, वर्ष 1922 में बारदोली आन्दोलन के सफल नेतृत्व के कारण 'सरदार' की उपाधि मिली। स्वतन्त्रता पश्चात् सभी देशी रियासतों व रजवाड़ों का भारतीय संघ में विलय कराया। स्वतन्त्र भारत के प्रथम उप-प्रधानमन्त्री व गृहमन्त्री रहे।
सर्वपल्ली राधाकृष्णन (1888-1975 ई.)	प्रसिद्ध धर्म व दर्शन के विद्वान्, बनारस हिन्दू विश्वविद्यालय के उपकुलपति रहे। स्वतन्त्रता पश्चात् भारत के पहले उपराष्ट्रपति (वर्ष 1952-62) तथा भारत के राष्ट्रपति (1962-66 ई.) रहे। इनके जन्मदिवस 5 सितम्बर को 'शिक्षक दिवस' के रूप में मनाया जाता है। प्रमुख पुस्तकें 'रिलिजन एण्ड कल्चर', इण्डियन फिलोसॉफी आदि। वर्ष 1954 में इन्हें 'भारत रत्न' से सम्मानित किया गया।

भारतीय कला व संस्कृति

शास्त्रीय नृत्य

शास्त्रीय नृत्य	क्षेत्र	सम्बन्धित कलाकार
भरतनाट्यम	तमिलनाडु	यामिनी कृष्णमूर्ति, रूक्मिणी देवी, टी बाला सरस्वती, सोनल मानसिंह, मृणालिनी साराभाई
कथकली	केरल	वल्लातोल नारायण मेनन, रामगोपाल, मृणालिनी साराभाई, आनन्द शिवरामन, कृष्णन कुट्टी
मोहिनीअट्टम	केरल	तारा निडुगाडी, तंकमणि, भारती शिवाजी, श्रीदेवी, रागिनी देवी
कत्थक	उत्तर प्रदेश तथा राजस्थान	लच्छू महाराज, अच्छन महाराज, सुखदेव महाराज, सितारा देवी, बिरजू महाराज, भारती गुप्ता
कुचिपुड़ी	आन्ध्र प्रदेश	वेम्पति सत्यनारायण, यामिनी कृष्णमूर्ति, राधा रेड्डी, लक्ष्मीनारायण शास्त्री, स्वप्न सुन्दरी
ओडिसी	ओडिशा	इन्द्रीमणि रहमान, कालीचन्द्र, संयुक्ता पाणिग्रही, माधवी मुद्गल, गुरु केलुचरण महापात्र
मणिपुरी	मणिपुर	रीता देवी, सविता मेहता, थाम्बला यामा, सिंहजीहसिंह कलावती देवी
सत्रिया	असम	मधुश्मिता बोरा, प्रेरोना भूयान, अनिता शर्मा, जतिन गोस्वामी, रामेश्वर सँक्रिया

भारत के विभिन्न राज्यों में प्रचलित प्रमुख लोकनृत्य

राज्य	लोकनृत्य
असम	बिहू, खेलगोपाल, कलिगोपाल
पंजाब	कीकली, भाँगड़ा, गिद्दा
हिमाचल प्रदेश	जद्दा, नाटी, चम्बा, छपेली
हरियाणा	धमाल, खोरिया, फाग
महाराष्ट्र	तमाशा, लावनी, कोली
जम्मू-कश्मीर	दण्डी नाच, राऊ, लडाखी
राजस्थान	गणगौर, झूमर, घूमर
गुजरात	गरबा, डाण्डिया रास, पणिहारी, रासलीला
बिहार	जट-जटिन, पंवारियाँ, सोहराई, सामा, चकेवा, जतरा
उत्तर प्रदेश	छाऊ, कजरी, नौटंकी, थाली, जट्टा
केरल	कुड़ीअट्टम, कालीअट्टम, मोहिनीअट्टम
पश्चिम बंगाल	जलाया, बाउल नृत्य, कथि, जात्रा
नागालैण्ड	कुमीनागा, रेंगमनागा, चोंग, युद्ध नृत्य, खैवा
मणिपुर	संकीर्तन, लाईहरीबा, थांगटा की तलम, बसन्तराम
मिजोरम	चेरोकान, पाखुलिया नृत्य
झारखण्ड	पन्थी, फुलकी, सरहुल, पाइका, नटुआ, छऊ
ओडिशा	पैका, जदूर, मुदारी, सवारी, छाऊ
उत्तराखण्ड	चांचरी/झोड़ा, छपेली, छोलिया, झुमैलो, जागर, कुमायूँ नृत्य
कर्नाटक	यक्षगान, वीरगास्से, कोडावा
आन्ध्र प्रदेश	बतकम्मा, कुम्मी, छड़ी, सिद्धि, माधुरी
छत्तीसगढ़	सरहुल, नाचा, घसिया बाजा, पण्डवाणी
तमिलनाडु	कोलट्टम, कुम्मी, कारागम
लक्षद्वीप	जरियाकाला

भारत के प्रमुख वाद्ययन्त्र और उनके वादक

सितार	पण्डित रविशंकर, निखिल बनर्जी, विलायत खाँ, बन्दे हसन, शाहिद परवेज
तबला	जाकिर हुसैन, लतीफ खाँ, अल्लारक्खा खाँ, गुदई महाराज, किशन महाराज
बाँसुरी	पन्नालाल घोष, हरिप्रसाद चौरसिया, वी. कुँजमणि, एन. नीला
सरोद	अमजद अली खाँ, अली अकबर खाँ, अलाउद्दीन खाँ, हाफिज खाँ, विश्वजीत राय चौधरी
शहनाई	बिस्मिल्ला खाँ, दयाशंकर जगन्नाथ, अली अहमद हुसैन खाँ

वॉयलिन	डॉ. एन. राजन, विष्णु गोविन्द जोग, एल. सुब्रह्मण्यम, संगीता राजन
वीणा	एस. बालचन्द्रन, बदरुद्दीन डागर, कल्याण
सन्तूर	भजन सोपोरी, शिवकुमार शर्मा
पंखावज	उस्ताद रहमान खाँ, गोपाल दास, छत्रपति सिंह
रुद्रवीणा	उस्ताद सादिक अली खाँ, असद अली खाँ
मृदंग	ठाकुर भीकम सिंह, पालधार रघु
सारंगी	उस्ताद बिन्दु खाँ
नादस्वरम्	शेख चिन्ना मौलाना, राजरत्न पिल्लई, नीरुस्वामी पिल्लई
सिम्झनी	जुबिन मेहता

भारत के प्रमुख मेले

मेला	स्थान
कुम्भ मेला	हरिद्वार, नासिक, उज्जैन, प्रयागराज
पुष्कर मेला	अजमेर (राजस्थान)
सूरजकुण्ड मेला	फरीदाबाद (हरियाणा)
गंगा सागर मेला	गंगासागर (पश्चिम बंगाल)
सोनपुर पशु मेला	सोनपुर (बिहार)
नागौर पशु मेला	नागौर (राजस्थान)

प्रमुख पर्व एवं त्योहार

पर्व/त्योहार	विशेष तथ्य
मकर संक्रान्ति	14 जनवरी को मनाई जाती है।
महाशिव रात्रि	शिव पूजा से सम्बन्धित है और फाल्गुन मास में मनाई जाती है।
होली	हिन्दू धर्म का प्रमुख त्योहार है। फाल्गुन मास की पूर्णिमा को मनाई जाती है।
रक्षाबन्धन	श्रावण मास की पूर्णिमा को मनाया जाता है।
विजयदशमी	दशहरे के दिन मनाई जाती है।
छठ पूजा	सूर्य पूजा से सम्बन्धित है। बिहार का प्रमुख त्योहार।
बुद्ध पूर्णिमा	यह बुद्ध के जन्म, ज्ञान तथा निर्वाण से सम्बन्धित है। बैशाख पूर्णिमा को मनाई जाती है।
महावीर जयंती	चैत्र मास में मनाई जाती है।
गुरु पर्व	गुरु नानक के जन्म दिवस के रूप में मनाया जाता है।
ईद-उल-जुहा	इस्लाम धर्म से सम्बन्धित त्योहार है।
ईद-उल-फितर	रमजान महीने के अन्तिम दिन में मनाया जाता है।
क्रिसमस	25 दिसम्बर को ईसा मसीह के जन्मदिन के उपलक्ष्य में मनाया जाता है।
ईस्टर	ईसा मसीह का पुनर्जन्म होने के उपलक्ष्य में मनाया जाता है।

एग्जाम पैटर्न प्रश्न

प्राचीन भारत का इतिहास

1. निम्न में से कौन प्राचीन भारत का/के साहित्यिक स्रोत है?
(a) यात्रा वृत्तान्त
(b) वेद व पुराण
(c) अभिलेख
(d) मूर्तिकला व चित्रकला

2. सिन्धु घाटी सभ्यता किस काल की सभ्यता मानी जाती है?
(a) पुरापाषाण काल (b) लौह काल
(c) कांस्य काल (d) महापाषाण काल

3. हड़प्पा की खुदाई सर्वप्रथम कब हुई?
(a) वर्ष 1930 में (b) वर्ष 1925 में
(c) वर्ष 1922 में (d) वर्ष 1921 में

4. निम्नलिखित में से कौन-सा सिन्धु घाटी की सभ्यता का महत्त्वपूर्ण स्थान नहीं है?
(a) कालीबंगा (b) आजमगढ़
(c) मोहनजोदड़ो (d) हड़प्पा

5. हड़प्पा सभ्यता में विशाल 'स्नानागार' का साक्ष्य कहाँ से प्राप्त हुआ है?
(a) हड़प्पा (b) मोहनजोदड़ो
(c) लोथल (d) धौलावीरा

6. ऋग्वैदिक काल का सर्वाधिक महत्त्वपूर्ण देवता कौन था?
(a) अग्नि (b) विष्णु (c) इन्द्र (d) वरुण

7. 'गायत्री मन्त्र' का उल्लेख किस वेद में है?
(a) यजुर्वेद (b) अथर्ववेद
(c) ऋग्वेद (d) सामवेद

8. निम्न में कौन-सा युग्म सुमेलित नहीं है?

नदियों के प्राचीन नाम	आधुनिक
(a) वितस्ता	झेलम
(b) विपासा	व्यास
(c) परुष्णी	रावी
(d) कुम्भा	सुवार

9. उत्तरवैदिक काल का सर्वाधिक महत्त्वपूर्ण देवता था
(a) इन्द्र (b) विष्णु
(c) प्रजापति (d) शिव

10. निम्नलिखित में से किस वेद की रचना 'गद्य' एवं पद्य दोनों में की गई है?
(a) ऋग्वेद (b) सामवेद
(c) यजुर्वेद (d) अथर्ववेद

11. भारतीय पुराणों की संख्या कितनी है?
(a) 18 (b) 108 (c) 111 (d) 28

12. महात्मा बुद्ध के 'गृह त्याग' को बौद्ध ग्रन्थों में क्या कहा जाता है?
(a) महापरिनिर्वाण
(b) धर्मचक्रप्रवर्तन
(c) महाभिनिष्क्रमण
(d) इनमें से कोई नहीं

13. महात्मा बुद्ध को ज्ञान की प्राप्ति कहाँ हुई?
(a) पाटलिपुत्र, गंगा नदी के तट पर
(b) इलाहाबाद, संगम पर
(c) बोधगया (उरुवेला), निरंजना नदी के तट पर
(d) जृम्भिक, ऋजुपालिका नदी के तट पर

14. महात्मा बुद्ध ने अपना पहला उपदेश कहाँ दिया?
(a) लुम्बिनी (b) बोधगया
(c) कुशीनगर (d) सारनाथ

15. प्रथम बौद्ध संगीति का आयोजन कहाँ किया गया?
(a) पाटलिपुत्र (b) कुण्डलवन
(c) वैशाली (d) राजगृह

16. चतुर्थ बौद्ध संगीति कुण्डलवन में किसके शासन काल में आयोजित की गई थी?
(a) अशोक (b) कालाशोक
(c) कनिष्क (d) अजातशत्रु

17. जैन धर्म के 24वें तथा अन्तिम तीर्थंकर थे
(a) महावीर (b) पार्श्वनाथ
(c) भद्रबाहु (d) स्थूलबाहु

18. जैन धर्म के अन्तिम तीर्थंकर महावीर ने अपना पहला उपदेश कहाँ दिया था?
(a) पाटलिपुत्र
(b) पावापुरी
(c) वल्लभी
(d) राजगृह

19. जैन धर्म में 'त्रिरत्न' में निम्नलिखित में से किसे सम्मिलित किया जाता है?
(a) सम्यक् दर्शन (b) सम्यक् ज्ञान
(c) सम्यक् चरित्र (d) ये सभी

20. हर्यंक वंश के किस शासक को 'कुणिक' कहा जाता है?
(a) बिम्बिसार (b) अजातशत्रु
(c) उदायिन (d) प्रद्युम्न

21. पाटलिपुत्र नगर की स्थापना किसने की?
(a) बिम्बिसार (b) अजातशत्रु
(c) उदायिन (d) महापद्मनन्द

22. सिकन्दर के आक्रमण के समय मगध का शासक कौन था?
(a) महापद्मनन्द (b) चन्द्रगुप्त मौर्य
(c) धनानन्द (d) राष्ट्रपाल

23. सिकन्दर एवं पोरस के बीच 326 ई. पू का युद्ध किस नाम से जाना जाता है?
(a) पानीपत का युद्ध (b) झेलम का युद्ध
(c) दासराज्ञ युद्ध (d) अरवेला का युद्ध

24. चन्द्रगुप्त मौर्य का प्रधानमन्त्री कौन था?
(a) चाणक्य (b) मेगस्थनीज
(c) तुषास्फ (d) उपगुप्त

25. प्रसिद्ध यूनानी राजदूत मेगस्थनीज किसके दरबार में आया था?
(a) चन्द्रगुप्त मौर्य (b) अशोक
(c) बिन्दुसार (d) दशरथ

26. 'इण्डिका' किसकी रचना है?
(a) अलबरूनी (b) चाणक्य
(c) मेगस्थनीज (d) टॉलेमी

27. मौर्य शासक अशोक ने कलिंग पर कब आक्रमण किया था?
(a) 269 ई. पू. (b) 261 ई. पू.
(c) 259 ई. पू. (d) 251 ई. पू.

28. अशोक के किस शिलालेख में उसकी कलिंग विजय का वर्णन है?
(a) नवें (b) दसवें (c) ग्यारहवें (d) तेरहवें

29. साँची के स्तूप का निर्माण किसने कराया था?
(a) चन्द्रगुप्त मौर्य (b) बिन्दुसार
(c) अशोक (d) कनिष्क

30. भारत में सबसे पहले किस वंश के शासकों ने सोने के सिक्के चलाए?
(a) इण्डो ग्रीक
(b) शक
(c) पहलव
(d) कुषाण

31. गुप्त वंश का संस्थापक कौन था?
(a) घटोत्कच गुप्त (b) चन्द्रगुप्त प्रथम
(c) श्रीगुप्त (d) रामगुप्त

32. किस गुप्त शासक को भारत का नेपोलियन कहा जाता है?
(a) चन्द्रगुप्त प्रथम (b) समुद्रगुप्त
(c) चन्द्रगुप्त द्वितीय (d) कुमारगुप्त

33. चीनी यात्री फाहियान किसके शासनकाल में भारत आया था?
(a) समुद्रगुप्त (b) चन्द्रगुप्त प्रथम
(c) चन्द्रगुप्त द्वितीय (d) कुमारगुप्त

34. चन्द्रगुप्त 'विक्रमादित्य' ने किस उपलक्ष्य में चाँदी के सिक्के जारी किए थे?
(a) राजा बनने के
(b) हूणों को पराजित करने के
(c) शादी करने के
(d) शकों को पराजित करने के

35. गुप्त स्थापत्य कला का सर्वोत्कृष्ट नमूना है
(a) देवगढ़ का दशावतार मन्दिर
(b) तिगवाँ का विष्णु मन्दिर
(c) भितरगाँव का मन्दिर
(d) भूमरा का शिव मन्दिर

36. चीनी यात्री ह्वेनसांग किसके शासनकाल में भारत आया था?
(a) चन्द्रगुप्त द्वितीय (b) कुमारगुप्त
(c) हर्षवर्द्धन (d) राज्यवर्द्धन

37. हर्षवर्द्धन को नर्मदा नदी के तट पर किस शासक ने हराया था?
(a) पुलकेशिन प्रथम (b) अमोघवर्ष
(c) पुलकेशिन द्वितीय (d) देवपाल

38. 'स्थानीय स्वशासन' किसके प्रशासन की विशेषता थी?
(a) चेरों की (b) पल्लवों की
(c) चोलों की (d) पालों की

39. नालन्दा विश्वविद्यालय की स्थापना किसके शासन काल में की गई?
(a) स्कन्दगुप्त (b) कुमारगुप्त प्रथम
(c) चन्द्रगुप्त (d) समुद्रगुप्त

40. 'राजतरंगिणी' के रचयिता हैं
(a) कालिदास (b) कल्हण
(c) बाणभट्ट (d) इनमें से कोई नहीं

मध्यकालीन भारत

41. 712 ई. में भारत पर पहला सफल मुस्लिम आक्रमण किसके द्वारा किया गया?
(a) मुहम्मद-बिन-कासिम
(b) मुहम्मद हज्जाल
(c) महमूद गजनवी
(d) मुहम्मद गोरी

42. महमूद गजनवी ने भारत पर कुल आक्रमण किए?
(a) 15 (b) 16 (c) 17 (d) 19

43. महमूद गजनवी के आक्रमणों में महत्त्वपूर्ण आक्रमण कौन-सा था?
(a) वैहिन्द पर आक्रमण
(b) सोमनाथ पर आक्रमण
(c) कलिंजर पर आक्रमण
(d) नारायणपुर पर आक्रमण

44. 1194 ई. में चन्दावर के युद्ध में मुहम्मद गोरी ने किसे पराजित किया था?
(a) पृथ्वीराज चौहान (b) भीम-I
(c) जयचन्द (d) दाहिर

45. दिल्ली सल्तनत के किस सुल्तान की मृत्यु चौगान (पोलो) खेलते समय हो गई?
(a) इल्तुतमिश
(b) बलबन
(c) कुतुबुद्दीन ऐबक
(d) अलाउद्दीन खिलजी

46. 'इक्तादारी' प्रथा किसने प्रारम्भ की?
(a) मुहम्मद गोरी
(b) मुहम्मद-बिन-तुगलक
(c) सिकन्दर लोदी
(d) इल्तुतमिश

47. भारत की प्रथम मुस्लिम महिला शासिका कौन थी?
(a) चाँद बीबी (b) रजिया सुल्तान
(c) गुलबदन बेगम (d) नूरजहाँ

48. भारत में 'सिजदा' एवं 'पाबोस' प्रथा की किसने शुरुआत की?
(a) बलबन
(b) इल्तुतमिश
(c) मुहम्मद-बिन-तुगलक
(d) उपरोक्त में से कोई नहीं

49. निम्न में से किस सुल्तान ने बाजार नियन्त्रण व्यवस्था लागू की?
(a) इल्तुतमिश
(b) बलबन
(c) अलाउद्दीन खिलजी
(d) सिकन्दर लोदी

50. निम्नलिखित में से किसे 'भारत का तोता' [तूती-ए-हिन्द] कहा जाता है?
(a) हुसैन शाह (b) अमीर खुसरो
(c) बारबक शाह (d) नानक

51. तुगलक वंश की स्थापना किसने की?
(a) मुहम्मद-बिन-तुगलक
(b) ग्यासुद्दीन तुगलक
(c) फिरोजशाह तुगलक
(d) नसिरुद्दीन महमूद

52. मुहम्मद-बिन-तुगलक ने अपनी राजधानी दिल्ली से कहाँ स्थानान्तरित की थी?
(a) लाहौर (b) आगरा
(c) कराची (d) दौलताबाद

53. 'किताब-उत-रेहला' का लेखक इब्नबतूता कहाँ का निवासी था?
(a) सऊदी अरब (b) मोरक्को
(c) तुर्की (d) पुर्तगाल

54. निम्न में से किस सुल्तान ने दीवान-ए-बन्दगान की स्थापना की थी?
(a) इल्तुतमिश
(b) अलाउद्दीन खिलजी
(c) सिकन्दर लोदी
(d) फिरोजशाह तुगलक

55. सल्तनतकालीन किस सुल्तान ने सर्वप्रथम किसानों पर 'सिंचाई कर' तथा ब्राह्मणों पर 'जजिया कर' लगाया?
(a) अलाउद्दीन खिलजी
(b) मुहम्मद-बिन-तुगलक
(c) फिरोजशाह तुगलक
(d) सिकन्दर लोदी

56. .... लोदी वंश का संस्थापक था।
(a) अलाउद्दीन
(b) सुल्तान इब्राहिम
(c) इब्राहिम लोदी
(d) बहलोल लोदी

57. निम्नलिखित में से दिल्ली सल्तनत का सही क्रम क्या है?
(a) गुलाम → तुगलक → खिलजी → लोदी
(b) गुलाम → खिलजी → तुगलक → लोदी
(c) गुलाम → लोदी → खिलजी → तुगलक
(d) तुगलक → खिलजी → गुलाम → लोदी

58. मुगल साम्राज्य की स्थापना किसके द्वारा की गई थी?
(a) बाबर (b) हुमायूँ
(c) अकबर (d) शाहजहाँ

59. बाबर ने किस भाषा में अपनी आत्मकथा 'तुजुक-ए-बाबरी' बाबरनामा की रचना की?
(a) फारसी (b) प्राकृत
(c) तुर्की (d) इनमें से कोई नहीं

60. शेरशाह का मकबरा कहाँ स्थित है?
(a) दिल्ली (b) पटना
(c) सासाराम (d) औरंगाबाद

61. निम्न में से किस शासक ने रुपया एवं दाम चलाया था?
(a) शेरशाह
(b) अकबर
(c) अलाउद्दीन खिलजी
(d) जहाँगीर

62. पानीपत का द्वितीय युद्ध कब हुआ था?
(a) 1536 ई. में (b) 1556 ई. में
(c) 1750 ई. में (d) 1761 ई. में

63. प्रसिद्ध हल्दीघाटी का युद्ध (1576 ई.) किस-किस के मध्य हुआ था?
(a) अकबर-हेमू (b) अकबर-राणा सांगा
(c) अकबर-राणा प्रताप (d) बाबर-मेदिनी राय

64. 'अकबर नामा' के रचनाकार थे
(a) फैजी (b) अबुल फजल
(c) गुलबदन बेगम (d) बदायूँनी

65. अकबर ने 'दीन-ए-इलाही' का प्रवर्तन कब किया?
(a) 1575 ई. (b) 1551 ई.
(c) 1582 ई. (d) 1583 ई.

66. निम्न में से किस मुगल शासक ने 'न्याय की जंजीर' लगवाई थी?
(a) अकबर (b) जहाँगीर
(c) शाहजहाँ (d) औरंगजेब

67. 'नूरजहाँ' का वास्तविक नाम क्या था?
(a) मेहरुन्निसा
(b) चाँदबीबी
(c) अस्मत बेगम
(d) उपरोक्त में से कोई नहीं

68. किस मुगल शासक के शासनकाल में 'चित्रकला' का सर्वाधिक विकास हुआ था?
(a) अकबर (b) शाहजहाँ
(c) बाबर (d) जहाँगीर

69. किस मुगल शासक ने ताजमहल बनवाया था?
(a) शाहजहाँ (b) हुमायूँ
(c) जहाँगीर (d) अकबर

70. निम्न में से किसके शासनकाल को 'वास्तुकला की दृष्टि से स्वर्ण-काल' कहा जाता है?
(a) अकबर (b) जहाँगीर
(c) शाहजहाँ (d) ये सभी

71. किस मुगल बादशाह ने हिन्दुओं पर 'जजिया' नामक कर लगाया था?
(a) जहाँगीर (b) शाहजहाँ
(c) औरंगजेब (d) ये सभी

72. किसे 'जिन्दा पीर' कहा जाता है?
(a) औरंगजेब (b) शाहजहाँ
(c) अकबर (d) जहाँगीर

73. सिख धर्म की स्थापना किसने की?
(a) गुरु नानक देव (b) गुरु अर्जुन देव
(c) गुरु तेग बहादुर (d) गुरु गोविन्द सिंह

74. 'गुरु ग्रन्थ साहिब' का संकलन किस सिख गुरु ने किया?
(a) गुरु नानक
(b) गुरु अर्जुन देव
(c) गुरु हर राय
(d) गुरु गोविन्द सिंह

75. निम्न में से किस सिख गुरु ने 'खालसा' सेना की स्थापना तथा 'पाहुल' पर्व का प्रवर्तन किया?
(a) गुरु अर्जुन
(b) गुरु तेग बहादुर
(c) गुरु हरगोविन्द सिंह
(d) गुरु गोविन्द सिंह

76. शिवाजी की राजधानी कहाँ अवस्थित थी?
(a) तोरण (b) रायगढ़
(c) पूना (d) मावल

77. किस शासक की मन्त्रिपरिषद् को 'अष्ट प्रधान' की संज्ञा दी गई थी?
(a) शिवाजी (b) कृष्णदेव राय
(c) अकबर (d) चन्द्रगुप्त द्वितीय

78. मराठा प्रशासन में 'चौथ' एवं 'सरदेशमुखी' क्या था?
(a) सेना का भाग (b) तोपखाना
(c) एक प्रकार का कर (d) पद

79. पुरन्दर की सन्धि किनके बीच हुई?
(a) शिवाजी एवं राजा जयसिंह
(b) शिवाजी एवं औरंगजेब
(c) बाबर एवं इब्राहिम लोदी
(d) शेरशाह एवं हुमायूँ

80. मराठों के प्रथम पेशवा कौन थे?
(a) बालाजी विश्वनाथ (b) बाजीराव प्रथम
(c) शिवाजी (d) बाजीराव द्वितीय

आधुनिक भारत

81. यूरोपीय व्यापारियों के भारत आगमन का सही क्रम कौन-सा है?
(a) पुर्तगाली-ब्रिटिश-डच-डेन-फ्रेंच
(b) पुर्तगाली-डच-डेन-ब्रिटिश-फ्रेंच
(c) पुर्तगाली-डच-ब्रिटिश-डेन-फ्रेंच
(d) पुर्तगाली-ब्रिटिश-डच-फ्रेंच-डेन

82. भारत तक पहुँचने के लिए समुद्री मार्ग की खोज किसके द्वारा की गई थी?
(a) पुर्तगालियों द्वारा
(b) अंग्रेजों द्वारा
(c) डचों द्वारा
(d) फ्रांसीसियों द्वारा

83. वास्कोडिगामा भारत कब आया था?
(a) 1498 ई. (b) 1757 ई.
(c) 1510 ई. (d) 1600 ई.

84. ईस्ट इण्डिया कम्पनी की स्थापना कब की गई?
(a) 1600 ई. में (b) 1602 ई. में
(c) 1608 ई. में (d) 1615 ई. में

85. अंग्रेजों ने सर्वप्रथम अपनी व्यापारिक कोठी कहाँ स्थापित की?
(a) मसूलीपट्टम
(b) पटना
(c) बालासोर
(d) सूरत

86. भारत में फ्रांसीसियों ने पहली फैक्ट्री कहाँ स्थापित की?
(a) मसूलीपट्टम (b) सूरत
(c) पाण्डिचेरी (d) मद्रास

87. प्लासी का युद्ध कब हुआ?
(a) 1757 ई. (b) 1764 ई.
(c) 1758 ई. (d) 1766 ई.

88. बक्सर का युद्ध कब हुआ?
(a) 1757 ई.
(b) 1764 ई.
(c) 1758 ई.
(d) 1766 ई.

89. प्लासी का युद्ध (1757 ई.) किसके मध्य लड़ा गया था?
(a) मीरजाफर एवं अंग्रेज
(b) मीरकासिम एवं अंग्रेज
(c) सिराजुद्दौला एवं अंग्रेज
(d) शुजाउद्दौला एवं अंग्रेज

90. बंगाल का प्रथम गवर्नर-जनरल कौन था?
(a) लॉर्ड विलियम बैण्टिंक
(b) वॉरेन हेस्टिंग्स
(c) रॉबर्ट क्लाइव
(d) एलिजा इम्पे

91. बंगाल में द्वैधशासन की समाप्ति किसने की थी?
(a) वॉरेन हेस्टिंग्स (b) क्लाइव
(c) बैण्टिंक (d) डलहौजी

92. बंगाल में 'स्थायी बन्दोबस्त' किसने लागू किया?
(a) लॉर्ड वेलेजली
(b) लॉर्ड डलहौजी
(c) लॉर्ड कॉर्नवालिस
(d) लॉर्ड रिपन

93. भारत का प्रथम गवर्नर-जनरल कौन था?
(a) लॉर्ड रिपन
(b) लॉर्ड कैनिंग
(c) वॉरेन हेस्टिंग्स
(d) लॉर्ड विलियम बैण्टिंक

94. 'सहायक सन्धि' पर हस्ताक्षर करने वाला पहला शासक कौन था?
(a) हैदराबाद का निजाम
(b) पेशवा बाजीराव द्वितीय
(c) अवध का नवाब
(d) टीपू सुल्तान

95. निम्नलिखित में से किस युद्ध में फ्रांसीसियों की निर्णायक हार हुई तथा अंग्रेजों की सर्वोच्चता स्थापित हुई?
(a) वाण्डीवास का युद्ध
(b) बेदरा का युद्ध
(c) प्रथम कर्नाटक युद्ध
(d) तृतीय कर्नाटक युद्ध

96. 'सती प्रथा' का अन्त तथा 'ठगी प्रथा' को समाप्त करने का श्रेय किसे जाता है?
(a) लॉर्ड मेयो
(b) लॉर्ड कैनिंग
(c) लॉर्ड डलहौजी
(d) लॉर्ड विलियम बैण्टिंक

97. राज्यालय/हड़प नीति/गोद निषेध सिद्धान्त किसके द्वारा लागू किया गया था?
(a) लॉर्ड मेयो (b) लॉर्ड लिटन
(c) लॉर्ड डलहौजी (d) लॉर्ड कैनिंग

98. हड़प नीति/राज्यालय सिद्धान्त के द्वारा सर्वप्रथम किस राज्य को ब्रिटिश साम्राज्य में मिलाया गया?
(a) सतारा (b) नागपुर
(c) झाँसी (d) मैसूर

99. भारत में आधुनिक शिक्षा प्रणाली की शुरुआत मानी जाती है
(a) 1813 ई. के चार्ट अधिनियम से
(b) 1835 ई. के मैकॉले मैन्यूट से
(c) 1854 ई. के वुड डिस्पैच से
(d) 1882 ई. के हण्टर आयोग से

100. भारत में समाचार-पत्रों पर से प्रतिबन्ध हटाने का श्रेय किसे है?
(a) चार्ल्स मैटकॉफ (b) विलियम बैण्टिंक
(c) चार्ल्स मैकॉले (d) चार्ल्स वुड

101. निम्नलिखित में से किस अधिनियम के द्वारा ईस्ट इण्डिया कम्पनी का भारत के साथ व्यापारिक एकाधिकार समाप्त कर दिया गया?
(a) 1813 ई. का चार्टर अधिनियम
(b) 1833 ई. का चार्टर अधिनियम
(c) 1858 ई. का अधिनियम
(d) 1861 ई. का भारतीय परिषद् अधिनियम

102. भारत में पहली रेल कब चली?
(a) 1852 ई. (b) 1853 ई.
(c) 1854 ई. (d) 1855 ई.

103. भारतीय शिक्षा का 'मैग्नाकार्टा' किसे कहा जाता है?
(a) हण्टर कमीशन
(b) मैकाले मैन्यूट
(c) वुड डिस्पैच
(d) 1813 ई. का चार्टर अधिनियम

104. किस वायसराय को भारत में 'स्थानीय स्वशासन' की स्थापना का श्रेय है?
(a) लॉर्ड लिटन
(b) लॉर्ड नॉर्थब्रुक
(c) लॉर्ड रिपन
(d) लॉर्ड डफरिन

105. 1857 ई. के सैन्य विद्रोह के समय गवर्नर जनरल कौन था?
(a) लॉर्ड विलियम बैण्टिंक
(b) लॉर्ड कैनिंग
(c) लॉर्ड डलहौजी
(d) लॉर्ड लिटन

106. किस वायसराय ने 'बंगाल का विभाजन' (वर्ष 1905) किया?
(a) लॉर्ड लिटन (b) लॉर्ड रिपन
(c) लॉर्ड कर्जन (d) लॉर्ड मिण्टो

107. भारत किसके वायसराय काल में स्वतन्त्र हुआ?
(a) विलियम बैण्टिंक
(b) वेलेजली
(c) वेवेल
(d) माउण्टबेटन

108. बंगाल में हुए 'पागलपन्थी विद्रोह' नेतृत्व किसने किया?
(a) करम शाह (b) टीपू
(c) शरीयतुल्ला (d) भूषण सिंह

109. असम के 'अहोम विद्रोह' का नायक था
(a) सिद्धू (b) चित्तर सिंह
(c) गोमधर कुँवर (d) सेवरम्

110. निम्नलिखित में से कौन-सा सही सुमेलित नहीं है?
(a) मोपला विद्रोह-केरल
(b) तेभागा आन्दोलन-बंगाल
(c) सन्थाल विद्रोह-भागलपुर
(d) चुआर विद्रोह-मध्य प्रदेश

111. 1857 ई. का सिपाही विद्रोह कहाँ से प्रारम्भ हुआ?
(a) बैरकपुर
(b) रोहिणी
(c) मेरठ
(d) दिल्ली

112. 1857 ई. के विद्रोह के समय भारत का गवर्नर-जनरल कौन था?
(a) लॉर्ड डलहौजी
(b) लॉर्ड कैनिंग
(c) लॉर्ड रिपन
(d) लॉर्ड डफरिन

113. 1857 ई. के विद्रोह का तात्कालिक कारण क्या था?
(a) सैनिकों को विदेश भेजा जाना
(b) सैनिकों के कान में कुण्डल पहनने तथा माथे पर चन्दन लगाने पर रोक
(c) सैनिकों को अतिरिक्त भत्ता न दिया जाना
(d) सैनिकों द्वारा चर्बी युक्त कारतूस का प्रयोग

114. बिहार में 1857 ई. के विद्रोह को किसने नेतृत्व प्रदान किया था?
(a) अमर सिंह (b) कुँवर सिंह
(c) धर्मवीर सिंह (d) मंगल पाण्डे

115. लखनऊ में 1857 ई. के विद्रोह का नेतृत्व किसने किया?
(a) विरजिस कादिर
(b) बेगम हजरत महल
(c) तात्याँ टोपे
(d) नाना साहिब

116. 1857 ई. के विद्रोह के समय सैनिकों ने किसे भारत का सम्राट घोषित किया?
(a) बहादुर शाह द्वितीय
(b) बख्त खान
(c) नाना साहिब
(d) कुँवर सिंह

117. भारतीय राष्ट्रीय कांग्रेस की स्थापना कब की गई?
(a) 1883 ई.
(b) 1885 ई.
(c) 1892 ई.
(d) 1895 ई.

118. भारतीय राष्ट्रीय कांग्रेस के प्रथम अध्यक्ष थे
(a) सुरेन्द्र नाथ बनर्जी
(b) शिशिर घोष
(c) व्योमेश चन्द्र मुखर्जी
(d) विपिन चन्द्र पाल

119. भारतीय राष्ट्रीय कांग्रेस की स्थापना कहाँ हुई?
(a) बम्बई
(b) पूना
(c) नागपुर
(d) सतारा

120. कांग्रेस का प्रथम विभाजन किस अधिवेशन में हुआ?
(a) कलकत्ता (वर्ष 1906)
(b) बनारस (वर्ष 1905)
(c) सूरत (वर्ष 1907)
(d) अहमदाबाद (वर्ष 1907)

121. मुस्लिम लीग की स्थापना कब की गई?
(a) वर्ष 1904 में (b) वर्ष 1905 में
(c) वर्ष 1906 में (d) वर्ष 1907 में

122. राष्ट्रवाद की भावना के प्रचार के लिए 'गणपति' एवं 'शिवाजी' उत्सव किसने प्रारम्भ किया?
(a) गोपाल कृष्ण गोखले
(b) बाल गंगाधर तिलक
(c) विपिनचन्द्र पाल
(d) उपरोक्त में से कोई नहीं

123. निम्न में 'लाल', 'बाल' एवं 'पाल' से किसका सम्बन्ध नहीं है?
(a) लाला लाजपत राय
(b) विपिनचन्द्र पाल
(c) बाल गंगाधर तिलक
(d) गोपाल कृष्ण गोखले

124. "स्वराज हमारा जन्म सिद्ध अधिकार है" यह प्रसिद्ध उक्ति किसकी है?
(a) गोपाल कृष्ण गोखले
(b) बाल गंगाधर तिलक
(c) ऐनी बेसेण्ट
(d) भगत सिंह

125. बंगाल विभाजन की घोषणा किस दिन से प्रभावी हुई थी?
(a) 16 सितम्बर, 1905
(b) 16 अक्टूबर, 1905
(c) 16 जुलाई, 1905
(d) 26 जुलाई, 1905

126. 'स्वदेशी एवं बहिष्कार' आन्दोलन का सम्बन्ध था
(a) बंगाल विभाजन से
(b) असहयोग आन्दोलन से
(c) सविनय अवज्ञा आन्दोलन से
(d) चम्पारण सत्याग्रह से

127. भारत में सबसे पहले होमरूल लीग की स्थापना किसने की थी?
(a) बालगंगाधर तिलक
(b) ऐनी बेसेण्ट
(c) गोपाल कृष्ण गोखले
(d) रामास्वामी अय्यर

128. कौन-सी महत्त्वपूर्ण घटना जलियाँवाला बाग नरसंहार के तुरन्त पूर्व घटी थी?
(a) असहयोग आन्दोलन
(b) रौलेट एक्ट का बनना
(c) साम्प्रदायिक
(d) साइमन कमीशन का आना

129. काफी संख्या में लोग अमृतसर के जलियाँवाला बाग में 13 अप्रैल, 1919 को एकत्रित हुए थे, गिरफ्तारी के विरोध में।
(a) स्वामी श्रद्धानन्द और मजहरूल हक
(b) मदनमोहन मालवीय और मोहम्मद अली जिन्ना
(c) महात्मा गाँधी और अबुल कलाम आजाद
(d) डॉ. सैफुद्दीन किचलू और डॉ. सत्यपाल

130. निम्नलिखित घटनाओं में सबसे पहले कौन-सी घटना घटित हुई?
(a) जलियाँवाला बाग नरसंहार
(b) डॉ. सत्यपाल को बन्दी बनाया जाना
(c) वर्ष 1919 का अमृतसर कांग्रेस का अधिवेशन
(d) असहयोग आन्दोलन

131. वर्ष 1920 में किसकी अध्यक्षता में हुए कलकत्ता अधिवेशन में असहयोग आन्दोलन का प्रस्ताव पारित किया गया था?
(a) महात्मा गाँधी
(b) लाला लाजपत राय
(c) मुहम्मद अली
(d) शौकत अली

132. निम्नलिखित में से कौन सी चौरी-चौरा काण्ड की वास्तविक तिथि है?
(a) 5 फरवरी, 1922
(b) 4 फरवरी, 1922
(c) 2 फरवरी, 1922
(d) 6 फरवरी, 1922

133. किस घटना के कारण गाँधीजी ने असहयोग आन्दोलन वापस लिया था?
(a) काकोरी काण्ड
(b) चौरी-चौरा काण्ड
(c) जलियाँवाला बाग काण्ड
(d) मुजफ्फरनगर काण्ड

134. 'गदर पार्टी' का संस्थापक कौन था?
(a) सचिन्द्रनाथ सान्याल
(b) चन्द्रशेखर आजाद
(c) लाला हरदयाल
(d) बटुकेश्वर दत्त

135. किस क्रान्तिकारी को मुजफ्फरपुर के जज किंग्सफोर्ड पर बम फेंकने के आरोप में फाँसी दी गई थी?
(a) प्रफुल्ल चाकी
(b) खुदीराम बोस
(c) भगत सिंह
(d) राम बिहारी बोस

136. महात्मा गाँधी का राजनीतिक गुरु कौन था?
(a) गोपालकृष्ण गोखले
(b) बाल गंगाधर तिलक
(c) अरविन्द घोष
(d) लाला लाजपत राय

137. महात्मा गाँधी ने अपना प्रथम सत्याग्रह किस स्थान से शुरू किया?
(a) खेड़ा (b) बारदोली
(c) चम्पारण (d) साबरमती

138. गाँधीजी ने प्रसिद्ध दाण्डी यात्रा किस वर्ष की थी?
(a) वर्ष 1925 (b) वर्ष 1935
(c) वर्ष 1920 (d) वर्ष 1930

139. महात्मा गाँधी के राजनीतिक जीवन की निम्नलिखित घटनाओं का कालक्रम क्या है?
(i) चम्पारण
(ii) अहमदाबाद मिल हड़ताल
(iii) खेड़ा
(iv) असहयोग आन्दोलन
नीचे दिए हुए कूटों से उत्तर का चयन कीजिए।
(a) (ii), (iv), (iii), (i)
(b) (i), (ii), (iii), (iv)
(c) (iv), (iii), (ii), (i)
(d) (iii), (iv), (ii), (i)

140. 'वन्देमातरम्' समाचार-पत्र के संपादक थे?
(a) महात्मा गाँधी (b) मदन मोहन मालवीय
(c) ऐनी बेसेण्ट (d) अरविन्द घोष

141. 'वेदों की ओर लौटो' का नारा किसने दिया?
(a) स्वामी रामकृष्ण परमहंस
(b) स्वामी दयानन्द सरस्वती
(c) स्वामी विवेकानन्द
(d) आचार्य नरेन्द्र देव

भारतीय कला एवं संस्कृति

142. यक्षगान किस राज्य की प्रमुख नृत्य कला है?
(a) उत्तर प्रदेश (b) कर्नाटक
(c) केरल (d) असम

143. नौटंकी किस राज्य का एक लोकनृत्य है?
(a) हरियाणा (b) केरल
(c) उत्तर प्रदेश (d) मध्य प्रदेश

144. कथकली किस राज्य का एक नृत्य-अभिनय है?
(a) आन्ध्र प्रदेश (b) केरल
(c) मणिपुर (d) तमिलनाडु

145. बिहू नृत्य किस भारतीय राज्य का लोकनृत्य है?
(a) असम
(b) अरुणाचल प्रदेश
(c) ओडिशा
(d) हरियाणा

146. गुरु केलुचरण महापात्र किस नृत्यशैली में निपुण थे?
(a) कत्थक (b) कुचिपुड़ी
(c) भरतनाट्यम (d) ओडिसी

147. सुमेलित कीजिए

A. भरतनाट्यम	(i) असम
B. कथकली	(ii) उत्तर प्रदेश
C. कत्थक	(iii) केरल
D. सत्रिया	(iv) तमिलनाडु

कूट

	A	B	C	D
(a)	(i)	(ii)	(iii)	(iv)
(b)	(iv)	(iii)	(ii)	(i)
(c)	(ii)	(i)	(iii)	(iv)
(d)	(i)	(iii)	(ii)	(iv)

148. निम्न में से कौन सुमेलित नहीं है?

	वादक	वाद्ययन्त्र
(a)	हरिप्रसाद चौरसिया	बाँसुरी
(b)	अली अकबर खाँ	सरोद
(c)	शाहिद परवेज	सितार
(d)	गोपाल दास	वीणा

149. निम्नलिखित में से नृत्य का 'शास्त्रीय' रूप कौन-सा है?
(a) मणिपुरी (b) मयूरभंज का छउ
(c) भाँगड़ा (d) चाँग

150. सुमेलित कीजिए

सूची I (राज्य)	सूची II (नृत्य)
A. महाराष्ट्र	(i) फाग
B. केरल	(ii) सरहुल
C. झारखण्ड	(iii) मोहिनीअट्टम
D. हरियाणा	(iv) लावनी

कूट

	A	B	C	D
(a)	(i)	(ii)	(iii)	(iv)
(b)	(iii)	(ii)	(iv)	(i)
(c)	(iv)	(iii)	(ii)	(i)
(d)	(i)	(iv)	(ii)	(iii)

151. बेसर शैली के मन्दिर का उदाहरण है
(a) कैलाशनाथ मन्दिर
(b) कन्दरिया महादेव मन्दिर
(c) महाबलीपुरम् का रथ मन्दिर
(d) वृहदेश्वर मन्दिर

152. प्रसिद्ध पुष्कर मेला किस राज्य में लगता है?
(a) राजस्थान (b) बिहार
(c) हरियाणा (d) पंजाब

153. ईसा मसीहा के पुनर्जन्म होने के उपलक्ष्य में कौन-सा पर्व मनाया जाता है?
(a) क्रिसमस
(b) ईस्टर
(c) ईद-उल-जुहा
(d) गुरु पर्व

PYQs

154. मोहनजोदड़ो की खोज आरडी बनर्जी ने ········ में की थी।
क्लर्क (हैदराबाद) 28 फरवरी 2021
(a) वर्ष 1926
(b) वर्ष 1921
(c) वर्ष 1922
(d) उपरोक्त में से कोई नहीं

155. अकबर ने दीन-ए-इलाही की स्थापना मुख्य रूप से ········ के लिए की थी।
क्लर्क (हैदराबाद) 28 फरवरी 2021
(a) एक राष्ट्रीय धर्म की स्थापना करने के लिए, जो मुस्लमानों और हिन्दुओं को स्वीकार्य हो
(b) एक धार्मिक संस्था के निर्माण करने के लिए
(c) हिन्दुओं और मुसलमानों के बीच मतभेदों को समाप्त करने के लिए
(d) नस्लीय और साम्प्रदायिक सहभाव सुनिश्चित करने के लिए

156. गोवा सहित पुर्तगाली उपनिवेशों को किस वर्ष भारत संघ का राज्यक्षेत्र बनाया गया था? **क्लर्क (हैदराबाद) 28 फरवरी 2021**
(a) वर्ष 1961
(b) वर्ष 1963
(c) वर्ष 1965
(d) वर्ष 1960

157. हिन्दू धर्म में किस भगवान को निर्माता के रूप में जाना जाता है?
क्लर्क (हैदराबाद) 28 फरवरी 2021
(a) भगवान शिव
(b) भगवान ब्रह्मा
(c) भगवान गणेश
(d) भगवान विष्णु

158. ········ भारत के अन्तिम मुगल सम्राट थे।
क्लर्क (बेंगलुरु) 23 फरवरी 2020
(a) हैदर अली
(b) बहादुर शाह जफर
(c) औरंगजेब
(d) अकबर

159. महात्मा गाँधी द्वारा प्रकाशित पत्रिका का क्या नाम था?

क्लर्क (दानापुर, जबलपुर, लखनऊ) 01 नवम्बर 2020

(a) स्वतन्त्रता
(b) द टाइम्स
(c) यंग इण्डिया
(d) इण्डिया मिरर

160. चंगेज खान ने ………… की स्थापना की।

क्लर्क (बहरामपुर, हमीरपुर) 01 नवम्बर 2020

(a) मोहुल साम्राज्य
(b) मंगोल साम्राज्य
(c) लोदी वंश
(d) मुगल साम्राज्य

161. अलाउद्दीन खिलजी की सेना का सेनाध्यक्ष उसके दक्कन युद्ध अभियानों के समय कौन था?

क्लर्क (बहरामपुर, हमीरपुर) 01 नवम्बर 2020

(a) नुसरत खान
(b) ऐनुल मुल्क मुल्तानी
(c) मलिक काफूर (d) उलूग खान

उत्तरमाला

1. (b)	2. (c)	3. (d)	4. (b)	5. (b)	6. (c)	7. (c)	8. (d)	9. (c)	10. (c)
11. (a)	12. (c)	13. (c)	14. (d)	15. (d)	16. (c)	17. (a)	18. (d)	19. (d)	20. (b)
21. (c)	22. (c)	23. (b)	24. (a)	25. (a)	26. (c)	27. (b)	28. (d)	29. (c)	30. (a)
31. (c)	32. (b)	33. (c)	34. (d)	35. (d)	36. (c)	37. (c)	38. (c)	39. (b)	40. (b)
41. (a)	42. (c)	43. (b)	44. (c)	45. (c)	46. (d)	47. (b)	48. (a)	49. (c)	50. (b)
51. (b)	52. (d)	53. (b)	54 (d)	55. (c)	56. (d)	57. (b)	58. (a)	59. (c)	60. (c)
61. (a)	62. (b)	63. (c)	64. (b)	65. (c)	66. (b)	67. (a)	68. (d)	69. (a)	70. (c)
71. (c)	72. (a)	73. (a)	74. (b)	75. (d)	76. (b)	77. (a)	78. (c)	79. (a)	80. (a)
81. (c)	82. (a)	83. (a)	84. (a)	85. (d)	86. (b)	87. (a)	88. (b)	89. (c)	90. (b)
91. (a)	92. (c)	93. (d)	94. (a)	95. (a)	96. (d)	97. (c)	98. (a)	99. (b)	100. (a)
101. (a)	102. (b)	103. (c)	104. (c)	105. (b)	106. (c)	107. (d)	108. (a)	109. (c)	110. (d)
111. (c)	112. (b)	113. (d)	114. (b)	115. (b)	116. (a)	117. (b)	118. (c)	119. (a)	120. (c)
121. (c)	122. (b)	123. (d)	124. (b)	125. (b)	126. (a)	127. (a)	128. (b)	129. (d)	130. (b)
131. (b)	132. (a)	133. (b)	134. (c)	135. (b)	136. (a)	137. (c)	138. (d)	139. (b)	140. (d)
141. (b)	142. (b)	143. (c)	144. (b)	145. (a)	146. (d)	147. (b)	148. (d)	149. (a)	150. (c)
151. (c)	152. (a)	153. (b)	154. (c)	155. (a)	156. (a)	157. (b)	158. (b)	159. (c)	160. (b)
161. (c)									

अध्याय 02

भूगोल

विश्व का भूगोल

सौरमण्डल

- सौरमण्डल में सूर्य के अतिरिक्त आठ ग्रह, उपग्रह, कुछ क्षुद्रग्रह व धूमकेतु सम्मिलित हैं।
- आकार के अनुसार ग्रहों का क्रम (अवरोही)-बृहस्पति, शनि, अरुण, वरुण, पृथ्वी, शुक्र, मंगल और बुध है।
- सूर्य से बढ़ती दूरी के आधार पर ग्रहों का क्रम (आरोही)-बुध, शुक्र, पृथ्वी, मंगल बृहस्पति, शनि, अरुण और वरुण है।

नोट सूर्य, चन्द्रमा, तारे व ग्रहों का अध्ययन खगोल विज्ञान के अन्तर्गत किया जाता है।

प्रमुख ग्रह व उनकी उपग्रह संख्या

ग्रह	उपग्रह संख्या
बुध (Mercury)	0
शुक्र (Venus)	0
पृथ्वी (Earth)	1
मंगल (Mars)	2
बृहस्पति (Jupiter)	94
शनि (Saturn)	145
अरुण (Uranus)	27
वरुण (Neptune)	14

सौरमण्डल : स्मरणीय तथ्य

सबसे बड़ा ग्रह	बृहस्पति
सबसे छोटा ग्रह	बुध
पृथ्वी का उपग्रह	चन्द्रमा
सूर्य के सबसे निकट ग्रह	बुध
सूर्य से सबसे दूर स्थित ग्रह	वरुण (नेप्च्यून)
पृथ्वी के सबसे निकट स्थित ग्रह	शुक्र
सबसे अधिक चमकीला ग्रह	शुक्र
सबसे अधिक चमकीला तारा	साइरस
सबसे अधिक उपग्रहों वाला ग्रह	शनि
सबसे अधिक ठण्डा ग्रह	वरुण
सबसे अधिक गर्म ग्रह	शुक्र
रात्रि में लाल दिखाई देने वाला ग्रह	मंगल
सबसे बड़ा उपग्रह	गैनीमेड
सबसे छोटा उपग्रह	डीमोस
नीला ग्रह	पृथ्वी
भोर का तारा	शुक्र
साँझ का तारा	शुक्र
पृथ्वी की बहन	शुक्र
हरा ग्रह	वरुण
विशाल लाल धब्बे वाला ग्रह	बृहस्पति

पृथ्वी : प्रमुख तथ्य

आकृति	दीर्घवृत्ताकार
भूमि क्षेत्रफल	14,89,50,800 वर्ग किमी (29.08%)
जलीय क्षेत्रफल	36,11,49,700 वर्ग किमी (70.92%)
औसत घनत्व	5.52 ग्राम/सेमी^{3}
पृथ्वी का पलायन वेग	11.2 किमी/सेकण्ड
अक्ष पर झुकाव	$23\frac{1^\circ}{2}$
अक्ष का कक्षा तल से झुकाव	$66\frac{1^\circ}{2}$

भूपर्पटी के प्रमुख तत्त्व

तत्त्व	प्रतिशत मात्रा
ऑक्सीजन	46.60
सिलिकॉन	27.72
एल्युमीनियम	8.13
लौह (पृथ्वी पर सर्वाधिक मात्रा में पाया जाने वाला तत्त्व)	5.00
कैल्सियम	3.63
सोडियम	2.83
पोटैशियम	2.59
मैग्नीशियम	1.41

विश्व के प्रमुख ज्वालामुखी

ज्वालामुखी	देश/स्थल
कोटोपैक्सी	इक्वेडोर
मोनालोआ	अमेरिका (हवाई द्वीप)
एटना	इटली (सिसली)
सेण्ट हेलेना	अमेरिका
स्ट्राम्बोली	सिसली द्वीप (इटली)
क्राकाटोआ	इण्डोनेशिया
फ्यूजीयामा	जापान

विश्व के प्रमुख पर्वत

पर्वत श्रेणी	स्थिति	सर्वोच्च चोटी
हिमालय	एशिया	माउण्ट एवरेस्ट
काराकोरम	एशिया	गॉडविन ऑस्टिन (K_2)
एण्डीज	दक्षिण अमेरिका	एकांकागुआ
अलास्का श्रेणी	अलास्का	माउण्ट मेकिन्ले
काकेशस श्रेणी	यूरोप	माउण्ट एल्ब्रुस
आल्पस	यूरोप	माउण्ट ब्लांक
रॉकी	उ.अमेरिका	माउण्ट एल्बर्ट
एटलस	अफ्रीका	तुबकाल
ग्रेट डिवाइडिंग रेंज	ऑस्ट्रेलिया	माउण्ट कोसियूस्को

विश्व के प्रमुख पठार

पेटागोनिया का पठार	अर्जेण्टीना व चिली
दक्कन का पठार	भारत
अनातोलिया का पठार	तुर्की
इण्डो-चाइना का पठार	वियतनाम, कम्बोडिया, लाओस
अबीसीनिया का पठार	इथियोपिया व सोमालिया
कोलोरेडो का पठार	यू.एस.ए.

विश्व के प्रमुख घास मैदान

घास के मैदान	सम्बन्धित देश	घास के मैदान	सम्बन्धित देश
पम्पास	अर्जेण्टीना	डाउन्स	ऑस्ट्रेलिया
प्रेयरी	यू.एस.ए. मैक्सिको	केन्टरबरी	न्यूजीलैण्ड
वेल्ड	दक्षिण अफ्रीका	स्टेपी	यूरेशिया

विश्व के प्रमुख मरुस्थल

मरुस्थल	देश
सहारा (विश्व का सबसे बड़ा)	अल्जीरिया, चाड, लीबिया, माली, मॉरीतानिया, नाइजर, सूडान, ट्यूनीशिया, मिस्र, मोरक्को
गोबी	मंगोलिया व चीन
कालाहारी	बोत्सवाना, नामीबिया, दक्षिण अफ्रीका
तकला माकन	सीक्यांग (चीन)
काराकुम	तुर्कमेनिस्तान
थार	भारत व पाकिस्तान
अटाकामा (विश्व का शुष्कतम)	उत्तरी चिली

वायुमण्डल में गैसों का वितरण

गैस	प्रतिशत मात्रा
नाइट्रोजन	78.08%
ऑक्सीजन	20.94%
ऑर्गन	0.93%
कार्बन डाइऑक्साइड	0.036%
निऑन	0.002%
हीलियम	0.0005%
जिनॉन	0.00009%
हाइड्रोजन	0.00005%

वायुमण्डल की संरचना

मण्डल	ऊँचाई (किमी)	विशेष तथ्य
क्षोभमण्डल	0-16	इसमें मौसमी घटनाएँ होती हैं।
समतापमण्डल	16-50	इसमें वायु परिवहन होता है तथा ओजोन परत पाई जाती है।
मध्यमण्डल	50-80	इसमें ऊँचाई के साथ तापमान में गिरावट होती है।
आयनमण्डल	80-640	इसमें विद्युत आवेशित कण पाए जाते हैं। रेडियो तरंगें इसी मण्डल से वापस पृथ्वी पर लौटती हैं।
बाह्यमण्डल	640 से ऊपर	इसमें तापमान 5000°C पाया जाता है।

प्रमुख स्थानीय चक्रवात

चक्रवात	सम्बन्धित स्थल
टॉरनेडो	मिसीसिपी नदी बेसिन (अमेरिका)
टाइफून	चीन, जापान, फिलीपीन्स
विली-विली	उत्तरी-पश्चिमी ऑस्ट्रेलिया
हरिकेन	मैक्सिको खाड़ी
चक्रवात	भारत

विश्व के प्रमुख महासागर

महासागर	क्षेत्रफल (किमी^{2})
प्रशान्त महासागर	16,57,23,740
अटलाण्टिक या अन्ध महासागर	8,29,63,800
हिन्द महासागर	7,34,25,500
आर्कटिक महासागर	1,40,56,000

महासागरों की प्रमुख जलधाराएँ

जलधाराएँ	प्रकृति	अवस्थिति
क्यूरोशियो धारा	गर्म या उष्ण	प्रशान्त महासागर
क्यूराइल धारा	गर्म	प्रशान्त महासागर
पेरू या हम्बोल्ट धारा	ठण्डी	प्रशान्त महासागर
कैलिफोर्निया धारा	ठण्डी	प्रशान्त महासागर
फ्लोरिडा धारा	गर्म	अटलाण्टिक महासागर
गल्फस्ट्रीम की धारा	गर्म	अटलाण्टिक महासागर
कनारी धारा	ठण्डी	अटलाण्टिक महासागर
ब्राजीलियन धारा	ठण्डी	अटलाण्टिक महासागर
बेंगुएला धारा	ठण्डी	अटलाण्टिक महासागर
मोजाम्बिक धारा	गर्म	हिन्द महासागर
अगुलहास धारा	गर्म	हिन्द महासागर

विश्व के महाद्वीपों का संक्षिप्त विवरण

	एशिया	अफ्रीका	उत्तरी अमेरिका	दक्षिणी अमेरिका	अण्टार्कटिका	यूरोप	ऑस्ट्रेलिया
क्षेत्रफल	29.5%	20.2 %	16.5%	11.8%	9.6%	6.5%	5.3%
सबसे बड़ा देश	चीन	अल्जीरिया	कनाडा	ब्राजील	–	रूस	ऑस्ट्रेलिया
सबसे छोटा देश	मालदीव	मेओटी	सेण्ट पीरे	फॉकलैण्ड द्वीप	–	वेटिकन सिटी	नौरु
सबसे लम्बी नदी	यांग्टीसिक्यांग	नील	मिसीसिपी मिसौरी	अमेजन	–	वोल्गा	मरैं-डार्लिंग

	एशिया	अफ्रीका	उत्तरी अमेरिका	दक्षिणी अमेरिका	अण्टार्कटिका	यूरोप	ऑस्ट्रेलिया
सबसे ऊँचा पर्वत शिखर	माउण्ट एवरेस्ट (8848 मी)	माउण्ट किलीमंजारो (5895 मी)	माउण्ट मैकिन्ले (6194 मी)	अकांकागुआ (6960 मी)	विन्सन मैसिफ (4892 मीटर)	माउण्ट एल्ब्रुस (5642 मी)	माउण्ट कोसियूस्को (2228 मी)
सबसे बड़ी झील	कैस्पियन सागर	विक्टोरिया	सुपीरियर	टिटिकाका		लैडोगा	आयर

विश्व के प्रमुख जलडमरुमध्य

जलडमरुमध्य	सम्बन्धित सागर	पृथक् स्थल
बेरिंग	चुकसी सागर एवं बेरिंग	अलास्का व रूस
मलक्का	अण्डमान सागर एवं दक्षिण चीन सागर	मलाया व सुमात्रा
जिब्राल्टर	भूमध्य सागर एवं अटलाण्टिक	यूरोप व अफ्रीका
फ्लोरिडा	मैक्सिको खाड़ी एवं अटलाण्टिक	फ्लोरिडा (यू.एस.ए.) व वेस्टइण्डीज
पाक	बंगाल की खाड़ी एवं मन्नार की खाड़ी	भारत व श्रीलंका

विश्व की प्रमुख नदियाँ

नदी	उद्गम स्थल	गिरने का स्थान	विशेषताएँ
नील	विक्टोरिया झील	भूमध्य सागर	विश्व की सबसे लम्बी नदी
अमेजन	एण्डीज पर्वत (पेरू)	अटलाण्टिक महासागर	विश्व की सबसे चौड़ी नदी
यांग्टीसिक्यांग	तिब्बत का पठार	चीन सागर	एशिया की सबसे लम्बी नदी
मिसीसिपी-मिसौरी	इतास्का झील (यू. एस. ए.)	मैक्सिको की खाड़ी	उत्तरी अमेरिका की सबसे लम्बी नदी
ह्वांगहो	कुनलुन पर्वत	पोहाई की खाड़ी	इसे चीन का शोक कहा जाता है।
कांगो	लुआलिया और लआपुला नदी का संगम	अटलाण्टिक महासागर	कांगो नदी विषुवत् रेखा को दो बार काटती है।

विश्व की प्रमुख झीलें

झीलें	स्थिति/देश
कैस्पियन सागर	पूर्वी यूरोपीय देश तथा ईरान
सुपीरियर झील	कनाडा तथा अमेरिका
विक्टोरिया झील	युगाण्डा, तंजानिया तथा केन्या
अरल सागर	रूस
ह्यूरन झील	कनाडा तथा अमेरिका
मिशिगन झील	यू. एस. ए.
टंगानिका झील	कांगो, तंजानिया, जाम्बिया तथा जैरे
ग्रेट बैरियर झील	कनाडा
बैकाल झील	रूस
मलावी झील	मलावी तथा मोजाम्बिक

प्रचलित भौगोलिक उपनाम

उपनाम	देश/स्थान
हाथियों का देश	लाओस
चीनी का कटोरा	क्यूबा
पूर्व का मोती	सिंगापुर
झीलों का देश	फिनलैण्ड
मध्यरात्रि का सूर्य	नॉर्वे
यूरोप का हृदय	स्विट्जरलैण्ड
नहरों का नगर	वेनिस
अन्ध महाद्वीप	अफ्रीका
पैगोडा का देश	म्यांमार (बर्मा)
सूर्योदय का देश	जापान
पवित्र भूमि	येरुशलम
सात पर्वतों का नगर	रोम
यूरोप का स्वर्ग	स्विट्जरलैण्ड
दुनिया की छत	पामीर का पठार
सफेद हाथियों का देश	थाइलैण्ड

प्रमुख अन्तर्राष्ट्रीय सीमाएँ

सीमा रेखा	भौगोलिक स्थिति
मैकमोहन रेखा	भारत-चीन के मध्य
डूरण्ड रेखा	पाकिस्तान-अफगानिस्तान के मध्य
रेडक्लिफ रेखा	भारत-पाकिस्तान के मध्य
हिण्डनबर्ग रेखा	जर्मनी-पौलेण्ड के मध्य
17वीं समान्तर रेखा	उत्तरी व दक्षिणी वियतनाम के मध्य
38वीं समान्तर रेखा	उत्तरी कोरिया व दक्षिण कोरिया के मध्य
49वीं समान्तर रेखा	यू. एस. ए. व कनाडा के मध्य

नदियों के किनारे बसे प्रमुख नगर

नगर	नदी	नगर	नदी
लन्दन (इंग्लैण्ड)	टेम्स	लाहौर (पाकिस्तान)	रावी
बर्लिन (जर्मनी)	स्प्री	मैड्रिड (स्पेन)	मैन्जनियर
विएना (ऑस्ट्रिया)	डेन्यूब	बगदाद (इराक)	टिगरिस
शंघाई (चीन)	यांग्टिसीक्यांग	काहिरा (मिस्र)	नील
न्यूयॉर्क (यू. एस. ए.)	हडसन	टोकियो (जापान)	अराकावा
वॉशिंगटन (यू. एस. ए.)	पोटोमैक	सिडनी (ऑस्ट्रेलिया)	डार्लिंग
रोम (इटली)	टाइबर	कराची (पाकिस्तान)	सिन्धु
पेरिस (फ्रांस)	सीन		

विश्व की प्रमुख जनजातियाँ

जनजातियाँ	निवास स्थान
पिग्मी	कांगो बेसिन (अफ्रीका)
रेड इण्डियन	उत्तरी अमेरिका के तटीय क्षेत्रवासी
एस्किमो	कनाडा के टुण्ड्रा प्रदेश के क्षेत्रवासी
खिरगीज	एशिया
बुशमैन	कालाहारी मरुस्थल (बोत्सवाना)
जुलु	नाटाल प्रान्त (दक्षिण अफ्रीका)
बद्दू	अरब

भारत का भूगोल

भारत का संक्षिप्त परिचय

भारत का कुल क्षेत्रफल	32,87,263 वर्ग किमी (विश्व के क्षेत्रफल का 2.42%)
क्षेत्रफल की दृष्टि से विश्व में स्थान	7वाँ स्थान
वर्तमान राज्य व केन्द्रशासित प्रदेश	28 (राज्य) व 8 केन्द्रशासित प्रदेश
क्षेत्रफल की दृष्टि से सबसे बड़ा व सबसे छोटा राज्य	राजस्थान (सबसे बड़ा) व गोवा (सबसे छोटा)
क्षेत्रफल की दृष्टि से सबसे बड़ा व सबसे छोटा केन्द्रशासित प्रदेश	जम्मू कश्मीर (सबसे बड़ा) व लक्षद्वीप (सबसे छोटा)
अक्षांशीय विस्तार	8°4′ से 37°6′ उत्तरी अंक्षाश
देशान्तरीय विस्तार	68°7′ से 97°25′ पूर्वी देशान्तर मध्य
सर्वाधिक लम्बी तटीय रेखा वाला राज्य	गुजरात (1600 किमी)
सबसे छोटी तटीय रेखा वाला राज्य	गोवा
भारत का दक्षिणतम बिन्दु	इन्दिरा प्वॉइण्ट (ग्रेट निकोबार द्वीप)
सबसे उत्तरी बिन्दु	इन्दिरा कॉल (लद्दाख)
भारत का मानक समय	प्रयागराज (इलाहाबाद) में नैनी (मिर्जापुर) से गुजरने वाली 82°30′ पूर्वी देशान्तर

भारत के सीमावर्ती देश

देश	सीमा पर स्थित भारतीय राज्य/केन्द्रशासित प्रदेश
पाकिस्तान (3323 किमी)	गुजरात, राजस्थान, पंजाब, जम्मू-कश्मीर
अफगानिस्तान (106 किमी)	जम्मू-कश्मीर (पाक अधिकृत कश्मीर)
चीन (3488 किमी)	हिमाचल प्रदेश, उत्तराखण्ड, सिक्किम, अरुणाचल प्रदेश
नेपाल (1751 किमी)	उत्तर प्रदेश, बिहार, पश्चिम बंगाल, सिक्किम, उत्तराखण्ड
भूटान (699 किमी)	सिक्किम, पश्चिम बंगाल, असम, अरुणाचल प्रदेश
बांग्लादेश (4096 किमी)	पश्चिम बंगाल, असम, मेघालय, त्रिपुरा, मिजोरम
म्यांमार (1643 किमी)	अरुणाचल प्रदेश, नागालैण्ड, मणिपुर, मिजोरम

भारत के प्रमुख दर्रे

दर्रे	राज्य/केन्द्रशासित प्रदेश	दर्रे	राज्य/केन्द्रशासित प्रदेश
काराकोरम	जम्मू-कश्मीर	बारालाचा ला	हिमाचल प्रदेश
बनिहाल	जम्मू-कश्मीर	लिपुलेख	उत्तराखण्ड
रोहतांग	हिमाचल प्रदेश	तुजु	मणिपुर
बुर्जिल	जम्मू-कश्मीर	जोजिला	जम्मू-कश्मीर

हिमालय श्रेणी के प्रमुख पर्वत शिखर (चोटी)

चोटी	अवस्थिति	विशेषताएँ
माउण्ट एवरेस्ट	नेपाल	विश्व की सबसे ऊँची चोटी (8848 मी)
माउण्ट K_2	भारत (*Pok*)	विश्व की दूसरी सबसे ऊँची चोटी (8598 मी)
कंचनजंघा	नेपाल-भारत	भारत की सर्वोच्च हिमालयन चोटी (8172 मी)
धौलागिरि	नेपाल	किसी एक देश की सीमा पर स्थित सबसे ऊँचा पर्वत।
नंगा पर्वत	भारत	इसका अन्य नाम 'दियामीर' भी है।
अन्नपूर्णा	नेपाल	यह विश्व का 10वाँ सबसे ऊँचा पर्वत है।
नन्दादेवी	भारत	उत्तराखण्ड की सबसे ऊँची चोटी है।
माउण्ट कामेट	भारत	कुमाऊँ मण्डल (उत्तराखण्ड) की दूसरी सबसे ऊँची चोटी।

भारत की प्रमुख नदियाँ

नदी	उद्‌गम स्थल	संगम/ मुहाना	विशेषताएँ
गंगा (भारत की सबसे लम्बी नदी)	गंगोत्री के पास गोमुख ग्लेशियर	बंगाल की खाड़ी	वर्ष 2010 में इसे राष्ट्रीय नदी का दर्जा दिया गया। विश्व का सबसे बड़ा डेल्टा गंगा-ब्रह्मपुत्र डेल्टा का निर्माण करती है।
ब्रह्मपुत्र (भारत की सबसे बड़ी नदी)	मानसरोवर झील (तिब्बत) के निकट स्थित चेमयंगदुंग ग्लेशियर से	बंगाल की खाड़ी	तिब्बत में इस नदी को 'यरलूंग त्सांग्पो' के नाम से जाना जाता है।
सतलज	मानसरोवर झील के निकट राकसताल से	चिनाब नदी	भारत में सबसे ऊँचाई पर स्थित जल-विद्युत परियोजना नाथपा-झाकड़ी (हिमाचल प्रदेश) सतलज नदी पर ही स्थित है।
झेलम	वैरीनाग (जम्मू-कश्मीर)	चिनाब नदी	यह नदी भारत-पाकिस्तान के बीच अन्तर्राष्ट्रीय सीमा का निर्धारण करती है।
चम्बल	मध्य प्रदेश में महू के समीप जनापाव पहाड़ी	यमुना नदी	इस नदी का विस्तार उत्तर प्रदेश, मध्य प्रदेश व राजस्थान में है।
गोदावरी	नासिक (महाराष्ट्र) में त्र्यम्बक पहाड़ी	बंगाल की खाड़ी	गंगा के बाद भारत की दूसरी सबसे लम्बी नदी है। इसे दक्षिण की गंगा भी कहते हैं।
नर्मदा	अमरकण्टक पहाड़ियाँ (मध्य प्रदेश)	अरब सागर	यह अन्य नदियों के विपरीत पूर्व से पश्चिम की ओर बहती है। यह नदी डेल्टा का निर्माण नहीं करती।
कावेरी	ब्रह्मगिरि की पहाड़ी (कुर्ग, कर्नाटक)	बंगाल की खाड़ी	यह नदी एकमात्र बारहमासी नदी (प्रायद्वीप अपवाह की) है।

भारत के प्रमुख जलप्रपात

जलप्रपात	नदी	स्थान
कुंचिकल (भारत में सबसे ऊँचा)	वाराही	कर्नाटक
जोग या गरसोप्पा	शरावती नदी	कर्नाटक
चित्रकूट जलप्रपात (भारत का नियाग्रा)	इन्द्रावती नदी	छत्तीसगढ़
शिवसमुद्रम्	कावेरी नदी	कर्नाटक
हुंडरू	स्वर्णरेखा नदी	झारखण्ड
गोकक	गोकक नदी	कर्नाटक
धुआँधार	नर्मदा नदी	जबलपुर

भारत की प्रमुख झीलें

झील	महत्त्वपूर्ण तथ्य
वूलर झील (जम्मू-कश्मीर)	मीठे पानी की सबसे बड़ी झील।
चिल्का (ओडिशा)	सबसे बड़ी तटीय या लैगून झील।
साम्भर (राजस्थान)	खारे पानी की सबसे बड़ी झील।
लोनार (महाराष्ट्र)	ज्वालामुखी उद्‌गार से निर्मित झील।
वेम्बनाद (केरल)	पश्चिमी तट पर स्थित एक लैगून झील है, जहाँ राष्ट्रीय नौकायन प्रतियोगिता आयोजित की जाती है।

झील	महत्त्वपूर्ण तथ्य
पुलीकट (आन्ध्र प्रदेश तमिलनाडु)	पूर्वी तट पर स्थित भारत की दूसरी सबसे बड़ी लैगून झील।
लोकटक (मणिपुर)	पूर्वोत्तर भारत में मीठे पानी की सबसे बड़ी झील।
नैनीताल (उत्तराखण्ड)	नैनीताल, सातताल, भीमताल तथा नौकुछियाताल पर्यटन की दृष्टि से आकर्षण का केन्द्र है।
पिछोला (राजस्थान)	मीठे पानी की कृत्रिम झील।

नदियों के किनारे बसे प्रमुख नगर

नगर	नदी	नगर	नदी
अहमदाबाद	साबरमती	उज्जैन	क्षिप्रा
कोलकाता	हुगली	श्रीनगर	झेलम
गुवाहाटी	ब्रह्मपुत्र	डिब्रूगढ़	ब्रह्मपुत्र
जबलपुर	नर्मदा	कोटा	चम्बल
पणजी	माण्डवी	बद्रीनाथ	अलकनन्दा
सूरत	ताप्ती/तापी	लखनऊ	गोमती
अयोध्या	सरयू	श्रीरंगपट्टनम्	कावेरी
पंढरपुर	भीमा	अजमेर	लूनी
हैदराबाद	मूसी	दिल्ली	यमुना
नासिक	गोदावरी		

भारत की प्रमुख वनस्पतियाँ

वनस्पति	क्षेत्र	प्रमुख वृक्ष प्रजातियाँ
उष्णकटिबन्धीय सदापर्णी वन	पश्चिमी घाट, अण्डमान और निकोबार द्वीप, उत्तरी-पूर्वी भारत	रोजवुड, महोगिनी, एबोनी, रबड़
उष्णकटिबन्धीय पर्णपाती वन	पूर्वी मध्य प्रदेश, उत्तरी छत्तीसगढ़, झारखण्ड, ओडिशा	सागवान, साल, शीशम, महुआ, आँवला, सेमल, चन्दन
उष्णकटिबन्धीय शुष्क वन	महाराष्ट्र, आन्ध्र प्रदेश, कर्नाटक, तमिलनाडु, पश्चिमी उत्तर प्रदेश, पंजाब, हरियाणा	बबूल, बेर, खजूर, नीम, खैर, पलास
मरुस्थलीय वन	राजस्थान, पश्चिमी पंजाब, दक्षिणी- पश्चिमी हरियाणा	बबूल, कीकर, झाड़ियाँ, नागफनी
पर्वतीय वन	1000 मी से अधिक ऊँचाई पर	देवदार, चीड़ स्प्रूस, पाइनस

भारत की प्रमुख मृदाएँ

मृदा	प्रदेश	प्रमुख फसल
जलोढ़ मृदा (भारत में सर्वाधिक भाग पर विस्तारित)	गंगा का मैदान, असम घाटी, गुजरात, पश्चिम तटीय मैदान	चावल, गेहूँ, दलहन, तिलहन
काली (रेगुर) मृदा	विदर्भ, पश्चिमी मध्य प्रदेश, उत्तरी कर्नाटक, तमिलनाडु, बुन्देलखण्ड	कपास, गन्ना, तम्बाकू, तिलहन
लाल-पीली मृदा	मध्य प्रदेश, दक्षिणी उत्तर प्रदेश, नागपुर पठार, मेघालय पठार	चावल, रागी, तम्बाकू, मूँगफली
लैटेराइट मृदा	तमिलनाडु, केरल, कर्नाटक, ओडिशा, असम के पहाड़ी क्षेत्र	कॉफी, रबर, काजू, टैपिओका, चाय
लवणीय मृदा	पंजाब एवं हरियाणा के अत्यधिक सिंचाई वाले क्षेत्र	नारियल
मरुस्थलीय मृदा	पश्चिमी राजस्थान, उत्तरी गुजरात, दक्षिणी हरियाणा	ज्वार, बाजरा, चना, जूट

भारत की प्रमुख फसलें

ऋतुओं के आधार पर फसलों का वर्गीकरण इस प्रकार है

1. **रबी की फसलें** ये फसलें अक्टूबर-नवम्बर में बोई जाती हैं और मार्च-अप्रैल में काट ली जाती हैं। इसके अन्तर्गत गेहूँ, जौ, चना, मटर, सरसों, आलू, राई आदि फसलें आती हैं।
2. **खरीफ की फसलें** ये फसलें जून-जुलाई में बोई जाती हैं और नवम्बर-दिसम्बर में काट ली जाती हैं। इसके अन्तर्गत धान, गन्ना, ज्वार, बाजरा, तिलहन, मक्का, कपास, अरहर आदि फसलें आती हैं।
3. **जायद की फसलें** ये फसलें मई-जून में बोई जाती हैं व जुलाई-अगस्त में काट ली जाती हैं। इसके अन्तर्गत उड़द, मूँग, तरबूज, खरबूजा, ककड़ी, खीरा आदि फसलें आती हैं।

भारत के प्रमुख फसल उत्पादक राज्य

फसल	राज्य (घटते क्रम में)
चावल	पश्चिम बंगाल, आन्ध्र प्रदेश, उत्तर प्रदेश
गेहूँ	उत्तर प्रदेश, पंजाब, हरियाणा
तिलहन	राजस्थान, मध्य प्रदेश, महाराष्ट्र
मक्का	आन्ध्र प्रदेश, कर्नाटक, राजस्थान
सरसों	राजस्थान, उत्तर प्रदेश, हरियाणा
गन्ना	उत्तर प्रदेश, महाराष्ट्र, तमिलनाडु
कपास	गुजरात, महाराष्ट्र, आन्ध्र प्रदेश
मूँगफली	गुजरात, आन्ध्र प्रदेश, तमिलनाडु
दलहन	महाराष्ट्र, मध्य प्रदेश, आन्ध्र प्रदेश

कृषि क्षेत्र से सम्बन्धित प्रमुख क्रान्तियाँ

क्रान्ति	क्षेत्र	क्रान्ति	क्षेत्र
हरित क्रान्ति	खाद्यान्न उत्पादन	कृष्ण क्रान्ति	बायोडीजल उत्पादन
श्वेत क्रान्ति	दुग्ध उत्पादन	लाल क्रान्ति	टमाटर/माँस उत्पादन
नीली क्रान्ति	मत्स्य उत्पादन	गुलाबी क्रान्ति	झींगा मछली उत्पादन
भूरी क्रान्ति	उर्वरक उत्पादन	बादामी क्रान्ति	मसाला उत्पादन
रजत क्रान्ति	अण्डा उत्पादन	सुनहरी क्रान्ति	फल उत्पादन
पीली क्रान्ति	तिलहन उत्पादन		

भारत की प्रमुख बहुउद्देशीय परियोजनाएँ

बहुउद्देशीय परियोजना	राज्य	नदी एवं विशेष तथ्य
हीराकुड जल विद्युत परियोजना	ओडिशा	महानदी, परियोजना पर विश्व का सबसे लम्बा बाँध (4801 मी) निर्मित है।
सरदार सरोवर परियोजना	मध्य प्रदेश, महाराष्ट्र, राजस्थान, गुजरात	नर्मदा, इस पर निर्मित जलाशय **इन्दिरा सागर** के नाम से है।
नर्मदा सागर परियोजना	मध्य प्रदेश	नर्मदा नदी
इन्दिरा गाँधी नहर परियोजना	राजस्थान, पंजाब, हरियाणा	रावी, व्यास, सतलुज
दामोदर घाटी परियोजना	पश्चिम बंगाल व झारखण्ड	दामोदर नदी, यह अमेरिका की टेनेसी घाटी परियोजना पर आधारित है।

बहुउद्देशीय परियोजना	राज्य	नदी एवं विशेष तथ्य
इडुक्की परियोजना	केरल	पेरियार नदी
भाखड़ा नांगल बाँध परियोजना	हरियाणा, हिमाचल प्रदेश,राजस्थान, पंजाब	सतलुज नदी, विश्व का दूसरा सबसे ऊँचा बाँध, (226 मी) एवं इसका जलाशय **गोविन्द सागर झील** कहलाता है।
कोसी परियोजना	बिहार (भारत-नेपाल)	कोसी
काकरापारा, उकाई	गुजरात (सूरत)	ताप्ती
गाँधी सागर परियोजना	मध्य प्रदेश	चम्बल
राणा प्रताप सागर परियोजना	राजस्थान	चम्बल
जवाहर सागर परियोजना	राजस्थान	चम्बल
रिहन्द परियोजना	उत्तर प्रदेश	रिहन्द नदी, इसका जलाशय गोविन्द वल्लभ पन्त सागर है।
माताटीला बाँध परियोजना	उत्तर प्रदेश	बेतवा
टिहरी बाँध परियोजना	उत्तराखण्ड	भागीरथी
नागार्जुन सागर परियोजना	आन्ध्र प्रदेश	कृष्णा
तुंगभद्रा	आन्ध्र प्रदेश, कर्नाटक	तुंगभद्रा
शिवसमुद्रम	कर्नाटक	कावेरी (भारत की सबसे पुरानी)

भारत के प्रमुख खनिज संसाधन

खनिज	प्राप्ति स्थल
एल्युमीनियम	मध्य प्रदेश, पश्चिम बंगाल, महाराष्ट्र
बॉक्साइट	झारखण्ड, बिहार, ओडिशा, आन्ध्र प्रदेश
कोयला	रानीगंज (पश्चिम बंगाल), झरिया, बोकारो, कर्णपुरा (झारखण्ड), महाराष्ट्र, ओडिशा, मध्य प्रदेश
ताँबा	झारखण्ड, राजस्थान, सिक्किम, कर्नाटक
हीरा	पन्ना (मध्य प्रदेश)
सोना	कोलार, हट्टी (कर्नाटक)
लौह अयस्क	झारखण्ड, ओडिशा, गोवा, कर्नाटक
मैंगनीज	महाराष्ट्र, गोवा, मध्य प्रदेश
टिन	हजारीबाग (झारखण्ड) छत्तीसगढ़
अभ्रक	कोडरमा (झारखण्ड), जयपुर, उदयपुर (राजस्थान), नेल्लोर (आन्ध्र प्रदेश)

भारत के प्रमुख औद्योगिक नगर

प्रमुख नगर	उद्योग
कांचीपुरम (तमिलनाडु), बनारस (उत्तर प्रदेश), भागलपुर (बिहार)	रेशम उद्योग
भदोही, मिर्जापुर (उत्तर प्रदेश)	कालीन उद्योग
लुधियाना (पंजाब)	हौजरी उद्योग
सिन्दरी (झारखण्ड), कोटा (राजस्थान)	उर्वरक उद्योग
बेंगलुरु (कर्नाटक)	आईटी उद्योग
अवाड़ी (तमिलनाडु), जबलपुर (मध्य प्रदेश)	सैन्य ऑटोमोबाइल्स
बेल्लापुर (महाराष्ट्र), भोपाल (मध्य प्रदेश), रायगढ़, रानीगंज (पश्चिम बंगाल)	कागज उद्योग
मेरठ, मुजफ्फरनगर (उत्तर प्रदेश), कोल्हापुर, शोलापुर (महाराष्ट्र), कोयम्बटूर, मदुरै (आन्ध्र प्रदेश)	चीनी उद्योग
ऋषिकेश (उत्तराखण्ड), इन्दौर (मध्य प्रदेश), मुम्बई (महाराष्ट्र), दिल्ली, अहमदाबाद (गुजरात)	औषधि उद्योग
मथुरा (उत्तर प्रदेश), जामनगर (गुजरात)	पेट्रो-रसायन उद्योग
मुरादाबाद (उत्तर प्रदेश)	पीतल व हस्तशिल्प उद्योग
फिरोजाबाद (उत्तर प्रदेश)	काँच व चूड़ी उद्योग
गुरुग्राम, मानेसर (हरियाणा), चेन्नई (तमिलनाडु), कोलकाता (पश्चिम बंगाल), जमशेदपुर (झारखण्ड)	मोटरगाड़ी उद्योग

प्रमुख राष्ट्रीय राजमार्ग

राष्ट्रीय राजमार्ग क्रमांक	कहाँ से कहाँ तक	लम्बाई (किमी में)
राष्ट्रीय राजमार्ग-1	ऊटी से लेह	5356
राष्ट्रीय राजमार्ग-2	डिब्रूगढ़ से तुईपांग	1214
राष्ट्रीय राजमार्ग-3	अटारी से मनाली	427
राष्ट्रीय राजमार्ग-4	मायाबन्दर से चिड़ियाटापु	230
राष्ट्रीय राजमार्ग-5	फिरोजपुर, से शिप किला	637
राष्ट्रीय राजमार्ग-6	जोराबात से आइजोल	1873
राष्ट्रीय राजमार्ग-7	फजिल्का से माना	770
राष्ट्रीय राजमार्ग-19	दिल्ली से कोलकाता	1435
राष्ट्रीय राजमार्ग-31	उन्नाव से हरिश्चन्द्रपुर (पश्चिम बंगाल)	968
राष्ट्रीय राजमार्ग-44 (भारत का सबसे लम्बा NH)	श्रीनगर से कन्याकुमारी	3745
राष्ट्रीय राजमार्ग 47(A)	वेलिंगटन द्वीप से कोच्चिबाईपास (केरल)	6
राष्ट्रीय राजमार्ग 548 (भारत का सबसे छोटा NH)	असमबानी से जमशेदपुर (झारखण्ड)	5

रेलमण्डल एवं उनके मुख्यालय

रेलमण्डल	मुख्यालय
उत्तर रेलवे	नई दिल्ली
पश्चिम रेलवे	मुम्बई चर्च गेट
दक्षिण रेलवे	चेन्नई
पूर्व रेलवे	कोलकाता
मध्य रेलवे	मुम्बई (छत्रपति-शिवाजी टर्मिनस)
दक्षिण-मध्य रेलवे	सिकन्दराबाद
दक्षिण-पूर्व रेलवे	कोलकाता
उत्तर-पूर्व रेलवे	गोरखपुर
उत्तर-पूर्व सीमान्त रेलवे	मालेगाँव (गुवाहाटी)
पूर्व-मध्य रेलवे	हाजीपुर
उत्तर-मध्य रेलवे	प्रयागराज
पश्चिम-मध्य रेलवे	जबलपुर
दक्षिण-पश्चिम रेलवे	बेंगलुरु
उत्तर-पश्चिम रेलवे	जयपुर
पूर्व तट रेलवे	भुवनेश्वर
दक्षिण-पूर्व-मध्य रेलवे	बिलासपुर
कोलकाता मेट्रो रेलवे	कोलकाता
दक्षिण तट रेलवे	विशाखापत्तनम

प्रमुख अन्तर्राष्ट्रीय हवाई अड्डे

हवाई अड्डे	स्थान
छत्रपति शिवाजी हवाई अड्डा	मुम्बई (महाराष्ट्र)
सुभाषचन्द्र बोस हवाई अड्डा	कोलकाता (पश्चिम बंगाल)
इन्दिरा गाँधी हवाई अड्डा	दिल्ली
मीनाम्बकम हवाई अड्डा	चेन्नई (तमिलनाडु)
तिरुवनन्तपुरम हवाई अड्डा	तिरुवनन्तपुरम (केरल)
राजीव गाँधी हवाई अड्डा	हैदराबाद (आन्ध्र प्रदेश)
लोकप्रिय गोपीनाथ बोरडोलियो हवाई अड्डा	गुवाहाटी
कैम्पेगोडा हवाई अड्डा	बेंगलुरु (कर्नाटक)
सरदार वल्लभभाई पटेल हवाई अड्डा	अहमदाबाद (गुजरात)
चौधरी चरण सिंह हवाई अड्डा	लखनऊ (उत्तर प्रदेश)
बाबा साहेब अम्बेडकर हवाई अड्डा	नागपुर (महाराष्ट्र)
लाल बहादुर शास्त्री हवाई अड्डा	वाराणसी (उत्तर प्रदेश)
वीर सावरकर अन्तर्राष्ट्रीय हवाई अड्डा	पोर्ट ब्लेयर (अण्डमान एवं निकोबार द्वीप समूह)
राजीव गाँधी अन्तर्राष्ट्रीय हवाई अड्डा	हैदराबाद (तेलंगाना)
कोचीन अन्तर्राष्ट्रीय हवाई अड्डा	कोच्चि (केरल)
कालीकर अन्तर्राष्ट्रीय हवाई अड्डा	कोझिकोड (केरल)
गया एयरपोर्ट	गया (बिहार)
जयप्रकाश नारायण एयरपोर्ट	पटना (बिहार)
कन्नूर एयरपोर्ट	कन्नूर (केरल)
देवी अहिल्याबाई होल्कर अन्तर्राष्ट्रीय हवाई अड्डा	इन्दौर (मध्य प्रदेश)

भारत के राष्ट्रीय जलमार्ग

जलमार्ग	लम्बाई (किमी)	विस्तार	नदी
एन डब्ल्यू-1	1620	इलाहाबाद (प्रयागराज) से हल्दिया तक	गंगा
एन डब्ल्यू-2	891	सादिया से धुबरी पट्टी तक	ब्रह्मपुत्र
एन डब्ल्यू-3	205	कोल्लम से कोट्टापुरम तक	चम्पाकारा नहर
एन डब्ल्यू-4	1095	काकीनाडा से पुदुचेरी नहर	कृष्णा- गोदावरी
एन डब्ल्यू-5	623	तलचर से धमरा	ब्राह्मणी
एन डब्ल्यू-6	121	लखीपुर से भंगा (प्रस्तावित)	बराक

भारत के प्रमुख बन्दरगाह

पश्चिमी तट	पूर्वी तट
काण्डला (मुक्त व्यापार क्षेत्र स्थापित)	पारादीप (जापान को लौह निर्यात)
मुम्बई (सबसे बड़ा व व्यस्त)	विशाखापत्तनम (सबसे गहरा बन्दरगाह)
जवाहरलाल नेहरू (अत्याधुनिक)	एन्नौर (निजी क्षेत्र का आधुनिक बन्दरगाह)
मंगलौर (कुद्रेमुख लौह-अयस्क का निर्यात)	पोर्ट ब्लेयर (भौगोलिक दृष्टि से महत्त्वपूर्ण)
कोचीन (प्राकृतिक बन्दरगाह)	चेन्नई (तमिलनाडु)
मार्मागोवा (गोवा)	कोलकाता (पश्चिम बंगाल)

भारत के शहरों व राज्यों के भौगोलिक उपनाम

उपनाम	वास्तविक नाम
भारत का मैनचेस्टर	अहमदाबाद
पाँच नदियों की भूमि	पंजाब
भारत का हॉलीवुड	मुम्बई
इस्पात नगरी	जमशेदपुर
धान का कटोरा	छत्तीसगढ़
भारत का प्रवेश द्वार	मुम्बई
भारत का बगीचा	बेंगलुरु
दक्षिण का कश्मीर	केरल
भारत का मसालों का बगीचा	केरल
भारत का पेरिस	जयपुर
भारत का स्विट्जरलैण्ड	कश्मीर
नवाबों का नगर	लखनऊ
सात टापुओं का नगर	मुम्बई
अरब सागर की रानी	कोच्चि
राष्ट्रीय राजमार्गों का चौराहा	कानपुर
झीलों का नगर	श्रीनगर
गुलाबी शहर	जयपुर
उत्तर भारत का मैनचेस्टर	कानपुर
स्वर्ण मन्दिर का शहर	अमृतसर
त्योहारों का नगर	मदुरै

भारत की जनसंख्या (जनगणना वर्ष 2011)

जनसंख्या	121.8 करोड़ (चीन के बाद दूसरे स्थान पर)
जनघनत्व	382 व्यक्ति/किमी^{2}
स्त्री-पुरुष अनुपात (वयस्क)	943 महिलाएँ/1000 पुरुषों पर
साक्षरता दर पुरुष-80.9%, महिला-64.6%	74.04 %
शिशु अनुपात (0-6 वर्ष आयु)	914
दशकीय वृद्धि	17.7%
जनसंख्या की दृष्टि से सबसे बड़ा राज्य	उत्तर प्रदेश
जनसंख्या की दृष्टि से सबसे छोटा राज्य	गोवा
सर्वाधिक साक्षरता वाला राज्य	केरल
न्यूनतम साक्षरता वाला राज्य	बिहार
सर्वाधिक लिंगानुपात वाला राज्य	केरल
न्यूनतम लिंगानुपात वाल राज्य	हरियाणा
सर्वाधिक अनुसूचित जाति (SC) वाला राज्य	उत्तर प्रदेश
सर्वाधिक अनुसूचित जनजाति (ST) वाला राज्य	मध्य प्रदेश

भारत की प्रमुख जनजातियाँ

जनजाति	राज्य	जनजाति	राज्य
बैगा, भुइयाँ, मुरिया	मध्य प्रदेश	खस	उत्तराखण्ड
बक्करवाल	जम्मू-कश्मीर	कोटा	तमिलनाडु
चेंचू	आन्ध्र प्रदेश	लेप्चा	सिक्किम
अंगामी, गारो	नागालैण्ड	मिकिर	असम
अपतनी	अरुणाचल प्रदेश	मोपला	केरल
बड़गा गद्दी	हिमाचल प्रदेश	टोडा	नीलगिरि पहाड़ियाँ, तमिलनाडु
इरुला	तमिलनाडु	मुण्डा	झारखण्ड, पश्चिम बंगाल
जारवा, सेन्टेलीज़	अण्डमान और निकोबार द्वीप	गोण्ड	मध्य प्रदेश, झारखण्ड

भारत के राज्य व संघों की राजधानी और भाषाएँ

राज्य	राजधानी	भाषा
राजस्थान	जयपुर	हिन्दी, राजस्थानी
मध्य प्रदेश	भोपाल	हिन्दी
महाराष्ट्र	मुम्बई	मराठी
आन्ध्र प्रदेश	अमरावती	तेलुगू, उर्दू
उत्तर प्रदेश	लखनऊ	हिन्दी, उर्दू
गुजरात	गाँधीनगर	गुजराती
कर्नाटक	बेंगलुरु	कन्नड़
ओडिशा	भुवनेश्वर	हिन्दी, ओडिया
छत्तीसगढ़	अटल नगर (नया रायपुर)	छत्तीसगढ़ी, हल्वी, माड़ी, भतरी
तमिलनाडु	चेन्नई	तमिल
बिहार	पटना	मैथिली, हिन्दी, उर्दू
पश्चिम बंगाल	कोलकाता	बांग्ला
अरुणाचल प्रदेश	ईटानगर	मोनपा, निस्सी, टंगसा, बांचो नोक्टे, असमिया
झारखण्ड	राँची	हिन्दी
असोम	दिसपुर	असमिया, बोडो, बंगाली
हिमाचल प्रदेश	शिमला	हिन्दी, पहाड़ी, पंजाबी
उत्तराखण्ड	देहरादून	हिन्दी, गढ़वाली, कुमाऊँनी, उर्दू, संस्कृत
पंजाब	चण्डीगढ़	पंजाबी
हरियाणा	चण्डीगढ़	हिन्दी
केरल	तिरुवनन्तपुरम	मलयालम
मेघालय	शिलांग	खासी, गारो, अंग्रेजी
मणिपुर	इम्फाल	टांगखुल, माओ, गोरखा
मिजोरम	आइजोल	अंग्रेजी, लुसाई, मिजो
नागालैण्ड	कोहिमा	कोन्याक, सेमाग्लोथा, रेगमा
त्रिपुरा	अगरतला	कांकबरक, बांग्ला
सिक्किम	गंगटोक	लेप्चा, भूटिया, नेपाली
गोवा	पणजी	कोंकणी
तेलंगाना	हैदराबाद	तेलुगू, उर्दू
केन्द्रशासित प्रदेश		
अण्डमान व निकोबार द्वीप समूह	पोर्ट-ब्लेयर	निकोबारी, हिन्दी, अंग्रेजी
दिल्ली	नई दिल्ली	हिन्दी, पंजाबी
दमन-दीव एवं दादरा एवं नगर हवेली	दमन	गुजराती, हिन्दी, सिन्धी
पुदुचेरी	पुदुचेरी	फ्रेंच, तमिल, मलयालम, तेलुगू
चण्डीगढ़	चण्डीगढ़	पंजाबी, गुरुमुखी
लक्षद्वीप	कावारत्ती	महाल, मलयालम
जम्मू-कश्मीर	श्रीनगर	डोगरी, कश्मीरी, उर्दू
लद्दाख	लेह	लद्दाखी

पर्यावरण व पारिस्थितिकी

- **पर्यावरण** (Environment) किसी स्थान विशेष में मानव के चतुर्दिक, वह आवरण (स्थल, जल, वायु, मृदा आदि का) जिससे वह घिरा रहता है, पर्यावरण कहलाता है।
- **पारिस्थितिकी** (Ecology) एक ऐसा विज्ञान है, जो जीवित जीवों की जीवन प्रक्रिया और पर्यावरण, जिसमें वे निवास करते हैं तथा परस्पर क्रिया करते हैं, का अध्ययन करता है। 'पारिस्थितिकी' शब्द का सर्वप्रथम प्रयोग **अर्नेस्ट हेकेल** (Ernest Haecket) ने 1869 ई. में किया था।
- **पारिस्थितिकी तन्त्र** (Ecosystem) वह पारिस्थितिक व्यवस्था है, जिसमें पादप एवं जीव-जन्तु अपने पर्यावरण से पोषक श्रृंखला द्वारा सम्बद्ध रहते हैं। 'पारिस्थितिकी तन्त्र' शब्द का प्रयोग सर्वप्रथम **ए. टान्सले** (A. Tansley) ने वर्ष 1935 में किया था।
- **खाद्य श्रृंखला** (Food Chain) का तात्पर्य, विभिन्न प्रकार के जीवधारियों के बीच स्थापित उस विशेष क्रम से है, जिससे जीवधारियों के बीच खाद्य ऊर्जा का प्रवाह एक दिशा में होता रहता है। इसके अन्तर्गत प्राथमिक उत्पादक, उपभोक्ता एवं अपघटक आपस में मिलकर खाद्य श्रृंखला का निर्माण करते हैं, क्योंकि ये आपस में एक-दूसरे का भक्षण करते हैं।
- **जैव-विविधता** (Biodiversity) किसी भी सुनिश्चित प्राकृतिक क्षेत्र में पाई जाने वाली जीव-जन्तुओं तथा पेड़-पौधों की अनेक प्रजातियों की विविधता तथा समृद्धि को उस स्थान विशेष की जैव-विविधता कहते हैं। **ई. ओ. विल्सन** (E. O. Wilson) को 'जैव-विविधता का पिता' कहा जाता है।
- **पर्यावरण प्रदूषण** (Environment Pollution) मानवीय कारणों द्वारा, स्थानीय स्तर पर पर्यावरण की गुणवत्ता में ह्रास को पर्यावरण प्रदूषण कहते हैं। इसके अन्तर्गत वायु प्रदूषण, जल प्रदूषण, ध्वनि प्रदूषण, मृदा प्रदूषण, समुद्र प्रदूषण, रेडियोधर्मी प्रदूषण, तापीय प्रदूषण, आन्तरिक प्रदूषण, ठोस अपशिष्ट प्रदूषण एवं ई-कचरा प्रदूषण को शामिल किया जाता है।
- **अम्ल वर्षा** (Acid Rain) सल्फर डाइ-ऑक्साइड (SO_2) तथा नाइट्रोजन ऑक्साइड (NO_2) वायुमण्डल में जल से मिलकर सल्फेट तथा सल्फ्यूरिक अम्ल और नाइट्रस ऑक्साइड एवं नाइट्रिक अम्ल का निर्माण करती है, जब यह अम्ल वर्षा के जल के साथ धरातल पर पहुँचता है, तो उसे अम्ल वर्षा कहते हैं। इस घटना की सर्वप्रथम व्याख्या **रॉबर्ट एगस स्मिथ** ने की थी।
- **ग्रीन हाउस प्रभाव** (Green House Effect) ग्रीन हाउस शब्द की रचना **थॉमस पावेल** व **लॉरेंस सिल्वरमैन** ने की थी। इसके अन्तर्गत पृथ्वी से टकराकर लौटने वाली सूरज की किरणें वातावरण में कुछ गैसों (कार्बन-डाइऑक्साइड, मेथेन, जलवाष्प, नाइट्रस ऑक्साइड, क्लोरो, कार्बन) द्वारा अवशोषित कर ली जाती है, जिससे पृथ्वी के वायुमण्डलीय तापमान में वृद्धि होती है। इस प्रभाव को ग्रीन हाउस प्रभाव कहते हैं। यदि ग्रीन हाउस गैसें न होती, तो पृथ्वी की सतह का तापमान –18°C होता।
- **वैश्विक तापन** (Global Warming) वैश्विक स्तर पर बढ़ते पर्यावरण प्रदूषण के कारण पृथ्वी एवं वायुमण्डल तापमान में वृद्धि को ही ग्लोबल वार्मिंग कहा जाता है। ग्लोबल वार्मिंग के लिए सर्वाधिक जिम्मेदार गैस CO_2 है। वैश्विक तापन के कारण ग्लेशियर पिघलने लगते हैं व समुद्र का जल-स्तर बढ़ जाता है।

राष्ट्रीय उद्यान तथा प्राप्य दुर्लभ प्रजातियाँ

राष्ट्रीय उद्यान	अवस्थिति	पाई जाने वाली दुर्लभ प्रजातियाँ
मानस राष्ट्रीय उद्यान	असम (बारपेटा)	हाथी, गैण्डा, जंगली भैंसा, गौर, बौना सुअर, गोल्डन लंगूर, बाघ, तेन्दुआ, रीछ, घड़ियाल, अजगर एवं बड़ी गिलहरी
काजीरंगा राष्ट्रीय उद्यान	असम (जोरहाट)	एक सींग वाले भारतीय गैण्डों का आश्रय स्थल
केबुल-लामजाओ राष्ट्रीय उद्यान (एकमात्र तैरता उद्यान)	मणिपुर	भौंह जैसी सींगों वाला हिरण, जल-पक्षी
गिर राष्ट्रीय उद्यान	गुजरात	एशियाई शेर।
कंचनजंगा राष्ट्रीय उद्यान	सिक्किम	लाल पाण्डा, हिम तेन्दुआ, बादली तेन्दुआ, थार कस्तूरी मृग, भरल, थाकिन, घूरल, सीरो, जंगली गधे
सिमलीपाल राष्ट्रीय उद्यान	ओडिशा (मयूरभंज)	बाघ, गौर, चीतल, तेन्दुआ, हिरण, उड़ने वाली गिलहरी एवं मगरमच्छ
दाचिगाम राष्ट्रीय उद्यान	जम्मू-कश्मीर (श्रीनगर)	तेन्दुआ, काला भालू, भूरा भालू, सेराव, कस्तूरी मृग एवं हंगुल
दुधवा राष्ट्रीय उद्यान	उत्तर प्रदेश (लखीमपुर खीरी)	बाघ, तेन्दुआ, मधु रीछ, साम्भर, दलदली हिरण, चीतल, जंगली मुर्गी एवं तीतर
केवलादेव घाना राष्ट्रीय उद्यान	राजस्थान (भरतपुर)	साइबेरियाइ सारस, पनकौआ, दर्वीमुख बटेर, टिकारी, बगुला, साम्भर, चीतल एवं काला मृग
जिम कॉर्बेट राष्ट्रीय उद्यान	उत्तराखण्ड (नैनीताल)	बाघ, हाथी, भालू, सुअर, हिरन, चीतल, सांभर, तेंदुआ व नीलगाय

वन्य जीव संरक्षण परियोजनाएँ (भारत)

प्रोजेक्ट	वर्ष/स्थान
हंगुल परियोजना	1970
गिर परियोजना	1972
बाघ परियोजना	1973
ऑलिव रिडले कछुआ परियोजना	1975
घड़ियाल प्रजनन परियोजना	1975
मणिपुर थामीन परियोजना	1977
गैण्डा परियोजना	1987
हाथी परियोजना	1992
लाल पाण्डा परियोजना	1996
समुद्री कछुआ परियोजना	1999
गिद्ध परियोजना	2006
हिम तेन्दुआ परियोजना	2009
ग्रेट इण्डियन वस्टर्ड परियोजना	2014
प्रोजेक्ट चीता	2022
नीलगिरि तहर परियोजना	2023

पर्यावरण सम्बन्धी महत्त्वपूर्ण समझौते/सम्मेलन

स्टॉकहोम समझौता	1972
हेलसिंकी सम्मेलन	1974
लन्दन सम्मेलन	1975
ब्रटलैण्ड रिपोर्ट	1987
माण्ट्रियल समझौता	1989
पृथ्वी सम्मेलन (रियो डी जेनेरियो सम्मेलन)	1992
जोहान्सबर्ग सम्मेलन	2002
स्टॉकहोम सम्मेलन	2004
बाली सम्मेलन	2007
रियो +20 सम्मेलन	2012
वारसा सम्मेलन, (कोप-19)	2013 (नवम्बर)
लीमा सम्मेलन (कोप-20)	2014 (दिसम्बर)
पेरिस सम्मेलन (कोप-21)	2015 (दिसम्बर)
माराकेस सम्मेलन (कोप-22)	2016 (नवम्बर)
बॉन सम्मेलन (कोप-23)	2017
काटोविच (पोलैण्ड) सम्मेलन (कोप-24)	2018 (दिसम्बर)
मैड्रिड (स्पेन) सम्मेलन (कोप-25)	2019 (दिसम्बर)
कोप-26	2021 (ग्लासगो में सम्पन्न)
कोप-27	2022 में शर्म अल-शेख (मिस्र में)
कोप-28	2023 में (दुबई में)
कोप-29	2024 (अजरबैजान में प्रस्तावित)

जैव-विविधता सम्बन्धी सम्मेलन

विश्व विरासत सन्धि	1972
रामसर समझौता	1975
जैव-विविधता सन्धि	1992
कार्टाजेना प्रोटोकॉल	2000
नगोया प्रोटोकॉल	2010
कोप-11	2012, हैदराबाद
कोप-12	2014 प्योंगचांग (दक्षिण कोरिया)
कोप-13	2016 कॉनकुन (मैक्सिको)
कोप-14	2018 शर्म-अल-शेख (मिस्र)
कोप-15	2022 (मॉण्ट्रियल, कनाडा)
कोप-16	2024 (कोलंबिया में प्रस्तावित)

एग्जाम पैटर्न प्रश्न

विश्व का भूगोल

1. सूर्य के चारों ओर परिक्रमा करने वाले खगोलीय पिण्ड क्या कहलाते हैं?
(a) ग्रह (b) उपग्रह
(c) क्षुद्र ग्रह (d) पुच्छल तारा

2. सौरमण्डल में कुल कितने ग्रह हैं?
(a) 9 (b) 8
(c) 7 (d) 10

3. सूर्य से बढ़ती दूरी के अनुसार ग्रहों का सही क्रम है
(a) बुध, शुक्र, मंगल, पृथ्वी
(b) बुध, पृथ्वी, शुक्र, मंगल
(c) बुध, मंगल, पृथ्वी, शुक्र
(d) बुध, शुक्र, पृथ्वी, मंगल

4. 'नीला ग्रह' के नाम से जाना जाता है
(a) मंगल (b) पृथ्वी
(c) शुक्र (d) यूरेनस

5. पृथ्वी पर दिन-रात की अवधि कहाँ समान होती है?
(a) भूमध्य रेखा पर
(b) मकर रेखा पर
(c) कर्क रेखा पर
(d) ध्रुवों पर

6. पृथ्वी पर दिन एवं रात होने का कारण है
(a) पृथ्वी का अपने अक्ष पर घूर्णन
(b) पृथ्वी के सापेक्ष सूर्य की गति
(c) पृथ्वी के अक्ष का झुकाव
(d) पृथ्वी का सूर्य के चारों ओर परिक्रमण

7. पृथ्वी की अपनी कक्षा में गति है
(a) पश्चिम से पूर्व (b) पूर्व से पश्चिम
(c) उत्तर से दक्षिण (d) दक्षिण से उत्तर

8. पृथ्वी अपने अक्ष पर कितने डिग्री झुकी हुई है?
(a) $22\frac{1}{2}°$ (b) $23\frac{1}{2}°$
(c) $24\frac{1}{2}°$ (d) $25\frac{1}{2}°$

9. पृथ्वी के लगभग कितने प्रतिशत भाग पर स्थल है?
(a) 29% (b) 39%
(c) 31% (d) 41%

10. निम्नलिखित में से किसे 'प्रकृति का सुरक्षा वाल्व' कहा जाता है?
(a) ज्वालामुखी (b) भूकम्प
(c) ओजोन गैस (d) नदियाँ

11. निम्नलिखित में से कौन-सा युग्म सुमेलित नहीं है?

	ज्वालामुखी	स्थान
(a)	एटना	इटली
(b)	फ्यूजीयामा	जापान
(c)	पोपा	म्यांमार
(d)	क्राकाटोआ	मलेशिया

12. विश्व का सर्वाधिक ऊँचा पठार कौन-सा है?
(a) तिब्बत का पठार
(b) कोलम्बिया का पठार
(c) कोलोरेडो का पठार
(d) बोलीविया का पठार

13. पम्पास घास के मैदान कहाँ पाए जाते हैं?
(a) उत्तरी अफ्रीका (b) अर्जेण्टीना
(c) ऑस्ट्रेलिया (d) उत्तरी अमेरिका

14. 'सवाना' घास का मैदान कहाँ पाया जाता है?
(a) यू.एस.ए (b) दक्षिण अमेरिका
(c) अफ्रीका (d) रूस

15. 'वेल्ड' घास का मैदान कहाँ पाया जाता है?
(a) अमेरिका (b) दक्षिण अफ्रीका
(c) ऑस्ट्रेलिया (d) न्यूजीलैण्ड

16. निम्नलिखित में से कौन-सा युग्म सुमेलित नहीं है?

	घास के मैदान	प्राप्ति स्थल
(a)	डाउन्स	ऑस्ट्रेलिया
(b)	पम्पास	अर्जेण्टीना
(c)	प्रेयरी	यू.एस.ए
(d)	स्टेपी	भारत

17. 'तकलामकान' मरुस्थल कहाँ स्थित है?
(a) चीन (b) मंगोलिया
(c) चिली (d) ऑस्ट्रेलिया

18. वायुमण्डल में सर्वाधिक अधिक कौन-सी गैस विद्यमान है?
(a) ऑक्सीजन
(b) नाइट्रोजन
(c) कार्बन डाइऑक्साइड
(d) ऑर्गन

19. वायुमण्डल का सर्वाधिक स्थायी तत्त्व क्या है?
(a) ऑक्सीजन
(b) नाइट्रोजन
(c) कार्बन डाइऑक्साइड
(d) जलवाष्प

20. ओजोन परत कहाँ पाई जाती है?
(a) क्षोभमण्डल में
(b) आयनमण्डल में
(c) समतापमण्डल में
(d) बहिर्मण्डल में

21. वायुमण्डल में दैनिक मौसम परिवर्तन निम्न में से किसमें अधिक होता है?
(a) क्षोभमण्डल
(b) मध्यमण्डल
(c) आयनमण्डल
(d) समतापमण्डल

22. किन कारणों से भूमध्यरेखीय क्षेत्रों में चक्रवातों की उत्पत्ति नहीं होती है?
(a) निम्न वायुदाब के कारण
(b) उच्च तापमान के कारण
(c) अधिक आर्द्रता के कारण
(d) कोरियोलिस बल अभाव के कारण

23. किस महासागरीय जलधारा को 'यूरोप का कम्बल' की संज्ञा दी जाती है?
(a) ब्राजीलियस जलधारा
(b) उत्तर विषुवतीय जलधारा
(c) दक्षिण विषुवतीय जलधारा
(d) गल्फ स्ट्रीम जलधारा

24. निम्नलिखित में से कौन-एक हिन्द महासागर की ठण्डी जलधारा है?
(a) मोजाम्बिक जलधारा
(b) अगुलहास जलधारा
(c) पश्चिम ऑस्ट्रेलिया जलधारा
(d) दक्षिण विषुवतीय जलधारा

25. निम्नलिखित में से कौन एक गर्म जलधारा का उदाहरण है?
(a) अलास्का जलधारा (b) क्यूराइल जलधारा
(c) बेंगुएला जलधारा (d) हम्बोल्ट जलधारा

26. निम्नलिखित में से कौन-सा युग्म सुमेलित नहीं है?

	जलधारा	प्रकृति
(a)	लैब्राडोर	ठण्डी
(b)	अगुलहास	गर्म
(c)	क्यूरोसियो	गर्म
(d)	गल्फ स्ट्रीम	ठण्डी

27. विश्व का सबसे बड़ा महासागर है
(a) प्रशान्त
(b) हिन्द
(c) आर्कटिक
(d) अटलांटिक

28. विश्व का सबसे गहरा गर्त 'मेरियाना ट्रेंच' किस महासागर में स्थित है?
(a) प्रशान्त (b) हिन्द
(c) आर्कटिक (d) अटलाण्टिक

29. निम्नलिखित में से कौन-से देश 'पाक स्ट्रेट' (Palk Strait) से जुड़े हुए हैं?
(a) भारत एवं श्रीलंका
(b) उत्तरी कोरिया एवं दक्षिणी कोरिया
(c) पाकिस्तान एवं चीन
(d) ब्रिटेन एवं फ्रांस

30. भूमध्य सागर एवं अटलाण्टिक महासागर को कौन-सी जलसन्धि जोड़ती है?
(a) डेविस (b) मलक्का
(c) हडसन (d) जिब्राल्टर

31. खारे पानी की सबसे बड़ी झील है?
(a) बैकाल झील (b) कैस्पियन सागर
(c) सुपीरियर झील (d) इनमें से कोई नहीं

32. विश्व की सबसे बड़ी झील है
(a) सुपीरियर झील (b) बैकाल झील
(c) कैस्पियन सागर (d) इनमें से कोई नहीं

33. 'नील नदी' का उद्‌गम स्थल है
(a) इतास्का झील (b) विक्टोरिया झील
(c) बैकाल झील (d) मिशीगन झील

34. किस सभ्यता को 'नील नदी का वरदान' कहा जाता है?
(a) असीरिया की सभ्यता
(b) मेसोपोटामिया की सभ्यता
(c) बेबीलोनिया की सभ्यता
(d) मिस्र की सभ्यता

35. विश्व की सबसे बड़ी मीठे पानी की झील है
(a) सुपीरियर झील (b) कैस्पियन सागर
(c) बैकाल झील (d) विक्टोरिया झील

36. निम्नलिखित में से किसे 'पूर्व का मोती' के नाम से जाना जाता है?
(a) जापान (b) हांगकांग
(c) श्रीलंका (d) ताइवान

37. किस देश को 'सफेद हाथियों की भूमि' के नाम से जाना जाता है?
(a) थाइलैण्ड (b) केन्या
(c) जापान (d) लाओस

38. 'उगते सूर्य का देश' निम्न में से किसे कहा जाता है?
(a) नॉर्वे (b) फिलिपीन्स
(c) इंग्लैण्ड (d) जापान

39. 'कंगारुओं का देश' किसे कहा जाता है?
(a) न्यूजीलैण्ड
(b) सुमात्रा
(c) ऑस्ट्रेलिया
(d) कोरिया

40. 'सात पहाड़ियों का नगर' किसे माना जाता है?
(a) रोम (b) बर्लिन (c) बर्न (d) पेरिस

41. 'फारबिडन सिटी' के उपनाम से किसे जाना जाता है?
(a) क्वीटो (b) ल्हासा
(c) लीमा (d) बोगोटा

42. निम्नलिखित में से किस देश को 'हजार झीलों की भूमि' कहा जाता है?
(a) नीदरलैण्ड (b) थाइलैण्ड
(c) फिनलैण्ड (d) आयरलैण्ड

43. '38वीं समान्तर रेखा' (अन्तर्राष्ट्रीय सीमा) किन देशों के मध्य स्थित है?
(a) भारत-चीन के
(b) उत्तरी कोरिया-दक्षिण कोरिया के
(c) जर्मनी-पौलेण्ड के
(d) यू. एस. ए-कनाडा के

44. 'बगदाद' किस नदी के किनारे स्थित है?
(a) पोटोमेक (b) डेन्यूब
(c) हडसन (d) टिग्रिस

45. 'लन्दन' किस नदी के किनारे स्थित है?
(a) राइन (b) टेम्स
(c) सीन (d) मोस्कावा

46. 'पिग्मी' जनजाति निवासी है?
(a) कांगो की
(b) मलेशिया की
(c) सुमात्रा की
(d) ऑस्ट्रेलिया की

47. निम्नलिखित में कौन-सा युग्म सुमेलित नहीं है?

	जनजाति	निवास
(a)	माओरी	न्यूजीलैण्ड
(b)	ऐनू	फ्रांस
(c)	सेमांग	मलेशिया की
(d)	एस्किमो	कनाडा

48. माओरी जनजाति के लोग किस देश के मूल निवासी माने जाते हैं?
(a) ऑस्ट्रेलिया (b) न्यूजीलैण्ड
(c) न्यूगिनी (d) मलेशिया

49. अफ्रीका के कालाहारी मरुस्थलीय क्षेत्र में कौन-सी जनजाति मुख्य रूप से निवास करती है?
(a) पिग्मी (b) बन्तु
(c) बुशमैन (d) मसाई

50. सेमांग एवं सेकाई निम्नलिखित में से किस देश के मूल निवासी माने जाते हैं?
(a) थाइलैण्ड
(b) मलेशिया
(c) न्यूगिनी
(d) इण्डोनेशिया

भारत का भूगोल

51. क्षेत्रफल की दृष्टिकोण से भारत का विश्व में कौन-सा स्थान है?
(a) पाँचवाँ (b) सातवाँ
(c) आठवाँ (d) दसवाँ

52. विश्व के कुल क्षेत्रफल का कितना प्रतिशत भाग भारत का है?
(a) 2.43% (b) 3.43%
(c) 3.73% (d) 4.21%

53. भारत के किस राज्य की तट रेखा सर्वाधिक लम्बी है?
(a) आन्ध्र प्रदेश (b) तमिलनाडु
(c) गुजरात (d) महाराष्ट्र

54. भारत के सबसे उत्तरी बिन्दु का नाम क्या है?
(a) सियाचिन (b) इन्दिरा कॉल
(c) कारगिल (d) इन्दिरा प्वॉइण्ट

55. $82\frac{1}{2}°$ पूर्वी देशान्तर रेखा भारत के किस राज्य से होकर नहीं गुजरती है?
(a) उत्तर प्रदेश (b) मध्य प्रदेश
(c) छत्तीसगढ़ (d) बिहार

56. भारतीय मानक समय एवं ग्रीनविच समय में अन्तर है?
(a) $+5\frac{1}{2}$ घण्टे का (b) $-5\frac{1}{2}$ घण्टे का
(c) + 6 घण्टे का (d) –6 घण्टे का

57. भारत की सबसे लम्बी स्थलीय सीमा किस देश के साथ जुड़ी है?
(a) पाकिस्तान (b) चीन
(c) म्यांमार (d) बांग्लादेश

58. भारत की स्थलीय सीमा कितने देशों से लगी है?
(a) पाँच (b) छः
(c) सात (d) आठ

59. निम्न में से किस राज्य की सीमा चीन से नहीं मिलती है?
(a) गुजरात (b) सिक्किम
(c) अरुणाचल प्रदेश (d) उत्तराखण्ड

60. कर्क रेखा भारत के कितने राज्यों से होकर गुजरती है?
(a) सात (b) आठ (c) नौ (d) दस

61. 10° चैनल निम्न में से किसे अलग करता है?
(a) कवरत्ती व मिनिकॉय
(b) अण्डमान व निकोबार
(c) इण्डोनेशिया और भारत
(d) लक्षद्वीप व मालाबार

62. कोको जलसन्धि किन दो क्षेत्रों को विभाजित करती है?
(a) कोको द्वीप व कार निकोबार को
(b) कोको द्वीप व मध्य अण्डमान को
(c) कोको द्वीप व ग्रेट निकोबार को
(d) कोको द्वीप व उत्तरी अण्डमान को

63. भारतीय क्षेत्र में स्थित दो ज्वालामुखी द्वीप हैं
(a) बेरन एवं नारकोण्डम
(b) कवरत्ती एवं न्यू मूर
(c) ग्रेट अण्डमान एवं लिटिल निकोबार
(d) पम्बन एवं बैरन

64. भारत का सर्वोच्च पर्वत शिखर है
(a) गॉडविन ऑस्टिन (b) कंचनजंगा
(c) माउण्ट एवरेस्ट (d) नंगा पर्वत

65. भारत में हिमालय की सबसे ऊँची चोटी कौन-सी है?
(a) नन्दा देवी (b) नामचा बरवा
(c) कंचनजंघा (d) एवरेस्ट

66. विश्व की सबसे ऊँची पर्वत चोटी एवरेस्ट किस देश में अवस्थित है?
(a) भारत (b) भूटान (c) चीन (d) नेपाल

67. 'बनिहाल' दर्रा भारत के किस राज्य में स्थित है?
(a) हिमाचल प्रदेश (b) उत्तराखण्ड
(c) सिक्किम (d) जम्मू-कश्मीर

68. निम्नलिखित में से कौन-सा युग्म सुमेलित नहीं है?

	दर्रे	अवस्थिति
(a)	जोजिला	जम्मू-कश्मीर
(b)	बारालाचा ला	हिमाचल प्रदेश
(c)	लिपुलेख	उत्तराखण्ड
(d)	बोमडिला	सिक्किम

69. गंगा नदी अपने उद्गम स्थल पर किस नाम से जानी जाती है?
(a) भागीरथी (b) पद्मा
(c) अलकनन्दा (d) जमुना

70. भारत की सबसे लम्बी नदी है
(a) गंगा (b) ब्रह्मपुत्र
(c) कावेरी (d) गोदावरी

71. गोदावरी नदी का उद्गम स्थान है
(a) त्र्यम्बक पहाड़ी
(b) अमरकण्टक पहाड़ी
(c) विन्ध्याचल पहाड़ी
(d) जानापाव पहाड़ी

72. निम्नलिखित में से कौन-सी नदी डेल्टा नहीं बनाती है?
(a) कावेरी (b) गोदावरी
(c) नर्मदा (d) कृष्णा

73. प्रायद्वीपीय भारत की सबसे लम्बी नदी कौन-सी है?
(a) गंगा (b) कावेरी (c) गोदावरी (d) कृष्णा

74. 'सुन्दरवन का डेल्टा' कौन-सी नदी बनाती है?
(a) गंगा-यमुना (b) ब्रह्मपुत्र-लोहित
(c) गंगा-ब्रह्मपुत्र (d) कृष्णा-कावेरी

75. कावेरी नदी गिरती है
(a) बंगाल की खाड़ी में
(b) अरब सागर में
(c) पाक जलडमरुमध्य में
(d) खम्भात की खाड़ी में

76. भारत में सबसे ऊँचा जलप्रपात कौन-सा है?
(a) शिमला जलप्रपात
(b) होगेनक्कल जलप्रपात
(c) कोर्टालम जलप्रपात
(d) कुंचिकल जलप्रपात

77. 'लोनार झील' किस राज्य में स्थित है?
(a) महाराष्ट्र (b) राजस्थान
(c) गुजरात (d) पंजाब

78. भारत की सबसे बड़ी मीठे पानी की झील कौन-सी है?
(a) डल (b) वूलर
(c) पुष्कर (d) लोकटक

79. भारत की सबसे बड़ी कृत्रिम झील कौन-सी है?
(a) राणा प्रताप सागर
(b) जवाहर सागर
(c) गोविन्द वल्लभ पन्त सागर
(d) गाँधी सागर

80. 'कोलेरू झील' भारत के किस राज्य में स्थित है?
(a) आन्ध्र प्रदेश (b) केरल
(c) महाराष्ट्र (d) तेलंगाना

81. निम्नलिखित में से कौन-सा युग्म सुमेलित नहीं है?

	नदी	नदी किनारे स्थित शहर
(a)	साबरमती	अहमदाबाद
(b)	गोदावरी	नासिक
(c)	गंगा	पटना
(d)	राउरकेला	स्वर्ण रेखा

82. 'जमशेदपुर' किस नदी के तट पर स्थित है?
(a) स्वर्ण रेखा (b) दामोदर
(c) सोन (d) मयूराक्षी

83. टिहरी बाँध परियोजना में निर्मित जलाशय का नाम है?
(a) गोविन्द सागर (b) राम सागर
(c) लक्ष्मण सागर
(d) स्वामी रामतीर्थ सागर

84. 'सरदार सरोवर परियोजना' किस नदी पर बनाई गई है?
(a) नर्मदा (b) चम्बल
(c) लूनी (d) साबरमती

85. माताटीला परियोजना किस नदी पर अवस्थित है?
(a) चम्बल (b) शरावती
(c) सोन (d) बेतवा

86. नाथपा-झाकड़ी परियोजना किस राज्य से सम्बन्धित है?
(a) हिमाचल प्रदेश — सतलज
(b) महाराष्ट्र — गोदावरी
(c) हरियाणा — सतलज
(d) केरल — पेरियार

87. 'गाँधी सागर', 'जवाहर सागर' तथा 'राणा प्रताप सागर' बाँध किस नदी पर निर्मित हैं?
(a) नर्मदा (b) चम्बल
(c) कृष्णा (d) कावेरी

88. बगलिहार परियोजना सम्बन्धित है
(a) हिमाचल प्रदेश से
(b) जम्मू-कश्मीर से
(c) हरियाणा से
(d) उत्तर प्रदेश से

89. भारत के सर्वाधिक क्षेत्र पर किस प्रकार की मिट्टी पाई जाती है?
(a) जलोढ़ (b) लैटेराइट
(c) काली (d) लाल

90. 'नवीन जलोढ़ मिट्टी' को किस नाम से जाना जाता है?
(a) बांगर (b) कल्लर
(c) खादर (d) रेगुर

91. 'रेगुर' नाम है
(a) लाल मिट्टी का
(b) काली मिट्टी का
(c) पीली मिट्टी का
(d) कछारी मिट्टी का

92. किस मिट्टी में कृषि के लिए अधिक सिंचाई की आवश्यकता नहीं होती है?
(a) लाल मिट्टी (b) काली मिट्टी
(c) लैटेराइट मिट्टी (d) जलोढ़ मिट्टी

93. 'लैटेराइट मिट्टी' की प्रधानता है
(a) मालाबार तटीय प्रदेश में
(b) कोरोमण्डल तटीय प्रदेश में
(c) बघेलखण्ड में
(d) बुन्देलखण्ड में

94. भारत के उत्तरी मैदान में किस मिट्टी का सर्वाधिक विस्तार है?
(a) काली (b) जलोढ़
(c) लैटेराइट (d) पीट

95. उष्णकटिबन्धीय आर्द्र सदाबहार वन कहाँ पाए जाते हैं?
(a) अरावली पर्वतमाला में
(b) शिलांग पठार पर
(c) हिमाचल के निम्नवर्ती भागों में
(d) प्रायद्वीपीय पठार पर

96. देश के सर्वाधिक क्षेत्रफल पर पाए जाने वाले वन हैं
(a) आर्द्र मानसूनी वन (b) उष्णार्द्र सदाबहार वन
(c) उष्णार्द्र पतझड़ वन (d) दलदली वन

97. निम्नलिखित में से रबी की फसल कौन-सी है?
(a) गेहूँ (b) मटर (c) राई (d) ये सभी

98. निम्नलिखित में से खरीफ की फसल कौन-सी है?
(a) धान (b) मक्का
(c) मूँगफली (d) ये सभी

99. भारत का सबसे बड़ा चावल उत्पादक राज्य है
(a) उत्तर प्रदेश (b) बिहार
(c) पंजाब (d) पश्चिम बंगाल

100. भारत की सर्वाधिक भूमि में कौन-सी फसल उगाई जाती है?
(a) धान (b) गेहूँ (c) गन्ना (d) मक्का

101. भारत का सबसे बड़ा गन्ना उत्पादक राज्य है
(a) उत्तर प्रदेश (b) महाराष्ट्र
(c) तमिलनाडु (d) कर्नाटक

102. निम्नलिखित में से कौन-सा युग्म सुमेलित नहीं है?

	फसल	सर्वाधिक उत्पादक राज्य
(a)	चाय	असम
(b)	तम्बाकू	आन्ध्र प्रदेश
(c)	रेशम	कर्नाटक
(d)	कपास	आन्ध्र प्रदेश

103. निम्नलिखित में से कौन-सा युग्म सुमेलित नहीं है?

	कृषि क्रान्ति	सम्बन्धित उत्पादन
(a)	हरित	खाद्यान्न
(b)	श्वेत	दुग्ध
(c)	गुलाबी	झींगा
(d)	रजत	चाँदी

104. निम्नलिखित में से कौन-सा युग्म सुमेलित नहीं है?

	कृषि क्रान्ति	सम्बन्धित उत्पादन
(a)	नीली	मत्स्य
(b)	पीली	तिलहन
(c)	भूरी	उर्वरक
(d)	लाल	गुलाब

105. निम्नलिखित में से कौन-सा युग्म सुमेलित नहीं है?

	खनिज	प्राप्ति स्थान
(a)	अभ्रक	झारखण्ड
(b)	सोना	कर्नाटक
(c)	लौह अयस्क	बिहार
(d)	लिग्नाइट	तमिलनाडु

106. 'खेतड़ी' किसके लिए प्रसिद्ध है?
(a) सोना (b) ताँबा
(c) जस्ता (d) मैंगनीज

107. भारत में बॉक्साइड का सर्वाधिक उत्पादन कौन-सा राज्य करता है?
(a) कर्नाटक (b) ओडिशा
(c) राजस्थान (d) तमिलनाडु

108. सर्वाधिक सोने का उत्पादन करने वाला राज्य कौन-सा है?
(a) आन्ध्र प्रदेश (b) मध्य प्रदेश
(c) कर्नाटक (d) तमिलनाडु

109. भारत का कौन-सा राज्य चाँदी के उत्पादन में प्रथम स्थान रखता है?
(a) छत्तीसगढ़ (b) झारखण्ड
(c) राजस्थान (d) कर्नाटक

110. निम्न में से कौन-सा युग्म सुमेलित नहीं है?

	उद्योग	सम्बन्धित नगर
(a)	लोकोमोटिव	वाराणसी
(b)	रेल डिब्बा	कपूरथला
(c)	विद्युत इन्जन	चित्तरंजन
(d)	मोटर कार	सीतामढ़ी

111. भारत में सबसे बड़ा तेलशोधन कारखाना है
(a) डिग्बोई (b) बरौनी
(c) जामनगर (d) मथुरा

112. 'पिम्परी' सम्बन्धित है
(a) इस्पात उद्योग से (b) पेनिसिलीन उद्योग से
(c) कागज उद्योग से (d) उर्वरक उद्योग से

113. भारत का प्रथम स्टील प्रोजेक्ट .... शहर स्थापित किया गया था।
(a) भिलाई में (b) कोलकाता में
(c) जमशेदपुर में (d) बोकारो में

114. पंजाब में कौन-सा स्थान हौजरी उद्योग के लिए प्रसिद्ध है?
(a) लुधियाना (b) जालन्धर
(c) अमृतसर (d) गुरुदासपुर

115. रोजगार की दृष्टि से भारत में सबसे बड़ा उद्योग कौन-सा है?
(a) लौह-इस्पात (b) सीमेन्ट
(c) सूती वस्त्र (d) चीनी

116. देश का सबसे लम्बा राष्ट्रीय राजमार्ग, जो श्रीनगर से कन्याकुमारी को जोड़ता है, कौन-सा है?
(a) NH 40 (b) NH 42
(c) NH 44 (d) NH 46

117. भारत का सबसे छोटा राष्ट्रीय राजमार्ग कौन-सा है?
(a) NH 45-A (b) NH 46-A
(c) NH 548-A (d) NH 48-A

118. देश का सबसे बड़ा बन्दरगाह कौन-सा है?
(a) विशाखापट्टनम (b) काण्डला
(c) चेन्नई (d) मुम्बई

119. भारत का सर्वश्रेष्ठ प्राकृतिक बन्दरगाह कौन-सा है?
(a) मुम्बई (b) विशाखापट्टनम
(c) काण्डला (d) कोलकाता

120. 'उत्तर भारत का मैनचेस्टर' किसे कहा जाता है?
(a) कानपुर (b) लखनऊ
(c) अमृतसर (d) इन्दौर

121. 'भारत का स्विट्जरलैण्ड' किसे कहा जाता है?
(a) श्रीनगर (b) कश्मीर (c) कोच्चि (d) जयपुर

122. भारत की जनसंख्या विश्व की सम्पूर्ण जनसंख्या का कितने प्रतिशत हैं?
(a) 16% (b) 16.5% (c) 17.5% (d) 18%

123. कूकी जनजाति भारत के किस राज्य में पाई जाती है?
(a) नागालैण्ड (b) मेघालय
(c) सिक्किम (d) मणिपुर

124. बकरवाल और गुजरवाल जनजातियाँ भारत में कहाँ पाई जाती हैं?
(a) जम्मू-कश्मीर (b) उत्तराखण्ड
(c) गुजरात (d) राजस्थान

पर्यावरण एवं पारिस्थितिकी

125. 'पारिस्थितिकी' शब्द का प्रयोग सर्वप्रथम किसने किया?
(a) ए. टान्सले (b) अर्नेस्ट हेकेल
(c) ई. ओ विल्सन (d) डार्विन

126. 'पारिस्थितिकी-तन्त्र' शब्द का सर्वप्रथम प्रयोग किसके द्वारा किया गया?
(a) ई. ओ. विल्सन (b) ए. टान्सले
(c) हेकेल (d) स्किनर

127. निम्न में से 'जैव-विविधता का पिता' किसे कहा जाता है?
(a) हरगोविन्द खुराना (b) ई. ओ. विल्सन
(c) सी. वी. रमन (d) अर्नेस्ट हेकेल

128. अम्ल वर्षा घटना की सर्वप्रथम व्याख्या किसने की?
(a) रॉबर्ट एंगस स्मिथ (b) रिचर
(c) स्किनर (d) ई. ओ विल्सन

129. अम्ल वर्षा किसके कारण होती है?
(a) CO और CO_2 (b) SO_2 और O_2
(c) SO_2 और NO_2 (d) NO_2 और O_2

130. ओजोन छिद्र के लिए कौन-सा प्रदूषक जिम्मेदार है?
(a) CO_2 (b) SO_2
(c) CO (d) CFC

131. वैश्विक तापन (Global warming) के लिए सर्वाधिक जिम्मेदार गैस कौन-सी है?
(a) कार्बन डाइऑक्साइड
(b) मेथेन
(c) सल्फर डाइऑक्साइड
(d) नाइट्रस ऑक्साइड

132. भारतीय गैण्डे कहाँ पाए जाते हैं?
(a) जिम कॉर्बेट राष्ट्रीय उद्यान
(b) कान्हा राष्ट्रीय उद्यान
(c) काजीरंगा राष्ट्रीय उद्यान
(d) बांदीपुर राष्ट्रीय उद्यान

133. जंगली हाथियों के लिए कौन-सा राष्ट्रीय उद्यान प्रसिद्ध है?
(a) पेरियार (b) मानस
(c) गिर (d) जिमकॉर्बेट

134. 'सिमलीपाल राष्ट्रीय उद्यान' किस राज्य में है?
(a) महाराष्ट्र (b) गुजरात
(c) ओडिशा (d) राजस्थान

135. निम्न में से 'काजीरंगा राष्ट्रीय उद्यान' किस राज्य में अवस्थित है?
(a) तमिलनाडु (b) मणिपुर
(c) असम (d) आन्ध्र प्रदेश

136. भारत में एकमात्र तैरता हुआ राष्ट्रीय उद्यान कहाँ स्थित है?
(a) ओडिशा (b) मणिपुर
(c) असम (d) जम्मू-कश्मीर

137. मानस राष्ट्रीय उद्यान किसमें अवस्थित है?
(a) मध्य प्रदेश (b) झारखण्ड
(c) असम (d) पश्चिम बंगाल

138. निम्न को सुमेलित करें

सूची I		सूची II
A. दुधवा	(i)	गुजरात
B. दाचिगाम	(ii)	उत्तराखण्ड
C. जिम कॉर्बेट	(iii)	जम्मू-कश्मीर
D. गिर	(iv)	उत्तर प्रदेश

कूट

	A	B	C	D
(a)	(iv)	(iii)	(ii)	(i)
(b)	(iv)	(ii)	(i)	(iii)
(c)	(iii)	(i)	(iv)	(ii)
(d)	(ii)	(iii)	(iv)	(i)

139. राजस्थान का केवलादेव घाना राष्ट्रीय उद्यान किस लिए महत्त्वपूर्ण है?
(a) जंगली भैंसा
(b) साइबेरियन सारस
(c) हाथी
(d) गोल्डन लंगूर

140. एशियाई शेर कहाँ पाए जाते हैं?
(a) गिर राष्ट्रीय उद्यान
(b) दुधवा राष्ट्रीय उद्यान
(c) मानस राष्ट्रीय उद्यान
(d) काजीरंगा राष्ट्रीय उद्यान

141. हाथियों के संरक्षण हेतु हाथी परियोजना किस वर्ष में शुरू की गई?
(a) वर्ष 1970 (b) वर्ष 1977
(c) वर्ष 1992 (d) वर्ष 2006

142. प्रथम पृथ्वी शिखर सम्मेलन कहाँ हुआ?
(a) वॉशिंगटन (b) जिनेवा
(c) रियो-डी-जेनेरियो (d) ब्यूनस आयर्स

143. निम्न में से कौन-सा समझौता (संधि) आर्द्रभूमियों के संरक्षण से सम्बन्धित है?
(a) जैव-विविधता समझौता
(b) रामसर समझौता
(c) मॉण्ट्रियल समझौता
(d) स्टॉकहोम समझौता

PYQs

144. …………सूर्य तारे, चन्द्रमा और ग्रहों का अध्ययन है। **क्लर्क (हैदराबाद) 28 फरवरी 2021**
(a) जीवविज्ञान (b) भू-विज्ञान
(c) शारीरिकी (d) खगोल-विज्ञान

145. 'सरदार सरोवर परियोजना' किस नदी पर स्थित है? **क्लर्क (दानापुर, जबलपुर) 01 नवम्बर 2020**
(a) गंगा (b) गोदावरी (c) कोसी (d) नर्मदा

उत्तरमाला

1. (a)	2. (b)	3. (d)	4. (b)	5. (a)	6. (a)	7. (a)	8. (b)	9. (a)	10. (a)
11. (d)	12. (a)	13. (b)	14. (c)	15. (b)	16. (d)	17. (a)	18. (b)	19. (d)	20. (c)
21. (a)	22. (d)	23. (d)	24. (c)	25. (a)	26. (d)	27. (a)	28. (a)	29. (a)	30. (d)
31. (b)	32. (c)	33. (b)	34. (d)	35. (a)	36. (c)	37. (a)	38. (d)	39. (c)	40. (a)
41. (b)	42. (c)	43. (b)	44. (d)	45. (b)	46. (a)	47. (b)	48. (b)	49. (c)	50. (b)
51. (b)	52. (a)	53. (c)	54 (b)	55. (d)	56. (a)	57. (d)	58. (b)	59. (a)	60. (b)
61. (b)	62. (d)	63. (a)	64. (a)	65. (c)	66. (d)	67. (d)	68. (d)	69. (a)	70. (a)
71. (a)	72. (c)	73. (c)	74. (c)	75. (a)	76. (d)	77. (a)	78. (b)	79. (c)	80. (a)
81. (d)	82. (a)	83. (d)	84. (a)	85. (d)	86. (a)	87. (b)	88. (b)	89. (a)	90. (c)
91. (b)	92. (b)	93. (a)	94. (b)	95. (d)	96. (c)	97. (d)	98. (d)	99. (d)	100. (a)
101. (a)	102. (d)	103. (d)	104. (d)	105. (c)	106. (b)	107. (b)	108. (c)	109. (c)	110. (d)
111. (c)	112. (b)	113. (c)	114. (a)	115. (c)	116. (c)	117. (c)	118. (d)	119. (a)	120. (a)
121. (b)	122. (c)	123. (d)	124. (a)	125. (b)	126. (a)	127. (b)	128. (a)	129. (c)	130. (d)
131. (a)	132. (c)	133. (a)	134. (c)	135. (c)	136. (b)	137. (c)	138. (a)	139. (b)	140. (a)
141. (c)	142. (c)	143. (b)	144. (d)	145. (d)					

अध्याय 03

भारत का संविधान

संविधान का निर्माण

- भारतीय संविधान का निर्माण करने वाली संविधान सभा का गठन जुलाई, 1946 को कैबिनेट मिशन की सिफारिश के आधार पर किया गया। 'संविधान सभा' के सदस्यों का चुनाव प्रान्तीय विधानसभाओं के सदस्यों द्वारा किया गया।
- संविधान सभा की पहली बैठक 9 दिसम्बर, 1946 को सम्पन्न हुई, जिसमें डॉ. सच्चिदानन्द सिन्हा को संविधान सभा का अस्थायी अध्यक्ष चुना गया। 11 दिसम्बर, 1946 की बैठक में डॉ. राजेन्द्र प्रसाद को स्थायी अध्यक्ष चुना गया।
- संविधान सभा की अन्तिम बैठक 24 जनवरी, 1950 को हुई। संविधान निर्माण में 2 वर्ष, 11 महीने, 18 दिन का समय लगा।
- भारतीय संविधान को 26 नवम्बर, 1949 को अंगीकृत किया गया तथा 26 जनवरी, 1950 को इसे लागू कर दिया गया। डॉ. भीमराव अम्बेडकर को 'भारतीय संविधान का जनक' कहा जाता है।
- वे स्वतन्त्र भारत के पहले कानून एवं विधि मन्त्री भी थे।
- वर्तमान भारतीय संविधान में 22 भाग, 395 अनुच्छेद व 12 अनुसूचियाँ हैं।

संविधान के स्रोत

देश	संविधान के प्रमुख प्रावधान
ब्रिटेन	संसदीय शासन, विधि निर्माण प्रक्रिया, एकल नागरिकता
यू एस ए	प्रस्तावना, मौलिक अधिकार, सर्वोच्च न्यायालय का गठन एवं शक्तियाँ, राष्ट्रपति पर महाभियोग, उप-राष्ट्रपति का पद
कनाडा	संघात्मक व्यवस्था, केन्द्र द्वारा राज्यपाल की नियुक्ति
आयरलैण्ड	नीति-निदेशक सिद्धान्त, राष्ट्रपति का निर्वाचन, उच्च सदन के सदस्यों को मनोनीत करने सम्बन्धी प्रावधान
जर्मनी	आपातकालीन उपबन्ध
ऑस्ट्रेलिया	प्रस्तावना की भाषा, समवर्ती सूची, केन्द्र-राज्य सम्बन्ध
फ्रांस	गणतन्त्र प्रणाली
रूस	मौलिक कर्त्तव्यों का प्रावधान
दक्षिण अफ्रीका	संविधान में संशोधन
जापान	विधि द्वारा स्थापित प्रक्रिया एवं शब्दावली

संविधान के प्रमुख भाग

भाग	विषय
भाग I	संघ व उसका राज्य क्षेत्र तथा नए राज्य का निर्माण
भाग II	नागरिकता
भाग III	मौलिक अधिकार
भाग IV	राज्य के नीति-निदेशक तत्त्व
भाग IV (क)	मौलिक कर्त्तव्य
भाग V	केन्द्र सरकार से सम्बन्धित
भाग VI	राज्य सरकार से सम्बन्धित
भाग VIII	केन्द्रशासित प्रदेश
भाग IX	पंचायत
भाग IX (क)	नगरपालिकाएँ
भाग IX (ख)	कॉपरेटिव सोसाइटी
भाग X	अनुसूचित तथा जनजातीय क्षेत्र
भाग XI	केन्द्र-राज्य सम्बन्ध
भाग XV	निर्वाचन
भाग XVII	राजभाषा
भाग XVIII	आपातकालीन उपबन्ध

मौलिक अधिकार

मौलिक अधिकार न्यायसंगत होते हैं, ये न्यायालय द्वारा प्रवर्तनीय होते हैं।

मौलिक अधिकार	सम्बन्धित अनुच्छेद
समता का अधिकार	अनुच्छेद- 14 से 18 (अनुच्छेद- 17 अस्पृश्यता का अन्त)
स्वतन्त्रता का अधिकार	अनुच्छेद- 19 से 22 (अनुच्छेद- 21 जीवन का अधिकार, निजता का अधिकार)
शोषण के विरुद्ध अधिकार	अनुच्छेद- 23 से 24 (14 वर्ष से कम आयु वाले किसी बच्चे को जोखिम भरे कामों पर लगाने से रोक)
धर्म की स्वतन्त्रता का अधिकार	अनुच्छेद- 25 से 28
संस्कृति और शिक्षा सम्बन्धी अधिकार	अनुच्छेद- 29 से 30
संवैधानिक उपचारों का अधिकार	अनुच्छेद- 32

मौलिक कर्त्तव्य

- भारतीय संविधान में मौलिक कर्त्तव्यों को सरदार स्वर्ण सिंह समिति की सिफारिश के आधार पर 42वें संविधान संशोधन (1976) के द्वारा जोड़ा गया है।
- मौलिक कर्त्तव्यों का प्रावधान भारतीय संविधान के भाग IV (क) के अनुच्छेद-51 (क) में किया गया है। वर्तमान में मौलिक कर्त्तव्यों की संख्या 11 (पहले 10) है।

राज्य के नीति-निदेशक तत्त्व

नीति-निदेशक सिद्धान्तों का उद्देश्य आर्थिक एवं सामाजिक लोकतन्त्र के द्वारा कल्याणकारी राज्य की स्थापना करना है।

भारतीय संविधान में अनुच्छेद-36 से 51 तक राज्य के नीति निदेशक तत्व वर्णित हैं।

कुछ प्रमुख निदेशक सिद्धान्तों से सम्बन्धित अनुच्छेद इस प्रकार हैं

अनुच्छेद - 40	ग्राम पंचायतों का गठन
अनुच्छेद - 44	समान नागरिक संहिता
अनुच्छेद - 45	6 वर्ष से कम आयु के बच्चों की शिक्षा
अनुच्छेद - 48 ए	पर्यावरण का संरक्षण, संवर्द्धन और वन्य जीवों की रक्षा
अनुच्छेद - 50	कार्यपालिका एवं न्यायपालिका का पृथक्करण
अनुच्छेद - 51	अन्तर्राष्ट्रीय शान्ति और सुरक्षा की अभिवृद्धि

संघीय कार्यपालिका

भारत में संसदीय शासन प्रणाली को अपनाया गया है। संघ की कार्यपालिका शक्ति राष्ट्रपति में निहित होती है, परन्तु वास्तविक शक्ति प्रधानमन्त्री व मन्त्रिपरिषद् के पास होती है। संघीय कार्यपालिका संसद के प्रति उत्तरदायी होती है।

भारत के राष्ट्रपति, उप-राष्ट्रपति एवं प्रधानमन्त्री से सम्बन्धित जानकारी

	राष्ट्रपति	उपराष्ट्रपति	प्रधानमन्त्री
आयु	35 वर्ष (कम से कम)	35 वर्ष (कम से कम)	25 वर्ष (कम से कम)
कार्यकाल	5 वर्ष	5 वर्ष	5 वर्ष (समय से पहले भी हट सकते हैं)
शपथ	मुख्य न्यायाधीश या वरिष्ठ न्यायाधीश द्वारा	राष्ट्रपति द्वारा	राष्ट्रपति द्वारा
वेतन व भत्ते	वर्तमान वेतन ₹ 5 लाख/माह व अन्य भत्ते	वर्तमान वेतन ₹ 4 लाख/माह व अन्य भत्ते	संसद द्वारा वेतन निर्धारित किया जाता है।
कार्य व शक्तियाँ	कार्यपालिका, विधायी व न्यायपालिका तथा आपातकालीन सम्बन्धी शक्तियाँ	राज्यसभा के सभापति के रूप में कार्य	लोकसभा में बहुमत दल का नेता, मन्त्रिपरिषद् की बैठकों की अध्यक्षता
हटाने की प्रक्रिया	महाभियोग प्रक्रिया	राज्यसभा में साधारण बहुमत द्वारा पदच्युत	लोकसभा में बहुमत न रहने के कारण या मन्त्रिपरिषद् के सामूहिक इस्तीफे के द्वारा
त्यागपत्र	उप-राष्ट्रपति को	राष्ट्रपति को	राष्ट्रपति को

भारत के राष्ट्रपति

नाम	कार्यकाल
डॉ. राजेन्द्र प्रसाद	1950-1962
डॉ. सर्वपल्ली राधाकृष्णन्	1962-1967
डॉ. जाकिर हुसैन	1967-1969
वी. वी. गिरि (कार्यकारी)	1969-1969
एम. हिदायतुल्ला	1969-1969
वी. वी. गिरि (कार्यकारी)	1969-1974
फखरुद्दीन अली अहमद	1974-1977
बी. डी. जत्ती (कार्यकारी)	1977-1977
नीलम संजीव रेड्डी	1977-1982
ज्ञानी जैलसिंह	1982-1987
आर. वेंकट रमन	1987-1992
डॉ. शंकर दयाल शर्मा	1992-1997
के. आर. नारायणन	1997-2002
डॉ. ए. पी. जे. अब्दुल कलाम	2002-2007
प्रतिभा देवी सिंह पाटिल	2007-2012
प्रणब मुखर्जी	2012-2017
रामनाथ कोविन्द	2017-2022
द्रौपदी मुर्मू	जुलाई 2022 से अब तक

प्रधानमन्त्री एवं उनके कार्यकाल

नाम	कार्यकाल
जवाहरलाल नेहरू	15 अगस्त, 1947 -27 मई, 1964
गुलजारी लाल नन्दा (कार्यवाहक)	27 मई, 1964 -9 जून, 1964
लालबहादुर शास्त्री	9 जून, 1964 -11 जनवरी, 1966
गुलजारी लाल नन्दा(कार्यवाहक)	11 जनवरी, 1966 -24 जनवरी, 1966
इन्दिरा गाँधी	24 जनवरी, 1966 -24 मार्च, 1977
मोरारजी देसाई	24 मार्च, 1977 -28 जुलाई, 1979
चौधरी चरण सिंह	28 जुलाई, 1979 -14 जनवरी, 1980
इन्दिरा गाँधी	14 जनवरी, 1980 -31 अक्टूबर, 1984
राजीव गाँधी	31 अक्टूबर, 1984 -1 दिसम्बर, 1989
वी. पी. सिंह	2 दिसम्बर, 1989 -10 नवम्बर, 1990
चन्द्रशेखर	10 नवम्बर, 1990 -21 जून, 1991
पी. वी. नरसिम्हाराव	21 जून, 1991 -16 मई, 1996
अटल बिहारी वाजपेयी	16 मई, 1996 -1 जून, 1996
एच. डी. देवगौड़ा	1 जून, 1996 -21 अप्रैल, 1997
इन्द्र कुमार गुजराल	21 अप्रैल, 1997 -18 मार्च, 1998
अटल बिहारी वाजपेयी	19 मार्च, 1998 -22 मई, 2004
डॉ. मनमोहन सिंह	22 मई, 2004 से 26 मई, 2014
नरेन्द्र मोदी	26 मई, 2014 से अब तक

संघीय विधायिका (संसद)

भारत की संसद लोकसभा, राज्यसभा व राष्ट्रपति से मिलकर बनी है। संसद के निम्न सदन को लोकसभा व उच्च सदन (ऊपरी सदन) को राज्यसभा कहते हैं।

राज्यसभा

- राज्यसभा का गठन 3 अप्रैल, 1952 को किया गया। राज्यसभा के सदस्यों की अधिकतम संख्या 250 हो सकती है और वर्तमान में सदस्यों की संख्या 245 है।
- राज्यसभा एक स्थायी सदन है और इसे भंग नहीं किया जा सकता। इसके एक-तिहाई सदस्य प्रत्येक दो वर्ष पर अवकाश ग्रहण करते हैं। राज्यसभा के सदस्यों का कार्यकाल 6 वर्ष का होता है।

लोकसभा

- लोकसभा का गठन 17 अप्रैल, 1952 को किया गया। लोकसभा का गठन 5 वर्ष के लिए किया जाता है।
- लोकसभा के सदस्यों की अधिकतम संख्या 552 है तथा वर्तमान में लोकसभा के सदस्यों की संख्या 545 है।

- लोकसभा एक अस्थायी सदन है। इसे समय से पहले भी भंग किया जा सकता है तथा इसके सदस्यों का चुनाव सीधे जनता द्वारा वयस्क मताधिकार के आधार पर होता है।

न्यायपालिका

सर्वोच्च न्यायालय

- 26 जनवरी, 1950 को सर्वोच्च न्यायालय (सुप्रीम कोर्ट) की स्थापना की गई।
- सर्वोच्च न्यायालय में न्यायाधीशों की संख्या 33+1 है। सर्वोच्च न्यायालय के न्यायाधीशों की नियुक्ति राष्ट्रपति द्वारा की जाती है तथा इन्हें हटाने के लिए महाभियोग प्रक्रिया है।
- सर्वोच्च न्यायालय के न्यायाधीशों का कार्यकाल 65 वर्ष की आयु तक होता है।
- सर्वोच्च न्यायालय के पहले मुख्य न्यायाधीश हरिलाल जे. कानिया थे।

उच्च एवं अधीनस्थ न्यायालय

उच्च न्यायालयों की संख्या (राज्य स्तर पर)	25
उच्च न्यायालय के न्यायाधीशों की पदावधि	62 वर्ष
अधीनस्थ न्यायालय	जिला एवं सत्र तथा मुंसिफ (प्रत्येक जिले में एक न्यायालय)

राज्य कार्यपालिका

संसदीय शासन प्रणाली का संचालन केन्द्र के साथ-साथ राज्यों में भी होता है।

	राज्यपाल	मुख्यमन्त्री
आयु	35 वर्ष (कम से कम)	25 वर्ष (कम से कम)
कार्यकाल	5 वर्ष	5 वर्ष
नियुक्ति	राष्ट्रपति द्वारा	विधानसभा में बहुमत दल का नेता (नियुक्ति राज्यपाल द्वारा)
शपथ	राज्य के उच्च न्यायालय के मुख्य न्यायाधीश द्वारा	राज्य के राज्यपाल द्वारा
वेतन व अन्य भत्ते	3.50 लाख/माह व अन्य भत्ते	राज्य विधानमण्डल द्वारा निर्धारित किया जाता है
कार्य व शक्तियाँ	• कार्यपालिका, न्यायपालिका, विधायी तथा आपातकालीन शक्तियाँ। • मुख्यमन्त्री की सिफारिश पर मन्त्रिपरिषद् के सदस्यों की नियुक्ति व राज्य के अन्य सदस्यों की नियुक्ति सम्बन्धी कार्य।	• विधानसभा के बहुमत दल का नेता होने के कारण विधानमण्डल व मन्त्रिपरिषद् के मध्य सम्पर्क सूत्र का कार्य • राज्य के लिए नीति-निर्माण सम्बन्धी कार्य में महत्त्वपूर्ण भूमिका

राज्य विधायिका

- राज्य विधायिका (विधानमण्डल) का निर्माण विधानसभा, विधानपरिषद् व राज्यपाल से मिलकर होता है।
- राज्य विधानमण्डल में विधानसभा को **निम्न सदन** व विधानपरिषद् को **उच्च सदन** कहा जाता है।

विधानपरिषद्

- विधानपरिषद् के सदस्यों की संख्या उस राज्य के विधानसभा के सदस्यों की कुल संख्या के 1/3 से अधिक नहीं हो सकती, परन्तु यह संख्या 40 से कम नहीं होनी चाहिए।
- यह एक स्थायी सदन है और इसे भंग नहीं किया जा सकता। विधानपरिषद् के सदस्यों का निर्वाचन अप्रत्यक्ष रूप से जनता द्वारा होता है।
- विधानपरिषद् के सदस्यों का कार्यकाल 6 वर्ष का होता है तथा इसके 1/3 सदस्य प्रत्येक दो वर्ष पर अवकाश ग्रहण करते हैं।
- वर्तमान में भारत के 6 राज्यों आन्ध्र प्रदेश, बिहार, महाराष्ट्र, कर्नाटक, तेलंगाना तथा उत्तर प्रदेश में विधानपरिषद् हैं।

विधानसभा

- भारतीय संविधान के अनुच्छेद-170 के अन्तर्गत विधानसभा के सदस्यों की अधिकतम संख्या 500 व न्यूनतम 60 होनी चाहिए।
- विधानसभा के सदस्यों का कार्यकाल 5 वर्ष का होता है तथा इसके सदस्यों का चुनाव सीधे जनता द्वारा किया जाता है।
- सर्वाधिक विधानसभा सीटों वाला राज्य उत्तर प्रदेश (403) तथा सबसे कम पुदुचेरी (40) है। विधानसभा सदस्य बनने के लिए न्यूनतम आयु 25 वर्ष होती है।

पंचायती राज (स्थानीय स्वशासन)

- वर्ष 1957 में गठित बलवन्त राय मेहता समिति ने सर्वप्रथम पंचायती राज को स्थापित करने की सिफारिश की, जिसे स्वीकार कर लिया गया।
- सर्वप्रथम राजस्थान के नागौर जिले में 2 अक्टूबर, 1959 को प्रधानमन्त्री पण्डित जवाहरलाल नेहरू ने पंचायती राज की नींव रखी।
- 73वें संविधान संशोधन (1991) व 74वें संविधान संशोधन (1993) के अन्तर्गत पंचायती राज व नगरपालिकाओं को संवैधानिक दर्जा दिया गया।
- वर्तमान में भारत में त्रिस्तरीय पंचायती राजव्यवस्था लागू है, जिसके अन्तर्गत-ग्रामसभा, नगर पंचायत व जिला पंचायत आते हैं।

भारत के राष्ट्रीय प्रतीक

राष्ट्रीय चिह्न	भारत का राष्ट्रीय चिह्न उत्तर प्रदेश के सारनाथ में स्थित **अशोक स्तम्भ शीर्ष की अनुकृति** है। इसका निर्माण सम्राट अशोक ने करवाया था। भारत सरकार द्वारा 26 जनवरी, 1950 को इसे राष्ट्रीय चिह्न के रूप में अपनाया गया।
राष्ट्रीय ध्वज	**तिरंगा** भारत का राष्ट्रीय ध्वज है। भारत की संविधान सभा ने इसे 22 जुलाई, 1947 को अपनाया। ध्वज तीन रंगों की (केसरिया, सफेद तथा हरा) क्षैतिज पट्टियों का संयुक्त रूप है। इसके बीच में नीले रंग की 24 तीलियों का चक्र है। ध्वज की लम्बाई एवं चौड़ाई का अनुपात 3 : 2 है। राष्ट्र ध्वज का डिजाइन पिंगली वेंकैया ने तैयार किया था।
राष्ट्रगान	**जन-गण-मन** भारत का राष्ट्रगान है। इसकी रचना रवीन्द्रनाथ टैगोर ने की थी। 24 जनवरी, 1950 को संविधान सभा द्वारा इसे अपनाया गया। मूल रूप से बांग्ला में रचित राष्ट्रगान को सर्वप्रथम 27 दिसम्बर, 1911 को राष्ट्रीय कांग्रेस के कलकत्ता अधिवेशन में गाया गया था। राष्ट्रगान की गायन अवधि 52 सेकण्ड है।
राष्ट्रगीत	बंकिमचन्द्र चटर्जी ने संस्कृत में **वन्देमातरम्** गीत की रचना अपने उपन्यास आनन्दमठ में की। यह गीत स्वतन्त्रता संग्राम में जन-जन का प्रेरणा स्रोत था। यह पहली बार 1896 ई. में भारतीय राष्ट्रीय कांग्रेस के अधिवेशन में गाया गया था। इसे राष्ट्रगीत के रूप में 26 जनवरी, 1950 को अपनाया गया।
राष्ट्रीय पंचांग	भारत का राष्ट्रीय पंचांग **शक संवत्** पर आधारित है, जिसे 22 मार्च, 1957 को अपनाया गया। शक संवत् का प्रथम मास चैत्र तथा अन्तिम मास फाल्गुन होता है। यह ग्रेगोरियन कैलेण्डर के समरूप है। शक संवत् की शुरुआत 78 ई. में हुई थी।

राष्ट्रीय पुष्प	भारत का राष्ट्रीय पुष्प **कमल** है। इसका वैज्ञानिक नाम ***नेलम्बो-न्यूसिफेरा*** है।
राष्ट्रीय फल	भारत का राष्ट्रीय फल **आम** है। इसका वैज्ञानिक नाम ***मेंगीफेरा इण्डिका*** है। इसे 'फलों का राजा' भी कहा जाता है।
राष्ट्रीय पशु	भारत का राष्ट्रीय पशु **बाघ** है। इसका वैज्ञानिक नाम ***पैंथरा टाइग्रिस*** है। इसकी शालीनता, दृढ़ता, फुर्ती और शक्ति के कारण इसे राष्ट्रीय पशु का दर्जा दिया गया।
राष्ट्रीय पक्षी	भारत का राष्ट्रीय पक्षी **मयूर** (मोर) है। इसका वैज्ञानिक नाम ***पावो क्रिस्टेट्स*** है। इसे वर्ष 1963 में राष्ट्रीय पक्षी का दर्जा दिया गया।
राष्ट्रीय वृक्ष	भारत का राष्ट्रीय वृक्ष **बरगद** है। इसका वैज्ञानिक नाम ***फाइकस बेघालेसिंस*** हैं। इसे धार्मिक रूप से अमर्त्य माना जाता है।
राष्ट्रीय नदी	भारत की सबसे लम्बी नदी **गंगा** को राष्ट्रीय नदी का दर्जा प्राप्त है। इसका उद्गम स्थल उत्तराखण्ड में स्थित गंगोत्री ग्लेशियर है।
राष्ट्रीय जलीय जीव	5 अक्टूबर, 2009 को भारत सरकार द्वारा गंगा **डॉल्फिन** *(प्लेटेनिस्टा गंगेटिका)* को राष्ट्रीय जलीय जीव का दर्जा दिया गया।
राष्ट्रीय विरासत पशु	भारत का राष्ट्रीय विरासत पशु **हाथी** *(एलिफास इण्डिका)* है। भारत सरकार ने इसे वर्ष 2010 में राष्ट्रीय विरासत पशु घोषित किया।
राष्ट्रीय वाक्य	भारत का राष्ट्रीय वाक्य **सत्यमेव जयते** है। यह मुण्डकोपनिषद् से लिया गया है।
राष्ट्रीय मुद्रा	भारत की राष्ट्रीय मुद्रा **रुपया** है। इसका संकेत ₹ होता है। इस संकेत का डिजाइन डी. उदय कुमार द्वारा तैयार किया गया।

- **समाजवाद** (Socialism) से अभिप्राय उस व्यवस्था से है, जिसमें उत्पादन व वितरण का स्वामित्व राज्य के नियन्त्रण में रहता है।
- **लोकतन्त्र** (Democracy) का अभिप्राय है कि सरकार को समस्त शक्ति जनता से प्राप्त होती है। शासकों का निर्वाचन जनता द्वारा किया जाता है और वे उन्हीं के प्रति उत्तरदायी हैं।
- **गणराज्य** (Republic) से अभिप्राय है कि राज्य का अध्यक्ष एक निर्वाचित व्यक्ति है, जो एक निश्चित अवधि हेतु पद ग्रहण करता है।
- **धर्मनिरपेक्ष** (Secular) जहाँ धर्म के आधार पर किसी भी प्रकार का भेदभाव नहीं किया जाता तथा सभी धर्मों को समान रूप से देखा जाता है।
- **अनुपूरक प्रश्न** (Supplementary Question) सदन में किसी सदस्य द्वारा अध्यक्ष की अनुमति से किसी विषय, जिसके सम्बन्ध में उत्तर दिया जा चुका है, के स्पष्टीकरण हेतु अनुपूरक प्रश्न पूछने की अनुमति प्रदान की जाती है।
- **तारांकित प्रश्न** (Starred Question) जिन प्रश्नों के साथ 'तारे' का निशान लगा होता है उनका उत्तर मन्त्री को मौखिक रूप में देना होता है।
- **अतारांकित प्रश्न** (Non-Starred Question) वे प्रश्न जिनके साथ 'तारे' का चिह्न नहीं होता है, अतारांकित प्रश्न होते हैं। इन प्रश्नों का उत्तर मन्त्री को लिखित रूप में देना होता है।
- **शून्यकाल** (Zero Hour) प्रश्नकाल के बाद का एक घण्टा, जो दोपहर 12 बजे से 1 बजे तक के लिए निर्धारित होता है, शून्यकाल कहलाता है। नवम्बर, 2014 में राज्यसभा में इस समय में बदलाव करके इसका समय 11 बजे से 12 बजे का कर दिया है, जबकि लोक सभा ने इसमें कोई परिवर्तन नहीं किया है। इन प्रश्नों का पूर्व निर्धारण नहीं होता है।
- **प्रश्नकाल** (Question Hour) संसदीय कार्यवाही का प्रथम घण्टा जो सामान्यतया सुबह 11 से 12 बजे का समय होता है, 'प्रश्नकाल' कहलाता है। नवम्बर, 2014 में राज्यसभा में इस समय में बदलाव करके इसका समय 12 बजे से 1 बजे का कर दिया है, जबकि लोकसभा ने इसमें कोई परिवर्तन नहीं किया है। इसी दौरान संसद-सदस्यों द्वारा मन्त्रियों से राष्ट्रीय-अन्तर्राष्ट्रीय विषय के सन्दर्भ में महत्त्वपूर्ण घटना पर प्रतिक्रिया प्राप्त की जाती है।

एग्जाम पैटर्न प्रश्न

1. संविधान सभा के स्थायी अध्यक्ष कौन थे?
(a) बी. आर. अम्बेडकर
(b) महात्मा गाँधी
(c) डॉ. राजेन्द्र प्रसाद
(d) सच्चिदानन्द सिन्हा

2. संविधान सभा का संवैधानिक सलाहकार किसे नियुक्त किया गया था?
(a) बी. आर. अम्बेडकर
(b) बी. एन. राव
(c) के. एम. मुंशी
(d) वल्लभभाई पटेल

3. संविधान सभा ने अन्तिम रूप से संविधान को कब पारित किया?
(a) 26 जनवरी, 1950
(b) 15 अगस्त, 1947
(c) 26 नवम्बर, 1949
(d) 2 अक्टूबर, 1950

4. भारतीय संविधान किस दिन से पूर्णतः लागू हुआ?
(a) 26 जनवरी, 1949
(b) 26 नवम्बर, 1949
(c) 26 जनवरी, 1950
(d) 15 अगस्त, 1947

5. भारत गणतन्त्र कब बना?
(a) 15 अगस्त, 1949
(b) 26 नवम्बर, 1949
(c) 26 जनवरी, 1949
(d) 26 जनवरी, 1950

6. डॉ. बी. आर. अम्बेडकर ने किसे भारतीय संविधान की 'आत्मा और हृदय' कहा?
(a) मूल अधिकार
(b) प्रस्तावना
(c) संवैधानिक उपचारों का अधिकार
(d) संविधान संशोधन

7. भारतीय संविधान की निम्न में से कौन-सी विशेषता इंग्लैण्ड से ली गई है?
(a) संसदीय प्रणाली
(b) संघीय प्रणाली
(c) मूल अधिकार
(d) मूल कर्त्तव्य

8. भारतीय संविधान में मूलभूत अधिकारों का सिद्धान्त किस संविधान से लिया गया था?
(a) यू एस ए.
(b) यू के
(c) सोवियत संघ
(d) रूस

9. भारतीय संविधान के किस भाग को उसकी आत्मा कहा जाता है?
(a) मौलिक अधिकार
(b) संविधान के अनुच्छेद-356
(c) प्रस्तावना
(d) नीति-निदेशक तत्त्व

10. ऑस्ट्रेलिया के संविधान से, भारतीय संविधान में कौन-सा तत्त्व शामिल किया गया है?
(a) नीति-निदेशक तत्त्व
(b) मौलिक अधिकार
(c) समवर्ती सूची
(d) संघीय व्यवस्था

11. संविधान में मूल कर्त्तव्यों की प्रेरणा किस देश से ली गई है?
(a) जर्मनी
(b) आयरलैण्ड
(c) पूर्व सोवियत संघ
(d) दक्षिण अफ्रीका

12. संविधान के किस भाग में नीति-निदेशक तत्त्वों का उल्लेख किया गया है?
(a) तृतीय भाग में (b) चतुर्थ भाग में
(c) द्वितीय भाग में (d) नवम् भाग में

13. 'आपातकालीन उपबन्ध' संविधान के किस भाग में वर्णित है?
(a) चौथे भाग में (b) दसवें भाग में
(c) अट्ठाहरवें भाग में (d) बीसवें भाग में

14. वर्तमान में भारत में राज्यों एवं केन्द्रशासित प्रदेशों की संख्या क्रमश: है
(a) 25 एवं 7 (b) 27 एवं 8
(c) 28 एवं 8 (d) 28 एवं 5

15. वर्तमान में भारतीय नागरिकों को कितने मूल अधिकार प्राप्त हैं?
(a) 5 (b) 6 (c) 7 (d) 8

16. भारतीय संविधान के अनुसार, 'जीवन का अधिकार' एक
(a) राजनीतिक अधिकार है
(b) मौलिक अधिकार है
(c) धार्मिक अधिकार है
(d) आर्थिक अधिकार है

17. डॉ. अम्बेडकर ने संविधान के किस अनुच्छेद को संविधान का 'हृदय व आत्मा' कहा था?
(a) अनुच्छेद-14 (b) अनुच्छेद-17
(c) अनुच्छेद-352 (d) अनुच्छेद-32

18. 'प्रेस की स्वतन्त्रता' भारतीय संविधान के किस अनुच्छेद से मिलती है?
(a) अनुच्छेद-21 (b) अनुच्छेद-16
(c) अनुच्छेद-19 (d) अनुच्छेद-14

19. संविधान द्वारा मौलिक अधिकारों का संरक्षक किसे नियुक्त किया गया है?
(a) सर्वोच्च न्यायालय
(b) भारतीय संसद
(c) राष्ट्रपति
(d) इनमें से कोई नहीं

20. भारतीय संविधान के अनुसार, सम्पत्ति का अधिकार है
(a) मौलिक अधिकार (b) प्राकृतिक अधिकार
(c) विधिक अधिकार (d) नैतिक अधिकार

21. मत देने का अधिकार होता है
(a) राजनीतिक अधिकार
(b) नागरिक अधिकार
(c) आर्थिक अधिकार
(d) कानूनी अधिकार

22. 'सम्पत्ति के अधिकार' को किस संविधान संशोधन के द्वारा मूल अधिकार से हटा दिया गया?
(a) 42वें (b) 43वें (c) 44वें (d) 46वें

23. संविधान की 11वीं अनुसूची में किन बातों का उल्लेख है?
(a) नीति-निदेशक सिद्धान्त
(b) पंचायतों का कार्यक्रम
(c) मूल अधिकार
(d) मूल कर्त्तव्य

24. किस अनुच्छेद के द्वारा 6 से 14 वर्ष तक के बच्चों के लिए शिक्षा का अधिकार मूल अधिकार माना गया है?
(a) अनुच्छेद - 20 (b) अनुच्छेद - 21
(c) अनुच्छेद - 22 (d) अनुच्छेद - 21 (A)

25. 'निजता का अधिकार' संविधान के किस अनुच्छेद की व्याख्या से स्थापित किया गया है?
(a) अनुच्छेद-20 (b) अनुच्छेद-21
(c) अनुच्छेद-14 (d) अनुच्छेद-30

26. मौलिक कर्त्तव्यों को किस समिति की सिफारिश पर भारत के संविधान में शामिल किया गया था?
(a) स्वर्ण सिंह समिति
(b) दिनेश गोस्वामी समिति
(c) बलवन्त राय मेहता समिति
(d) अशोक मेहता समिति

27. संविधान का निम्न में से कौन-सा अनुच्छेद मौलिक कर्त्तव्यों से सम्बन्धित है?
(a) अनुच्छेद-48 (क) (b) अनुच्छेद-39 (ग)
(c) अनुच्छेद-51 (क) (d) इनमें से कोई नहीं

28. वर्तमान में संविधान में मूल कर्त्तव्यों की कुल कितनी संख्या है?
(a) 8 (b) 9 (c) 10 (d) 11

29. भारतीय संविधान के कौन-से भाग से 'कल्याणकारी राज्य' के सिद्धान्त को स्पष्टता प्राप्त होती है?
(a) मौलिक अधिकार
(b) मौलिक कर्त्तव्य
(c) नीति-निदेशक तत्त्व
(d) उपरोक्त में से कोई नहीं

30. इनमें से कौन राज्य के नीति-निदेशक सिद्धान्तों में सम्मिलित नहीं है?
(a) समान नागरिक संहिता
(b) काम का अधिकार
(c) समान कार्य, समान वेतन
(d) सूचना का अधिकार

31. भारतीय नागरिकों के लिए एक समान नागरिक संहिता प्राप्त कराने की बात कही गई है
(a) अनुच्छेद - 40
(b) अनुच्छेद - 44
(c) अनुच्छेद - 45
(d) अनुच्छेद - 48 (क)

32. राज्य के नीति-निदेशक सिद्धान्तों के अनुसार, किस आयु तक के बच्चों को नि:शुल्क एवं अनिवार्य शिक्षा देने की व्यवस्था की गई है?
(a) 14 वर्ष (b) 15 वर्ष
(c) 16 वर्ष (d) 18 वर्ष

33. अनुच्छेद-40 में किस निदेशक सिद्धान्तों का वर्णन किया गया है?
(a) समान काम, समान वेतन
(b) कल्याणकारी राज्य की स्थापना
(c) पशुओं का संरक्षण
(d) ग्राम पंचायतों का गठन

34. भारतीय सेवाओं का सर्वोच्च सेनापति होता है
(a) राष्ट्रपति (b) उप-राष्ट्रपति
(c) रक्षा मन्त्री (d) फील्ड मार्शल

35. भारत के प्रथम राष्ट्रपति थे
(a) पं. जवाहरलाल नेहरू
(b) डॉ. राजेन्द्र प्रसाद
(c) सरदार वल्लभभाई पटेल
(d) महात्मा गाँधी

36. निर्विरोध चुने जाने वाले एकमात्र राष्ट्रपति थे
(a) राजेन्द्र प्रसाद
(b) ज्ञानी जैल सिंह
(c) नीलम संजीव रेड्डी
(d) ए. पी. जे. अब्दुल कलाम

37. राष्ट्रपति पर महाभियोग का आरोप संसद के किस सदन द्वारा लगाया जा सकता है?
(a) राज्यसभा
(b) लोकसभा
(c) संसद के किसी भी सदन द्वारा
(d) उपरोक्त में से कोई नहीं

38. कोई व्यक्ति राष्ट्रपति पद के लिए अधिकतम कितनी बार निर्वाचित हो सकता है?
(a) एक बार (b) दो बार
(c) तीन बार (d) कोई सीमा नहीं

39. राष्ट्रपति को पद एवं गोपनीयता की शपथ कौन दिलवाता है?
(a) उप-राष्ट्रपति
(b) उच्चतम न्यायालय के मुख्य न्यायाधीश
(c) प्रधानमन्त्री
(d) लोकसभा अध्यक्ष

40. राष्ट्रपति द्वारा राज्यसभा में कितने सदस्यों को मनोनीत किया जाता है?
(a) 10 (b) 11 (c) 12 (d) 14

41. उप-राष्ट्रपति के निर्वाचक मण्डल में कौन शामिल होते हैं?
(a) सिर्फ राज्यसभा के सदस्य
(b) सिर्फ लोकसभा के सदस्य
(c) राज्यसभा एवं लोकसभा के निर्वाचित सदस्य
(d) राज्यसभा एवं लोकसभा के सदस्य

42. किस एकमात्र उप-राष्ट्रपति की मृत्यु अपने पद पर आसीन रहते हुए हुई?
(a) कृष्णकान्त
(b) जी. एस. पाठक
(c) बी. डी. जत्ती
(d) मोहम्मद हिदायतुल्ला

43. प्रधानमन्त्री की नियुक्ति कौन करता है?
(a) लोकसभा अध्यक्ष
(b) राष्ट्रपति
(c) उप-राष्ट्रपति
(d) बहुमत दल का नेता

44. स्वतन्त्र भारत के प्रथम प्रधानमन्त्री थे
(a) वल्लभभाई पटेल
(b) डॉ. राजेन्द्र प्रसाद
(c) पं. जवाहरलाल नेहरू
(d) महात्मा गाँधी

45. लोकसभा का चुनाव लड़ने के इच्छुक व्यक्ति की न्यूनतम आयु होनी चाहिए
(a) 21 वर्ष (b) 24 वर्ष
(c) 25 वर्ष (d) 28 वर्ष

46. सरकार के विरुद्ध अविश्वास प्रस्ताव संसद के किस सदन में लाया जा सकता है?
(a) लोकसभा में
(b) राज्यसभा में
(c) किसी भी सदन में
(d) उपरोक्त में से कोई नहीं

47. लोकसभा का विघटन कौन कर सकता है?
(a) राष्ट्रपति (b) प्रधानमन्त्री
(c) लोकसभा अध्यक्ष (d) गृहमन्त्री

48. लोकसभा का नेता कौन होता है?
(a) विपक्ष का नेता
(b) प्रधानमन्त्री
(c) लोकसभा अध्यक्ष
(d) गृहमन्त्री

49. भारत के नियन्त्रक एवं महालेखा परीक्षक की नियुक्ति कौन करता है?
(a) प्रधानमन्त्री (b) गृहमन्त्री
(c) राष्ट्रपति (d) वित्तमन्त्री

50. राज्यसभा का सर्वप्रथम गठन कब हुआ?
(a) 26 जनवरी, 1952
(b) 11 फरवरी, 1952
(c) 19 मार्च, 1952
(d) 3 अप्रैल, 1952

51. निम्न में कौन-से अंग 'संसद' के अभिन्न भाग हैं?
(a) केवल लोकसभा
(b) केवल राज्यसभा
(c) लोकसभा एवं राज्यसभा
(d) लोकसभा, राज्यसभा एवं राष्ट्रपति

52. संसद के दो सत्रों के बीच अधिकतम कितना अन्तराल हो सकता है?
(a) 1 माह (b) 3 माह
(c) 6 माह (d) 12 माह

53. राज्यसभा के कितने सदस्य प्रत्येक दो वर्ष पर सेवानिवृत्त हो जाते हैं?
(a) एक-तिहाई
(b) दो-तिहाई
(c) तीन-तिहाई
(d) कुल संख्या का आधा

54. इसका निर्णय कौन करता है कि कोई विधेयक धन-विधेयक है अथवा नहीं?
(a) लोकसभा का स्पीकर
(b) राज्यसभा का सभापति
(c) राष्ट्रपति
(d) उप-राष्ट्रपति

55. स्वतन्त्र भारत के प्रथम लोकसभा अध्यक्ष कौन थे?
(a) फैंक एंथेनी
(b) के. एम. मुंशी
(c) जी. वी. मावलंकर
(d) एम. ए. आयंगर

56. भारत में सर्वोच्च न्यायालय की स्थापना हुई थी
(a) वर्ष 1950 के संसद के एक अधिनियम द्वारा
(b) भारतीय स्वतन्त्रता अधिनियम, 1947 के द्वारा
(c) भारतीय संविधान के द्वारा
(d) भारत सरकार अधिनियम, 1935 द्वारा

57. भारत के सर्वोच्च न्यायालय का न्यायाधीश कितनी आयु तक अपने पद पर बना रह सकता है?
(a) 60 वर्ष
(b) 62 वर्ष
(c) 64 वर्ष
(d) 65 वर्ष

58. सर्वोच्च न्यायालय के प्रथम मुख्य न्यायाधीश कौन थे?
(a) एच. जे. सारस्वत
(b) एच. जे. कानिया
(c) एस. एस. सीकरी
(d) वाई. वी. चन्द्रचूड़

59. संविधान की व्याख्या करने का अन्तिम अधिकार किसे प्राप्त है?
(a) लोकसभा अध्यक्ष
(b) राष्ट्रपति
(c) सर्वोच्च न्यायालय
(d) महान्यायवादी

60. सर्वोच्च न्यायालय की पहली महिला न्यायाधीश थी
(a) लीला सेठ
(b) एम. फातिमा बीबी
(c) सुनन्दा भण्डारे
(d) इन्दिरा जय सिंह

61. भारत के सर्वोच्च न्यायालय में न्यायाधीशों की कुल संख्या है
(a) 24 (b) 25 (c) 33 (d) 27

62. सर्वोच्च न्यायालय के मुख्य न्यायाधीश की नियुक्ति कौन करता है?
(a) राष्ट्रपति (b) प्रधानमन्त्री
(c) मन्त्रिपरिषद् (d) संसद

63. उच्च न्यायालय के मुख्य न्यायाधीश की नियुक्ति कौन करता है?
(a) राज्यपाल
(b) राष्ट्रपति
(c) प्रधानमन्त्री
(d) सर्वोच्च न्यायालय का मुख्य न्यायाधीश

64. उच्च न्यायालय का मुख्य न्यायाधीश अपना त्यागपत्र किसको देता है?
(a) राष्ट्रपति को
(b) सर्वोच्च न्यायालय के मुख्य न्यायाधीश को
(c) अपने राज्य के राज्यपाल को
(d) अपने राज्य के मुख्यमन्त्री को

65. स्वतन्त्र भारत में निम्न में से कौन-सी महिला किसी राज्य की पहली राज्यपाल थी?
(a) श्रीमती सरोजिनी नायडू
(b) श्रीमती सुचेता कृपलानी
(c) श्रीमती इन्दिरा गाँधी
(d) श्रीमती विजयालक्ष्मी पण्डित

66. राज्य की कार्यपालिका का प्रमुख कौन होता है?
(a) राज्यपाल
(b) मुख्यमन्त्री
(c) विधानसभा अध्यक्ष
(d) राष्ट्रपति

67. राज्यों में राज्यपाल की नियुक्ति कौन करता है?
(a) प्रधानमन्त्री
(b) राष्ट्रपति
(c) गृहमन्त्री
(d) भारत के मुख्य न्यायाधीश

68. राज्य स्तर पर मन्त्रिपरिषद् के मन्त्रियों की नियुक्ति कौन करता है?
(a) दल का अध्यक्ष (b) मुख्यमन्त्री
(c) राज्यपाल (d) प्रधानमन्त्री

69. मुख्यमन्त्री की नियुक्ति किसके द्वारा की जाती है?
(a) राष्ट्रपति (b) प्रधानमन्त्री
(c) राज्यपाल (d) विधानसभाध्यक्ष

70. किस राज्य में विधानसभा सदस्यों की संख्या सर्वाधिक है?
(a) उत्तर प्रदेश (b) बिहार
(c) आन्ध्र प्रदेश (d) तमिलनाडु

71. विधानपरिषद् की सदस्य संख्या कम-से-कम कितनी होनी चाहिए?
(a) 40 (b) 50 (c) 60 (d) 75

72. भारत के कितने राज्यों में द्विसदनात्मक विधानमण्डल है?
(a) 5 (b) 6 (c) 7 (d) 12

73. राज्य विधानसभा के सदस्यों की अधिकतम निर्धारित संख्या क्या है?
(a) 350 (b) 600
(c) 500 (d) 750

74. भारतीय संविधान के किस संशोधन अधिनियम द्वारा पंचायती राजव्यवस्था को संवैधानिक दर्जा दिया गया?
(a) 71वें (b) 72वें (c) 73वें (d) 74वें

75. 'बलवन्त राय मेहता समिति' का गठन किया गया था
(a) केन्द्र-राज्य सम्बन्धों के लिए
(b) नदीजल बँटवारे के लिए
(c) पंचायती राज के लिए
(d) आरक्षण के लिए

76. भारत में सर्वप्रथम 2 अक्टूबर, 1959 को पंचायती राजव्यवस्था का शुभारम्भ कहाँ से किया गया?
(a) राजमुन्द्री, आन्ध्र प्रदेश
(b) सीतामढ़ी, बिहार
(c) अयोध्या, उत्तर प्रदेश
(d) नागौर, राजस्थान

77. निम्नलिखित में से कौन-सी एक समिति पंचायती राज संस्था से सम्बन्धित नहीं है?
(a) पी. वी. एन. समिति
(b) एस. एम. सिंघवी समिति
(c) अशोक मेहता समिति
(d) बलवन्त राय मेहता समिति

78. भारत के राष्ट्रीय गीत 'वन्देमातरम्' के रचनाकार हैं
(a) रवीन्द्रनाथ टैगोर
(b) बंकिमचन्द्र चटर्जी
(c) रामधारी सिंह दिनकर
(d) इनमें से कोई नहीं

79. सुमेलित कीजिए

	सूची I		सूची II
A.	राष्ट्रीय चिह्न	(i)	24 जनवरी, 1950
B.	राष्ट्रीय ध्वज	(ii)	22 मार्च, 1957
C.	राष्ट्रगान	(iii)	22 जुलाई, 1947
D.	राष्ट्रीय पंचांग (कैलेण्डर)	(iv)	26 जनवरी, 1950

कूट

	A	B	C	D
(a)	(i)	(ii)	(iii)	(iv)
(b)	(ii)	(iv)	(i)	(iii)
(c)	(iv)	(iii)	(i)	(ii)
(d)	(i)	(iv)	(iii)	(ii)

PYQs

80. शून्यकाल क्या है?
क्लर्क (हमीरपुर) 01 नवम्बर 2020
(a) 1 a.m.
(b) निद्रा के बाद उठने का समय
(c) निद्रा का समय
(d) संसद में प्रश्नकाल के ठीक बाद का समय

81. भारत का राष्ट्रीय फूल .... है।
क्लर्क (लखनऊ) 2020
(a) गुलाब
(b) सूरजमुखी
(c) गेंदा
(d) कमल

उत्तरमाला

1. (c)	2. (b)	3. (c)	4. (c)	5. (d)	6. (c)	7. (a)	8. (a)	9. (c)	10. (c)
11. (c)	12. (b)	13. (c)	14. (c)	15. (b)	16. (b)	17. (d)	18. (c)	19. (a)	20. (c)
21. (a)	22. (c)	23. (b)	24. (d)	25. (b)	26. (a)	27. (c)	28. (d)	29. (c)	30. (d)
31. (b)	32. (a)	33. (d)	34. (a)	35. (b)	36. (c)	37. (c)	38. (d)	39. (b)	40. (c)
41. (d)	42. (a)	43. (b)	44. (c)	45. (c)	46. (a)	47. (a)	48. (b)	49. (c)	50. (d)
51. (d)	52. (c)	53. (a)	54 (a)	55. (c)	56. (d)	57. (d)	58. (b)	59. (c)	60. (b)
61. (c)	62. (a)	63. (a)	64. (a)	65. (a)	66. (a)	67. (b)	68. (c)	69. (c)	70. (a)
71. (a)	72. (b)	73. (c)	74. (c)	75. (c)	76. (d)	77. (a)	78. (b)	79. (a)	80. (d)
81. (d)									

भारतीय थल सेना
अग्निवीर

अध्याय 04

खेलकूद

ओलम्पिक खेल

- आधुनिक ओलम्पिक खेलों का आयोजन एवं नियन्त्रण **अन्तर्राष्ट्रीय ओलम्पिक समिति** करती है।
- ओलम्पिक ध्वज में प्रतीक के रूप में **पाँच चक्र** एक-दूसरे से मिले हुए दर्शाए गए हैं, जो विश्व के **पाँच महाद्वीपों** का प्रतिनिधित्व करने के साथ ही विश्वव्यापी खेल भावना के भी सूचक हैं।
- ओलम्पिक ध्वज पहली बार वर्ष 1920 के एण्टवर्प ओलम्पिक खेलों के दौरान फहराया गया।
- ओलम्पिक खेलों का आयोजन प्रत्येक चार वर्ष के अन्तराल पर ग्रीष्मकालीन व शीतकालीन ओलम्पिक (दो वर्षों के अन्तराल पर) किया जाता है।

प्राचीन ओलम्पिक खेलों का आरम्भ	776 ई. पू.
आधुनिक ओलम्पिक खेलों का आरम्भ	1896 ई. एथेन्स (यूनान)
आदर्श वाक्य (motto)	सिटियस, अल्टियस, फोर्टियस (Citius, Altius, Fortius)
वर्ष 2016 में ओलम्पिक खेलों का आयोजन	रियो-डि-जेनेरियो (ब्राजील)
वर्ष 2020 में (2021 में) ओलम्पिक खेलों का आयोजन	टोक्यो (जापान)
वर्ष 2024 में ओलम्पिक खेलों का आयोजन	पेरिस (फ्रांस) (प्रस्तावित)

ओलम्पिक खेलों में भारत

- भारत द्वारा सर्वप्रथम वर्ष 1920 के एण्टवर्प ओलम्पिक खेलों में एक टीम भेजी गई।
- वर्ष 1928-1956 के बीच भारत की पुरुष हॉकी टीम ने 8 स्वर्ण पदक प्राप्त किए।
- वर्ष 1956 में केडी जाधव ने कुश्ती में भारत के लिए पहला व्यक्तिगत पदक (कांस्य) जीता।
- कर्णम मल्लेश्वरी, भारत के लिए ओलम्पिक मेडल जीतने वाली पहली महिला थीं। उन्होंने भारोत्तोलन स्पर्द्धा में सिडनी ओलम्पिक 2000 में कांस्य पदक प्राप्त किया।
- वर्ष 2008 बीजिंग ओलम्पिक खेलों में अभिनव बिन्द्रा ने भारत के लिए पहला स्वर्ण पदक जीता।
- साइना नेहवाल ने वर्ष 2012 लन्दन ओलम्पिक में कांस्य पदक जीता।
- रियो ओलम्पिक 2016 में पी. वी. सिन्धु (बैडमिण्टन) ने रजत पदक तथा साक्षी मलिक (कुश्ती) ने काँस्य पदक जीता।
- टोक्यो ओलम्पिक, 2020 में नीरज चोपड़ा ने एथलेटिक्स (भाला फेंक) में स्वर्ण पदक, मीराबाई चानू ने वेटलिफ्टिंग में रजत पदक, लवलीना बोर्गोहेन ने महिला बॉक्सिंग में कांस्य पदक, रवि दहिया ने रेसलिंग में रजत पदक, बजरंग पूनिया ने रेसलिंग में कांस्य पदक, पी.वी. सिन्धु ने बैडमिण्टन में कांस्य पदक तथा भारतीय पुरुष हॉकी टीम ने कांस्य पदक जीता।

राष्ट्रमण्डल खेल

- इन खेलों की शुरुआत वर्ष 1930 में **हैमिल्टन** (कनाडा) में हुई थी।
- इन खेलों का आयोजन प्रत्येक चार वर्ष बाद होता है। इसमें केवल राष्ट्रमण्डल सदस्य देश ही भाग लेते हैं।
- पहली बार वर्ष 1934 में भारत ने इस खेल में भाग लिया था।
- राष्ट्रमण्डल खेलों में पदक जीतने वाले प्रथम भारतीय **राशिद अनवर** (कुश्ती, कांस्य) थे।
- 21वें राष्ट्रमण्डल खेलों का आयोजन वर्ष 2018 में गोल्ड कोस्ट (ऑस्ट्रेलिया) में किया गया। इसमें प्रथम व द्वितीय स्थान क्रमशः ऑस्ट्रेलिया और इंग्लैण्ड ने प्राप्त किया और भारत ने कुल 66 पदकों के साथ तीसरा स्थान प्राप्त किया।
- 22वें राष्ट्रमण्डल खेलों का आयोजन वर्ष 2022 में बर्मिंघम (इंग्लैण्ड) में किया गया। इन खेलों में भारत ने 61 पदकों के साथ पदक तालिका में चौथा स्थान प्राप्त किया, जबकि ऑस्ट्रेलिया (179 पदक), इंग्लैण्ड (176 पदक) व कनाडा (92 पदक) क्रमशः पहले, दूसरे व तीसरे स्थान पर रहे।

एशियाई खेल

- एशियाई खेलों का शुभारम्भ 4 मार्च, 1951 को नई दिल्ली में हुआ था। इसका उद्घाटन डॉ. राजेन्द्र प्रसाद ने किया। इसमें कुल 11 देशों के 489 खिलाड़ियों ने भाग लिया।
- इन खेलों का प्रतीक 'छल्ले के साथ उभरता हुआ सूरज' है।
- वर्ष 2018 में 18वें एशियाई खेलों का आयोजन जकार्ता-पालेमबॉग (इण्डोनेशिया) में हुआ। इसमें भारत ने 15 स्वर्ण पदक सहित कुल 69 पदक हासिल कर 8वाँ स्थान प्राप्त किया।
- वर्ष 2022 (2023 में) एशियाई खेलों का आयोजन हवांग्झू (चीन) में हुआ।
- इन खेलों में भारत ने 28 स्वर्ण पदक सहित (कुल-106 पदक) चौथा स्थान प्राप्त किया, जबकि चीन (383 पदक), जापान (188 पदक) व साउथ कोरिया (190 पदक) क्रमशः पहले, दूसरे व तीसरे स्थान पर रहे।
- वर्ष 2026 में एशियाई खेलों का आयोजन नागोया (जापान) में प्रस्तावित है।

क्रिकेट विश्वकप

- प्रथम क्रिकेट विश्वकप का आयोजन वर्ष 1975 में लॉर्ड्स (इंग्लैण्ड) में हुआ था। यह प्रत्येक 4 वर्ष के बाद आयोजित किया जाता है।
- वर्ष 2019 का विश्वकप इंग्लैण्ड में आयोजित किया गया, जिसमें इंग्लैण्ड ने न्यूजीलैण्ड को हराकर खिताब जीता।
- वर्ष 2023 में क्रिकेट विश्व कप (ODI) का आयोजन भारत में किया गया, जिसमें फाइनल में ऑस्ट्रेलिया ने भारत को 6 विकेट से हराकर खिताब जीता।
- वर्ष 2027 में क्रिकेट विश्व कप का आयोजन साउथ अफ्रीका, जिम्बाब्वे व नामीबिया में संयुक्त रूप से किया जाएगा।

खेल एवं प्रमुख अन्तर्राष्ट्रीय खिलाड़ी

खेल	प्रसिद्ध खिलाड़ी
बैडमिण्टन	लिन डेन (चीन), तौफिक हिदायत (इण्डोनेशिया), ली चोंग वी (मलेशिया)
फुटबॉल	पेले (ब्राजील), लियोनेल मेंसी (अर्जेण्टीना), डेविड बेखम (ब्रिटेन), डिएगो मेरेडोना (अर्जेण्टीना)
हॉकी	मैथ्यू फिलिप्स (ब्रिटेन), रेहान बट्ट (पाकिस्तान)
क्रिकेट	रिकी पोण्टिंग (ऑस्ट्रेलिया), ए.बी. डिविलियर्स (दक्षिण अफ्रीका), डॉन ब्रेडमैन (ऑस्ट्रेलिया)
टेनिस	रोजर फेडरर (स्विट्जरलैण्ड), सेरेना विलियम्स (अमेरिका), स्टेफी ग्राफ (जर्मनी)
शतरंज	मैग्नस कार्लसन (नॉर्वे), बॉबी फिशर (अमेरिका)
एथलेटिक्स	उसैन बोल्ट (जमैका), माइकल-जॉनसन (अमेरिका), रॉबर्ट हॉर्टिंग (जर्मनी)
मुक्केबाजी	मुहम्मद अली (अमेरिका), माइक टायसन (अमेरिका), मैनी पक्याओ (फिलीपीन्स)
निशानेबाजी	आद्रिया आर्सोविच (सर्बिया), सर्गेई कामेन्स्की (रूस), निकोलो कैम्प्रियानी (इटली)
तीरन्दाजी	वान चान कू (दक्षिण कोरिया), ब्रेडी एलिसन (अमेरिका), ज्या चार्ल्स वलाडोंट (फ्रांस)
तैराकी	माइकल फेल्प्स (अमेरिका), लिली किंग (अमेरिका), यूलिया एफिमो (रूस)

खेल एवं प्रमुख राष्ट्रीय खिलाड़ी

खेल	प्रसिद्ध खिलाड़ी
बैडमिण्टन	सैयद मोदी, पी.वी सिन्धु, साइना नेहवाल, पुलेला गोपीचन्द, ज्वाला गुट्टा
फुटबॉल	बाईचुंग भूटिया, सुनील छेत्री
हॉकी	ध्यानचन्द सिंह, धनराज पिल्लै, जयपाल सिंह
क्रिकेट	सुनील गावस्कर, कपिल देव, सचिन तेन्दुलकर, महेन्द्र सिंह धोनी, विराट कोहली
टेनिस	लिएण्डर पेस, आनन्द अमृतराज, महेश भूपति, सानिया मिर्जा, सोमदेव बर्मन
शतरंज	विश्वनाथन आनन्द, अनीश गिरि, पेण्डयाला हरिकृष्ण, कृष्णा शशिकिरण, कोनेरू हम्पी
एथलेटिक्स	दीपा कर्माकर, इन्द्रजीत सिंह, हिमा दास, सीमा पूनिया, विकास गौड़ा
मुक्केबाजी	शिव थापा, मैरीकॉम, विजेन्द्र सिंह, मनोज कुमार
कुश्ती	सुशील कुमार, योगेश्वर दत्त, नरसिंह यादव, विनेश फोगाट, साक्षी मलिक, बबीता कुमारी
निशानेबाजी	अभिनव बिन्द्रा, गगन नारंग, जीतू राय, अपूर्वी चण्डेला, अयोनिका पॉल, हिना सिद्धू, मनुभाकर, सौरभ चौधरी
तीरन्दाजी	अतानु दास, बोम्बायला देवी, दीपिका कुमारी
जेवलिन थ्रो	नीरज चोपडा, किशोर जेना, रोहित यादव, डी पी मनु

खेलों से सम्बन्धित महत्त्वपूर्ण शब्दावली

क्रिकेट	एल.बी.डब्ल्यू., नो बॉल, हैट्रिक, रन आउट, स्ट्रोक, स्विंग, हिट विकेट, थ्रो आदि।
शतरंज	चेकमेट, बिशप, गैम्बिट, स्टेलमेट, चेक, पीसेज, रैक ग्रैण्डमास्टर आदि।
हॉकी	ड्रिबल, स्टिक, बुली, हैट्रिक, शॉर्ट कॉर्नर, पेनाल्टी, कॉर्नर, ट्राई ब्रेकर आदि।
गोल्फ	पुट, टी, स्टाइमी, बैफी, कैडी, पुटिंग, बंकर आदि।
पोलो	बण्डर, चकर, मैलेट, हुक, गेलोपिंग, एंगलशॉट आदि।
टेनिस	स्मैश, बैक हैण्ड, फाल्ट, ड्यूस, चाप, सर्विस आदि।
वॉलीबॉल	डिगपास, ओवर लैपिंग, बूस्टर, फ्लोटर, रोटेशन आदि।
कुश्ती	हाफ नेल्सन, स्टिकलर्स, हीव, काशन, क्रैडल, डागफल, अटैक आदि।
बास्केटबॉल	ब्लॉकिंग, ड्रिवलिंग, मल्टीपल थ्रो, पिवट होल्डिंग आदि।
बैडमिण्टन	स्मैश, ड्राप, नेट, डबल फाल्ट, डाइव, लेट, ड्यूस सर्विस ब्रेक, क्रासशॉट आदि।
बिलियर्ड्स	क्यू, जिगर, स्क्रूबेक, स्पॉट स्ट्रोक, हैजर्ड, बोल्टिंग आदि।
बॉक्सिंग	हिटिंग बिलो द बेल्ट, पंच, नॉक आउट, अपर कट आदि।
फुटबॉल	डायरेक्ट किक, ऑफ साइड, ड्रिबल, पेनाल्टी किक, हैट्रिक, फ्री किक, कॉर्नर किक आदि।

खेल परिसर

परिसर	सम्बन्धित खेल
रिंग	स्केटिंग, मुक्केबाजी
पूल	तैराकी
ऐलि	बाउलिंग
फील्ड	पोलो, फुटबॉल, हॉकी
पिच	क्रिकेट, रग्बी
रिंक	कर्लिंग, आइस हॉकी
डायमण्ड	बेसबॉल
कोर्स	गोल्फ
बोर्ड	टेबल टेनिस
मैट	जूड़ो-कराटे, ताइक्वाण्डो
वेलोड्रम	ट्रैक साइकिलिंग
ट्रैक	एथलैटिक्स
रेंज	निशानेबाजी, तीरन्दाजी
कोर्ट	टेनिस, बैडमिण्टन, नेटबॉल, खो-खो, स्क्वैश, कबड्डी, हैण्डबॉल, वॉलीबॉल

खेलों में एक पक्ष के खिलाड़ियों की संख्या

बास्केटबॉल	5
बैडमिण्टन	1 या 2
कबड्डी	7
रग्बी फुटबॉल	15
क्रिकेट	11
लॉन टेनिस	1 या 2
वॉलीबॉल	6
वाटरपोलो	7
हॉकी	11
टेबल टेनिस	1 या 2
खो-खो	9
बेसबॉल	9
फुटबॉल	11
पोलो	4

महत्त्वपूर्ण खेल एवं कप/ट्रॉफियाँ

खेल	कप/ट्रॉफियाँ
हॉकी	बेटन कप, रंगास्वामी कप, आगा खाँ कप, महाराजा रणजीत सिंह गोल्ड कप, रतन टाटा ट्रॉफी (महिला), ध्यानचन्द ट्रॉफी, नेहरू ट्रॉफी आदि।
फुटबॉल	डी.सी.एम. ट्रॉफी, डूरण्ड कप, रोवर्स कप, सन्तोष ट्रॉफी सुब्रतो मुखर्जी कप आदि।
क्रिकेट	रणजी ट्रॉफी (राष्ट्रीय चैम्पियनशिप), ईरानी ट्रॉफी, दिलीप ट्रॉफी, सी.के. नायडू ट्रॉफी, देवधर ट्रॉफी, विजय हजारे ट्रॉफी, ICC वर्ल्ड कप आदि।
टेबल टेनिस	जय लक्ष्मी कप (महिला), बर्नाबिलेम कप (पुरुष), त्रावनकोर कप (महिला) आदि।
बैडमिण्टन	अमृत दीवान कप, नारंग कप, चड्ढा कप, थॉमस कप आदि।
बास्केटबॉल	नेहरू कप, फेडरेशन कप आदि।
गोल्फ	वाकर कप, राइडर कप, प्रिन्स ऑफ वेल्स कप आदि।
लॉन टेनिस	डेविस कप, ऑस्ट्रेलियन ओपन, फ्रेन्च ओपन, यू. एस. ओपन कप, विम्बलडन कप आदि।

प्रमुख खेल-मैदान तथा सम्बन्धित खेल

खेल-मैदान	खेल	स्थान
जे. एल. नेहरू स्टेडियम	एथलेटिक्स	दिल्ली
शिवाजी स्टेडियम	हॉकी	दिल्ली
अम्बेडकर स्टेडियम	फुटबॉल	दिल्ली
नेशनल स्टेडियम	हॉकी	दिल्ली
इन्दिरा गाँधी स्टेडियम	इण्डोर गेम	दिल्ली
फिरोजशाह कोटला स्टेडियम	क्रिकेट	दिल्ली
वानखेड़े स्टेडियम	क्रिकेट	मुम्बई
ईडन गार्डन	क्रिकेट	कोलकाता
लॉर्ड्स, ओवल, लीड्स	क्रिकेट	ब्रिटेन
पर्थ, ब्रिस्बेन, मेलबर्न	क्रिकेट	ऑस्ट्रेलिया
नेताजी स्टेडियम	फुटबॉल	कोलकाता
ग्रीन पार्क	क्रिकेट	कानपुर
सवाई मानसिंह स्टेडियम	हॉकी	जयपुर
ध्यानचन्द स्टेडियम	हॉकी	लखनऊ
लाल बहादुर शास्त्री स्टेडियम	हॉकी	हैदराबाद

एग्जाम पैटर्न प्रश्न

1. प्रथम ओलम्पिक का उद्घाटन समारोह किस स्टेडियम में आयोजित हुआ?
(a) जवाहरलाल नेहरू स्टेडियम
(b) पैनाथेनिक स्टेडियम
(c) पी. के. एम. स्टेडियम
(d) सैफ स्टेडियम

2. प्रथम आधुनिककालीन ओलम्पिक का आयोजन कहाँ हुआ था?
(a) जापान में
(b) रूस में
(c) यूनान में
(d) अमेरिका में

3. आधुनिक ओलम्पिक खेलों का आरम्भ कब हुआ?
(a) 1895 ई.
(b) 1898 ई.
(c) 1896 ई.
(d) 1892 ई.

4. ओलम्पिक के मोटो के तीनों शब्दों का अर्थ क्या है?
(a) Citius–सबसे तेज, Altius–सबसे ऊँचा, Fortius–सबसे बलशाली
(b) Citius–सबसे बलशाली, Altius–सबसे ऊँचा, Fortius–सबसे तेज
(c) Citius–दौड़ो, Antius–उठाओ
(d) Citius–जाओ, Antius–खेला

5. भारतीय महिलाओं ने किस ओलम्पिक में पहली बार भाग लिया था?
(a) 1978, मैड्रिड
(b) 1980, मॉस्को
(c) 1976, बर्लिन
(d) इनमें से कोई नहीं

6. अन्तर्राष्ट्रीय ओलम्पिक संघ का मुख्यालय कहाँ है?
(a) पेरिस (फ्रांस)
(b) टोकियो (जापान)
(c) ल्यूसाने (स्विट्जरलैण्ड)
(d) मॉस्को (रूस)

7. IOC की फुल फॉर्म क्या है?
(a) इण्डियन ओलम्पिक कमेटी
(b) इण्टरनेशनल ओलम्पिक कॉम्पिटीशन
(c) इण्टरनेशनल ओलम्पिक कमेटी
(d) उपरोक्त में से कोई नहीं

8. प्रथम राष्ट्रमण्डल खेल कब और कहाँ आयोजित किए गए थे?
(a) 1930, हैमिल्टन
(b) 1964, पेरिस
(c) 1935, टोकियो
(d) इनमें से कोई नहीं

9. राष्ट्रमण्डल खेल कितने वर्षों के अन्तराल पर आयोजित किए जाते हैं?
(a) 6 वर्ष (b) 4 वर्ष
(c) 3 वर्ष (d) 2 वर्ष

10. राष्ट्रमण्डल खेल वर्ष 2022 में कहाँ पर आयोजित हुए थे?
(a) गोल्ड कोस्ट (b) मेलबर्न
(c) बर्मिंघम (d) ग्लासगो

11. प्रथम एशियाई खेल वर्ष .... में नई दिल्ली (भारत) में आयोजित किए गए, जिसमें भारत को .... स्थान प्राप्त हुआ।
(a) 1950, तीसरा (b) 1951, प्रथम
(c) 1951, दूसरा (d) 1952, आठवाँ

12. हॉकी को कब एशियाई खेलों में शामिल किया गया?
(a) वर्ष 1958 (b) वर्ष 1959
(c) वर्ष 1955 (d) वर्ष 1960

13. फुटबॉल को एशियाई खेलों में कब शामिल किया गया?
(a) वर्ष 1951, नई दिल्ली
(b) वर्ष 1954, मनीला
(c) वर्ष 1982, नई दिल्ली
(d) वर्ष 1990, बीजिंग

14. वर्ष 2018 के एशियाई खेलों का आयोजन कहाँ हुआ था?
(a) दिल्ली (भारत)
(b) इस्लामाबाद (पाकिस्तान)
(c) जकार्ता (इण्डोनेशिया)
(d) इंचियोन (दक्षिण कोरिया)

15. बेसबॉल के खेल परिसर को कहा जाता है
(a) फील्ड (b) डायमण्ड
(c) कोर्ट (d) रिंग

16. जूडो-कराटे, ताइक्वाण्डो के खेल, जिस परिसर में होते हैं, उस खेल परिसर को कहा जाता है
(a) कोर्स (b) कोर्ट
(c) मैट (d) रिंग

17. मुक्केबाजी खेल के खेल परिसर को किस नाम से जाना जाता है?
(a) रिंग (b) पूल
(c) ऐलि (d) कोर्स

18. वाटरपोलो खेल में एक पक्ष में खिलाड़ियों की संख्या कितनी होती है?
(a) 5 (b) 6 (c) 7 (d) 9

19. बास्केटबॉल के खेल में एक पक्ष में खिलाड़ियों की संख्या कितनी होती है?
(a) 5 (b) 9
(c) 4 (d) 11

20. शब्द 'गैम्बिट' किस खेल से सम्बन्धित है?
(a) क्रिकेट (b) हॉकी
(c) शतरंज (d) वॉलीबॉल

21. निम्न में से कौन-सा शब्द बिलियड्‌र्स खेल से सम्बन्धित है?
(a) क्यू (b) इन ऑफ
(c) बोल्टिग (d) ये सभी

22. 'कॉर्नर किक' शब्द का सम्बन्ध किस खेल से है?
(a) हॉकी (b) फुटबॉल
(c) बेसबॉल (d) बैडमिण्टन

23. 'विजय हजारे' ट्रॉफी किस खेल से सम्बन्धित है?
(a) बेसबॉल (b) हॉकी (c) क्रिकेट (d) पोलो

24. 'डूरण्ड कप और रोवर्स कप' का सम्बन्ध किस खेल से है?
(a) हॉकी (b) क्रिकेट
(c) फुटबॉल (d) बैडमिण्टन

25. 'फेडरेशन कप' का सम्बन्ध किस खेल से है?
(a) क्रिकेट (b) गोल्फ
(c) ब्रिज (d) बास्केटबॉल

26. निम्न में से किस कप या ट्रॉफी का सम्बन्ध हॉकी खेल से नहीं है?
(a) बेटन कप
(b) आगा खाँ कप
(c) नारंग कप
(d) रंगास्वामी कप

27. निम्न में से कौन-सी ट्रॉफी बैडमिण्टन से सम्बन्धित नहीं है?
(a) इन्दिरा कप
(b) अमृत दीवान कप
(c) चड्ढा कप
(d) उबेर कप

28. शिवाजी स्टेडियम, जो दिल्ली में अवस्थित है, किस खेल से सम्बन्धित है?
(a) क्रिकेट
(b) हॉकी
(c) फुटबॉल
(d) टेनिस

29. सवाई मानसिंह स्टेडियम, जो राजस्थान के जयपुर में अवस्थित है, किस खेल से सम्बन्धित है?
(a) हॉकी
(b) क्रिकेट
(c) फुटबॉल
(d) बैडमिण्टन

30. लॉर्ड्स, ओवल और लीड्स स्टेडियम किस देश में स्थित हैं?
(a) यूनाइटेड किंगडम
(b) भारत
(c) यू. एस. ए
(d) न्यूजीलैण्ड

PYQs

31. 'ग्रैंडमास्टर' शब्द किस खेल से सम्बन्धित है?
क्लर्क (दानापुर, जबलपुर) 1 नवम्बर 2020
(a) टेनिस (b) शतरंज
(c) क्रिकेट (d) गोल्फ

उत्तरमाला

1. (b)	2. (c)	3. (c)	4. (a)	5. (b)	6. (a)	7. (c)	8. (a)	9. (b)	10. (c)
11. (c)	12. (a)	13. (a)	14. (c)	15. (a)	16. (c)	17. (a)	18. (c)	19. (a)	20. (c)
21. (d)	22. (b)	23. (c)	24. (c)	25. (d)	26. (c)	27. (a)	28. (b)	29. (a)	30. (a)
31. (b)									

अध्याय 05

पुरस्कार

अन्तर्राष्ट्रीय पुरस्कार

नोबेल पुरस्कार

- नोबेल पुरस्कार का प्रारम्भ वर्ष 1901 में डायनामाइट के आविष्कारक तथा प्रमुख उद्योगपति अल्फ्रेड नोबेल की वसीयत के अनुरूप किया गया।
- यह पुरस्कार शान्ति, साहित्य, चिकित्सा, भौतिक विज्ञान, रसायन विज्ञान और अर्थशास्त्र के क्षेत्र में उत्कृष्ट योगदान के लिए दिया जाता है।
- भौतिक शास्त्र एवं रसायन शास्त्र के लिए नोबेल पुरस्कार स्वीडिश अकादमी ऑफ साइंस द्वारा तथा चिकित्सा के लिए यह पुरस्कार 'स्टाकहोम फैकल्टी ऑफ मेडिसिन' द्वारा दिया जाता है।
- साहित्य के लिए नोबेल पुरस्कार 'स्वीडिश अकादमी ऑफ लिटरेचर' द्वारा दिया जाता है।

भारत के नोबेल पुरस्कार प्राप्तकर्ता

विजेता	क्षेत्र	वर्ष
अभिजीत बनर्जी	अर्थशास्त्र	2019
कैलाश सत्यार्थी	शान्ति	2014
वी. रामाकृष्णन	रसायन	2009
वी. एस. नॉयपाल	साहित्य	2001
अमर्त्य सेन	अर्थशास्त्र	1998
एस. चन्द्रशेखर	भौतिकी	1983
मदर टेरेसा	शान्ति	1979
हरगोविन्द खुराना	चिकित्सा	1968
सी. वी. रमन	भौतिकी	1930
रवीन्द्रनाथ टैगोर	साहित्य	1913

पुलित्जर पुरस्कार

- इस पुरस्कार को पत्रकारिता के क्षेत्र में विश्व का सबसे प्रतिष्ठित पुरस्कार माना जाता है।
- वर्ष 1917 में प्रारम्भ इस पुरस्कार को अमेरिकी प्रकाशक जोसेफ पुलित्जर के नाम पर पत्रकारिता के क्षेत्र में असाधारण योगदान के लिया दिया जाता है।

मैन बुकर पुरस्कार

- वर्ष 1969 से प्रारम्भ इस पुरस्कार को साहित्य के क्षेत्र में नोबेल पुरस्कारों के बाद सबसे बड़ा पुरस्कार माना जाता है।
- यह पुरस्कार बुकर कम्पनी एवं ब्रिटिश प्रकाशक संघ द्वारा संयुक्त रूप से प्रदान किया जाता है।

रेमन मैग्सेसे पुरस्कार

- यह पुरस्कार वर्ष 1958 में फिलीपीन्स सरकार के द्वारा वहाँ के राष्ट्रपति रेमन मैग्सेसे की स्मृति में प्रदान किया जाता है।
- **एशिया का नोबेल** कहे जाने वाले इस पुरस्कार को पाँच क्षेत्रों यथा शासकीय सेवा, समुदाय नेतृत्व, जनसेवा, पत्रकारिता साहित्य और रचनात्मक संचार कला तथा अन्तर्राष्ट्रीय समय के क्षेत्र में उल्लेखनीय योगदान के लिए प्रदान किया जाता है।
- प्रथम प्राप्तकर्ता—आचार्य विनोबा भावे

गाँधी शान्ति अन्तर्राष्ट्रीय पुरस्कार

- यह पुरस्कार भारत सरकार द्वारा वर्ष 1995 से विश्व शान्ति में उल्लेखनीय भूमिका निभाने वाले व्यक्ति को प्रदान किया जाता है।
- इसमें पुरस्कार स्वरूप ₹ 1 करोड़ की धनराशि व प्रशस्ति पत्र प्रदान किया जाता है।
- प्रथम प्राप्तकर्ता—डयूलियस नायरेरे (तंजानिया के प्रथम राष्ट्रपति)

यूनेस्को कलिंग पुरस्कार

वर्ष 1952 में प्रारम्भ यह पुरस्कार यूनेस्को द्वारा विज्ञान को लोकप्रिय बनाने के लिए किए गए असाधारण प्रयास के लिए दिया जाता है।

प्रथम प्राप्तकर्ता—लुइस डी ब्रोगली (फ्रांस)

जवाहरलाल नेहरू पुरस्कार

विश्व शान्ति और अन्तर्राष्ट्रीय सद्भाव को बढ़ावा देने में योगदान करने वाले व्यक्ति को दिया जाता है। यह वर्ष 1965 में भारतीय विदेश मन्त्रालय द्वारा प्रारम्भ किया गया था।

प्रथम प्राप्तकर्ता—यू थांट (बर्मा)

ऑस्कर पुरस्कार

- यह पुरस्कार विश्व फिल्म (सिनेमा) जगत का सबसे प्रतिष्ठित पुरस्कार है। इसकी शुरुआत वर्ष 1929 में हुई थी।
- इस पुरस्कार को 'नेशनल अकादमी ऑफ मोशन पिक्चर आर्ट्स एण्ड साइंसेज, संयुक्त राज्य अमेरिका' द्वारा दिया जाता है।

ग्रेमी पुरस्कार

- यह पुरस्कार संगीत के क्षेत्र में अभूतपूर्व उपलब्धियों के लिए प्रदान किया जाता है।
- इस पुरस्कार को प्रतिवर्ष 'नेशनल अकादमी ऑफ रिकॉर्डिंग आर्ट्स एण्ड साइंसेज (अमेरिका)' द्वारा प्रदान किया जाता है।

राष्ट्रीय पुरस्कार

भारत रत्न

- कला, साहित्य, विज्ञान, खेल तथा विविध क्षेत्रों में उत्कृष्ट योगदान के साथ जनसेवा के लिए 'भारत रत्न' देश का सर्वोच्च सम्मान है। इसकी स्थापना वर्ष 1954 में की गई थी।
- इसके पिछले भाग पर राष्ट्रीय चिह्न और इसके नीचे सत्यमेव जयते लिखा होता है।
- वर्ष 2019 में भूपेन हजारिका, प्रणब मुखर्जी और नानाजी देशमुख को भारत रत्न से सम्मानित किया गया। जनवरी, 2024 में कर्पूरी ठाकुर, लाल कृष्ण आडवाणी, पी. वी. नरसिंह राव, चौधरी चरण सिंह व एम. एस. स्वामीनाथन को भारत रत्न दिए जाने की घोषणा की गई।

पद्म पुरस्कार

- **पद्म विभूषण** ये पुरस्कार सरकारी कर्मचारियों द्वारा की गई सेवा सहित किसी भी क्षेत्र में की गई उच्चकोटि की विशिष्ट सेवा के लिए वर्ष 1954 से प्रदान किए जाते हैं। भारत रत्न के बाद पद्म विभूषण देश का दूसरा सबसे बड़ा सम्मान है।
- **पद्म भूषण** किसी भी क्षेत्र में विशिष्ट कार्य करने के लिए दिए जाने वाला तीसरा सबसे बड़ा राष्ट्रीय पुरस्कार है।
- **पद्मश्री** किसी भी क्षेत्र में विशिष्ट कार्य करने के लिए दिए जाने वाला चौथा सबसे बड़ा राष्ट्रीय पुरस्कार है।

वीरता पुरस्कार

- **परमवीर चक्र** वीरता के लिए दिया जाने वाला सर्वोच्च पुरस्कार है, जो थल सेना, वायु सेना, जल सेना में दुश्मन के सामने बहादुरी के सर्वोत्कृष्ट प्रदर्शन या आत्मबलिदान के लिए दिया जाता है।
- **महावीर चक्र** देश का यह द्वितीय सर्वोच्च शौर्य पुरस्कार उस बहादुर सैनिक को प्रदान किया जाता है, जिसने शत्रु के दमन में अद्वितीय पराक्रम प्रदर्शित किया हो।
- **वीर चक्र** शौर्य एवं वीरता का तीसरा सर्वोच्च पुरस्कार उसे प्रदान किया जाता है, जिसने शत्रुओं का सामना अदम्य साहस के साथ किया हो।
- **अशोक चक्र** यह पुरस्कार देश का सर्वोच्च शान्तिकालीन शौर्य पुरस्कार है। यह पुरस्कार भी शौर्य प्रदर्शन में उल्लेखनीय भूमिका निभाने वाले बहादुरकर्मी को प्रदान किया जाता है।
- **कीर्ति चक्र** शौर्य का यह पुरस्कार उस वीर को प्रदान किया जाता है, जिसने शत्रु के मुकाबले में अभूतपूर्व साहस का प्रदर्शन किया हो।
- **शौर्य चक्र** युद्ध की परिस्थितियों में अद्भुत शौर्य प्रदर्शित करने वाले शूरवीरों को यह पुरस्कार प्रदान किया जाता है।

साहित्य पुरस्कार

साहित्य अकादमी पुरस्कार

- वार्षिक स्तर पर 'साहित्य अकादमी' द्वारा साहित्य अकादमी पुरस्कार प्रदान किया जाता है। पहली बार यह पुरस्कार वर्ष 1954 में दिया गया था।
- यह पुरस्कार भारतीय संविधान की आठवीं अनुसूची में शामिल 22 भाषाओं के अतिरिक्त अंग्रेजी तथा राजस्थानी भाषाओं (कुल 24 भाषाएँ) की साहित्यिक उपलब्धियों के लिए दिया जाता है।

ज्ञानपीठ पुरस्कार

- वर्ष 1961 में स्थापित किया गया। इस पुरस्कार के तहत ₹ 21 लाख की राशि दी जाती है।
- भारतीय संविधान की आठवीं अनुसूची में शामिल भाषाओं तथा अंग्रेजी में लिखी गई रचनाओं के लिए यह पुरस्कार दिया जाता है।
- प्रथम प्राप्तकार्ता—जी शंकर कुरूप

फिल्म एवं कला-संगीत पुरस्कार

- **दादासाहेब फाल्के पुरस्कार** सूचना एवं प्रसारण मन्त्रालय द्वारा दिया जाता है। यह पुरस्कार भारतीय सिनेमा के विकास में उल्लेखनीय योगदान के लिए वर्ष 1969 से दिया जा रहा है। प्रथम दादा साहेब फाल्के पुरस्कार वर्ष 1969 में देविका रानी को दिया गया।
- **राष्ट्रीय फिल्म पुरस्कार** यह पुरस्कार भारत सरकार के सूचना तथा प्रसारण मन्त्रालय द्वारा उत्कृष्ट फिल्मों तथा उनसे सम्बद्ध कलाकारों को प्रदान किया जाता है।

खेलों से सम्बन्धित पुरस्कार

अर्जुन पुरस्कार (1961)	किसी खिलाड़ी को अन्तर्राष्ट्रीय स्तर पर उसके पिछले तीन वर्ष की उपलब्धि पर यह पुरस्कार दिया जाता है।
द्रोणाचार्य पुरस्कार (1985)	इस पुरस्कार द्वारा विख्यात खेल प्रशिक्षकों को सम्मानित किया जाता है।
राजीव गाँधी खेल रत्न पुरस्कार (1991-92)	उत्कृष्ट खिलाड़ी को खेलों में उसकी उपलब्धि हेतु प्रदान किया जाता है।
ध्यानचन्द पुरस्कार (2002)	खेलों में जीवनभर की उपलब्धि के लिए यह पुरस्कार दिया जाता है।

नोट अगस्त, 2021 में राजीव गाँधी खेल रत्न पुरस्कारों का नाम बदलकर मेजर ध्यानचन्द खेल रत्न पुरस्कार कर दिया गया है।

एग्जाम पैटर्न प्रश्न

1. नोबेल पुरस्कार का प्रारम्भ किस वर्ष हुआ?
(a) 1900 (b) 1901
(c) 1904 (d) 1906

2. नोबेल पुरस्कार किस क्षेत्र में दिया जाता है?
(a) शान्ति (b) साहित्य
(c) भौतिक विज्ञान (d) ये सभी

3. भारत तथा एशिया का प्रथम नोबेल पुरस्कार किसे दिया गया?
(a) रवीन्द्रनाथ टैगोर (b) सी. वी. रमन
(c) अमर्त्य सेन (d) मदर टेरेसा

4. पुलित्जर पुरस्कार किस क्षेत्र में उत्कृष्ट कार्य के लिए प्रदान किया जाता है?
(a) विज्ञान और प्रौद्योगिकी
(b) साहित्य और पत्रकारिता
(c) अन्तर्राष्ट्रीय सूझ-बूझ
(d) पर्यावरण अध्ययन

5. मैन बुकर पुरस्कार सम्बन्धित है
(a) साहित्य (b) खेल
(c) प्रशिक्षण (d) ये सभी

6. एशिया महाद्वीप का सबसे बड़ा पुरस्कार है
(a) ग्रेमी पुरस्कार (b) रेमन मैग्सेसे पुरस्कार
(c) पुलित्जर पुरस्कार (d) इनमें से कोई नहीं

7. मैग्सेसे पुरस्कार विजेता पहले भारतीय कौन थे?
(a) इन्दिरा गाँधी (b) टी. एन. शेषन
(c) किरन बेदी (d) विनोबा भावे

8. गाँधी शान्ति अन्तर्राष्ट्रीय पुरस्कार की शुरुआत कब हुई?
(a) वर्ष 1995 (b) वर्ष 1966
(c) वर्ष 1987 (d) वर्ष 1990

9. 'कलिंग पुरस्कार' का सम्बन्ध किस क्षेत्र से है?
(a) फिल्म से (b) पत्रकारिता से
(c) विज्ञान से (d) साहित्य से

10. ऑस्कर अवार्ड्स का सम्बन्ध किस क्षेत्र से है?
(a) विज्ञान (b) संगीत
(c) फिल्म (d) पत्रकारिता

11. ऑस्कर पुरस्कार की शुरुआत कब हुई?
(a) वर्ष 1929 (b) वर्ष 1939
(c) वर्ष 1949 (d) वर्ष 1911

12. सिनेमा जगत में विश्व का प्रसिद्ध ऑस्कर पुरस्कार कौन-से देश में दिया जाता है?
(a) अमेरिका (b) फ्रांस
(c) कनाडा (d) इंग्लैण्ड

13. ग्रेमी पुरस्कार किस क्षेत्र से सम्बन्धित है?
(a) संगीत (b) साहित्य
(c) पत्रकारिता (d) सामाजिकता

14. भारत रत्न किस क्षेत्र में उत्कृष्ट योगदान हेतु प्रदान किया जाता है?
(a) कला एवं साहित्य (b) विज्ञान
(c) जनसेवा (d) ये सभी

15. भारत रत्न के अलंकरण में कौन-सी आकृति निर्मित होती है?
(a) चन्द्रमा की आकृति (b) सूर्य की आकृति
(c) पृथ्वी की आकृति (d) इनमें से कोई नहीं

16. निम्नलिखित में से दूसरा उच्च भारतीय नागरिक सम्मान कौन-सा है?
(a) पद्मश्री (b) भारत रत्न
(c) पद्म भूषण (d) पद्म विभूषण

17. पद्मश्री पुरस्कार पाने वाली पहली भारतीय अभिनेत्री कौन थी?
(a) स्मिता पाटिल (b) नरगिस दत्त
(c) मीना कुमारी (d) मधुबाला

18. परमवीर चक्र का गठन किस वर्ष किया गया?
(a) वर्ष 1949 (b) वर्ष 1950
(c) वर्ष 1952 (d) वर्ष 1954

19. शान्ति के समय सर्वोच्च सैन्य पुरस्कार है
(a) अशोक चक्र (b) कीर्ति चक्र
(c) शौर्य चक्र (d) इनमें से कोई नहीं

20. भारत में साहित्य के क्षेत्र में श्रेष्ठ प्रदर्शन के लिए निम्नलिखित में से कौन-सा पुरस्कार प्रदान किया जाता है?
(a) अर्जुन पुरस्कार (b) ज्ञानपीठ पुरस्कार
(c) कलिंग पुरस्कार (d) द्रोणाचार्य पुरस्कार

21. भारत की मान्यता प्राप्त किसी भी भाषा में उत्कृष्ट योगदान हेतु दिया जाने वाला पुरस्कार है
(a) ज्ञानपीठ पुरस्कार (b) वाचस्पति पुरस्कार
(c) अशोक चक्र (d) विशिष्ट सेवा मेडल

22. साहित्य के क्षेत्र में ज्ञानपीठ पुरस्कार पाने वाली प्रथम महिला है
(a) आशापूर्णा देवी
(b) सुभद्रा कुमारी चौहान
(c) अमृता प्रीतम
(d) महादेवी वर्मा

23. हिन्दी भाषा में प्रथम साहित्य अकादमी पुरस्कार किसे प्रदान किया गया था?
(a) माखनलाल चतुर्वेदी
(b) राहुल सांकृत्यायन
(c) नरेन्द्र देव
(d) शिवपूजन सहाय

24. 'सरस्वती सम्मान' का सम्बन्ध किस क्षेत्र से है?
(a) खेल (b) फिल्म
(c) चिकित्सा (d) साहित्य

25. प्रथम 'दादा साहेब फाल्के' पुरस्कार किसे प्रदान किया गया?
(a) अशोक कुमार
(b) देविका रानी
(c) निरुपमा राय
(d) गुरुदत्त

26. 'फिल्म जगत' में उल्लेखनीय योगदान हेतु कौन-सा पुरस्कार दिया जाता है?
(a) वाचस्पति पुरस्कार
(b) दादा साहेब फाल्के पुरस्कार
(c) धनवन्तरि पुरस्कार
(d) शंकर पुरस्कार

27. ज्ञानपीठ पुरस्कार के प्रथम प्राप्तकर्ता कौन थे?
(a) अमिताव घोष
(b) महादेवी वर्मा
(c) कृष्णा सोबती
(d) जी. शंकर कुरूप

उत्तरमाला

1. (b)	2. (d)	3. (a)	4. (b)	5. (a)	6. (b)	7. (d)	8. (a)	9. (c)	10. (c)
11. (a)	12. (a)	13. (a)	14. (d)	15. (b)	16. (d)	17. (b)	18. (b)	19. (a)	20. (b)
21. (a)	22. (a)	23. (a)	24. (d)	25 (b)	26. (b)	27. (d)			

अध्याय 06

भारतीय रक्षा प्रणाली

भारतीय सशस्त्र बल

भारत की रक्षा के लिए सशस्त्र सैन्य बलों का गठन किया गया है, जिसका सर्वोच्च सेनापति राष्ट्रपति होता है।

भारतीय सशस्त्र सेनाओं को निम्नलिखित तीन भागों में बाँटा गया है

थल सेना

इसका प्रधान 'चीफ ऑफ द आर्मी स्टाफ' होता है। इसका मुख्यालय दिल्ली में है। इसे निम्नलिखित सात कमान में बाँटा गया है

कमान	मुख्यालय	कमान	मुख्यालय
पश्चिमी	चण्डीगढ़	पूर्वी	कोलकाता
उत्तरी	ऊधमपुर	दक्षिणी	पुणे
मध्य	लखनऊ	ट्रेनिंग कमाण्ड	शिमला
दक्षिण-पश्चिमी	जयपुर		

थल सेना के प्रमुख सैन्य संस्थान निम्न हैं

- नेशनल डिफेन्स अकादमी (NDA), खड़गवासला (पुणे के निकट)
- नेशनल डिफेन्स कॉलेज, नई दिल्ली
- इण्डियन मिलिट्री अकादमी (IMA), देहरादून
- इण्डियन सर्विस स्टाफ कॉलेज, वेलिंगटन (तमिलनाडु)
- इन्फेण्ट्री स्कूल, मऊ (उत्तर प्रदेश)
- आर्म्ड सेण्टर, अहमदनगर (महाराष्ट्र)
- आर्टीलरी स्कूल, देवलाली (महाराष्ट्र)

नौसेना

इसका प्रधान एडमिरल रैंक का 'चीफ ऑफ द नेवल स्टाफ' होता है। इसका मुख्यालय दिल्ली में है। इसका अधिकारी एक वाइस एडमिरल होता है। जल सेना को तीन कमान में बाँटा गया है

कमान	मुख्यालय
पूर्वी	विशाखापत्तनम
पश्चिमी	मुम्बई
दक्षिणी	कोच्चि

नौसेना के प्रमुख सैन्य संस्थान निम्न हैं

- आई.एन.एस. 'चिल्का', भुवनेश्वर (ओडिशा)
- आई.एन.एस. 'वलसुरा' जामनगर (गुजरात)
- आई.एन.एस. 'गरुड़', कोच्चि (केरल)
- आई.एन.एस. 'शिवाजी', लोनावला (महाराष्ट्र)
- जल सेना अकादमी, गोवा

वायु सेना

इसका प्रधान एयर चीफ मार्शल रैंक का अधिकारी होता है, जिसे 'चीफ ऑफ द एयर स्टाफ' कहा जाता है। इसका मुख्यालय दिल्ली में है।
वायु सेना को निम्नलिखित सात कमान में बाँटा गया है

कमान	मुख्यालय	कमान	मुख्यालय
पूर्वी	शिलांग	पश्चिमी	नई दिल्ली
केन्द्रीय	प्रयागराज	दक्षिणी	तिरुवनन्तपुरम
दक्षिण-पश्चिमी	गाँधीनगर	प्रशिक्षण	बेंगलुरु
मेण्टेनेन्स (रख-रखाव)	नागपुर		

वायु सेना के प्रमुख सैन्य संस्थान निम्न हैं

- एयर फोर्स एडमिनिस्ट्रेटिव कॉलेज, कोयम्बटूर
- एयर फोर्स अकादमी, हैदराबाद
- एयर फोर्स टेक्निकल कॉलेज, जलाहाली (बेंगलुरु)
- पैराटूपर ट्रेनिंग स्कूल, आगरा

सेना में कमीशण्ड पदों की श्रेणियाँ

थल सेना	नौसेना	वायु सेना
जनरल	एडमिरल	एयर चीफ मार्शल
लेफ्टिनेण्ट जनरल	वाइस एडमिरल	एयर मार्शल
मेजर जनरल	रियर एडमिरल	एयर वाइस मार्शल
ब्रिगेडियर	कॉमोडोर	एयर कॉमोडोर
कर्नल	कैप्टन	ग्रुप कैप्टन
लेफ्टिनेण्ट कर्नल	कमाण्डर	विंग कमाण्डर
मेजर	लेफ्टिनेण्ट कमाण्डर	स्क्वाड्रन लीडर
कैप्टन	लेफ्टिनेण्ट	फ्लाइट लेफ्टिनेण्ट
लेफ्टिनेण्ट	सब-लेफ्टिनेण्ट	फ्लाइंग ऑफिसर

भारत की आन्तरिक सुरक्षा व्यवस्था

संगठन का नाम	स्थापना वर्ष
असम रायफल्स (AR)	1835
इण्टेलिजेंस ब्यूरो (IB)	1920
केन्द्रीय रिज़र्व पुलिस बल (CRPF)	1939
राष्ट्रीय कैडेट कोर (NCC)	1948

संगठन का नाम	स्थापना वर्ष
इण्डो-तिब्बत सीमा पुलिस (ITBP)	1962
होमगार्ड्स	1962
केन्द्रीय जाँच ब्यूरो (CBI)	1963
सीमा सुरक्षा बल (BSF)	1965
केन्द्रीय औद्योगिक सुरक्षा बल (CISF)	1969
भारतीय तटरक्षक (ICG)	1978
राष्ट्रीय सुरक्षा गार्ड (NSG)	1984
रैपिड एक्शन फोर्स (RAF)	1992

भारत के विविध प्रक्षेपास्त्र

प्रक्षेपास्त्र	किस्म	मारक क्षमता
प्रलय	सतह-से-सतह, कम दूरी की बैलिस्टिक मिसाइल	150-500 किमी
पृथ्वी	सतह-से-सतह, कम दूरी का बैलिस्टिक प्रक्षेपास्त्र	पृथ्वी I-150 किमी (*थल सेना में शामिल*), पृथ्वी II-250 किमी (*वायु सेना के लिए*), पृथ्वी III-350 किमी (नौ सेना के लिए)
त्रिशूल	सतह-से-हवा	500 मी से 9 किमी
आकाश	सतह-से-हवा बहुक्षेपीय प्रक्षेपास्त्र	25-30 किमी (भारतीय वायुसेना व थल सेना में शामिल)
नाग	टैंकरोधी निर्देशित प्रक्षेपास्त्र	4-9 किमी
अग्नि	सतह-से-सतह, मध्यम दूरी का बैलिस्टिक प्रक्षेपास्त्र	अग्नि-I (700-1250 किमी), अग्नि-II (2000-3000 किमी) अग्नि-III (3000 किमी से अधिक), अग्नि-IV (3000-4000 किमी), अग्नि-V (5000 किमी से अधिक), अग्नि-VI (8000-12000 किमी तक)
धनुष	जमीन-से-जमीन पर मार करने वाला	500 किग्रा आयुध के साथ 350 किमी
अस्त्र	हवा-से-हवा में मार करने वाला मध्यम दूरी का प्रक्षेपास्त्र	80 किमी तक
ब्रह्मोस	जमीन-से-जमीन पर मार करने वाला ध्वनि से तेज सुपरसोनिक क्रूज प्रक्षेपास्त्र	300 किग्रा आयुध के साथ 290 किमी
सागरिका	सागर की गहराइयों में भी उपयोग किया जा सकता है	700 किमी
शौर्य	सतह-से-सतह पर मार करने वाला मध्यम दूरी का हाइपरसोनिक बैलिस्टिक प्रक्षेपास्त्र	1000 किग्रा आयुध के साथ 700 किमी एवं 180 किग्रा आयुध के साथ 1900 किमी
प्रहार	सतह-से-सतह पर मार करने वाला कम दूरी का बैलिस्टिक प्रक्षेपास्त्र	150 किमी
निर्भया	सतह-से-सतह पर मार करने वाली मिसाइल	600 किमी
बराक-8	सतह से हवा में मारक क्षमता वाली मिसाइल	70 से 90 किमी

प्रमुख पनडुब्बियाँ विमानवाहक एवं युद्धपोत

INS विराट	इसे मई, 1987 में भारतीय नौसेना में शामिल किया गया। यह हवा-से-हवा में मार करने वाली और समुद्र में छुपी पनडुब्बियों से बचाव की तकनीकी आदि से लैस है।
INS विभूति	पहली स्वदेशी निर्मित मिसाइल नाव, जिसे वर्ष 1991 में मझगाँव बन्दरगाह, मुम्बई में उतारा गया।
INS शाल्की	पहली स्वदेश निर्मित पनडुब्बी, जिसे वर्ष 1994 में अधिकार में लिया गया था।
INS सतपुड़ा	यह दूसरा स्वदेश निर्मित गुप्त युद्धपोत है। जून, 2004 में इसका जलावतरण मझगाँव बन्दरगाह (मुम्बई) में किया गया। इसमें थल-से-थल और थल से हवा तक की मिसाइल और उच्च तकनीक वाला राडार और संचार सामग्रियाँ शामिल हैं।
INS अरिहन्त	देश में निर्मित पहली परमाणु पनडुब्बी।
INS वैभव	यह 90 मी वर्ग में समुद्र निगरानी जहाज (ओ पी वी) शृंखला का तीसरा संस्करण है। मई, 2013 को तूतीकोरिन में जलावतरण किया गया।
INS त्रिकन्द	रूस निर्मित तलवार श्रेणी का युद्धपोत है। ब्रह्मोस मिसाइल सिस्टम से लैस है।
INS विक्रान्त	जलावतरण अगस्त, 2013 को कोच्चि में किया गया। इसका नामकरण देश के प्रथम विमानवाहक पोत विक्रान्त के नाम पर किया गया। इसकी लम्बाई 260 मी और चौड़ाई 60 मी है।
INS विक्रमादित्य	यह संवर्द्धित कीव-श्रेणी का विमानवाहक पोत है, जिसकी वहन क्षमता 45400 टन एवं गति 32 नॉट (59 किमी/घण्टा) है। इसे 14 जून, 2014 को भारत के प्रधानमन्त्री ने औपचारिक रूप से भारतीय नौसेना में शामिल किया।
INS अस्त्रधारिणी	भारतीय नौसेना ने पहले स्वदेशी निर्मित और डिजाइन किए गए टारपीडो लॉन्च एवं रिकवरी पोत का 6 अक्टूबर, 2015 को विशाखापत्तनम (आन्ध्र प्रदेश) में जलावतरण किया।
INS कोच्चि	30 सितम्बर, 2015 को इस स्वदेश निर्मित सर्वाधिक बड़े युद्धपोत का जलावतरण मुम्बई में किया गया।
INS कलवारी'	यह स्वदेशी तकनीक से निर्मित भारत की स्कॉर्पिन श्रेणी की पहली स्टेल्थ पनडुब्बी है। इस श्रेणी की पनडुब्बियों का विकास 'प्रोजेक्ट 75' के अन्तर्गत किया जा रहा है।
INS-कदमत्त'	स्वदेशी तकनीक से निर्मित युद्धपोत का जलावतरण 7 जनवरी, 2016 को हुआ। यह पोत प्रोजेक्ट-28 (पी-28) के अन्तर्गत दूसरा पनडुब्बीरोधी युद्धपोत है। इसे परमाणु, जैविक और रासायनिक युद्ध के हालात से निपटने योग्य बनाया गया।
INS खान्देरी	यह समुद्र की सतह एवं पानी के भीतर से वार करने वाली स्कॉर्पिन श्रेणी की दूसरी पनडुब्बी है। इसे 12 जनवरी, 2017 को समुद्र में उतारा गया।
INS करंज	यह कलवरी श्रेणी का है। इसे 31 जनवरी, 2018 को लॉन्च किया गया। इसका निर्माण मझगाँव डॉक शिपबिल्डर लिमिटेड (मुम्बई) द्वारा किया गया है। इसे मार्च, 2021 को भारतीय नौसेना यार्ड मुम्बई में शामिल किया गया।
INS नीलगिरि	इसे 28 सितम्बर, 2019 को लॉन्च किया गया। यह युद्धपोत MDL में प्रोजेक्ट P-17 के अन्तर्गत बनाए जाने वाले 7 स्टील्थ फ्रिगेट्स में पहला है। 2650 टन वजनी और 149 मी लम्बे इस युद्धपोत को अगस्त, 2022 तक सेना में कमीशण्ड किया गया।
INS तुशीर	यह रूस द्वारा निर्मित तलवार श्रेणी का स्टील्थ निर्देशित मिसाइल युद्धपोत है।

INS इम्फाल	26 दिसम्बर, 2023 को मुम्बई स्थित नौसैनिक पोतगाह में, उसे नौसेना में शामिल किया गया। यह प्रथम युद्धपोत है, जिसका नाम शहर के नाम पर रखा गया है।
INS खान्देरी	यह समुद्र की सतह एवं पानी के भीतर से वार करने वाली स्कॉर्पिन श्रेणी की दूसरी पनडुब्बी है। इसे 12 जनवरी, 2017 को समुद्र में उतारा गया।

राडार

अपर्णा	नौसेना में शामिल अपर्णा राडार शत्रु युद्धपोत का पता लगा सकता है तथा युद्धपोत को आत्मरक्षा की चेतावनी दे सकता है।
राजेन्द्र	राजेन्द्र एक चरणबद्ध सारणी राडार है, जिसे डी आर डी ओ द्वारा विकसित किया गया है। यह लो राडार क्रॉस सेक्शन टारगेट पर नजर रखने तथा निगरानी करने में सक्षम है।
इन्द्र-2	भारत इलेक्ट्रॉनिक्स लिमिटेड एवं इलेक्ट्रॉनिक्स राडार विकास संस्थान के सहयोग से इसका निर्माण हुआ। यह शत्रु विमान की सूचना **90** किमी दूर से दे सकता है।
रोहिणी	यह एक त्रिआयामी राडार है, जो 185 किमी दूर से नीचे उड़ान भर रहे छोटे हेलिकॉप्टर की पहचान कर लेता है। इस राडार का नौसैनिक संस्करण भी बनाया गया है, जिसका नाम रेवती रखा गया है।
शान्त	भारत इलेक्ट्रॉनिक्स लिमिटेड द्वारा नौसेना के लिए निर्मित शान्त राडार शत्रु विमान की परिधि में आए बिना अपना काम कर सकता है। नाभिकीय आक्रमण का इस पर कोई प्रभाव नहीं पड़ता।
बैटल फील्ड सर्विलांस राडार	मात्र 27 किग्रा वजन के इस राडार को इलेक्ट्रॉनिक्स एण्ड राडार विकास संस्थान ने विकसित किया है। इसकी सहायता से कम ऊँचाई पर उड़ते हेलिकॉप्टर, रेंगते एवं पैदल चलते सैनिकों का पता लगाया जा सकता है।
सार्डफिश राडार	देश के प्रमुख शहरों को आकाशीय खतरों से सुरक्षित करने के लिए सर्वप्रथम राष्ट्रीय राजधानी क्षेत्र दिल्ली में 11 मई, 2015 को पहला सुरक्षा कवच प्रदान किया गया।
गिरि	21 मार्च, 2016 को आन्ध्र-प्रदेश के तिरुपति में (गान्दकी आयनमण्डलीय राडार इण्टरफेरोमीटर (गिरि) की स्थापना की है। इसमें 30 मेगाहर्ट्ज की राडार प्रणाली है, जिसके माध्यम से विस्तृत तौर पर आयनमण्डल के उल्का तथा अन्तरिक्ष अनुसन्धान के क्षेत्र में सहयोग प्राप्त होगा।

प्रमुख युद्ध अभ्यास

युद्ध अभ्यास	**भागीदार देश**	**प्रकार**
एक्स विनबैक्स	भारत व वियतनाम	द्विपक्षीय सैन्य अभ्यास
सूर्य किरण	भारत व नेपाल	संयुक्त सैन्य प्रशिक्षण अभ्यास
काजिंद	भारत व कजाकिस्तान	संयुक्त सैन्य अभ्यास
बोगोंसागर	भारत व बांग्लादेश	द्विपक्षीय सैन्य अभ्यास
हरिमऊ शक्ति	भारत व मलेशिया	द्विपक्षीय वार्षिक प्रशिक्षण अभ्यास
सिम्बेक्स (SIMBEX)	भारत व सिंगापुर	नौसैन्य अभ्यास
वरुण	भारत व फ्रांस	नौसैन्य अभ्यास
मालाबार	बहुराष्ट्रीय (भारत, जापान, ऑस्ट्रेलिया व यू.एस.ए.)	समुद्री अभ्यास
नौमैडिक एलीफेण्ट	भारत व मंगोलिया	संयुक्त सैन्य अभ्यास
JIMEX	भारत व जापान	द्विपक्षीय समुद्री अभ्यास
एक्युवेरिन	भारत व मालदीव	संयुक्त सैन्य अभ्यास
समुद्र-शक्ति	भारत व इण्डोनेशिया	द्विपक्षीय नौसैन्य अभ्यास
अजेय-वॉरियर	भारत व यू.के.	संयुक्त सैन्य अभ्यास
स्लीनेक्स	भारत व श्रीलंका	द्विपक्षीय समुद्री अभ्यास
कोबरा वॉरियर	बहुपक्षीय	वायु सैन्य बहुपक्षीय अभ्यास
अभ्यास कोंकण	भारतीय नौसेना व रॉयल ब्रिटिश नेवी	द्विपक्षीय समुद्री अभ्यास
डेबर्ट फ्लैग	बहुपक्षीय	वायु सैन्य अभ्यास
बोल्ड कुरुक्षेत्र	भारतीय सेना व सिंगापुर सेना	सैन्य अभ्यास
धर्म-गार्जियन	भारत व जापान	सैन्य अभ्यास
अभ्यास डस्टलिक	भारत व उज्बेकिस्तान	सैन्य अभ्यास
वीर गार्जियन	भारत व जापान	संयुक्त वायु रक्षा अभ्यास
अभ्यास एम्फेक्स	भारत की जल, थल व वायु सेना	सबसे बड़ा समन्वित अभ्यास

एग्जाम पैटर्न प्रश्न

1. भारत की रक्षा का सर्वोच्च सेनापति कौन होता है?
(a) राष्ट्रपति (b) प्रधानमन्त्री
(c) रक्षामन्त्री (d) कमाण्डर

2. थल सेना को कितने कमाण्ड में बाँटा गया है?
(a) 5 (b) 7 (c) 9 (d) 11

3. थल सेना का मुख्यालय कहाँ स्थित है?
(a) पुणे (b) कोलकाता
(c) नई दिल्ली (d) लखनऊ

4. भारतीय थल सेना के उत्तरी कमान का मुख्यालय कहाँ है?
(a) ऊधमपुर (b) कोलकाता
(c) शिमला (d) लखनऊ

5. भारतीय सेना की तीनों शाखाओं का मुख्यालय कहाँ अवस्थित है?
(a) नई दिल्ली (b) मुम्बई
(c) कोलकाता (d) चेन्नई

6. 'आर्मी स्कूल ऑफ फिजिकल ट्रेनिंग संस्थान' कहाँ अवस्थित है?
(a) देहरादून (b) आगरा
(c) पुणे (d) नई दिल्ली

7. 'नेशनल डिफेंस कॉलेज' कहाँ अवस्थित है?
(a) खड़गवासला (b) नई दिल्ली
(c) देहरादून (d) सिकन्दराबाद

8. निम्न में से गलत युग्म को छाँटिए
(a) थल सेना-7 कमान (b) वायुसेना-7 कमान
(c) नौसेना-3 कमान (d) थल सेना-4 कमान

9. भारतीय वायुसेना का गठन कब किया गया था?
(a) 26 जनवरी, 1950 (b) 8 अक्टूबर, 1932
(c) 8 अक्टूबर, 1935 (d) 15 अगस्त, 1947

10. वायुसेना की मध्य कमान कहाँ स्थित है?
(a) प्रयागराज (b) शिलांग
(c) शिमला (d) पटना

11. वायु सेना के शीर्ष पदाधिकारी को क्या कहते हैं?
(a) जनरल (b) एडमिरल
(c) एयर कॉमोडोर (d) एयर चीफ मार्शल

12. थल सेना में मेजर जनरल का रैंक नौसेना में किस रैंक के बराबर होता है?
(a) वाइस एडमिरल (b) रियर एडमिरल
(c) कमाण्डर (d) कॉमोडोर

13. भारतीय नौसेना की कितनी कमान हैं?
(a) दो (b) तीन
(c) चार (d) पाँच

14. 'नेशनल कैडेट कोर' की स्थापना कब हुई थी?
(a) वर्ष 1935 (b) वर्ष 1948
(c) वर्ष 1963 (d) वर्ष 1973

15. भारत तिब्बत सीमा पुलिस बल का गठन कब हुआ?
(a) वर्ष 1939 में (b) वर्ष 1962 में
(c) वर्ष 1965 में (d) वर्ष 1972 में

16. केन्द्रीय औद्योगिक सुरक्षा बल (सीआईएसएफ) का गठन कब हुआ था?
(a) वर्ष 1965 में (b) वर्ष 1963 में
(c) वर्ष 1969 में (d) वर्ष 1978 में

17. निम्न में से कौन टैंकरोधी निर्देशित प्रक्षेपास्त्र है?
(a) पृथ्वी (b) नाग
(c) त्रिशूल (d) आकाश

18. अग्नि-V मिसाइल की मारक क्षमता कितने किमी है?
(a) 3000 किमी से कम
(b) 4000 किमी से कम
(c) 5000 किमी से अधिक
(d) 6000 किमी से कम

19. आईएनएस विराट पनडुब्बी को हर्मिज के रूप में किस वर्ष भारतीय नौसेना में शामिल किया गया?
(a) मई, 1987 (b) जून, 1990
(c) अगस्त, 1992 (d) सितम्बर, 1995

20. निम्न में से देश में निर्मित पहली परमाणु पनडुब्बी कौन-सी है?
(a) आईएनएस विराट
(b) आईएनएस विभूति
(c) आईएनएस अरिहन्त
(d) आईएनएस प्रबल

21. भारत का प्रथम युद्धपोत (warship) कौन-सा है जिसका नाम किसी शहर के नाम पर रखा गया है?
(a) INS नीलगिरि (b) INS दुशीर
(c) INS ट्रम्फॉल (d) INS कोच्चि

22. समुद्रशक्ति द्विपक्षीय सैन्य अभ्यास किन देशों की सेनाओं के मध्य आयोजित किया जाता है?
(a) चीन और फ्रांस
(b) भारत और इण्डोनेशिया
(c) रूस और जापान
(d) दक्षिण कोरिया और भारत

23. SIMBEX किन देशों के मध्य किया जाने वाला नौसेना अभ्यास है?
(a) भारत और श्रीलंका (b) भारत और फ्रांस
(c) भारत और यूएसए (d) भारत और सिंगापुर

24. 'सूर्य किरण' भारत व किस देश के मध्य किया जाने वाला संयुक्त सैन्य प्रशिक्षण अभ्यास है?
(a) वियतनाम (b) फ्रांस
(c) नेपाल (d) कजाकिस्तान

25. वायुसेना की प्रथम भारतीय महिला एयर मार्शल कौन हैं?
(a) पुनीता अरोड़ा
(b) हरिता कौर देओल
(c) कंचन चौधरी
(d) पद्मावती बन्धोपाध्याय

26. भारत की प्रथम महिला, जिन्होंने पूर्ण कालिक रक्षामन्त्री पद को सुशोभित किया है, कौन है?
(a) इन्दिरा गाँधी (b) सुषमा स्वराज
(c) निर्मला सीतारमण (d) प्रतिभा पाटिल

PYQs

27. भारतीय सैन्य अकादमी कहाँ स्थित है?
क्लर्क (बेंगलुरु) 23 फरवरी 2020
(a) हैदराबाद (b) चेन्नई
(c) देहरादून (d) नई दिल्ली

उत्तरमाला

1. (a)	2. (b)	3. (c)	4. (a)	5. (a)	6. (c)	7. (b)	8. (d)	9. (b)	10. (a)
11. (a)	12. (b)	13. (a)	14. (b)	15. (c)	16. (c)	17. (b)	18. (c)	19. (a)	20. (c)
21. (c)	22. (b)	23. (d)	24. (c)	25. (d)	26. (c)	27. (c)			

अध्याय 07

सामान्य ज्ञान

विश्व में प्रथम

विश्व में बनने वाली प्रथम महिला प्रधानमन्त्री	सिरिमावो भण्डारनायके
विश्व की प्रथम महिला राष्ट्रपति	इसाबेल पैरो (अर्जेण्टीना)
अन्तरिक्ष में प्रक्षेपित प्रथम कृत्रिम उपग्रह	स्पूतनिक-I
चन्द्रमा पर उतरने वाला प्रथम व्यक्ति	नील आर्मस्ट्रांग
अन्तरिक्ष में पहुँचने वाला प्रथम व्यक्ति	यूरी गागरिन
अन्तरिक्ष में पहुँचने वाली प्रथम महिला	वेलेनतीना तेरेशकोवा
मंगल ग्रह पर उतरने वाला प्रथम अन्तरिक्ष यान	वाइकिंग-I
उत्तरी ध्रुव पर पहुँचने वाला प्रथम व्यक्ति	रॉबर्ट पियरे
दक्षिणी ध्रुव पर पहुँचने वाला प्रथम व्यक्ति	एमण्डसन
एवरेस्ट शिखर पर चढ़ने वाला प्रथम व्यक्ति	शेरपा तेनजिंग नोर्गो तथा सर एडमण्ड हिलेरी
एवरेस्ट शिखर पर चढ़ने वाली प्रथम महिला	श्रीमती जुन्को ताबेई (जापान)
समस्त चैनल, स्ट्रेट आदि को पार करने वाला	मिहिर सेन
बैंक नोट जारी करने वाला पहला देश	स्वीडन
विश्व का प्रथम देश जहाँ व्यक्ति को ऐच्छिक मृत्यु का अधिकार प्रदान किया गया	नीदरलैण्ड (हॉलैण्ड)
अन्तर्राष्ट्रीय क्रिकेट में सौ शतक लगाने वाला प्रथम व्यक्ति	सचिन तेन्दुलकर
कार्बन टैक्स लगाने वाला प्रथम देश	न्यूजीलैण्ड
कागज का आविष्कार करने वाला प्रथम देश	चीन

भारत में प्रथम

भारत का प्रथम ब्रिटिश गवर्नर-जनरल	लॉर्ड विलियम बैण्टिक
भारत के अन्तिम ब्रिटिश गवर्नर-जनरल तथा प्रथम वायसराय	लॉर्ड कैनिंग
प्रथम एवं अन्तिम भारतीय गवर्नर-जनरल	सी. राजगोपालाचारी
आई.सी.एस. में सफल होने वाला प्रथम भारतीय	सत्येन्द्रनाथ टैगोर
स्वतन्त्र भारत का प्रथम गवर्नर-जनरल	लॉर्ड माउण्टबेटन
भारतीय गणराज्य के प्रथम राष्ट्रपति	डॉ. राजेन्द्र प्रसाद
स्वतन्त्र भारत के प्रथम प्रधानमन्त्री	जवाहरलाल नेहरू
प्रथम महिला प्रधानमन्त्री	श्रीमती इन्दिरा गाँधी
प्रथम महिला राष्ट्रपति	श्रीमती प्रतिभा पाटिल
प्रथम लोकसभा अध्यक्ष	जी वी मावलंकर
प्रथम भारतीय नोबेल पुरस्कार प्राप्तकर्ता	रवीन्द्रनाथ टैगोर
सं.रा.सं. महासभा की प्रथम महिला सभापति	विजयलक्ष्मी पण्डित
भारतीय राज्य की प्रथम महिला मुख्यमन्त्री	सुचेता कृपलानी (उ.प्र.)
भारतीय राज्य की प्रथम महिला राज्यपाल	श्रीमती सरोजिनी नायडू
सर्वोच्च न्यायालय में प्रथम महिला न्यायाधीश	मीर फातिमा बीबी
उच्च न्यायालय में प्रथम महिला मुख्य न्यायाधीश	लीला सेठ (हिमाचल प्रदेश उच्च न्यायालय)
अन्तर्राष्ट्रीय न्यायालय में न्यायाधीश एवं उसका अध्यक्ष बनने वाला प्रथम भारतीय	डॉ. नगेन्द्र सिंह
प्रथम भारतीय नौसेनाध्यक्ष	वाइस एडमिरल आर.डी. कटारी
अन्तरिक्ष में जाने वाला प्रथम भारतीय	राकेश शर्मा
भारतीय मूल की पहली महिला अन्तरिक्ष यात्री	कल्पना चावला
अन्तरिक्ष में सर्वाधिक समय तक रहने वाली भारतीय मूल की महिला	सुनीता विलियम्स
एवरेस्ट की चोटी पर पहुँचने वाली प्रथम भारतीय महिला	बछेन्द्री पाल
एवरेस्ट की चोटी पर दो बार पहुँचने वाली प्रथम भारतीय महिला	सन्तोष यादव
मिस वर्ल्ड बनने वाली प्रथम भारतीय महिला	रीता फारिया
मिस यूनिवर्स बनने वाली प्रथम भारतीय महिला	सुष्मिता सेन
टेस्ट क्रिकेट में 10,000 रन बनाने वाला पहला खिलाड़ी	सुनील गावस्कर
एकदिवसीय क्रिकेट में 10,000 से अधिक रन बनाने वाला प्रथम भारतीय क्रिकेट खिलाड़ी	सचिन तेन्दुलकर
टेस्ट क्रिकेट में पहला तिहरा शतक लगाने वाला भारतीय	वीरेन्द्र सहवाग
शतरंज में प्रथम भारतीय विश्व चैम्पियन	विश्वनाथन आनन्द
टेस्ट क्रिकेट में पचास शतक लगाने वाला	सचिन तेन्दुलकर
प्रथम भारतीय महिला क्रिकेटर जिसने दोहरा शतक बनाया	मितालीराज
प्रथम भारतीय महिला उत्खनन इंजीनियर	शिवानी मीणा
प्रथम अनुसूचित जनजातीय महिला राष्ट्रपति	द्रौपदी मुर्मू
प्रथम मर्चेण्ट नेवी महिला ऑफिसर	सोनाली बनर्जी
सेना मेडल प्राप्त करने वाली प्रथम महिला	विमला देवी
भारतीय वायुसेना का विमान अकेले उड़ाने वाली प्रथम महिला पायलट	हरिता देओल
अशोक चक्र प्राप्त करने वाली प्रथम महिला	नीरजा भनोट

विश्व में सर्वाधिक बड़ा, लम्बा, ऊँचा, छोटा

सबसे बड़ा महाद्वीप	एशिया
सबसे छोटा महाद्वीप	ऑस्ट्रेलिया
सबसे बड़ा देश	रूस (क्षेत्रफल की दृष्टि से)
सबसे विशाल मन्दिर	अंकोरवाट का मन्दिर (कम्बोडिया)
सर्वाधिक लम्बी पर्वत शृंखला	एण्डीज (दक्षिणी अमेरिका)
सबसे बड़ा एवं गहरा महासागर	प्रशान्त महासागर
सर्वाधिक लम्बी सीमा वाला देश	कनाडा
सबसे छोटी सीमा वाला देश	जिब्राल्टर
सबसे लम्बी नदी	नील नदी (मिस्र)
सबसे बड़ी झील	कैस्पियन सागर (रूस)
सबसे बड़ा नदी द्वीप	माजुली (ब्रह्मपुत्र नदी, असम)
सबसे बड़ी नहर	स्वेज नहर
सबसे बड़ा द्वीपसमूह	इण्डोनेशिया
सबसे बड़ा मरुस्थल	सहारा मरुभूमि (अफ्रीका)
सर्वाधिक जनसंख्या वाला नगर	टोक्यो (जापान)
सबसे बड़ी खाड़ी	मेक्सिको की खाड़ी
सबसे ऊँचा पठार	पामीर (तिब्बत) का पठार
सबसे लम्बा रेलवे प्लेटफॉर्म	हुबली जंक्शन (भारत)
सबसे बड़ा रेलवे स्टेशन	ग्रैण्ड सेण्ट्रल टर्मिनल (न्यूयॉर्क 3)
सबसे बड़ा डेल्टा	सुन्दरवन (भारत)
सर्वाधिक ऊँचाई पर स्थित झील	ओजस डेल सालडो पूल (6,400 मी)
सबसे ऊँचा जलप्रपात	साल्टो एंजेल्स फॉल (वेनेजुएला)
सबसे छोटी नदी	डी नदी (संयुक्त राज्य अमेरिका)
सबसे छोटा देश	वेटिकन सिटी
सबसे ऊँची राजधानी	लापाज (बोलीविया)
सबसे ठण्डा प्रदेश	बर्खोयांस्क (साइबेरिया)
सबसे ऊँची मीनार	कुतुबमीनार (भारत)
सबसे लम्बी दीवार	चीन की दीवार
सर्वाधिक वर्षा का स्थान	मासिनराम (मेघालय, भारत)
सबसे बड़ा बन्दरगाह	न्यूयॉर्क (संयुक्त राज्य अमेरिका)
सबसे बड़ा हवाई अड्डा	खालिद हवाई अड्डा, रियाद (सऊदी अरब)
सबसे बड़ी मूर्ति	स्टैच्यू ऑफ यूनिटी (भारत)
सबसे बड़ा संग्रहालय	लूव्र संग्रहालय (पेरिस)
सबसे बड़ा पुस्तकालय	कांग्रेस पुस्तकालय (यू.एस.ए.)
सबसे बड़ा महाकाव्य	महाभारत
सबसे बड़ा पार्क	नॉर्थ-ईस्ट ग्रीनलैण्ड नेशनल पार्क
सबसे ऊँची इमारत	बुर्ज खलीफा (यू. ए. ई.)

भारत में सर्वाधिक बड़ा, लम्बा, ऊँचा, छोटा

सबसे लम्बा सड़क पुल	भूपेन हजारिका सेतु (असम)
सबसे बड़ा पशुओं का मेला	सोनपुर (बिहार)
सबसे ऊँची चोटी	गॉडविन ऑस्टिन (K-2)
सबसे बड़ा रेगिस्तान	थार (राजस्थान)
सबसे बड़ा चिड़ियाघर	अरीगनर अन्ना जूलोजिकल गार्डन (तमिलनाडु)
सबसे बड़ी मस्जिद	जामा मस्जिद (दिल्ली)
सबसे लम्बी रेल सुरंग	पीरपंजाल सुरंग (जम्मू एवं कश्मीर)
सबसे बड़ा डेल्टा	सुन्दरबन डेल्टा (पश्चिम बंगाल)
सर्वाधिक वनाच्छादित राज्य	मध्य प्रदेश
सबसे बड़ा कॉरिडोर	रामेश्वर मन्दिर (तमिलनाडु)
सबसे ऊँचा जलप्रपात	कुंचिकल (कर्नाटक)
सबसे लम्बी सड़क	ग्राण्ड ट्रंक रोड
सबसे ऊँचा दरवाजा	बुलन्द दरवाजा
सबसे लम्बी नदी	गंगा नदी
सबसे लम्बा समुद्री पुल	अटल सेतू (महाराष्ट्र)
सबसे बड़ा गुम्बद	गोल गुम्बद (बीजापुर)
सर्वाधिक वर्षा का स्थान	मासिनराम (मेघालय)
सर्वाधिक बड़ा लीवर पुल	हावड़ा ब्रिज (कोलकाता)
सबसे लम्बी नहर	इन्दिरा गाँधी नहर (राजस्थान)
सबसे लम्बा रेलवे प्लेटफॉर्म	हुबली जंक्शन (कर्नाटक)
सबसे बड़ा प्राकृतिक बन्दरगाह	मुम्बई (महाराष्ट्र)
सबसे ऊँचा हवाई पत्तन	लेह (लद्दाख)
सर्वाधिक दूरी तय करने वाली रेलगाड़ी	विवेक एक्सप्रेस (डिब्रूगढ़ से कन्याकुमारी, 4,286 किमी)
सबसे लम्बा राष्ट्रीय राजमार्ग	राष्ट्रीय राजमार्ग न. संख्या-44 (श्रीनगर से कन्याकुमारी तक)
सबसे लम्बी तटरेखा वाला राज्य	गुजरात (1,600 किमी)
सबसे ऊँची झील	सो ल्हामू झील (सिक्किम)
दक्षिण भारत की सबसे लम्बी नदी	गोदावरी (दक्षिण की गंगा)
सबसे अधिक मार्ग बदलने वाली नदी	कोसी नदी
सबसे बड़ी कृत्रिम झील	गोविन्द सागर
सबसे बड़ा नदी द्वीप	माजुली (ब्रह्मपुत्र नदी, असम)

प्रमुख देश, राजधानी, मुद्रा एवं भाषाएँ

देश	राजधानी	मुद्रा	भाषाएँ
यूएसए	वॉशिंगटन डीसी	डॉलर	अंग्रेजी
रूस	मॉस्को	रूबल	रूसी
चीन	बीजिंग	युआन	मण्डारिन
जापान	टोक्यो	येन	जैपनीज
जर्मनी	बर्लिन	यूरो	जर्मन
फ्रांस	पेरिस	यूरो	फ्रेंच
यूके	लन्दन	पौण्ड	अंग्रेजी
भारत	नई दिल्ली	रुपया	हिन्दी
इटली	रोम	यूरो	इटैलियन
कनाडा	ओटावा	डॉलर	अंग्रेजी, फ्रांसीसी
ऑस्ट्रेलिया	केनबरा	ऑस्ट्रेलिया डॉलर	अंग्रेजी
न्यूजीलैण्ड	वेलिंग्टन	न्यूजीलैण्ड डॉलर	माओरी, अंग्रेजी
नीदरलैण्ड	एम्सटर्डम	यूरो	डच
नॉर्वे	ओस्लो	क्रोन	नॉर्वेजियन
ब्राजील	ब्राजीलिया	ब्राजिलियन रियाल	पुर्तगाली, अंग्रेजी

देश	राजधानी	मुद्रा	भाषाएँ
अर्जेण्टीना	ब्यूनस आयर्स	पेसो	स्पेनिश
कोलम्बिया	बोगोटा	पेसो	स्पेनिश
ईरान	तेहरान	ब्राजिलियन रियाल	फारसी
इराक	बगदाद	इराकी दिनार	अरबी
सऊदी अरब	रियाद	सऊदी रियाल	अरबी
दक्षिणी सूडान	जुबा	पौण्ड	अरबी
मलेशिया	कुआलालम्पुर	रिंगिट	चीनी, मलय
इण्डोनेशिया	जकार्ता	रुपिया	इण्डोनेशिया, बहासा
फिलीपीन्स	मनीला	पेसो	फिलीपिनो, अंग्रेजी
पाकिस्तान	इस्लामाबाद	रुपया	उर्दू, सिन्धी, पंजाबी
अफगानिस्तान	काबुल	अफगानी	पस्तो, पर्सियन
बांग्लादेश	ढाका	टका	बंगाली, चकमामघ
भूटान	थिम्पू	गुलट्रम	डोंगरवा, नेपाली
नेपाल	काठमाण्डू	नेपाली रुपया	नेपाली
मालदीव	माले	रुपिया	दिवची
श्रीलंका	कोलम्बो/ श्री जयवृद्धनेपुरे कोट्टे	रुपिया	सिंहल, तमिल

विश्व के सात आश्चर्य : नवीनतम सूची

आश्चर्य	स्थान
ताजमहल (मकबरा)	आगरा (उत्तर प्रदेश)
पेट्रा (ऐतिहासिक शहर)	जॉर्डन
रोमन कोलोसियम (एलिप्टिकल एंफीथियेटर)	रोम (इटली)
चिचेन ईत्जा	यूकैटन (मेक्सिको)
माचु पिच्चु (ऐतिहासिक स्थल)	पेरू
चीन की महान दीवार	चीन
क्राइस्ट द रीडिमर (ईसा मसीह प्रतिमा)	ब्राजील

प्रमुख व्यक्तियों के समाधि-स्थल

समाधि-स्थल	व्यक्ति
राजघाट	महात्मा गाँधी
शान्ति वन	जवाहरलाल नेहरू
विजय घाट	लाल बहादुर शास्त्री
शक्ति स्थल	इन्दिरा गाँधी
किसान घाट	चौधरी चरण सिंह
अभय घाट	मोरारजी देसाई
वीर भूमि	राजीव गाँधी
समता स्थल	जगजीवन राम
महाप्रयाण घाट	डॉ. राजेन्द्र प्रसाद
चैत्य भूमि	बी आर अम्बेडकर
सदैव अटल	अटल बिहारी वाजपेयी

पुस्तक एवं लेखक

लेखक	पुस्तक
भारतेन्दु हरिश्चन्द्र	सत्य हरिश्चन्द्र, भारत दुर्दशा, अन्धेर नगरी
सुमित्रानन्दन पन्त	युगवाणी, ग्राम्या, युगान्त, तारापथ, चिदम्बरा
महादेवी वर्मा	यामा, नीरजा, सांध्यगीत
सूर्यकान्त त्रिपाठी निराला	परिमल, जूही की कली, कुकुरमुत्ता
हरिवंशराय बच्चन	मधुशाला, मधुकलश
फणीश्वरनाथ रेणु	मैला आँचल
जयशंकर प्रसाद	कामायनी, आँसू, चन्द्रगुप्त, कंकाल, तितली, प्रेम पथिक
मुंशी प्रेमचन्द	गोदान, गबन, रंगभूमि, सेवासदन,
विष्णु शर्मा	पंचतन्त्र
मौलाना अबुल कलाम आजाद	इण्डिया विन्स फ्रीडम
राजेन्द्र प्रसाद	इण्डिया डिवाइडेड
इन्दिरा गाँधी	इण्टरनल इण्डिया, माई ट्रुथ, पीपुल्स एण्ड प्रॉब्लम्स
जवाहरलाल नेहरू	डिस्कवरी ऑफ इण्डिया, ग्लिम्पसेज ऑफ वर्ल्ड हिस्ट्री, ऑटोबायोग्राफी इण्डिया एण्ड द वर्ल्ड
रवीन्द्रनाथ टैगोर	गीतांजलि, गार्डनर, पोस्ट ऑफिस, चित्रा, क्रीसेंट मून, द रेक, द किंग ऑफ डार्क चैम्बर, हंग्री स्टोन, द कोर्ट डान्सर
अरविन्द घोष	लाइफ डिवाइन, एसेज ऑन गीता, वन्दे मातरम्
विक्रम सेठ	एन इक्वल म्यूजिक, ए सूटेबल बॉय, टू लाइव्ज
नरेन्द्र मोदी	एक्जाम वॉरियर
मनमोहन सिंह	चेंजिंग इण्डिया
संजय बारू	एक्सीडेण्टीयल प्राइमिनिस्टर
बिन्देश्वर पाठक	रोड टू फ्रीडम
किरण बेदी	फ्रीडम बिहाइण्ड बार्स, व्हाट वेण्ट रांग
खुशवन्त सिंह	गॉड मैन, गुड पीपुल्स, इन्दिरा गाँधी रिटर्न्स
अरुन्धति रॉय	द गॉड ऑफ स्मॉल थिंग्स
डॉ. ए. पी. जे अब्दुल कलाम	विंग्स ऑफ फायर, इण्डिया 2020, इग्नाइटेड माइंड्स, मिशन इंडिया
अटल बिहारी वाजपेयी	मेरी इक्यावन कविताएँ
मेघनाद देसाई	रीडिस्कवरी ऑफ इण्डिया
विलियम शेक्सपीयर	औथेलो, हेमलेट, किंग लीयर, मैकबैथ, ट्वेल्थ नाइट, रोमियो एण्ड जूलियट
अरस्तू	पॉलिटिक्स
रूसो	द सोशल कॉण्ट्रेक्ट
विंस्टन चर्चिल	गैदरिंग स्टॉर्म्स, हिस्ट्री ऑफ सेकण्ड वर्ल्ड वार
हिलेरी क्लिण्टन	ऐन इनविटेशन टू द व्हाइट हाउस, लिविंग हिस्ट्री
एडॉल्फ हिटलर	मीन कैम्फ, हिटलर लेटर्स एण्ड नोट्स
रूडयार्ड किपलिंग	जंगल बुक, फर्स्ट वर्ल्ड वॉर पोएट्री
स्टीफन हॉकिंग	ए ब्रीफ हिस्ट्री ऑफ टाइम
जॉर्ज ऑरवेल	एनिमल फार्म, 1984 द रोड टू विगन पायर

प्रमुख संगठन एवं संस्थाएँ

संयुक्त राष्ट्र संघ

- संयुक्त राष्ट्र संघ की स्थापना **24 अक्टूबर, 1945** को हुई थी। संयुक्त राष्ट्र संघ के संस्थापक सदस्य देशों की संख्या 51 थी।
- संयुक्त राष्ट्र अथवा यूनाइटेड नेशन का नाम अमेरिका के तत्कालीन राष्ट्रपति **फ्रैंकलिन डी रूजवेल्ट** द्वारा दिया गया।
- इसका प्रधान कार्यालय न्यूयॉर्क में है। इसके सदस्यों की वर्तमान संख्या 193 है। वर्ष 2011 में **दक्षिण सूडान (193 वाँ)** इसका नवीनतम सदस्य (राष्ट्र) बना।
- भारत वर्ष 1945 से यू.एन.ओ का सदस्य है, जबकि पाकिस्तान वर्ष 1947 में, नेपाल व श्रीलंका वर्ष 1955 में व बांग्लादेश वर्ष 1974 में संयुक्त राष्ट्र संघ का सदस्य बना।
- संयुक्त राष्ट्र की छः आधिकारिक भाषाएँ हैं— अंग्रेजी, फ्रेंच, चीनी, रूसी, अरबी और स्पेनिश। प्रारम्भ में इसकी कार्यकारी भाषाएँ अंग्रेजी और फ्रेंच थीं, बाद में अरबी, चीनी, रूसी और स्पेनिश को भी इसमें जोड़ दिया गया।
- अमेरिका, ब्रिटेन, चीन, फ्रांस तथा रूस, संयुक्त राष्ट्र संघ की सुरक्षा परिषद् के पाँच स्थायी सदस्य देश हैं।

संयुक्त राष्ट्र संघ के प्रमुख अंग तथा उनके मुख्यालय

महासभा	–	न्यूयॉर्क (यूएसए)
सुरक्षा परिषद्	–	न्यूयॉर्क (यूएसए)
आर्थिक एवं सामाजिक परिषद्	–	न्यूयॉर्क (यूएसए)
अन्तर्राष्ट्रीय न्यायालय	–	द हेग (नीदरलैण्ड)
न्यास परिषद्	–	न्यूयॉर्क (यूएसए)
सचिवालय	–	न्यूयॉर्क (यूएसए)

संयुक्त राष्ट्र के विशिष्ट अभिकरण एवं सम्बन्धित संगठन

नाम	मुख्यालय	स्थापना वर्ष
अन्तर्राष्ट्रीय दूरसंचार संघ	जेनेवा	1865
वैश्विक डाक संघ	बर्न	1874
अन्तर्राष्ट्रीय श्रम संगठन	जेनेवा	1919
अन्तर्राष्ट्रीय मुद्रा कोष	वॉशिंगटन	1945
संयुक्त राष्ट्र शैक्षिक, वैज्ञानिक एवं सांस्कृतिक संगठन	पेरिस	1945
विश्व बैंक (World Bank) या पुनर्निर्माण व विकास के लिए अन्तर्राष्ट्रीय बैंक	वॉशिंगटन	1945
खाद्य एवं कृषि संगठन	रोम	1945
अन्तर्राष्ट्रीय नागरिक उड्डयन संगठन	मॉण्ट्रियल	1944
विश्व स्वास्थ्य संगठन	जेनेवा	1948
अन्तर्राष्ट्रीय वित्त निगम	वॉशिंगटन	1956

अन्य प्रमुख अन्तर्राष्ट्रीय संगठन

संगठन	स्थापना वर्ष	मुख्यालय
राष्ट्रमण्डल (Commonwealth)	1931	लन्दन (ब्रिटेन)
ओपेक (OPEC)	1960	वियना (ऑस्ट्रिया)
गुट निरपेक्ष आन्दोलन (NAM)	1961	बेलग्रेड
एशियाई विकास बैंक (ADB)	1966	मनीला (फिलिपीन्स)
दक्षिण-पूर्वी एशियाई राष्ट्रों का सहयोग संगठन (ASEAN)	1967	जकार्ता (इण्डोनेशिया)
दक्षिण एशियाई क्षेत्रीय सहयोग संगठन (SAARC)	1985	काठमाण्डू (नेपाल)
यूरोपियन यूनियन (EU)	1991	ब्रुसेल्स (बेल्जियम)
बिम्सटेक (BIMSTEC)	2014	ढाका (बांग्लादेश)

प्रमुख भौगोलिक खोजें

देश/खोज	खोजकर्ता	वर्ष
अमेरिका	कोलम्बस (इटली)	1492
वेस्टइण्डीज	कोलम्बस (इटली)	1492
भारत	वास्कोडिगामा	1498
जापान	सेण्ट फ्रांसिस जेनियर (स्पेन)	1549
न्यूजीलैण्ड	तस्मान (डच)	1642
ग्रीनलैण्ड	रॉबर्ट पियरी (अमेरिका)	1892
उत्तरी ध्रुव	रॉबर्ट पियरी (अमेरिका)	1909
दक्षिणी ध्रुव	एमण्डसन (नॉर्वे)	1911

प्रमुख आविष्कार एवं आविष्कारक

आविष्कार/उपकरण	आविष्कारक
यान्त्रिक घड़ी	आई सिंग व लियांग सैन
प्रिण्टिंग प्रेस (मात्रात्मक व घुमावदार)	जॉन गुटेनबर्ग
यान्त्रिक कैलकुलेटर, बॉल बियरिंग	लियोनार्डो द विंची
माइक्रोस्कोप	जेड जॉनसेन
टेलिस्कोप	गैलीलियो
बैरोमीटर	टोरीसेली
प्रेशर कुकर	डेनिस पैपिन
भाप इंजन	जेम्स वाट
विद्युत मोटर	माइकल फैराडे
यान्त्रिक कम्प्यूटर	चार्ल्स बेबेज
रेफ्रिजरेटर	जैकब परकीन्स
रिवॉल्वर	सैमुअल कोल्ट
टाइपराइटर	चार्ल्स टार्बर
फोनोग्राफ	थॉमस अल्वा एडीसन
विद्युत बल्ब	अल्वा एडीसन
टेलीफोन	ग्राह्म बेल
रेडियो सिग्नल ट्रांसमिशन	मारकोनी
हवाईजहाज	राइट बन्धु
विद्युत यान्त्रिक टेलीविजन	जे.एल. बेयर्ड
माइक्रोवेव ओवन	पर्सी स्पेन्सर
सिलिकॉन इण्टीग्रेटेड चिप	जैक किल्बी और रॉबर्ट नॉअसी
एटीएम	जॉन रोकर्ड वैरन

महत्त्वपूर्ण राष्ट्रीय एवं अन्तर्राष्ट्रीय दिवस

दिनांक	दिवस
9 जनवरी	प्रवासी दिवस
12 जनवरी	राष्ट्रीय युवा दिवस
15 जनवरी	थलसेना दिवस
23 जनवरी	सुभाषचन्द्र बोस जयन्ती

दिनांक	दिवस
25 जनवरी	मतदाता दिवस
26 जनवरी	गणतन्त्र दिवस
1 फरवरी	तटरक्षक दिवस, कल्पना स्मृति दिवस
28 फरवरी	राष्ट्रीय विज्ञान दिवस (रमन प्रभाव खोज की स्मृति में)
8 मार्च	अन्तर्राष्ट्रीय महिला दिवस
15 मार्च	विश्व उपभोक्ता संरक्षण दिवस
21 मार्च	विश्व वानिकी दिवस
23 मार्च	विश्व मौसम विज्ञान दिवस
7 अप्रैल	विश्व स्वास्थ्य दिवस
22 अप्रैल	विश्व पृथ्वी दिवस
1 मई	मई दिवस (मजदूर दिवस)
3 मई	अन्तर्राष्ट्रीय ऊर्जा दिवस
17 मई	विश्व दूरसंचार दिवस
21 मई	आतंकवाद विरोध दिवस
31 मई	विश्व धूम्रपान एवं तम्बाकू निषेध दिवस
5 जून	विश्व पर्यावरण दिवस
21 जून	विश्व योग दिवस
11 जुलाई	विश्व जनसंख्या दिवस
26 जुलाई	कारगिल स्मृति दिवस
15 अगस्त	स्वतन्त्रता दिवस
20 अगस्त	सद्भावना दिवस (राजीव गाँधी की जयन्ती)
29 अगस्त	राष्ट्रीय खेल दिवस (मेजर ध्यानचन्द की जयन्ती)
5 सितम्बर	शिक्षक दिवस (डॉ. सर्वपल्ली राधाकृष्णन जयन्ती)
8 सितम्बर	विश्व साक्षरता दिवस
14 सितम्बर	हिन्दी दिवस
27 सितम्बर	विश्व पर्यटन दिवस
2 अक्टूबर	विश्व अहिंसा दिवस (गाँधी जयन्ती), लाल बहादुर शास्त्री की जयन्ती
8 अक्टूबर	वायुसेना दिवस
16 अक्टूबर	विश्व खाद्य दिवस
24 अक्टूबर	संयुक्त राष्ट्र दिवस
14 नवम्बर	बाल दिवस जवाहरलाल नेहरू जयन्ती
1 दिसम्बर	विश्व एड्स दिवस
4 दिसम्बर	नौसेना दिवस
7 दिसम्बर	झण्डा दिवस
10 दिसम्बर	मानव अधिकार दिवस
23 दिसम्बर	किसान दिवस
25 दिसम्बर	सुशासन दिवस (अटल बिहारी जयन्ती)

शब्द संक्षेप

ABM	एण्टी बैलेस्टिक मिसाइल
AIDS	एक्वायर्ड इम्यूनो डिफीसियन्सी सिण्ड्रोम
AMRUT	अटल मिशन फॉर रिज्युवेनेसन एण्ड अर्बन ट्रांसफॉर्मेशन
ATM	ऑटोमेटेड टेलर मशीन
BARC	भाभा एटॉमिक रिसर्च सेण्टर
BHIM	भारत इण्टरफेस फॉर मनी
CAG	कम्पट्रोलर एण्ड ऑडिटर जनरल
CNG	कम्प्रेस्ड नेचुरल गैस
CTBT	कॉम्प्रिहेनसिव टेस्ट बैन ट्रीटी
CVC	सेण्ट्रल विजिलेन्स कमीशन
DBT	डायरेक्ट बेनीफिट ट्रांसफर
DNA	डाइ-ऑक्सीराइबोज न्यूक्लिक एसिड
DTH	डायरेक्ट टू होम
ECG	इलैक्ट्रोकार्डियोग्राफी
FDI	फॉरेन डायरेक्ट इन्वेस्टमेण्ट
FIR	फर्स्ट इन्फोर्मेशन रिपोर्ट
FTZ	फ्री ट्रेड जोन
GDP	ग्रॉस डोमेस्टिक प्रोडक्ट
GATT	जनरल एग्रीमेण्ट ऑन टैरिफ एण्ड ट्रेड
GPS	ग्लोबल पोजिशनिंग सिस्टम
GST	गुड्स एण्ड सर्विस टैक्स
HAL	हिन्दुस्तान एयरोनॉटिक्स लिमिटेड
HRIDAY	हेरीटेज सिटी डेवलपमेण्ट एवं ऑगमेनटेसन योजना
IAEA	इण्टरनेशनल एटॉमिक एनर्जी एजेन्सी
IDBI	इण्डस्ट्रियल डेवलपमेण्ट बैंक ऑफ इण्डिया
IRNSS	इण्डियन रीजनल नेविगेशनल सैटेलाइट सिस्टम
IUCN	इण्टरनेशनल यूनियन फॉर कंजर्वेशन ऑफ नेचर
INTERPOL	International Police Organization
LASER	लाइट एम्लीफिकेशन बाइ स्टीम्युलेटेड एमीशन ऑफ रेडिएशन
LCA	लाइट कॉम्बेट एयरक्राफ्ट
LPG	लिक्वीफाइड पैट्रोलियम गैस
MLC	मेम्बर ऑफ लेजिस्लेटिव काउन्सिल
MNREGA	महात्मा गाँधी नेशनल रूरल एम्प्लायमेण्ट गारण्टी स्कीम
MUDRA	माइक्रो यूनिट डेवलपमेण्टस एण्ड रिफाइनेन्स एजेन्सी लिमिटेड
NABARD	नेशनल बैंक फॉर एग्रीकल्चर एण्ड रूरल डेवलपमेण्ट
NITI	नेशनल इन्स्टीट्यूशन फॉर ट्रांसफॉर्मिंग इण्डिया
OMR	ऑप्टिकल मार्क रीडर
PAN	परमानेण्ट एकाउण्ट नम्बर
PMKVY	प्रधानमन्त्री कौशल विकास योजना
PSLV	पोलर सैटेलाइट लॉन्च व्हीकल
RADAR	रेडियो डिटेक्टिंग एण्ड रेंजिंग
RDX	रिसर्च एण्ड डेवलपमेण्ट एक्सप्लेसिव
RTI	राइट टू इन्फॉर्मेशन
RTE	राइट टू एजुकेशन
SAARC	साउथ एशियन एसोसिएशन फॉर रीजनल कॉर्पोरेशन
SEBI	सिक्योरिटिज एक्सचेंज बोर्ड ऑफ इण्डिया
TRAI	टेलीकॉम रेग्यूलेटरी अथॉरिटी ऑफ इण्डिया
TRIPS	ट्रेड रिलेटेड इण्टलैक्च्युअल प्रॉपर्टी राइट्स
UIDAI	यूनिक आइडेण्टिफिकेशन अथॉरिटी ऑफ इण्डिया
UNDP	यूनाइटेड नेशन्स डेवलपमेण्ट प्रोग्राम
UPI	यूनिफाइड पेमेण्ट इण्टरफेस
VAT	वैल्यू एडेड टैक्स
WEF	वर्ल्ड इकोनॉमिक फोरम
WWF	वर्ल्ड वाइल्ड फण्ड
WWW	वर्ल्ड वाइड वेब

एग्जाम पैटर्न प्रश्न

1. कार्बन टैक्स लगाने वाला प्रथम देश है
(a) न्यूजीलैण्ड (b) स्वीडन
(c) अमेरिका (d) रूस

2. निम्न में से कौन-सा अन्तरिक्ष में जाने वाला विश्व का प्रथम व्यक्ति है?
(a) राकेश शर्मा (b) अलेक्सी लियोनोव
(c) यूरी गागरिन (d) नील आर्मस्ट्रांग

3. कागज का आविष्कार करने वाला विश्व का प्रथम देश कौन-सा है?
(a) जर्मनी (b) फ्रांस
(c) चीन (d) अमेरिका

4. उत्तरी ध्रुव पर पहुँचने वाले प्रथम व्यक्ति थे
(a) रॉबर्ट पियरे (b) चार्ल्स सिमोन्यी
(c) यूरी गागरिन (d) आर्थर ऐश

5. महिलाओं को मताधिकार देने वाला विश्व का प्रथम देश कौन-सा है?
(a) भारत (b) न्यूजीलैण्ड
(c) चीन (d) अमेरिका

6. माउण्ट एवरेस्ट पर चढ़ने वाली प्रथम महिला जुन्को ताबेई किस देश की हैं?
(a) चीन (b) थाइलैण्ड
(c) मलेशिया (d) जापान

7. संयुक्त राष्ट्र महासभा की प्रथम महिला सभापति कौन बनी थी?
(a) कैरोलिन मिकल्सन
(b) जेन
(c) विजयलक्ष्मी पण्डित
(d) जुन्को ताबेई

8. गुटनिरपेक्ष आन्दोलन का प्रथम सम्मेलन किस स्थान पर आयोजित हुआ?
(a) कजाकिस्तान (b) बेलग्रेड
(c) दिल्ली (d) डरबन

9. अन्तर्राष्ट्रीय न्यायालय के मुख्य न्यायाधीश बनने वाले प्रथम भारतीय कौन हैं?
(a) विजयलक्ष्मी पण्डित
(b) डॉ. नागेन्द्र सिंह
(c) दलवीर भण्डारी
(d) निरूपमा राव

10. भारत का प्रथम लोकसभा अध्यक्ष कौन था?
(a) जी. वी. मावलंकर
(b) बी. आर. अम्बेडकर
(c) जे. बी. कृपलानी
(d) श्यामाप्रसाद मुखर्जी

11. निम्नलिखित में से कौन भारत के प्रथम उपराष्ट्रपति थे?
(a) डॉ. सर्वपल्ली राधाकृष्णन
(b) जाकिर हुसैन
(c) गोपालस्वरूप पाठक
(d) वेंकट गिरि

12. भारत का प्रथम मुख्य चुनाव आयुक्त कौन था?
(a) के.सी. नियोगी (b) सुकुमार सेन
(c) के.वी.के सुन्दरम (d) टी. स्वामीनाथन

13. स्वतन्त्र भारत के प्रथम गवर्नर-जनरल कौन थे?
(a) लॉर्ड विलियम बैण्टिंक
(b) लॉर्ड कैनिंग
(c) लॉर्ड माउण्टबेटन
(d) सी-राजगोपालाचारी

14. अशोक चक्र प्राप्त करने वाली प्रथम महिला कौन थी?
(a) नीरज भनोट (b) शिवानी मीणा
(c) विमला देवी (d) सुजाता मनोहर

15. भारत की प्रथम महिला न्यायाधीश कौन थी?
(a) फातिमा बीबी
(b) अन्ना चण्डी
(c) जयन्ती पटनायक
(d) आरती साहा

16. भारत की प्रथम महिला आई. ए. एस. अधिकारी कौन थी?
(a) किरण बेदी
(b) लीला सेठ
(c) अन्ना जॉर्ज
(d) विजयलक्ष्मी पण्डित

17. विश्व की सबसे गहरी झील कौन-सी है?
(a) टिटिकाका (b) विक्टोरिया
(c) बैकाल (d) मृत सागर

18. सबसे बड़ा द्वीप है
(a) ग्रीनलैण्ड (b) लक्षद्वीप
(c) मालदीव (d) अण्डमान

19. क्षेत्रफल की दृष्टि से सबसे बड़ा देश कौन-सा है?
(a) अमेरिका (b) रूस
(c) भारत (d) ब्राजील

20. सबसे छोटी नदी है
(a) सी नदी (b) ह्वांगहो
(c) डी नदी (d) इनमें से कोई नहीं

21. सबसे बड़ा महाद्वीप है
(a) यूरोप (b) अफ्रीका
(c) उत्तरी अमेरिका (d) एशिया

22. सबसे बड़ा महासागर है
(a) अटलाण्टिक (b) हिन्द महासागर
(c) अरब सागर (d) प्रशान्त महासागर

23. भारत में खारे पानी की सबसे बड़ी झील कौन-सी है?
(a) वूलर झील (b) डल झील
(c) साम्भर झील (d) चिल्का झील

24. 'भूपेन हजारिका' भारत का सबसे लम्बा नदी पुल है। यह किस नदी पर बना है?
(a) गंगा (b) गोदावरी
(c) कावेरी (d) लोहित

25. भारत का सबसे बड़ा गुम्बद 'गोल गुम्बद' कहाँ अवस्थित है?
(a) बीजापुर (b) पुणे
(c) अहमदाबाद (d) हैदराबाद

26. भारत का सबसे ऊँचाई पर बना बाँध कौन-सा है?
(a) हीराकुड बाँध (b) टिहरी बाँध
(c) फरक्का बाँध (d) गंगा सागर बाँध

27. अर्जेण्टीना की राष्ट्रीय भाषा क्या है?
(a) अंग्रेजी (b) स्पेनिश
(c) जर्मन (d) फ्रेंच

28. सऊदी अरब की राष्ट्रीय भाषा क्या है?
(a) चीनी (b) मलय
(c) अरबी (d) पर्सियन

29. 'जकार्ता' किस देश की राजधानी है?
(a) मलेशिया (b) बांग्लादेश
(c) इण्डोनेशिया (d) भूटान

30. इटली की राजधानी कहाँ है?
(a) पेरिस (b) रोम
(c) एम्सटर्ड (d) ब्राजीलिया

31. रिंगिट किस देश की मुद्रा है?
(a) मलेशिया (b) इण्डोनेशिया
(c) पाकिस्तान (d) फिलीपीन्स

32. फ्रांस की मुद्रा का नाम क्या है?
(a) यूरो (b) पाउण्ड
(c) रुपया (d) येन

33. कनाडा की राजधानी कहाँ है?
(a) ओटावा (b) कैनबरा
(c) वेलिंग्टन (d) बोगोटा

34. डेनमार्क की राजधानी कहाँ अवस्थित है?
(a) ब्रूसेल्स (b) ब्यूनस आयर्स
(c) कोपेनहेगन (d) एम्सटर्डम

35. इराक की मुद्रा क्या है?
(a) रियाल (b) इराकी दिनार
(c) रूबल (d) क्रोन

36. जापान की मुद्रा का क्या नाम है?
(a) डॉलर (b) रूबल
(c) येन (d) युआन

37. न्यूजीलैण्ड का राष्ट्रीय पशु क्या है?
(a) स्कून डाँग (b) कीवी
(c) बाघ (d) कंगारू

38. स्पेन का राष्ट्रीय प्रतीक क्या है?
(a) पीलर्स ऑफ हरक्यूलिस
(b) शेर
(c) हाथी
(d) हॉक

39. तुर्की का राष्ट्रीय प्रतीक क्या है?
(a) ईगल (b) चाँद-तारा
(c) स्टार एण्ड क्रीसेट (d) हाथी

40. 'रोमन कोलेसियम' कहाँ अवस्थित है?
(a) इटली (b) भारत
(c) पेरू (d) ब्राजील

41. 'क्राइस्ट द रीडिमर' प्रसिद्ध आश्चर्य कहाँ अवस्थित है?
(a) जॉर्डन (b) पेरू
(c) ब्राजील (d) चीन

42. 'पेट्रा' निम्न में से किस देश में अवस्थित है?
(a) भारत (b) जॉर्डन
(c) मेक्सिको (d) चीन

43. 'चीचेन इत्जा' दुनिया का एक अजूबा किस देश में स्थित है?
(a) इटली (b) मेक्सिको
(c) ब्राजील (d) पेरू

44. शक्ति स्थल का सम्बन्ध किससे है?
(a) लाल बहादुर शास्त्री
(b) जवाहरलाल नेहरू
(c) इन्दिरा गाँधी
(d) डॉ. राजेन्द्र प्रसाद

45. जगजीवन राम की समाधि निम्न में से कौन-सी है?
(a) समता स्थल (b) अभय घाट
(c) वीर भूमि (d) महाप्रयाण घाट

46. चैत्य भूमि का सम्बन्ध किससे है?
(a) बी. आर. अम्बेडकर
(b) इन्दिरा गाँधी
(c) चौधरी चरण सिंह
(d) जगजीवन राम

47. राजीव गाँधी की समाधि स्थल किस नाम से जाना जाता है?
(a) राजघाट (b) वीर भूमि
(c) महाप्रयाण घाट (d) अभय घाट

48. निम्न में से किस पुस्तक की रचना महादेवी वर्मा द्वारा की गई है?
(a) यामा (b) सांध्यगीत
(c) नीरजा (d) ये सभी

49. निम्न में से कौन-सी पुस्तक/पुस्तकें सुमित्रानन्दन पन्त द्वारा लिखी गई है/हैं?
(a) युगवाणी (b) चिदम्बरा
(c) तारापथ (d) ये सभी

50. 'भारत दुर्दशा' नामक प्रसिद्ध कृति किस विद्वान् की रचना है?
(a) सुमित्रानन्दन पन्त
(b) भारतेन्दु हरिश्चन्द्र
(c) महादेवी वर्मा
(d) स्वामी दयानन्द सरस्वती

51. 'इण्डिया डिवाइडेड' नामक पुस्तक के लेखक कौन हैं?
(a) डॉ. राजेन्द्र प्रसाद (b) मोरारजी देसाई
(c) विक्रम सेठ (d) इन्दिरा गाँधी

52. 'द गॉड ऑफ स्मॉल थिंग्स' किसकी रचना है?
(a) अरविन्द घोष (b) विनोबा भावे
(c) अरुन्धति रॉय (d) इन्दिरा गाँधी

53. 'आनन्दमठ' नामक पुस्तक की रचना किसने की है?
(a) रवीन्द्रनाथ टैगोर (b) बंकिमचन्द्र चटर्जी
(c) विनोबा भावे (d) जवाहरलाल नेहरू

54. 'इण्डिया—2020' किसकी रचना है?
(a) डॉ. ए.पी.जे अब्दुल कलाम
(b) लालकृष्ण आडवाणी
(c) अटल बिहारी वाजपेयी
(d) विष्णु देसाई

55. निम्न में से कौन-सी पुस्तक मुंशी प्रेमचन्द द्वारा लिखी गई है?
(a) गोदान (b) गबन
(c) रंगभूमि (d) ये सभी

56. 'संसद के तीन दशक' नामक पुस्तक भारत के किस पूर्व प्रधानमन्त्री की रचना है?
(a) इन्दिरा गाँधी
(b) राजीव गाँधी
(c) डॉ. मनमोहन सिंह
(d) अटल बिहारी वाजपेयी

57. निम्न में से कौन-सी कृति/कृतियाँ रवीन्द्रनाथ टैगोर द्वारा रचित है/हैं?
(a) गीतांजलि (b) पोस्ट ऑफिस
(c) चित्रा (d) ये सभी

58. 'ऑरिजिन ऑफ स्पीशीज' नामक पुस्तक के लेखक कौन हैं?
(a) अरविन्द घोष (b) चार्ल्स डार्विन
(c) रूसो (d) अरस्तू

59. 'द सोशल कॉण्ट्रेक्ट' पुस्तक के लेखक कौन हैं?
(a) रूसो (b) बंकिमचन्द्र चटर्जी
(c) अरस्तू (d) अरुन्धति रॉय

60. 'भाभा एटॉमिक रिसर्च सेण्टर' कहाँ अवस्थित है?
(a) मुम्बई (b) हैदराबाद
(c) बेंगलुरु (d) कटक

61. विक्रम साराभाई अन्तरिक्ष अनुसन्धान केन्द्र कहाँ अवस्थित है?
(a) ट्राम्बे (b) तिरुवनन्तपुरम
(c) श्री हरिकोटा (d) चाँदीपुर

62. संयुक्त राष्ट्र संघ की स्थापना कब हुई थी?
(a) 24 अक्टूबर, 1945
(b) 24 अक्टूबर, 1950
(c) 20 अक्टूबर, 1940
(d) 30 अक्टूबर, 1950

63. अन्तर्राष्ट्रीय श्रम संगठन का मुख्यालय कहाँ स्थित है?
(a) रोम (b) जेनेवा
(c) न्यूयॉर्क (d) वियना

64. विश्व मौसम विभाग संगठन का मुख्यालय कहाँ स्थित है?
(a) जेनेवा (b) रोम
(c) हेग (d) मॉण्ट्रियल

65. पेट्रोलियम निर्यातक देशों का संगठन (ओपेक) की स्थापना कब हुई थी?
(a) वर्ष 1949 में (b) वर्ष 1960 में
(c) वर्ष 1967 में (d) वर्ष 1991 में

66. 'एशियाई विकास बैंक' का मुख्यालय कहाँ स्थित है?
(a) मनीला (फिलीपीन्स)
(b) ब्रूसेल्स (बेल्जियम)
(c) ढाका (बांग्लादेश)
(d) वियना (ऑस्ट्रिया)

67. 'दूरबीन' का आविष्कार किसने किया था?
(a) जी. मारकोनी
(b) गैलीलियो
(c) हेनरी फोर्ड
(d) जेम्स वाट

68. 'टेलीफोन' का आविष्कार किसने किया?
(a) हम्फ्री डेवी
(b) ग्राह्म बेल
(c) जे.एल.बेयर्ड
(d) हेनरी फोर्ड

69. निम्नलिखित में से किसका जन्मदिवस 'शिक्षक दिवस' के रूप में मनाया जाता है?
(a) डॉ. बी. आर. अम्बेडकर
(b) डॉ. विधानचन्द्र रॉय
(c) डॉ. एस. राधाकृष्णन
(d) डॉ. जाकिर हुसैन

70. 'राष्ट्रीय मतदाता' दिवस मनाया जाता है
(a) 15 जनवरी को (b) 25 जनवरी को
(c) 15 फरवरी को (d) 25 फरवरी को

71. प्रवासी भारतीय दिवस किस तिथि को मनाया जाता है?
(a) 9 फरवरी (b) 9 जनवरी
(c) 4 फरवरी (d) 8 मार्च

72. अन्तर्राष्ट्रीय 'योग दिवस' कब मनाया जाता है?
(a) 21 मई (b) 21 जून
(c) 25 अप्रैल (d) 21 जुलाई

73. PAN का पूरा रूप है
(a) परमानेण्ट एसेस नम्बर
(b) परमानेण्ट एकाउण्ट नेम
(c) परमानेण्ट एकाउण्ट नम्बर
(d) उपरोक्त में से कोई नहीं

74. शब्द संक्षेप में UNDP का पूरा नाम है
(a) यूनियन ऑफ नॉर्थ डेवलपिंग प्रोविन्स
(b) यूनाइटेड नेशन्स डेवलपमेण्ट प्रोग्राम
(c) अरब नेशन डिलिंग पेट्रोलियम
(d) यूनाइटेड नेशनल डेमोक्रेटिक प्रेस

75. BARC क्या है?
(a) भाभा एटॉमिक रिसर्च कॉउन्सिल
(b) भाभा एयरोनॉटिक्स रिसर्च सेण्टर
(c) भाभा एटॉमिक रिसर्च सेण्टर
(d) भाभा एटॉमिक रेग्युलेटिंग सेण्टर

76. शब्द संक्षेप STD से तात्पर्य है
(a) स्टेट टेलीफोन डायलिंग
(b) स्टैण्डर्ड टेलीफोन डायलिंग
(c) सबस्क्राइबर टेलीफोन डायलिंग
(d) सबस्क्राइबर ट्रंक डायलिंग

77. INTERPOL का विस्तारित रूप है
(a) International Police Organization
(b) International Public Organization
(c) Indian Police Organization
(d) Indian Police Officer

PYQs

78. एवरेस्ट पर्वत को फतेह करने वाली दुनिया की पहली महिला कौन थी? **क्लर्क (हैदराबाद) 28 फरवरी 2021**
(a) योको ओनो (b) बछेन्द्री पाल
(c) आंग सुंग (d) जुन्को ताबेई

79. अन्तर्राष्ट्रीय महिला दिवस ...... को मनाया जाता है। **क्लर्क (हैदराबाद) 28 फरवरी 2021**
(a) 09 जनवरी (b) 01 फरवरी
(c) 08 मार्च (d) 25 मार्च

80. सेना दिवस ...... को मनाया जाता है। **क्लर्क (हैदराबाद) 28 फरवरी 2021**
(a) 26 जनवरी
(b) 30 जनवरी
(c) 15 अगस्त
(d) 15 जनवरी

81. 'रानी की वाव' बावड़ी किस राज्य में स्थित है? **क्लर्क (दानापुर, जबलपुर) 1 नवम्बर 2020**
(a) राजस्थान
(b) हरियाणा
(c) पंजाब
(d) गुजरात

82. श्रीहरिकोटा किस राज्य में स्थित है? **क्लर्क (दानापुर, जबलपुर) 1 नवम्बर 2020**
(a) तमिलनाडु
(b) आन्ध्र प्रदेश
(c) गुजरात
(d) ओडिशा

83. भारत वर्ष .... में संयुक्त राष्ट्र का सदस्य बना। **क्लर्क (हमीरपुर, बहरामपुर) 1 नवम्बर 2020**
(a) 1945 (b) 1960
(c) 1947 (d) 1959

उत्तरमाला

1. (a)	2. (c)	3. (c)	4. (a)	5. (b)	6. (d)	7. (c)	8. (b)	9. (b)	10. (a)
11. (a)	12. (b)	13. (c)	14. (b)	15. (a)	16. (c)	17. (c)	18. (a)	19. (b)	20. (c)
21. (d)	22. (d)	23. (c)	24. (d)	25. (a)	26. (b)	27. (b)	28. (c)	29. (c)	30. (b)
31. (a)	32. (a)	33. (a)	34. (c)	35. (b)	36. (c)	37. (b)	38. (a)	39. (b)	40. (a)
41. (c)	42. (b)	43. (b)	44. (c)	45. (a)	46. (a)	47. (b)	48. (d)	49. (d)	50. (b)
51. (a)	52. (c)	53. (b)	54. (a)	55. (d)	56. (d)	57. (d)	58. (b)	59. (a)	60. (a)
61. (b)	62. (a)	63. (b)	64. (a)	65. (b)	66. (a)	67. (b)	68. (b)	69. (c)	70. (b)
71. (b)	72. (b)	73. (c)	74. (c)	75. (c)	76. (d)	77. (a)	78. (d)	79. (c)	80. (d)
81. (d)	82. (b)	83. (a)							

सामान्य विज्ञान

अध्याय 01

मापन तथा मात्रक

भौतिक राशियाँ तथा मात्रक

- वे सभी राशियाँ, जिन्हें एक संख्या द्वारा व्यक्त किया जाता है, **भौतिक राशियाँ** कहलाती हैं; जैसे-लम्बाई, द्रव्यमान, ताप एवं समय आदि।
- जिस इकाई में भौतिक राशि मापी जाती है, **मात्रक** कहलाता है।
- जो भौतिक राशि के परिमाण को प्रदर्शित करता है, **संख्यात्मक मान** कहलाता है।
- राशि का परिमाण = संख्यात्मक मान × मात्रक

अदिश एवं सदिश राशियाँ

- वे भौतिक राशियाँ, जिन्हें व्यक्त करने के लिए केवल परिमाण (Magnitude) की आवश्यकता होती है दिशा की नहीं, **अदिश राशियाँ** (Scalar quantities) कहलाती हैं; जैसे— दूरी, चाल, घनत्व, द्रव्यमान, कार्य, आयतन, समय, ऊर्जा आदि।
- वे भौतिक राशियाँ, जिन्हें व्यक्त करने के लिए परिमाण के साथ-साथ दिशा की भी आवश्यकता होती है, **सदिश राशियाँ** (Vector quantities) कहलाती हैं; जैसे— वेग, त्वरण, बल, संवेग, विस्थापन, भार आदि।

भौतिक राशियों के मात्रकों की पद्धति एवं विमाएँ

- भौतिक राशियों की तुलनात्मक माप के लिए मात्रकों का उपयोग किया जाता है तथा भौतिक राशि को तीन मूल इकाइयों (लम्बाई, द्रव्यमान और समय) के माध्यम से व्यक्त करना **विमा** कहलाता है।

मात्रकों की पद्धति

मात्रकों की मुख्य पद्धतियाँ निम्न प्रकार हैं

- **MKS पद्धति** (मीटर, किलोग्राम, सेकण्ड) इस पद्धति में लम्बाई का मात्रक मीटर, द्रव्यमान का मात्रक किलोग्राम तथा समय का मात्रक सेकण्ड होता है।
- **CGS पद्धति** (सेमी, ग्राम, सेकण्ड) इस पद्धति में लम्बाई का मात्रक सेमी, द्रव्यमान का मात्रक ग्राम तथा समय का मात्रक सेकण्ड होता है।
- **FPS पद्धति** (फुट, पाउण्ड, सेकण्ड) इस पद्धति में लम्बाई का मात्रक फुट, द्रव्यमान का मात्रक पाउण्ड तथा समय का मात्रक सेकण्ड होता है।
- **अन्तर्राष्ट्रीय मात्रक पद्धति** (SI Units) यह प्रणाली MKS पद्धति का सुधरा हुआ रूप है। इसमें सात मूल राशियाँ तथा दो पूरक राशियाँ (ठोस तथा घन कोण) होती हैं।
- यदि किसी भौतिक राशि की द्रव्यमान में विमा a, लम्बाई में विमा b तथा समय में विमा c हो, तब इस भौतिक राशि की विमा $[M^a L^b T^c]$ होगी।

नोट वे भौतिक राशियाँ, जिनकी विमा शून्य होती है, **विमाहीन भौतिक राशियाँ** कहलाती हैं; जैसे-कोण, घनकोण, विकृति, अपवर्तनांक आदि।

महत्त्वपूर्ण भौतिक राशियाँ तथा उनके मात्रक

भौतिक राशि	मात्रक
बल	न्यूटन (MKS), डाइन (CGS)
कार्य तथा ऊर्जा	जूल (MKS), अर्ग (CGS)
शक्ति	जूल से$^{-1}$ या वाट
प्रतिरोध	ओम
प्रतिरोधकता	ओम × मीटर
विद्युत शक्ति	वाट, किलोवाट
विद्युत ऊर्जा	किलोवाट × घण्टा
चुम्बकीय फ्लक्स	वेबर, मैक्स
लम्बाई	मीटर (MKS), सेन्टीमीटर (CGS)
समय	सेकण्ड
प्रकाश की तरंगदैर्ध्य	ऐंग्स्ट्रॉम
ताप	सेन्टीग्रेड, फॉरेनहाइट, रियूमर, केल्विन
विद्युत विभव, विभवान्तर	वोल्ट
आवेश	ऐम्पियर-घण्टा, कूलॉम
विद्युत धारिता	फैरड़
चुम्बकीय प्रेरण	गॉस/टेस्ला
प्रेरकत्व	हेनरी
विद्युत धारा	ऐम्पियर, कूलॉम/सेकण्ड
ऊष्मा	जूल व कैलोरी

प्रमुख भौतिक राशियाँ तथा उनके विमीय सूत्र

भौतिक राशियाँ सूत्र सहित	SI मात्रक	विमीय सूत्र
क्षेत्रफल = लम्बाई × चौड़ाई	मी^{2}	$[L \times L] = [L^2] = [M^0 L^2 T^0]$
आयतन = लम्बाई × चौड़ाई × ऊँचाई	मी^{3}	$[L \times L \times L] = [L^3] = [M^0 L^3 T^0]$
वेग = विस्थापन/समय	मी/से	$\frac{[L]}{[T]} = [LT^{-1}] = [M^0 LT^{-1}]$
त्वरण = वेग/समय	मी/से^{2}	$\frac{[LT^{-1}]}{[T]} = [LT^{-2}] = [M^0 LT^{-2}]$
बल = द्रव्यमान × त्वरण	किग्रा-मी/से^{2}	$[M][LT^{-2}] = [MLT^{-2}]$
कार्य = बल × विस्थापन	किग्रा-मी^{2}/से^{2}	$[MLT^{-2}] \times [L] = [ML^2T^{-2}]$
गतिज ऊर्जा $= \frac{1}{2} \times$ द्रव्यमान × (वेग)^2	किग्रा-मी^{2}/से^{2}	$[M]\ [LT^{-1}]^2 = [ML^2T^{-2}]$
घनत्व = $\frac{\text{द्रव्यमान}}{\text{आयतन}}$	किग्रा-मी^{3}	$\frac{[M]}{[L^3]} = [ML^{-3}T^0]$
कोणीय विस्थापन = $\frac{\text{चाप}}{\text{त्रिज्या}}$	रेडियन	विमाहीन राशि $= [M^0L^0T^0]$

प्रयोगात्मक मात्रक

- 1 प्रकाश-वर्ष (ly) = 9.46×10^{15} मी
- 1 खगोलीय मात्रक (1 AU) = 1.5×10^{11} मी
- 1 फर्मी (f_m) = 10^{-15} मी
- 1 ऐंग्स्ट्रॉम (Å) = 10^{-10} मी
- 1 परमाणु द्रव्यमान मात्रक (amu) = 1.66×10^{-27} किग्रा
- 1 माइक्रोन (μ) = 10^{-6} मी
- 1 लीप वर्ष = 366 दिन

विभिन्न मापक यन्त्र

ओडियोमीटर	ध्वनि की तीव्रता मापने में
ओडोमीटर	वाहन द्वारा तय की गई दूरी मापने में
अल्टीमीटर	ऊँचाई को मापने में
ऑक्सैनोमीटर	पौधों की वृद्धि मापने में
लक्समीटर	प्रकाश की तीव्रता मापने में
लैक्टोमीटर	दूध का आपेक्षिक घनत्व या शुद्धता मापने में
हाइड्रोमीटर	तरल पदार्थों का सापेक्षिक घनत्व मापने में
हाइग्रोमीटर	हवा की आर्द्रता मापने में
मैनोमीटर	गैसों का दाब मापने में
गैल्वेनोमीटर	विद्युत धारा की उपस्थिति जाँचने में
अमीटर	विद्युत धारा मापने में
एनीमोमीटर	वायु की गति मापने में
वोल्टमीटर	विभवान्तर को मापने में
सिस्मोग्राफ	भूकम्प की तीव्रता मापने में
थर्मामीटर	ताप को मापने में
पाइरोमीटर	उच्च ताप मापने में। इसे विकिरण तापमापी भी कहते हैं। 1500° C से अधिक ताप मापने में इसका उपयोग किया जाता है।
कैरेटमीटर	स्वर्ण की शुद्धता मापने में
स्टेथोस्कोप	हृदय की ध्वनि सुनने में
स्फिग्नोमैनोमीटर	रक्त दाब (Blood pressure) मापने में
फैदोमीटर	समुद्र की गहराई नापने में
टैकोमीटर	प्रति मिनट घूर्णन (RPM) मापने में
पाइरेहेलियोमीटर	सौर विकिरण मापने में
फोनोमीटर	ध्वनि की तीव्रता मापने में
स्पेक्ट्रोहीलियोग्राफ	सूर्य की फोटोग्राफी का उपकरण
कॉर्डियोग्राम	हृदय की गति मापन में
पॉलीग्राफ	झूठ का पता लगाने वाला यन्त्र
बोलोमीटर	तापमान में परिवर्तन की माप द्वारा ऊष्मीय तथा विद्युत चुम्बकीय विकिरण मापने में उपयोग किया जाता है।
बैरोमीटर	वायुमण्डलीय दाब को मापने में

एग्जाम पैटर्न प्रश्न

1. निम्नलिखित में से कौन-सी अदिश राशि है?
(a) विस्थापन (b) वेग
(c) बल (d) आयतन

2. निम्नलिखित में से कौन-सी सदिश राशि है?
(a) दूरी (b) चाल
(c) विस्थापन (d) समय

3. MKS पद्धति से तात्पर्य है
(a) मीटर-केल्विन-सेकण्ड
(b) माइक्रो-किलोग्राम-सेकण्ड
(c) मीटर-किलोग्राम-सेकण्ड
(d) माइक्रो-केल्विन-सेकण्ड

4. निम्नलिखित में से किसका मात्रक न्यूटन है?
(a) बल (b) ऊर्जा
(c) दूरी (d) विस्थापन

5. निम्नलिखित में से द्रव्यमान की इकाई नहीं है
(a) पाउण्ड (b) किग्रा
(c) ग्राम (d) डाइन

6. फैरड किसका मात्रक है?
(a) प्रतिरोध का (b) चालकत्व का
(c) धारिता का (d) प्रेरकत्व का

7. कार्य का CGS मात्रक है
(a) न्यूटन (b) जूल
(c) अर्ग (d) पाउण्ड

8. 1 पाउण्ड का मान है
(a) 25.72 ग्राम (b) 453.59 ग्राम
(c) 175.32 ग्राम (d) 100 ग्राम

9. पूरक मात्रक का उदाहरण है
(a) बल (b) दाब
(c) घनकोण (d) ऊष्मा

10. निम्नलिखित में से ताप की इकाई है
(a) सेल्सियस (b) फॉरेनहाइट
(c) केल्विन (d) ये सभी

11. प्रकाश-वर्ष निम्न में से किस भौतिक राशि की इकाई है?
(a) लघुसमयान्तराल (b) कार्य
(c) दूरी (d) द्रव्यमान

12. बल का मात्रक होता है
(a) किग्रा-मी/से^{2} (b) न्यूटन/मी
(c) किग्रा/मी (d) इनमें से कोई नहीं

13. न्यूटन/किग्रा मात्रक है
(a) वेग का (b) त्वरण का
(c) बल का (d) गुरुत्वीय विभव का

14. लम्बाई की न्यूनतम इकाई है
(a) माइक्रॉन (b) नैनोमीटर
(c) ऐंग्स्ट्रॉम (d) फर्मीमीटर

15. विभवान्तर का SI मात्रक है
(a) ऐम्पियर (b) वोल्ट
(c) ओम (d) वाट

16. ध्वनि की आवृत्ति का मात्रक है
(a) हर्ट्ज (b) सेकण्ड
(c) पास्कल (d) इनमें से कोई नहीं

17. किलोवाट-घण्टा एक मात्रक है
(a) ऊर्जा का (b) बल का
(c) शक्ति का (d) वेग का

18. 1 जूल का मान है
(a) 10^2 अर्ग (b) 10^3 अर्ग
(c) 10^5 अर्ग (d) 10^7 अर्ग

19. सही मिलान कीजिए।

	सूची I		सूची II
A.	वाट	(i)	धारा
B.	वोल्ट	(ii)	कार्य
C.	जूल	(iii)	विभवान्तर
D.	ऐम्पियर	(iv)	शक्ति

	A	B	C	D
(a)	(iv)	(ii)	(i)	(iii)
(b)	(i)	(iv)	(iii)	(ii)
(c)	(i)	(ii)	(iv)	(iii)
(d)	(iv)	(iii)	(ii)	(i)

20. सार्वत्रिक गुरुत्वाकर्षण नियतांक का विमीय सूत्र है
(a) $[M^0L^1T^{-2}]$ (b) $[M L^2T^{-2}]$
(c) $[M^{-1}L^3T^{-2}]$ (d) $[M^2L^2T^{-2}]$

21. शक्ति का विमीय सूत्र है
(a) $[M L^2T^{-3}]$ (b) $[M L^{-2}T^{-2}]$
(c) $[M LT^{-3}]$ (d) $[MLT^{-2}]$

22. दूध के घनत्व को किस यन्त्र द्वारा मापा जाता है?
(a) लैक्टोमीटर (b) हाइड्रोमीटर
(c) बैरोमीटर (d) वोल्टमीटर

23. रक्त दाब नापने का यन्त्र है
(a) बैरोमीटर (b) बोलोमीटर
(c) स्फिग्नोमैनोमीटर (d) अमीटर

24. गैसों का दाब मापने का यन्त्र है
(a) हाइग्रोमीटर (b) मैनोमीटर
(c) फैदोमीटर (d) फोनोमीटर

25. ध्वनि की तीव्रता मापने का यन्त्र है
(a) क्रोनोमीटर (b) एनीमोमीटर
(c) ओडियोमीटर (d) इनमें से कोई नहीं

26. झूठ का पता लगाने वाला यन्त्र है
(a) पॉलीग्राफ (b) बैरोमीटर
(c) काइमोग्राफ (d) पाइरोमा

27. निम्नलिखित में से सुमेलित नहीं है
(a) अमीटर → धारा मापने में
(b) थर्मामीटर → ताप मापने में
(c) अल्टीमीटर → ऊँचाई मापने में
(d) फैदोमीटर → लम्बाई मापने में

28. वायु की गति निम्नलिखित के द्वारा नापी जाती है
(a) बैरोमीटर
(b) विण्ड वेन
(c) एनीमोमीटर
(d) हाइड्रोमीटर

29. कैस्कोग्राफ .... मापने का एक यन्त्र है।
(a) हृदय की धड़कन
(b) वायुमण्डलीय दाब
(c) भूकम्प की तीव्रता
(d) पौधों में वृद्धि

उत्तरमाला

1. (d)	2. (c)	3. (c)	4. (a)	5. (d)	6. (c)	7. (c)	8. (b)	9. (c)	10. (d)
11. (c)	12. (a)	13. (b)	14. (d)	15. (b)	16. (a)	17. (a)	18. (d)	19. (d)	20. (c)
21. (a)	22. (a)	23. (c)	24. (b)	25 (c)	26. (a)	27. (d)	28. (c)	29. (d)	

अध्याय 02

यान्त्रिकी : गति व इसके नियम

- भौतिकी की वह शाखा, जिसमें वस्तु की गति का अध्ययन किया जाता है, यान्त्रिकी कहलाती है।

विराम तथा गति

- यदि किसी वस्तु (Object) की स्थिति में समय के साथ कोई परिवर्तन नहीं होता है, तो वस्तु विरामावस्था (Rest) में कहलाती है।
- यदि किसी वस्तु की स्थिति में समय के साथ परिवर्तन हो रहा है, तो वस्तु गति (Motion) की अवस्था में कहलाती है।

गति के प्रकार

पथ के आधार पर गति

1. गति **रेखीय गति** यदि कोई गतिमान वस्तु एक सीधी रेखा में चलती है अथवा गति करती है, तो उसे **रेखीय गति** कहते हैं; जैसे-चलती हुई कार, पेड़ से गिरता हुआ फल।
2. **वृत्तीय गति** जब कोई कण एक वृत्तीय पथ पर गति करता है, तो उसकी गति, वृत्तीय गति कहलाती हैं; जैसे-पहिएँ की गति, पृथ्वी की अपने अक्ष के परित: घूर्णन गति।
3. **कम्पन या दोलन गति** यदि कोई गतिशील वस्तु अपने मार्ग के किसी नियत बिन्दु के इधर-उधर अथवा ऊपर-नीचे गति करती है, तो यह गति वस्तु की कम्पन गति कहलाती है; जैसे-सरल लोलक की गति, झूले की गति इत्यादि।

निर्देशांकों के आधार पर गति

1. **एक-विमीय गति** यदि किसी कण की स्थिति को व्यक्त करने के लिए एक ही निर्देशांक की आवश्यकता होती है, तो कण की गति को एक-विमीय गति कहते हैं; जैसे— सीधी सड़क पर चलती गाड़ी।
2. **द्वि-विमीय गति** यदि किसी वस्तु की स्थिति को व्यक्त करने के लिए दो निर्देशांकों की आवश्यकता होती है, तो वस्तु की गति को द्वि-विमीय गति कहते हैं। द्वि-विमीय गति में वस्तु तल में गति करती है। जैसे—पृथ्वी के चारों ओर उपग्रह का घूर्णन, वृत्ताकार मार्ग पर साइकिल की गति, प्रक्षेप्य गति, वृत्तीय गति आदि।
3. **त्रि-विमीय गति** यदि किसी वस्तु की स्थिति को व्यक्त करने के लिए तीन निर्देशांकों की आवश्यकता होती है, तो वस्तु की गति को त्रि-विमीय गति कहते हैं; जैसे— बगीचे में उड़ती मधुमक्खी, जल के अणुओं की गति आदि।

गति से सम्बन्धित कुछ महत्त्वपूर्ण बिन्दु

- **दूरी** किसी गतिमान वस्तु द्वारा किसी मार्ग पर चली गई कुल लम्बाई को वस्तु द्वारा चली गई दूरी (Distance) कहते हैं। यह एक अदिश राशि है।
- **विस्थापन** जब कोई वस्तु, एक स्थिति से दूसरी स्थिति तक गति करती है, तो वस्तु की गति की प्रारम्भिक तथा अन्तिम स्थितियों के बीच की न्यूनतम दूरी को उस वस्तु का विस्थापन (Displacement) कहते हैं। यह एक सदिश राशि है।
- **चाल** किसी वस्तु द्वारा एकांक समय में तय की गई दूरी को उस वस्तु की चाल (Speed) कहते हैं। चाल का SI मात्रक मीटर/सेकण्ड होता है।

$$\text{चाल} = \frac{\text{दूरी } (s)}{\text{समय } (t)}$$

- **वेग** किसी वस्तु द्वारा एकांक समय में तय किया गया विस्थापन, वस्तु का वेग (Velocity) कहलाता है। वेग का SI मात्रक मीटर/सेकण्ड होता है।

$$\text{वेग } (v) = \frac{\text{विस्थापन } (d)}{\text{समय } (t)}$$

- **त्वरण** किसी गतिशील वस्तु के वेग में परिवर्तन की दर को उस वस्तु का त्वरण (Acceleration) कहते हैं। त्वरण का SI मात्रक मीटर/सेकण्ड^2 होता है।

$$\text{त्वरण } (a) = \frac{\text{वेग में परिवर्तन } (v-u)}{\text{परिवर्तन में लगा समय } (t)}$$

जहाँ, a = त्वरण, u = प्रारम्भिक वेग, v = अंतिम वेग

- **मंदन** यदि वस्तु का वेग, समय के साथ घट रहा है, तब त्वरण ऋणात्मक होता है। इस ऋणात्मक त्वरण को ही मंदन (Deceleration or Retardation) कहते हैं।

गति की समीकरण

- जब कोई वस्तु सीधी रेखा में एकसमान त्वरण से गति करती है, तो वस्तु के वेग, त्वरण तथा दूरी से सम्बन्धित समीकरणों को गति की समीकरण के नाम से जाना जाता है, जो निम्न प्रकार हैं

1. $v = u + at$
2. $s = ut + \frac{1}{2}at^2$
3. $v^2 = u^2 + 2as$

बल

- **बल** वह बाह्य कारक है, जो वस्तु की अवस्था में तथा उसकी आकृति में परिवर्तन का प्रयास करता है।
- बल एक सदिश राशि है तथा बल की दिशा में खींची गई रेखा को बल की क्रियारेखा (Line of action of force) कहते हैं।
- **अभिकेन्द्र बल** जब कोई वस्तु किसी वृत्ताकार मार्ग पर गति करती है, तो उस पर एक बल, वृत्त के केन्द्र की ओर कार्य करता है। इसे अभिकेन्द्र बल (Centripetal force) कहते हैं।

$$F = \frac{mv^2}{r}$$

- **अपकेन्द्र बल** अपकेन्द्र बल (Centrifugal force) एक छद्म (Pseudo) बल है, जिसकी दिशा अभिकेन्द्र बल की विपरीत दिशा में होती है।
- **घर्षण बल** वह बल जो वस्तुओं के सम्पर्क तल पर कार्य करता है तथा सापेक्ष गति का विरोध करता है, घर्षण बल (Friction force) कहलाता है।

न्यूटन के गति के नियम

- **प्रथम नियम** यदि कोई वस्तु विरामावस्था में है, तो वह विरामावस्था में ही रहेगी और यदि कोई वस्तु गति की अवस्था में है, तो वह गति की अवस्था में ही रहेगी, जब तक कि उस पर कोई बाह्य बल न लगाया जाए। इस नियम को **जड़त्व का नियम** (Law of inertia) भी कहते हैं।
- **द्वितीय नियम** किसी वस्तु पर कार्यरत् बल, वस्तु के संवेग-परिवर्तन की दर के अनुक्रमानुपाती होता है तथा संवेग में परिवर्तन की दिशा आरोपित बल की दिशा में होती है।
  अत: $F = ma$
- **तृतीय नियम** जब कोई वस्तु किसी दूसरी वस्तु पर बल लगाती है, तब दूसरी वस्तु भी पहली वस्तु पर विपरीत दिशा में बराबर बल लगाती है। एक वस्तु द्वारा लगाए गए बल को क्रिया बल (Action force) तथा दूसरी वस्तु द्वारा लगाए गए बल को प्रतिक्रिया बल (Reaction force) कहते हैं।

न्यूटन की गति से सम्बन्धित महत्त्वपूर्ण बिन्दु

संवेग

- किसी वस्तु के द्रव्यमान m तथा रेखीय वेग v के गुणनफल को उस वस्तु का संवेग (Momentum) कहते हैं। यह एक सदिश राशि है तथा इसका मात्रक किग्रा-मी/से होता है।
  संवेग, $p = mv$

संवेग संरक्षण का नियम

- यदि किसी निकाय पर कोई बाह्य बल कार्य न करे, तो निकाय का रेखीय संवेग नियत रहता है। इसे रेखीय संवेग संरक्षण का सिद्धान्त (Law of conservation of momentum) कहते हैं।
- रॉकेट के ऊपर जाने का सिद्धान्त इस नियम पर ही आधारित है।

आवेग

- यदि कोई बल किसी वस्तु पर कम समय तक कार्यरत् रहे, तो बल और समयान्तराल के गुणनफल को उस वस्तु का आवेग (Impulse) कहते हैं।
  $$I = F \times \Delta t$$
- इसका SI मात्रक न्यूटन-सेकण्ड होता है।

जड़त्व

किसी वस्तु का वह गुण, जिसके कारण वह अपनी विरामावस्था अथवा एकसमान गति की अवस्था में परिवर्तन का विरोध करता है, जड़त्व (Inertia) कहलाता है।

बल-आघूर्ण

- किसी बाह्य बल का किसी वस्तु पर उसके अक्ष के परित: घुमाने का प्रभाव उसका बल-आघूर्ण (Torque) कहलाता है। इसे τ से प्रदर्शित करते हैं।
  $$\tau = F \times r$$
- इसका SI मात्रक न्यूटन-मीटर होता है।

जड़त्व आघूर्ण

- घूर्णन गति में वस्तु का वह गुण, जिसके कारण वह किसी अक्ष के सापेक्ष अपनी घूर्णन अवस्था में परिवर्तन का विरोध करती है, उस अक्ष के सापेक्ष वस्तु का जड़त्व आघूर्ण (Moment of inertia) कहलाता है।
  जड़त्व आघूर्ण, $I = m \times r^2$
  यहाँ, m = कण का द्रव्यमान
  तथा r = द्रव्यमान की घूर्णन अक्ष से लम्बवत् दूरी।
- इसका मात्रक किग्रा-मीटर^2 होता है।

एग्जाम पैटर्न प्रश्न

1. भौतिकी की वह शाखा जो वस्तु की गति का अध्ययन करती है, कहलाती है
(a) यान्त्रिकी
(b) इलेक्ट्रॉनिकी
(c) ऊष्मागतिकी
(d) इनमें से कोई नहीं

2. वृत्ताकार पथ के चारों ओर पिण्ड की गति किसका उदाहरण है?
(a) समान वेग, परिवर्ती चाल
(b) समान वेग, समान चाल
(c) समान चाल, परिवर्ती वेग
(d) उपरोक्त में से कोई नहीं

3. एकसमान वृत्तीय गति में
(a) वेग व त्वरण दोनों ही नियत रहते हैं
(b) त्वरण एवं चाल नियत रहती है, जबकि वेग परिवर्ती होता है
(c) त्वरण एवं वेग दोनों ही परिवर्ती होते हैं
(d) त्वरण एवं चाल दोनों ही नियत रहते हैं

4. दूरी कौन-सी राशि है?
(a) अदिश
(b) सदिश
(c) अदिश और सदिश दोनों
(d) उपरोक्त में से कोई नहीं

5. किसी वस्तु का विस्थापन हो सकता है
(a) शून्य (b) धनात्मक
(c) ऋणात्मक (d) ये सभी

6. निम्नलिखित में से दूरी का मात्रक है
(a) सेकण्ड (b) मीटर
(c) किलोग्राम (d) लीटर

7. निम्नलिखित में से सही विकल्प है
(a) विस्थापन $>$ दूरी (b) विस्थापन $<$ दूरी
(c) विस्थापन $\geq$ दूरी (d) विस्थापन $\leq$ दूरी

8. किसी वस्तु द्वारा एकांक समय में तय की गई दूरी है
(a) चाल (b) विस्थापन
(c) वेग (d) पथ लम्बाई

9. चाल का मात्रक है
(a) मी-से (b) मी/से
(c) मी^{2}/से (d) मी/से^{2}

10. निम्नलिखित में से सही है
(a) औसत वेग $= \frac{u}{2}$
(b) औसत वेग $= \frac{v}{2}$
(c) औसत वेग $= \frac{u+v}{2}$
(d) औसत वेग $= \frac{u-v}{2}$

11. किसी वस्तु के वेग के लिए सही विकल्प है
(a) वेग $= \frac{\text{दूरी}}{\text{समय}}$ (b) वेग $= \frac{\text{विस्थापन}}{\text{समय}}$
(c) वेग $= \frac{\text{चाल}}{\text{समय}}$ (d) वेग $= \frac{\text{त्वरण}}{\text{समय}}$

12. निर्वात् में स्वतन्त्र रूप से गिरती सभी वस्तुओं के लिए ········ का मान समान होगा।
(a) वेग (b) चाल (c) त्वरण (d) बल

13. त्वरण का मात्रक है
(a) मी (b) मी/से (c) मी/से^{2} (d) मी^{2}

14. किसी गतिशील वस्तु के वेग-परिवर्तन की दर कहलाती है
(a) चाल (b) त्वरण
(c) संवेग (d) मंदन

15. किसी वस्तु के ऋणात्मक त्वरण को कहते हैं
(a) संवेग (b) त्वरण
(c) मंदन (d) इनमें से कोई नहीं

16. निम्न में से कौन-सा कथन सत्य है?
(a) यदि वस्तु का वेग शून्य है, तो कभी भी उसका त्वरण शून्य नहीं होगा।
(b) यदि वस्तु का वेग शून्य है, तो सदैव उसका त्वरण शून्य होगा।
(c) यदि वस्तु की चाल एकसमान है, तो उसमें केवल एकसमान त्वरण हो सकता है।
(d) यदि वस्तु का वेग असमान है, तो उसका त्वरण शून्य होगा।

17. एकसमान गति वाला पिण्ड
(a) त्वरित नहीं होता है
(b) त्वरित हो सकता है
(c) सदैव त्वरित होता है
(d) उपरोक्त में से कोई नहीं

18. सही विकल्प छाँटिए।
(a) चाल व वेग दोनों में दिशा व परिमाण होते हैं
(b) चाल में केवल परिमाण तथा वेग में परिमाण व दिशा दोनों होते हैं
(c) चाल धनात्मक, ऋणात्मक व शून्य कुछ भी हो सकती है
(d) वेग के परिमाण को चाल कहते हैं

19. एक वस्तु 2 सेकण्ड में 15 मी की दूरी तय करती है फिर अगले 3 सेकण्ड में 20 मी की दूरी तय करती है, तो वस्तु द्वारा तय की गई कुल दूरी होगी
(a) 15 मी (b) 20 मी
(c) 35 मी (d) 0 मी

20. यदि किसी वस्तु द्वारा तय की गई दूरी, समय के वर्ग के समानुपाती है, तो
(a) त्वरण नियत है
(b) वेग नियत है
(c) त्वरण शून्य है
(d) वेग और त्वरण दोनों परिवर्ती हैं

21. निम्नलिखित में से सही विकल्प है
(a) $v = u + t, s = u + \frac{1}{2}at, v^2 - u^2 = 2a$
(b) $v = u + at, s = ut + \frac{1}{2}at^2, v^2 - u^2 = 2as$
(c) $v = u - t, s = ut - \frac{1}{2}at, v^2 + u^2 = 2as$
(d) $v = u - at, s = ut - \frac{1}{2}at^2, v^2 + u^2 = 2as$

22. एक बाइक की चाल 20 सेकण्ड में 40 किमी/घण्टा से 60 किमी/घण्टा हो जाती है। बाइक का त्वरण क्या होगा?
(a) $\frac{3}{18}$ मी/से^{2} (b) $\frac{5}{18}$ मी/से^{2}
(c) $\frac{7}{18}$ मी/से^{2} (d) $\frac{9}{18}$ मी/से^{2}

23. किसी स्थिर बिन्दु से प्रारम्भ करके एक कार 30 सेकण्ड में 6 मी/से वेग प्राप्त कर लेती है, तो कार का त्वरण होगा
(a) 0.1 मी/से^{2} (b) 0.2 मी/से^{2}
(c) 0.3 मी/से^{2} (d) 0.4 मी/से^{2}

24. v चाल से सरल रेखीय गति में चल रही कार द्वारा t समय में तय की गई दूरी $s = vt$ है, तो कार में
(a) एकसमान त्वरण है (b) असमान त्वरण है
(c) एकसमान वेग है (d) असमान वेग है

25. निम्न में से कौन-सा आभासी बल है?
(a) अभिकेन्द्र बल (b) अपकेन्द्र बल
(c) नाभिकीय बल (d) प्रतिक्रिया बल

26. दूध को मथने पर क्रीम अलग हो जाती है, इसका कारण है
(a) अपकेन्द्र बल (b) गुरुत्वीय बल
(c) अभिकेन्द्र बल (d) घर्षण बल

27. एक चालक अपनी कार को पहले 1.8 मी/से^{2} की दर से त्वरित करता है, फिर 1.2 मी/से^{2} की दर से त्वरित करता है। इंजन द्वारा आरोपित बलों का अनुपात क्या होगा?
(a) 1 : 2 (b) 2 : 1
(c) 2 : 3 (d) 3 : 2

28. बल की परिभाषा मिलती है
(a) गति के प्रथम नियम से
(b) गति के द्वितीय नियम से
(c) गति के तृतीय नियम से
(d) उपरोक्त में से कोई नहीं

29. न्यूटन का गति का प्रथम नियम संकल्पना देता है
(a) ऊर्जा की (b) कार्य की
(c) संवेग की (d) जड़त्व की

30. क्रिया-प्रतिक्रिया का नियम है
(a) न्यूटन का प्रथम नियम
(b) न्यूटन का द्वितीय नियम
(c) न्यूटन का तृतीय नियम
(d) उपरोक्त में से कोई नहीं

31. गैलीलियों के गिरते वस्तु के नियम को अन्य किस नाम से जाना जाता है?
(a) गति का नियम
(b) न्यूटन का पहला नियम
(c) न्यूटन का दूसरा नियम
(d) न्यूटन का तीसरा नियम

32. रॉकेट की गति पर निम्नलिखित में से कौन-सा संरक्षण सिद्धान्त लागू होता है?
(a) द्रव्यमान का संरक्षण (b) आवेश का संरक्षण
(c) संवेग का संरक्षण (d) ऊर्जा का संरक्षण

33. किसी वस्तु का संवेग होगा
(a) $p = mv$ (b) $p = mv^2$
(c) $p = \frac{m}{v}$ (d) $p = \frac{m^2}{v}$

34. किसी गतिशील पिण्ड का वेग आधा करने से उसका संवेग हो जाता है
(a) आधा (b) दोगुना
(c) चार गुना (d) एक-चौथाई

35. बल तथा समयान्तराल का गुणनफल होगा
(a) वेग (b) संवेग
(c) आवेग (d) इनमें से कोई नहीं

36. निम्नलिखित में से कौन-सी जड़त्व की माप है?
(a) वेग (b) त्वरण (c) भार (d) द्रव्यमान

37. जड़त्व का गुण
(a) किसी-किसी वस्तु में होता है
(b) प्रत्येक वस्तु में होता है
(c) किसी भी वस्तु में नहीं होता
(d) केवल गतिशील वस्तु में होता है

38. बल-आघूर्ण का SI मात्रक है
(a) न्यूटन (b) न्यूटन-मीटर
(c) न्यूटन/मीटर (d) मीटर/न्यूटन

39. किसी वस्तु का जड़त्व आघूर्ण (I) तुल्य होता है
(a) mr (b) mr^2 (c) m^2r (d) m^2r^2

उत्तरमाला

1. (a)	2. (c)	3. (c)	4. (a)	5. (d)	6. (b)	7. (d)	8. (a)	9. (b)	10. (c)
11. (b)	12. (c)	13. (c)	14. (b)	15. (c)	16. (a)	17. (a)	18. (b)	19. (c)	20. (a)
21. (b)	22. (b)	23. (b)	24. (c)	25 (b)	26. (a)	27. (d)	28. (b)	29. (d)	30. (c)
31. (b)	32. (c)	33. (a)	34. (a)	35 (c)	36. (d)	37. (b)	38. (b)	39. (b)	

अध्याय 03

कार्य, शक्ति और ऊर्जा

कार्य

- जब किसी पिण्ड, पर कोई बल आरोपित किया जाता है, तो परिणामस्वरूप पिण्ड अपने स्थान से विस्थापित हो जाता है। इस प्रक्रम में बल द्वारा किया गया कार्य (Work), उस बल तथा बल की दिशा में वस्तु के विस्थापन के गुणनफल के बराबर होता है।

  अतः $W = F \cdot d$
- यदि बल की दिशा तथा विस्थापन की दिशा के मध्य कोण θ हो, तो कार्य, $W = Fs\cos\theta$
- कार्य का SI मात्रक न्यूटन-मीटर अर्थात् जूल है तथा इसका CGS मात्रक अर्ग होता है। यह एक अदिश राशि है।
- SI पद्धति में कार्य का गुरुत्वीय मात्रक किग्रा-भार-मीटर होता है।
- किसी वस्तु द्वारा किया गया कार्य धनात्मक, ऋणात्मक तथा शून्य हो सकता है।

शक्ति

- प्रति इकाई समय में किए गए कार्य को शक्ति (Power) कहते हैं। यह एक अदिश राशि है।

$$\text{शक्ति } (P) = \frac{\text{कार्य } (W)}{\text{समय } (t)}$$

- शक्ति का SI मात्रक वाट या जूल/सेकण्ड होता है।
- साधारणतः मशीनों की शक्ति को अश्व शक्ति (Horse power) से प्रदर्शित किया जाता है।

  1 अश्व शक्ति (HP) = 746 वाट,
  1 किलोवाट (kW) = 10^3 वाट
  1 मेगावाट (MW) = 10^6 वाट

ऊर्जा

- किसी वस्तु की कार्य करने की क्षमता को उस वस्तु की ऊर्जा (Energy) कहते हैं।
- इसका SI मात्रक जूल तथा CGS मात्रक अर्ग होता है।
  ऊर्जा का सबसे बड़ा मात्रक किलोजूल होता है।
  1 किलोजूल (kJ) = 10^3 जूल (J)

ऊर्जा के प्रकार

गतिज ऊर्जा

- किसी वस्तु में उसकी गति के कारण उत्पन्न ऊर्जा को गतिज ऊर्जा (Kinetic energy) कहते हैं।

$$\text{गतिज ऊर्जा, } K = \frac{1}{2}mv^2$$

जहाँ, m द्रव्यमान तथा v वेग है।

स्थितिज ऊर्जा

किसी वस्तु या पिण्ड में उसकी स्थिति या विन्यास के कारण जो ऊर्जा निहित होती है, वह उसकी स्थितिज ऊर्जा (Potential energy) कहलाती है।

स्थितिज ऊर्जा, $U = mgh$

जहाँ, m = द्रव्यमान, g = गुरुत्वीय त्वरण

तथा h = ऊँचाई है।

ऊर्जा संरक्षण का नियम

- इस नियम के अनुसार, ऊर्जा न तो उत्पन्न की जा सकती है और न ही नष्ट की जा सकती है किन्तु ऊर्जा को एक रूप से दूसरे रूप में रूपान्तरित किया जा सकता है। अतः ब्रह्माण्ड की सम्पूर्ण ऊर्जा का परिमाण सदैव नियत रहता है।

$$\text{गतिज ऊर्जा} + \text{स्थितिज ऊर्जा} = \text{नियत}$$

$$\frac{1}{2}mv^2 + mgh = k$$

ऊर्जा के व्यावसायिक मात्रक

- ऊर्जा का व्यावसायिक मात्रक किलोवाट-घण्टा होता है।
- 1 किलोवाट-घण्टा = 3.6×10^6 जूल
- 1 किलोवाट-घण्टा को 1 यूनिट कहते हैं।

द्रव्यमान-ऊर्जा सम्बन्ध

- द्रव्यमान तथा ऊर्जा एक-दूसरे से सम्बन्धित हैं तथा प्रत्येक पदार्थ में उसके द्रव्यमान के कारण ऊर्जा निहित होती है।
- अतः $E = mc^2$,
  जहाँ c प्रकाश का वेग है। यह **आइन्स्टीन सम्बन्ध** कहलाता है।

उपकरण	ऊर्जा का रूपान्तरण
डायनेमो	यान्त्रिक ऊर्जा को विद्युत ऊर्जा में
विद्युत मोटर	विद्युत ऊर्जा को यान्त्रिक ऊर्जा में
माइक्रोफोन	ध्वनि ऊर्जा को विद्युत ऊर्जा में
लाउडस्पीकर	विद्युत ऊर्जा को ध्वनि ऊर्जा में
विद्युत बल्ब	विद्युत ऊर्जा को प्रकाश व ऊष्मा ऊर्जा में
सोलर सेल	सौर ऊर्जा को विद्युत ऊर्जा में
मोमबत्ती	रासायनिक ऊर्जा को प्रकाश व ऊष्मा ऊर्जा में
विद्युत हीटर	विद्युत ऊर्जा को ऊष्मीय ऊर्जा में
प्रकाश विद्युत सेल	प्रकाश ऊर्जा को विद्युत ऊर्जा में
विद्युत सेल	रासायनिक ऊर्जा को विद्युत ऊर्जा में

एग्जाम पैटर्न प्रश्न

1. निम्नलिखित में से सही विकल्प है
(a) कार्य = बल × विस्थापन
(b) कार्य = बल/विस्थापन
(c) कार्य = विस्थापन/बल
(d) उपरोक्त में से कोई नहीं

2. कार्य का मात्रक है
(a) न्यूटन (b) पास्कल
(c) न्यूटन-मी (d) वाट

3. किसी वस्तु का कार्य हो सकता है
(a) धनात्मक (b) ऋणात्मक
(c) शून्य (d) ये सभी

4. यदि एक वस्तु पर F बल लगाने पर 1 मी का विस्थापन होता है, तो किया गया कार्य तुल्य होगा
(a) Fs (b) F (c) s (d) $\frac{F}{s}$

5. कार्य की/का
(a) केवल दिशा होती है
(b) केवल परिमाण होता है
(c) न दिशा होती है और न ही परिमाण
(d) परिमाण व दिशा दोनों होते हैं

6. कार्य करने की दर होती है
(a) शक्ति (b) ऊर्जा
(c) संवेग (d) समय

7. SI पद्धति में कार्य का गुरुत्वीय मात्रक होता है
(a) किग्रा भार-मी (b) ग्राम भार-मी
(c) ग्राम भार-सेमी (d) किग्रा/भार-मी

8. यदि कोई व्यक्ति किसी पिण्ड को पृथ्वी की सतह से ऊपर उठाता है, तो उसके द्वारा किया गया कार्य होगा
(a) धनात्मक (b) ऋणात्मक
(c) शून्य (d) इनमें से कोई नहीं

9. एक मनुष्य दीवार को धकेलता है किन्तु इसे विस्थापित नहीं कर पाता है, तब उसके द्वारा किया गया कार्य होगा
(a) अधिकतम (b) ऋणात्मक
(c) धनात्मक d) कोई कार्य नहीं

10. किसी पिण्ड द्वारा कार्य किया जाता है, यदि
(a) इस पर बल लगता है
(b) यान्त्रिक प्रभाव के द्वारा इसकी ऊर्जा में वृद्धि होती है
(c) यह कुछ दूरी तय करता है
(d) उपरोक्त में से कोई नहीं

11. शक्ति या सामर्थ्य राशि है
(a) अदिश (b) सदिश
(c) प्रदिश (d) इनमें से कोई नहीं

12. निम्नलिखित में से शक्ति का मात्रक नहीं है
(a) अश्व शक्ति (b) वाट
(c) जूल/सेकण्ड (d) जूल-सेकण्ड

13. 746 वाट तुल्य होता है
(a) 1 किलोवाट (b) 1 मेगावाट
(c) 1 अश्व शक्ति (d) 10 अश्व शक्ति

14. एक मशीन 500 जूल कार्य 10 सेकण्ड में करती है। मशीन की शक्ति होगी
(a) 5000 वाट (b) 5000 जूल
(c) 50 वाट (d) 5 जूल

15. कार्य करने की क्षमता को कहते हैं
(a) ऊर्जा (b) बल
(c) विस्थापन (d) त्वरण

16. निम्न में से सही विकल्प है
(a) $1\text{ kJ} = 10^3\text{ J}$ (b) $1\text{ kJ} = 10^2\text{ J}$
(c) $1\text{ kJ} = 10\text{ J}$ (d) इनमें से कोई नहीं

17. बहते जल में होती है
(a) विद्युत ऊर्जा (b) रासायनिक ऊर्जा
(c) गतिज ऊर्जा (d) स्थितिज ऊर्जा

18. घड़ी की स्प्रिंग में भण्डारित ऊर्जा है
(a) गतिज ऊर्जा (b) स्थितिज ऊर्जा
(c) ऊष्मीय ऊर्जा (d) रासायनिक ऊर्जा

19. मानव की विदित ऊर्जा का सबसे पुराना रूप है
(a) पवन ऊर्जा (b) ज्वार ऊर्जा
(c) सौर ऊर्जा (d) भू-तापीय ऊर्जा

20. यदि गतिमान वस्तु की चाल को दोगुना कर दिया जाए, तो
(a) उसकी गतिज ऊर्जा दोगुनी हो जाएगी
(b) उसकी गतिज ऊर्जा चार गुनी हो जाएगी
(c) उसकी गतिज ऊर्जा समान रहेगी
(d) उपरोक्त में से कोई नहीं

21. समान द्रव्यमान के दो पिण्ड क्रमशः v और $2v$ वेग से गतिशील हैं। उनकी गतिज ऊर्जाओं का अनुपात होगा
(a) 1 : 2 (b) 1 : 4 (c) 2 : 1 (d) 4 : 1

22. किसी पिण्ड की गतिज ऊर्जा व पिण्ड के वेग में सम्बन्ध है
(a) $KE \propto v$ (b) $KE \propto \frac{1}{v^2}$
(c) $KE \propto \frac{1}{v}$ (d) $KE \propto v^2$

23. किसी पिण्ड को पृथ्वी की सतह से ऊर्ध्वाधर फेंकने पर
(a) गतिज ऊर्जा बढ़ेगी
(b) स्थितिज ऊर्जा बढ़ेगी
(c) गतिज व स्थितिज ऊर्जाएँ दोनों बढ़ेंगी
(d) दोनों ऊर्जाएँ नियत रहेंगी

24. यदि 1 किग्रा वस्तु की गतिज ऊर्जा 1 जूल हो, तो उसकी चाल होगी
(a) 1 मी/से (b) 1.4 मी/से
(c) 4.5 मी/से (d) इनमें से कोई नहीं

25. यदि m द्रव्यमान की एक वस्तु को h ऊँचाई तक उठाया जाता है, तो कार्य का मान होगा
(a) mgh (b) mg
(c) $mg + h$ (d) $(m + g)h$

26. एक पिण्ड निर्वात् में केवल गुरुत्व के अधीन स्वतन्त्रतापूर्वक गिर रहा है। इसके गिरने के दौरान निम्नलिखित में से कौन-सी राशि अचर राशि है?
(a) गतिज ऊर्जा (b) स्थितिज ऊर्जा
(c) यान्त्रिक ऊर्जा (d) रेखीय ऊर्जा

27. यान्त्रिक ऊर्जा को ध्वनि ऊर्जा में परिवर्तित करता है
(a) विद्युत सेल (b) लाउडस्पीकर
(c) डायनेमो (d) सितार

28. रासायनिक ऊर्जा को विद्युत ऊर्जा में परिवर्तित करता है
(a) विद्युत हीटर (b) मोमबत्ती
(c) विद्युत सेल (d) कोयला

29. सौर ऊर्जा को विद्युत ऊर्जा में परिवर्तित करता है
(a) सोलर सेल (b) सूर्य
(c) बल्ब (d) इनमें से कोई नहीं

PYQs

30. आइंस्टीन ने सापेक्षता के सिद्धान्त को .... के रूप में दिया।
क्लर्क (दानापुर, जबलपुर) 1 नवम्बर 2020
(a) $E = mc^2$ (b) $p = mv$
(c) $F = ma$ (d) $PE = mgh$

उत्तरमाला

1.	(a)	2.	(c)	3.	(d)	4.	(b)	5.	(b)	6.	(a)	7.	(a)	8.	(a)	9.	(d)	10.	(c)
11.	(a)	12.	(d)	13.	(c)	14.	(c)	15.	(a)	16.	(a)	17.	(c)	18.	(b)	19.	(c)	20.	(b)
21.	(b)	22.	(d)	23.	(b)	24.	(b)	25	(a)	26.	(c)	27.	(d)	28.	(c)	29.	(a)	30.	(a)

अध्याय 04

गुरुत्वाकर्षण तथा द्रव्यों के यान्त्रिक गुण

गुरुत्वाकर्षण बल

- ब्रह्माण्ड में प्रत्येक पिण्ड अन्य, पिण्ड को एक आकर्षण बल द्वारा अपनी ओर आकर्षित करता है, जिसे गुरुत्वाकर्षण बल (Gravitational force) कहते हैं।
- पृथ्वी द्वारा किसी वस्तु पर लगाए गए गुरुत्वाकर्षण बल को **गुरुत्व बल** (Force of gravity) कहते हैं।

न्यूटन का गुरुत्वाकर्षण का नियम

- किन्हीं दो पिण्डों के मध्य कार्य करने वाला गुरुत्वाकर्षण बल, उनके द्रव्यमान के गुणनफल के अनुक्रमानुपाती तथा उनके बीच की दूरी के वर्ग के व्युत्क्रमानुपाती होता है।

$$F \propto \frac{m_1 m_2}{r^2} \Rightarrow F = \frac{G m_1 m_2}{r^2}$$

जहाँ, G = गुरुत्वाकर्षण नियतांक

$= 6.67 \times 10^{-11}$ न्यूटन-मी^{2}/किग्रा^{2}

गुरुत्वीय त्वरण

- जब कोई वस्तु गुरुत्वीय त्वरण के अन्तर्गत पृथ्वी की ओर मुक्त रूप से गिरती है, तो पृथ्वी के गुरुत्वाकर्षण बल के कारण ही उत्पन्न त्वरण, गुरुत्वीय त्वरण (Acceleration due to gravity) कहलाता है। इसे (g) से प्रदर्शित करते हैं तथा इसका मान 9.8 मी/से^{2} होता है।

  गुरुत्वीय त्वरण, $g = \frac{GM}{R^2}$

  जहाँ, G = गुरुत्वाकर्षण नियतांक,
  M = पृथ्वी का द्रव्यमान तथा R = पृथ्वी की त्रिज्या।
- गुरुत्वीय त्वरण, वस्तु के आकार, लम्बाई तथा द्रव्यमान पर निर्भर नहीं करता है।
- गुरुत्वीय त्वरण (g) का मान ध्रुवों (Pole) पर अधिकतम तथा अक्षांश (Equator) पर न्यूनतम होता है।
- चन्द्रमा पर गुरुत्वीय त्वरण, पृथ्वी पर गुरुत्वीय त्वरण का $1/6$ होता है।

गुरुत्व क्षेत्र के अन्तर्गत गति के समीकरण

- पृथ्वी के गुरुत्वीय बल के अधीन गति के समीकरण निम्न हैं

1. $v = u + gt$
2. $h = ut + \frac{1}{2}gt^2$
3. $v^2 = u^2 + 2gh$

यहाँ, u = प्रारम्भिक वेग, v = अन्तिम वेग तथा h = वस्तु की ऊँचाई।

द्रव्यमान तथा भार

- किसी वस्तु में उपस्थित द्रव्य (Matter) की कुल मात्रा, वस्तु का द्रव्यमान कहलाती है।
- किसी वस्तु का भार वह बल है, जिससे वह वस्तु पृथ्वी की ओर आकर्षित होती है। भार का SI मात्रक न्यूटन (N) होता है।

  अत: भार, $w = mg$

उपग्रह

किसी ग्रह के चारों ओर परिक्रमा करने वाले पिण्ड को उस ग्रह का उपग्रह कहते हैं; जैसे-चन्द्रमा, पृथ्वी का एक उपग्रह है।

केप्लर की ग्रहीय गति के नियम

- **प्रथम नियम** प्रत्येक ग्रह सूर्य के परित: दीर्घवृत्ताकार (Elliptical) पथ पर गति करता है तथा सूर्य उस दीर्घवृत्त के किसी एक फोकस (नाभि) पर स्थित होता है।
- **द्वितीय नियम** किसी भी ग्रह को सूर्य से मिलाने वाली रेखा समान समयान्तराल में समान क्षेत्रफल (दूरी) तय करती है अर्थात् ग्रह की क्षेत्रीय चाल (Areal speed) नियत रहती है।
- **तृतीय नियम** किसी भी ग्रह का सूर्य के चारों ओर परिक्रमण काल (T) का वर्ग, ग्रह की दीर्घवृत्ताकार कक्षा के अर्द्ध-दीर्घ अक्ष (r) की तृतीय घात के समानुपाती होता है।

$$T^2 \propto r^3$$

उपग्रह का कक्षीय वेग

- उपग्रह का कक्षीय वेग, उसकी पृथ्वी तल से ऊँचाई पर निर्भर करता है।
- उपग्रह, पृथ्वी तल से जितना अधिक दूर होगा, उतना ही उसका वेग कम होगा।
- पृथ्वी तल के अति निकट चक्कर लगाने वाले उपग्रह का कक्षीय वेग लगभग 8 किमी/सेकण्ड होता है।

पलायन वेग

- किसी पिण्ड को पृथ्वी की सतह से ऊपर की ओर फेंके ज़ाने पर वह गुरुत्वीय क्षेत्र को पार कर जाता है तथा पृथ्वी पर वापस नहीं आता है, तो ऐसे वेग को पलायन वेग कहते हैं।
- पृथ्वी के लिए पलायन वेग का मान 11.2 किमी/से है। पलायन वेग, कक्षीय वेग का $\sqrt{2}$ गुना होता है।

द्रव्यों के यान्त्रिक गुण

- **प्रत्यास्थता** किसी वस्तु के पदार्थ का वह गुण, जिसके कारण वस्तु किसी विरूपक बल के द्वारा अपनी आकृति तथा आकार में होने वाले परिवर्तन का विरोध करती है तथा विरूपक बल हटा लेने पर अपनी प्रारम्भिक अवस्था में आ जाती है अथवा आने का प्रयास करती है, प्रत्यास्थता (Elasticity) कहलाती है; जैसे–रबर, इस्पात।
- **प्रतिबल** साम्यावस्था में पिण्ड के एकांक पृष्ठ क्षेत्रफल पर लगने वाले प्रत्यानयन बल को ही प्रतिबल (Stress) कहते हैं। इसका SI मात्रक न्यूटन/मी^{2} या पास्कल होता है।
- **विकृति** जब किसी वस्तु पर कोई विरूपक बल लगाया जाता है, तो वस्तु के आकार अथवा आकृति में कुछ परिवर्तन हो जाता है अथवा वस्तु विकृत हो जाती है। वस्तु के आकार में होने वाले इस भिन्नात्मक परिवर्तन को ही विकृति (Strain) कहते हैं। यह एक विमाहीन राशि है।

$$\text{विकृति} = \frac{\text{विमा में परिवर्तन}}{\text{प्रारम्भिक विमा}}$$

हुक का नियम

प्रत्यास्थता की सीमा में किसी वस्तु में उत्पन्न विकृति, उस पर लगाए गए प्रतिबल के अनुक्रमानुपाती होती है।

अर्थात् प्रतिबल $\propto$ विकृति

प्रतिबल $= E \times$ विकृति, जहाँ E प्रत्यास्थता गुणांक है।

अत: प्रत्यास्थता गुणांक की विमा एवं मात्रक वही हैं, जो प्रतिबल के होते हैं।

- यदि विकृति तथा प्रतिबल अनुदैर्ध्य हों, तो प्रत्यास्थता गुणांक को यंग प्रत्यास्थता गुणांक γ कहते हैं।
- यदि विकृति आयतन में हो, तो उसे आयतन प्रत्यास्थता गुणांक (β) कहते हैं।
- अपरूपण विकृति के लिए इसे **दृढ़ता गुणांक** (η या ईंटा) कहते हैं।

दाब

- किसी वस्तु की सतह के लम्बवत् लगने वाले बल को दाब कहते हैं। किसी पृष्ठ पर लगने वाले दाब का मान, उस पृष्ठ के क्षेत्रफल पर निर्भर करता है। दाब एक अदिश राशि है तथा इसका मात्रक पास्कल या न्यूटन/मी^{2} होता है।

$$\text{अत: दाब } (p) = \frac{\text{बल}(F)}{\text{क्षेत्रफल}(A)}$$

वायुमण्डलीय दाब

- पृथ्वी के चारों ओर गैसों का सघन आवरण वायुमण्डल कहलाता है। वायुमण्डल द्वारा आरोपित दाब, वायुमण्डलीय दाब कहलाता है।
- यह पृथ्वी सतह पर अधिकतम तथा ऊपर जाने पर घटता जाता है।
- 45° अक्षांश पर समुद्र तल पर प्रमाणिक वायुमण्डलीय दाब लगभग 1.013×10^5 न्यूटन/मी^{2} होता है।
- समुद्रीय जल का दाब, समुद्र की सतह से 40 मीटर पर अधिक होता है।
- वायुमण्डलीय दाब के कुछ अन्य मात्रक निम्न हैं

  1 बार $= 1.0 \times 10^5$ न्यूटन/मी^{2}

  1 टॉर = 1 मिमी पारे के स्तम्भ की ऊँचाई पर दाब = 133.28 पास्कल

पास्कल का नियम

- पास्कल के नियमानुसार, यदि गुरुत्व नगण्य हो, तो पात्र में रखे द्रव के किसी एक बिन्दु पर दाब बढ़ाने पर, दाब, द्रव के सभी बिन्दुओं व पात्र की दीवारों पर समान रूप से संचरित होता है।
- यदि गुरुत्व नगण्य न हो, तो गहराई पर स्थित सभी बिन्दुओं पर द्रव का दाब समान नहीं होता है। उदाहरण—हाइड्रोलिक लिफ्ट, हाइड्रोलिक ब्रेक।

घनत्व

- किसी पदार्थ के द्रव्यमान व आयतन के अनुपात को उस पदार्थ का घनत्व (Density) कहते हैं। इसे (ρ) से प्रदर्शित करते हैं।
- किसी पदार्थ के घनत्व व 4° C पर जल के घनत्व के अनुपात को पदार्थ का आपेक्षिक घनत्व कहते हैं।

नोट जल का घनत्व 1000 किग्रा मी$^{-3}$ या 1 ग्राम सेमी$^{-3}$ होता है।

उत्प्लावन बल

- जब किसी वस्तु को द्रव में पूर्णत: या आंशिक रूप से डुबोया जाता है, तो द्रव द्वारा वस्तु पर एक बल ऊपर की ओर लगाया जाता है। यह बल **उत्प्लावन बल** (Buoyant force) कहलाता है।

आर्किमिडीज़ का सिद्धान्त

- जब कोई वस्तु किसी द्रव में पूर्णत: या आंशिक रूप से डुबोयी जाती है, तो उसके भार में कमी प्रतीत होती है। भार में यह आभासी कमी वस्तु द्वारा हटाए गए द्रव के भार के बराबर होती है।

तैरने के नियम

- यदि वस्तु का घनत्व, द्रव के घनत्व से कम होता है, तो वस्तु द्रव की सतह पर तैरती है। यदि वस्तु का घनत्व, द्रव के घनत्व से अधिक होता है, तो वस्तु द्रव में डूब जाती है।
- द्रव में वस्तु के डूबे भाग का आयतन $= \dfrac{\text{ठोस का द्रव्यमान}}{\text{द्रव का घनत्व}}$

श्यानता (η)

- जब किसी तरल की एक पर्त, उसी तरल की दूसरी पर्त पर फिसलती है, तो उनके बीच घर्षण बल कार्य करता है, जो पर्तों की सापेक्ष गति का विरोध करता है। जिसे श्यानता कहते हैं।
- इसका SI मात्रक डेकाप्वॉइज या पास्कल-सेकण्ड है।

पृष्ठ तनाव

किसी द्रव का वह गुण, जिसके कारण द्रव की सतह तनी हुई झिल्ली के समान व्यवहार करती है व न्यूनतम क्षेत्रफल प्राप्त करने का प्रयास करती है, पृष्ठ तनाव (Surface tension) कहलाता है; जैसे—पानी की बूँद का गोल होना। इसकी इकाई न्यूटन/मी, डाइन/सेमी तथा जूल/मी^{2} है।

केशिकात्व

केशनली में द्रव के ऊपर चढ़ने या नीचे उतरने की प्रक्रिया को केशिकात्व (Capillarity) कहते हैं।

उदाहरण– N स्लॉटिंग पेपर, स्याही को शीघ्र सोख लेता है।

एग्जाम पैटर्न प्रश्न

1. गुरुत्वाकर्षण की परिभाषा किसने दी थी?
(a) न्यूटन (b) आर्किमिडीज़
(c) गैलीलियो (d) फैराडे

2. सभी मूल बलों में सबसे दुर्बल है
(a) नाभिकीय बल (b) गुरुत्वीय बल
(c) चुम्बकीय बल (d) स्थिर विद्युत बल

3. पृथ्वी द्वारा लगाए गए गुरुत्वाकर्षण बल को कहते हैं
(a) गुरुत्वीय बल (b) उत्प्लावन बल
(c) प्रणोद (d) इनमें से कोई नहीं

4. न्यूटन का गुरुत्वाकर्षण का नियम लागू होता है
(a) केवल अनावेशित कणों के लिए
(b) केवल ग्रहों के लिए
(c) केवल आकाशीय पिण्डों के लिए
(d) सभी पिण्डों के लिए

5. गुरुत्वाकर्षण नियतांक का मात्रक है
(a) न्यूटन-मी/किग्रा^{2}
(b) न्यूटर-मी^{2}/किग्रा
(c) न्यूटन-मी^{2}/किग्रा^{2}
(d) मी/से^{2}

6. गुरुत्वाकर्षण सार्वत्रिक नियतांक G का मान है
(a) 6.67×10^{-11} न्यूटन-मी^{2}/किग्रा^{2}
(b) 5.67×10^{-11} न्यूटन-मी^{2}/किग्रा^{2}
(c) 4.67×10^{-11} न्यूटन-मी^{2}/किग्रा^{2}
(d) 3.67×10^{-11} न्यूटन-मी^{2}/किग्रा^{2}

7. दो पिण्ड, जिनके द्रव्यमान क्रमशः m_1 व m_2 हैं, के बीच की दूरी r है, तब पिण्डों के मध्य लगने वाला गुरुत्वाकर्षण बल होगा
(a) $F = \frac{Gm_1m_2}{r}$ (b) $F = \frac{Gm_1m_2}{r^2}$
(c) $F = \frac{Gm_1^2m_2}{r}$ (d) $F = \frac{Gm_1m_2^2}{r}$

8. दो वस्तुओं के बीच गुरुत्वाकर्षण बल (F) है। यदि उनके बीच की दूरी को घटाकर प्रारम्भिक मान का आधा कर दिया जाए, तो उनके बीच बल का मान हो जाएगा
(a) $\frac{F}{4}$ (b) $4F$ (c) $2F$ (d) $3F$

9. जब दो द्रव्यमानों की दूरी समान रखते हुए (अर्थात् जितनी दूरी पर द्रव्यमान, पृथ्वी पर थे) जल के अन्दर ले जाया जाता है, तब गुरुत्वाकर्षण बल पर क्या प्रभाव पड़ता है?
(a) घटता है
(b) बढ़ता है
(c) अप्रभावित रहता है
(d) उपरोक्त में से कोई नहीं

10. G का मान निर्भर करता है
(a) पिण्डों के द्रव्यमानों पर
(b) पिण्डों के मध्य की दूरी पर
(c) समीप रखे अन्य पिण्ड के द्रव्यमान पर
(d) उपरोक्त में से कोई नहीं

11. पृथ्वी के गुरुत्वीय त्वरण (g) के लिए सही विकल्प है
(a) $g = \frac{GM}{R}$ (b) $g = \frac{GM^2}{R}$
(c) $g = \frac{GM}{R^2}$ (d) $g = \frac{G^2M}{R}$

12. किसी वस्तु का गुरुत्वीय त्वरण निर्भर करता है
(a) आकार पर (b) त्रिज्या पर
(c) द्रव्यमान पर (d) ये सभी

13. पृथ्वी के गुरुत्वाकर्षण क्षेत्र की तीव्रता अधिकतम होती है
(a) ध्रुवों पर
(b) विषुवत रेखा पर
(c) पृथ्वी के केन्द्र पर
(d) भू-पृष्ठ पर

14. g का मान न्यूनतम होता है
(a) ध्रुवों पर (b) विषुवत रेखा पर
(c) सतह पर (d) गुरुत्वाकर्षण केन्द्र पर

15. गुरुत्वीय त्वरण का मान शून्य होगा
(a) ध्रुवों पर
(b) अक्षांशों पर
(c) पृथ्वी के केन्द्र पर
(d) पृथ्वी की सतह पर

16. पृथ्वी की बढ़ती गहराई के साथ गुरुत्वीय त्वरण का मान
(a) घटता है
(b) बढ़ता है
(c) स्थिर रहता है
(d) उपरोक्त में से कोई नहीं

17. किसी ग्रह की सतह पर (g) का मान निर्भर करता है
(a) केवल द्रव्यमान पर
(b) केवल ग्रह की त्रिज्या पर
(c) द्रव्यमान व त्रिज्या दोनों पर
(d) उपरोक्त में से कोई नहीं

18. निम्नलिखित में से सही विकल्प है
(a) $g = mw$ (b) $w = mg$
(c) $w = \frac{m}{g}$ (d) $m = wg$

19. पृथ्वी के केन्द्र पर किसी वस्तु का भार होगा
(a) mg (b) शून्य
(c) अनन्त (d) इनमें से कोई नहीं

20. यदि एक पिण्ड का पृथ्वी की सतह पर द्रव्यमान (m_e) तथा चन्द्रमा पर द्रव्यमान (m_m) हो, तो
(a) $m_e = 6m_m$ (b) $m_e < m_m$
(c) $m_e > m_m$ (d) $m_e = m_m$

21. यदि पृथ्वी की सतह पर किसी वस्तु का भार (w_e) तथा चन्द्रमा की सतह पर (w_m) हो, तो
(a) $w_e = 6w_m$ (b) $w_e = w_m$
(c) $w_e < w_m$ (d) इनमें से कोई नहीं

22. ग्रहों की गति के नियम किसने प्रतिपादित किए?
(a) केप्लर (b) न्यूटन
(c) गैलीलियो (d) आर्किमिडीज़

23. ग्रहों की गति के द्वितीय नियम में निम्न में से कौन-सी भौतिक राशि संकलित रहती है?
(a) गतिज ऊर्जा (b) स्थितिज ऊर्जा
(c) रेखीय ऊर्जा (d) कोणीय संवेग

24. केप्लर के तृतीय नियमानुसार, सूर्य से ग्रह की दूरी (r) तथा ग्रह के परिक्रमण काल (T) में सम्बन्ध होगा
(a) $T \propto r$ (b) $T^3 \propto r^2$
(c) $T^2 \propto r^3$ (d) $T \propto r^2$

25. पृथ्वी के लिए पलायन वेग का मान होता है
(a) 11.23 किमी/से (b) 10.2 किमी/से
(c) 11.2 किमी/से (d) 10.23 किमी/से

26. दाब का मात्रक होता है
(a) न्यूटन/मी (b) किग्रा
(c) जूल (d) न्यूटन/मी^{2}

27. यदि 4 मी^{2} क्षेत्रफल वाली वस्तु पर 300 न्यूटन का बल आरोपित होता है, तो दाब का मान होगा
(a) 25 न्यूटन मी$^{-2}$
(b) 75 न्यूटन मी$^{-2}$
(c) 80 न्यूटन मी$^{-2}$
(d) 90 न्यूटन मी$^{-2}$

28. हाइड्रोलिक ब्रेक का कार्य सिद्धान्त आधारित है
(a) चार्ल्स के नियम पर
(b) पास्कल के नियम पर
(c) बॉयल के नियम पर
(d) उपरोक्त में से कोई नहीं

29. निम्नलिखित में से किस द्रव का घनत्व सबसे कम है?
(a) स्वच्छ जल
(b) नमकीन जल
(c) पेट्रोल
(d) मर्करी

30. निम्नलिखित में से उत्प्लावन बल किस कारक पर निर्भर करता है?
(a) घनत्व (b) बल
(c) आयतन (d) गुरुत्वाकर्षण

31. बर्फ पानी पर तैरती है, क्योंकि
(a) बर्फ ठोस होती है तथा पानी तरल
(b) बर्फ का घनत्व पानी के अपेक्षाकृत कम होता है
(c) बर्फ का घनत्व पानी के अपेक्षाकृत अधिक होता है
(d) बर्फ का घनत्व उतना ही होता है, जितना कि पानी का

32. जल का ताप बढ़ाने पर इसकी श्यानता
(a) अपरिवर्तनीय रहेगी (b) कम होगी
(c) बढ़ेगी
(d) बढ़ेगी या घटेगी दोनों

33. पृष्ठ तनाव की इकाई है
(a) न्यूटन-मी
(b) न्यूटन/मी
(c) न्यूटन-मी^{2}
(d) न्यूटन

PYQs

34. समुद्र के जल का दाब कहाँ अधिक होता है?
क्लर्क (हैदराबाद) 28 फरवरी 2021
(a) सतह से 20 मीटर नीचे
(b) सतह से 30 मीटर नीचे
(c) सतह से 40 मीटर नीचे
(d) सतह से 10 मीटर नीचे

उत्तरमाला

1. (a)	2. (b)	3. (a)	4. (d)	5. (c)	6. (a)	7. (b)	8. (b)	9. (a)	10. (d)
11. (c)	12. (d)	13. (a)	14. (b)	15. (c)	16. (a)	17. (c)	18. (b)	19. (b)	20. (d)
21. (a)	22. (a)	23. (d)	24. (c)	25 (c)	26. (d)	27. (b)	28. (b)	29. (c)	30. (a)
31. (b)	32. (b)	33. (b)	34. (c)						

अध्याय 05

ऊष्मा और ताप

ऊष्मा

- दो वस्तुओं के मध्य उनके तापान्तर के कारण स्थानान्तरित होने वाली ऊर्जा को ऊष्मा (Heat) कहते हैं। ऊष्मा का व्यावहारिक मात्रक कैलोरी तथा SI मात्रक जूल (Joule) होता है।
  अतः 1 कैलोरी = 4.186 जूल (लगभग)
- एक ग्राम शुद्ध जल का ताप 14.5°C से 15.5°C तक बढ़ाने के लिए आवश्यक ऊष्मा की मात्रा को 1 कैलोरी कहा जाता है।

ऊष्माधारिता

- किसी वस्तु के कुल द्रव्यमान का ताप 1°C बढ़ाने के लिए आवश्यक ऊष्मा की मात्रा को उस वस्तु की **ऊष्माधारिता** (Heat capacity/Thermal capacity) कहते हैं।
- इसका मात्रक किलो कैलोरी/°C है। इसका SI मात्रक जूल/°C है।

विशिष्ट ऊष्मा

- किसी पदार्थ के एकांक द्रव्यमान का ताप 1°C बढ़ाने के लिए आवश्यक ऊष्मा की मात्रा को पदार्थ की **विशिष्ट ऊष्मा** (Specific heat) कहते हैं। इसका मात्रक जूल/किग्रा-सेन्टीग्रेड होता है।
- जल की विशिष्ट ऊष्मा 4200 जूल/किग्रा है।

गुप्त ऊष्मा

- नियत ताप पर पदार्थ की अवस्था परिवर्तन के लिए आवश्यक ऊष्मा की मात्रा को पदार्थ की **गुप्त ऊष्मा** (Latent heat) कहते हैं।
- बर्फ के गलन की गुप्त ऊष्मा 80 कैलोरी/ग्राम है तथा वाष्पन की गुप्त ऊष्मा 540 कैलोरी/ग्राम है।

ताप

- किसी वस्तु का वह गुण, जो यह बताता है कि वस्तु कितनी गर्म या ठण्डी है, ताप (Temperature) कहलाता है। जब दो वस्तुएँ सम्पर्क में स्थित होती हैं, तो ऊष्मा का प्रवाह सदैव उच्च ताप वाली वस्तु से निम्न ताप वाली वस्तु की ओर होता है।
- 0K के समीप ताप के मापन को क्रायोजेनिक (Cryogenics) कहते हैं।
- वस्तु के ताप को मापने के लिए जो यन्त्र प्रयोग किया जाता है, उसे **थर्मामीटर** कहते हैं।

ताप मापन के विभिन्न पैमाने

पैमाने का नाम	निम्न बिन्दु	उच्च बिन्दु	खानों की संख्या
सेल्सियस पैमाना	0°C	100°C	100
फॉरेनहाइट पैमाना	32°F	212°F	180
रियूमर पैमाना	0°R	80°R	80
केल्विन पैमाना	273K	373K	100
रैन्किन पैमाना	492°Ra	672°Ra	180

ताप के विभिन्न पैमानों में सम्बन्ध

- ताप के उपरोक्त पाँचों पैमानों में निम्न सम्बन्ध होता है

$$\frac{C}{100} = \frac{F-32}{180} = \frac{K-273}{100} = \frac{R}{80} = \frac{Ra-492}{180}$$

- –40°C वह ताप है, जिस पर फॉरेनहाइट व सेल्सियस पैमाने के पाठ्यांक समान होते हैं।
- 574.25° ताप पर फॉरेनहाइट व केल्विन पैमानों के पाठ्यांक समान होते हैं।
- मानव शरीर का सामान्य ताप 37°C या 98.4°F होता है।
- सेल्सियस पैमाने पर किसी रोगी का तापमान 40°C है, तो फॉरेनहाइट पैमाने पर उसका तापमान 104°F होगा।

ऊष्मा का संचरण

- पदार्थ में तापान्तर के कारण ऊष्मा का एक स्थान से दूसरे स्थान तक स्थानान्तरण होता है।
- ऊष्मा के इस स्थानान्तरण को ऊष्मा का संचरण (Transmission of heat) कहा जाता है।

ऊष्मा संचरण की विधियाँ

चालन

- ऊष्मा संचरण की वह विधि, जिसमें ऊष्मा उच्च ताप वाले भाग से निम्न ताप वाले भाग की ओर गति करती है तथा वस्तु के कण अपने स्थान को नहीं छोड़ते हैं, चालन (Conduction) कहलाती है।

संवहन

- ऊष्मीय संचरण की वह विधि, जिसमें ऊष्मा का प्रवाह उच्च ताप वाले स्थान से निम्न ताप वाले स्थान की ओर माध्यम के कणों की सहायता से इस प्रकार होता है कि माध्यम के कण, ऊष्मा ग्रहण करके स्वयं एक स्थान से दूसरे स्थान तक चले जाते हैं, संवहन (Convection) कहलाती है।
- द्रवों तथा गैसों में ऊष्मा का संचरण, संवहन विधि द्वारा होता है।

विकिरण

- ऊष्मीय संचरण की वह विधि, जिसमें ऊष्मा विद्युत चुम्बकीय तरंगों के रूप में एक स्थान से दूसरे स्थान तक बिना माध्यम की सहायता के पहुँच जाती है, विकिरण (Radiation) कहलाती है।

आदर्श कृष्ण पिण्ड अथवा कृष्णिका

- वह वस्तु, जो अपने पृष्ठ पर गिरने वाले सम्पूर्ण विकिरण को पूर्ण रूप से अवशोषित कर लेती है चाहे उनकी तरंगदैर्ध्य कुछ भी हो, आदर्श कृष्ण पिण्ड (Perfectly black body) कहलाती है। इसकी अवशोषण क्षमता 1 होती है।
- लैम्प ब्लैक तथा दीप के काजल इसके उदाहरण हैं।

न्यूटन का शीतलन नियम

- किसी वस्तु के ठण्डे होने की दर, वस्तु के ताप और परिवेश के ताप के बीच के अन्तर के समानुपाती होती है।

ऊष्मा इंजन

- वह युक्ति, जिसके द्वारा ऊष्मा का यांत्रिक कार्य में रूपांतरण किया जा सकता है, ऊष्मा इंजन कहलाती है।

ऊष्मा इंजन की तापीय दक्षता

- किसी ऊष्मा इंजन की तापीय दक्षता को निम्न प्रकार व्यक्त किया जा सकता है

$$\text{तापीय दक्षता} = \frac{\text{प्रति चक्र किया गया कुल कार्य}}{\text{प्रति चक्र प्राप्त की गई कुल ऊर्जा}}$$

- किसी ऊष्मा इंजन की तापीय दक्षता 100% से हमेशा कम रहती है, अत: तापीय दक्षता सदैव 1 से कम ही रहती है।

एग्जाम पैटर्न प्रश्न

1. 1 कैलोरी का मान है
(a) 1.4 J (b) 3.5 J (c) 4.18 J (d) 5.18 J

2. ऊनी कपड़े शरीर को गर्म रखते हैं, क्योंकि
(a) ऊन से शरीर का तापमान बढ़ जाता है।
(b) ऊन ऊष्मा की कुचालक होती है।
(c) ऊन बाह्य पदार्थों से विकिरण ऊष्मा का अवशोषण कर लेती है।
(d) ऊन बाह्य पदार्थों से ऊष्मा ग्रहण नहीं करती है।

3. किसी पदार्थ की वाष्पन की गुप्त ऊष्मा सदैव
(a) इसकी गलन की गुप्त ऊष्मा से कम होगी।
(b) इसकी गलन की गुप्त ऊष्मा से अधिक होगी।
(c) इसकी ऊर्ध्वपातन की गुप्त ऊष्मा से अधिक होगी।
(d) इसकी ऊर्ध्वपातन की गुप्त ऊष्मा के बराबर होगी।

4. निम्नलिखित में से अधिक जलन किससे पैदा होती है?
(a) उबलता हुआ पानी
(b) गर्म पानी
(c) भाप
(d) पिघली हुई बर्फ

5. निम्नलिखित में से अधिकतम विशिष्ट ऊष्मा किसकी है?
(a) काँच (b) ताँबा
(c) सीसा (d) जल

6. विशिष्ट ऊष्मा का SI मात्रक है
(a) जूल/किग्रा°C
(b) जूल/किग्रा°F
(c) जूल/ग्राम°C
(d) जूल/किग्रा

7. क्रायोजेनिक किससे सम्बन्धित विज्ञान है?
(a) उच्च तापमान
(b) निम्न तापमान
(c) घर्षण और टूट-फूट
(d) क्रिस्टलों में वृद्धि

8. 0°C, केल्विन पैमाने का मान होता है
(a) 272 (b) 273
(c) 274 (d) 275

9. न्यूनतम सम्भव ताप है
(a) 0°C (b) 0°F
(c) –273°C (d) –273°K

10. केल्विन पैमाने पर जल का हिमांक होता है
(a) 0K (b) 100 K
(c) 273 K (d) –273 K

11. मानव शरीर का सामान्य ताप है
(a) 37° F (b) 98.4° F
(c) 95.3° F (d) 41° F

12. सेल्सियस तापमान है
(a) एक सापेक्ष तापमान
(b) एक निरपेक्ष तापमान
(c) एक विशिष्ट तापमान
(d) एक सन्निकट तापमान

13. निम्नलिखित में से सही विकल्प है
(a) $\frac{C}{5} = \frac{F-32}{9}$ (b) $\frac{C}{9} = \frac{F-32}{5}$
(c) $\frac{F}{5} = \frac{C-32}{9}$ (d) $\frac{F}{9} = \frac{C-32}{5}$

14. वह ताप, जिस पर फॉरेनहाइट व सेल्सियस पैमाने के पाठ्यांक समान होते हैं
(a) –37° (b) –40° (c) –45° (d) –50°

15. यदि किसी झील की ऊपरी सतह हिमशीतित होकर बर्फ बन गई हो, तो तली पर जल का तापमान लगभग क्या होगा?
(a) –10° C (b) 0° C
(c) 4°C (d) –4° C

16. किस ताप पर फॉरेनहाइट और केल्विन पैमाने का पाठ्यांक समान होता है?
(a) 574.25° (b) 373°
(c) 273° (d) 437.25°

17. जल का हिमांक बिन्दु है
(a) 32° F
(b) 0° C
(c) 273 K
(d) ये सभी

18. ठीक शून्य सेल्सियस पर कटोरे में रखे बर्फ और पानी में क्या परिवर्तन आएगा?
(a) सारी बर्फ पिघल जाएगी
(b) सारा पानी, बर्फ बन जाएगा
(c) कोई परिवर्तन नहीं आएगा
(d) थोड़ी-सी बर्फ पिघल जाएगी

19. 'परम शून्य ताप' क्या है?
(a) सैद्धान्तिक रूप से न्यूनतम सम्भव तापमान
(b) किसी भी तापमान पैमाने का अन्तिम बिन्दु
(c) किसी भी तापमान पैमाने का प्रारम्भिक बिन्दु
(d) उपरोक्त में से कोई नहीं

20. थर्मामीटर में कौन ताप को दर्शाता है?
(a) सीसा (b) चाँदी
(c) लेड (d) पारा

21. निम्नलिखित तापमापियों में से किसे पाइरोमीटर कहा जाता है?
(a) विकिरण तापमापी
(b) गैस तापमापी
(c) ताप-विद्युत तापमापी
(d) द्रव तापमापी

22. ऊष्मा संचरण की दर किस विधि में अधिकतम होती है?
(a) चालन (b) संवहन
(c) विकिरण (d) सभी में बराबर

23. ठोसों में ऊष्मा संचरण की विधि है
(a) संवहन (b) चालन
(c) विकिरण (d) इनमें से कोई नहीं

24. सर्दियों में हीटर द्वारा कमरा गर्म होने की विधि है
(a) चालन (b) संवहन
(c) विकिरण (d) तापीय प्रक्रम

25. सूर्य की किरणें किस विधि द्वारा पृथ्वी पर पहुँचती हैं?
(a) विकिरण (b) चालन
(c) संवहन (d) विसरण

26. एक लोहे की छड़ के एक सिरे को गर्म करने से दूसरा सिरा गर्म हो जाता है, इसका कारण है
(a) चालन
(b) संवहन
(c) विकिरण
(d) विसरण

27. निम्न में से संवहन होता है
(a) केवल ठोसों तथा द्रवों में
(b) केवल द्रवों तथा गैसों में
(c) केवल गैसों तथा ठोसों में
(d) ठोसों, द्रवों तथा गैसों में

28. पूर्ण कृष्णिका का परावर्तन गुणांक होता है
(a) शून्य
(b) 1
(c) – 1
(d) अनन्त

PYQs

29. यदि किसी मरीज का तापमान 40°C है, तो फॉरेनहाइट पैमाने में उसका तापमान क्या होगा? **क्लर्क (दानापुर, जबलपुर) 01 नवम्बर 2020**
(a) 104°F (b) 98°F
(c) 108°F (d) 106°F

उत्तरमाला

1. (c)	2. (b)	3. (b)	4. (c)	5. (d)	6. (a)	7. (b)	8. (b)	9. (c)	10. (c)
11. (b)	12. (c)	13. (a)	14. (b)	15. (c)	16. (a)	17. (d)	18. (c)	19. (a)	20. (d)
21. (a)	22. (c)	23. (c)	24. (b)	25. (a)	26. (a)	27. (b)	28. (a)	29. (a)	

अध्याय 06

तरंग गति एवं ध्वनि

तरंग

- तरंग वह विक्षोभ है, जिसके माध्यम से ऊर्जा का संचरण एक स्थान से दूसरे स्थान तक होता है।
  तरंगें सामान्यतः दो प्रकार की होती हैं

यान्त्रिक तरंगें

- वे तरंगें, जिनके संचरण के लिए भौतिक माध्यम की आवश्यकता होती है, यान्त्रिक तरंगें (Mechanical waves) कहलाती हैं।

अनुप्रस्थ तरंगें

- वे तरंगें, जिनमें माध्यम के कण अपनी माध्य स्थितियों पर तरंग संचरण के लम्बवत् कम्पन करते हैं, अनुप्रस्थ तरंगें (Transverse waves) कहलाती हैं; जैसे—पानी की सतह पर उत्पन्न तरंग, प्रकाश तरंग।

अनुदैर्ध्य तरंगें

- वे तरंगें, जिनमें माध्यम के कणों का कम्पन तरंग संचरण की दिशा के समान्तर होता है, अनुदैर्ध्य तरंगें (Longitudinal waves) कहलाती हैं; जैसे—ध्वनि तरंग।

विद्युत चुम्बकीय तरंगें

- वे तरंगें, जिनके संचरण के लिए भौतिक माध्यम की आवश्यकता नहीं होती तथा ये तरंगें निर्वात् में भी संचरित हो सकती हैं, विद्युत चुम्बकीय तरंगें (Electromagnetic waves) कहलाती हैं; उदाहरण—प्रकाश तरंगें, X-किरणें, γ-किरणें आदि।
- विद्युत चुम्बकीय तरंगों का तरंगदैर्ध्य परिसर 10^{-14} मी से 10^4 मी तक होता है।

तरंग सम्बन्धी परिभाषाएँ

- **आयाम** कम्पन करने वाले किसी कण की मध्यमान स्थिति के एक ओर के अधिकतम विस्थापन को तरंग का आयाम (Amplitude) कहते हैं। इसका मात्रक सेमी अथवा मीटर है।
- **सम्पीडन तथा विरलन** तरंग के संचरण के दौरान वे स्थितियाँ, जहाँ कम्पन करते हुए माध्यम के कण पास-पास आ जाते हैं, सम्पीडन (Compression) कहलाती है तथा जहाँ माध्यम के कण दूर-दूर हो जाते हैं, विरलन (Rarefaction) कहलाती है।
- **तरंगदैर्ध्य** माध्यम में किसी कण द्वारा एक कम्पन पूरा करने में तरंग द्वारा तय की गई दूरी, तरंगदैर्ध्य (Wavelength) कहलाती है। इसे λ से प्रदर्शित करते हैं।
- **आवृत्ति** माध्यम में उपस्थित किसी कण द्वारा प्रति सेकण्ड किए गए कम्पनों की संख्या को आवृत्ति (Frequency) कहते हैं। आवृत्ति की SI इकाई हर्ट्ज (Hz) है।

$$\text{आवृत्ति } (f) = \frac{1}{\text{आवर्तकाल } (T)}$$

आवर्तकाल किसी कण द्वारा 1 कम्पन पूरा होने में लिया गया समय आवर्तकाल (Time period) कहलाता है, इसे T से व्यक्त करते हैं।

$$T = \frac{2\pi}{\omega}$$

नोट तरंग चाल = आवृत्ति × तरंगदैर्ध्य

ध्वनि

- ध्वनि एक प्रकार की ऊर्जा है, जिसके कानों पर पड़ने से सुनने की संवेदना उत्पन्न होती है, सामान्यतः वायु के माध्यम में अनुदैर्ध्य तरंग, (यान्त्रिक तरंग) ध्वनि तरंग (Sound wave) कहलाती है।
- ध्वनि को डेसीबल (dB) में नापते हैं।
- विभिन्न माध्यमों में ध्वनि की चाल निम्नलिखित है

माध्यम	**ध्वनि की चाल** (मी/से में)
वायु	343
हाइड्रोजन	1270
कार्बन डाइऑक्साइड	258
भाप (100°C)	477.5
जल	1500
समुद्र जल	1500
पारा	1450
लोहा	5120
ऐल्युमीनियम	6320
काँच	4540
स्टील (स्टेनलेस)	6000
ऑक्सीजन	316

- ध्वनि की चाल ठोसों में अधिकतम तथा गैसों में न्यूनतम होती है।

नोट WHO के अनुसार, 45 डेसीबल की ध्वनि मानव के लिए सर्वोत्तम होती है।

ध्वनि के अभिलक्षण

- **पिच अथवा तारत्व** ध्वनि का तारत्व उसकी आवृत्ति पर निर्भर करता है। ध्वनि का तारत्व वह गुण है, जिससे ध्वनि का मोटा या पतला होना ज्ञात होता है; जैसे—पुरुषों की आवाज की अपेक्षा स्त्रियों की आवाज पतली होती है अर्थात् उच्च तारत्व (Pitch) की होती है।
- **प्रबलता** प्रबलता (Predominance) ध्वनि का वह लक्षण है, जिसके आधार पर कोई ध्वनि कान को धीमी या तेज सुनाई पड़ती है। यह हमारे कानों की सुग्राहिता पर निर्भर करता है।
- **गुणता** ध्वनि का वह लक्षण, जिसके आधार पर दो भिन्न-भिन्न वाद्य-यन्त्रों द्वारा उत्पन्न की गई समान आवृत्ति एवं समान तीव्रता की ध्वनियों में अन्तर करते हैं, गुणता (Quality) कहलाता है।
- **तीव्रता** किसी एकांक क्षेत्रफल से, प्रत्येक सेकण्ड में प्रवाहित ध्वनि ऊर्जा की मात्रा, ध्वनि तीव्रता (Sound intensity) कहलाती है। तरंग की तीव्रता I, कम्पन के आयाम के वर्ग a^2 के अनुक्रमानुपाती होती है।

$$I \propto a^2$$

ध्वनि के स्रोत	तीव्रता (dB)
पत्तों की सरसराहट	10-20
साधारण बातचीत	30-40
जोर से बातचीत	50-60
जेट विमान	140-150

- **प्रतिध्वनि** किसी विस्तृत अथवा बड़े अवरोध से ध्वनि के परावर्तित होकर पुन: सुने जाने की घटना को प्रतिध्वनि (Echo) कहते हैं। यदि परावर्तक, श्रोता के पास होता है, तो प्रतिध्वनि स्पष्ट सुनाई नहीं देती है।
  ध्वनि के स्रोत तथा अवरोधक के बीच की न्यूनतम दूरी 17 मी होती है।
- **अनुरणन** किसी बड़े हॉल में ध्वनि स्रोत को बन्द करने के बाद भी ध्वनि का कुछ देर तक सुनाई देना अनुरणन (Reverberation) कहलाता है।

श्रव्यता का परिसर

- **श्रव्य तरंगें** 20 हर्ट्ज से 20000 हर्ट्ज के बीच की आवृत्ति वाली तरंगों को श्रव्य तरंगें (Audible waves) कहते हैं। इन तरंगों को मनुष्य सुन सकते हैं।
- **अपश्रव्य तरंगें** 20 हर्ट्ज से कम आवृत्ति वाली ध्वनि तरंगों को अपश्रव्य तरंगें (Infrasonic waves) कहते हैं। इन्हें मनुष्य सुन नहीं सकता। इन तरंगों को साँपों द्वारा सुना जा सकता है।
- **पराश्रव्य तरंगें** 20000 हर्ट्ज से अधिक आवृत्ति की तरंगों को पराश्रव्य तरंगें (Ultrasonic waves) कहा जाता है। मनुष्य के कान इसे सुन नहीं सकते हैं परन्तु बिल्ली, कुत्ता, मच्छर इन तरंगों को सुन सकते हैं। चमगादड़ इन तरंगों को उत्पन्न भी कर सकता है।

विस्पन्द

- जब लगभग समान आवृत्ति की दो ध्वनि तरंगें एकसाथ उत्पन्न की जाती हैं, तो परिणामी ध्वनि तरंग की तीव्रता समय के साथ बढ़ती तथा घटती है। ध्वनि की तीव्रता में यह परिवर्तन विस्पन्दों (Beats) की परिघटना कहलाती है।
- प्रति सेकण्ड विस्पन्दों की संख्या, विस्पन्द आवृत्ति (Beat frequency) कहलाती है।

सोनार

- सोनार शब्द Sound Navigation and Ranging (SONAR) से बना है। सोनार एक ऐसी युक्ति है, जिसमें जल में स्थित पिण्डों की दूरी, जल के अन्दर मछलियों के समुदाय, शत्रुओं की पनडुब्बी आदि का पता लगाने में पराश्रव्य तरंगों का उपयोग किया जाता है।
- सोनार एक प्रेषित्र होता है, इसे किसी नाव या जहाज में लगाया जाता है।

डॉप्लर प्रभाव

जब किसी ध्वनि स्रोत तथा श्रोता के बीच आपेक्षित गति होती है, तब श्रोता द्वारा सुनी गई ध्वनि की आवृत्ति, स्रोत की आवृत्ति से भिन्न होती है। ध्वनि स्रोत की आवृत्ति में होने वाले इस परिवर्तन की घटना को डॉप्लर प्रभाव (Doppler's effect) कहते हैं तथा श्रोता के द्वारा सुनी गई आवृत्ति को **आभासी आवृत्ति** (Apparent frequency) कहते हैं।

- माना श्रोता (O) एवं स्रोत (S) सरल रेखा पर एक ही दिशा में क्रमश: v_o तथा v_s वेग से गतिमान हैं।
- यदि ध्वनि की चाल v तथा माध्यम की चाल v_m है, तो श्रोता के द्वारा सुनी गई आभासी आवृत्ति,

$$n' = \left[\frac{(v + v_m) - v_o}{(v + v_m) - v_s}\right] n$$

विद्युत चुम्बकीय स्पेक्ट्रम

विद्युत चुम्बकीय तरंगों को तरंगदैर्ध्य के बढ़ते या घटते क्रम में व्यवस्थित करने पर प्राप्त प्रारूप को विद्युत चुम्बकीय स्पेक्ट्रम कहते हैं।

एग्जाम पैटर्न प्रश्न

1. तरंग के प्रकार हैं
(a) यान्त्रिक तरंग
(b) विद्युत चुम्बकीय तरंग
(c) (a) और (b) दोनों
(d) उपरोक्त में से कोई नहीं

2. वे तरंगें, जिनके संचरण के लिए भौतिक माध्यम की आवश्यकता होती है, कहलाती हैं
(a) सूक्ष्म तरंगें
(b) विद्युत चुम्बकीय तरंगें
(c) यान्त्रिक तरंगें
(d) उपरोक्त में से कोई नहीं

3. ध्वनि तरंगें वायु में
(a) अनुदैर्ध्य होती हैं
(b) अनुप्रस्थ होती हैं
(c) अंशतः अनुप्रस्थ तथा अनुदैर्ध्य होती हैं
(d) कभी अनुप्रस्थ तथा कभी अनुदैर्ध्य होती हैं

4. अनुप्रस्थ तरंगें उत्पन्न की जा सकती हैं
(a) ठोस तथा द्रव में
(b) ठोस तथा गैस में
(c) गैस तथा द्रव में
(d) ठोस, द्रव तथा गैस सभी में

5. अनुदैर्ध्य तरंग में माध्यम के कणों का कम्पन
(a) तरंग संचरण की दिशा से 45° के कोण पर होता है
(b) तरंग संचरण की दिशा के लम्बवत् होता है
(c) तरंग संचरण की दिशा में होता है
(d) तरंग संचरण की विपरीत दिशा में होता है

6. किसी तरंग में दो क्रमागत गर्तों के मध्य की दूरी होती है
(a) आयाम (b) तरंगदैर्ध्य
(c) आवृत्ति (d) कला

7. यदि किसी तरंग की आवृत्ति (f) तथा आवर्तकाल (T) हो, तो
(a) $f \propto T$ (b) $f \propto T^2$
(c) $f \propto \frac{1}{T}$ (d) $f \propto \frac{1}{T^2}$

8. किसी तरंग की आवृत्ति नापने की इकाई है
(a) मीटर (b) सेकण्ड
(c) मेगा (d) हर्ट्ज

9. एक कम्पित कण का आवर्तकाल 0.01 सेकण्ड है। इसकी आवृत्ति होती है
(a) 0.01 प्रति सेकण्ड
(b) 100 कम्पन प्रति सेकण्ड
(c) 50 कम्पन प्रति सेकण्ड
(d) 1 कम्पन प्रति सेकण्ड

10. आवृत्ति तथा आवर्तकाल का गुणनफल होता है
(a) 1 (b) 2
(c) 3 (d) 4

11. किस सूत्र द्वारा आवृत्ति (n) तथा तरंगदैर्ध्य (λ) वाले तरंग की चाल ज्ञात की जाती है?
(a) $v = n\lambda$ (b) $v = \frac{\lambda}{n}$
(c) $v = \frac{n}{\lambda}$ (d) इनमें से कोई नहीं

12. एक तरंग की चाल 330 मी/से तथा तरंगदैर्ध्य 3 मी हो, तो तरंग की आवृत्ति होगी
(a) 100 प्रति सेकण्ड
(b) 110 प्रति सेकण्ड
(c) $\frac{1}{110}$ प्रति सेकण्ड
(d) 990 प्रति सेकण्ड

13. ध्वनि का वायु में वेग है
(a) 100 किमी/से (b) 80 मी/से
(c) 332 मी/से (d) 560 मी/से

14. निम्नलिखित में से किस माध्यम में ध्वनि की गति अधिकतम होगी?
(a) हवा में (b) ग्रेनाइट में
(c) जल में (d) लोहे में

15. डेसीबल क्या है?
(a) एक संगीत वाद्य
(b) शोर की तरंगदैर्ध्य
(c) संगीत का एक स्वर
(d) ध्वनि स्तर की एक माप

16. चन्द्रमा के धरातल पर दो व्यक्ति एक-दूसरे की बात नहीं सुन सकते, क्योंकि
(a) चन्द्रमा पर कान, काम करना बन्द कर देते हैं।
(b) चन्द्रमा पर वायुमण्डल नहीं है।
(c) चन्द्रमा पर विशेष प्रकार के सूट पहने रहते हैं।
(d) चन्द्रमा पर ध्वनि बहुत ही कम गति से चलती है।

17. निम्नलिखित में से किसका ध्वनि के वेग पर कोई प्रभाव नहीं पड़ता है?
(a) दाब का (b) तापमान का
(c) आर्द्रता का (d) घनत्व का

18. ध्वनि की वह विशेषता, जो एक मादा ध्वनि को नर ध्वनि से भिन्न करती है, कहलाती है
(a) तारत्व (b) प्रावस्था
(c) गुणता (d) प्रबलता

19. किसी एकांक क्षेत्रफल से एक सेकण्ड में गुजरने वाली ध्वनि ऊर्जा को कहते हैं
(a) ध्वनि का तारत्व
(b) ध्वनि की तीव्रता
(c) पराध्वनि
(d) सोनार

20. सामान्य बोलचाल में ध्वनि स्तर होता है
(a) 10 dB (b) 30 dB
(c) 5 dB (d) 90 dB

21. ध्वनि के स्रोत व परावर्ती सतह के बीच न्यूनतम दूरी कितनी होनी चाहिए, जिससे कि प्रतिध्वनि स्पष्ट सुनाई दे?
(a) 10 मी (b) 27 मी
(c) 20 मी (d) 17 मी

22. श्रव्यता परास है
(a) 20 Hz-20 kHz
(b) 10 Hz-10 kHz
(c) 30 Hz- 30 kHz
(d) 40 Hz-40 kHz

23. श्रव्यता की परास से कम आवृत्ति की तरंगों को कहते हैं
(a) पराश्रव्य
(b) अपश्रव्य
(c) सोनार
(d) श्रव्य

24. चमगादड़ निम्नलिखित में से किस कारण द्वारा अन्धेरे में उड़ सकते हैं?
(a) वे अँधेरे में वस्तुओं को देख सकते हैं
(b) उनकी टाँगें कमजोर होती हैं
(c) वे रोशनी की चौंध उत्पन्न करते हैं
(d) वे पराश्रव्य ध्वनि तरंगें उत्पन्न करते हैं

25. पराश्रव्य तरंग की आवृत्ति होती है
(a) 2 kHz के नीचे
(b) 20 kHz से ऊपर
(c) 20 kHz से नीचे
(d) उपरोक्त में से कोई नहीं

26. समुद्र में डूबी वस्तु का पता लगाने के लिए किस यन्त्र का प्रयोग किया जाता है ?
(a) सोनार
(b) राडार
(c) लेसर
(d) मेसर

27. एक ध्वनि स्रोत, स्थिर प्रेक्षक की ओर, प्रकाश की चाल की $\left(\frac{1}{10}\right)$ चाल से गतिमान है। आभासी एवं वास्तविक आवृत्तियों में अनुपात है
(a) $\frac{10}{9}$ (b) $\frac{45}{19}$
(c) $\frac{11}{10}$ (d) $\frac{9}{10}$

28. जब स्रोत एवं प्रेक्षक दोनों गतिमान हैं, तो आवृत्ति में आभासी परिवर्तन ज्ञात करने सम्बन्धी नियम है
(a) डॉप्लर का नियम
(b) हाइगेन्स का नियम
(c) न्यूटन का नियम
(d) गैलीलियो का नियम

उत्तरमाला

1. (c)	2. (c)	3. (a)	4. (a)	5. (c)	6. (b)	7. (c)	8. (d)	9. (b)	10. (a)
11. (a)	12. (b)	13. (c)	14. (d)	15. (d)	16. (b)	17. (a)	18. (a)	19. (b)	20. (b)
21. (d)	22. (a)	23. (b)	24. (d)	25. (b)	26. (a)	27. (a)	28. (a)		

अध्याय 07

प्रकाश

प्रकाश

- प्रकाश एक प्रकार की ऊर्जा है, जो विद्युत चुम्बकीय तरंगों के रूप में संचरित होता है। प्रकाश की सहायता से हमें वस्तुएँ दिखाई देती हैं।

माध्यम	प्रकाश की चाल
निर्वात्	3.00×10^8 मी/से.
पानी	2.25×10^8 मी/से.
काँच	2.00×10^8 मी/से.
तारपीन का तेल	2.04×10^8 मी/से.
नाइलोन	1.96×10^8 मी/से.
रॉक साल्ट	1.96×10^8 मी/.से.

नोट सूर्य के प्रकाश को पृथ्वी तक पहुँचने में औसतन 500 सेकण्ड अर्थात् 8 मिनट 20 सेकण्ड का समय लगता है।

प्रकाश का परावर्तन

प्रकाश का किसी चिकने पृष्ठ से टकराकर वापस आने की घटना को **प्रकाश का परावर्तन** (Reflection of light) कहते हैं।

परावर्तन के नियम

- आपतित किरण, परावर्तित किरण तथा आपतन बिन्दु पर अभिलम्ब तीनों एक ही तल में होते हैं।
- परावर्तन कोण (Angle of reflection) $\angle r$, आपतन कोण (Angle of incidence) $\angle i$ के बराबर होता है,
  अर्थात् $\angle i = \angle r$

नोट प्रकाश का सर्वोत्तम परावर्तक चाँदी (सिल्वर) है।

प्रकाश का अपवर्तन

- जब प्रकाश की किरण एक माध्यम से दूसरे माध्यम में जाती है, तो वह किरण अपने मार्ग से विचलित हो जाती है। यह घटना **प्रकाश का अपवर्तन** (Refraction of light) कहलाती है।

अपवर्तन के नियम

- आपतित किरण, आपतन बिन्दु पर अभिलम्ब व अपवर्तित किरण तीनों एक ही तल में होते हैं।
- आपतन कोण की ज्या ($\sin i$) व अपवर्तन कोण की ज्या ($\sin r$) का अनुपात किन्हीं दो माध्यमों के लिए एक नियतांक होता है, जिसे दूसरे माध्यम का पहले माध्यम के सापेक्ष अपवर्तनांक कहते हैं।

$$\frac{\sin i}{\sin r} = {}_1\mu_2 \text{ (अपवर्तनांक)}$$

- इस नियम को **स्नैल का नियम** भी कहते हैं।

क्रान्तिक कोण

- जब प्रकाश की कोई किरण सघन माध्यम से विरल माध्यम में प्रवेश करती है, तो आपतन कोण का वह मान जिसके लिए अपवर्तन कोण का मान 90° होता है, **क्रान्तिक कोण** (Critical angle) कहलाता है।
- काँच का क्रान्तिक कोण 41.1° होता है।

पूर्ण आन्तरिक परावर्तन

- यदि प्रकाश की कोई किरण सघन माध्यम से विरल माध्यम में जा रही हो तथा आपतन कोण का मान क्रान्तिक कोण से अधिक हो, तो ऐसी स्थिति में प्रकाश की किरण दूसरे माध्यम में जाकर पुनः पूर्व माध्यम में ही लौट आती है। यह घटना प्रकाश का पूर्ण **आन्तरिक परावर्तन** (Total Internal Reflection, TIR) कहलाती है।
- रेगिस्तान की मरीचिका, हीरे का चमकना, काँच में पड़ी दरारों का चमकना, प्रकाशिक तन्तु आदि पूर्ण आन्तरिक परावर्तन पर आधारित है।

वायुमण्डलीय अपवर्तन

- वायुमण्डल की विभिन्न परतों द्वारा प्रकाश के अपवर्तन को वायुमण्डलीय अपवर्तन (Atmospheric refraction) कहते हैं।
- तारों का टिमटिमाना, अग्रिम सूर्योदय तथा विलम्बित सूर्यास्त, तारे की आभासी स्थिति का उसकी वास्तविक स्थिति से भिन्न होना आदि वायुमण्डलीय अपवर्तन पर आधारित है।

प्रकाश का प्रकीर्णन

- जब प्रकाश किसी ऐसे माध्यम से गुजरता है, जिसमें धूल, वायु आदि के अतिसूक्ष्म कण उपस्थित हो, तो उन कणों द्वारा प्रकाश का कुछ भाग सभी दिशाओं में फैल जाता है। इस घटना को **प्रकाश का प्रकीर्णन** (Scattering of light) कहते हैं।

विक्षेपण

- जब प्रकाश की किरण एक पतले प्रिज्म से गुजरती है, तो निर्गत् किरण अपने मार्ग से विचलित होने के साथ-साथ सात विभिन्न रंगों के प्रकाश में विभक्त हो जाती है। इस घटना को वर्ण **विक्षेपण** (Dispersion) कहते हैं।

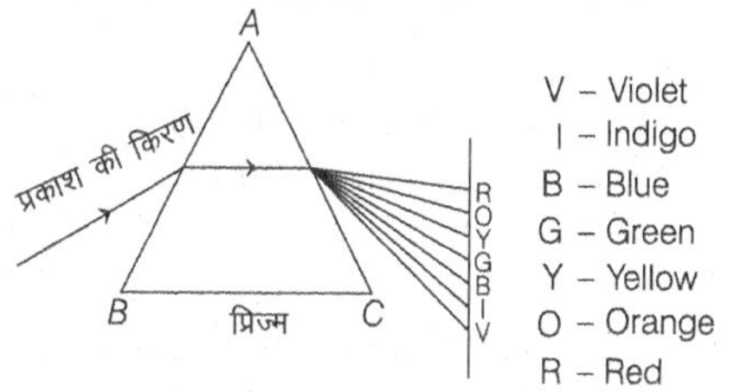

दर्पण

- दर्पण काँच की तरह होता है, जिसकी एक सतह पर पॉलिश होती है। जब इस पर प्रकाश डाला जाता है, तो ये अधिकतम प्रकाश का परावर्तन कर देता है।

दर्पण के प्रकार

दपर्ण दो प्रकार के होते हैं

1. **समतल दर्पण** यदि परावर्तक सतह समतल हो, तो उसे समतल दर्पण (Plane mirror) कहते हैं। इसमें शीशे पर चाँदी या पारे की परत की पॉलिश कर दी जाती है।
2. **गोलीय दर्पण** ऐसा दर्पण जिसकी परावर्तक सतह गोलीय होती है, गोलीय दर्पण (Spherical mirror) कहलाता है।

   गोलीय दर्पण दो प्रकार के होते हैं
   - **उत्तल दर्पण** जिस गोलीय दर्पण की परावर्तक सतह उभरी रहती है, उसे उत्तल दर्पण (Convex mirror) या अपसारी दर्पण कहते हैं। उत्तल दर्पण से बना प्रतिबिम्ब वस्तु से छोटा, सीधा एवं आभासी होता है।
   - **अवतल दर्पण** जिस गोलीय दर्पण की परावर्तक सतह धँसी रहती है, उसे अवतल दर्पण (Concave mirror) या अभिसारी दर्पण कहते हैं। अवतल दर्पण से बना प्रतिबिम्ब बड़ा व वास्तविक होता है।

दर्पण सूत्र

$$\frac{1}{v}+\frac{1}{u}=\frac{1}{f}$$

जहाँ, v = प्रतिबिम्ब की दूरी, u = वस्तु की दूरी

तथा f = फोकस दूरी।

गोलीय दर्पण से सम्बन्धित पद

- **ध्रुव** परावर्तक पृष्ठ के मध्य बिन्दु को ध्रुव कहते हैं।
- **वक्रता केन्द्र** दर्पण जिस खोखले गोले का भाग होता है, उस गोले का केन्द्र गोलीय दर्पण का वक्रता केन्द्र कहलाता है। इसे C से प्रदर्शित किया जाता है।
- **वक्रता त्रिज्या** दर्पण जिस खोखले गोले का भाग है, उस गोले की त्रिज्या को गोलीय दर्पण की वक्रता त्रिज्या कहते हैं। इसे R से प्रदर्शित करते हैं।
- **अभिलम्ब** गोलीय दर्पण के किसी बिन्दु के वक्रता केन्द्र से मिलाने वाली रेखा, उस बिन्दु पर अभिलम्ब होती है।
- **मुख्य-अक्ष** दर्पण के ध्रुव तथा वक्रता केन्द्र को मिलाने वाली सीधी रेखा, गोलीय दर्पण की मुख्य अक्ष कहलाती है।
- **मुख्य फोकस** दर्पण की मुख्य अक्ष के समान्तर आने वाली प्रकाश की किरणें गोलीय दर्पण से परावर्तन के पश्चात् मुख्य अक्ष के जिस बिन्दु पर मिलती है, उस बिन्दु को मुख्य फोकस कहते हैं। इसे F से प्रदर्शित करते हैं।
- **फोकस दूरी** ध्रुव तथा मुख्य फोकस बिन्दु के बीच की दूरी को दर्पण की फोकस दूरी कहते हैं। इसे f से प्रदर्शित करते हैं।

लेन्स

- दो पृष्ठों से घिरा हुआ कोई पारदर्शी माध्यम, जिसका एक या दोनों पृष्ठ गोलीय होते हैं, लेन्स (Lens) कहलाता है।

लेन्स के प्रकार

लेन्स दो प्रकार के होते हैं

उत्तल लेन्स

इस लेन्स का मध्य भाग मोटा एवं किनारे पतले होते हैं।

अवतल लेन्स

इस लेन्स का मध्य भाग पतला एवं किनारे मोटे होते हैं।

लेन्स सूत्र

$$\frac{1}{v}-\frac{1}{u}=\frac{1}{f}$$

$$\text{फोकस दूरी} = \frac{\text{वक्रता त्रिज्या}}{2}$$

उत्तल लेन्स द्वारा वस्तु की विभिन्न स्थितियों के लिए बने प्रतिबिम्ब

वस्तु की स्थिति	प्रतिबिम्ब की स्थिति	प्रतिबिम्ब की प्रकृति एवं वस्तु की तुलना में आकार
अनन्त पर	F_2 पर	वास्तविक, बहुत छोटा एवं उल्टा
C_1 से परे	F_2 एवं C_2 के बीच	वास्तविक, छोटा तथा उल्टा
C_1 पर	C_2 पर	वास्तविक, बराबर, उल्टा
C_1 एवं F_1 के बीच	C_2 से परे	वास्तविक, बड़ा, उल्टा
F_1 पर	अनन्त पर	वास्तविक, बहुत बड़ा तथा उल्टा
C_1 एवं F_1 के बीच	लेन्स के उसी ओर जिस ओर वस्तु है।	आभासी, सीधा तथा आवर्धित

लेन्स की क्षमता

- लेन्स द्वारा प्रकाश किरणों को अभिसरित (एकत्रित) व अपसरित (फैलाने) करने की सामर्थ्य को लेन्स की क्षमता (Power of lens) कहते हैं। यह लेन्स की फोकस दूरी के प्रतिलोम (Reciprocal) के बराबर होती है।

$$\text{क्षमता, } P = \frac{1}{\text{फोकस दूरी } f \text{ (सेमी)}}$$

- लेन्स की क्षमता का मात्रक डायोप्टर (Diopter) होता है।
- उत्तल लेन्स की फोकस दूरी व क्षमता धनात्मक व अवतल लेन्स की फोकस दूरी व क्षमता ऋणात्मक होती है।

रेखीय आवर्धन

- प्रतिबिम्ब की लम्बाई तथा वस्तु की लम्बाई के अनुपात को रेखीय आवर्धन (Linear magnification) कहते हैं।

$$\text{रेखीय आवर्धन } (m) = \frac{\text{प्रतिबिम्ब की लम्बाई } (I)}{\text{वस्तु की लम्बाई } (O)}$$

- सीधे प्रतिबिम्बों के लिए आवर्धन क्षमता धनात्मक तथा उल्टे प्रतिबिम्बों के लिए आवर्धन क्षमता ऋणात्मक होती है।

मानव नेत्र

- मानव नेत्र एक खोखले गोले की भाँति होता है, जिसका व्यास लगभग 25 मिमी होता है।
- नेत्र गोलक के सामने का भाग (अग्र भाग) कुछ उभरा हुआ तथा पारदर्शक होता है। इस भाग को **कॉर्निया** या **स्वच्छ मण्डल** या **श्वेत पटल** भी कहते हैं।
- **कॉर्निया** के पीछे एक रंगीन अपारदर्शक झिल्ली का पर्दा होता है, जिसे **आइरिस** कहते हैं। आँख का रंग आइरिस के रंग पर निर्भर करता है।
- **आइरिस** के मध्य में एक छिद्र होता है, जिसे **पुतली** या **नेत्र तारा** कहते हैं।

- नेत्र में प्रवेश करने वाले प्रकाश की मात्रा को **पुतली** द्वारा नियन्त्रित किया जाता है।
- आइरिस के ठीक पीछे प्रोटीन का बना पारदर्शक तथा मुलायम पदार्थ का एक द्वि-उत्तल लेन्स होता है, जिसे **नेत्र लेन्स** कहते हैं। लेन्स के पदार्थ का **अपवर्तनांक** लगभग 1.44 होता है।
- नेत्र लेन्स मांसपेशियों की सहायता से अपने स्थान पर ही टिका रहता है, जिन्हें **पक्ष्माभी मांसपेशियाँ** कहते हैं।
- **रेटिना** एक प्रकाश-संवेदी सतह है, जिस पर **प्रतिबिम्ब** बनता है।
- **मानव नेत्र की समंजन क्षमता** मांसपेशियों द्वारा नेत्र लेन्स की फोकस दूरी को आवश्यकतानुसार परिवर्तित करने की क्षमता को नेत्र की समंजन क्षमता (Accommodation power) कहते हैं।
- स्पष्ट दृष्टि की न्यूनतम दूरी 25 सेमी होती है।
- रेटिना पर वस्तु का उल्टा एवं वास्तविक प्रतिबिम्ब बनता है।

मानव नेत्र व दृष्टि दोष

निकट दृष्टि दोष [Myopia/Short Sightedness]	इस रोग से ग्रसित व्यक्ति को दूर की वस्तुएँ स्पष्ट दिखाई नहीं देती, जिसके निवारण के लिए **अवतल लेन्स** का प्रयोग किया जाता है।
दूर दृष्टि दोष [Hypermetropia]	इस रोग से ग्रसित व्यक्ति को निकट की वस्तु स्पष्ट दिखाई नहीं देती, जिसके निवारण के लिए **उत्तल लेन्स** का प्रयोग किया जाता है।
जरा दृष्टि दोष [Presbyopia]	इस दोष में व्यक्ति दूर तथा पास की वस्तुओं को स्पष्ट नहीं देख पाता है जिसका निवारण **द्वि-फोकसीय लेन्स** द्वारा किया जाता है।
अबिन्दुकता [Astigmatism]	इस दोष में व्यक्ति क्षैतिज दिशा में तो ठीक देख पाता है, परन्तु ऊर्ध्व दिशा में नहीं देख पाता है जिसके निवारण के लिए बेलनाकार लेन्स का उपयोग किया जाता है।

एग्जाम पैटर्न प्रश्न

1. निर्वात् में प्रकाश की चाल होती है
(a) 3×10^8 मी/से (b) 2×10^8 मी/से
(c) 3×10^{15} मी/से (d) 3×10^{10} मी/से

2. प्रकाश के किसी सतह से टकराकर वापस आने की घटना कहलाती है
(a) अपवर्तन (b) विचलन
(c) परावर्तन (d) विवर्तन

3. निम्न में से प्रकाश का सर्वोत्तम परावर्तक है
(a) काँच (b) पानी
(c) कागज (d) सिल्वर

4. किसी पृष्ठ से परावर्तित प्रकाश की मात्रा निर्भर करती है
(a) प्रकाशिक माध्यम पर
(b) प्रकाशिक स्रोत पर
(c) पृष्ठ की प्रकृति पर
(d) इनमें से कोई नहीं

5. अपवर्तन की घटना में निम्न में से कौन-सी राशि अपरिवर्तित रहती है?
(a) प्रकाश की चाल
(b) प्रकाश की तीव्रता
(c) प्रकाश की तरंगदैर्ध्य
(d) प्रकाश की आवृत्ति

6. प्रकाश के अपवर्तन के लिए आपतन कोण (i) तथा अपवर्तन कोण (r) में सही सम्बन्ध है
(a) $\angle i = \angle r$ (b) $\angle i \neq \angle r$
(c) $\angle i > \angle r$ (d) इनमें से कोई नहीं

7. स्नैल का नियम है
(a) $\frac{\sin i}{\sin r} = \mu$ (b) $\frac{\sin i}{\sin r}$
(c) $\frac{\sin i}{\sin r} < \mu$ (d) $\frac{\sin r}{\sin i}$

8. निरपेक्ष अपवर्तनांक का मान है
(a) $n < 1$ (b) $n > 1$
(c) $1 > n > 0$ (d) $\infty > n > 0$

9. प्रकाश के अपवर्तन में यदि दोनों माध्यमों के अपवर्तनांक समान हो, तो अपवर्तन के पश्चात् प्रकाश की किरण
(a) अभिलम्ब से दूर हट जाती है
(b) अभिलम्ब की ओर झुक जाती है
(c) बिना विचलित हुए सीधी निकल जाती है
(d) उपरोक्त में से कोई नहीं

10. जल में डूबी हुई सीधी छड़ मुड़ी हुई प्रतीत होती है। इसका कारण है
(a) अपवर्तन
(b) परावर्तन
(c) प्रकाश किरणों की उत्क्रमणीयता
(d) उपरोक्त में से कोई नहीं

11. काँच का अपवर्तनांक अधिकतम होता है
(a) लाल रंग के लिए
(b) हरे रंग के लिए
(c) बैंगनी रंग के लिए
(d) पीले रंग के लिए

12. यदि दो माध्यमों के पृथक्कारी पृष्ठ पर प्रकाश की एक किरण लम्बवत् आपतित होती है, तो अपवर्तन कोण का मान होगा
(a) 0° (b) 45°
(c) 60° (d) 80°

13. पूर्ण आन्तरिक परावर्तन के लिए आपतन कोण का मान होता है
(a) क्रान्तिक कोण से कम
(b) क्रान्तिक कोण से अधिक
(c) क्रान्तिक कोण के बराबर
(d) उपरोक्त में से कोई नहीं

14. प्रकाश का पूर्ण आन्तरिक परावर्तन सम्भव नहीं है
(a) काँच से जल में
(b) जल से वायु में
(c) जल से काँच में
(d) काँच से वायु में

15. अंतदर्शी (Endoscope) किस सिद्धान्त पर आधारित होता है?
(a) प्रकीर्णन
(b) अपवर्तन
(c) पूर्ण आन्तरिक परावर्तन
(d) परावर्तन

16. निम्नलिखित में से कौन प्रकाश के वायुमण्डलीय अपवर्तन का परिणाम नहीं है ?
(a) सूर्यास्त के समय सूर्य का लाल दिखाई देना
(b) रात में तारों का टिमटिमाना
(c) सूर्य का आकाश में अपनी वास्तविक ऊँचाई से अधिक ऊँचाई पर दिखना
(d) सूर्य का अपने वास्तविक उदय से दो या तीन मिनट पहले दिखाई पड़ना

17. आकाश नीला क्यों दिखाई देता है?
(a) प्रकीर्णन के कारण
(b) परावर्तन के कारण
(c) अपवर्तन के कारण
(d) पूर्ण आन्तरिक परावर्तन के कारण

18. इन्द्रधनुष किस कारण से बनता है ?
(a) अपवर्तन और परिक्षेपण
(b) प्रकीर्णन और अपवर्तन
(c) विवर्तन और अपवर्तन
(d) अपवर्तन और परावर्तन

19. विक्षेपण के अन्तर्गत प्रिज्म से गुजरने पर किस रंग के प्रकाश का विचलन अधिकतम होता है?
(a) लाल रंग (b) बैंगनी रंग
(c) नीला रंग (d) हरा रंग

20. समतल दर्पण की वक्रता त्रिज्या होती है
(a) शून्य
(b) एक
(c) अनन्त
(d) एक और अनन्त के बीच

21. एक अवतल दर्पण की वक्रता त्रिज्या 15 सेमी है, तो इसकी फोकस दूरी होगी
(a) 75 सेमी (b) –7.5 सेमी
(c) + 30 सेमी (d) 7.5 सेमी

22. किस दर्पण में वस्तु का प्रतिबिम्ब सदैव वस्तु से छोटा, सीधा व काल्पनिक बनता है ?
(a) समतल (b) अवतल
(c) उत्तल (d) ये सभी

23. दर्पण की फोकस दूरी (f) तथा वक्रता त्रिज्या (r) के बीच सम्बन्ध है?
(a) $f = r$ (b) $f = \frac{1}{r}$
(c) $2f = r$ (d) $f = 2r$

24. किसका दृष्टि क्षेत्र सबसे अधिक है?
(a) समतल दर्पण
(b) उत्तल दर्पण
(c) अवतल दर्पण
(d) इनमें से कोई नहीं

25. समतल दर्पण के सामने एक वस्तु दर्पण से 10 सेमी की दूरी पर रखी गई है, तो दर्पण से प्रतिबिम्ब की दूरी होगी
(a) 5 सेमी (b) 10 सेमी
(c) 20 सेमी (d) शून्य

26. निम्न में से किसके सामने रखी वस्तु का प्रतिबिम्ब सदैव सीधा, आभासी तथा छोटा बनता है?
(a) उत्तल लेन्स (b) अवतल लेन्स
(c) अवतल दर्पण (d) समतल दर्पण

27. उत्तल लेन्स का प्रयोग किया जाता है
(a) दूरदर्शी में
(b) सूक्ष्मदर्शी में
(c) मानव नेत्र में उत्पन्न दृष्टि दोष को दूर करने में
(d) उपरोक्त सभी में

28. लेन्स की फोकस दूरी अधिकतम है
(a) लाल रंग के लिए
(b) पीले रंग के लिए
(c) हरे रंग के लिए
(d) बैंगनी रंग के लिए

29. एक उत्तल लेन्स की क्षमता 2 डायोप्टर है, इसकी फोकस दूरी होगी
(a) 24 सेमी (b) 50 सेमी
(c) 40 सेमी (d) 100 सेमी

30. मनुष्य के स्वस्थ नेत्र में प्रतिबिम्ब बनता है
(a) रेटिना पर
(b) रेटिना के आगे
(c) रेटिना के पीछे
(d) अनन्त पर

31. स्पष्ट दृष्टि की न्यूनतम दूरी है
(a) 25 सेमी (b) 50 सेमी
(c) 100 सेमी (d) अनन्त

32. नेत्र लेन्स होता है
(a) अभिसारी
(b) अपसारी
(c) उत्तल व अवतल
(d) इनमें से कोई नहीं

33. निकट दृष्टि दोष से पीड़ित व्यक्ति के लिए चश्मे में प्रयुक्त किया जाता है
(a) अवतल लेन्स
(b) अवतल दर्पण
(c) उत्तल लेन्स
(d) उत्तल दर्पण

34. दूर दृष्टि दोष के कारण प्रतिबिम्ब बनता है
(a) रेटिना पर
(b) रेटिना से आगे
(c) रेटिना से पीछे
(d) कही नहीं

PYQs

35. आँख का पारदर्शी अग्र भाग है
क्लर्क (लखनऊ) 2020
(a) स्वच्छ मण्डल
(b) लेन्स
(c) दृष्टिपटल
(d) परितारिका

उत्तरमाला

1. (a)	2. (c)	3. (d)	4. (c)	5. (d)	6. (b)	7. (a)	8. (b)	9. (c)	10. (a)
11. (c)	12. (a)	13. (b)	14. (c)	15. (c)	16. (a)	17. (a)	18. (b)	19. (b)	20. (c)
21. (b)	22. (c)	23. (c)	24. (b)	25. (b)	26. (b)	27. (d)	28. (a)	29. (b)	30. (a)
31. (a)	32. (a)	33. (a)	34. (c)	35. (a)					

अध्याय 08

विद्युत धारा

विद्युत आवेश

- किसी पदार्थ का वह गुण, जिसके कारण उसमें विद्युत तथा चुम्बकीय प्रभाव उत्पन्न होते हैं, **विद्युत आवेश** (Electric charge) कहलाता है
- आवेश की SI इकाई **कूलॉम** होती है तथा इलेक्ट्रॉन पर आवेश का मान 1.6×10^{-19} कूलॉम होता है।
- वे पदार्थ जिनमें विद्युत क्षेत्र लगाने पर बहुत अधिक आवेश वाहक गतिमान हो जाते हैं, **चालक** (Conductor) कहलाते हैं। उदाहरण— सिल्वर, कॉपर, लोहा आदि।
- वे पदार्थ जिनमें सामान्यत: विद्युत प्रवाह सम्भव नहीं होता, **अचालक** अथवा **विद्युतरोधी** (Insulator) कहलाते हैं, उदाहरण-रबर, काँच, लकड़ी आदि।

कूलॉम का नियम

- यदि दो बिन्दु-आवेश q_1 व q_2 एक-दूसरे से r दूरी पर स्थित हो, तो उनके बीच लगने वाले बल का परिमाण

$$F\propto\frac{|q_1q_2|}{r^2} \text{ अथवा } F=k\frac{|q_1q_2|}{r^2}$$

जहाँ, k अनुक्रमानुपाती नियतांक है, जिसका मान प्रयोग में आने वाली मात्रक पद्धति पर निर्भर करता है।

विद्युत क्षेत्र

- किसी आवेश के परित: वह क्षेत्र जिसमें कोई अन्य आवेश विद्युत बल का अनुभव करता है, विद्युत क्षेत्र (Electric field) कहलाता है।

विद्युत धारा

- किसी चालक में विद्युत आवेश के प्रवाह की दर को विद्युत धारा (Electric current) अथवा विद्युत धारा की तीव्रता कहते हैं।

अत: विद्युत धारा $(I)=\dfrac{\text{आवेश}(q)}{\text{समय}\ (t)}$

- विद्युत धारा की SI इकाई **ऐम्पियर** होती है।
- विद्युत धारा को ऐम्पियर में मापने के लिए **अमीटर** नामक यन्त्र का प्रयोग किया जाता है। इसे परिपथ में सदैव श्रेणीक्रम में लगाया जाता है। आदर्श अमीटर का प्रतिरोध शून्य होता है।
- **दिष्ट धारा** वह धारा, जिसका परिमाण एवं दिशा समय के साथ परिवर्तनशील नहीं होते हैं, दिष्ट धारा (Direct current) कहलाती है। उदाहरण— सेल, बैटरी तथा DC डायनेमों आदि।
- **प्रत्यावर्ती धारा** वह धारा, जिसका परिमाण एवं दिशा समय के साथ परिवर्तनशील होते हैं, प्रत्यावर्ती धारा (Alternating current) कहलाती है। उदाहरण— AC डायनेमो।

विद्युत विभव तथा विभवान्तर

- एकांक आवेश को अनन्त से विद्युत क्षेत्र के एक बिन्दु तक लाने में किया गया कार्य, **विद्युत विभव** (Electric potential) कहलाता है।
- एकांक आवेश द्वारा चालक के एक सिरे (V_1) से दूसरे सिरे (V_2) तक प्रवाहित होने में किए गए कार्य को ही दोनों सिरों के बीच का **विभवान्तर** (Potential difference) कहते हैं।
- विभवान्तर को मापने के लिए **वोल्टमीटर** का प्रयोग किया जाता है। इसे परिपथ में सदैव **समान्तर क्रम** में लगाया जाता है। एक आदर्श वोल्टमीटर का प्रतिरोध अनन्त होता है।

$$\Delta V=V_2-V_1=\frac{W}{Q}$$

- जब किसी सेल के दो इलेक्ट्रोडों के मध्य अधिकतम विभवान्तर होता है तथा जब सेल से कोई धारा नहीं बहती है तब अधिकतम विभवान्तर ही **विद्युत वाहक बल** (EMF) कहलाता है।

ओम का नियम

- नियत ताप पर चालक के सिरों पर लगाया गया विभवान्तर उसमें प्रवाहित धारा के अनुक्रमानुपाती होता है।

$$I=V/R$$

जहाँ, R प्रतिरोध है, जिसकी इकाई **ओम** (Ω) होती है।

प्रतिरोध

- किसी पदार्थ का वह गुण है, जिसके कारण पदार्थ अपने अन्दर होने वाले धारा के प्रवाह का विरोध करता है, प्रतिरोध (Resistance) कहलाता है।

अत: $R=\dfrac{V}{I}$

- एक निश्चित ताप पर किसी चालक तार का प्रतिरोध तार की लम्बाई (l), अनुप्रस्थ-काट के क्षेत्रफल (A) तथा पदार्थ की प्रकृति पर निर्भर करता है।

$$R\propto\frac{l}{A} \Rightarrow R=\frac{\rho l}{A}$$

जहाँ, ρ चालक का विशिष्ट प्रतिरोध या प्रतिरोधकता है जिसका मात्रक **ओम-मीटर** होता है।

प्रतिरोधों का संयोजन

- दो या दो से अधिक प्रतिरोधों का श्रेणीक्रम में तुल्य प्रतिरोध
  $R = R_1 + R_2 + R_3 + \dots$
- दो या दो से अधिक प्रतिरोधों का समान्तर क्रम में तुल्य प्रतिरोध
  $\frac{1}{R} = \frac{1}{R_1} + \frac{1}{R_2} + \frac{1}{R_3} + \dots$

विद्युत धारा का तापीय प्रभाव

- जब विद्युत धारा उच्च प्रतिरोध के तार; जैसे—नाइक्रोम में प्रवाहित की जाती है, तो तार का प्रतिरोध अत्यधिक गर्म होकर ऊष्मा उत्पन्न करता है, यह विद्युत धारा का तापीय प्रभाव कहलाता है।
- विद्युत धारा के तापीय प्रभाव (Heating effect of electric current) के कारण ही विद्युत ऊर्जा, ऊष्मीय ऊर्जा में बदल जाती है
  चालक में उत्पन्न ऊष्मा, $H = VIt = V^2t/R = I^2Rt$

विद्युत फ्यूज

- विद्युत फ्यूज (Electric fuse) का प्रयोग परिपथ में लगे उपकरणों की सुरक्षा के लिए किया जाता है। यह ताँबा, टिन व सीसे की मिश्रधातु का बना होता है।
- विद्युत फ्यूज सदैव श्रेणीक्रम में जोड़ा जाता है। विद्युत फ्यूज कम गलनांक तथा कम प्रतिरोध वाली धातु के बनाए जाते हैं, जिससे कि अधिक धारा बहने पर यह पिघलकर विद्युत परिपथ को भंग कर दे।

विद्युत बल्ब

- यह विद्युत धारा के ऊष्मीय प्रभाव पर आधारित एक युक्ति है, जिसमें **टंगस्टन** से निर्मित एक फिलामेन्ट या तन्तु होता है।
- टंगस्टन की प्रतिरोधकता तथा गलनांक बिन्दु (3380°C) दोनों उच्च होते हैं।

विद्युत ऊर्जा तथा विद्युत शक्ति

- किसी चालक में विद्युत आवेश प्रवाहित होने से जो ऊर्जा व्यय होती है, उसे **विद्युत ऊर्जा** (Electric energy) कहते हैं। विद्युत ऊर्जा का मात्रक **जूल** होता है।

$$E = V \times q = VIt = I^2Rt$$

- विद्युत परिपथ में एकांक समय में किया गया कार्य, **विद्युत शक्ति** (Electric power) कहलाती है।

$$P = \frac{W}{t} = \frac{V \times q}{t}$$

$$= \frac{VIt}{t} = VI = I^2R \qquad [\because q = I \times t]$$

घरेलू विद्युत परिपथ

- घरेलू विद्युत परिपथ में निम्न तीन तार होते हैं
  1. सजीव तार (Live wire) (लाल रंग)
  2. उदासीन तार (Neutral wire) (काला रंग)
  3. भूसम्पर्क तार (Earth wire) (हरा रंग)
- यदि सजीव तार, उदासीन तार के सम्पर्क में आ जाता है, तो परिपथ **लघुपथित** (Short circuit) हो जाता है।
- विद्युत झटकों से बचने हेतु, युक्तियों की धात्विक सतह को भू-सम्पर्कित (Earthing) अर्थात् शून्य विभव से जोड़ा जाता है।

अतिचालकता

- किसी पदार्थ की प्रतिरोधकता पदार्थ के एक विशेष ताप से नीचे ठण्डा होने पर तेजी से घटकर शून्य हो जाती है। इस घटना को अतिचालकता (Super conductivity) कहते हैं।

एग्जाम पैटर्न प्रश्न

1. एक इलेक्ट्रॉन पर आवेश होता है
(a) -9.1×10^{-19} कूलॉम
(b) -1.6×10^{-19} कूलॉम
(c) $+9.1 \times 10^{-19}$ कूलॉम
(d) $+1.6 \times 10^{-19}$ कूलॉम

2. विद्युत आवेश का मात्रक है
(a) जूल (b) कूलॉम
(c) वोल्ट (d) ऐम्पियर

3. ऐम्पियर-सेकण्ड किसका मात्रक है?
(a) विद्युत ऊर्जा का
(b) विद्युत वाहक बल का
(c) आवेश का
(d) विद्युत धारा का

4. धारा के परिमाण का मात्रक है
(a) ऐम्पियर (b) वोल्ट
(c) ओम (d) वाट

5. किसी चालक तार में विद्युत धारा का प्रवाह होता है
(a) मुक्त इलेक्ट्रॉनों द्वारा
(b) प्रोटॉनों द्वारा
(c) आयनों द्वारा
(d) न्यूट्रॉनों द्वारा

6. एक मिलीऐम्पियर तुल्य होता है
(a) 10^{-3} ऐम्पियर (b) 10^{3} ऐम्पियर
(c) 10^{6} ऐम्पियर (d) 10^{-6} ऐम्पियर

7. विद्युत विभव का मात्रक है
(a) ओम (b) वाट
(c) ऐम्पियर (d) वोल्ट

8. विभवान्तर तथा आवेश का गुणनफल तुल्य होता है
(a) कार्य (b) विभव
(c) विद्युत ऊर्जा (d) इनमें से कोई नहीं

9. ओम के नियम का सूत्र है
(a) $I = V \times R$ (b) $R = V \times I$
(c) $V = I \times R$ (d) इनमें से कोई नहीं

10. ओम का नियम सत्य है
(a) केवल धात्विक चालकों के लिए
(b) केवल अधात्विक चालकों के लिए
(c) केवल अर्द्धचालकों के लिए
(d) उपरोक्त सभी के लिए

11. प्रतिरोध का मात्रक होता है
(a) ओम (b) ओम/सेमी
(c) ओम-सेमी (d) वोल्ट

12. निम्नलिखित में से किस पदार्थ का प्रतिरोध ताप बढ़ाने पर घटता है?
(a) शुद्ध सिलिका (b) ताँबा
(c) नाइक्रोम (d) प्लेटिनम

13. 1.5 ओम प्रतिरोध के तार में 1.5 ऐम्पियर की धारा प्रवाहित करने पर तारों के सिरों के बीच विभवान्तर होगा
(a) 22.5 वोल्ट (b) 1 वोल्ट
(c) 0.225 वोल्ट (d) 2.25 वोल्ट

14. यदि एक तार में प्रवाहित धारा को दोगुना कर दिया जाए, तो विभवान्तर का मान हो जाएगा
(a) दोगुना
(b) चार गुना
(c) अपरिवर्तित
(d) इनमें से कोई नहीं

15. यदि पाँच प्रतिरोध, जिनके मान (प्रत्येक) $\frac{1}{5}$ ओम है, श्रेणीक्रम में संयोजित हैं। उनके द्वारा प्राप्त होने वाला अधिकतम प्रतिरोध है
(a) $\frac{1}{5}$ ओम
(b) 10 ओम
(c) 5 ओम
(d) 1 ओम

16. R_1 व R_2 दो प्रतिरोधक तार समान्तर क्रम में जोड़े गए हैं, इनका तुल्य प्रतिरोध होगा
(a) $R_1 + R_2$ (b) $R_1 \times R_2$
(c) $\frac{R_1R_2}{R_1 + R_2}$ (d) $\frac{R_1 + R_2}{R_1R_2}$

17. जूल के ऊष्मीय उत्पादन के नियम का सूत्र है
(a) $H = \frac{I^2Rt}{4.2}$ (b) $H = \frac{V^2t^2}{4.2\,R}$
(c) $H = \frac{VIt^2}{4.2}$ (d) $H = \frac{V^2I^2t}{4.2}$

18. विद्युत ऊर्जा का मात्रक होता है
(a) वाट (b) जूल
(c) वाट/जूल (d) इनमें से कोई नहीं

19. यदि एक चालक में 2 ऐम्पियर की धारा 10 वोल्ट पर 1 मिनट तक प्रवाहित की जाए, तो तार में व्यय हुई विद्युत ऊर्जा का मान होगा
(a) 5 जूल (b) 10 जूल
(c) 20 जूल (d) 1200 जूल

20. धारा व प्रतिरोध के पदों में विद्युत सामर्थ्य का सूत्र है
(a) $P = I^2R$ (b) $P = \frac{V^2}{R}$
(c) $P = \frac{R}{I^2}$ (d) इनमें से कोई नहीं

21. विद्युत फ्यूज को परिपथ के क्रम में लगाया जाता है
(a) श्रेणीक्रम
(b) समान्तर क्रम
(c) दोनों (a) व (b)
(d) उपरोक्त में से कोई नहीं

22. हमारे घरेलू विद्युत परिपथ में फ्यूज पिघल जाता है, जब भारी वृद्धि होती है
(a) प्रेरण में (b) धारा में
(c) प्रतिरोध में (d) धारिता में

23. मेन स्विच से निकलने वाले तारों को जोड़ा जाता है
(a) मेन फ्यूज से (b) वाट-घण्टा-मीटर से
(c) युक्ति से (d) इनमें से कोई नहीं

24. फ्यूज में प्रयुक्त होने वाले तार की विशेषता होती है
(a) निम्न प्रतिरोधकता/ उच्च गलनांक
(b) निम्न प्रतिरोधकता / निम्न गलनांक
(c) उच्च प्रतिरोधकता/ निम्न गलनांक
(d) उच्च प्रतिरोधकता / निम्न गलनांक

25. बिजली के बल्ब में फिलामेन्ट होता है
(a) टंगस्टन का (b) लोहे का
(c) ताँबे का (d) पीतल का

26. विद्युत परिपथ में प्रयुक्त लाल रंग का तार होता है
(a) लाइव तार
(b) न्यूट्रल तार
(c) भू-सम्पर्कित तार
(d) इनमें से कोई नहीं

27. अतिचालक पदार्थ की चालकता होती है
(a) अनन्त (b) शून्य
(c) एक (d) अनिर्धारित

उत्तरमाला

1. (b)	2. (b)	3. (c)	4. (a)	5. (a)	6. (a)	7. (d)	8. (a)	9. (c)	10. (a)
11. (a)	12. (a)	13. (d)	14. (a)	15. (d)	16. (c)	17. (a)	18. (b)	19. (d)	20. (a)
21. (a)	22. (b)	23. (a)	24. (c)	25. (a)	26. (a)	27. (a)			

अध्याय 09

चुम्बकत्व

चुम्बक

- चुम्बक (Magnet) एक ऐसा पदार्थ है, जो लोहे, निकिल, कोबाल्ट और अयस्कों को अपनी ओर आकर्षित करता है।
- वे पदार्थ जो कमरे के ताप पर अधिक समय तक लौहचुम्बकीय गुणों का अनुसरण करते हैं, **स्थायी चुम्बक** (Permanent magnet) कहलाते हैं। स्थायी चुम्बक कोबाल्ट, स्टील द्वारा बने होते हैं।

चुम्बक के ध्रुव

- चुम्बक के दोनों सिरों के निकट वे बिन्दु जिन पर चुम्बकत्व सबसे अधिक होता है, चुम्बक के ध्रुव (Poles of magnet) कहलाते हैं।
- चुम्बक को स्वतन्त्रतापूर्वक लटकाने पर वह उत्तर-दक्षिण दिशा में ठहरती है। उत्तर की ओर वाला ध्रुव **उत्तरी ध्रुव** तथा दक्षिण की ओर वाला ध्रुव **दक्षिणी ध्रुव** कहलाता है।
- समान ध्रुवों में प्रतिकर्षण तथा असमान ध्रुवों में आकर्षण होता है।
- ध्रुवों को मिलाने वाली रेखा **चुम्बकीय अक्ष** (Magnetic axis) कहलाती है।
- चुम्बकीय पदार्थों को ध्रुवों द्वारा आकर्षित करने की सामर्थ्य को ध्रुव की सामर्थ्य कहते हैं।
- वह तापक्रम (690°C से 870°C) जिस पर चुम्बक अपना चुम्बकत्व खो देता है, **क्यूरी ताप** (Curie temperature) कहलाता है।

चुम्बकीय क्षेत्र

- चुम्बक के चारों ओर वह क्षेत्र जिसमें चुम्बक के प्रभाव का अनुभव किया जा सके, चुम्बकीय क्षेत्र (Magnetic field) कहलाता है।
- चुम्बकीय क्षेत्र की इकाई **न्यूटन/ऐम्पियर-मीटर** या **टेस्ला** होती है।
- एक q आवेश, चुम्बकीय क्षेत्र B में क्षेत्र की दिशा के लम्बवत् v वेग से गतिशील है, तो कण पर कार्यरत् लॉरेन्ज बल $F = qvB\sin\theta$ होगा।

चुम्बकीय क्षेत्र रेखाएँ

- वे काल्पनिक रेखाएँ, जो चुम्बक के चारों ओर चुम्बकीय क्षेत्र की दिशा प्रदर्शित करती है, चुम्बकीय क्षेत्र रेखाएँ या **चुम्बकीय बल रेखाएँ** कहलाती हैं।
- चुम्बकीय क्षेत्र रेखाओं के किसी भी बिन्दु पर खींची गई स्पर्श रेखा उस बिन्दु पर चुम्बकीय क्षेत्र की दिशा को प्रदर्शित करती है।
- चुम्बक के अन्दर क्षेत्र रेखाओं की दिशा दक्षिणी ध्रुव से उत्तरी ध्रुव की ओर तथा चुम्बक के बाहर इनकी दिशा उत्तरी ध्रुव से दक्षिणी ध्रुव की ओर होती है।
- चुम्बकीय बल रेखाएँ एक-दूसरे को कभी नहीं काटती, क्योंकि एक बिन्दु पर चुम्बकीय क्षेत्र की दो दिशाएँ सम्भव नहीं है।
- उदासीन बिन्दु पर चुम्बकीय क्षेत्र का मान **शून्य** होता है।

चुम्बकीय क्षेत्र की दिशा ज्ञात करने के नियम

- **दाएँ हाथ के अँगूठे के नियम** से चुम्बकीय क्षेत्र की दिशा ज्ञात की जाती है।
- **फ्लेमिंग के बाएँ हाथ के नियम** से, किसी धारावाही चालक तार पर लगने वाले बल की दिशा ज्ञात की जाती है।

नोट किसी लम्बे धारावाही चालक तार का चुम्बकीय क्षेत्र **संकेन्द्रीय** रेखाओं के रूप में होता है।

चुम्बकीय पदार्थ

चुम्बकीय पदार्थों को उनके चुम्बकत्व के आधार पर तीन भागों में बाँटा गया है

- **प्रतिचुम्बकीय पदार्थ** वे पदार्थ, जो बाह्य चुम्बकीय क्षेत्र में रखे जाने पर क्षेत्र की विपरीत दिशा में अल्प चुम्बकित हो जाते हैं, प्रतिचुम्बकीय पदार्थ कहलाते हैं। चुम्बक के इस गुण को **प्रतिचुम्बकत्व** (Diamagnetism) पदार्थ कहते हैं। उदाहरण— एण्टीमनी, बिस्मिथ जस्ता, ताँबा आदि।
- **अनुचुम्बकीय पदार्थ** वे पदार्थ जो बाह्य चुम्बकीय क्षेत्र में रखे जाने पर क्षेत्र की ही दिशा में अल्प चुम्बकित हो जाते हैं, अनुचुम्बकीय (Paramagnetism) पदार्थ कहलाते हैं। उदाहरण— कॉपर, प्लेटिनम, मैंगनीज आदि।
- **लौहचुम्बकीय पदार्थ** वे पदार्थ जो बाह्य चुम्बकीय क्षेत्र में रखे जाने पर क्षेत्र की दिशा में प्रबल रूप से चुम्बकित हो जाते हैं, लौहचुम्बकीय (Ferromagnetism) पदार्थ कहलाते हैं। उदाहरण— लोहा, निकिल, कोबाल्ट आदि।

परिनालिका

- जब किसी बेलनाकार कुचालक नलिका पर, उसकी लम्बाई के अनुदिश एकसमान रूप से ताँबे के तार कुण्डलिनी के रूप में लपेटे जाये, तो यह व्यवस्था परिनालिका कहलाती है।

- परिनालिका के अन्दर चुम्बकीय क्षेत्र,
  $B = \mu_0 nI$
  जहाँ, I = धारा, n = परिनालिका में फेरों की संख्या
  तथा μ_0 = निरपेक्ष चुम्बकशीलता

विद्युत चुम्बक

- विद्युत चुम्बक एक परिनालिका कुण्डली होती है, जिसमें धारा के प्रवाह के कारण चुम्बकत्व उत्पन्न होता है। यह चुम्बकीय धारा के प्रभाव के नियम पर कार्य करता है।
- विद्युत चुम्बक का उपयोग, विद्युत पंखों, विद्युत घंटियों, रेफ्रिजेटरों आदि में किया जाता है।

विद्युत चुम्बकीय प्रेरण

- जब किसी कुण्डली तथा चुम्बक के बीच सापेक्ष गति होती है, तो कुण्डली में एक विद्युत वाहक बल उत्पन्न हो जाता है, जिसे प्रेरित विद्युत वाहक बल कहते हैं तथा इस घटना को विद्युत चुम्बकीय प्रेरण (Electromagnetic induction) कहते हैं।

विद्युत मोटर

- विद्युत मोटर (Electric motor), विद्युत ऊर्जा को यान्त्रिक ऊर्जा में परिवर्तित करती है। इसका उपयोग बिजली के उपकरण, जल पम्प, आटा चक्की, विद्युत पंखे आदि को चलाने में किया जाता है।

जनित्र

- यह एक ऐसी युक्ति है, जो यान्त्रिक ऊर्जा को विद्युत ऊर्जा में परिवर्तित करती है। जनित्र दो प्रकार के होते हैं
  1. AC जनित्र 2. DC जनित्र

ट्रांसफॉर्मर

ट्रांसफॉर्मर एक ऐसा उपकरण है, जिसका उपयोग प्रत्यावर्ती धारा की वोल्टेज को घटाने या बढ़ाने में किया जाता है। यह अन्योन्य प्रेरण के सिद्धान्त पर कार्य करता है।

एग्जाम पैटर्न प्रश्न

1. एक स्वतन्त्र रूप से लटका हुआ चुम्बक सदैव ठहरता है
(a) उत्तर-दक्षिण दिशा में
(b) पूर्व-उत्तर दिशा में
(c) उत्तर-पश्चिम दिशा में
(d) दक्षिण-पश्चिम दिशा में

2. गतिशील विद्युत आवेश उत्पन्न करता है
(a) चुम्बकीय क्षेत्र
(b) ध्वनि तरंगें
(c) प्रकाश किरणें
(d) ऊष्मा तरंगें

3. सभी चुम्बकीय पदार्थ अपना चुम्बकीय गुण कम करते हैं, जब वे
(a) तेल में डूबते हैं
(b) जल में डूबते हैं
(c) बहुत ज्यादा गर्म होते हैं
(d) लोहे के टुकड़े के पास आते हैं

4. एक छड़ के चुम्बकत्व को बनाने की प्रक्रिया में
(a) छड़ पूरे भाग से चुम्बकित होती है
(b) छड़ केवल बाहरी सतह से चुम्बकित होती है
(c) छड़ केवल आन्तरिक सतह से चुम्बकित होती है
(d) छड़ सिरों से चुम्बकित होती है

5. जब एक छड़ चुम्बक को दो बराबर भागों में बाँटा जाता है, तो प्रत्येक टुकड़े की ध्रुव शक्ति होगी
(a) दोगुनी
(b) आधी
(c) शून्य
(d) समान

6. कौन-सा चुम्बकीय क्षेत्र का मात्रक नहीं है?
(a) वेबर/मी^{2}
(b) टेस्ला
(c) गॉस
(d) न्यूटन/ऐम्पियर^2

7. चुम्बकीय एकल ध्रुव के बारे में सही है
(a) एकल ध्रुव का अस्तित्व होता है
(b) एकल ध्रुव का अस्तित्व नहीं होता है
(c) एकल ध्रुव का संवेग नियत होता है
(d) उपरोक्त में से कोई नहीं

8. चुम्बकीय क्षेत्र की तीव्रता का मात्रक है
(a) न्यूटन/ऐम्पियर-मी^{2}
(b) न्यूटन/ऐम्पियर-मी
(c) न्यूटन-ऐम्पियर-मी
(d) न्यूटन^2/ऐम्पियर-मी

9. जब एक चुम्बकीय सुईं को असमान चुम्बकीय क्षेत्र में रखते हैं, तो यह अनुभव करती है
(a) एक बल परन्तु बल-आघूर्ण नहीं
(b) एक बल तथा बल-आघूर्ण
(c) एक बल-आघूर्ण परन्तु एक बल नहीं
(d) उपरोक्त में से कोई नहीं

10. जब एक आवेशित कण को एक बाह्य चुम्बकीय क्षेत्र में रखा जाता है, तो कण की गतिज ऊर्जा में परिवर्तन होगा
(a) समान तथा असमान क्षेत्र की अवस्था पर
(b) हमेशा शून्य
(c) क्षेत्र की प्रबलता बढ़ाने पर बढ़ेगी
(d) (a) और (c) दोनों

11. किन्हीं दो चुम्बकों के समान ध्रुव एक-दूसरे को
(a) आकर्षित करते हैं
(b) प्रतिकर्षित करते हैं
(c) कोई प्रतिक्रिया नहीं करते
(d) उपरोक्त में से कोई नहीं

12. यदि किसी कम्पास सूईं को छड़ चुम्बक के समीप रखें, तो
(a) सूईं लगातार विक्षेपित होती रहती है
(b) सूईं विक्षेपित होकर एक निश्चित दिशा में ठहर जाती है
(c) सूईं पर कोई प्रभाव नहीं पड़ता
(d) उपरोक्त में से कोई नहीं

13. चुम्बकीय बल-रेखाएँ
(a) सदैव समान्तर होती हैं
(b) एक बिन्दु पर काटती हैं
(c) एक-दूसरे को कभी नहीं काटती
(d) परस्पर लम्बवत् होती हैं

14. फ्लेमिंग के बाएँ हाथ के नियम के अनुसार बीच वाली अँगुली प्रदर्शित करती है
(a) चालक पर लगने वाले बल की दिशा
(b) चुम्बकीय क्षेत्र की दिशा
(c) चालक में प्रवाहित धारा की दिशा
(d) उपरोक्त में से कोई नहीं

15. चुम्बकीय क्षेत्र में गतिशील आवेशित कण पर लगने वाले चुम्बकीय बल की दिशा ज्ञात करने का नियम है
(a) ओम का नियम
(b) दाएँ हाथ के अँगूठे का नियम
(c) फ्लेमिंग के बाएँ हाथ का नियम
(d) दक्षिणावर्त पेंच का नियम

16. लौहचुम्बकीय पदार्थ जिस तापमान पर अनुचुम्बकीय हो जाता है, वह कहलाता है
(a) क्यूरी तापमान
(b) उदासीन तापमान
(c) अनुक्रम तापमान
(d) क्रान्तिक तापमान

17. चुम्बकीय गुणधर्मों के आधार पर ऑक्सीजन का सम्बन्ध किससे है?
(a) चुम्बकीय पदार्थों से
(b) लौह-चुम्बकीय पदार्थों से
(c) अनुचुम्बकीय पदार्थों से
(d) प्रतिचुम्बकीय पदार्थों से

18. किसी मुलायम लोहे के टुकड़े की परिनालिका बनाने पर चुम्बकीय क्षेत्र की प्रबलता
(a) घटती है
(b) बढ़ती है
(c) पहले बढ़ती है, फिर घटती है
(d) कोई परिवर्तन नहीं होता है

19. एक q आवेश, चुम्बकीय क्षेत्र B में क्षेत्र की दिशा के लम्बवत् v वेग से गतिशील है, तो कण पर कार्यरत् लॉरेन्ज बल होगा
(a) qvB (b) $\frac{qv}{B}$
(c) $qvB\sin\theta$ (d) q / vB

20. निम्नलिखित में से वह धातु कौन-सी है, जिसका प्रयोग विद्युत चुम्बक के रूप में नहीं किया जाता है?
(a) लोहा (b) ताँबा
(c) निकिल (d) कोबाल्ट

21. किसी कुण्डली में प्रेरित विद्युत वाहक बल का परिमाण
(a) पृथ्वी के चुम्बकीय क्षेत्र के समानुपाती होता है
(b) कुण्डली की आकृति पर निर्भर करता है
(c) कुण्डली के पदार्थ पर निर्भर करता है
(d चुम्बकीय बल-रेखाओं के परिवर्तन की दर के समानुपाती होता है

22. विद्युत मोटर में स्थानान्तरण होता है
(a) विद्युत ऊर्जा का ध्वनि ऊर्जा में
(b) विद्युत ऊर्जा का यान्त्रिक ऊर्जा में
(c) यान्त्रिक ऊर्जा का विद्युत ऊर्जा में
(d) रासायनिक ऊर्जा का यान्त्रिक ऊर्जा में

23. जब एक धारावाही चालक को चुम्बकीय क्षेत्र में रखा जाता है, तो यह यान्त्रिक बल का अनुभव करता है। इस नियम पर कार्य करने वाला उपकरण है
(a) विद्युत मोटर
(b) डायनेमो जनित्र
(c) विद्युत घण्टी
(d) इनमें से कोई नहीं

24. विद्युत धारा उत्पन्न करने की युक्ति को कहते हैं
(a) जनित्र (b) गैल्वेनोमीटर
(c) अमीटर (d) मोटर

25. ट्रांसफॉर्मर के क्रोड के लिए सर्वोत्तम द्रव्य है
(a) स्टेनलेस स्टील
(b) मृदु इस्पात
(c) कठोर स्टील
(d) नर्म लोहा

26. जनित्र के प्रकार हैं
(a) AC
(b) DC
(c) (a) व (b) दोनों
(d) इनमें से कोई नहीं

PYQs

27. विद्युत घण्टियों में किस प्रकार के चुम्बक का प्रयोग किया जाता है?
क्लर्क (बेंगलुरु) 23 फरवरी 2020
(a) इनमें से कोई नहीं
(b) स्थायी चुम्बक
(c) विद्युत चुम्बक
(d) दण्ड चुम्बक

उत्तरमाला

1. (a)	2. (a)	3. (c)	4. (a)	5. (d)	6. (d)	7. (b)	8. (b)	9. (b)	10. (b)
11. (b)	12. (b)	13. (c)	14. (c)	15. (c)	16. (a)	17. (c)	18. (b)	19. (c)	20. (b)
21. (b)	22. (b)	23. (a)	24. (a)	25. (d)	26. (c)	27. (c)			

अध्याय 10

द्रव्य और उसकी अवस्थाएँ

- द्रव्य या पदार्थ वह है, जो स्थान घेरता है तथा जिसका कुछ द्रव्यमान (Mass) होता है, जैसे—लोहा, बर्फ, लकड़ी, पानी, आदि।
- यह पाँच अवस्थाओं में पाया जाता है, जो निम्न हैं—ठोस, द्रव, गैस, प्लाज्मा तथा बोस-आइन्सटीन कण्डेनसेट। इनमें से प्रथम तीन अवस्थाएँ सामान्य रूप से पाई जाने वाली अवस्थाएँ हैं।
- ठोस का आयतन व आकार **निश्चित** होते हैं। जैसे—बर्फ, लकड़ी, पत्थर आदि।
- द्रव का आयतन **निश्चित** परन्तु आकार **अनिश्चित** होता है; जैसे—जल, तेल, नींबू का रस आदि।
- गैस का आयतन व आकार दोनों ही **अनिश्चित** होते हैं, जैसे—जलवाष्प, हवा, नाइट्रोजन आदि।
- गैसों के **गतिक सिद्धान्त के अनुसार**, गैसों में अणु निरन्तर यादृच्छिक गति की अवस्था में होते हैं।
- परमशून्य ताप ($T = 0$K) पर गैसीय अणुओं की नगण्य गति होती है।
- प्लाज्मा तथा बोस-आइन्सटीन कण्डेनसेट केवल विशिष्ट परिस्थितियों में ही बनते हैं।
- सूर्य एवं तारे प्लाज्मा अवस्था में पाए जाते हैं।

द्रव्य की अवस्थाओं का अन्तः परिवर्तन

- ठोस से द्रव में परिवर्तन को **गलन** कहते हैं, तथा इसके विपरीत द्रव का ठोस में परिवर्तन **ठोसीकरण** कहलाता है।
- 100° C या 212° F पर जल उबलना प्रारम्भ होता है।
- साधारण वायुमण्डलीय दाब पर जल का **गलनांक** (हिमांक) 32°F या 0°C होता है।
- द्रव से गैस (वाष्प) में परिवर्तन **वाष्पीकरण** (Evaporation) कहलाता है तथा इसके विपरीत गैस का द्रव में परिवर्तन **संघनन** (Condensation) कहलाता है।
- गैस का सीधे ठोस में परिवर्तन, **निक्षेपण** (Deposition) कहलाता है।
- ठोस से सीधे गैस में परिवर्तन **ऊर्ध्वपातन** (Sublimation) कहलाता है, जो कपूर, नैफ्थेलीन, अमोनियम क्लोराइड, ठोस कार्बन डाइऑक्साइड, आयोडीन, आदि द्वारा प्रदर्शित होता है।
- आयोडीन का रेत से पृथक्करण ऊर्ध्वपातन द्वारा किया जाता है।
- समुद्री जल का अलवणीकरण आसवन द्वारा किया जाता है।

द्रव्य का वर्गीकरण

रासायनिक संघटन के आधार पर, द्रव्यों को निम्न दो रूपो में विभाजित किया जा सकता है

शुद्ध पदार्थ

- रसायन विज्ञान में शुद्ध पदार्थ वह होता है, जिसमें उपस्थित सभी कण समान रासायनिक प्रकृति के हों। अर्थात् एक शुद्ध पदार्थ समान प्रकार के कणों से मिलकर बना होता है। सभी पदार्थ दो या दो से अधिक शुद्ध अवयवों के संयोग से बनते हैं। उदाहरण—समुद्र का जल, खनिज।

शुद्ध पदार्थ दो प्रकार के होते हैं

तत्व

- समान कण (एक ही प्रकार के परमाणु) से बने होते हैं।
  उदाहरण—सोडियम (Na), कार्बन (C), ऑक्सीजन (O_2), आदि। तत्व को तीन प्रकार से वर्गीकृत किया जा सकता है— **धातु, अधातु** तथा **उपधातु**

यौगिक

- दो या दो से अधिक प्रकार के कण से बने होते हैं, उदाहरण—जल (H_2O), कार्बन डाइऑक्साइड (CO_2), आदि।
- यौगिकों को दो भागों में वर्गीकृत किया जाता है
  1. कार्बनिक यौगिक
  2. अकार्बनिक यौगिक

मिश्रण

- वे अशुद्ध द्रव्य, जो दो या दो से अधिक भिन्न प्रकार के द्रव्यों को किसी भी अनुपात में मिला देने पर बनते हैं तथा जिनके अवयवों को साधारण भौतिक विधियों द्वारा पृथक् किया जा सकता है, मिश्रण कहलाते हैं। उदाहरण—चीनी तथा जल का मिश्रण।

मिश्रण दो प्रकार के होते है

- **समांगी मिश्रण** का संघटन पूर्ण रूप से समान होता है, उदाहरण—जल में नमक का विलयन।
- वास्तविक विलयन समांगी मिश्रण का ही प्रकार है
- **विषमांगी मिश्रण** का संघटन पूर्ण रूप से समान नहीं होता हैं, उदाहरण—जल व रेत का मिश्रण, दो चूर्णों का मिश्रण, कोलॉइडी विलयन, आदि।
- निलम्बन और कोलॉइडी विलयन विषमांगी मिश्रण का प्रकार हैं।
- **निलम्बन** यह एक विषमांगी मिश्रण है। इसमें परिक्षेपित कणों का आकार 10^{-3} सेमी और 10^{-4} सेमी या इससे अधिक होता है। ये अस्थायी होते हैं। उदाहरण—नदी का गन्दा जल, मृदा का जलीय विलयन, वायु में धुँआ, पेन्ट आदि।

विलयन या वास्तविक विलयन

- दो या दो से अधिक पदार्थों के समांगी मिश्रण को विलयन (Solution) कहते हैं।

- इनमें दो अवयव उपस्थित होते हैं; विलेय (Solute) (कम मात्रा) तथा विलायक (Solvent) (अधिक मात्रा) उदाहरण—चीनी का विलयन, आयोडीन टिंचर (अर्थात् आयोडीन का ऐल्कोहॉल में विलयन)
- नॉर्मलता, मोललता तथा मोलरता, सान्द्रता को प्रदर्शित करने की विधियाँ हैं। इनमें से मोललता, तापमान में परिवर्तन से अप्रभावित रहती है।

कोलॉइडी विलयन

- दो या दो से अधिक पदार्थों का विषमांगी मिश्रण कोलॉइडी विलयन कहलाता हैं।
- इसमें दो प्रावस्थाएँ होती हैं— **परिक्षिप्त प्रावस्था** (Dispersed phase) तथा **परिक्षेपण माध्यम** (Dispersion medium)
- विलेय के कणों का आकार बड़ा होने के कारण, प्रकाश का प्रकीर्णन करते हैं अर्थात् ये **टिण्डल प्रभाव** तथा **ब्राउनी गति** प्रदर्शित करते हैं।

कोलॉइडी विलयनों का विवरण

परिक्षिप्त प्रावस्था	परिक्षेपण माध्यम	कोलॉइड का प्रकार	उदाहरण
द्रव	गैस	ऐरोसॉल	कोहरा, बादल, कुहासा
ठोस	गैस	ऐरोसॉल (ठोस)	धुँआ, वाहनों से निकला अपशिष्ट
गैस	द्रव	फॉम	शेविंग क्रीम
द्रव	द्रव	इमल्शन (पायस)	दूध, फेस क्रीम
ठोस	द्रव	सॉल	मैग्नीशिया मिल्क, कीचड़
गैस	ठोस	फॉम	फॉम, रबर स्पंज, प्यूमिस
द्रव	ठोस	जैल	जैली, पनीर, मक्खन
ठोस	ठोस	ठोस सॉल	रंगीन रत्न पत्थर, दूधिया काँच

एग्जाम पैटर्न प्रश्न

1. पदार्थ की चौथी अवस्था क्या होती है?
(a) गैस (b) वाष्प
(c) प्लाज्मा (d) इलेक्ट्रॉन

2. पदार्थ की पाँचवी अवस्था है
(a) प्लाज्मा
(b) बोस-आइन्स्टीन कण्डेनसेट
(c) गैस
(d) उपरोक्त में से कोई नहीं

3. निम्न में से कौन-सा कथन गलत है?
(a) द्रव्य की वह अवस्था, जिसका आकार एवं आयतन दोनों निश्चित होते हैं, ठोस कहलाती है।
(b) द्रव्य की वह अवस्था जो, अत्यधिक उच्च ताप पर प्राप्त होती है। बोस-आइंस्टीन कंडेनसेट कहलाती है
(c) वायुमण्डलीय दाब पर वह तापमान, जिस पर ठोस पिघलकर द्रव बन जाता है, गलनांक कहलाता है।
(d) प्लाज्मा अवस्था में, उच्च ताप द्रव्य के परमाणु आयनित अवस्था में होते हैं।

4. पानी का हिमांक बिन्दु .... है।
(a) 40°F (b) 42°F
(c) 34°F (d) 32°F

5. ठीक शून्य डिग्री सेल्सियस पर कटोरे में रखे बर्फ और पानी में क्या परिवर्तन आएँगे?
(a) सारी बर्फ पिघल जाएगी
(b) सारा पानी बर्फ बन जाएगा
(c) कोई परिवर्तन नहीं आएगा
(d) थोड़ी-सी बर्फ पिघल जाएगी

6. उस प्रक्रिया का क्या नाम है, जिसमें गैस सीधे ही ठोस वस्तु (सॉलिड) में परिवर्तित हो जाती है?
(a) सब्लिमेशन (b) डिपोज़िशन
(c) कंडनसेशन (d) इवैपोरेशन

7. सही कथन का चयन कीजिए
(a) मिश्रण समांगी होते हैं
(b) एक मिश्रण में घटक नियत अनुपात में उपस्थित होते हैं
(c) किसी मिश्रण के घटकों को पृथक् नहीं किया जा सकता हैं
(d) एक मिश्रण के गुणधर्म उसके घटकों के समान हो जाते हैं

8. वह चुनिए, जो मिश्रण नहीं है
(a) वायु (b) गैसोलीन
(c) एल. पी. जी. (d) आसुत जल

9. जल में नमक को विलेय करने से बनता है
(a) समांगी मिश्रण (b) विषमांगी मिश्रण
(c) यौगिक (d) पायस

10. निलम्बन के लिए परिक्षेपित कणों का आकार होता है
(a) 10^{-2}cm से 10^{-3} cm
(b) 10^{-3}cm से 10^{-4} cm
(c) 10^{-5}cm से 10^{-7} cm
(d) 10^{-7}cm से 10^{-9} cm

11. निम्नलिखित में कौन तापमान में परिवर्तन से अप्रभावित है?
(a) मोलरता (b) मोललता
(c) सान्द्रता (d) नॉर्मलता

12. बादल किसका कोलॉइडी परिक्षेपण है?
(a) जल के परिक्षेपण माध्यम में वायु
(b) जल के परिक्षेपण माध्यम में कोहरा
(c) वायु के परिक्षेपण माध्यम में कुहासा
(d) वायु के परिक्षेपण माध्यम में जल बिन्दु

13. निम्नलिखित में से कौन एक ठोस सॉल का एक उदाहरण है?
(a) मैग्नीशिया मिल्क (b) फॉम
(c) रंगीन (रत्न) पत्थर (d) रबर

14. ब्राउनी गति में कोलॉइडी कणों की गति किस प्रकार होती है?
(a) *टेढ़ी-मेढ़ी (zig-zag)*
(b) घूर्णन गति
(c) सरल रेखीय
(d) कोई गति नहीं

15. निम्न में से कौन टिण्डल प्रभाव प्रदर्शित करेगा?
(a) दूध
(b) स्टार्च का विलयन
(c) कॉपर सल्फेट विलयन
(d) 'a' व 'b' दोनों

PYQs

16. निम्नलिखित में से किसका आयतन तो निश्चित है, लेकिन आकार निश्चित नहीं है?
क्लर्क (हैदराबाद) 28 फरवरी 2021
(a) पुस्तक (b) जलवाष्प
(c) ऑक्सीजन (d) नींबू का रस

उत्तरमाला

1 (c)	2 (b)	3 (b)	4 (d)	5 (b)	6 (b)	7 (d)	8 (d)	9 (a)	10 (b)
11 (b)	12 (d)	13 (c)	14 (a)	15. (d)	16. (d)				

अध्याय 11

परमाणु तथा अणु

परमाणु

- द्रव्य का वह छोटे से छोटा कण है, जो रासायनिक अभिक्रिया में भाग लेता है, परमाणु (Atom) कहलाता है।
- डाल्टन के अनुसार, परमाणु अविभाज्य है। अर्थात् परमाणु का न तो निर्माण किया जा सकता है और नही विनाश।
- परमाणु सामान्यतया मुक्त अवस्था में नहीं रहता है। एक परमाणु इलेक्ट्रॉन, प्रोटॉन तथा न्यूट्रॉन जैसे सूक्ष्म कणों से मिलकर बना होता है।

अणु

किसी पदार्थ का वह सूक्ष्मतम कण है, जो स्वतन्त्र अवस्था में रह सकता है, अणु (Molecule) कहलाता है।

परमाणुकता

- किसी तत्व या यौगिक में उपस्थित परमाणुओं की संख्या द्वारा परिभाषित की जाती है।
  उदाहरण—एक परमाणुक अणु : He, Ne
  द्विपरमाणुक अणु : H_2, HCl
  त्रिपरमाणुक अणु : O_3, H_2O, बहुपरमाणुक अणु : P_4, S_8
- **आयन** आवेशित स्पीशीज हैं एवं ये धनावेशी या ऋणावेशी हो सकते हैं।
- **संयोजकता** किसी तत्व की संयोजकता (Valency) हाइड्रोजन परमाणुओं की वह संख्या है, जो उस तत्व के एक परमाणु से संयोग करती है।

परमाणु संरचना एवं परमाणु मॉडल

- परमाणु की संरचना की व्याख्या के लिए विभिन्न परमाणु मॉडल दिए गए।
- **जे. जे. थॉमसन** ने परमाणु का प्लमपुडिंग मॉडल या तरबूज मॉडल दिया।
- **रदरफोर्ड** ने अपने स्वर्णपन्नी प्रयोग द्वारा बताया कि प्रोटॉन नाभिक में उपस्थित होते हैं तथा इलेक्ट्रॉन नाभिक के चारों ओर चक्कर लगाते हैं।
- **नील्स बोर** के परमाणु मॉडल के अनुसार इलेक्ट्रॉन विभिन्न कक्षाओं में चक्कर लगाते हैं जिन्हें ऊर्जा कोश या ऊर्जा स्तर कहते हैं।
- परमाणु के केन्द्र में एक नाभिक (Nucleus) उपस्थित होता है, जो ऋणावेशित (Negatively charged) इलेक्ट्रॉनों के द्वारा घिरा रहता है।

परमाणु के मूल कणों के प्रतीक, द्रव्यमान, आवेश एवं खोजकर्ता

कण	प्रतीक	द्रव्यमान (ग्राम में)	द्रव्यमान (amu में)	आवेश	खोजकर्ता
इलेक्ट्रॉन	$e, {}_{-1}e^0$	9.1095×10^{-28}	0.000548	-1.6×10^{-19}	जे जे थॉमसन (1897)
प्रोटॉन	$p, {}_1H^1$	1.6726×10^{-24}	1.00758	$+1.6 \times 10^{-19}$	रदरफोर्ड (1911)
न्यूट्रॉन	$n, {}_0n^1$	1.6750×10^{-24}	1.000898	विद्युत उदासीन	चैडविक (1912)

परमाणु की विशेषताएँ

परमाणु की निम्न विशेषताएँ होती है

परमाणु क्रमांक

एक परमाणु के नाभिक में उपस्थित प्रोटॉनों की संख्या को परमाणु क्रमांक (Atomic number) कहते है।

द्रव्यमान संख्या

- नाभिक में उपस्थित प्रोटॉनों तथा न्यूट्रॉनों की संख्या का योगफल द्रव्यमान संख्या (Mass number) कहलाती है।
- प्रोटॉन तथा न्यूट्रॉन परमाणु के नाभिक में पाए जाते हैं तथा संयुक्त रूप से **न्यूक्लिऑन** (Nucleons) कहलाते हैं।
- परमाणु भार स्वयं परमाणु का भार होता है।

विभिन्न परमाणु प्रजातियाँ

विभिन्न परमाणु प्रजातियाँ निम्न हैं

समस्थानिक

एक ही तत्व के वे परमाणु, जिनकी परमाणु संख्याएँ समान, किन्तु द्रव्यमान संख्याएँ भिन्न-भिन्न या प्रोटॉनों की संख्या समान, किन्तु न्यूट्रॉनों की संख्या भिन्न-भिन्न हो समस्थानिक (Isotopic) कहलाते हैं।

उदाहरण—हाइड्रोजन के तीन समस्थानिक होते हैं, जिनकी परमाणु संख्या 1 किन्तु द्रव्यमान संख्याएँ 1, 2 और 3 होती है। ${}_1^1H$, ${}_1^2H$ तथा ${}_1^3H$

समभारिक

वे तत्व जिनकी द्रव्यमान संख्याएँ समान, किन्तु परमाणु संख्याएँ भिन्न-भिन्न होती है, समभारिक (Isobar) कहलाते हैं।

उदाहरण—$_{18}Ar^{40}$, $_{19}K^{40}$, $_{20}Ca^{40}$

समन्यूट्रानिक

विभिन्न तत्वों के वे परमाणु जिनमें न्यूट्रॉनों की संख्या समान होती है, किन्तु द्रव्यमान संख्या तथा परमाणु संख्या दोनों भिन्न होते हैं, समन्यूट्रॉनिक (Isotonic) कहलाते हैं।

उदाहरण—$^{14}_{6}C$, $^{16}_{8}O$

इलेक्ट्रॉनिक विन्यास

- किसी तत्व के परमाणु की कक्षाओं में इलेक्ट्रॉनों को व्यवस्थित करने का क्रम उस तत्व का इलेक्ट्रॉनिक विन्यास (Electronic configuration) कहलाता है। तत्वों के गुण उनके इलेक्ट्रॉनिक विन्यास पर निर्भर करते हैं।
उदाहरण—Na (11) = 2, 8, 1 अथवा $1s^2, 2s^2, 2p^6, 3s^1$
- किसी परमाणु की बाह्यतम कक्षा में उपस्थित इलेक्ट्रॉनों को **संयोजी इलेक्ट्रॉन** (Valence electron) कहते हैं तथा परमाणु के भीतरी कक्षाओं में उपस्थित इलेक्ट्रॉनों को **कोर इलेक्ट्रॉन** (Core electron) कहते हैं।
- इसे 2, 8, 8, 18, 18, 32 के रूप में लिखा जाता है।
- n कोश में इलेक्ट्रॉनों की संख्या $2n^2$ होती है।

कुछ तत्वों का इलेक्ट्रॉनिक विन्यास

तत्व	2, 8, 8.... प्रकार	विन्यास nl^x प्रकार
कार्बन ($_6C$)	2, 4	$1s^2, 2s^2, 2p^2$
क्रोमियम ($_{24}Cr$)	2, 8, 13, 1	$1s^2, 2s^2, 2p^6, 3s^2, 3p^6, 3d^5, 4s^1$
आयरन ($_{26}Fe$)	2, 8, 14, 2	$1s^2, 2s^2, 2p^6, 3s^2, 3p^6, 3d^6, 4s^2$
कॉपर ($_{29}Cu$)	2, 8, 18, 1	$1s^2, 2s^2, 2p^6, 3s^2 3p^6, 3d^{10}, 4s^1$

प्रमुख नियम

इलेक्टॉन भरने के लिए प्रमुख नियम निम्न है

- **पाऊली के अपवर्जन नियम** के अनुसार, किन्ही दो इलेक्ट्रॉनों के लिए चारों क्वाण्टम संख्याओं का मान समान नहीं हो सकता है।
- **हुण्ड के अधिकतम बहुलता** नियमानुसार, एक ही उपकोश के कक्षकों में इलेक्ट्रॉनों का युग्मन तब तक नहीं हो सकता, जब तक उस उपकोश के सभी कक्षकों में एक-एक इलेक्ट्रॉन न आ जाए।
- **हाइजेनबर्ग के सिद्धान्त** के अनुसार किसी कण की स्थिति और वेग का एक साथ सटीक निर्धारण नहीं किया जा सकता है।
- **आफबाऊ सिद्धान्त** के अनुसार, इलेक्ट्रॉनिक विन्यास में कक्षकों को उनकी ऊर्जा के बढ़ते क्रम में भरा जाता है।

एग्जाम पैटर्न प्रश्न

1. परमाणु सिद्धान्त किसने दिया था?
(a) आवोगाद्रो ने
(b) डाल्टन ने
(c) न्यूटन ने
(d) पास्कल ने

2. किसी परमाणु के तीन आधारभूत अवयव होते हैं
(a) प्रोटॉन, न्यूट्रॉन तथा आयन
(b) प्रोटॉन, न्यूट्रॉन तथा इलेक्ट्रॉन
(c) प्रोटियम, ड्यूटेरियम तथा इट्रियम
(d) प्रोटॉन, न्यूट्रॉनों तथा आयन

3. निम्न में से कौन एक परमाणुक गैस है?
(a) ऑक्सीजन (b) निऑन
(c) नाइट्रोजन (d) फ्लुओरीन

4. निम्न में से कौन-सा कण परमाणु के नाभिक के चारों ओर घूमता तथा ऋणावेशित होता है?
(a) इलेक्ट्रॉन (b) प्रोटॉन
(c) पॉजिट्रॉन (d) न्यूट्रॉन

5. इलेक्ट्रॉन की खोज की थी
(a) जे. जे. थॉमसन (b) रदरफोर्ड
(c) ई. गोल्डस्टीन (d) चैडविक

6. किसके द्वारा न्यूट्रॉन की खोज हुई थी?
(a) रदरफोर्ड (b) डाल्टन
(c) चैडविक (d) जे. जे. थॉमसन

7. परमाणु के नाभिक में होते हैं
(a) प्रोटॉन
(b) न्यूट्रॉन
(c) प्रोटॉन तथा न्यूट्रॉन
(d) इलेक्ट्रॉन, प्रोटॉन तथा न्यूट्रॉन

8. प्रोटॉन पर आवेश होता है
(a) इलेक्ट्रॉन के आवेश के बराबर
(b) इलेक्ट्रॉन के आवेश के विपरीत
(c) दोनों (a) व (b)
(d) उपरोक्त में से कोई नहीं

9. रदरफोर्ड का α-कण प्रकीर्णन प्रयोग इनके खोज के लिए जिम्मेदार है
(a) परमाणु नाभिक (b) इलेक्ट्रॉन
(c) प्रोटॉन (d) न्यूट्रॉन

10. रदरफोर्ड के प्रयोग में α-किरण प्रकीर्णन द्वारा किस धातु पर बमबारी होती हैं?
(a) कॉपर (b) चाँदी
(c) सोना (d) लोहा

11. रदरफोर्ड का प्रयोग निम्न में से किसकी व्याख्या नहीं कर सकता?
(a) परमाणु के इलेक्ट्रॉनिक विन्यास की
(b) परमाणु के स्थायित्व की
(c) दोनों (a) व (b)
(d) इनमें से कोई नहीं

12. निम्न में से किस तत्व में न्यूट्रॉन नहीं होता है?
(a) ऑक्सीजन (b) नाइट्रोजन
(c) हाइड्रोजन (d) कॉपर

13. निम्न में से किसे न्यूक्लिऑन कहते हैं?
(a) इलेक्ट्रॉन
(b) प्रोटॉन एवं न्यूट्रॉन
(c) न्यूट्रॉन
(d) इलेक्ट्रॉन एवं प्रोटॉन

14. परमाणु की द्रव्यमान संख्या बराबर होती है
(a) न्यूक्लिऑनों की कुल संख्या
(b) न्यूट्रॉनों की कुल संख्या
(c) प्रोटॉनों तथा इलेक्ट्रॉनों की संख्या
(d) प्रोटॉनों, इलेक्ट्रॉनों तथा न्यूट्रॉनों की कुल संख्या

15. $_1H^1$ का नाम है
(a) प्रोटियम (b) ड्यूटीरियम
(c) ट्राइटियम (d) प्रोटॉन

16. निम्नलिखित में कौन-सा एक कण आवेश रहित है?
(a) इलेक्ट्रॉन
(b) प्रोटॉन
(c) न्यूट्रॉन
(d) उपरोक्त में से कोई नहीं

17. समान द्रव्यमान संख्या वाले लेकिन भिन्न परमाणु संख्या वाले परमाणु कहलाते हैं
(a) समस्थानिक
(b) समभारिक
(c) समआयनी
(d) उपरोक्त में से कोई नहीं

18. ${}^{14}_{6}C$ एवं ${}^{14}_{7}N$ उदाहरण हैं
(a) समभारिक के
(b) समस्थानिक के
(c) समन्यूट्रॉनिक के
(d) इनमें से कोई नहीं

19. तत्व के समस्थानिक में होते हैं
(a) समान भौतिक गुण
(b) विभिन्न रासायनिक गुण
(c) न्यूट्रॉनों की विभिन्न संख्या
(d) विभिन्न परमाणु संख्या

20. ${}^{12}_{6}C, {}^{13}_{6}C, {}^{14}_{6}C$ एवं ${}^{35}_{17}Cl, {}^{37}_{17}Cl$ के उदाहरण है
(a) समस्थानिक के
(b) समभारिक के
(c) क्रमशः समस्थानिक तथा समभारिक के
(d) क्रमशः समभारिक तथा समस्थानिक के

21. समन्यूट्रॉनिकों में समान संख्याएँ होती है
(a) इलेक्ट्रॉनों की
(b) प्रोटॉनों की
(c) पॉजिट्रॉनों की
(d) न्यूट्रॉनों की

22. किसी परमाणु के गुण निर्भर करते हैं
(a) प्रोटॉनों की संख्या पर
(b) न्यूट्रॉनों की संख्या पर
(c) परमाणु भार पर
(d) इलेक्ट्रॉनिक संरचना पर

23. हाइड्रोजन परमाणु के नाभिक में न्यूट्रॉनों की संख्या है
(a) 1 (b) 2 (c) 3 (d) 0

24. निम्न में से कौन-सा एक हाइड्रोजन का समस्थानिक है
(a) ट्राइटियम
(b) α-हाइड्रोजन
(c) मैग्नीशियम
(d) प्लूटोनियम

25. सर्वाधिक संख्या में समस्थानिक पाए जाते हैं
(a) यूरेनियम के
(b) हाइड्रोजन के
(c) पोलोनियम के
(d) लैड के

26. नाभिक के चारों ओर निश्चित ऊर्जा वाली कक्षा को कहते हैं
(a) न्यूक्लिऑन्स
(b) मेसॉन
(c) ऊर्जा-स्तर
(d) कक्ष

27. किसी कक्षा (n) में उपस्थित अधिकतम इलेक्ट्रॉनों की संख्या क्या हो सकती हैं?
(a) $2n$ (b) $2n^2$
(c) n (d) n^2

28. N-कोश (शैल) में इलेक्ट्रॉनों की अधिकतम संख्या कितनी होती हैं?
(a) 2 (b) 8
(c) 18 (d) 32

29. कार्बन के 1 परमाणु में 6 प्रोटॉन होते हैं। इसकी द्रव्यमान संख्या 12 होती है। कार्बन के 1 परमाणु में कितने न्यूट्रॉन होते हैं?
(a) 12 (b) 6
(c) 10 (d) 14

30. परमाणु के नाभिक के निकट कौन-सी कक्षा होती है?
(a) K (b) L
(c) M (d) N

31. किस कक्षा या शैल में इलेक्ट्रॉन की सबसे कम संख्या होती है?
(a) K-कक्षा (b) L-कक्षा
(c) M-कक्षा (d) N-कक्षा

32. निम्नलिखित में से किसका इलेक्ट्रॉनिक विन्यास 2, 8, 13, 1 है?
(a) क्रोमियम (b) कॉपर
(c) सिल्वर (d) पैलेडियम

33. 2, 8, 2 विन्यास वाले तत्व की संयोजकता है
(a) 2 (b) 4 (c) 6 (d) 0

34. सोडियम का सही इलेक्ट्रॉनिक विन्यास क्या होता है?
(a) 2, 4, 4, 1
(b) 2, 8, 1
(c) 2, 8, 8, 1
(d) 2, 2, 6, 1

35. कॉपर के इलेक्ट्रॉनिक विन्यास को निम्न से सही रूप से प्रदर्शित कर रहा है
(a) 2, 8, 18, 1 (b) 2, 8, 18, 1
(c) 2, 8, 8, 2, 1 (d) 2, 8, 13, 1

36. सबसे भारी प्राकृतिक तत्व है
(a) यूरेनियम (b) मरकरी
(c) टंगस्टन (d) लोहा

PYQs

37. प्रोटॉन और न्यूट्रॉन के योग को आप क्या कहते हैं? **क्लर्क (बेंगलुरु) 23 फरवरी 2020**
(a) परमाणु क्रमांक (b) परमाणु द्रव्यमान
(c) द्रव्यमान संख्या (d) इनमें से कोई नहीं

38. प्रोटॉन पर .... आवेश होता है **क्लर्क (हमीरपुर) 01 नवम्बर 2020**
(a) धनात्मक (b) अनन्त
(c) उदासीन (d) ऋणात्मक

उत्तरमाला

1. (b)	2. (b)	3. (b)	4. (a)	5. (a)	6. (c)	7. (c)	8. (c)	9. (a)	10. (c)
11. (c)	12. (c)	13. (b)	14. (a)	15. (a)	16. (c)	17. (b)	18. (a)	19. (c)	20. (a)
21. (d)	22. (d)	23. (d)	24. (a)	25. (c)	26. (c)	27. (b)	28. (d)	29. (b)	30. (a)
31. (a)	32. (a)	33. (a)	34. (b)	35. (a)	36. (a)	37. (c)	38. (a)		

अध्याय 12

तत्वों का आवर्ती वर्गीकरण

आवर्त सारणी

- तत्वों का उनके समान गुणों के आधार पर समान अन्तराल के बाद व्यवस्थित वर्गीकरण, आवर्ती वर्गीकरण कहलाता हैं।
- तत्वों के गुणों में नियमित अन्तराल पर क्रमिक परिवर्तन पाया जाना **आवर्तिता** कहलाता है तथा इस आधार पर प्राप्त सारणी आवर्त सारणी (Periodic table) कहलाती है।
- आवर्त सारणी, तत्वों के गुणों के आधार पर एक सारणीबद्ध प्रदर्शन है।
- इनमें क्षैतिज पंक्तियाँ जिन्हें **आवर्त** तथा ऊर्ध्वाधर पंक्तियों को **वर्ग** कहते हैं।
- वर्तमान में लगभग **118 तत्वों** की खोज हो चुकी है, जिनमें से **98 प्राकृतिक** विधियों द्वारा प्राप्त किए गए हैं।

मेण्डलीफ का आवर्त नियम

- तत्वों के भौतिक एवं रासायनिक गुण उनके परमाणु भार के आवर्ती फलन होते हैं। इस प्रकार तत्वों को वर्गीकृत करने पर मेण्डलीफ की मूल आवर्त सारणी बनती है।
- मेण्डलीफ की मूल आवर्त सारणी में तत्वों को **परमाणु भार के बढ़ते क्रम** में रखा गया है। इस सारणी में 12 क्षैतिज पंक्तियाँ एवं 8 ऊर्ध्वाधर स्तम्भ है।

विभिन्न आवर्त सारणीयाँ

- सर्वप्रथम डॉबेराइनर, न्यूलैण्ड आदि ने सुव्यवस्थित आवर्त सारणी बनाने का प्रयास किया।
- बाद में मेण्डलीफ ने एक आवर्ती नियम दिया, जिसके अनुसार, ''तत्वों के गुण उनके परमाणु द्रव्यमानों के आवर्ती फलन होते हैं।''
  सन् 1869 में मेण्डलीफ ने तत्वों को वर्गीकृत करने का प्रयास किया एवं व्यवस्थित आवर्त सारणी दी।

आधुनिक आवर्त सारणी तथा आवर्त नियम

- परमाणु क्रमांक की खोज के बाद, **मोसले ने आधुनिक** आवर्त नियम दिया, जिसके अनुसार, ''तत्वों के भौतिक एवं रासायनिक गुण उनके परमाणु क्रमांकों के आवर्ती फलन होते हैं।''

आवर्त-सारणी की विशेषताएँ

- आधुनिक आवर्त सारणी में **18 वर्ग** तथा **7 आवर्त** हैं।
- तत्वों की आवर्ती संख्या परमाणु के इलेक्ट्रॉन के कोशों के बराबर होती है।
- यदि दो (या अधिक) तत्वों के संयोजक कोशों की संख्या समान हो, तो वे आवर्त सारणी के समान कोश से सम्बन्धित होते हैं।
- किसी तत्व की दो संयोजक कोशों तक की संख्या उसके संयोजक इलेक्ट्रॉनों की संख्या के बराबर होती है।

तत्वों का वर्गीकरण

- **तत्वों के प्रकार** संयोजी इलेक्ट्रॉन ग्रहण करने वाले कक्षकों के प्रकार के आधार पर तत्वों को निम्न चार ब्लॉक में वर्गीकृत किया गया है।
  1. *s*-**ब्लॉक के तत्व** इस ब्लॉक में वर्ग 1 तथा 2 के तत्वों को रखा गया है। ये क्रियाशील धातुएँ होती हैं तथा समूह में नीचे जाने पर क्रियाशीलता बढ़ती है। ये तत्व आयनिक प्रकृति के होते हैं।
  2. *p* -**ब्लॉक के तत्व** इस वर्ग में 13 से 18 तक के तत्व सम्मिलित हैं।
  3. *d*-**ब्लॉक के तत्व** इस वर्ग में वर्ग 3 से 12 तक के तत्व सम्मिलित हैं। इन्हें *s* तथा *p*-ब्लॉक के मध्य रखा गया है। स्कैण्डियम को **संक्रमण तत्व** माना जाता है।
  4. *f*-**ब्लॉक के तत्व** इसमें लैन्थेनम के बाद 14 (La, 57) तत्वों, को **लैन्थेनॉइड** तथा ऐक्टिनियम के बाद 14 तत्वों को **ऐक्टिनॉइड** कहते हैं।
- **लैन्थेनॉइड** तथा **ऐक्टिनॉइड** को आवर्त सारणी के नीचे रखा गया है, क्योंकि इनके गुण एक-दूसरे से मिलते हैं, लेकिन अन्य समूह के तत्वों के समान नहीं होते हैं।
- आवर्त सारणी में तत्वों की स्थिति रासायनिक क्रियाशीलता को भी बताती है। यदि आवर्त सारणी में तत्व सबसे बाएँ या दाएँ स्थित हों, तो वे क्रमशः अत्यधिक क्रियाशील धातु या अधातु होते हैं।

आयनिक एवं सहसंयोजक बन्ध

- आयनिक बन्ध का निर्माण धातु से अधातु में इलेक्ट्रॉनों के स्थानान्तरण के बाद होता है।
- सहसंयोजक बन्ध का निर्माण दो अधातुओं के बीच इलेक्ट्रॉनों के स्थानान्तरण के बाद होता है।

आवर्तिता

वे गुण जिनमें एक निश्चित अन्तराल के बाद क्रमिक भिन्नता (वृद्धि या कमी) प्रदर्शित होती है। आवर्ती गुण कहलाते हैं, तथा यह अवधारणा आवर्तिता (Periodicity) कहलाती है।

आवर्ती गुणधर्म

आवर्ती गुणधर्म निम्न प्रकार है

परमाणु आकार/परमाणु त्रिज्या

- किसी परमाणु के नाभिक के केन्द्र से उसके अन्तिम कोश के बीच की दूरी को परमाणु त्रिज्या (Atomic radius) कहते हैं।
- ऊपर से नीचे जाने पर परमाणु त्रिज्या वर्ग में बढ़ती है।
- आवर्त में बायें से दायें जाने पर परमाणु त्रिज्या/आकार घटता है।

आयनन विभव

- किसी तत्व के विलगित गैसीय परमाणु (Isolated gaseous atom) में से नाभिक से सबसे दूर स्थित (बाह्यतम्) इलेक्ट्रॉन को निकालने में प्रयुक्त ऊर्जा को उस तत्व (परमाणु) का आयनन विभव (Ionisation potential) कहते हैं।
- वर्ग में नीचे की ओर जाने पर आयनन ऊर्जा घटती है।
- आवर्त में बायें से दायें जाने पर बढ़ती है।

इलेक्ट्रॉन बन्धुता

- किसी तत्व के गैसीय परमाणु द्वारा इलेक्ट्रॉन ग्रहण करके ऋणायन बनाने में जो ऊर्जा उत्सर्जित होती है, वह उस तत्व की इलेक्ट्रॉन बन्धुता (Electron affinity) कहलाती है।
- वर्ग में नीचे की ओर जाने पर इलेक्ट्रॉन बन्धुता घटती है।
- आवर्त में बायें से दायें जाने पर इलेक्ट्रॉन बन्धुता बढ़ती है।

विद्युत ऋणता

- अणु में एक परमाणु के साझित इलेक्ट्रॉन युग्म को आकर्षित करने की प्रवृत्ति विद्युत ऋणता (Electronegativity) कहलाती है।
- वर्ग में ऊपर से नीचे जाने पर विद्युत ऋणता घटती है।
- आवर्त में बायें से दायें जाने पर विद्युत ऋणता बढ़ती है।

एग्जाम पैटर्न प्रश्न

1. आवर्त सारणी में क्षैतिज पंक्तियाँ कहलाती हैं
(a) वर्ग (b) आवर्त
(c) उप-समूह (d) उप-कोश

2. आवर्त सारणी में ऊर्ध्वाधर पंक्तियाँ कहलाती हैं
(a) वर्ग (b) कक्षक
(c) कक्षा (d) आवर्त

3. IUPAC के अनुसार, आवर्त सारणी में आवर्त एवं वर्गों की संख्या क्रमश: है
(a) 16, 9 (b) 7, 18
(c) 18, 9 (d) 13, 7

4. तत्वों के बाह्य कोश विन्यास वाले परमाणु व्यवस्थित होते हैं
(a) समूह में
(b) उर्ध्वाधर स्तम्भों में
(c) परिवारों में
(d) उपरोक्त सभी में

5. समान गुण वाले तत्वों की आवर्ती पुनरावृत्ति को कहा जाता है
(a) परमाणुकता (b) आवर्तिता
(c) नियममिता (d) इनमें से कोई नहीं

6. वर्तमान में, आधुनिक आवर्त सारणी में कितने तत्व है?
(a) 118 (b) 108
(c) 126 (d) 127

7. मेण्डेलीफ की आवर्त सारणी के अनुसार तत्वों के गुण उनके ……… आवर्ती फलन होते हैं
(a) परमाणु क्रमांक
(b) परमाणु भार
(c) द्रव्यमान संख्या
(d) इलेक्ट्रॉनिक संरचना

8. मोसले के अनुसार, तत्वों के भौतिक एवं रासायनिक गुण आवर्ती फलन होते हैं
(a) परमाणु भार के
(b) परमाणु क्रमांक के
(c) द्रव्यमान संख्या के
(d) न्यूट्रॉनों की संख्या के

9. दो तत्वों (*A*) एवं (*B*) के संयोजी कोश में क्रमश: एक एवं दो इलेक्ट्रॉन हैं, इनके वर्ग क्रमश: होगें
(a) छ: एवं सात (b) सात एवं शून्य
(c) एक एवं दो (d) शून्य एवं एक

10. एक तत्व M के ऑक्साइड का सूत्र MO है। उसके नाइट्रेट का सूत्र होगा
(a) MNO_3 (b) $M(NO_3)_2$
(c) M_2NO_3 (d) $M_3(NO_2)_2$

11. तत्वों को चार ब्लॉक जैसे *s*-ब्लॉक, *p*-ब्लॉक, *d*-ब्लॉक व *f*-ब्लॉक में किसके आधार पर विभाजित किया गया है?
(a) परमाणु संख्या (b) परमाणु द्रव्यमान
(c) परमाणु कक्षक (d) ये सभी

12. *s*-ब्लॉक के तत्वों में होते हैं
(a) समूह 1
(b) समूह 2
(c) समूह 3
(d) समूह 1 व 2

13. अपवाद बेरीलियम को छोड़कर समूह II के तत्व कहलाते हैं
(a) हैलोजन
(b) क्षारीय
(c) क्षारीय मृदा धातु
(d) उपरोक्त में से कोई नहीं

14. *s*-ब्लॉक के तत्व क्रियाशील होते हैं। समूह में नीचे जाने पर क्रियाशीलता
(a) बढ़ती है (b) घटती है
(c) स्थिर रहती है (d) इनमें से कोई नहीं

15. समूह I के तत्व कहलाते हैं
(a) क्षारीय (b) क्षारीय मृदा धातु
(c) अम्लीय (d) हैलोजन

16. परमाणु क्रमांक तीन का तत्व स्थित है
(a) *s*-ब्लॉक में (b) *p*-ब्लॉक में
(c) *d*-ब्लॉक में (d) *f*-ब्लॉक में

17. *p*-ब्लॉक में वर्गों की संख्या है
(a) चार (b) पाँच
(c) छ: (d) सात

18. समूह-13 से 18 तक के तत्व सम्मिलित होते हैं
(a) *s*-ब्लॉक (b) *p*-ब्लॉक
(c) *d*-ब्लॉक (d) *f*-ब्लॉक

19. वर्ग-16 में स्थित ऑक्सीजन परमाणुओं के मध्य बनने वाला आबन्ध होता है
(a) आयनिक (b) सह-संयोजक
(c) उप-सहसंयोजक (d) धात्विक

20. किस तत्व का ऑक्साइड उभयधर्मी है?
(a) C (b) Na
(c) Mg (d) Sn

21. *d*-ब्लॉक में कुल वर्गों की संख्या है
(a) सात (b) आठ (c) नौ (d) दस

22. धातु जिन्हें संक्रमण धातु की श्रेणी में रखा गया है
(a) जिंक (b) कैडमियम
(c) पारा (d) स्कैण्डियम

23. *d*-ब्लॉक के तत्वों को कहा जाता है
(a) लैन्थेनॉइड तत्व (b) ऐक्टिनॉइड तत्व
(c) संक्रमण तत्व (d) क्षारीय तत्व

24. लैन्थेनॉइड एवं ऐक्टिनॉइड तत्व स्थित हैं
(a) *s*-ब्लॉक में
(b) *p*-ब्लॉक में
(c) *d*-ब्लॉक में
(d) *f*-ब्लॉक में

25. आवर्त सारणी में छठें एवं सातवें वर्ग के 14 तत्वों को क्रमश: कहा जाता है
(a) लैन्थेनॉइड, ऐक्टिनॉइड
(b) ऐक्टिनॉइड, लैन्थेनॉइड
(c) ऐक्टिनॉइड, हैलोजन
(d) हैलोजन, ऐक्टिनॉइड

26. आयनिक बन्ध का निर्माण होता है, जब इलेक्ट्रॉनों का स्थानान्तरण होता है
(a) अधातु से धातु
(b) धातु से अधातु
(c) धातु से उपधातु
(d) धातु से धातु

27. सहसंयोजक बन्ध का निर्माण होता है, जब निम्न में से किसके बीच इलेक्ट्रॉनों का आदान-प्रदान होता है
(a) दो धातुओं के (b) दो उपधातुओं के
(c) दो अधातुओं के (d) अधातु से धातु के

28. निष्क्रिय गैसों का वर्ग है
(a) 1 (b) 7
(c) 18 (d) 2

29. अपवाद लीथियम तथा बेरीलियम को छोड़कर, *s*-ब्लॉक के तत्वों के यौगिक मुख्य रूप से होते हैं
(a) आयनिक (b) सहसंयोजक
(c) संकुल (d) दोनों 'a' व 'b'

30. वर्ग-1 एवं वर्ग-17 के तत्वों के मध्य बनने वाला आबन्ध होगा
(a) आयनिक
(b) सहसंयोजी
(c) धात्विक
(d) उपसहसंयोजी

31. निम्नलिखित में कौन-सा अधिक ऋणात्मक तत्व है?
(a) I (b) Na (c) Br (d) Mg

उत्तरमाला

1. (b)	2. (a)	3. (b)	4. (d)	5. (b)	6. (a)	7. (b)	8. (b)	9. (c)	10. (b)
11. (b)	12. (d)	13. (c)	14. (a)	15. (a)	16. (a)	17. (c)	18. (b)	19. (b)	20. (d)
21. (d)	22. (d)	23. (c)	24. (d)	25. (a)	26. (b)	27. (c)	28. (c)	29. (a)	30. (a)
31. (c)									

अध्याय 13

रासायनिक अभिक्रियाएँ एवं समीकरण

भौतिक परिवर्तन

- भौतिक परिवर्तन में, किसी पदार्थ की भौतिक अवस्था जैसे—आकार, रंग, अवस्था इत्यादि परिवर्तित होती है।
- यह सामान्यत: उत्क्रमणीय अर्थात् अभिक्रिया के उपरान्त पुन: अपने वास्तविक रूप में आ सकता है।
- पदार्थ की एक अवस्था से दूसरी अवस्था में परिवर्तन जैसे—जल का वाष्पन, बर्फ का गलना, जल का जमना, जल का उबलना, मेघ का निर्माण, रबर को खींचना इत्यादि भौतिक परिवर्तन के उदाहरण हैं।

रासायनिक परिवर्तन

- वह परिवर्तन, जिसमें एक या एक से अधिक पदार्थ परस्पर संयोग करके नए पदार्थ का निर्माण करते हैं, **रासायनिक परिवर्तन** कहलाते हैं।
- जैसे—मैग्नीशियम रिबन, कोयला, लकड़ी का जलना, फल का पकना, लोहे में जंग लगना, दही का खट्टा होना इत्यादि रासायनिक परिवर्तन के उदाहरण हैं।
- मोमबत्ती के जलने के दौरान रासायनिक एवं भौतिक दोनों परिवर्तन होते हैं।

रासायनिक अभिक्रिया

- वह अभिक्रिया, जिसमें एक या एक से अधिक पदार्थ परस्पर अभिक्रिया करके अर्थात् पुन: व्यवस्थित होकर नए पदार्थ का निर्माण करते हैं एवं निर्मित पदार्थ को भौतिक व रासायनिक गुण मूल पदार्थों से सर्वथा भिन्न होते हैं, **रासायनिक अभिक्रिया** (Chemical Reaction) कहलाती है।
- रासायनिक अभिक्रिया के कारण ही पुराने आबन्ध टूटकर नए आबन्ध बनते हैं।
- एक रासायनिक अभिक्रिया को अवस्था में परिवर्तन, रंग में परिवर्तन, गैस के निकलने, ताप में परिवर्तन, अवक्षेप के निर्माण के द्वारा पहचाना जा सकता है।

रासायनिक अभिक्रियाओं के प्रकार

रासायनिक अभिक्रियाएँ विभिन्न प्रकार की होती हैं। प्रमुख अभिक्रियाएँ निम्नलिखित हैं

1. **संयोजन अभिक्रियाएँ** जिनमें दो या दो से अधिक पदार्थ (तत्व या यौगिक) संयोग करके एकल उत्पाद का निर्माण करते हैं, संयोजन अभिक्रियाएँ (Combination Reaction) कहलाती हैं।

$$Cu + Cl_2 \longrightarrow CuCl_2$$

2. **वियोजन या अपघटन अभिक्रियाएँ** वे अभिक्रियाएँ, जो बाह्य कारकों के प्रभाव द्वारा लघु यौगिकों में अपघटित हो जाती हैं परन्तु अपघटन के पश्चात् कारकों को हटाने पर भी मूलरूप में प्राप्त नहीं होती, अपघटन अभिक्रियाएँ (Decomposition Reaction) कहलाती हैं। ये अभिक्रियाएँ प्राय: ऊष्मा, प्रकाश या विद्युत-अपघटन द्वारा सम्पन्न होती हैं। ये प्राय: उत्क्रमणीय होती हैं।

$$NH_4Cl \underset{\text{ठण्डा}}{\overset{\text{गर्म}}{\rightleftharpoons}} NH_3 + HCl$$

3. **विस्थापन (प्रतिस्थापन) अभिक्रियाएँ** वे अभिक्रियाएँ जिसमें अधिक क्रियाशील तत्व कम क्रियाशील तत्व के यौगिक से उस तत्व (या समूह) को विस्थापित कर स्वयं उसका स्थान ग्रहण कर लेता हैं, प्रतिस्थापन (विस्थापन) अभिक्रियाएँ (Displacement Reaction) कहलाती हैं।

$$Zn + 2HCl \longrightarrow ZnCl_2 + H_2$$

4. **ऊष्माक्षेपी अभिक्रियाएँ** वे अभिक्रियाएँ जिनमें ऊष्मा निर्मुक्त होती है, ऊष्माक्षेपी अभिक्रियाएँ कहलाती हैं।
5. **ऊष्माशोषी अभिक्रियाएँ** वे अभिक्रियाएँ ऊष्मा का अवशोषण होता है, ऊष्माशोषी अभिक्रियाएँ कहलाती हैं।
6. **ऑक्सीकरण** वह अभिक्रिया जिसमें किसी परमाणु, अणु या आयन से इलेक्ट्रॉन पृथक होते हैं अर्थात् उसमें इलेक्ट्रॉनों की कमी होती है, ऑक्सीकरण (Oxidation) अभिक्रिया कहलाती है।
7. **अपचयन** वह अभिक्रिया जिसमें परमाणु, अणु या आयन इलेक्ट्रॉनों को ग्रहण करता है अर्थात उसमें इलेक्ट्रॉनों की वृद्धि होती है अपचयन (Reduction) अभिक्रिया कहलाती है।
8. **रेडॉक्स अभिक्रिया** ऐसी अभिक्रियाएँ, जिनमें ऑक्सीकरण तथा अपचयन प्रक्रम एक साथ एक ही समय पर घटित होते हैं, ऑक्सीकरण अपचयन अभिक्रिया, अपचयोपचय अभिक्रिया या रेडॉक्स अभिक्रिया कहलाती है।

रासायनिक समीकरण

- किसी रासायनिक अभिक्रिया का उसमें भाग लेने वाले पदार्थों (क्रियाकारक एवं उत्पाद) के प्रतीकों एवं सूत्रों के माध्यम से संक्षिप्त प्रदर्शन **रासायनिक समीकरण** कहलाता है।
- एक रासायनिक परिवर्तन को प्रतीकात्मक रूप में रासायनिक समीकरण द्वारा प्रदर्शित किया जाता है।

$$Zn + H_2SO_4 \longrightarrow ZnSO_4 + H_2\uparrow$$

- एक रासायनिक समीकरण प्रदर्शित करता है

— अभिक्रिया में भाग लेने वाले यौगिक को।

— अभिक्रिया के दौरान निर्माण होने वाले उत्पाद या यौगिक को।

— उत्पाद में प्रयुक्त उत्प्रेरक को (यदि कोई है)।

संक्षारण

- जब कोई धातु अपने आसपास अम्ल, आर्द्रता आदि के सम्पर्क में आती है तब ये संक्षारित होती है और इस प्रक्रिया को **संक्षारण** (Corrosion) कहते हैं।

उदाहरण—लोहे का जंग में परिवर्तन [$Fe_2O_3 \cdot 2(H_2O)$] चाँदी के ऊपर काली पर्त (Ag_2S के निर्माण के कारण) व ताँबे के ऊपर हरी पर्त [$Cu(OH)_2 \cdot CuCO_3$] चढ़ना।

- इसे **इलेक्ट्रोप्लैटिंग पैन्ट, गैल्वेनीकरण** ऑयल ग्रीस की परत के द्वारा रोका जा सकता है।

विकृतगांधिता

- उपचयित होने पर तेल एवं वसा विकृतगंधी (Rancidity) हो जाते हैं तथा उनके स्वाद तथा गन्ध बदल जाते हैं।
- प्राय: तेलीय तथा वसायुक्त खाद्य सामग्रियों में अपचयन रोकने वाले पदार्थ (प्रति ऑक्सीकारक) मिलाए जाते हैं। जैसे—BHA (ब्यूटाइलैटेड हाइड्रॉक्सी ऐनिसॉल) तथा BHT (ब्यूटाइलेटेट हाइड्रॉक्सी टॉलुईन)।
- इसके अतिरिक्त वायुरोधी बर्तनों में खाद्य सामग्री रखने से अपचयन की गति धीमी हो जाती है।

महत्त्वपूर्ण यौगिकों के औद्योगिक एवं रासायनिक नाम एवं रासायनिक संघटन

औद्योगिक नाम	रासायनिक नाम	संघटन
एलम (फिटकरी)	पोटैशियम ऐलुमिनियम सल्फेट	$K_2SO_4 \cdot Al_2(SO_4)_3 \cdot 24H_2O$
बेकिंग सोडा	सोडियम बाइकार्बोनेट	$NaHCO_3$
विरंजक चूर्ण	कैल्सियम ऑक्सीक्लोराइड	$CaOCl_2$
कॉस्टिक पोटाश	पोटैशियम हाइड्रॉक्साइड	KOH
कॉस्टिक सोडा	सोडियम हाइड्रॉक्साइड	NaOH
चॉक एवं (मार्बल)	कैल्सियम कार्बोनेट	$CaCO_3$
चिली साल्टपीटर	सोडियम नाइट्रेट	$NaNO_3$
क्लोरोफॉर्म	ट्राइक्लोरोमेथेन	$CHCl_3$
शुष्क बर्फ	ठोस कार्बन डाइऑक्साइड	CO_2
भारी जल	ड्यूटीरियम ऑक्साइड	D_2O
हाइपो	सोडियम थायो सल्फेट पेन्टा हाइड्रेट	$NaS_2O_3 \cdot 5H_2O$
हास्य गैस (लाफिंग गैस)	नाइट्रस ऑक्साइड	N_2O
म्यूरेटिक अम्ल	हाइड्रोजन क्लोराइड	HCl
बिना बुझा चूना	कैल्सियम ऑक्साइड	CaO
माणिक्य, नीलम	ऐलुमिनियम ऑक्साइड	Al_2O_3
नौसादर	अमोनियम हाइड्रॉक्साइड	NH_4Cl
बुझा चूना	कैल्सियम हाइड्रॉक्साइड	$Ca(OH)_2$
सिंदूर	मर्क्यूरिक सल्फाइड	HgS
पिचब्लैंड	यूरेनियम ऑक्साइड	U_3O_6
ब्लू विट्रॉल	कॉपर सल्फेट	$CuSO_4 \cdot 5H_2O$
ग्रीन विट्रॉल	फेरस सल्फेट	($FeSO_4 \cdot 7H_2O$)
जिप्सम	कैल्सियम सल्फेट	($CaSO_4 \cdot 2H_2O$)
हाइपो	सोडियम थायोसल्फेट पेन्टाहाइड्रेट	($Na_2S_2O_3 \cdot 5H_2O$)
ग्लॉबर साल्ट	सोडियम सल्फेट डेकाहाइड्रेट	($Na_2SO_4 \cdot 10H_2O$)
रूबी या सैफायर	ऐलुमिनियम ऑक्साइड	(Al_2O_3)
धावन सोडा	सोडियम कार्बोनेट डेकाहाइड्रेट	($Na_2CO_3 \cdot 10H_2O$)

एग्जाम पैटर्न प्रश्न

1. निम्न में से कौन-सा एक भौतिक परिवर्तन है?
(a) लोहे में जंग लगना
(b) भोजन का पचना
(c) श्वसन
(d) जल का वाष्पन

2. भौतिक परिवर्तन सामान्यत: होती है
(a) उत्क्रमणीय
(b) अनुत्क्रमणीय
(c) न ही उत्क्रमणीय न अनुत्क्रमणीय
(d) ऑक्सीकरण अभिक्रिया

3. निम्न में से कौन रासायनिक परिवर्तन है?
(a) मैग्नीशियम रिबन का जलना
(b) दही का खट्टा होना
(c) फलों का पकना
(d) ये सभी

4. निम्न में से कौन एक रासायनिक परिवर्तन नहीं है?
(a) लकड़ी का जलना
(b) बर्फ का गलना
(c) पत्तियों का जलना
(d) प्रकाश-संश्लेषण

5. निम्न में से कौन रासायनिक परिवर्तन को प्रदर्शित करता है?
(a) लोहे का चुम्बकत्व
(b) ईंधन का दहन
(c) लोहे का जंग लगना
(d) दोनों 'b' व 'c'

6. मैग्नीशियम धातु का वायु में जलना एक उदाहरण है
(a) भौतिक परिवर्तन का
(b) रासायनिक परिवर्तन का
(c) ऊष्मागतिकी का
(d) इनमें से कोई नहीं

7. यदि उत्पाद अधिक स्थायित्व रखते हैं, तो रासायनिक अभिक्रिया
(a) सम्पन्न होती है
(b) सम्पन्न नहीं होती है
(c) अत्यधिक तीव्र होती है
(d) निम्न गति से होती है

8. $2FeCl_3 + 2H_2O + y \longrightarrow 2FeCl_2 + H_2SO_4 + 2HCl$ रासायनिक अभिक्रिया में y है
(a) S (b) H_2S (c) SO_2 (d) Cl_2

9. अमोनिया (NH_3) और हाइड्रोजन क्लोराइड (HCl) सम्पर्क में आने पर क्रिया करके बनाते हैं
(a) अमोनियम क्लोराइड
(b) अमोनियम सल्फाइड
(c) अमोनियम ऑक्साइड
(d) गन्धक

10. फेरिक ऑक्साइड, सल्फर डाइऑक्साइड तथा सल्फर ट्राइऑक्साइड निम्न में से किसका वियोजित रूप है?
(a) फेरस सल्फेट
(b) फेरिक क्लोराइड
(c) हेमेटाइट
(d) फेरिक ऑक्साइड

11. रासायनिक परिवर्तन के दौरान निम्न में से कौन सदैव उपस्थित रहेगा?
(a) प्रकाश का उत्सर्जन
(b) ऊष्मा का उत्सर्जन या अवशोषण
(c) ऊष्मा का उत्सर्जन
(d) केवल ऊष्मा का उत्सर्जन

12. मोमबत्ती का जलना उदाहरण है
(a) रासायनिक परिवर्तन का
(b) भौतिक परिवर्तन का
(c) रासायनिक के साथ-साथ भौतिक परिवर्तन
(d) इनमें से कोई नहीं

13. लोहे में जंग लगना निम्न के कारण होता है
(a) ऑक्सीकरण
(b) अपचयन
(c) ऑक्सीजन के साथ रासायनिक समीकरण
(d) दोनों (a) व (c)

14. निम्न में से किस स्थिति में एक रासायनिक समीकरण सम्पन्न नहीं होगी?
(a) वायु में रखा साधारण नमक
(b) वायु में कोयले का दहन
(c) जल में रखा सोडियम
(d) नम वायु में रखा लोहा

15. कार्बन मोनॉक्साइड की क्लोरीन के साथ अभिक्रिया द्वारा कार्बोनिल क्लोराइड का बनना उदाहरण है
(a) वियोजन अभिक्रिया का
(b) संयोजन अभिक्रिया का
(c) विस्थापन अभिक्रिया का
(d) अपघटन अभिक्रिया का

16. जब कॉपर सल्फेट विलयन में लोहे का टुकड़ा डालते हैं, तो कॉपर व फेरस सल्फेट बनते हैं। यह अभिक्रिया कहलाती है
(a) प्रतिस्थापन अभिक्रिया
(b) योगात्मक अभिक्रिया
(c) ऊष्मीय वियोजन
(d) ऊष्मीय अपघटन

17. प्रतिस्थापन अभिक्रिया निम्न में से किसका गुण होता है?
(a) ऐल्कीन का
(b) ऐल्काइन का
(c) पैराफिन का
(d) उपरोक्त में से कोई नहीं

18. निम्नलिखित में कौन-सी उभय अपघटन अभिक्रिया नहीं है?
(a) $AgNO_3 + NaCl \rightarrow AgCl + NaNO_3$
(b) $NH_4Cl \rightarrow NH_3 + HCl$
(c) $BaCl_2 + Na_2SO_4 \rightarrow BaSO_4 + 2NaCl$
(d) $CH_3COOH + NaOH \rightarrow CH_3COONa + H_2O$

19. ऊष्माशोषी अभिक्रिया है
(a) $N_2 + O_2 \longrightarrow 2NO$
(b) $H_2 + I_2 \longrightarrow 2HI$
(c) $C + O_2 \longrightarrow CO_2$
(d) $S_2 + O_2 \longrightarrow SO_2$

20. जंग लगने के उपरान्त निर्मित यौगिक है
(a) हाइड्रेट आयरन ऑक्साइड
(b) आयरन सल्फाइड
(c) हाइड्रेट आयरन सल्फाइड
(d) उपरोक्त में से कोई नहीं

21. संक्षारण है
(a) मन्द ऑक्सीकरण (b) द्रुत ऑक्सीकरण
(c) अपचयन (d) इनमें से कोई नहीं

22. जंग के लिए निम्न में किस आवश्यक कारक का होना अनिवार्य है?
(a) ऑक्सीजन (b) नमी
(c) CO_2 (d) (a) व (b) दोनों

23. वसीय खाद्य का विकृत होने के प्रक्रम का कारण है
(a) ऑक्सीकरण
(b) संक्षारण
(c) अपचयन
(d) हाइड्रोजनीकरण

24. रासायनिक अभिक्रिया निम्न में कौन-सी जानकारी देती है?
(a) ऊष्मा का उत्सर्जन
(b) ऊष्मा का अवशोषण
(c) यौगिक का प्रतीक एवं सूत्र
(d) उपरोक्त सभी

25. प्रकृति में होने वाले रासायनिक समीकरण सामान्यत: होते हैं
(a) उत्क्रमणीय (b) अनुत्क्रमणीय
(c) ऑक्सीकरण (d) इनमें से कोई नहीं

26. निम्न अभिक्रिया का गुणधर्म है
$FeS(s) + H_2SO_4(aq) \longrightarrow FeSO_4(aq) + H_2S(g)$
(a) अवक्षेप का निर्माण
(b) गैस का मूल्यांकन
(c) पदार्थ का क्षय
(d) इनमें से कोई नहीं

27. खुली वायु में कुछ दिनों तक चाँदी के आभूषणों पर काली परत का जमने का कारण है
(a) H_2S (b) AgS (c) $AgSO_4$ (d) Ag_2S

28. वास्तव में, जंग है
(a) $Fe_2O_3 \cdot 2H_2O$ (b) FeS
(c) Fe_2O_3 (d) इनमें से कोई नहीं

29. विकृतगन्धिता को रोका जा सकता है
(a) प्रतिऑक्सीकारक को मिलाकर
(b) भोजन को सीधे सूर्य के प्रकाश के सम्पर्क से बचाकर
(c) भोजन को प्रशीतक में रखकर
(d) उपरोक्त सभी के द्वारा

30. निम्न में से कौन प्रतिऑक्सीकारक का एक उदाहरण है?
(a) ब्यूटाइलीकृत हाइड्रॉक्सी ऐनिसॉल
(b) ब्यूटाइलीकृत हाइड्रॉक्सी टॉलूईन
(c) नाइट्रोजन गैस
(d) उपरोक्त में से सभी

PYQs

31. सोडियम कार्बोनेट का रासायनिक सूत्र क्या है? **क्लर्क (हैदराबाद) 28 फरवरी 2021**
(a) Na_2CO_3 (b) $NaHCO_3$
(c) $NaHSO_3$ (d) $NaHSO_4$

उत्तरमाला

1.	(d)	2.	(a)	3.	(d)	4.	(b)	5.	(d)	6.	(b)	7.	(a)	8.	(b)	9.	(a)	10.	(a)
11.	(b)	12.	(c)	13.	(d)	14.	(a)	15.	(b)	16.	(a)	17.	(c)	18.	(b)	19.	(a)	20.	(a)
21.	(a)	22.	(d)	23.	(a)	24.	(c)	25.	(b)	26.	(b)	27.	(d)	28.	(a)	29.	(a)	30.	(d)
31.	(a)																		

अध्याय 14

अम्ल, क्षारक एवं लवण

सभी रासायनिक यौगिकों को उनके रासायनिक गुणों के आधार पर अम्ल, क्षारक और लवण में वर्गीकृत किया जा सकता है।

अम्ल

- अम्ल (Acid) वे पदार्थ होते हैं, जिनका स्वाद खट्टा एवं नीले लिटमस पेपर को लाल कर देते हैं।
- कुछ सामान्य फल जैसे कच्चे आम, नींबू, नारंगी, इमली इत्यादि स्वाद में खट्टे होते हैं अर्थात् इनमें अम्ल की उपस्थिति रहती है।
- अम्ल का p^H मान 7 से कम होता है।

कुछ प्राकृतिक रूप प्राप्त अम्ल एवं उनके उपयोग

अम्ल	प्राप्ति	उपयोग
सिट्रिक अम्ल	सिट्रस फलों जैसे नारंगी, नींबू आदि	वस्त्र उद्योग में व धातुओं को साफ करने में
मैलिक अम्ल	सेब	बहुलक व औषधि निर्माण में
टार्टरिक अम्ल	इमली	बेकिंग पाउडर के निर्माण में (बेकिंग सोडा के साथ मिलाकर)
ऐसीटिक अम्ल	सिरका	खाद्य पदार्थ के परिरक्षण व स्वाद के लिए
लैक्टिक अम्ल	दही	दूध से दही जमाने में
हाइड्रोक्लोरिक अम्ल	आमाशय रस	भोजन पचाने में, विभिन्न यौगिकों के निर्माण में
ऑक्सेलिक अम्ल	पालक	स्याही के धब्बे हटाने व फोटोग्राफी में
फॉर्मिक अम्ल	चीटीं के डंक	चमड़ा उद्योग
बेन्जोइक अम्ल	बालसम पेड़	कीटनाशक बनाने में खाद्य परिरक्षक

अम्लों के रासायनिक गुण

- अम्ल सक्रिय धातुओं से अभिक्रिया कर हाइड्रोजन गैस मुक्त करते हैं।
- अम्ल धातु कार्बोनेट तथा हाइड्रोजन कार्बोनेट से क्रिया करके लवण, CO_2 तथा जल बनाते हैं।
- अम्ल कुछ धातु ऑक्साइडों के साथ क्रिया करके लवण एवं जल बनाते हैं।
- कीट, जैसे—मधुमक्खी, चींटी इत्यादि के काटने पर फॉर्मिक (मेथेनोइक) अम्ल स्त्रावित होता है।
- अम्लता प्रतिस्थापित OH^- आयनों की संख्या होती है।

क्षारक

- क्षारक (Base) वे पदार्थ होते हैं, जिनका स्वाद तीक्ष्ण (या कड़वा) एवं लाल लिटमस पेपर को नीला कर देता है।
- सोडियम हाइड्रॉक्साइड (NaOH), कैल्सियम हाइड्रॉक्साइड $[Ca(OH)_2]$ इत्यादि क्षारक के उदाहरण हैं।
- कुछ प्रबल क्षारक सक्रिय धातुओं से अभिक्रिया करके हाइड्रोजन गैस उत्पन्न करते हैं।
- किसी अम्ल तथा क्षारक की उदासीनीकरण अभिक्रिया से प्राप्त आयनिक ठोस को लवण कहते हैं।
- सभी क्षारक जल में विलेय नहीं होते हैं।
- क्षार का pH मान 7 से अधिक होता है।

कुछ क्षारक एवं उनके उपयोग

क्षारक	उपयोग
कैल्सियम हाइड्रॉक्साइड, कैल्सियम ऑक्साइड	विरंजक चूर्ण के उत्पादन में
मैग्नीशियम हाइड्रॉक्साइड	प्रतिअम्ल, चीनी उद्योग में
सोडियम हाइड्रॉक्साइड, पोटैशियम हाइड्रॉक्साइड	कठोर साबुन तथा औषधि के उत्पादन में, पेपर, कपड़े एवं पेट्रोलियम इत्यादि के उद्योगों में तथा मृदु साबुन के उत्पादन में।

- क्षारकता प्रतिस्थापित H^+ आयनों की संख्या होती है।

क्षारकों के रासायनिक गुण

- क्षार अधातु ऑक्साइड के साथ क्रिया करके लवण तथा जल बनाते हैं।
- सभी क्षार जल में नहीं घुलते हैं।

सूचक

- सूचक (Indicator) वे पदार्थ होते हैं, जो अम्ल या क्षारक विलयन में अपने रंग को परिवर्तित करते हैं।
- लिटमस विलयन एक बैंगनी रंजक हैं, जिसे **लाइकेन** से निष्कर्षित किया जाता है।
- लिटमस प्राकृतिक सूचक का एक उदाहरण है।
- यह अम्लीय माध्यम में लाल तथा क्षारीय माध्यम में नीले रंग में परिवर्तित हो जाता है।
- संश्लेषित सूचक को प्रयोगशाला या उद्योगों में संश्लेषित कर निर्मित किया जाता है।
- मेथिल ऑरेन्ज, फीनॉलफ्थैलिन, मेथिल लाल, मेथिल नीला इत्यादि **संश्लेषित सूचक** के उदाहरण हैं।
- फीनॉलफ्थैलिन अम्लीय तथा उदासीन माध्यम में रंगहीन लेकिन क्षारीय माध्यम में गुलाबी हो जाते हैं।
- गंधयुक्त सूचक अम्लीय व क्षारीय माध्यम में परिवर्तित हो जाते हैं।
- वैनिला तथा प्याज का उपयोग गन्धयुक्त सूचक के रूप में होता है।

pH–मान

- pH किसी विलयन में अम्लीय या क्षारीय प्रकृति को प्रदर्शित करती है।
- pH पैमाने पर इसका मान 0 से 14 तक होता है।
- अम्ल के $pH < 7$, क्षार के लिए $pH > 7$ तथा उदासीन विलयन के लिए $pH = 7$ होता है।
- **pH** मान सोरेन्सन के अनुसार, किसी विलयन में उपस्थित हाइड्रोजन आयन सान्द्रता के ऋणात्मक लघुगणक को उस विलयन का pH मान कहते हैं। $pH = -\log_{10}[H^+]$
- शुद्ध जल मुक्त आयनों की अनुपस्थिति के कारण उदासीन होता है।
- जब दूध खट्टा हो जाता है, तो इसका pH मान 6 से कम हो जाता है।

प्रमुख पदार्थ एवं उनके pH मान

अमाशयी रस	1.0-3.0	दूध (गाय का)	6.3-6.6
पेय पदार्थ (Soft drinks)	2.0-4.0	लार (मानव)	6.5-7.5
नींबू	2.2-2.4	शुद्ध (आसुत) जल	7.0
सिरका	2.4-3.4	आँसू	7.4
शराब	2.8-3.8	रक्त प्लाज्मा (मानव)	7.36-7.42
मूत्र (मानव)	4.8-8.4	समुद्री जल	8.5
वर्षा का जल	6.0	मैग्नीशियम मिल्क	10.5

लवण

किसी अम्ल तथा क्षार की उदासीनीकरण अभिक्रिया से प्राप्त आयनिक ठोस को लवण कहते हैं। कुछ प्रमुख लवण (salt) निम्नलिखित हैं

साधारण नमक

- NaCl साधारण नमक (सोडियम क्लोराइड) हाइड्रोक्लोरिक अम्ल तथा सोडियम हाइड्रॉक्साइड विलयन के संयोग द्वारा बनता है।
- यह हमारे खाद्य का एक विभिन्न अवयव है।
- समुद्र के जल में बहुत सारे लवण विलेय होते हैं।

विरंजक चूर्ण

- विरंजक चूर्ण का निर्माण शुष्क बुझे हुए चूने $[Ca(OH)_2]$ पर क्लोरीन (Cl_2) की क्रिया द्वारा किया जाता है।
- विरंजक चूर्ण दो यौगिकों कैल्सियम हाइपोक्लोराइट, $Ca(OCl)_2$ तथा क्षारकीय कैल्सियम क्लोराइड, $CaCl_2 \cdot Ca(OH)_2$ का मिश्रण है।
- विरंजक चूर्ण का उपयोग जीवाणुनाशक तथा जल के शुद्धिकरण में किया जाता है।

कॉस्टिक सोडा

- कॉस्टिक सोडा (NaOH) रासायनिक रूप से सोडियम हाइड्रॉक्साइड होता है।
- इसका उपयोग साबुनों एवं अपमार्जकों को बनाने में होता है।

बेकिंग सोडा

- बेकिंग या खाने का सोडा, सोडियम हाइड्रोजन कार्बोनेट $(NaHCO_3)$ है।
- इसका उपयोग सोडा अग्निशामक, चर्मरोगों के निदान, कच्चे दूध के फटने के समय को बढ़ाने हेतु इत्यादि में किया जाता है।

धावन सोडा

- धावन सोडा रासायनिक रूप से सोडियम कार्बोनेट डेकाहाइड्रेट $(Na_2CO_3 \cdot 10H_2O)$ होता है।
- इसका उपयोग काँच के बर्तनों की चिकनाई, कागज उद्योग, जल की कठोरता दूर करने इत्यादि में उपयोग किया जाता है।

प्लास्टर ऑफ पेरिस

- प्लास्टर ऑफ पेरिस $\left(CaSO_4 \cdot \frac{1}{2} H_2O\right)$ को, 373 K पर जिप्सम को गर्म करके प्राप्त किया जाता है।
- इसका उपयोग टूटी हुई हड्डियों को जोड़ने के लिए प्लास्टर चढ़ाने में किया जाता है।

एग्जाम पैटर्न प्रश्न

1. अम्ल नीले लिटमस को परिवर्तित करता है
(a) सफेद में (b) लाल में
(c) हरा में (d) बैंगनी में

2. सिरके में निम्न में से कौन-सा अम्ल होता है?
(a) ऑक्सेलिक अम्ल (b) लैक्टिक अम्ल
(c) सिट्रिक अम्ल (d) ऐसीटिक अम्ल

3. ऐसीटिक अम्ल को कहा जाता है
(a) फॉर्मिक अम्ल (b) मेथेनोइक अम्ल
(c) एथेनोइक अम्ल (d) टार्टरिक अम्ल

4. अम्ल धातु से क्रिया कर निम्न में से कौन-सी गैस मुक्त करती है?
(a) नाइट्रोजन
(b) हाइड्रोजन
(c) कार्बन डाइऑक्साइड
(d) ऑक्सीजन

5. हमारे उदर में कौन-सा अम्ल उपस्थित रहता है?
(a) सल्फ्यूरिक अम्ल
(b) हाइड्रोक्लोरिक अम्ल
(c) मेथेनोइक अम्ल
(d) इनमें से कोई नहीं

6. चींटी के डंक में होता है
(a) फॉर्मिक अम्ल
(b) लैक्टिक अम्ल
(c) ऑक्सेलिक अम्ल
(d) इनमें से कोई नहीं

7. निम्न में अम्लों का गुण नहीं है
(a) खट्टा स्वाद
(b) नीले लिटमस का लाल होना
(c) लाल लिटमस का नीला होना
(d) जल में H^+ आयनों का प्राप्त होना

8. जलीय विलयन में HCl(1M) की क्षारकता होगी
(a) एक (b) दो (c) तीन (d) चार

9. क्षारक लाल लिटमस विलयन को परिवर्तित करता है
(a) हरे में (b) नीले में
(c) रंगहीन में (d) पीले में

10. निम्न में क्षारक नहीं है
(a) NaOH (b) KOH
(c) CH_3COOH (d) $Ca(OH)_2$

11. $Ca(OH)_2$ की अम्लीयता होती है
(a) एक (b) दो
(c) तीन (d) चार

12. अम्ल क्षारक से क्रिया कर उत्पन्न करते हैं
(a) लवण (b) जल
(c) क्षार (d) दोनों (a) व (b)

13. क्षारकता, किसकी प्रतिस्थापन की संख्या को निरूपित करता है?
(a) H^+ आयन (b) OH^- आयन
(c) H^- आयन (d) इनमें से कोई नहीं

14. लिटमस को निष्कर्षित करते हैं
(a) लाइकेन से (b) इमली से
(c) नीम से (d) आम के पेड़ से

15. लिटमस है
(a) एक फल (b) एक रंजक
(c) एक पात्र (d) एक वृक्ष

16. निम्न में प्राकृतिक सूचक है
(a) मेथिल ऑरेन्ज (b) फीनॉलफ्थैलीन
(c) लिटमस (d) ये सभी

17. अम्लीय माध्यम में, फीनॉलफ्थैलिन परिवर्तित हो जाता है
(a) लाल रंग में
(b) नीले रंग में
(c) बैंगनी रंग में
(d) रंगहीन

18. निम्न में से किसका उपयोग गन्धयुक्त सूचक के रूप में होता है?
(a) सेब (b) गाजर
(c) प्याज (d) दोनों 'a' व 'b'

19. शुद्ध जल का 25°C पर pH मान होता है-
(a) 0 (b) 7 (c) 14 (d) 1

20. निम्न में से किसका pH मान 7 होता है?
(a) शुद्ध जल (b) वर्षा जल
(c) क्षारीय विलयन (d) नींबू

21. गैस्ट्रिक जूस का pH मान होता है
(a) 1.0-3.0 (b) 6.0 (c) 6.5-7.5 (d) 7.4

22. गैस्ट्रिक जूस में अम्ल होते हैं
(a) ऐसीटिक अम्ल
(b) नाइट्रिक अम्ल
(c) हाइड्रोक्लोरिक अम्ल
(d) सल्फ्यूरिक अम्ल

23. ताजे दूध का pH मान 6 होता है, जब यह खट्टा हो जाता है, तो pH मान होगा
(a) < 6
(b) 6 ही रहेगा
(c) > 6
(d) उदासीन हो जाएगा अर्थात् 7

24. साधारण नमक, रासायनिक रूप से होता है
(a) सोडियम हाइड्रॉक्साइड
(b) सोडियम क्लोराइड
(c) मैग्नीशियम हाइड्रॉक्साइड
(d) मैग्नीशियम क्लोराइड

25. विरंजक चूर्ण मिश्रण है
(a) $Ca(OCl_2)$ व $CaCl_2 \cdot Ca(OH)_2$ का
(b) $CaCl_2$ व HCl का
(c) $CaCO_3$ व $Ca(OH)_2$ का
(d) $CaCl_2$ व $Ca(OH)_2$ का

26. विरंजक चूर्ण का उत्पादन किसकी अभिक्रिया से होता है?
(a) शुष्क बुझे चूने तथा क्लोरीन
(b) क्विकलाइम तथा क्लोरीन
(c) धावन सोडा तथा अमोनिया
(d) खाने का सोडा तथा आयोडीन

27. विरंजक चूर्ण एक है
(a) पूतिरोधक
(b) विसंक्रामक
(c) प्रतिजैविक
(d) ज्वरनाशी

28. कास्टिक सोडा रासायनिक नाम है
(a) कैल्शियम हाइड्रॉक्साइड
(b) सोडियम हाइड्रॉक्साइड
(c) कॉपर हाइड्रॉक्साइड
(d) आयरन हाइड्रॉक्साइड

29. बेकिंग सोडा का रासायनिक नाम है
(a) सोडियम हाइड्रॉक्साइड
(b) सोडियम हाइड्रोजन कार्बोनेट
(c) सोडियम क्लोराइड
(d) कैल्सियम क्लोराइड

30. निम्न में से किस रसायन का उपयोग अग्निशमन में किया जाता है?
(a) धावन सोडा
(b) बेकिंग सोडा
(c) प्लास्टर ऑफ पेरिस
(d) इनमें से कोई नहीं

31. जल की स्थायी कठोरता को दूर करने में उपयोग किया जाता है
(a) धावन सोडा
(b) बेकिंग सोडा
(c) कास्टिक सोडा
(d) विरंजक चूर्ण

32. प्लास्टर ऑफ पेरिस का रासायनिक सूत्र है
(a) $CaSO_4 \cdot 4H_2O$ (b) $CaSO_4 \cdot \frac{1}{2}H_2O$
(c) $CaCO_3 \cdot H_2O$ (d) $CaCO_3 \cdot \frac{1}{2}H_2O$

33. धावन सोडा का रासायनिक सूत्र है
(a) $CaCO_3 \cdot 2H_2O$
(b) $CaCO_3 \cdot \frac{1}{2}H_2O$
(c) $Na_2CO_3 \cdot 10H_2O$
(d) $NaHCO_3$

34. कपड़े धोने के लिए उपयोग किया जाता है
(a) कार्बोनेट
(b) बाइकार्बोनेट
(c) सल्फोनेट
(d) सल्फेट

35. निम्न में से गर्म करके प्लास्टर ऑफ पेरिस प्राप्त किया जाता है?
(a) धावन सोडा को
(b) जिप्सम को
(c) सोडियम क्लोराइड
(d) सोडियम हाइड्रॉक्साइड

36. टूटी हुई हड्डियों को जोड़ने के लिए प्लास्टर ऑफ पेरिस का उपयोग किया जाता है, यह है
(a) शुष्क बुझा चूना
(b) कैल्सियम कार्बोनेट
(c) कैल्सियम ऑक्साइड
(d) कैल्सियम सल्फेट

37. निम्न में से कौन एक क्षारक का उदाहरण है?
(a) सोडियम हाइड्रॉक्साइड
(b) सोडियम क्लोराइड
(c) मैग्नीशियम क्लोराइड
(d) ये सभी

PYQs

38. दूध में जीवाणु क्रिया ········ है।
क्लर्क (हैदराबाद) 28 फरवरी 2021
(a) अम्लीय
(b) क्षारीय
(c) उदासीन
(d) खारा

उत्तरमाला

1. (b)	2. (d)	3. (c)	4. (b)	5. (b)	6. (a)	7. (c)	8. (a)	9. (b)	10. (c)
11. (b)	12. (d)	13. (a)	14. (a)	15. (b)	16. (c)	17. (d)	18. (c)	19. (b)	20. (a)
21. (a)	22. (c)	23. (a)	24. (b)	25. (a)	26. (a)	27. (b)	28. (b)	29. (b)	30. (b)
31. (a)	32. (b)	33. (c)	34. (a)	35. (b)	36. (d)	37. (a)	38. (a)		

अध्याय 15

धातु और अधातु

- तत्वों को मुख्य रूप से दो वर्गों में बाँटा गया है—धातु और अधातु

धातु

- वे तत्व जो इलेक्ट्रॉन त्यागकर धनायन बनाने की प्रवृत्ति रखते हैं, धातु (Metal) कहलाते हैं।
- मानव द्वारा सर्वप्रथम उपयोग में लाए जाने वाली धातु ताँबा (कॉपर, Cu) था।
- धातुएँ आघातवर्धनीय, तन्य, चमकीले तथा विद्युत एवं ऊष्मा के सुचालक होती हैं।
- सामान्यतया ये कमरे के ताप पर ठोस होती हैं, परन्तु मर्करी (Hg) कमरे के ताप पर द्रव अवस्था में होती है तथा यह ऊष्मा की सुचालक होती है।

धातुओं के गुण

धातुओं के गुण निम्न है

- लगभग सभी धातुएँ ऑक्सीजन से क्रिया करके ऑक्साइड बनाती है, जो क्षारीय प्रकृति के होते हैं।
- ऐलुमिनियम ऑक्साइड तथा जिंक ऑक्साइड **उभयधर्मी** प्रकृति के होते है।
- सोडियम तथा पोटैशियम की अत्यधिक क्रियाशीलता के कारण इन्हें **केरोसीन में रखा** जाता है, क्योंकि वायु के सम्पर्क में खुला छोड़ने पर ये आग पकड़ लेती है।
- धातुएँ जल से क्रिया करके धात्विक हाइड्रॉक्साइड एवं हाइड्रोजन गैस उत्पन्न करती हैं।
- धातुएँ जैसे ऐलुमिनियम, लोहा तथा जिंक ठण्डे या गर्म जल से क्रिया नहीं करते हैं।
- लेड, कॉपर, सोना, प्लेटिनम, मर्करी जैसी धातुएँ जल के साथ कोई अभिक्रिया प्रदर्शित नहीं करती है।
- कॉपर, मर्करी तथा सिल्वर आदि धातुएँ सान्द्र सल्फ्यूरिक अम्ल (H_2SO_4) से क्रिया करती है, तो सल्फर डाइऑक्साइड गैस (SO_2) निर्मित होती है।
- सान्द्र हाइड्रोक्लोरिक अम्ल (HCl) तथा सान्द्र नाइट्रिक अम्ल (HNO_3) का वह मिश्रण जिसमें आयतन के अनुसार 3 भाग हाइड्रोक्लोरिक अम्ल तथा 1 भाग सान्द्र नाइट्रिक अम्ल होता है, **अम्लराज** (*Aqua-regia*) कहलाता है। यह अक्रिय धातुओं जैसे–सोना तथा प्लेटिनम को गलाने की क्षमता रखता है।

धातु के उपयोग

धातु के उपयोग निम्न है

- जेवर बनाने में धातुओं का उपयोग होता है।
- विद्युतीय केबल निर्माण में धातुओं का उपयोग होता है।
- पारे का उपयोग **थर्मामीटर** बनाने में होता है।
- लोहे का उपयोग ब्रिज, घर एवं ऑटोमोबाइल आदि में होता है।

अधातु

- वे तत्व जो इलेक्ट्रॉन ग्रहण करके ऋणायन बनाने की प्रवृत्ति रखते हैं, अधातु (Non-metal) कहलाते हैं।
- अधातुओं में धात्विक चमक, विद्युत एवं ऊष्मीय चालकता नहीं पाई जाती है।
- इनके गलनांक व क्वथनांक निम्न होते हैं।
- इनके घनत्व सामान्यतया कम होते हैं।
- ये अध्वनिक होती हैं।
- अधातुएँ ठोस, द्रव तथा गैस तीनों अवस्थाओं में पाई जाती है। केवल ब्रोमीन ही सामान्य ताप पर द्रव अधातु है।

अधातुओं के गुण

अधातुओं के गुण निम्न है

- कार्बन, आयोडीन, सल्फर, ऑक्सीजन, हाइड्रोजन इत्यादि अधातु के उदाहरण है।
- अधातुएँ जल के साथ सामान्यतया अभिक्रिया नहीं दर्शाती है।
- अधातुएँ ऑक्सीजन से क्रिया करके ऑक्साइड निर्मित करती है। इन ऑक्साइडों की प्रकृति अम्लीय/उदासीन होती है।
- अधातुएँ, धातुओं की भाँति विस्थापन अभिक्रिया दर्शाती है।

अधातु के उपयोग

अधातु के उपयोग निम्न है

- क्लोरीन का उपयोग ब्लीचिंग पाउडर में होता है।
- ऑक्सीजन और एसिटिलीन के मिश्रण का उपयोग वैल्डिंग में होता है।
- नाइट्रोजन का उपयोग नाइट्रिक अम्ल बनाने में किया जाता है।

अक्रिय गैसें

- अक्रिय गैसों (Inert gases) के उदाहरण– हीलियम (He), निऑन (Ne), ऑर्गन (Ar), क्रिप्टॉन (Kr), जीनॉन (Xe), रेडॉन (Rn)
- हीलियम का उपयोग वायु के टायरों, गुब्बारों इत्यादि में भरने में किया जाता है।
- इसका उपयोग ऊष्मा-स्थानान्तरण कारक के रूप में **नाभिकीय संयन्त्र** में **शीतलन** के लिए किया जाता है।
- निऑन का उपयोग संकेतक बल्बों में किया जाता है।

- ऑर्गन का उपयोग वैल्डिंग में अक्रिय वातावरण उत्पन्न करने तथा उद्दीपक प्रकाश बल्बों में भरने में किया जाता है।
- ट्यूबलाइट में मर्करी वाष्प तथा ऑर्गन गैस भरी जाती है।
- जिनॉन को **स्ट्रेन्जर गैस** कहा जाता है। जीनॉन तथा क्रिप्टॉन को मिलाकर इसका उपयोग उच्च तीव्रता के **फोटोग्राफिक फ्लैश ट्यूब** में किया जाता है।

उपधातु

- कुछ तत्वों में धातु तथा अधातु दोनों के गुण विद्यमान रहते हैं, इन्हें उपधातु (Metalloid) कहते हैं।
- ऐन्टिमनी (Sb), आर्सेनिक (As) जर्मेनियम आदि उपधातु हैं।
- जर्मेनियम आर्सेनाइड सबसे सस्ता अर्द्धचालक है।

धातुकर्म

अयस्कों से विभिन्न भौतिक एवं रासायनिक क्रियाओं द्वारा शुद्ध धातु प्राप्त करने की प्रक्रिया को धातुकर्म (Metallurgy) कहते हैं।

खनिज

- प्रकृति में धातुएँ जिन यौगिकों के रूप में पाई जाती हैं, वे खनिज (Minerals) कहलाते हैं।
- सभी खनिजों का उपयोग धातु प्राप्त करने में नहीं होता है।

अयस्क

- वे खनिज जिनसे धातु का निष्कर्षण सुगमता तथा मितव्ययता के साथ किया जाता है, अयस्क (Ores) कहलाते हैं।
- सभी अयस्क खनिज होते हैं, परन्तु सभी खनिज अयस्क नहीं हो सकते हैं।

प्रमुख धातु एवं उनके अयस्क

धातु	अयस्क
सोडियम (Na)	चिली साल्ट पीटर ($NaNO_3$), नमक या ब्राइन (NaCl)
ऐलुमिनियम (Al)	बॉक्साइट ($Al_2O_3 \cdot 2H_2O$), कोरेण्डम (Al_2O_3), क्रॉयोलाइट (Na_3AlF_6), फेलस्पार ($KAlSi_3O_8$)
पोटैशियम (K)	नाइटर (KNO_3), कार्नेलाइट ($KCl \cdot MgCl_2 \cdot 6H_2O$)
मैग्नीशियम (Mg)	मैग्नेसाइट ($MgCO_3$), डोलोमाइट ($MgCO_3.CaCO_3$) एप्सम लवण ($MgSO_4 \cdot 7H_2O$)
कैल्सियम (Ca)	कैल्साइट ($CaCO_3$), फ्लुओरस्पर (CaF_2)
कॉपर (Cu)	क्युप्राइट (Cu_2O), कॉपर ग्लांस (Cu_2S), कॉपर पायराइट ($CuFeS_2$)
जिंक (Zn)	जिंक ब्लेंडी (ZnS), कैलेमाइन ($ZnCO_3$), जिंकाइट (ZnO) या यशद् पुष्प
मर्करी या पारा (Hg)	सिनेबार (HgS)
टिन (Sn)	कैसिटेराइट (SnO_2)
लेड (Pb)	गैलेना (PbS), सिरूसाइट ($PbCO_3$)
लोहा (Fe)	हेमेटाइट (Fe_2O_3), मैग्नेटाइट (Fe_3O_4), सिडेराइट ($FeCO_3$)
यूरेनियम (U)	पिच ब्लेंडी (कार्नेटाइट) (U_3O_8)
थोरियम (Th)	मोनेजाइट ($Th \cdot PO_4 \cdot SiO_4$)

मिश्रधातु

- दो या दो से अधिक धातुओं को गलित अवस्था में मिश्रित करने पर निर्मित समांगी मिश्रण को मिश्रधातु (Alloy) कहते हैं।
- इनके गुण मुख्य धातु से भिन्न होते हैं तथा मर्करी के मिश्रधातु को **अमलगम** कहते हैं।

कुछ मिश्रधातुएँ व उनका संघटन एवं उपयोग

मिश्रधातु (Alloy)	संघटन (Composition)	उपयोग (Uses)
पीतल (Brass)	Cu = 70%, Zn = 30%	तार, मशीनों के पुर्जे, बर्तन बनाने में।
डच मेटल (Dutch metal)	Cu = 80%, Zn = 20%	मशीनों के पुर्जे बनाने में।
जर्मन सिल्वर (German silver)	Cu = 50%, Zn = 35%, Ni = 15%	बर्तन, मूर्तियाँ बनाने में।
मोनल मेटल (Monel metal)	Cu = 28%, Fe = 2%, Ni = 70%	मूर्तियाँ बनाने में।
कॉन्सटैन्टन (Constantan)	Cu = 60%, Ni = 40%	तार बनाने में।
काँसा (Bronze)	Cu = 88%, Sn = 12%	बर्तन, मूर्तियाँ बनाने में।
गन मेटल (Gun metal)	Cu = 88%, Sn = 10%, Zn = 2%	बन्दूकें, हथियार, मशीनों के पुर्जे बनाने में।
बेल मेटल (Bell metal)	Cu = 80%, Sn = 20%	घण्टे, पुर्जे बनाने में।
फॉस्फर काँसा (Phosphor bronze)	Cu = 85%, Sn = 13%, P = 2%	रेडियो के एरियल तथा पुर्जे बनाने में।
मुद्रा धातु (Coinage metal)	Cu = 95%, Sn = 4%, Pt = 1%	मुद्राएँ बनाने में।
कृत्रिम गोल्ड (Rolled gold)	Cu = 90%, Al = 10%	आभूषण, मूर्तियाँ बनाने में।
ड्यूरेलुमिन (Duralumin)	Al = 95%, Cu = 4%, Mg = 0.5%, Mn = 0.5%	बर्तन आदि के निर्माण में।
इलेक्ट्रॉन (Electron)	Mg = 95%, Zn = 5%	मशीनों के पुर्जों के निर्माण में।
स्टेनलेस स्टील (Stainless steel)	Fe = 73%, Cr = 18%, Ni = 8%	बर्तन, औजार तथा मूर्तियाँ बनाने में।
टाँका (Solder)	Pb = 80%, Sn = 20%	विद्युत उपकरणों के निर्माण में।

अध्याय 17

पर्यावरण रसायन

- पर्यावरण में अवांछित पदार्थों का मिलना, पर्यावरणीय प्रदूषण (Environment Pollution) कहलाता है तथा ऐसे पदार्थ प्रदूषक (Pollutants) कहलाते हैं।

वायुमण्डल

- पृथ्वी के चारों ओर गैसों का एक आवरण उपस्थित होता है, जिसे वायुमण्डल (Atmosphere) कहते हैं।
- इसमें उपस्थित गैसों में मुख्य रूप से नाइट्रोजन (78.09%), ऑक्सीजन (21%), आर्गन (0.93%), कार्बन (0.03%) आदि है।

वायुमण्डलीय प्रदूषण

- वायुमण्डलीय प्रदूषण (Atmospheric Pollution) के प्रमुख प्रदूषक हैं हानिकारक गैसें, (जैसे—CO, NO_2, N_2O, CFCs, SO_2), धुँआ, धुल कण, आदि।
- कुछ गैसें (जैसे—CO_2, CH_4, NO, CFCs, O_3, जल वाष्प, आदि) सूर्य की अवरक्त किरणों (IR rays) को अवशोषित कर पृथ्वी का तापमान बढ़ाती है। इसे **हरित गृह प्रभाव** (Green house effect) कहते हैं। इससे **भूमण्डलीय तापवृद्धि** (Global warming) होती है।
- कार्बन डाइऑक्साइड (CO_2) गैस वायु को प्रदूषित नहीं करता। इसकी भूमिका केवल भूमण्डलीय तापमान को बढ़ाना है।
- सल्फर तथा नाइट्रोजन के ऑक्साइड (SO_2, NO_2, आदि) वर्षा जल के साथ अभिक्रिया कर अम्ल (H_2SO_4, HNO_3, आदि) बनाते हैं, जिससे **अम्लीय वर्षा** होती है। अम्लीय वर्षा (Acid rain) का pH मान 5 से कम होता है।
- समतापमण्डल में उपस्थित ओजोन (O_3) परत, जो हमें हानिकारक UV-किरणों से बचाती है, यह क्षय का कारण हैं, जैसे नाइट्रोजन ऑक्साइड गैसें, CFCs गैसें, आदि।
- क्लोरोफ्लुओरो कार्बन (CFCs) का उपयोग प्रशीतन में किया जाता है।

धुँआ

- धुएँ (Smoke) तथा कोहरे (Fog) के संयोग से स्मॉग (या धूम्र-कोहरा) (Smog) का निर्माण होता है।
- प्रकाशरसायनी (Photochemical) स्मॉग ओजोन परिवर्तनशील जैविक यौगिक (Volatile organic compounds) पैन (परऑक्सी ऐसीटाइल नाइट्रेट) सल्फर डाइऑक्साइड व नाइट्रिक ऑक्साइड से मिलकर बनता है, जिससे आँखों तथा श्वसन तन्त्र में जलन होती है।

जल प्रदूषण

- जल प्रदूषण (Water Pollution) का प्रमुख कारण जैविक अपशिष्ट पदार्थ (मल जल) कीटनाशक, उर्वरक, विषैली धातु, आदि।
- जैविक अपशिष्ट पदार्थों द्वारा प्रदूषण को जैव रासायनिक ऑक्सीजन माँग (BOD) के सन्दर्भ में मापा जाता है। यदि BOD का मान 5 ppm या कम है, तो जल स्वच्छ है एवं यदि इसका मान 17 ppm या अधिक है यह अत्यन्त प्रदूषित है।
- यूट्रोफिकेशन, किसी झील या अन्य जल स्रोत की प्राकृतिक वृद्धता है। इसका, क्षारक जैविक आवर्धन है जो जल में नाइट्रोजन तथा फॉस्फोरस जैसे पोषक के मिलने से होता है।

विषैली धातुएँ, उनके स्रोत तथा हानिकारक प्रभाव

धातु	स्रोत	हानिकारक प्रभाव
मर्करी (Hg)	कीटाणुनाशक, कोयले की खान, औद्योगिक अपशिष्ट	मिनामाटा रोग; इसे 1952 में प्रथम बार खोजा गया, यह Hg युक्त संदूषित मछली को खाने से होता है। इस रोग के कारण डायरिया, रक्त वाहिनियों से रक्त का स्राव, (Haemolysis), मस्तिष्क की नाड़ियों में सूजन (Meningitis) तथा मृत्यु तक हो सकती है।
क्रोमियम (Cr)	धातु लेपन उद्योग	कैंसरजन्य, स्नायु तन्त्र में समस्या उत्पन्न करना।
कैडमियम (Cd)	औद्योगिक अपशिष्ट, Ni—Cd जीवाणु	उच्च रक्त दाब, किडनी तथा मेरू रज्जू तन्त्र में अवरोध। इटाई-इटाई (Itai-Itai) रोग
लेड (Pb)	सीसा उद्योग, खान, कोल गैसोलीन	ऐनीमिया, किडनी, स्नायु तन्त्र में समस्या, ग्लूकोस अपपचय में बाधक
जिंक (Zn)	औद्योगिक अपशिष्ट	उल्टी आना, अंगों में ऐठन गुर्दे को हानि पहुँचना तथा पौधों के लिए विषाक्त कैंसरजन्य।
आर्सेनिक (As)	रासायनिक व्यर्थ, भू-जल के अत्याधिक दोहन से आर्सेनिक का जल में मिलना	कैंसरजन्य
कॉपर (Cu)	औद्योगिक व्यर्थ, निक्षालन (लीचिंग) प्रक्रम	जन्तुओं के लिए अत्यन्त विषैला नहीं परन्तु पौधों तथा कवकों के लिए विषैला।

- भारत के कई इलाकों के पेय जल में मुख्य रूप से आर्सेनिक, फ्लुओराइड तथा नाइट्रेट पाई जाने की समस्या विद्यमान है।

एग्जाम पैटर्न प्रश्न

1. ग्रीन हाउस प्रभाव के लिए मुख्यतः जिम्मेदार वायुमण्डलीय गैस कौन-सी है?
(a) ओजोन
(b) नाइट्रोजन
(c) ऑक्सीजन
(d) कार्बन डाइऑक्साइड

2. निम्नलिखित में से कौन-सा विकल्प ग्रीनहाउस गैस नहीं है?
(a) कार्बन डाइऑक्साइड
(b) मेथेन
(c) क्लोरोफ्लोरो कार्बन
(d) ऑक्सीजन

3. ………… का प्रशीतन (रेफ्रीजरेशन) में प्रयोग किया जाता है।
(a) क्लोरोफ्लोओरो कार्बन
(b) कार्बन डाइऑक्साइड
(c) नाइट्रोजन परॉक्साइड
(d) अमोनियम ऑक्साइड

4. प्रकाश रसायन स्मॉग किस अभिक्रिया का परिणाम है?
(a) सूर्य प्रकाश की उपस्थिति में NO_2, O_3 तथा परऑक्सी ऐसीटिल नाइट्रेट
(b) सूर्य प्रकाश की उपस्थिति में CO, O_3 तथा परऑक्सी ऐसीटिल नाइट्रेट
(c) लघु ताप पर CO, CO_2 तथा NO_2
(d) सायं के समय NO_2, O_3 तथा CO की उच्च सान्द्रता

5. निम्नलिखित में से कौन-सा एक धूम्र-कोहरे का घटक नहीं है?
(a) परिवर्तनशील जैविक यौगिक
(b) नाइट्रोजन ऑक्साइड
(c) सल्फर डाइऑक्साइड
(d) क्लोरीन डाइऑक्साइड

6. ………. गैस पृथ्वी से दीर्घ तरंग (अवरक्त) विकिरण अवशोषित करती है और पुनः पृथ्वी की ओर उत्सर्जित करती है।
(a) मेथेन
(b) ग्रीन हाउस
(c) कार्बन डाइऑक्साइड
(d) ओजोन

7. ओजोन का रासायनिक (कैमिकल) फॉर्मुला क्या है?
(a) O (b) O_2 (c) O_3 (d) O_4

8. भारत में आर्सेनिक समस्या मुख्य रूप से किस कारण से है?
(a) बिहार और बंगाल में कोयला का अत्यधिक दोहन
(b) हिंटरलैण्ड में आर्सेनोपायराइड का अत्यधिक दोहन
(c) प्रभावित क्षेत्रों में भू-जल का अत्यधिक दोहन
(d) प्रभावित क्षेत्रों में भूपृष्ठीय जल का अत्यधिक दोहन

9. भारत में कुछ भागों में पेयजल में निम्नलिखित में से कौन-से प्रदूषक पाए जाते हैं?
(i) आर्सेनिक (ii) सोर्बिटल
(iii) फ्लुओराइड (iv) फॉर्मेल्डिहाइड
(v) यूरेनियम
नीचे दिए गए कोड का प्रयोग करते हुए सही उत्तर का चयन कीजिए
(a) (i) और (iii) (b) (ii), (iv) और (v)
(c) (i), (iii) और (v) (d) उपरोक्त सभी

10. निम्नलिखित में से कौन-से तत्वों का युग्म सुपोषण (यूट्रिफिकेशन) प्रक्रिया के लिए सर्वाधिक महत्वपूर्ण है
(a) कैल्सियम-मैग्नीशियम
(b) नाइट्रोजन-फास्फोरस
(c) निकेल-कोबाल्ट
(d) आयरन-कॉपर

11. निम्नलिखित में से कौन-सा वायु प्रदूषण का एक प्रकार है, जो श्वसन समस्याओं का कारण बन सकता है?
(a) धुन्ध (b) अम्लीय वर्षा
(c) सुपोषण (d) ओजोन ह्रास

12. शुद्ध जल की तुलना में, अशुद्ध जल का क्वथनांक
(a) समान रहता है।
(b) बढ़ता है।
(c) घटता है
(d) पहला घटता है, फिर बढ़ता है।

13. स्मॉग क्या है?
(a) ओजोन और धुँआ
(b) वाहन प्रदूषक
(c) कोहरा और धुँआ
(d) कोहरा और ओजोन

14. निम्नलिखित में से जल प्रदूषक नहीं है
(a) क्रोमियम (b) गाद
(c) आर्सेनिक (d) ग्लेशियर

15. निम्नलिखित में से कौन अम्लीय वर्षा का कारण है?
(a) जल प्रदूषण (b) ध्वनि प्रदूषण
(c) भूमि प्रदूषण (d) वायु प्रदूषण

16. अम्ल वर्षा वायु में किसके अधिक सान्द्रण के कारण होती है?
(a) CO और CO_2
(b) SO_2 और NO_2
(c) ओजोन और धूल
(d) H_2O और CO

17. ओजोन परत का अवक्षय मुख्यतः किस कारण से होता है?
(a) विमानन ईंधन
(b) रेडियोधर्मी किरणें
(c) क्लोरोफ्लोरो कार्बन
(d) ज्वालामुखीय उद्भेदन

18. क्लोरोफ्लोरो कार्बन, अधिकतर कहाँ इस्तेमाल होते हैं?
(a) माइक्रो ओवनों में
(b) सौर हीटरों में
(c) धुलाई मशीनों में
(d) रेफ्रिजरेटरों में

19. अम्लीय वर्षा का pH मान होता है
(a) 5 से अधिक
(b) 7 से कम
(c) 5 से कम
(d) 7 से अधिक

20. BOD का पूर्ण रूप है
(a) बायोकेमिकल ऑक्सीजन डिमाण्ड
(b) बायोकेमिकल ओजोन डिमाण्ड
(c) बायोफिजिकल ऑक्सीजन डिमाण्ड
(d) बायोफिजिकल ओजोन डिमाण्ड

उत्तरमाला

1. (d)	2. (d)	3. (a)	4. (a)	5. (d)	6. (b)	7. (c)	8. (c)	9. (a)	10. (b)
11. (b)	12. (b)	13. (c)	14. (d)	15. (d)	16. (b)	17. (c)	18. (d)	19. (c)	20. (a)

अध्याय 18

जीव विज्ञान का परिचय

- जीव विज्ञान, विज्ञान की वह शाखा है, जिसके अन्तर्गत जीवधारियों का अध्ययन किया जाता है। जीव विज्ञान (Biology) शब्द का प्रयोग सर्वप्रथम **लैमार्क** एवं **ट्रेविरेनस** ने सन् 1802 में किया था।
- जन्तुओं का अध्ययन जन्तु विज्ञान (Zoology), पादपों का अध्ययन वनस्पति विज्ञान (Botany) तथा सूक्ष्मजीवों का अध्ययन सूक्ष्मजीव विज्ञान (Microbiology) के अन्तर्गत किया जाता है।

सजीव और निर्जीव

जीव जगत में **सजीव** एवं **निर्जीव** दोनों प्रकार की वस्तुएँ उपस्थित हैं तथा दोनों का ही निर्माण तत्वों (Elements) से मिलकर होता है। सजीवों का शरीर कार्बनिक एवं अकार्बनिक (निर्जीव) पदार्थों से मिलकर बना होता है।

सजीवों एवं निर्जीवों के बीच के अन्तर को हम संक्षेप में नीचे दी गई तालिका में देख सकते हैं

लक्षण	सजीव	निर्जीव
रासायनिक संगठन	निश्चित अनुपात में रासायनिक अणु उपस्थित	निश्चित अनुपात अनुपस्थित
जीवद्रव्य	उपस्थित	अनुपस्थित
कोशिकीय संगठन	उपस्थित	अनुपस्थित
उपापचय	उपस्थित	अनुपस्थित
पोषण	आवश्यक	अनावश्यक
वृद्धि	उपस्थित एवं सदैव आन्तरिक	कभी-कभी उपस्थित परन्तु बाह्य प्रकार की
गति	उपस्थित एवं स्वयं से होता है	स्वयं से होने वाली गति अनुपस्थित
श्वसन	उपस्थित	अनुपस्थित
उत्सर्जन	उपस्थित	अनुपस्थित
जनन	अनिवार्य रूप से उपस्थित	अनुपस्थित
अनुक्रियता	अनिवार्य रूप से उपस्थित	अनुपस्थित

जीव विज्ञान की शाखाएँ

शस्य विज्ञान (Agronomy)	खेतों में उगाये जाने वाले पौधों का अध्ययन।
शारीरिकी (Anatomy)	जीवों के शरीर की आन्तरिक रचना का अध्ययन।
जीवाणु विज्ञान (Bacteriology)	जीवाणुओं का अध्ययन।
जैवरसायन (Biochemistry)	जीवों के रासायनिक घटक तथा रासायनिक प्रक्रियाओं का अध्ययन।
कोशिका जैविकी (Cell Biology)	कोशिकाओं की संरचना, कार्य, जनन तथा जीवन चक्र का अध्ययन।
कोशिका विज्ञान (Cytology)	कोशिकाओं की विस्तृत संरचना का अध्ययन।
हृदय विज्ञान (Cardiology)	हृदय की रचना एवं कार्य का अध्ययन।
पारिस्थितिकी (Ecology)	जीवधारी तथा उसके वातावरण के बीच पारस्परिक सम्बन्धों का अध्ययन।
अन्तःस्रावी विज्ञान (Endocrinology)	अन्तःस्रावी ग्रन्थियों तथा हॉर्मोनों का अध्ययन।
भ्रूण विज्ञान (Embryology)	युग्मकों के निर्माण, निषेचन व भ्रूण के परिवर्धन का अध्ययन।
पुष्प कृषि (Floriculture)	सजावटी पुष्पों के संवर्धन का अध्ययन।
आनुवंशिकी (Genetics)	आनुवंशिकता तथा विभिन्नता के कारणों तथा प्रक्रम का अध्ययन।
प्रतिरक्षा विज्ञान (Immunology)	प्राणियों की रोगों की प्रति प्रतिरोधकता का अध्ययन।
सूक्ष्मजीव विज्ञान (Microbiology)	सूक्ष्मजीव, जैसे जीवाणु एवं विषाणु का अध्ययन।
शरीर-क्रिया विज्ञान (Physiology)	जीवन से जुड़ी क्रियाओं एवं कार्यों का अध्ययन।
जीवाश्मिकी (Palaeontology)	जीवाश्मों का अध्ययन।
मृदा विज्ञान (Pedology)	विभिन्न प्रकार की मृदाओं का अध्ययन।
वर्गिकी (Taxonomy)	जीवों के नामकरण तथा वर्गीकरण का अध्ययन।
विषाणु विज्ञान (Virology)	विषाणुओं का अध्ययन।

जीव विज्ञान की प्रमुख शाखाओं के जनक

शाखा	जनक
जीव विज्ञान	अरस्तू
जन्तु विज्ञान	अरस्तू
वनस्पति विज्ञान	थियोफ्रेस्टस
वर्गिकी	लीनियस
आनुवंशिकी	ग्रेगर मेण्डल
जीवाश्मिकी	लियोनार्डो डी विन्सी
चिकित्सा शास्त्र	हिप्पोक्रेट्स
सूक्ष्म-जीव विज्ञान	लुई पाश्चर
आधुनिक भ्रूण विज्ञान	वॉन बेयर
जीवाणु विज्ञान	ल्यूवेनहॉक
कवक विज्ञान	माइकेली
प्रतिरक्षा विज्ञान	एडवर्ड जेनर
कोशिका विज्ञान	रॉबर्ट हुक

शाखा	जनक
भारतीय पारिस्थितिकी	आर. मिश्रा
भारतीय ब्रायोलॉजी	एस. आर. कश्यप
भारतीय शैवाल विज्ञान	एम. ओ. पी. आयंगर

कुछ जीवधारियों के रासायनिक नाम

मेंढक	*Rana tigrina*
मनुष्य	*Homo-sapiens*
गाय	*Bos indicus*
बिल्ली	*Felis domestica*
कुत्ता	*Canis familiaris*
मक्खी	*Musca domestica*
केंचुआ	*Pheretima posthuma* (एनेलिड़ा संघ का जन्तु जिसमे खण्ड़ित शरीर पाया जाता है)

चिकित्सीय तकनीक

- **इलेक्ट्रोकार्डियोग्राफी** (ECG) ये हृदय-चक्र के दौरान उत्पन्न हुए मायोइलेक्ट्रिकल परिवर्तनों का पता लगाता है (जैसे-सायनोएट्रियल ब्लॉक, एन्जाइना पेक्टॉरिस, वलवुलर डिफेक्ट्स, इत्यादि)।
- **इकोकार्डियोग्राफी** यह हृदय नलिकाओं, हृदयी कपाटों एवं दीवारों का सोनोग्राफिक चित्रण होता है।
- **इलेक्ट्रोइनसेफेलोग्राफी** (EEG) यह मस्तिष्क के विभिन्न भागों में हो रही विद्युत गतिविधियों का पता लगाता है। यह ऐपिलेप्सी, ब्रेन ट्यूमर, ऐबेसोसिस, मस्तिष्क पर ड्रग्स के प्रभाव इत्यादि का पता लगाता है।
- **टोमोग्राफी** इस तकनीक से आन्तरिक क्षेत्र के अंगों की परतें दर्शाई जाती हैं। 3 आयामों वाला '3D' चित्र बनाया जाता है। इससे सिस्ट, कैलकुली या कैंसर जैसे रोगों की पहचान हो सकती है।
- **CT स्कैनिंग** यह निम्न स्तर की एक्स-रे किरणों के आक्रामक उपयोग वाली चित्रण प्रणाली है। यह पेट, छाती, स्पाइनल कॉर्ड, आन्तरिक हैमरेज या ट्यूमर जैसी बीमारियों का पता लगाती है।
- **MRI** यह तकनीक आन्तरिक कोशिकाओं को चित्रित करने के लिए बाहरी चुम्बकत्व क्षेत्र का उपयोग करती है। यह प्रक्रिया रोगों से उत्पन्न हुए परिवर्तन एवं कोशिका परिवर्द्धन का अध्ययन करने के लिए उपयोग में लाई जाती है। इसमें चित्र किसी भी समतल आधार पर बनाया जा सकता है।
- **अल्ट्रासाउण्ड** यह चित्रण गुर्दे की पथरी, गॉल ब्लैडर-पथरी, फैलोपियन ट्यूब, आयु, स्वास्थ्य, भ्रूण का लिंग, इत्यादि पता लगाने के उपयोग में आता है।
- **पेसमेकर** यह यन्त्र हृदय की धड़कनों को नियन्त्रित करता है। यह माइक्रोवेव, ओवन, धातु पहचान यन्त्र (मेटल डिटेक्टर), इलेक्ट्रिक शेवर, सेल्यूलर फोन, ऑटोमोबाइल इग्निशन, इत्यादि से प्रभावित हो सकता है।
- **ऐन्जियोप्लास्टी** यह अवरुद्ध हो गई धमनीय नलिका को 'ब्लूनिंग' के द्वारा खोलने के काम आती है।
- **ऐन्जियोग्राफी** यह हृदय की दीवारों, कपाट, वेन्ट्रिकल्स, कॉरोनरी धमनियाँ, इत्यादि के स्वास्थ्य के अध्ययन के लिए हृदय के विभिन्न भागों में रेडियो-अपारदर्शक विषम माध्यम या फ्लोरोस्कोपिक रसायन का प्रवाह करती है। इस प्रक्रिया की फिल्म बनाई जा सकती है।

एग्जाम पैटर्न प्रश्न

1. सजीवो में ऐसे लक्षण कौन-से हैं, जिसके आधार पर ये निर्जीवों से भिन्न हैं?
(a) संवेदनशीलता (b) अनुकूलता
(c) विकास एवं वृद्धि (d) ये सभी

2. 'जीवन' कहा जा सकता है
(a) अमूर्त है
(b) जीवद्रव्य की जैविक दशा है
(c) वह शब्द है, जो सजीवों को निर्जीवों से पृथक् करता है
(d) उपरोक्त सभी

3. जीवन का मूलभूत लक्षण है
(a) ऊर्जागतिकी (b) वृद्धि एवं प्रजनन
(c) अनुकूलन (d) ये सभी

4. सभी सजीव जीव एक-दूसरे से संबंधित होते हैं, क्योंकि
(a) इनमें एक ही किस्म का सामान्य आनुवंशिक पदार्थ पाया जाता है
(b) यह सामान्य आनुवंशिक पदार्थ की हिस्सेदारी करते हैं, परन्तु हिस्सेदारी की डिग्री अलग-अलग होती है
(c) सभी में सामान्य कोशिकीय संगठन होता है
(d) उपरोक्त सभी

5. पौधों में गति पाई जाती है
(a) गुरुत्वानुवर्तन (b) जलानुवर्तन
(c) प्रकाशानुवर्तन (d) ये सभी

6. पाचन क्रिया में ग्लूकोस ($C_6H_{12}O_6$) एवं ऑक्सीजन के अणु टूटकर कार्बन डाइऑक्साइड, जल एवं ऊर्जा का निर्माण करते हैं, यह किस प्रकार की क्रिया है?
(a) रचनात्मक
(b) क्रियात्मक
(c) विघटनात्मक
(d) दोनों (a) व (b)

7. जीव द्रवीय पदार्थ में सम्मिलित किया जाता है
(a) कोशिकाद्रव्य (b) केन्द्रक
(c) दोनों (a) व (b) (d) एपोप्लास्टिक

8. शैवाल विज्ञान में अध्ययन किया जाता है
(a) लाइकेन (b) फाइकस
(c) कवक (d) शैवाल

9. कायान्तरण का अध्ययन किया जाता है
(a) न्यूरोलॉजी में (b) एम्ब्रियोलॉजी में
(c) कार्डियोलॉजी में (d) फिजियोलॉजी

10. सरीसृपों के अध्ययन को कहते हैं
(a) इक्थियोलॉजी
(b) हर्पेटोलॉजी
(c) स्पर्मेन्टोलॉजी
(d) इनमें से कोई नहीं

11. विज्ञान की किस शाखा में जीवाश्मों का अध्ययन किया जाता है?
(a) पारिस्थिति विज्ञान या पारिस्थितिक
(b) मानव जाति विज्ञान
(c) जीवाश्म विज्ञान
(d) उपरोक्त में से कोई नहीं

12. एक्सोबायोलॉजी के अन्तर्गत अध्ययन किया जाता है
(a) वायु में जीवन का
(b) बाह्य त्वचा का
(c) स्थलीय जीव का
(d) दूसरे ग्रह पर जीवन का

13. मानव जनसंख्या वृद्धि के अध्ययन को कहते हैं
(a) डैमोग्राफी
(b) जियोग्राफी
(c) इथैनोलॉजी
(d) सोसियोलॉजी

14. वनस्पति विज्ञान के पिता हैं
(a) स्टीफैन हॉल्स (b) कैरोलस लिनियस
(c) मैल्पीघी (d) थियोफ्रेस्टस

15. जीव विज्ञान शब्द का प्रयोग किया
(a) अरस्तू
(b) लैमार्क और ट्रेविरेनस
(c) पुरकिन्जे
(d) हक्सले

16. जीव विज्ञान में प्रयुक्त होने वाले इन्जीनियरी एवं तकनीकी विज्ञान को कहते हैं
(a) जैव-प्रौद्योगिकी
(b) जीव विज्ञान
(c) रोग विज्ञान
(d) आनुवंशिक अभियान्त्रिकी

17. पेड़-पौधों की आयु ज्ञात करने के लिए वार्षिक वलयों की वृद्धि के विश्लेषण के विज्ञान को कहते हैं
(a) कैम्ब्रान्चोलॉजी
(b) वृक्ष विज्ञान
(c) मेडुलॉजी
(d) उपरोक्त में से कोई नहीं

18. जेनेटिक इंजीनियरिंग से सम्बन्धित है
(a) यूफैनिकस (b) यूथैनिकस
(c) सुजननिकी (d) ये सभी

19. सूक्ष्मजैविकी या सूक्ष्मजीव विज्ञान में अध्ययन करते हैं
(a) जन्तुओं का
(b) पादपों का
(c) सूक्ष्मदर्शी पादपों का
(d) सूक्ष्मदर्शी पादपों और जन्तुओं का

20. वन प्रबन्धन के अन्तर्गत आता है
(a) सेरीकल्चर (b) सेल्वीकल्चर
(c) एपिकल्चर (d) ओलेरीकल्चर

21. मानव रोग विज्ञान में अध्ययन करते हैं
(a) औषधि
(b) कृमियों
(c) रुधिर
(d) मानव के विभिन्न रोग एवं कारक

22. वनस्पति विज्ञान में अध्ययन करते हैं
(a) पादपों के लाभदायक प्रभावों का
(b) पादपों के हानिकारक प्रभावों का
(c) पादपों का सम्पूर्ण अध्ययन
(d) उपरोक्त में से कोई नहीं

23. जीव विज्ञान की वह शाखा, जिसमें जीवधारियों की पहचान, नामकरण एवं वर्गीकरण का अध्ययन किया जाता है
(a) एक्सोबायोलॉजी (b) पारिस्थितिकी
(c) वर्गिकी (d) आविष विज्ञान

24. वनस्पति विज्ञान की किस शाखा के अन्तर्गत वृक्षों की आयु का अध्ययन करते हैं?
(a) डेन्ड्रोक्रोनोलॉजी (b) घास विज्ञान
(c) पराग विज्ञान (d) भेषज विज्ञान

25. भारतीय भ्रूण विज्ञान का पिता किसे कहते हैं?
(a) प्रो. पी. माहेश्वरी (b) प्रो. आयंगर
(c) प्रो. बीरबल साहनी (d) सर जे. सी. बोस

26. वर्गिकी का जनक कहा जाता है
(a) लीनियस (b) अरस्तू
(c) थियोफ्रेस्टस (d) एडवर्ड जेनर

27. सूक्ष्म-जीव विज्ञान के जनक के रूप में जाने जाते हैं
(a) अरस्तू
(b) लुई पाश्चर
(c) माइकेली
(d) लीनियस

28. एडवर्ड जेनर को किस शाखा के जनक के रूप में जाना जाता है?
(a) वर्गिकी
(b) आनुवंशिकी
(c) प्रतिरक्षा विज्ञान
(d) जीवाश्मिकी

29. आनुवंशिकी के जनक है
(a) लीनियस
(b) अरस्तू
(c) आर. मिश्रा
(d) ग्रेगर मेण्डल

30. ECG का पूर्ण रूप है
(a) इलेक्ट्रोकार्डियोग्राफी
(b) इकोकार्डियोग्राफी
(c) इलेक्ट्रोइनकार्डियोग्राफी
(d) उपरोक्त में से कोई नहीं

PYQs

31. एक केंचुए में ·········· होता है?
क्लर्क (हमीरपुर, बहरामपुर) 01 नवम्बर 2020
(a) दुबला-पतला शरीर
(b) संयुक्त नेत्र
(c) संयुक्त पैर
(d) खण्डित शरीर

उत्तरमाला

1. (d)	2. (d)	3. (b)	4. (c)	5. (d)	6. (c)	7. (c)	8. (d)	9. (b)	10. (b)
11. (c)	12. (d)	13. (a)	14. (d)	15. (b)	16. (a)	17. (b)	18. (c)	19. (d)	20. (b)
21. (d)	22. (c)	23. (c)	24. (a)	25. (a)	26. (a)	27. (b)	28. (c)	29. (d)	30. (a)
31. (d)									

अध्याय 19

कोशिका तथा ऊतक

कोशिका तथा कोशिका की खोज

- लैटिन भाषा में Cell (कोशिका) शब्द का अर्थ 'छोटा कमरा' होता है। कोशिका समस्त जीवों (जन्तुओं तथा पादपों) की आधारभूत, संरचनात्मक एवं क्रियात्मक इकाई होती है।
- कोशिकाओं की तुलना ईंटों से की जा सकती है। जिस प्रकार ईंटों को जोड़कर भवन का निर्माण किया जाता है, उसी प्रकार विभिन्न कोशिकाएँ एक-दूसरे से जुड़कर प्रत्येक सजीव के शरीर का निर्माण करती हैं।
- कोशिका की खोज सर्वप्रथम **रॉबर्ट हुक** ने सन् 1665 में स्वनिर्मित सूक्ष्मदर्शी की सहायता से कॉर्क की पतली स्लाइस में की थी। हुक द्वारा देखी गई बक्सेनुमा संरचनाएँ वास्तव में मृत कोशिकाएँ थीं।
- **ल्यूवेनहॉक** ने सन् 1674 सबसे पहले उन्नत सूक्ष्मदर्शी की सहायता से तालाब के जल में स्वतन्त्र रूप से जीवित कोशिकाओं का पता लगाया था।
- **एम. श्लाइडेन** (1838) एवं **टी. श्वान** (1839) ने कोशिका सिद्धान्त के विषय में बताया। इस सिद्धान्त के अनुसार, सभी पौधे तथा जन्तु, कोशिकाओं के बने हैं और कोशिका जीवन की मूलभूत इकाई हैं।
- **विरकोव** (1855) ने कोशिका सिद्धान्त को ओर आगे बढ़ाया। उन्होंने बताया कि सभी कोशिकाएँ पूर्ववर्ती कोशिकाओं से बनती हैं।

डीएनए (DNA) एवं आरएनए (RNA) के बीच अन्तर

डीएनए (DNA)	आरएनए (RNA)
डीएनए में शर्करा Deoxyribose होती है।	आरएनए में शर्करा Ribose होती है।
डीएनए में बेस एडिनीन, ग्वानिन, थायमिन और साइटोसीन होते हैं।	आरएनए में थायमिन की जगह यूरेसिल नामक बेस आ जाता है।
डीएनए केन्द्रक में पाया जाता है।	आरएनए मुख्य रूप से साइटोप्लाज्म में पाया जाता है।
यह सभी जीवों का आनुवंशिक पदार्थ होता है।	यह कुछ वायरस का आनुवंशिक पदार्थ होता है।

पादप और जन्तु कोशिका में अन्तर

पादप कोशिका	जन्तु कोशिका
पौधों में विकसित त्रिस्तरीय कोशिका भित्ति पाई जाती है, जो मुख्य रूप से सेलुलोज की बनी होती है।	जन्तु कोशिका में कोशिका भित्ति नहीं पाई जाती है, बल्कि कोशिका जीवद्रव्य झिल्ली से ढकी रहती है।
कुछ पौधों को छोड़कर (जैसे-कवक एवं जीवाणु) बाकी सभी पौधों में पर्णहरित पाया जाता है।	जन्तुओं में पर्णहरित नहीं पाया जाता है।
वनस्पति कोशिका में सेन्ट्रोसोम नहीं पाया जाता है।	जन्तु कोशिका में केन्द्रक के पास ताराकार सेन्ट्रोसोम रचना होती है, जो कोशिक विभाजन में कार्य करती है।
पौधों में प्रायः लाइसोसोम नहीं पाई जाती है।	लाइसोसोम जन्तु कोशिका में मिलती है।
पादप कोशिका में रसधानी या रिक्तिका होती है।	जन्तु कोशिका में रिक्तिका नहीं मिलती है।
अधिकांश पादपों की कोशिकाओं में तारक केन्द्र नहीं होते।	अधिकांश जन्तु कोशिकाओं में तारक केन्द्र होते हैं।

कोशिका संरचना

- प्रकाश सूक्ष्मदर्शी एवं इलेक्ट्रॉन सूक्ष्मदर्शी की खोज से कोशिका की जटिल संरचना का पता लगाया गया। सूक्ष्मदर्शी से कोशिका का अध्ययन करने पर कोशिका की संरचना निम्न भागों में विभाजित दिखाई पड़ती है
  1. कोशिका भित्ति (Cell Wall)
  2. कोशिका झिल्ली (Cell membrane)
  3. जीवद्रव्य (Protoplasm)
  4. कोशिकांग (Cell Organelle)
- पादपों में प्लाज्मा झिल्ली के बाहर एक दृढ़ कोशिका भित्ति भी पाई जाती है।

कोशिका भित्ति

- कोशिका भित्ति की खोज रॉबर्ट हुक ने की थी।
- कोशिका भित्ति (Cell wall) मजबूत, मृत एवं सेलुलोस की बनी लचीली परत होती है, जो पादप कोशिकाओं में प्लाज्मा झिल्ली के बाहर उपस्थित होती है।
- यह पादप कोशिकाओं को संरचनात्मक दृढ़ता एवं सुरक्षा प्रदान करती है।
- कोशिका भित्ति मुख्यतया पादप, कवक, जीवाणु, शैवाल में पायी जाती है, परन्तु यह जन्तु व प्रोटोजोआ में अनुपस्थित होती है।

कोशिका झिल्ली

- कोशिका एक पतली, जीवित चयनात्मक पारगम्य व लचीली झिल्ली से घिरी रहती है, जिसे कोशिका झिल्ली या कला कहते हैं। यह एक कोशिका को दूसरी कोशिका से तथा बाहरी वातावरण से अलग करती है।
- गैसें सरल विसरण के द्वारा प्लाज्मा झिल्ली के आर-पार अधिक सान्द्रता से कम सान्द्रता की ओर गति करती हैं।
- जल प्लाज्मा झिल्ली को परासरण द्वारा पार करके कोशिका में जाता है, जिसमें इसके अणु अधिक सान्द्रता से कम सान्द्रता की ओर गति करते हैं।
- **जीवद्रव्यकुंचन** (Plasmolysis) वह प्रक्रिया है, जिसमें जल कोशिका के बाहर निकल जाता है तथा पादप कोशिका की कोशिका झिल्ली सिकुड़कर कोशिका भित्ति से अलग हो जाती है। यह तब होता है, जब कोशिका को अतिपरासरी (सान्द्र) घोल में रखा जाता है।

जीवद्रव्य

- **जे.ई. पुरकिन्जे** ने सन् 1839 में कोशिका में उपस्थित तरल जैविक पदार्थ को जीवद्रव्य का नाम दिया। जीवद्रव्य 'जीवन का भौतिक आधार' है।

यह दो प्रकार का होता है कोशिकाद्रव्य एवं केन्द्रकद्रव्य।

- कोशिका के अन्दर प्लाज्मा झिल्ली एवं केन्द्रक झिल्ली के बीच उपस्थित तरल पदार्थ **कोशिकाद्रव्य** (Cytoplasm) कहलाता है।
- इसमें कई महत्त्वपूर्ण जैविक अभिक्रियाएँ, जैसे—ग्लाइकोलाइसिस होती हैं तथा इसमें **कोशिकांग** पाए जाते हैं।

कोशिकांग

- जन्तु एवं पादप कोशिकाओं में अनेक सूक्ष्म संरचनाएँ पाई जाती हैं, जिन्हें कोशिकांग (Cell organelles) कहते हैं। ये निम्न प्रकार के हैं

केन्द्रक

- रॉबर्ट ब्राउन ने सन् 1831 में कोशिका के केन्द्रक का पता लगाया।
- इसे कोशिका का **मस्तिष्क** या **नियन्त्रण केन्द्र** कहते हैं। यह कोशिकाओं की सभी क्रियाओं को नियन्त्रित करता है। इसमें गुणसूत्र एवं केन्द्रिका उपस्थित होते हैं। यह कोशिका विभाजन में मुख्य भूमिका निभाता है।

गुणसूत्र

- यह कोशिका की वह भौतिक संरचना है, जिनके द्वारा DNA के रूप में आनुवंशिक लक्षणों का पारगमन मातृ कोशिकाओं से सन्तति कोशिकाओं में होता है। गुणसूत्र (Chromosomes) शब्द सर्वप्रथम **वाल्डेयर** द्वारा दिया गया था।
- प्रत्येक जाति के जीवों में गुणसूत्रों की संख्या निश्चित होती है। मानव में द्विगुणित गुणसूत्रों की संख्या 46 होती हैं।
- जीन (Gene) DNA की कार्यात्मक इकाई है।

अन्त:प्रद्रव्यी जालिका

- इसकी खोज पोर्टर व कीथ ने सन् 1969 में की।
- यह संरचना कोशिका के अन्दर जैविक पदार्थों का एक स्थान से दूसरे स्थान तक स्थानान्तरण करती है।
- अन्त:प्रद्रव्यी जालिका (Endoplasmic reticulum) दो प्रकार की होती हैं—चिकनी अन्त:प्रद्रव्यी जालिका तथा खुरदरी अन्त:प्रद्रव्यी जालिका।
- इसकी सतह पर राइबोसोम की अनुपस्थिति या उपस्थिति के कारण ये क्रमश: चिकनी या खुरदरी होती है। खुरदरी अन्त:प्रद्रव्यी जालिका की सतह पर राइबोसोम उपस्थित होते हैं, जो प्रोटीन का संश्लेषण करते हैं। जबकि चिकनी अन्त: प्रद्रव्यी जालिका मे लिपिड, ग्लाइकोजन तथा स्टीरॉइड संश्लेषण होता है।

राइबोसोम

- राइबोसोम की खोज सन् 1955 में पैलेडे ने की।
- इसे **प्रोटीन की फैक्ट्री** या कारखाना कहते हैं, क्योंकि यहाँ प्रोटीन का निर्माण होता है।
- कोशिकाद्रव्य में 80S प्रकार के राइबोसोम पाए जाते हैं।
- ये झिल्ली रहित कोशिकांग केन्द्रिका में निर्मित होते हैं।

गॉल्जीकाय

- गॉल्जीकाय की खोज सन् 1898 में कैमिलो गॉल्जी ने की थी।
- ये चपटी सिस्टर्नी, ट्यूब्यूल्स एवं वेसिकल संरचनाओं की बनी झिल्ली युक्त संरचना है।
- इनका मुख्य कार्य स्रावण, संचय एवं संवेष्टन (Packaging) में सहायता करना है।
- यह शुकाणु के एक्रोसोम का निर्माण करते हैं।
- यह कोशिका विभाजन के समय कोशिका पट्ट का निर्माण करती है। इनसे ही लाइसोसोम्स की उत्पत्ति होती है।

लाइसोसोम

- लाइसोसोम की खोज सन् 1974 में डी. डुवे ने की।
- इनको आत्मघाती थैलियाँ या आत्महत्या की थैली (Susidal bag of the cell) भी कहा जाता है।
- ये झिल्ली युक्त संरचनाएँ हैं, जिनमें जल-अपघटनी एन्जाइम उपस्थित होते हैं, जो अम्लीय pH पर कार्य करते हैं।

माइटोकॉण्ड्रिया

- माइटोकॉण्ड्रिया की खोज कोलिकर ने सन् 1857 में की। अल्टमैन ने 'बायोप्लास्ट' नाम दिया।
- यह **कोशिका का ऊर्जा गृह** (Power house of the cell) भी कहलाता हैं।
- इनमें ग्लूकोस के कोशिकीय श्वसन द्वारा ATP अणु के रूप में ऊर्जा उत्पन्न होती है।
- इनमें DNA एवं राइबोसोम (70S) पाए जाते हैं तथा ये स्वयं द्विगुणन कर सकते हैं, इसलिए ये अर्द्धस्वायत्त कोशिकांग कहलाते हैं।

लवक

- लवक की खोज सन् 1865 में हैकेल ने की।
- ये कोशिकांग केवल पादप कोशिका में पाए जाते हैं तथा ये तीन प्रकार के होते हैं
  - **वर्णीलवक** ये रंगीन लवक होते हैं तथा पादप के रंगीन भाग में पाए जाते हैं; उदाहरण—फूल, फल, आदि।
  - **अवर्णीलवक** ये रंगहीन लवक होते हैं। इनमें भोजन का संचय होता है।
  - **हरितलवक** यह हरे लवक होते हैं। इनमें **क्लोरोफिल** उपस्थित होता है। इनमें प्रकाश-संश्लेषण की प्रक्रिया सम्पन्न होती है। प्रकाश-संश्लेषण भोजन निर्माण में सहायक है।

रसधानियाँ

- इसकी खोज सन् 1676 में एण्टॉनी वान ल्यूवेनहॉक ने की।
- ये ठोस अथवा तरल पदार्थों की संग्राहक थैलियाँ हैं। जन्तु कोशिकाओं में रसधानियाँ छोटी होती हैं, जबकि पादप कोशिकाओं में रसधानियाँ बहुत बड़ी होती है।
- इसे कोशिका का भण्डार गृह या कचरापात्र भी कहते हैं।
- रसधानी या रिक्तिका की बाह्य परत **टोनोप्लास्ट** कहलाती है।
- यह कोशिका को स्फीति प्रदान करती है।

कोशिका से सम्बन्धित कुछ तथ्य

- प्रोकैरियोटिक कोशिका में सुव्यवस्थित केन्द्रक एवं अन्य कोशिकांग अनुपस्थित होते हैं।
- सबसे बड़ी कोशिका **शुतुरमुर्ग का अण्डा** है।
- सबसे छोटी कोशिका **माइकोप्लाज्मा** PPLO है।
- जीव विज्ञान की वह शाखा, जिसमें कोशिका का अध्ययन किया जाता है, **कोशिका विज्ञान** (Cytology) कहलाती है।
- मानव शरीर की सबसे बड़ी कोशिका **तन्त्रिका कोशिका** होती है।
- एककोशिकीय जीव एक कोशिका के ही बने होते हैं; उदाहरण–जीवाणु, *पैरामीशियम, अमीबा,* आदि।
- बहुकोशिकीय जीव कई कोशिकाओं के बने होते हैं; उदाहरण–पादपों एवं जन्तुओं का शरीर।
- कोशिका झिल्ली का तरल मोजैक मॉडल (Fluid mosaic model) **सिंगर एवं निकोलसन** ने प्रस्तुत किया। इसका मुख्य कार्य कोशिका को आकृति प्रदान करना एवं पदार्थों का आदान प्रदान करना था।
- क्वाण्टासोम (प्रकाश संश्लेषण की इकाई) की खोज **पार्क एवं पोन** ने की।
- तारककाय (Centrosome) की खोज **टी. बोवेरी** ने की। यह कोशिका विभाजन के समय एस्टर किरणों के विकास में सहायक है।
- परॉक्सीसोम का मुख्य कार्य **प्रकाशीय श्वसन** है।
- सूक्ष्मनलिकाएँ (Microtubules) की खोज **डी. रॉबर्टिस** ने की। यह सीलिया, कशाभिका, तारककाय एवं कोशिका कंकाल के निर्माण में सहायक है।
- केन्द्रिका की खोज 'फोण्टाना' ने की। इसका मुख्य कार्य *r*RNA तथा राइबोसोम का संश्लेषण करना है।

ऊतक

ऊतक (Tissue) को हम निम्न रूप में परिभाषित कर सकते हैं ''समान उत्पत्ति एवं समान कार्य को करने वाली कोशिकाओं का ऐसा समूह जिसकी मूलभूत संरचना भी समान (अर्थात् देखने में समान या भिन्न परन्तु मूलभूत संरचना में समान) हो, **ऊतक** कहलाता है।''

जन्तु एवं पादपों में विभिन्न प्रकार के ऊतक पाए जाते हैं, जिसका विवरण निम्नलिखित हैं

जन्तु ऊतक

- बहुकोशिकीय जीवों में समान कोशिकाओं की एक संरचना होती हैं, जो एक विशिष्ट कार्य करती है।
- एक ऊतक में उपस्थित कोशिकाएँ संरचना और कार्यों में बिल्कुल समान नहीं हो सकती है, लेकिन उनमें से सभी उत्पत्ति में समान होते हैं।
- जन्तु ऊतक शब्द **बिचेट** द्वारा दिया गया।

जन्तु ऊतक (Animal Tissues)

- **उपकला** (Epithelial) यह शरीर एवं शरीर के अंगों के रक्षात्मक आवरण व स्रावण से सम्बन्धित ऊतक है। इसके निर्माण में भ्रूण की तीनों प्राथमिक जनन स्तरों का योगदान होता है।
  - **आच्छादी** यह शरीर एवं अन्तरांगों की बाह्य और भीतरी सतहों पर रक्षात्मक आवरण बनाती है।
    - सरल
    - आभासीस्तृत स्तम्भी
    - स्तृत
    - विशेषीकृत
  - **ग्रन्थिल** इनमें उपस्थित कोशिकाएँ हॉर्मोन्स, एन्जाइम्स, पाचक रस, आदि तरल पदार्थों का स्रावण करती हैं।
- **संयोजी** (Connective) यह ऊतक शरीर के विभिन्न अंगों अथवा ऊतकों को परस्पर जोड़ने या बाँधने का कार्य करता है। रुधिर को एक प्रकार का संयोजी ऊतक माना जाता है इसका निर्माण भ्रूण के मध्य जननस्तर से होता है।
  - **वास्तविक** ये विभिन्न ऊतकों के बीच का स्थान भरने एवं उन्हें जोड़ने में सहायता करते हैं।
  - **कंकालीय** ये शरीर को आधार प्रदान करते हैं।
    - उपास्थि
    - अस्थि
  - **संवहनीय** ये विभिन्न ऊतकों एवं अंगों के मध्य भिन्न-भिन्न प्रकार के पदार्थों का स्थानान्तरण करते हैं।
    - रुधिर
    - लसीका
- **पेशीय** (Muscular) यह शरीर के विभिन्न संरचनाओं को अवलम्बन प्रदान करने वाला ऊतक है, जो साथ ही जन्तु चलन में भी सहायक होता है। इसका निर्माण भी भ्रूण के मध्य जननस्तर से होता है।
  - **रेखित** ये शरीर के विभिन्न बाह्य अंगों को गमन एवं गति प्रदान करते हैं।
  - **अरेखित** ये पेशियाँ शरीर के आन्तरिक अंगों को गमन एवं गति प्रदान करती हैं।
  - **हृदय** ये पेशियाँ हृदय की विभिन्न गतियों से सम्बन्धित होती हैं।
- **तन्त्रिका** (Nervous) यह जन्तु शरीर की संवेदनशीलता और उत्तेजनशीलता से सम्बन्धित ऊतक है। इसका निर्माण भ्रूण के बाह्यतम जनन स्तर से होता है।

पादप ऊतक

- पादप ऊतक के जनक **गॉटलिब हैबरलैंड** थे। पादप ऊतक कोशिकाओं का एक समूह है, जिसकी उत्पत्ति समान होती है और जो आमतौर पर पौधे के शरीर में सामान्य कार्य करते हैं।
- प्रत्येक पौधे के ऊतक का एक विशिष्ट कार्य होता है इसे विभिन्न ऊतकों के साथ संयोजित करके जड़, डंठल, पत्ते और फूल जैसे अंग बनाये जा सकते हैं।

पादप ऊतक (Plant Tissues)

- **विभज्योतक** (Meristematic) ये ऊतक अपरिपक्व एवं निरन्तर विभाजित होने वाली कोशिकाओं के बने होते हैं।
  - **शीर्षस्थ** ये तने एवं जड़ के शीर्ष भाग में उपस्थित होते हैं।
  - **अन्तर्वेशी** ये ऊतक पत्तियों के आधार पर एवं टहनी के पर्व के दोनों ओर उपस्थित होते हैं।
  - **पार्श्व** यह तने एवं मूल की परिधि में उपस्थित होते हैं
- **स्थायी** (Permanent) ये ऊतक विभज्योतक ऊतक द्वारा ही बनते हैं तथा पादपों के मुख्य कार्यकारी ऊतकों की तरह जाने जाते हैं। इनकी कोशिकाओं में विभाजन की क्षमता नहीं होती है।
  - **सरल** ये ऊतक एक ही प्रकार की कोशिकाओं द्वारा निर्मित होते हैं।
    - **मृदूतक** इसका मुख्य कार्य जल और खाद्य-पदार्थों को संचित करना है।
    - **स्थूलकोण ऊतक** यह पादपों को यान्त्रिक सहायता प्रदान करता है।
    - **दृढ़ोतक** यह पादपों की बाहरी परतों में रक्षात्मक ऊतक के रूप में कार्य करता है।
  - **जटिल** ये ऊतक एक से अधिक प्रकार की कोशिकाओं से मिलकर बने होते हैं तथा पादपों में आन्तरिक परिवहन के लिए उत्तरदायी होते हैं।
    - **दारु या जाइलम** यह जल संवाहक ऊतक कहलाता है।
    - **पोषवाह या फ्लोएम** यह पादपों के हरे भागों में निर्मित भोज्य पदार्थों को दूसरे भागों तक पहुँचाता है।

एग्जाम पैटर्न प्रश्न

1. जीवन की इकाई है
(a) जीन (b) DNA
(c) जीव (d) कोशिका

2. जीवित कोशिका को सर्वप्रथम देखा था
(a) रॉबर्ट हुक ने
(b) ल्यूवेनहॉक ने
(c) श्वान व श्लाइडेन ने
(d) रॉबर्ट ब्राउन ने

3. कोशिका सिद्धान्त किसने दिया था?
(a) श्लाइडेन व श्वान ने
(b) रॉबर्ट हुक ने
(c) नॉल व रुस्का ने
(d) मैल्पीघी व विरकोव ने

4. सभी कोशिकाएँ पूर्ववर्ती कोशिकाओं से बनती हैं। यह कथन था
(a) हेकल का
(b) रॉबर्ट हुक का
(c) विरकोव का
(d) श्लाइडेन का

5. 'जीवद्रव्य' शब्द का सर्वप्रथम उपयोग किया था
(a) हक्सले ने (b) डुजार्डिन ने
(c) पुरकिन्जे ने (d) ह्यूगो वॉन मॉल ने

6. केन्द्रक की वह संरचना, जो राइबोसोम निर्माण का प्रमुख स्रोत होती है
(a) केन्द्रक कला (b) केन्द्रकद्रव्य
(c) केन्द्रिका (d) गुणसूत्रीय जालक

7. केन्द्रक कला का निर्माण किस कोशिकांग द्वारा होता है?
(a) अन्तःप्रद्रव्यी जालिका से
(b) हरितलवक से
(c) माइटोकॉण्ड्रिया से (d) गॉल्जीकाय से

8. गुणसूत्र बने होते हैं
(a) DNA के (b) प्रोटीन के
(c) दोनों (a) और (b) के (d) RNA के

9. निम्नलिखित में से किसकी कोशिका भित्ति सेलुलोस की नहीं बनी होती है?
(a) जीवाणु की (b) *हाइड्रिला* की
(c) आम के पेड़ की (d) कैक्टस की

10. जब कोशिका को एक अज्ञात विलयन में रखा जाता है तो यह फूल जाएगी, यदि
(a) कोशिका में जल की सान्द्रता बाह्य पर्यावरण में उपस्थित जल की सान्द्रता से अधिक होती है
(b) कोशिका में जल की सान्द्रता बाह्य पर्यावरण में उपस्थित जल की सान्द्रता से कम होती है
(c) जल की सान्द्रता कोशिका में तथा बाह्य पर्यावरण में एक समान होती है
(d) उपरोक्त में से कोई नहीं

11. पादप कोशिकाओं में प्लाज्मोलाइसिस को परिभाषित करते हैं
(a) अल्पपरासरणीय दाबी विलयन में प्लाज्मा झिल्ली का फटना
(b) अतिपरासरणीय दाबी विलयन में कोशिकाद्रव्य का सिकुड़ना
(c) जीवद्रव्य का सिकुड़ना
(d) उपरोक्त में से कोई नहीं

12. अन्तःप्रद्रव्यी जालिका की खोज की थी
(a) पोर्टर ने
(b) पुरकिन्जे ने
(c) हक्सले ने
(d) डार्विन ने

13. कोशिका झिल्ली को बनाने वाले लिपिड तथा प्रोटीन का संश्लेषण कहाँ होता है?
(a) अन्तःप्रद्रव्यी जालिका में
(b) गॉल्जी उपकरण में
(c) प्लाज्मा झिल्ली में
(d) माइटोकॉण्ड्रिया में

14. कौन-सा कोशिकांग विष तथा दवा को निराविषीकरण करने में महत्त्वपूर्ण भूमिका निभाता है?
(a) गॉल्जी उपकरण
(b) लाइसोसोम
(c) चिकनी अन्त:प्रद्रव्यी जालिका
(d) रसधानी

15. कोशिका की प्रोटीन फैक्ट्री है
(a) राइबोसोम (b) हरितलवक
(c) माइटोकॉण्ड्रिया
(d) अन्त:प्रद्रव्यी जालिका

16. निम्नलिखित में से कौन-सा कोशिकांग प्रोकैरियोटिक कोशिका में होता है?
(a) माइटोकॉण्ड्रिया (b) राइबोसोम
(c) प्लास्टिड (d) लाइसोसोम

17. निम्न में से क्या गॉल्जी उपकरण के लिए सत्य नहीं है?
(a) ER में संश्लेषित पदार्थ गॉल्जी उपकरण में पैक किए जाते हैं
(b) गॉल्जी उपकरण में सामान्य शक्कर से जटिल शक्कर बनती है
(c) गॉल्जी उपकरण को ऊर्जा गृह कहते हैं
(d) गॉल्जी उपकरण के द्वारा लाइसोसोम को भी बनाया जाता है

18. लाइसोसोम का निर्माण होता है
(a) अन्त:प्रद्रव्यी जालिका में
(b) गॉल्जी उपकरण में
(c) केन्द्रक में
(d) माइटोकॉण्ड्रिया में

19. कोशिका का ऊर्जा गृह है
(a) माइटोकॉण्ड्रिया (b) अन्त:प्रद्रव्यी जालिका
(c) केन्द्रक (d) कोशिका भित्ति

20. पूर्वकेन्द्रकीय कोशिका में नहीं पाया जाता है
(a) माइटोकॉण्ड्रिया (b) DNA
(c) 70 S राइबोसोम (d) कोशिका भित्ति

21. माइटोकॉण्ड्रिया के मध्य पाई जाने वाली अँगुलीनुमा संरचना है
(a) F_1-कण
(b) क्रिस्टी
(c) माइटोकॉण्ड्रियल DNA
(d) मैट्रिक्स

22. माइटोकॉण्ड्रिया का सम्बन्ध है
(a) श्वसन से (b) उपापचय से
(c) प्रकाश-संश्लेषण से (d) वृद्धि से

23. दोहरी बाहरी झिल्ली युक्त कोशिकांग है
(a) हरितलवक (b) राइबोसोम
(c) तारककाय (d) लयनकाय

24. कोशिका का रसोईघर है
(a) माइटोकॉण्ड्रिया
(b) अन्त:प्रद्रव्यी जालिका
(c) हरितलवक (d) गॉल्जी उपकरण

25. कोशिका का प्राकृतिक भण्डार गृह भी कहते हैं
(a) लयनकाय को (b) गॉल्जीकाय को
(c) रिक्तिका को (d) राइबोसोम को

26. निम्नलिखित में से किसमें एक परत होती है?
(a) माइटोकॉण्ड्रिया (b) रसधानी
(c) लाइसोसोम (d) प्लास्टिड

27. निम्नलिखित में से कौन-सा रसधानी का कार्य नहीं है?
(a) संचय
(b) कोशिका को कठोरता और स्फीति प्रदान करना
(c) अपशिष्ट पदार्थों का उत्सर्जन
(d) गति

28. निम्न में से किस अंगक पर एक कलीय आवरण होता है?
(a) परॉक्सीसोम पर (b) ग्लाइऑक्सीसोम पर
(c) लयनकाय पर (d) इन सभी पर

29. समान उत्पत्ति और समान कार्यों को करने वाली कोशिकाओं का समूह, कहलाता है
(a) अंग (b) ऊतक
(c) अंगतन्त्र (d) समांगी कोशिका

30. …… ऊतक पादपों में नई कोशिकाएँ बनाता है।
(a) विभज्योतक (b) स्थायी
(c) सरल (d) जटिल

31. हरितऊतक या क्लोरेनकाइमा वे कोशिकाएँ हैं, जिनमें
(a) हरितलवक अनुपस्थित होता है
(b) जैन्थोफिल होते हैं
(c) हरितलवक उपस्थित होता है
(d) टैनिन होते हैं

32. सामान्य रूप से भोजन का संग्रह कहाँ होता है?
(a) मृदूतक में (b) स्थूलकोण ऊतक में
(c) दृढ़ोतक में (d) दोनों (a) एवं (b) में

33. जीवित एवं यान्त्रिक ऊतक है
(a) मृदूतक (b) दृढ़ोतक
(c) स्थूलकोण ऊतक (d) हरितऊतक

34. पादपों में जल का संवहन किसके द्वारा होता है?
(a) दारु द्वारा
(b) पोषवाह द्वारा
(c) भरण ऊतक द्वारा
(d) दोनों (a) एवं (b) द्वारा

35. खाद्य-पदार्थों को स्थानान्तरित करने का कार्य किस ऊतक द्वारा किया जाता है?
(a) पोषवाह द्वारा (b) हरितऊतक द्वारा
(c) मृदूतक द्वारा (d) दारु द्वारा

36. उपकला ऊतक का मुख्य कार्य है
(a) उत्सर्जन (b) रक्षा
(c) संवहन (d) जनन

37. कौन-सा ऊतक ग्रन्थि का निर्माण करता है?
(a) उपकला (b) संयोजी
(c) तन्त्रिका (d) पेशीय

38. दो अस्थियाँ आपस में एक-दूसरे से किस संयोजी ऊतक के द्वारा जुड़ी होती हैं?
(a) कण्डरा (b) स्नायु
(c) उपास्थि (d) वसामय

39. उपास्थि का निर्माण करने वाली कोशिकाएँ कहलाती हैं
(a) फाइब्रोब्लास्ट्स (b) ऑस्टियोब्लास्ट्स
(c) एपिथीलियम (d) कॉन्ड्रोब्लास्ट्स

40. उपास्थि निम्न में से किसमें नहीं पाई जाती है?
(a) नाक में (b) कान में
(c) वृक्क में (d) कण्ठ में

41. लसीका एवं रुधिर किस ऊतक के उदाहरण हैं?
(a) ग्रन्थिल ऊतक (b) उपकला ऊतक
(c) पेशीय ऊतक (d) संवहनीय ऊतक

42. 'आत्महत्या की थैली' कहा जाता है।
(a) राइबोसोम (b) लाइसोसोम
(c) गॉल्जीकाय (d) प्लास्टिड

उत्तरमाला

1. (d)	2. (b)	3. (a)	4. (c)	5. (c)	6. (c)	7. (a)	8. (c)	9. (a)	10. (b)
11. (b)	12. (a)	13. (a)	14. (c)	15. (a)	16. (b)	17. (c)	18. (b)	19. (a)	20. (a)
21. (b)	22. (a)	23. (a)	24. (c)	25. (c)	26. (b)	27. (d)	28. (d)	29. (b)	30. (a)
31. (c)	32. (a)	33. (c)	34. (a)	35. (a)	36. (b)	37. (a)	38. (b)	39. (d)	40. (c)
41. (d)	42. (b)								

अध्याय 20

मानव शरीर प्रणाली

- मानव शरीर के सभी तन्त्र सुचारु रूप से क्रियान्वयन हेतु एक-दूसरे पर निर्भर होते हैं जैसे रुधिर परिवहन तन्त्र ऑक्सीजन की पूर्ति के लिए श्वसन तन्त्र पर निर्भर होता है।
- श्वसन तन्त्र अन्त:श्वसन हेतु पेशीय तन्त्र पर निर्भर होता है।
- रोग प्रतिरोधक तन्त्र के अन्तर्गत भक्षक कोशिकाओं का परिवहन रुधिर द्वारा होता है। इस प्रकार लगभग सभी तन्त्र परिवहन हेतु रुधिर परिवहन तन्त्र पर तथा नियन्त्रण हेतु तन्त्रिका तन्त्र पर निर्भर होते हैं अर्थात् एक-दूसरे से सम्बन्धित होते हैं या जुड़े रहते हैं।

पाचन तन्त्र

- मानव पाचन तन्त्र (Digestive system) में भोजन को ग्रहण करने, पाचन तथा अपचित भोजन के निष्कासन हेतु विभिन्न अंग तथा ग्रन्थियाँ पाई जाती हैं।
- मानव पाचन तन्त्र में मुख्यतया या आहारनाल तथा ग्रन्थियाँ होती हैं।

आहारनाल

- मानव की आहारनाल (Alimentary canal) 8-10 मीटर लम्बी होती है। इसका विस्तार मुख से मलद्वार तक होता है।

आहारनाल में निम्नलिखित भाग पाए जाते हैं

- **मुख एवं मुख गुहिका** (Mouth and Buccal cavity) मुख दो मांसल होंठों से घिरा अनुप्रस्थ दरार के रूप में होता है, जो मुख गुहिका में खुलता है। इसके ऊपरी तथा निचले जबड़ों पर मजबूत दाँत पाए जाते हैं। मानव में दाँत जबड़ों की हड्डियों में धँसे रहते हैं। मानव में विभिन्न प्रकार के दाँत पाए जाते हैं। इनके लक्षण व कार्य इस प्रकार हैं
  - **4 कृन्तक** (4 Incisor) खाने को काटने का कार्य करते हैं।
  - **2 रदनक** (2 Canine) भोजन को फाड़ने का कार्य करते हैं।
  - **4 अग्रचवर्णक तथा 6 चवर्णक** (4 Premolar and 6 molar) भोजन को पीसने का कार्य करते हैं।

  मानव दन्त सूत्र

  $$I\frac{2}{2}, C\frac{1}{1}, Pm\frac{2}{2}, M\frac{3}{3} \times 2 = 32$$

  (I–Incisor, C–Canine, Pm– Premolar, M– Molar)
- जीभ चपटी व मांसल होती है, जिसकी सतह पर स्वाद कलिकाएँ पायी जाती हैं। इसका कार्य भोजन में लार मिलाना, भोजन को निगलना तथा बोलने में सहायता करना है।
- **ग्रसनी** (Pharynx) यह मुखगुहा के पीछे का भाग है। यह 12-14 सेमी लम्बी कीपाकार तथा वायु और भोजन मार्ग की संयुक्त नली होती है।
- **ग्रासनली** (Oesophagus) यह भोजन को मुखग्रासन गुहा से आमाशय में पहुँचाने का कार्य करती है। इसमें पाचक ग्रन्थि ना होकर **श्लेष्म ग्रन्थियाँ** होती हैं, जिनसे स्रावित श्लेष्म व क्रमाकुंचन गति के कारण भोजन आसानी से फिसलकर आमाशय तक पहुँचता है।
- **आमाशय** (Stomach) यह लगभग, 25 सेमी लम्बा, आहारनाल का **सबसे चौड़ा थैलीनुमा** भाग होता है, जोकि 'J' के आकार का होता है। यह भोजन को अम्लीय माध्यम प्रदान करता है।
- **छोटी आँत** (Small intestine) यह भोजन के पाचन तथा अवशोषण का मुख्य केन्द्र होती है। यह भाग 6-7 मीटर लम्बी तथा 2.5 सेमी चौड़ी तथा अत्यधिक कुण्डलित नली होती है। छोटी आँत में अग्न्याशयी रस द्वारा भोजन का पूर्ण पाचन एवं अवशोषण होता है।
- **बड़ी आँत** (Large intestine) यह आहारनाल का अन्तिम भाग है। यह लगभग 1.5 मीटर लम्बी तथा 4.7 सेमी चौड़ी लम्बी नलिका होती है। बड़ी आँत में जल का पुनरावशोषण होता है। यहाँ से शेष अपचित भोजन (मल) मलाशय में चला जाता है।

पाचन ग्रन्थियाँ

- ये भोजन के पाचन के लिए पाचक रस (Digestive juice) स्रावित करती हैं। ये चार प्रकार की होती हैं
- **लार ग्रन्थियाँ** (Salivary glands) ये लार उत्पन्न करती हैं। लार में लाइसोजाइम तथा टायलिन नामक एन्जाइम होता है, जो मण्ड को पचाने में सहायक होता है। ये तीन जोड़ी होती हैं
  - कर्णपूर्व ग्रन्थियाँ (Parotid glands)
  - अद्योहनु ग्रन्थियाँ (Submaxillary glands)
  - अधोजिह्वा ग्रन्थियाँ (Sublingual glands)
- **जठर ग्रन्थियाँ** (Gastric glands) ये ग्रन्थियाँ आमाशय में उपस्थित होती हैं तथा तीन प्रकार की होती हैं
  - कार्डियक ग्रन्थियाँ (Cardiac glands)
  - पाइलोरिक ग्रन्थियाँ (Pyloric glands)
  - फण्डिक ग्रन्थियाँ (Fundic glands)
- **यकृत** (Liver) यह सबसे बड़ी ग्रन्थि होती है। इसके दाईं पालि की ओर थैलीनुमा पित्ताशय स्थित होता है, जो यकृत द्वारा स्रावित **पित्त रस** को संगृहित एवं सान्द्रित करता है। पित्त रस में कोई एन्जाइम नहीं होता है, परन्तु इसमें पित्त लवण तथा पित्त वर्णक (बिलिरुबिन पीला तथा बिलिवर्डिन हरा) होते हैं, जो वसा के पाचन में सहायक होते हैं।
- **अग्न्याशय** (Pancreas) यह मिश्रित ग्रन्थि अग्न्याशयी रस में वसा, प्रोटीन तथा कार्बोहाइड्रेट का पाचन करने वाले एन्जाइमों का स्रावण करती है।

मानव में पाचन क्रिया निम्नलिखित चरणों में होती हैं

– भोजन का अन्तर्ग्रहण → पाचन → अवशोषण → स्वांगीकरण → निष्कासन

श्वसन तन्त्र

- ऊर्जा के उत्पादन हेतु पोषक पदार्थों का विघटन या ऑक्सीकरण श्वसन कहलाता है।
- इस प्रक्रिया में कोशिकाओं द्वारा वायुमण्डल से ऑक्सीजन लेकर पोषक पदार्थों का ऑक्सीकरण किया जाता है, जिसमें कार्बन डाइऑक्साइड, जल तथा ऊर्जा उत्पन्न होती है।

श्वासोच्छवास में वायु का संगठन

गैस	प्रश्वासित वायु (आयतन में)	उच्छवासित आयु (आयतन में)	वायुकोष्ठक (आयतन में)
ऑक्सीजन	21%	16.3%	14.2%
कार्बन डाइऑक्साइड	0.03%	4.0%	5.5%
नाइट्रोजन	78.00%	79.7%	80.3%
जल वाष्प	125%	6.2%	6.2%

यह दो प्रकार का होता है

1. **अवायवीय श्वसन** (Anaerobic respiration) कुछ निम्न वर्ग के जीवों एवं कुछ एककोशिकीय जीवों में वायु की अनुपस्थिति में होता है। इसमें ग्लूकोस विघटित होकर ऊर्जा, एल्कोहॉल तथा CO_2 के अणु में परिवर्तित होता है।
2. **वायवीय श्वसन** (Aerobic respiration) इसमें भोज्य पदार्थों का ऑक्सीकरण ऑक्सीजन की उपस्थिति में होता है तथा ऊर्जा, CO_2 एवं जल के अणु बनते हैं। इसे आन्तरिक या कोशिकीय श्वसन भी कहते हैं।

वायवीय श्वसन के प्रकार

वायवीय श्वसन की प्रक्रिया के दो प्रमुख चरण निम्न हैं

1. **गैसीय विनिमय** (Gaseous exchange) में रुधिर द्वारा जल से O_2 का लेना तथा शरीर के ऊतकों से CO_2 बाहर निकलती है।
2. **कोशिकीय श्वसन** (Cellular respiration) कोशिका के भीतर ग्लूकोस के ऑक्सीकरण से ऊर्जा का मुक्त होना तथा CO_2 का बनना आन्तरिक या कोशिकीय श्वसन कहलाता है। यह सभी जीवित कोशिकाओं में होता है।

मानव श्वसन तन्त्र

मानव श्वसन तन्त्र के अंग निम्नलिखित हैं

- **फेफड़ें** (Lungs) फेफड़ें मानव के प्रमुख श्वसन अंग हैं। ये संख्या में दो हल्के गुलाबी रंग के कोमल तथा लचीले अंग हैं, जो वक्ष गुहा में हृदय को घेरे हुए उपस्थित होते हैं।
- नासिका, नासामार्ग, ग्रसनी, वायुनाल, (स्वर यन्त्र एवं श्वासनाल), श्वसनी, श्वसनिका, वायुकूपिका एवं वायुकोष श्वसन पथ का निर्माण करते हैं।
- **श्वसनीय अंगों** (Respiratory organs) का प्रथम भाग नासिका कहलाता है, यह दो **बाह्य नासाछिद्रों** के द्वारा बाहर खुलता है। नासिका के प्रारम्भ में छोटे-छोटे बाल होते हैं, जो धूल, आदि के कणों को वायु के साथ अन्दर जाने से रोकते हैं। नासामार्ग ग्रसनी में खुलता है। ग्रसनी का अग्रभाग नासाग्रसनी कहलाता है।
- **वायुनाल** (Respiratory tube) को निम्न दो भागों में बाँटा जाता है

1. **स्वरयन्त्र या कण्ठ द्वार** (Larynx) यह ग्रसनी में पीछे, किन्तु निगल द्वार से पहले एक छिद्र होता है। यह वायु को ग्रसनी से घाँटीद्वार की सहायता से श्वासनाल में पहुँचाता है।
2. **श्वासनली** (Trachea) यह लगभग 10-12 सेमी. लम्बी तथा लगभग 1.5-2.5 सेमी व्यास की नली है, जो कण्ठ से लेकर पूर्ण ग्रीवा में विद्यमान होती है।

श्वसन की क्रियाविधि

श्वसन की क्रियाविधि में निम्नलिखित चरण सम्मिलित होते हैं

- **श्वासोच्छ्वास** (Breathing) फुफ्फुसीय संवातन (Pulmonary ventilation), जिससे वायुमण्डलीय वायु अन्दर खींची जाती है और कार्बन डाइऑक्साइड (CO_2) से भरी कूपिका की वायु को बाहर मुक्त किया जाता है।
- **बाह्य श्वसन** (External respiration) वायुकोष की झिल्ली (फेफड़ों में) के आर-पार गैसों (O_2 और CO_2) का आदान-प्रदान (गैसीय विनिमय) होता है।
- **आन्तरिक श्वसन** (Internal respiration) रुधिर एवं ऊतकों के बीच O_2 और CO_2 का विनिमय होता है।
- **कोशिकीय श्वसन** (Cellular respiration) अपचयी क्रियाओं के लिए कोशिकाओं द्वारा O_2 का उपयोग, खाद्य-पदार्थों का ऑक्सीकरण और उसके फलस्वरूप CO_2 तथा ऊर्जा का उत्पन्न होना। इसमें वे सभी रासायनिक क्रियाएँ सम्मिलित हैं, जिनके द्वारा कोशिकाओं में उपस्थित खाद्य-पदार्थों का ऑक्सीजन (O_2) की उपस्थिति में ऑक्सीकरण होता है।

श्वसन तन्त्र में वायु का प्रवाह मार्ग निम्न है

नासामार्ग → ग्रसनी (गला) → कण्ठ → श्वासनाल → श्वसनी → वायुकोष्ठक → रुधिर केशनलिका → ऊतक

परिसंचरण तन्त्र

- यह जन्तु शरीर में एक विस्तृत तन्त्र होता है, जिसका कार्य शरीर के विभिन्न अंगों एवं ऊतकों के मध्य पदार्थों का निरन्तर आदान-प्रदान करना होता है।
- मानव में यह रुधिर, रुधिर वाहिनियों तथा हृदय से निर्मित होता है।

रुधिर

रुधिर एक तरल **संयोजी ऊतक** है। मानव शरीर में यह 5-7 लीटर तक होता है। रुधिर में प्लाज्मा (55%) तथा कोशिकाएँ (45%) होती हैं। रुधिर कोशिकाएँ तीन प्रकार की होती हैं

रुधिराणुओं के मुख्य लक्षण

लक्षण	लाल रुधिराणु	सफेद रुधिराणु	थ्रोम्बोसाइट्स
संख्या	4.5-5 मिलियन/मिमी^{3} रुधिर	6000-8000/ मिमी^{3} रुधिर	1,50,000-3,50,000 मिमी^{3} रुधिर
आकृति	द्विअवतल तथा गोल	गोल या अनियमित	गोल या डिस्क
आकार	7-8 μm व्यास 1-2 mm मोटी	12-20 μm व्यास	2-3 μm व्यास
रंग	लाल (हीमोग्लोबिन के कारण)	रंगहीन (हीमोग्लोबिन की अनुपस्थिति के कारण)	रंगहीन (हीमोग्लोबिन की अनुपस्थिति के कारण)
निर्माण	जन्म से पूर्व यकृत व (erythropoiesis) प्लीहा में तथा जन्म पश्चात् मेरुरज्जु में	मेरुरज्जु, लिम्फ गाँठ, प्लीहा, थाइमस, टॉन्सिल तथा पेयर के पेचिस में।	मेरुरज्जु की मेगाकैरियोटिक नामक दीर्घ कोशिकाओं से।
जीवनकाल	लगभग 120 दिन	कुछ घण्टों से कुछ दिनों तक (कणिकामय) या कुछ मास तक (कणिकाहीन)	लगभग 8-10 दिन

रुधिर वर्ग

सभी जीवों का रुधिर एकसमान होता है, परन्तु वह संघटन में भिन्न होता है। मानवों में दो मुख्य प्रकार के रुधिर वर्ग पाए जाते हैं

रक्त समूह

रक्त	एंटीजन	एंटीबॉडी	वर्ग, जिसको देगा	वर्ग, जिससे रक्त प्राप्त करेगा
A	A	b	A और AB	A, O
B	B	a	B और AB	B, O
AB	A,B दोनों	कोई नहीं	AB Universal Acceptor	A,B,O,AB
O	कोई नहीं	दोनों a और b	सर्वदाता Universal Donar	O

- **ABO रुधिर वर्ग** रुधिर में दो प्रकार की प्रोटीन (प्रतिजन तथा प्रतिरक्षी) होती है। प्रतिजन (Antigens) लाल रुधिराणु की, जबकि प्रतिरक्षी (Antibodies) प्लाज्मा में पाए जाते हैं। प्रतिजन विशेष ग्लाकोप्रोटीन्स होती हैं।
  प्रतिजन दो प्रकार की होती हैं
  (i) प्रतिजन A (ii) प्रतिजन B
  अत: प्रतिजनों के आधार पर मानव रुधिर को मुख्यतया चार वर्गों में बाँटा गया है— A, B, AB तथा O रुधिर वर्ग।
- **Rh रुधिर वर्ग** Rh प्रतिजन (रीसस बन्दर के प्रतिजन के समान) भी लाल रुधिराणुओं के सतह पर मिलता है। लगभग 85% लोगों में जिनमें Rh प्रतिजन होता है, उन्हें Rh^+ तथा जिनमें Rh प्रतिजन नहीं होता है उन्हें Rh^- कहते हैं।
- Rh^+ रुधिर, Rh^- रुधिर वाले व्यक्ति को नहीं दिया जा सकता है, परन्तु Rh^- रुधिर Rh^+ वाले व्यक्ति को दिया जा सकता है।

रुधिर वाहिनियाँ

रुधिर का शरीर में परिसंचरण करने में सहायता करती हैं। ये तीन प्रकार की होती हैं

- **धमनियाँ** (Arteries) यह ऑक्सीकृत रुधिर को हृदय से शरीर के विभिन्न अंगों तक ले जाती हैं।
- **शिराएँ** (Veins) यह अनॉक्सीकृत रुधिर को शरीर के विभिन्न अंगों से एकत्र करके हृदय तक लाती हैं।
- **केशनलिकाएँ** (Capillaries) ये अत्यन्त पतली होती हैं तथा ऊतकों में ऑक्सीजन एवं कार्बन डाइऑक्साइड गैसों का विनिमय करती हैं।

हृदय

- यह रुधिर को पूरे शरीर में ले जाने के लिए पम्प करता है। मानव हृदय में दो अलिन्द एवं दो निलय कक्ष होते हैं।
- दाएँ अलिन्द में पूरे शरीर का अनॉक्सीकृत रुधिर आता है तथा ये फिर दाएँ निलय में आकर पल्मोनरी धमनी द्वारा फेफड़ों में ऑक्सीकरण के लिए जाता है।
- दाएँ अलिन्द में रुधिर फेफड़ों से ऑक्सीकरण होने के बाद पल्मोनरी शिरा द्वारा आता है, जो फिर बाएँ निलय द्वारा महाधमनी चाप में पम्प कर दिया जाता है, जहाँ से यह विभिन्न धमनियों द्वारा पूरे शरीर में वितरित किया जाता है।
- हृदय में उपस्थित SA नोड प्राकृतिक पेसमेकर होती है।
- हृदय की ध्वनि **लब** एवं **डब** होती है, जोकि हृदय में उपस्थित वाल्व के खुलने एवं बन्द होने के कारण उत्पन्न होती है।
- लिम्फ एक रंगहीन तरल है, जिसका संगठन ऊतक द्रव्य तथा रुधिर प्लाज्मा के समान होता है। इसमें बहुत कम पोषक पदार्थ व ऑक्सीजन होते हैं तथा बहुत अधिक CO_2 एवं उपापचयी अपशिष्ट पदार्थ होते हैं।

उत्सर्जन तन्त्र

- शरीर के लिए हानिकारक एवं अनावश्यक पदार्थों को शरीर के बाहरी वातावरण में विसर्जित करने को उत्सर्जन कहते हैं।
- शरीर की कोशिकाओं में उपापचय (Metabolism) के फलस्वरूप कार्बन डाइऑक्साइड (CO_2), जल, अमोनिया, यूरिया, यूरिक अम्ल, आदि अपशिष्ट (Waste) पदार्थ उत्पन्न होते हैं, जिनका शरीर से उत्सर्जन होता है तथा इन सभी पदार्थों को उत्सर्जी पदार्थ (Excretory substances) कहते हैं।

मानव उत्सर्जन तन्त्र

मानव के उत्सर्जी तन्त्र में निम्नलिखित अंग होते हैं

- **वृक्क** (Kidney) मानव में एक जोड़ी वृक्क मुख्य उत्सर्जी अंग होते हैं, जो भूरे लाल रंग के राजमा के दाने के आकार जैसे, मेरुरज्जु के दोनों ओर उदर भाग में पाए जाते हैं। वृक्क अन्तिम थोरेसिक (Thoracic) एवं तीसरी कटि (Lumbar) मेरुदण्ड के बीच स्थिर होते हैं। प्रत्येक वृक्क का औसत भार 120-170 ग्राम होता है। नेफ्रॉन वृक्क की संरचनात्मक एवं कार्यात्मक इकाई होती है।
- **मूत्रवाहिनी** (Ureters) प्रत्येक वृक्क के नीचे से मूत्रवाहिनी निकलती है, जो लम्बी, पेशीय नलिका है। ये दोनों वृक्कों से निकलकर नीचे की ओर मूत्राशय तक जाती है।
- **मूत्राशय** (Urinary bladder) ये पतली दीवार वाली, नाशपाती के आकार की सफेद एवं पारदर्शी थैली है, जो श्रोणि गुहा में स्थिर होती है। इसमें मूत्र का कुछ समय के लिए संचय होता है।
- **मूत्रमार्ग** (Urethra) यह एक झिल्लीमय नलिका है, जो मूत्र को बाहर ले जाती है। मूत्र के निष्कासन के समय मूत्रमार्ग स्फिन्क्टर (Sphincter) इसे खोलते हैं।

मूत्र

- मूत्र हल्के पीले रंग का तरल है, जिसमें मुख्यतया नाइट्रोजन युक्त अपशिष्ट पदार्थ पाए जाते हैं।
- मूत्र का हल्का पीला रंग उसमें पाए जाने वाले यूरोक्रोम रंजक के कारण होता है।

कृत्रिम वृक्क

- वृक्क जीवन हेतु अति आवश्यक अंग है। चोट, संक्रमण तथा रुधिर के स्राव में रुकावट, जैसे कुछ कारणों से वृक्कों की क्षमता कम हो जाती है, जिससे शरीर में हानिकारक पदार्थ जम जाते हैं एवं मृत्यु भी हो सकती है।
- अत: इन सब से बचाव हेतु कृत्रिम वृक्क बनाए गए हैं, जो शरीर से **डायलिसिस** (Dialysis) द्वारा हानिकारक पदार्थों को बाहर निकालते हैं।
- यह प्राकृतिक वृक्क से अलग होते हैं, क्योंकि इसमें पुन: अवशोषण नहीं होता है।

अन्य उत्सर्जी अंग

- मानव में वृक्क मुख्यतया उत्सर्जन का कार्य करते हैं, परन्तु कुछ अन्य अंग भी उत्सर्जन का कार्य करते हैं। उनका उल्लेख निम्नलिखित हैं

– **त्वचा** (Skin) त्वचा में पसीने की ग्रन्थियाँ होती हैं, जिनसे यूरिया एवं लवणों का उत्सर्जन होता है।

– **फेफड़े** (Lungs) इससे CO_2 के रूप में उत्सर्जन होता है।

– **यकृत** (Liver) इससे पित्त लवणों तथा कोलेस्टेरॉल का स्रावण होता है।

कंकाल तन्त्र

- यह हड्डियों एवं उपास्थियों से बना होता है। मानव कंकाल में कुल 206 हड्डियाँ होती हैं।
- मानव कंकाल तन्त्र की सबसे छोटी हड्डी मध्य कर्ण में स्थित **स्टेपीज** (Stapes) होती है।
- **फीमर** जाँघ की हड्डी होती है तथा यह कंकाल तन्त्र की **सबसे बड़ी** एवं मजबूत हड्डी होती है।

पेशीय तन्त्र

मानव शरीर में तीन प्रकार की पेशियाँ पाई जाती हैं

1. **अरेखित पेशियाँ** (Unstriated muscles) ये हमारी इच्छा से कार्य नहीं करती हैं। ये अपने आप आन्तरिक अंगों की आवश्यकतानुसार गति करवाती रहती है। इन्हें चिकने पेशीय ऊतक भी कहते हैं।
2. **रेखित पेशियाँ** (Striated muscles) इन पेशियों की गति मानव इच्छा के अनुसार होती हैं। इन्हें रेखीय पेशीय ऊतक भी कहते हैं। इनके ऊपर गहरे रंग की पट्टियाँ पाई जाती हैं।
3. **हृदय पेशियाँ** (Cardiac muscles) ये विशिष्ट प्रकार की अनैच्छिक पेशियाँ हृदय में ही पाई जाती है तथा हृदय के जीवन भर लयबन्ध प्रसार एवं संकुचन में सहायक होती हैं। इनमें कभी थकान नहीं होती है तथा यह निरन्तर कार्य करने में समर्थ होती हैं।

तन्त्रिका तन्त्र

ये तन्त्र मानव के शरीर में होने वाली क्रियाओं का नियमन एवं नियन्त्रण करता है। इसके निम्न भाग होते हैं

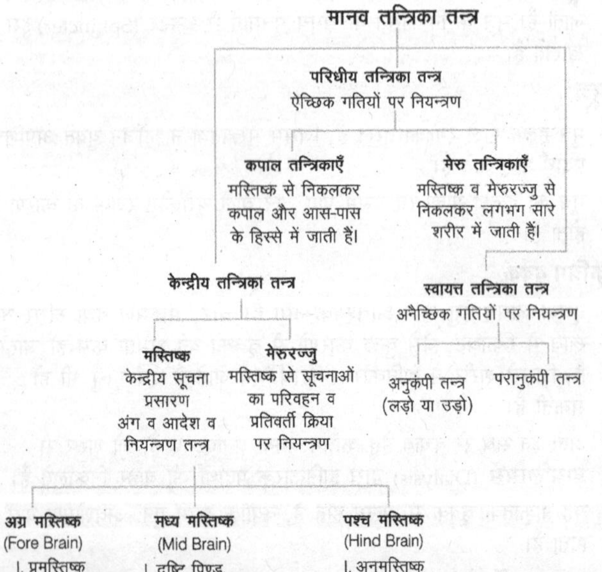

- **अग्र मस्तिष्क** (Forebrain) इसके निम्न भाग होते हैं
  – **प्रमस्तिष्क** (Cerebrum), मस्तिष्क का सबसे बड़ा भाग है, जो प्रमस्तिष्क अर्द्धगोलार्द्धों (Cerebral hemispheres) द्वारा घिरा होता है। प्रमस्तिष्क की छत **सेरीब्रल कॉर्टेक्स** (Cerebral cortex) होती है। प्रमस्तिष्क में सचेतना और सूचनाओं का संग्रहण होता है।
  – **घ्राण पिण्ड** (Olfactory lobes), छोटे आकार की एक जोड़ी संरचनाएँ हैं, जो प्रमस्तिष्क द्वारा घिरी होती हैं। ये खोपड़ी के केन्द्र में पाई जाती हैं।
  – **थैलेमस** (Thalamus), संवेदी अंगों; जैसे–आँख, कान, त्वचा, आदि से आने वाली संवेदी तरंगों (Sensory impulses) को जोड़ता है। थैलेमस, दर्द, दाब और ताप से सम्बन्धित होता है।
  – **हाइपोथैलेमस** (Hypothalamus), भाषण, शरीर सन्तुलन, लिंग व्यवहार, निद्रा, तनाव तथा पिट्यूटरी ग्रन्थि के हॉर्मोन के नियन्त्रण से सम्बन्धित है।
- **मध्य मस्तिष्क** (Midbrain) दृष्टि, विश्लेषण एवं स्रावण से सम्बन्धित है।
- **पश्च मस्तिष्क** (Hindbrain) इसके अन्तर्गत अनुमस्तिष्क व मेड्यूला ओब्लोंगेटा आते हैं।
  – **अनुमस्तिष्क** (Cerebellum) सिर के पीछे की ओर आधार भाग में होता है।
  – **मैड्यूला ऑब्लोंगेटा** (Medula Oblongata), मस्तिष्क एवं मेरुदण्ड को जोड़ने वाला लम्बा भाग है। यह हृदय स्पन्दन, रुधिर नलिकाओं, श्वासोच्छ्वास, लार स्राव और बहुत–सी प्रत्यावर्ती एवं अनैच्छिक गतियों को नियन्त्रित करता है।

मेरुदण्ड

- यह लम्बी, रस्सीनुमा संरचना है, जो पीठ पर मध्य लम्बवत् स्थित होती है और अस्थिमय कशेरुक दण्ड द्वारा सुरक्षित रहती है मनुष्य में मेरुदण्ड से 31 जोड़ी **मेरु तन्त्रिकाएँ** (Spinal nerves) निकलती हैं।
- यह प्रतिवर्ती क्रिया (Reflex action) का केन्द्र है तथा संवेदनाओं (Impulses) का संचरण करती है।

प्रतिवर्ती क्रिया

- कुछ आवेग या संकेत ऐसे होते हैं, जिनकी मस्तिष्क में विश्लेषण की आवश्यकता नहीं होती है। इनकी अनुक्रिया हेतु तत्काल आदेश की आवश्यकता होती है। ऐसे आवेगों की अनुक्रिया के लिए निर्देश मस्तिष्क के स्थान पर मेरुरज्जु द्वारा निर्गत होते हैं।
- ऐसे निर्देशों को प्रतिवर्ती क्रिया कहते हैं; जैसे-यदि शरीर के किसी भी भाग में कोई अकस्मात् सुई चुभा दे, तो शरीर का वह भाग एकदम वहाँ से हट जाता है।

संवेदी अंग

- वे अंग जिनसे पर्यावरण व बाहरी परिवेश का ज्ञान होता है, संवेदी अंग कहलाते हैं। आँख, नाक, कर्ण, त्वचा व जिह्वा, आदि संवेदी अंग हैं।

अन्तःस्रावी तन्त्र

- इस तन्त्र में मुख्यतया अन्तःस्रावी ग्रन्थियाँ, हॉर्मोन्स तथा इनकी कार्यिकी सम्मिलित है। इसमें हॉर्मोन्स के द्वारा विभिन्न शारीरिक क्रियाएँ समन्वित की जाती हैं। शरीर की विभिन्न अन्तःस्रावी ग्रन्थियाँ इस प्रकार हैं

1. **पिट्यूटरी ग्रन्थि** (Pituitary gland) इसको **मास्टर ग्रन्थि** भी कहते हैं। यह अन्य अन्तःस्रावी ग्रन्थियों के स्राव को नियन्त्रित करती है।

पिट्यूटरी ग्रन्थि से स्रावित वृद्धि हॉर्मोन शारीरिक वृद्धि को उत्तेजित करता है। इसकी कमी से बौनापन तथा अधिकता से भीमकायता (Gigantism) रोग होता है।

2. **थायरॉइड ग्रन्थि** (Thyroid gland) यह श्वासनली के दोनों ओर स्थित होती है। यह **थायरॉक्सिन** नामक हॉर्मोन स्रावित करती है। इसकी कमी से हाइपोथायरॉडिज्म तथा अधिकता से हाइपरथायरॉडिज्म होता है। दोनों ही दशाओं में शरीर की कार्यिकी पर प्रतिकूल प्रभाव पड़ता है।
3. **पैराथायरॉइड ग्रन्थि** (Parathyroid gland) यह थायरॉइड ग्रन्थि के साथ पश्च में स्थित होती है तथा पैराथायरॉइड हॉर्मोन स्रावित करती है। ये रुधिर में कैल्शियम के स्तर को नियन्त्रित करती है।
4. **अग्न्याशय** (Pancreas) यह एक मिश्रित ग्रन्थि है, जिससे एन्जाइम एवं हॉर्मोन दोनों स्रावित होते हैं। इससे स्रावित इन्सुलिन एवं ग्लूकागॉन हॉर्मोन रुधिर में शर्करा के स्तर को नियन्त्रित करते हैं। इन्सुलिन के कम स्रावण से मानव में **मधुमेह** (Diabetes) रोग हो जाता है।
5. **एड्रीनल ग्रन्थि** (Adrenal gland) इस ग्रन्थि के दो भाग होते हैं—मेड्यूला एवं कॉर्टेक्स।
   - एड्रीनल मेड्यूला से एड्रीनेलिन एवं नॉर-एड्रीनेलिन स्रावित होता है। ये आपातकालीन स्थिति के हॉर्मोन कहलाते हैं।
   - एड्रीनल कॉर्टेक्स से मिनरेलोकॉर्टीकॉइड्स एवं ग्लूकोकॉर्टीकॉइड्स स्रावित होते हैं।
6. **वृषण एवं अण्डाशय** (Testis and Ovary) नर एवं मादा जननांग हैं, जो शुक्राणु एवं अण्ड कोशिका का निर्माण करते हैं।
   - ये हॉर्मोन भी बनाते हैं। वृषण से **टेस्टोस्टेरॉन** स्रावित होता है, जो मानव नर में पुरुषों के लक्षणों को दर्शाता है तथा शुक्राणुजनन में सहायक होता है।
   - अण्डाशय से **एस्ट्रोजन** एवं **प्रोजेस्टेरॉन** स्रावित होते हैं, जो मादा हॉर्मोन कहलाते हैं।

जनन तन्त्र

मानव में दो प्रकार के जनन तंत्र पाये जाते हैं-

नर जनन तन्त्र

- नर जननांग में वृषण, शुक्राशय, काउपर ग्रन्थि, प्रोस्टेट ग्रन्थि आती है। वृषणकोष एवं शिश्न सहायक अंग होते हैं।
- वृषण, वृषणकोष के अन्दर बन्द रहते हैं।
- एपिडिडाइमिस, सेमीनीफेरस ट्यूब्यूल्स (Seminiferous tubules) के जुड़ने से बनी कुण्डलित नलिका होती है।
- शिश्न (Penis) पेशीय अंग है, जिसमें रुधिर आपूर्ति अत्यधिक होती है।
- नर में स्पर्मेटोजोआ (Spermatozoa) 13-14 वर्ष की आयु में बनने प्रारम्भ हो जाते हैं तथा पूरी आयु बनते हैं।
- शरीर पर बालों का उगना नर लिंग हॉर्मोन (Male sex hormones) के कारण होता है।

मादा जनन तन्त्र

- मादा जननांग में अण्डाशय, अण्डवाहिनी, गर्भाशय व योनि आते हैं।
- वयस्कता के पश्चात् अण्डाशय में प्रत्येक 28 दिन के अन्तराल पर अण्डाणु (Ovum or egg cell) बनता है।
- विकसित हो रहा भ्रूण माता से अपरा (Placenta) द्वारा जुड़ा होता है। यह भ्रूण को रुधिर आदि की आपूर्ति करता है।
- गर्भाशय में भ्रूण 9 महीने तक रहता है। यह काल गर्भावस्था (Gestation period) कहलाता है।
- विकास के पश्चात् बच्चा गर्भाशय से बाहर निकलता है और माँ बच्चे को दूध द्वारा पोषित करती है।

मादा जनन अंग	संख्या	कार्य
अण्डाशय (Ovary)	2	हॉर्मोन स्रावण एवं अण्ड निर्माण
अण्डवाहिनी (Oviduct)	2	अण्डाणु (Ova) को गर्भाशय में पहुँचाना
गर्भाशय (Uterus)	1	गर्भस्थ शिशु हेतु स्थान प्रदान करना
योनि (Vagina)	1	शुक्राणु के प्रवेश का स्थान

- महिलाओं में जनन क्षमता 10-14 वर्ष की आयु में प्रारम्भ होकर मैनोपोज (Menopause) तक रहती है।
- मैनोपोज का औसत समय 52 वर्ष है।
- योनि से आर्तव चक्र (Menstrual cycle) के दौरान रुधिर स्राव रजोधर्म (Menstruation) कहलाता है।
- आर्तव चक्र की सामान्य अवधि 28 दिन की होती है।
- यह गर्भावस्था के दौरान अनुपस्थित होता है तथा मैनोपोज के दौरान पूर्ण रूप से बन्द हो जाता है।

परखनली शिशु

- यह एक ऐसी तकनीक है, जिसके द्वारा अण्डाणु का शुक्राणु द्वारा शरीर के बाहर निषेचन करवाया जाता है। तत्पश्चात् भ्रूण को विकास हेतु गर्भाशय में पहुँचा दिया जाता है।

पादपों एवं जन्तुओं में जनन

- **जनन** (Reproduction) एक आवश्यक **जैविक प्रक्रम** (Biological vital) है, जिसके द्वारा सजीव अपने समान नई जीव (सन्तति) को जन्म देता है। यह जाति की निरन्तरता को बनाए रखता है, जनन दो प्रकार का होता है—अलैंगिक और लैंगिक।
- **अलैंगिक जनन** (Asexual reproduction) में एक जनक ही भाग लेता है, किन्तु जनन कोशिकाएँ भाग नहीं लेती हैं। यह सामान्यतया निम्न जन्तुओं और निम्न पादपों में होता है।
- **लैंगिक जनन** (Sexual reproduction) में नर व मादा युग्मकों (Gametes) का निर्माण या तो एक ही जीव द्वारा या विपरीत लिंग वाले जीवों द्वारा होता है। इसमें विपरीत युग्मक मिलकर एक नई कोशिका बनाते हैं, जिसे **युग्मनज** (Zygote) कहते हैं।
- एक जीव में जन्म से लेकर जनन परिपक्वता तक की अवधि को **किशोरावस्था** (Juvenile phase) कहते हैं। पादपों में बीज के अंकुरण से पुष्प के बनने तक की यह वृद्धि अवस्था **कायिक अवस्था** (Vegetative phase) कहलाती है। इसके बाद जब जीवों में लैंगिक जनन शुरू हो जाता है, तो यह अवस्था **जनन अवस्था** (Reproductive phase) कहलाती है।
- नॉन-प्राइमेट स्तनधारियों; जैसे— गाय, भेड़, चूहों, हिरण, कुत्ता, चीता, आदि में जनन के दौरान चक्रिक परिवर्तन होते हैं, जिसे **मदचक्र** (Oestrus cycle) कहते हैं, जबकि प्राइमेटों (बन्दर, ऐप्स, मनुष्य) में यह **ऋतुस्राव चक्र** (Menstrual cycle) कहलाता है।
- **लैंगिक जनन की घटनाएँ** (Events of sexual reproduction) लैंगिक जनन की घटनाओं को तीन अवस्थाओं में बाँटा जा सकता है—पूर्वनिषेचन, निषेचन और पश्चनिषेचन की घटनाएँ।

अलैंगिक जनन (Asexual reproduction)

- **विखण्डन** (Fission)
  - **द्विविखण्डन** (Binary fission) जनक का शरीर दो भागों में बँट जाता है। उदाहरण–*अमीबा*
  - **बहुविखण्डन** (Multiple fission) जनक का शरीर कई भागों में बँट जाता है। उदाहरण– *प्लाज्मोडियम*
- **मुकुलन** (Budding) एक उभार (मुकुल) वृद्धि करके जनक से अवमुक्त हो जाता है। उदाहरण–*हाइड्रा*
- **बीजाणुजनन/बीजाणोत्सर्ग** (Sporulation) नए एककोशिकीय बीजाणुओं का एक जीव द्वारा बनना। उदाहरण–*पेनिसिलियम* में कोनिडिया (Conidia)
- **खण्डन** (Fragmentation) जनक के शरीर का खण्डों में टूट जाना। उदाहरण– *स्पाइरोगायरा*
- **पुनरुद्भवन** (Regeneration) नष्ट हुए भाग को कोशिका विभाजन द्वारा ठीक करना। उदाहरण– स्पंज, *प्लेनेरिया*
- **कायिक प्रवर्धन** (Vegetative propagation) (केवल पादपों में)
  - **प्राकृतिक** (Natural) जड़, तने और पत्तियों द्वारा।
  - **कृत्रिम** (Artificial) कर्तन, कलम, रोपण या सूक्ष्मप्रवर्धन द्वारा।

- **पूर्व निषेचन की घटनाएँ** (Events of pre-fertilisation) लैंगिक जनन की वे घटनाएँ होती हैं, जो युग्मकों के संलयन से पहले होती हैं। इसके अन्तर्गत युग्मकजनन (Gametogenesis) और युग्मकों का स्थानान्तरण (Gamete transfer) होता है।
- **युग्मकजनन** (Gametogenesis) युग्मकों के बनने का प्रक्रम युग्मकजनन कहलाता है। लैंगिक जनन में जनन इकाई विशिष्ट कोशिका होती है, जिसे युग्मक (Zygote) कहते हैं। आकारिकी समानताओं के आधार पर युग्मकों को समयुग्मकी (Homozygous) (*क्लेडोफोरा* में) और विषमयुग्मकी (Heterogametes) (मानव में) भागों में बाँटा गया है। युग्मक सामान्यतया दो प्रकार के होते हैं—नर व मादा।
- **युग्मकों का स्थानान्तरण** (Gamete transfer) लगभग सभी जीवों में नर युग्मक **चल** (Motile) और मादा युग्मक **अचल** (Non-motile) होता है। नर युग्मक को मादा युग्मक की ओर जाने के लिए एक माध्यम की आवश्यकता होती है। शैवाल, ब्रायोफाइटा तथा टेरिडोफाइटा में जल माध्यम होता है, जिसके द्वारा युग्मक स्थानान्तरित होते हैं। पुष्पीय पादपों में परागण (Pollination), परागकणों (Pollen grains) के वर्तिकाग्र (Stigma) पर स्थानान्तरण में सहायता प्रदान करता है।
- **निषेचन** (Fertilisation) अलग-अलग जनकों या एक ही जनक के दो युग्मकों का पूर्ण व स्थायी संलयन होता है, जिससे द्विगुणित **युग्मनज** (Zygote) बनता है। इस प्रक्रिया को **युग्मक संलयन** (Syngamy) कहते हैं।
- **पश्च निषेचन** (Post fertilisation) की घटनाओं की निम्न प्रकार व्याख्या कर सकते हैं
  - **युग्मनज का निर्माण** (Formation of zygote) लगभग सभी लैंगिक जनन करने वाले जीवों में निषेचन के पश्चात् एक द्विगुणित युग्मक का निर्माण होता है।
  - **भ्रूणोद्भव** (Embryogenesis) युग्मनज (Zygote) से भ्रूण (Embryo) का विकास होता है, यह प्रक्रिया भ्रूणोद्भव कहलाती है। भ्रूणोद्भव के दौरान, युग्मक समसूत्री कोशिका विभाजन और कोशिका विभेदन से गुजरता है। कोशिका विभाजन विकसित हो रहे भ्रूण में कोशिकाओं की संख्या को बढ़ा देती है, जबकि कोशिका विभेदन, जीवों के विशिष्ट ऊतक और अंग बनाने में सहायता करता है।
- **अण्ड प्रजक** (Oviparous) जन्तु; जैसे— सरीसृप और पक्षी अण्डे देते हैं। सजीव प्रजक प्राणियों में; जैसे— अधिकतर स्तनधारी, जिसमें मानव सम्मिलित हैं, मादा जीव के शरीर के भीतर युग्मनज विकसित होकर शिशु का विकास करता है। अण्ड सजीव प्रजक प्राणियों में मादा अण्डों को निषेचन के पश्चात् शरीर के भीतर रखती है और भ्रूण का विकास शरीर के भीतर होने देती है, लेकिन **अपरा** (Placenta) की अनुपस्थिति के कारण अधिक पोषण नहीं दे पाती हैं।

उदाहरण—शार्क और रेटल सर्प (Rattle snakes)।

मानव शरीर से सम्बन्धित महत्त्वपूर्ण तथ्य

तथ्य	स्थिति/मात्रा
कशेरुकाओं की कुल संख्या	33
पेशियों की कुल संख्या	+ 639
यकृत का भार (पुरुष में)	1.4-1.8 किग्रा
यकृत का भार (महिला में)	1.2-1.4 किग्रा
सर्वाधिक पुनरुद्भवन की क्षमता	यकृत में
सबसे कम पुनरुद्भवन की क्षमता	मस्तिष्क में
शरीर का सबसे कठोर भाग	दाँत का इनेमल
सबसे बड़ी लार ग्रन्थि	पैरोटिड ग्रन्थि
शरीर का सामान्य तापमान	98.4°F (37°C)
शरीर में रुधिर की मात्रा	5.5 ली
हीमोग्लोबिन की औसत मात्रा (पुरुष में)	14-18 g/dl
हीमोग्लोबिन की औसत मात्रा (महिला में)	12-16 g/dl
सबसे छोटी श्वेत रुधिर कोशिका	लिम्फोसाइट
सबसे बड़ी श्वेत रुधिर कोशिका	मोनोसाइट
श्वेत रुधिर कोशिकाओं (WBCs) का जीवनकाल	12-20 दिन
रुधिर का थक्का बनने का समय	3-8 मिनट
सामान्य रुधिर दाब	120/80 Hg
वयस्क में हृदय गति	72 बार प्रति मिनट
वृक्क का भार	150 ग्राम
मस्तिष्क का भार	1220 से 1400 ग्राम
मेरुदण्ड की लम्बाई	42-45 सेमी
क्रेनियल तन्त्रिकाओं की संख्या	12 जोड़ी
सबसे बड़ी कोशिका	तन्त्रिका कोशिका (न्यूरॉन)
सबसे बड़ी अन्तःस्रावी ग्रन्थि	थायरॉइड

एग्जाम पैटर्न प्रश्न

1. मानव पाचन नाल के किस भाग में पेरीस्टेल्टिक गतियाँ नहीं होती हैं?
(a) ग्रसनी (b) आमाशय
(c) छोटी आँत (d) बड़ी आँत

2. मानव में उपस्थित लार ग्रन्थि नहीं हैं
(a) पैरोटिड ग्रन्थि
(b) इन्फ्राऑरबिटल ग्रन्थि
(c) सबमैण्डिबुलर ग्रन्थि
(d) सबलिंगुअल ग्रन्थि

3. स्तनधारियों की ग्रासनली का श्लेष्मिका स्तर बना होता है
(a) सामान्य स्तम्भी उपकला का
(b) शल्की उपकला का
(c) स्तरित घनाकर उपकला का
(d) स्तरित स्तम्भी उपकला का

4. आमाशय का पतला दूरस्थ भाग कहलाता है
(a) कार्डियक भाग (b) ग्रहणी
(c) ग्रसनी (d) पाइलोरस

5. रस में उपस्थित HCl बदलता है
(a) प्रोरेनिन को रेनिन में
(b) पेप्सिनोजन को पेप्सिन में
(c) पॉलीपेप्टाइड को पेप्टाइड में
(d) डाइसैकेराइड को मोनोसैकेराइड में

6. ग्लूकोस को जब भोजन के रूप में लिया जाता है, तब निम्न में से कौन-सी क्रिया नहीं होती है?
(a) अन्तर्ग्रहण (b) पाचन
(c) अवशोषण (d) स्वांगीकरण

7. मानव शरीर का सबसे कठोर भाग कौन-सा है?
(a) दाँत का इनेमल (b) हड्डियाँ
(c) पेशियाँ (d) इनमें से कोई नहीं

8. मानव आहारनाल में भागों का सही क्रम कौन-सा है?
(a) मुख → आमाशय → छोटी आँत → ग्रसिका → बड़ी आँत
(b) मुख → ग्रसिका → आमाशय → बड़ी आँत → छोटी आँत
(c) मुख → आमाशय → ग्रसिका → छोटी आँत → बड़ी आँत
(d) मुख → ग्रसिका → आमाशय → छोटी आँत → बड़ी आँत

9. आमाशय का आस्तर निम्नलिखित में से एक की उपस्थिति के कारण सुरक्षित बना रहता हैं। सही उत्तर चुनिए।
(a) पेप्सिन
(b) म्यूकस (श्लेष्मा)
(c) क्षारीय एमाइलेज
(d) पित्त रस

10. आहारनाल का कौन-सा भाग यकृत से पित्त रस लेता है?
(a) आमाशय (b) छोटी आँत
(c) बड़ी आँत (d) ग्रसनी

11. पाचन में भोजन के साथ मिलने वाला पहला एन्जाइम कौन-सा है?
(a) पेप्सिन
(b) सेलुलोस
(c) एमाइलेज
(d) ट्रिप्सिन

12. जैविक ऑक्सीकरण के बाद कौन-सी गैस निकलती है?
(a) नाइट्रोजन
(b) ऑक्सीजन
(c) कार्बन डाइऑक्साइड
(d) कार्बन मोनोऑक्साइड

13. बड़ा नासामार्ग, मुख मार्ग से किस के द्वारा अलग होता है?
(a) टेटुआ (b) पैलेट
(c) ग्रसनी (d) नासिका कक्ष

14. नासिका के अन्दर का भाग कहलाता है
(a) वायु नाल (b) नासिका कक्ष
(c) फेफड़े (d) प्रघ्राण

15. अन्त: श्वसन के समय, वायु के गमन का सही क्रम निम्नलिखित में से कौन-सा है?
(a) नासाद्वार → कण्ठ → ग्रसनी → श्वासनली → फुफ्फुस
(b) श्वासनली → ग्रसनी → कूपिका → कण्ठ → फुफ्फुस
(c) कण्ठ → नासाद्वार → ग्रसनी → फुफ्फुस
(d) नासाद्वार → ग्रसनी → कण्ठ → श्वासनली → कूपिकाएँ

16. श्वसन के दौरान, गैसों का विनिमय कहाँ होता है?
(a) श्वासनली और कण्ठ में
(b) फुफ्फुस की कूपिकाओं में
(c) कूपिकाओं और गले में
(d) गले और कण्ठ में

17. ऑक्सीजन की कमी से क्रिकेट के खिलाड़ियों की पेशियों में प्राय: खिंचाव उत्पन्न होने लगता हैं ऐसा इस कारण होता है
(a) पाइरुवेट के इथेनॉल में बदलने के कारण
(b) पाइरुवेट के ग्लूकोस में बदलने के कारण
(c) ग्लूकोस का पाइरुवेट में न बदलने के कारण
(d) पाइरुवेट का लैक्टिक अम्ल में बदलने के कारण

18. मानव की श्वासनली की दीवार में होती है
(a) 'C' आकार की उपास्थि
(b) 'O' आकार की उपास्थि
(c) 'C' आकार की अस्थि
(d) उपास्थि नहीं होती

19. वायुकोष किन कोशिकाओं से बनता है?
(a) शल्की उपकला से (b) स्तम्भी उपकला से
(c) घनाकार उपकला से (d) ग्रन्थिल उपकला से

20. हृदय में ध्वनि लब एवं डब उत्पन्न होती है
(a) अलिन्द के कारण (b) निलय के कारण
(c) वाल्व के कारण (d) SA नोड के कारण

21. हृदय पेशी तन्तु होते हैं
(a) शाखन्वित (b) रेखित
(c) अनैच्छिक (d) ये सभी

22. बाएँ अलिन्द तथा निलय के बीच कौन-से कपाट होते हैं?
(a) त्रिवलन (b) मिट्रल
(c) महाधमनी (d) फुफ्फुस

23. स्तनियों मे SA नोड के द्वारा हृदय आवेग प्रारम्भ होता है अत: इसे कहते हैं
(a) कोलीनर्जिक (b) एड्रीनर्जिक
(c) न्यूरोजेनिक (d) मायोजेनिक

24. संकुचन के दौरान निम्नलिखित में से कौन-सी संरचना हृदय के भीतर रुधिर को वापस विपरीत दिशा में बहने से रोकती है?
(a) हृदय के भीतर स्थित कपाट
(b) निलयों की मोटी पेशीय भित्तियाँ
(c) अलिन्दों की पतली भित्तियाँ
(d) उपरोक्त सभी

25. ऊतकों से बाहर आने वाले रुधिर में किसकी मात्रा अपेक्षाकृत अधिक हो जाती है?
(a) कार्बन डाइऑक्साइड
(b) जल
(c) हीमोग्लोबिन
(d) ऑक्सीजन

26. रुधिर परिसंचरण की खोज किसने की थी?
(a) विलियम हार्वे ने
(b) एण्टॉनी वान ल्यूवेनहॉक ने
(c) स्टेफन हेल्स ने
(d) लैण्डस्टीनर ने

27. रुधिर वर्गों की खोज की थी
(a) चार्ल्स डार्विन ने
(b) विलियम हार्वे ने
(c) कार्ल लैण्डस्टीनर ने
(d) रॉबर्ट हुक ने

28. अग्र महाशिराएँ रुधिर को
(a) शरीर से दाहिने अलिन्द में पहुँचाती हैं
(b) शरीर से बाएँ निलय में पहुँचाती हैं
(c) हृदय से शरीर के विभिन्न भागों को रुधिर पहुँचाती हैं
(d) शुद्ध करती हैं

29. पल्मोनरी शिरा खुलती है या रुधिर लाती है
(a) दाएँ अलिन्द में (b) बाएँ अलिन्द में
(c) बाएँ निलय में (d) दाएँ निलय में

30. मानव के वृक्क की संरचना में कौन-सा भाग सम्मिलित नहीं है?
(a) मेड्यूला (b) मूत्रमार्ग
(c) पेल्विस (d) वल्कुट

31. वृक्कों की निस्यंदक इकाइयों को कहते हैं
(a) मूत्रनली (b) मूत्रमार्ग
(c) न्यूरॉन (d) नेफ्रॉन

32. पेशियाँ किस संरचना के द्वारा अस्थियों से जुड़ी रहती हैं?
(a) एरीओलर ऊतक (b) स्नायु
(c) इलास्टिन (d) कण्डरा

33. चेहरे की कितनी अस्थियाँ होती है?
(a) 12 (b) 30 (c) 40 (d) 14

34. तन्त्रिका कोशिका विभाजित नहीं होती, क्योंकि इनमें नहीं होता है
(a) केन्द्रक (b) सेन्ट्रोसोम
(c) गॉल्जीकाय (d) माइटोकॉण्ड्रिया

35. जन्म के बाद किसमें विभाजन बन्द हो जाता है?
(a) तन्त्रिका कोशिका में
(b) संयोजी कोशिका में
(c) उपकला कोशिका में
(d) यकृतीय कोशिका में

36. विकास के दौरान मस्तिष्क के कौन-से भाग ने आकार में सर्वाधिक वृद्धि की है?
(a) अग्रमस्तिष्क
(b) मध्यमस्तिष्क
(c) पश्चमस्तिष्क
(d) इनमें से कोई नहीं

37. अन्त:स्रावी ग्रन्थियाँ कार्य करती हैं
(a) एन्जाइम द्वारा (b) विटामिन द्वारा
(c) हॉर्मोन द्वारा (d) खनिज लवण द्वारा

38. जो हॉर्मोन शरीर की सन्तुलित वृद्धि के लिए आवश्यक है वह स्रावित होता है
(a) पीयूष ग्रन्थि के अग्र पिण्ड से
(b) पीयूष ग्रन्थि के पश्च पिण्ड से
(c) थायरॉइड से
(d) एड्रिनल से

39. पैराथायरॉइड द्वारा स्रावित कैल्सिटोनिन किसका सन्तुलन नियन्त्रित करता है?
(a) पोटैशियम (b) आयोडीन
(c) कैल्शियम (d) लोहा

40. पैराथॉर्मोन प्रेरित करता है
(a) रुधिर में शर्करा की मात्रा बढ़ाना
(b) सीरम में कैल्शियम की मात्रा घटाना
(c) सीरम में कैल्शियम की मात्रा बढ़ाना
(d) रुधिर में शर्करा की मात्रा घटाना

41. पुरुष के वृषणों में नर हॉर्मोन्स का स्रावण करने वाली कोशिकाएँ हैं
(a) लेडिग कोशिकाएँ (b) सर्टोली कोशिकाएँ
(c) पूर्व शुक्राणु (d) उपरोक्त सभी

42. द्वितीयक मादा लैंगिक लक्षणों का नियमन करने वाले हॉर्मोन हैं
(a) एस्ट्रोजन (b) प्रोजेस्टेरॉन
(c) टेस्टोस्टेरॉन (d) दोनों (a) व (b)

43. मैथुन के समय योनि को चिकना बनाने हेतु एक क्षारीय द्रव का स्रावण करने वाली ग्रन्थि है
(a) काउपर (b) प्रोस्टेट
(c) पेरीनियल (d) रेक्टल

44. सर्टोली कोशिकाएँ किसे पोषण प्रदान करती हैं?
(a) अण्डाणु (b) शुक्राणु
(c) भ्रूण (d) इनमें से कोई नहीं

45. नर में शुक्राणुजनन किन नलिकाओं में होता है?
(a) अपवाही नलिका में (b) शुक्रवाहिनी में
(c) शुक्रनलिका में (d) स्खलन नलिका में

46. नर जनन अंगों से सम्बन्धित ग्रन्थि है
(a) प्रोस्टेट ग्रन्थि (b) स्वेद ग्रन्थि
(c) एड्रीनल ग्रन्थि (d) एपिडिडाइमिस

47. निम्न में से कौन मानव में मादा जनन तन्त्र का भाग नहीं है?
(a) अण्डाशय (b) गर्भाशय
(c) शुक्रवाहिनी (d) योनि

48. *अमीबा* में जनन किसके द्वारा होता है?
(a) जैम्यूल निर्माण
(b) द्विखण्डन
(c) मुकुलन
(d) जीवद्रव्य विखण्डन से

49. *हाइड्रा* किसको उत्पन्न करके जनन करता है?
(a) कलिका (b) कोनिडिया
(c) अलैंगिक चल बीजाणु
(d) मुकुलक (जैम्यूल)

50. वह अवस्था, जिसमें नर व मादा जननांग एक ही पादप पर होते हैं, कहलाती है
(a) एकलिंगी (b) द्विलिंगी
(c) उभयलिंगाश्रयी (d) दोनों (b) तथा (c)

51. वह अवस्था, जिसमें नर व मादा भाग अलग-अलग पादपों पर उपस्थित होते हैं, कहलाती है
(a) विषमसूकायी (b) एकलिंगाश्रयी
(c) एकलिंगी (d) ये सभी

PYQs

52. रक्त को एक प्रकार का .... ऊतक माना जाता है **क्लर्क (बेंगलुरु) 23 फरवरी 2020**
(a) उपकला (b) संयोजी
(c) पेशीय (d) तन्त्रिका

53. मनुष्य का सामान्य अनुशिथिलन रक्तचाप Hg के .... mm होता है।
क्लर्क (बेंगलुरु) 23 फरवरी 2020
(a) 80-120 के बीच (b) 70-80 के बीच
(c) 37 से कम (d) 98.4 से अधिक

उत्तरमाला

1. (a)	2. (b)	3. (b)	4. (d)	5. (b)	6. (b)	7. (a)	8. (d)	9. (b)	10. (b)
11. (c)	12. (c)	13. (b)	14. (d)	15. (d)	16. (b)	17. (d)	18. (a)	19. (a)	20. (c)
21. (c)	22. (b)	23. (d)	24. (a)	25. (a)	26. (a)	27. (c)	28. (a)	29. (b)	30. (b)
31. (d)	32. (d)	33. (d)	34. (b)	35. (d)	36. (a)	37. (c)	38. (c)	39. (c)	40. (b)
41. (a)	42. (d)	43. (a)	44. (b)	45. (c)	46. (d)	47. (c)	48. (b)	49. (a)	50. (d)
51. (d)	52. (b)	53. (a)							

अध्याय 21

पोषण, मानव स्वास्थ्य एवं रोग

पोषण

उन सभी क्रियाओं का कुल योग जो भोजन के अन्तर्ग्रहण, पाचन, पचे हुए भोजन के अवशोषण और अपचित भोजन के शरीर से बाहर निष्कासन से सम्बन्धित है, **पोषण** (Nutrition) कहलाता है। पोषण मुख्यतया दो प्रकार का होता है

1. **स्वपोषण** (Autotrophism) जीव अपना भोजन स्वयं बनाते हैं; जैसे-सभी हरे पौधे, कुछ एककोशिकीय जीव—*यूग्लीना, क्लैमाइडोमोनास, वॉल्वॉक्स* ।
2. **परपोषण** (Heterotrophism) जीव अपने भोजन हेतु अन्य जीवों पर निर्भर रहते हैं; जैसे—परजीवी, मृतोपजीवी तथा कीटाहारी पौधे।

भोजन

भोजन वह पोषक पदार्थ है, जो किसी जीव द्वारा वृद्धि, कार्य, मरम्मत और जीवन क्रियाओं के संचालन हेतु ग्रहण किया जाता है।
यह विभिन्न पदार्थों का मिश्रण होता है। जिसकी मात्रा एवं उसके अवयव भिन्न-भिन्न हो सकते हैं। भोजन के मुख्य अवयव निम्नलिखित हैं

कार्बोहाइड्रेट

- कार्बोहाइड्रेट, पॉलीहाइड्रोक्सी एल्डिहाइड अथवा कीटोन होते हैं इनमें C, H एवं O का अनुपात सामान्यतया 1 : 2 : 1 होता है।
- कार्बोहाइड्रेट हमारे शरीर हेतु मुख्य ऊर्जा का स्रोत है। ये ऑक्सीकरण के पश्चात् शरीर में ऊर्जा उत्पन्न करते हैं।
- 1 ग्राम कार्बोहाइड्रेट के ऑक्सीकरण से 17 किलो जूल ऊर्जा अथवा 4.1 किलो कैलोरी ऊर्जा निकलती है।
- हमारे भोजन की कुल ऊर्जा में से लगभग 60-80% ऊर्जा कार्बोहाइड्रेट से आती है।

कार्बोहाइड्रेट के प्रकार

शर्करा अणुओं के आधार पर इन्हें तीन भागों में बाँटा जा सकता है

1. **मोनोसैकेराइड्स** ये सबसे सरल कार्बोहाइड्रेट हैं। ये केवल एक शर्करा अणु के बने होते हैं; जैसे-ग्लूकोस, फ्रक्टोस, गैलेक्टोस।
2. **डाइसैकेराइड्स** ये मोनोसैकेराइड्स की दो इकाइयों के बने होते हैं; जैसे-सुक्रोस (चीनी), माल्टोस, लैक्टोस (दुग्ध शर्करा)।
3. **पॉलीसैकेराइड्स** ये बहुत-सी मोनोसैकेराइड इकाइयों के ग्लाइकोसाइडिक बन्ध द्वारा जुड़ने से बनते हैं; जैसे-सेलुलोस, स्टार्च (आलू में), ग्लाइकोजन (जन्तु यकृत में), काइटिन (आर्थ्रोपोड्स के कवच), हैलुरिक अम्ल।

कार्बोहाइड्रेट के स्रोत

- इसके मुख्य स्रोत आलू, फल (केला, आम), अनाज (चावल, गेहूँ, मक्का), शर्करा (शहद, गन्ना, चुकन्दर, जैम) रोटी, दूध, आदि हैं।
- कार्बोहाइड्रेट की अत्यधिक मात्रा लेने से पाचन तन्त्र सम्बन्धी रोग हो जाते हैं।
- जिसके कारण बच्चों एवं वयस्कों में मोटापा हो जाता है।

वसा

- वसा (Fats), वसीय अम्लों एवं ग्लिसरॉल से बना यौगिक है, जो कार्बन (C), हाइड्रोजन (H) एवं ऑक्सीजन (O) का बना होता है।
- इसमें अत्यधिक कैलोरी (ऊर्जा) होती है और ये आवश्यक वसा अम्लों के मुख्य स्रोत हैं।
- 1 ग्राम वसा के ऑक्सीकरण द्वारा 37 किलो जूल ऊर्जा या 9 किलो कैलोरी ऊर्जा उत्पन्न होती है।
- ये जल में अविलेय एवं एसीटोन, बेन्जीन, क्लोरोफॉर्म, आदि में विलेय होते हैं।
- जन्तु वसाएँ अर्द्ध ठोस होती हैं, जबकि वनस्पति वसाएँ तरल रूप में होती हैं तथा तेल कहलाती हैं।

वसा के स्रोत

- घी, मक्खन, बादाम, पनीर, अण्ड योक, माँस, सोयाबीन और सभी वनस्पति तेल वसा के मुख्य स्रोत हैं।
- वसा की अल्पता से त्वचा सूखी हो जाती है।
- वसा की कमी के कारण वसा में घुलनशील विटामिनों की भी कमी हो जाती है।
- वसा की अत्यधिक मात्रा के सेवन से मोटापा हो जाता है।
- कोलेस्ट्रॉल के स्तर में वृद्धि से हृदय रोग उत्पन्न हो जाते हैं।

प्रोटीन

- प्रोटीन (Protein) शब्द **जे. बर्जीलियस** ने सन् 1930 में प्रतिपादित किया था।
- प्रोटीन अमीनो अम्लों का बहुलक है।
- प्रोटीन कार्बन (C), हाइड्रोजन (H), ऑक्सीजन (O) एवं नाइट्रोजन (N) से बनी होती हैं। कुछ प्रोटीनों में गन्धक (S), फॉस्फोरस (P) और लौह (Fe) भी पाया जाता है।
- प्रोटीनों में लगभग 20 प्रकार के अमीनो अम्ल पाए जाते हैं।

प्रोटीन के स्रोत

- प्रोटीन के मुख्य स्रोत दालें, मछली, अण्डा, पत्तीदार सब्जियाँ, दूध, फल, सोयाबीन, मटर, सेम, पनीर, दही, आदि हैं।
- प्रोटीन की कमी से बच्चों में सूखा रोग या मैरस्मस रोग (Marasmus) एवं क्वाशिओरकोर (Kwashiorkor) रोग उत्पन्न हो जाते हैं।

विटामिन

- विटामिन शब्द **फंक** (Funk) ने 1911 ई. में प्रतिपादित किया था। इन्हें इनकी घुलनशीलता के आधार पर दो भागों में विभाजित किया जाता है
- **जल में घुलनशील विटामिन** विटामिन-B-कॉम्पलैक्स, विटामिन-C
- **वसा में घुलनशील विटामिन** विटामिन-A, विटामिन-D, विटामिन-E, विटामिन-K

विटामिनों के कार्य और महत्त्वपूर्ण स्रोत

विटामिन का नाम	कार्य	मुख्य स्रोत	कमी से प्रभाव
A (रेटिनॉल)	वृद्धि, आँखों की निरोगता, त्वचा और श्लेष्मिक झिल्ली की कोशिकाओं की क्रियाओं के लिए आवश्यक।	मछली के यकृत का तेल, यकृत, गुर्दा, फल, टमाटर, गाजर, मक्खन, अण्डे की जर्दी, आदि।	वृद्धि रुकना, रतौंधी व जीरोपथैल्मिया, संक्रमणों के प्रति प्रभावी, त्वचा और झिल्लियों में परिवर्तन का आना, दोषपूर्ण दाँत तथा बीमारियाँ, आदि।
B_1 (थायमीन)	वृद्धि, कार्बोहाइड्रेट उपापचय का नियन्त्रण, हृदय, तन्त्रिका और पेशियों की सक्रियता के लिए आवश्यक।	बीज वाले अन्न, माँस, दुग्ध, सोयाबीन, मुर्गा, अंकुरित अनाज, अण्डा, यीस्ट, आदि।	वृद्धि का रुकना, भूख और वजन घटना, तन्त्रिका विकास, बेरी-बेरी, थकान का होना, बदहजमी, पेट की खराबी, आदि।
B_2 (राइबोफ्लेविन)	वृद्धि, त्वचा और मुख की निरोगता, आँखों की सक्रियता।	माँस, सोयाबीन, दुग्ध, हरी तरकारियाँ, अण्डे, मुर्गा, आदि।	वृद्धि का रुकना, धुँधली दृष्टि का होना, जिह्वा पर छाले पड़ जाना, असमय बुढ़ापा आना, प्रकाश न सह पाना, आदि।
B_3 (पेण्टोथेनिक अम्ल)	कोएन्जाइम-A तथा ऐसीटाइलकोलीन के संश्लेषण के लिए आवश्यक।	यीस्ट, माँस, जिगर, गुर्दा, दुग्ध, अण्डे, आदि।	पेशियों में लकवा, पैरों में जलन महसूस होना।
B_5 (नियासिन, निकोटिनिक अम्ल)	वृद्धि, कार्बोहाइड्रेट उपापचय, आमाशय और आँतों की सक्रियता, तन्त्रिका तन्त्र की सक्रियता के लिए।	माँस, मूँगफली का मक्खन (पीनट बटर), आलू, साबुत अनाज, टमाटर, पत्ते वाली तरकारियाँ, आदि।	जिह्वा का चिकनापन, त्वचा पर फोड़े-फुंसी का होना, पाचन क्रिया में गड़बड़ी होना, मानसिक विकारों (पेलेग्रा) का होना।
B_6 (पाइरीडॉक्सिन)	अमीनो अम्ल का उपापचय।	यकृत, माँस, अनाज, आदि।	त्वचा रोग, मस्तिष्क का ठीक से कार्य न करना, शरीर का भार कम होना, एनीमिया।
B_7 (बायोटिन)	कार्बोहाइड्रेट उपापचय, त्वचा व बालों की रक्षा।	माँस, अण्डा, यकृत, गिरीदार फल, दुग्ध, आदि।	लकवा, शरीर में दर्द, बालों का गिरना तथा वृद्धि में कमी, आदि।
B_9 (फॉलिक अम्ल)	रुधिर कोशिकाओं का निर्माण तथा वृद्धि, न्यूक्लिक अम्ल के उपापचय में सहायक।	गिरीदार फल, हरी तरकारियाँ, यकृत, सेम, यीस्ट, अण्डा, आदि।	एनीमिया तथा पेचिश रोग हो जाता है।
B_{12} (साइनोकोबालेमिन)	रुधिराणु बनाना, न्यूक्लिक अम्ल के संश्लेषण के लिए, नाइट्रोजन उपापचय, आदि।	यकृत, आदि।	रुधिर की कमी का होना आदि।
C (एस्कॉर्बिक अम्ल)	वृद्धि, दाँतों का विकास तथा मजबूती, मसूड़ों की निरोगता, घाव भरना, आदि।	नींबू, सन्तरा, नारंगी, टमाटर, पत्तीदार सब्जियाँ, आँवला, खट्टे पदार्थ, आदि।	मसूड़े फूलना, अस्थियों के चारों ओर स्राव, जरा-सी चोट पर रुधिर निकलने लगना (स्कर्वी), अस्थियाँ कमजोर होना।
D (कैल्सीफेरॉल)	वृद्धि तथा अस्थियों और दाँतों का निर्माण।	मछली के यकृत का तेल, सम्पूर्ण दूध, अण्डे, सूर्य का प्रकाश।	(रिकेट्स) सूखा रोग, कमजोर दाँत, दाँतों के रोग, दाँतों का सड़ना, आदि।
E (टोकोफेरॉल)	सामान्य जनन।	पत्तीदार सब्जियाँ, दुग्ध, मक्खन, अंकुरित गेहूँ, वनस्पति तेल, आदि।	जनन-शक्ति का कम होना।
K (फिलोक्विनोन)	रुधिर के सामान्य थक्के जमना, यकृत की सामान्य क्रियाओं के लिए।	हरी सब्जियाँ, सोयाबीन का तेल, टमाटर, आँतों में जीवाणु भी संश्लेषण करते हैं।	रुधिर स्राव का होना, ऐंठन, आदि।

खनिज लवण

- धातु, अधातु एवं उनके लवण खनिज लवण कहलाते हैं। ये हमारे शरीर का लगभग 4% भाग बनाते हैं। खनिज लवण दो प्रकार के होते हैं
  1. **वृहत् पोषक** (Macronutrients) इन तत्वों की शरीर को अधिक मात्रा में आवश्यकता होती है। उदाहरण— Ca, P, K, S, Na, Cl और Mg।
  2. **सूक्ष्म मात्रिक** (Micronutrients) इन तत्वों की शरीर को बहुत कम मात्रा में आवश्यकता होती है। उदाहरण— I, Fe, Co, F, Mo और Fe।

प्रमुख खनिज लवणों का महत्त्व, स्रोत तथा अभावजनित रोग

खनिज लवण	महत्त्व	स्रोत	अभावजनित रोग
कैल्शियम	अस्थियों तथा दाँतों का निर्माण, हृदय एवं पेशियों का नियन्त्रण, रुधिर का थक्का जमने में सहायक।	दुग्ध, अण्डा, हरी पत्तीदार सब्जियाँ।	अस्थिभंगुरता, अनियन्त्रित हृदय स्पन्दन तथा पेशियों में गति।
फॉस्फोरस	कोशिकाओं को ऊर्जा, अस्थियों तथा दाँतों का निर्माण।	अनाज, दाल, दुग्ध, अण्डा, मछली।	शारीरिक कमजोरी, कमजोर दाँत एवं अस्थियाँ।
लोहा	कोशिकाओं में ऑक्सीजन तथा कार्बन डाइऑक्साइड का आदान-प्रदान। गर्भवती महिलाओं के लिए अत्यावश्यक।	अनाज, दाल, माँस, हरी पत्तीदार सब्जियाँ, केला, सेब, अमरूद।	अरुधिरता, रुधिर द्वारा ऑक्सीजन अवशोषित करने की क्षमता में कमी।
मैग्नीशियम	पेशियों एवं तन्त्रिकाओं पर नियन्त्रण, कुछ एन्जाइमों के लिए आवश्यक।	हरी पत्तीदार सब्जियाँ, अनाज।	पेशियों तथा तन्त्रिकाओं के कार्य में कमी।
गन्धक	प्रोटीन निर्माण में सहायक।	अनाज, दाल, मेथी, काला नमक।	पेशियों तथा तन्त्रिकाओं के कार्य में कमी।
ताँबा, जस्ता एवं कोबाल्ट	प्रोटीन एवं एन्जाइम का निर्माण।	अनाज, दाल, माँस, सब्जियाँ।	भूख न लगना, वृद्धि में कमी, अरक्तता।

खनिज लवण	महत्त्व	स्रोत	अभावजनित रोग
आयोडीन	भोजन के ऑक्सीकरण का नियन्त्रण।	मछली, समुद्री नमक, आयोडाइज्ड नमक।	घेंघा रोग, असामान्य उपापचय।
क्लोरीन	एन्जाइम, तन्त्रिका तथा आमाशय के कार्यों में सहायक।	नमक, अनाज, फल।	निर्जलीकरण, अत्यधिक कमजोरी।
सोडियम एवं पोटैशियम	शरीर की सभी कोशिकाओं को उचित स्थिति में रखने में सहायक।	नमक, प्रायः सभी भोजन।	रुधिरदाब में कमी, निर्जलीकरण, शारीरिक कमजोरी।

जल

यह एक अकार्बनिक पदार्थ है और इससे मानव शरीर का 70-80% भाग बनता है। यह पसीने व वाष्पन द्वारा शरीर का ताप नियन्त्रित करता है तथा पाचन परिवहन एवं उत्सर्जन में सहायक है।

स्वास्थ्य

- विश्व स्वास्थ्य संगठन या WHO (World Health Organisation) की परिभाषा के अनुसार, स्वास्थ्य तीन आयामों—शारीरिक, मानसिक व सामाजिक आधार पर निर्धारित किया जाता है। इस प्रकार स्वास्थ्य शरीर की उस अवस्था को कहा जाता है, जिसमें व्यक्ति शारीरिक, मानसिक तथा सामाजिक रूप से पूर्ण स्वस्थ होता है।
- प्रतिवर्ष **7 अप्रैल** को विश्व स्वास्थ्य दिवस (World Health Day) मनाया जाता है।
- WHO की स्थापना सन् 1948 में हुई थी। इसका मुख्यालय जिनेवा में स्थित है।

रोग

- रोग वह दशा है, जब शरीर या इसके किसी भाग के सामान्य कार्यों में कोई गतिरोध उत्पन्न हो जाता है। कुपोषण, आनुवंशिक अव्यवस्था, रोगाणुओं द्वारा संक्रमण या अन्य किसी कारणवश शरीर के दैहिक, शरीर-क्रियात्मक या मानसिक दशा में विकार के उत्पन्न होने को रोग कहते हैं।
- रोग की अवस्था में शरीर में परिवर्तन, बेचैनी, अक्षमता या शारीरिक कमजोरी आ जाती है, जिसके कारण व्यक्ति सामान्य रूप से कार्य नहीं कर पाता है।
- मानव में होने वाले समस्त रोगों को दो श्रेणियों में रखा गया है

जन्मजात रोग

- यह रोग आनुवंशिक अव्यवस्था के कारण होते हैं तथा एक पीढ़ी से दूसरी पीढ़ी में वंशागत होते हैं।
- ये रोग जन्म से ही होते हैं व उपापचयी अनियमितता के कारण होते हैं; जैसे—हीमोफीलिया, मधुमेह तथा फिनाइल कीटोन्यूरिया।

उपार्जित रोग

- ये रोग जन्म के बाद किसी कारणवश उत्पन्न होते हैं। ये दो प्रकार के होते हैं

1. **संक्रामक रोग**

- संक्रामक रोग सूक्ष्मजीवों; जैसे—विषाणु, जीवाणु, कवक, प्रोटोजोआ, कृमि, आदि द्वारा उत्पन्न होते हैं।
- संक्रामक रोगों को दो उप-प्रकारों में बाँटा गया है
  - **संसर्गज रोग** ये रोग सामान्यता प्रत्यक्ष (Direct) शारीरिक सम्पर्क से फैलते हैं; उदाहरण–छोटी चेचक, दाद, चेचक, इन्फ्लुएन्जा, खसरा, कुष्ठ (Leprosy) रोग, आदि।
  - **असंसर्गज रोग** इस प्रकार के रोग अनेक भौतिक कारण व वाहकों के कारण फैलते हैं; उदाहरण—प्लेग, हैजा, मलेरिया, हेपेटाइटिस, आदि।
- मानव के कुछ संक्रामक रोग एवं उनके कारक इस प्रकार हैं

विषाणुजनित रोग

रोग	विषाणु	लक्षण	रोकथाम
चेचक	वेरिओला	सिर, पीठ, कमर में दर्द एवं लाल दाने	टीकाकरण, रोगी व्यक्ति से उचित दूरी रखने पर।
पोलियो	निस्यन्दी विषाणु	यह रीढ़ की हड्डी, आँत पर संक्रमण करता है।	टीकाकरण, पोलियो के टीके में मृत रोगाणु होते हैं, जिससे शरीर की प्रतिरोधक क्षमता बढ़ जाती हैं।
रेबीज	रैहब्डोविषाणु	केन्द्रिका, तन्त्रिका तन्त्र प्रभावित होता है, पक्षाघात, तेज ज्वर, सिरदर्द एवं वमन	रेबीजरोधी टीकाकरण, काटने पर घाव को कार्बोक्सिलिक या नाइट्रिक अम्ल से धोना चाहिए। रेबीजरोधी टीके का आविष्कार **लुईस पाश्चर** ने किया था।
डेंगू या हड्डी तोड़ बुखार	डेंगू विषाणु	तेज ज्वर, चेहरे व हाथ पर लाल चकते, आँखों में दर्द, कमजोरी, हड्डियों व जोड़ों में दर्द, खाँसी	पूरा आराम, मच्छरों से सुरक्षा साफ-सफाई एवं पूरी दवाईयाँ
खसरा	रूबेला विषाणु	आँख व नाक से पानी बहना, शरीर में दर्द, ज्वर एवं लाल दाने यकृत खराब होने से, पीलिया गम्भीर रोगावस्था में मृत्यु	गामा-ग्लोब्युलिन (γ-globulin) का टीका, पूरा आराम, हल्का भोजन एवं उबला पानी पीना चाहिए, टीकाकरण।

जीवाणुजनित रोग

रोग	जीवाणु	लक्षण	रोकथाम
हैजा	*विब्रियो कोलेरी*	रोगी के शरीर में जल की कमी, धीमा रुधिर संचार, उल्टी, दस्त, माँसपेशियों में खिंचाव	पूरी तरह से पका हुआ भोजन तथा उबला जल पीना चाहिए, हैजा का टीकाकरण कराना चाहिए।
डिफ्थीरिया	*कॉर्नीबैक्टीरियम डिफ्थीरिया*	श्वासावरोध, हल्का ज्वर, गले में कृत्रिम झिल्ली का निर्माण हो जाता है।	डिफ्थीरिया एण्टीटॉक्सिन का टीकाकरण करना चाहिए, रोगी से उचित दूरी रखनी चाहिए।
प्लेग	*बैसिलस पेस्टिस*	शारीरिक दर्द, गिल्टी, काँख तथा गर्दन की ग्रन्थियों में सूजन आ जाती है। न्यूमोनिक प्लेग में हल्का ज्वर तथा सेप्टीसिमिक प्लेग में रुधिर में जीवाणु फैल जाता है।	सल्फाड्रग्स तथा स्ट्रेप्टोमाइसीन दवाइयों के प्रयोग द्वारा, चूहों को घर में प्रवेश करने से रोकना चाहिए।
निमोनिया	*डिप्लोकॉकस न्यूमोनी*	तेज ज्वर, श्वास लेने में कठिनाई, फेफड़ों में सूजन	ठण्ड से बचाव तथा प्रतिजैविकी दवाइयों का प्रयोग किया जाता है।
काली-खाँसी	*हीमोफिलस परटूसिस*	रात्रि में खाँसी	इसके बचाव के लिए बच्चों को डीपीटी (DPT) का टीका लगाया जाता है।

रोग	जीवाणु	लक्षण	रोकथाम
टॉयफाइड अथवा आंत ज्वर	*साल्मोनेला टायफोसा*	बुखार तीव्र गति से चढ़ना, उदर की नजाकतता और बदहजमी तथा डायरिया	उबला हुआ पानी पीना रोगी के कपड़ों, बर्तनों एवं अन्य पदार्थों का विसंक्रमण एवं एण्टीबायोटिक दवाओं का सेवन आदि।

प्रोटोजोअनजनित रोग

रोग	रोगाणु	लक्षण	रोकथाम
काला-अजार	*लीशमानिया डोनोवानी*	प्लीहा, यकृत आकार में बढ़ जाते हैं। ज्वर एवं पीलिया हो जाता है।	तुरन्त डॉक्टर से परामर्श लेना चाहिए।
निद्रा रोग	*ट्रिपैनोसोमा ब्रुसी* (सी-सी मक्खियों में पाए जाने वाला परजीवी)	लसिका ग्रन्थियाँ बढ़ जाती हैं। शारीरिक तथा मानसिक निष्क्रियता बढ़ जाती हैं। शरीर में दर्द तथा कमजोरी।	कीटनाशक दवाइयों का छिड़काव करना चाहिए। ट्रिपर्समाइड इन्जेक्शन का पूरा कोर्स करना चाहिए।
मलेरिया	*प्लाज्मोडियम* प्रोटोजोअन	कमजोरी, ठण्ड लगना, सिरदर्द, पेशियों में दर्द, बेचैनी, उल्टी व दस्त।	यदि इसका तुरन्त इलाज न हो तो जीवन को खतरा हो सकता है, क्योंकि शारीरिक अंगों में रुधिर की कमी हो जाती हैं।

हेल्मिन्थीजजनित रोग

रोग	रोगाणु	लक्षण	रोकथाम
फाइलेरिया	*वुचेरेरिया बैंक्रोफ्टाई* नामक सूत्रकृमि से	लसिका वाहिनी व ग्रन्थियाँ फूल जाती हैं, जिसे फाइलेरिएसिस कहा जाता है।	हेट्राजन दवाइयों द्वारा, रोगियों को दही, केला, चर्बी युक्त तथा प्रोटीन युक्त भोजन नहीं करना चाहिए, मच्छरों को नष्ट करना चाहिए (DDT तथा विरंजक चूर्ण नामक कीटनाशक दवाइयों द्वारा)।
ऐस्कैरिएसिस	*ऐस्कैरिस लुम्ब्रीकॉइड्स* (यह एक निमेटोड है)	पेट में तेज दर्द, रुकी हुई वृद्धि, ज्वर, खाँसी, रुधिर में कमी।	व्यक्तिगत तथा सामाजिक सफाई रखनी चाहिए।

2. **असंक्रामक रोग**

- वे रोग जो एक व्यक्ति से दूसरे व्यक्ति तक नहीं फैलते हैं, उन्हें असंक्रामक रोग कहते हैं।
- ये रोग बाह्य कारकों द्वारा होते हैं; जैसे—पोषण में कमी, किसी चोट के कारण, आदि।
- ये रोग निम्न प्रकार के हो सकते हैं
  - **ह्रासित रोग** ये रोग शरीर के किसी अंग के नष्ट होने के कारण होते हैं; उदाहरण—कैंसर, हृदयाघात, मधुमेह, गठिया, आदि।
  - **एक्स-रे** के बहुत अधिक सम्पर्क में आने से कैंसर हो जाता है।
  - **हीनताजन्य रोग** इस प्रकार के रोग आहार में पोषक तत्वों की कमी या अभाव के कारण होते हैं; उदाहरण— मैरेस्मस या क्वाशियोरकोर रोग प्रोटीन की कमी से होते हैं।
  - **मानसिक रोग** ये रोग मानसिक विकार के कारण होते हैं; जैसे- शाइजोफ्रेनिया।
  - **प्रत्युर्जक रोग** इस प्रकार के रोग तब होते हैं, जब शरीर किसी विशिष्ट तथा बाहरी पदार्थ के प्रति अत्यधिक संवेदनशील होता है; जैसे—पराग कण प्रदूषण, आदि के कारण दमा रोग।

शरीर के कुछ रोग एवं उनसे प्रभावित अंग

रोग	प्रभावित अंग
आर्थराइटिस	जोड़ों की सूजन
डिफ्थीरिया	गला, श्वासनली
एग्जीमा	त्वचा
प्लूरिसी	छाती
गठिया या र्‍यूमैटिज्म	जोड़ों में
कैटारेक्ट, ग्लोकोमा	आँखें
हिपेटाइटिस-B	यकृत
ट्रैकोमा	अग्न्याशय, गुर्दे तथा आँखें
डायबिटीज	अग्न्याशय, गुर्दे तथा आँखें
घेंघा	थायरॉइड ग्रन्थि
पार्किन्सन्स	मस्तिष्क
रिकेट्स	हड्डियाँ
सुजाक, श्वेत प्रदर	मूत्रमार्ग
एथलीट फुट	पैर

चिकित्सा सम्बन्धी आविष्कार

आविष्कार	आविष्कारक
विटामिन	फंक
विटामिन-A, B	मैकुलन
विटामिन-C	जेम्सलिन्ड
विटामिन-D	एडवर्ड मैलेन्बाए
स्टैथोस्कोप	रेने लैनेक
हृदय प्रत्यारोपण	क्रिश्चियन बर्नार्ड
हैजे का टीका	रॉबर्ट कोच
होम्योपैथी	हैनीमैन
टीबी के कीटाणु तथा चिकित्सा	रॉबर्ट कोच
टायफॉइड के जीवाणु	ई. बर्थ
डायबिटीज चिकित्सा	एफ. बेटिंग
पेनिसिलिन	एलैक्जेण्डर फ्लेमिंग
पोलियो का टीका	जॉन्स ई साल्क
BCG	गुइरिन कालमेट
बेरी-बेरी रोग की चिकित्सा	आइजहमैन
मलेरिया परजीवी व चिकित्सा	रोनाल्ड रॉस
DNA	जेम्स वाटसन तथा क्रिक
इन्सुलिन	बेटिंग
चेचक का टीका	एडवर्ड जेनर

सन्तुलित आहार

खाद्य पदार्थ	प्रतिदिन भोजन में मात्रा (ग्राम)
चावल, गेहूँ, मक्का आदि	475
आलू, गाजर, मूली तथा अन्य सब्जियाँ	150
हरी सब्जी	125
दूध	100
दाल	65
माँस, मछली आदि	50
घी, तेल	40
चीनी या गुड़	40
अण्डा	30
फल	30

कार्य के अनुसार ऊर्जा का उपयोग

कार्य	मानव शरीर के प्रति एक किग्रा भार के लिए प्रयुक्त ऊर्जा
सोने में	4600 जूल/घण्टा
बैठे रहने पर	6500 जूल/घण्टा
खड़े रहने पर	8300 जूल/घण्टा
धीरे-धीरे चलने में	1400 जूल/घण्टा
कठिन व्यायाम में	2300 जूल/घण्टा
साधारण व्यायाम में	16500 जूल/घण्टा
बैठे-बैठे हाथों से काम करने में	7400 जूल/घण्टा

भारत में फैली महामारी रोग

- जब कोई भी संक्रामक रोग एक ही समय में (कम से कम दो सप्ताह) में एक भारी/बड़ी जनसंख्या में फैल कर मानव को आहत करती है, तो वह रोग महामारी कहलाता है। उदाहरण—सन् 1994 में प्लेग रोग सूरत से फैल कर समस्त भारत में फैल कर एक महामारी के रूप में मानव जनसंख्या को प्रभावित करने लगा।

भारत में उत्पन्न कुछ अन्य महामारियों के उदाहरण निम्न प्रकार हैं

- छोटी माता महामारी (1974 — भारत में)
- प्लेग महामारी (1994 — भारत में)
- फ्लू महामारी (2009 — हैदराबाद में)
- हिपेटाइटिस महामारी (2009 — गुजरात में)
- पीलिया रोग (2014 — ओड़िसा में)
- निपाह विषाणु (2018 — केरल में)
- नोवेल कोरोना वायरस (2019 — वुहान, हूबेई, चीन, में)
- कोरोना वायरस एक संक्रामक रोग है, **23 जनवरी, 2020** को **विश्व स्वास्थ्य संगठन** (WHO) ने कोरोना के प्रकोप को अन्तर्राष्ट्रीय चिन्ता का एक सार्वजनिक स्वास्थ्य आपातकाल घोषित करने का फैसला किया।
- इसकी रोकथाम के लिए वैक्सीनों के टीके कोविशील्ड, कोवैक्सीन, स्पुतनिक-V, मार्डना आदि का निर्माण किया गया।

एग्जाम पैटर्न प्रश्न

1. भोजन के सभी तत्वों को सन्तुलित मात्रा में प्रतिदिन लेने को कहते हैं
(a) पोषण (b) स्वास्थ्य आहार
(c) जंक खाना (d) सन्तुलित आहार

2. निम्नलिखित में से कौन ऊर्जा उत्पादन हेतु कोशिकीय ईंधन होता है?
(a) प्रोटीन (b) कार्बोहाइड्रेट
(c) विटामिन (d) दोनों (a) व (b)

3. हमारे शरीर के लिए सबसे अच्छा ऊर्जा का स्रोत है
(a) घी (b) दालें
(c) स्ट्रॉबेरी (d) चावल

4. निम्न में से कौन-से जोड़े में दोनों मोनोसैकेराइड्स हैं?
(a) ग्लूकोस, सुक्रोस (b) माल्टोस, लैक्टोस
(c) फ्रक्टोस, ग्लूकोस (d) ग्लूकोस, लैक्टोस

5. निम्न में से कौन सबसे मीठी शर्करा है?
(a) D-फ्रक्टोस (b) ग्लूकोस
(c) D-माल्टोस (d) सुक्रोस

6. जन्तुओं के शरीर में शर्करा किस अवस्था में संग्रहित होती है?
(a) मण्ड (b) ग्लाइकोजन
(c) ग्लूकोस (d) ग्लूकेगॉन

7. शहद में मुख्यतया निम्न में से कौन-सी शर्करा उपस्थित होती है?
(a) गैलेक्टोस (b) माल्टोस
(c) फ्रक्टोस (d) सुक्रोस

8. अंकुरित हो रहे बीजों में निम्न में से कौन-सी शर्करा उपस्थित होती है?
(a) गैलेक्टोस (b) माल्टोस
(c) सुक्रोस (d) फ्रक्टोस

9. निम्न में से कौन-से तत्व (C, H, O के अतिरिक्त) प्रोटीन में उपस्थित होते हैं?
(a) कैल्शियम एवं मॉलिब्डेनम
(b) सोडियम एवं पोटैशियम
(c) नाइट्रोजन एवं सल्फर
(d) कैल्शियम एवं फॉस्फोरस

10. आवश्यक अमीनो अम्ल होते हैं
(a) जो शरीर में संश्लेषित होते हैं
(b) जो शरीर में संश्लेषित नहीं होते हैं
(c) जो केवल बच्चों के लिए आवश्यक होते हैं
(d) जिनसे प्रोटीन बनते हैं

11. वह बालक जो क्वाशिओरकोर से पीड़ित है, उसे निम्न में से क्या अधिक खाना चाहिए?
(a) चावल (b) हरी सब्जी
(c) दाल (d) सेब

12. वे मानव जो शरीर की माँसपेशियाँ बनाना चाहते हैं, उन्हें निम्न में से क्या अधिक खाना चाहिए?
(a) प्रोटीन
(b) वसा
(c) विटामिन
(d) खनिज तत्व

13. निम्न में से कौन-सा आहार का तत्व सबसे अधिक ऊर्जा का उत्पादन करता है?
(a) कार्बोहाइड्रेट्स
(b) वसा
(c) प्रोटीन
(d) खनिज

14. निम्न में से कौन-सा आहार स्वास्थ्य के लिए हानिकारक है?
(a) संतृप्त वसा अम्ल
(b) असंतृप्त वसा अम्ल
(c) खनिज लवण
(d) मेनोज शर्करा

15. असंतृप्त वसा अम्ल होते हैं
(a) सामान्य तापमान पर ठोस
(b) सामान्य तापमान पर द्रव्य
(c) सामान्य तापमान पर वोलेटाइल
(d) उपरोक्त में से कोई नहीं

16. विटामिन शब्द का उपयोग सर्वप्रथम किस वैज्ञानिक ने किया?
(a) फंक (b) ल्यूवेनहॉक
(c) सी. बेण्डा (d) अल्टमान

17. हमारे शरीर को विटामिन प्राप्त होते हैं
(a) फलों से (b) सब्जियों से
(c) सलाद से (d) इन सभी से

18. निम्न में से किस विटामिन की कमी से रतौंधी रोग हो जाता है?
(a) विटामिन-B (b) विटामिन-C
(c) विटामिन-D (d) विटामिन-A

19. विटामिन-B_1 की कमी से निम्न में से कौन-सा रोग हो जाता है?
(a) कीलोसिस (b) बेरी-बेरी
(c) पेलैग्रा (d) रक्ताल्पता

20. पेलैग्रा किसकी कमी के कारण होता है?
(a) थायमिन (b) एस्कॉर्बिक अम्ल
(c) नियासिन (d) कैल्सीफेरॉल

21. निम्न में से किस विटामिन की कमी से भूख में कमी, थकान, पेशियों की कमजोरी और मानसिक कमजोरी जैसे लक्षण पाए जाते हैं?
(a) विटामिन-K (b) विटामिन-C
(c) थायमीन (d) राइबोफ्लेविन

22. निम्न में से कौन सूर्य की किरणों की सहायता से विटामिन-D का संश्लेषण करता है?
(a) त्वचा (b) पित्ताशय
(c) यकृत (d) अग्न्याशय

23. एण्टीहीमोरेजिक विटामिन होता है
(a) विटामिन-A (b) विटामिन-B
(c) विटामिन-C (d) विटामिन-K

24. जल में घुलनशील विटामिन होते हैं
(a) विटामिन-A, B एवं C
(b) विटामिन-B एवं C
(c) विटामिन-C एवं D
(d) उपरोक्त में से कोई नहीं

25. निम्न में से कौन-सा विटामिन वसा में घुलनशील नहीं है?
(a) विटामिन -A
(b) विटामिन -B कॉम्प्लेक्स
(c) विटामिन -E
(d) विटामिन -D

26. किस विटामिन की अनुपस्थिति में कैल्शियम की कमी हो जाती है?
(a) विटामिन-D (b) विटामिन-A
(c) विटामिन-C (d) विटामिन-B

27. आयोडीन युक्त नमक खाना चाहिए, क्योंकि यह
(a) दृष्टि को ठीक करता है
(b) पाचन सुधारता है
(c) थाइरॉइड ग्रन्थि की कार्यिकी के लिए आवश्यक है
(d) उपरोक्त में से कोई नहीं

28. निम्न में से कौन अस्थियों के लिए आवश्यक तत्व है?
(a) कैल्शियम एवं सोडियम
(b) कैल्शियम एवं पोटैशियम
(c) लौह एवं फॉस्फोरस
(d) कैल्शियम एवं फॉस्फोरस

29. निम्न में से कौन-से जोड़े की बीमारियाँ जीवाणु जनित हैं?
(a) तपेदिक एवं हैजा
(b) हैजा एवं चेचक
(c) चेचक एवं डेंगू
(d) चेचक एवं काला-अजार

30. 'BCG' टीके में B का अर्थ है
(a) बैक्टीरिया (b) ब्राउन
(c) *बैसिलस* (d) बिग

31. डेंगू जो मच्छर के काटने से फैलता है, का रोगजनक है
(a) विषाणु (b) जीवाणु
(c) कवक (d) हेल्मिन्थ

32. निम्न में से कौन-सा जीवाणुजनित यौन संचारित रोग है?
(a) मम्प्स (b) सिफेलिस
(c) माइलेटिस (d) रेबीज

33. अफ्रीकी निद्रालु रोग निम्न में से किसके काटने से होता है?
(a) मादा *एनॉफिलीज* मच्छर
(b) सी-सी मक्खी
(c) सैण्ड मक्खी
(d) घरेलू मक्खी

34. निम्न में से किस वैज्ञानिक ने मलेरिया के रोगाणु को खोजा था?
(a) साल्क एवं सबीन (b) रोनाल्ड रॉस
(c) रॉबर्ट हुक (d) फंक

35. पोलियो की वैक्सीन की खोज किसने की?
(a) डॉ. साल्क (b) फ्लेमिंग
(c) जेनर (d) बोहर

36. हाथीपाँव बीमारी निम्न में से किसके द्वारा जनित है?
(a) जीवाणु (b) विषाणु
(c) प्रोटोजोआ (d) हेल्मिन्थ

37. जन्मजात रोग का उदाहरण है
(a) खसरा (b) प्लेग
(c) डिफ्थीरिया (d) रंजकहीनता

38. निम्न में से कौन-सा रोग उपार्जित रोग नहीं है?
(a) रतौंधी (b) डायबिटीज
(c) क्वाशिओरकोर (d) हीमोफीलिया

39. पीलिया एक रोग है
(a) उत्सर्जन तन्त्र का (b) त्वचा एवं नेत्रों का
(c) पाचन तन्त्र का (d) परिसंचरण तन्त्र का

40. रुधिर कैंसर है
(a) एनीमिया (b) पॉलीसाइथिमिया
(c) ल्यूकेमिया (d) इनमें से कोई नहीं

41. एलर्जी उत्पन्न होती है
(a) प्रतिजन-प्रतिरक्षी अभिक्रिया से
(b) ऊपरी श्वसन नाल के शोथ से
(c) किसी संवेदनशील प्रतिजन से
(d) पराग कणों से

42. निम्नलिखित में से कौन-सी बीमारी बैक्टीरिया द्वारा नहीं होती है?
(a) हैजा (b) इन्फ्लुएन्जा
(c) क्षयरोग (d) एन्थ्रेक्स

PYQs

43. एक्स-रे के बहुत अधिक सम्पर्क में आने में से हमें कौन-सा रोग हो सकता है?
क्लर्क (बहरामपुर, हमीरपुर) 01 नवम्बर 2020
(a) कैंसर
(b) HIV एड्स
(c) H1N1 फ्लू
(d) गोनोरिया

44. टायफॉइड का कारण क्या है?
क्लर्क (बहरामपुर, हमीरपुर) 01 नवम्बर 2020
(a) कवक
(b) विषाणु
(c) प्रोटोजोआ
(d) जीवाणु

45. एड्स निम्नलिखित में से किसके द्वारा नहीं फैलता है? **क्लर्क (बेंगलुरु) 23 फरवरी 2020**
(a) संक्रमित साझा सुई
(b) असुरक्षित यौन सम्बन्ध
(c) सार्वजनिक शौचालयों का उपयोग
(d) माँ अपने अजन्में बच्चे के लिए

उत्तरमाला

1. (d)	2. (b)	3. (d)	4. (c)	5. (c)	6. (b)	7. (c)	8. (b)	9. (c)	10. (b)
11. (c)	12. (a)	13. (b)	14. (a)	15. (b)	16. (a)	17. (d)	18. (d)	19. (b)	20. (c)
21. (c)	22. (a)	23. (d)	24. (b)	25. (b)	26. (a)	27. (c)	28. (d)	29. (a)	30. (c)
31. (a)	32. (b)	33. (b)	34. (b)	35. (a)	36. (d)	37. (d)	38. (d)	39. (c)	40. (c)
41. (c)	42. (b)	43. (a)	44. (d)	45. (c)					

गणित

अध्याय 01

संख्या पद्धति

संख्या

संख्याएँ गणित का मूल आधार है। दाशमिक प्रणाली में किसी संख्या को लिखने के लिए दस अंकों (0,1,2,3,4,5,6,7,8,9) का प्रयोग किया जाता है।

अंकों के स्थानीय एवं वास्तविक मान

किसी भी संख्या के अंकों के दो मान होते हैं

1. **वास्तविक मान या अंकित मान** (Face Value or Intrinsic Value) किसी अंक का वह मान, जो कभी भी नहीं बदलता है, उसे वास्तविक मान या शुद्ध मान या जातीय मान या अंकित मान कहते हैं।
   जैसे—234 में 2 का वास्तविक मान 2,3 का वास्तविक मान 3 तथा 4 का वास्तविक मान 4 है।
2. **स्थानीय मान** (Place Value or Local Value) किसी अंक का वह मान, जो उसके स्थान विशेष की स्थिति के अनुसार बदलता रहता है, उसे स्थानीय मान कहते हैं।
   जैसे—234 में 2 सैकड़े के स्थान पर है, अत: 2 का स्थानीय मान 200 होगा, 3 दहाई के स्थान पर है, अत: 3 का स्थानीय मान 30 होगा तथा 4 इकाई के स्थान पर है, अत: 4 का स्थानीय मान 4 ही होगा।

नोट अंकों के स्थानीय मानों का क्रम निम्न प्रकार होता हैं

दस करोड़	करोड़	दस लाख	लाख	दस हजार	हजार	सौ	दहाई	इकाई

इस क्रम को बाईं से दाईं ओर पढ़ा जाता है।

उदाहरण 1. संख्या 86754 में 7 का अंकित मान तथा 8 का स्थानीय मान ज्ञात कीजिए।

(a) 7,8000 (b) 7,800 (c) 7,80000 (d) 700,8

हल *(c)* 7 का अंकित मान = 7

8 का स्थानीय मान = $8 \times 10000 = 80000$

संख्याओं के प्रकार

संख्याएँ अनेक प्रकार की होती हैं, जो इस प्रकार हैं

1. **प्राकृतिक संख्याएँ** (Natural Numbers) गिनती में प्रयोग होने वाली संख्याएँ प्राकृतिक संख्याएँ कहलाती हैं।
   $N = \{1, 2, 3, 4, ...\}$
2. **पूर्ण संख्याएँ** (Whole Numbers) यदि प्राकृतिक संख्याओं के साथ शून्य को भी सम्मिलित कर लिया जाए, तो वे संख्याएँ पूर्ण संख्याएँ कहलाती हैं।
   $W = \{0, 1, 2, 3, ...\}$
3. **पूर्णांक संख्याएँ** (Integer Numbers) सभी पूर्ण संख्याएँ तथा प्राकृतिक संख्याओं की ऋणात्मक संख्याएँ, पूर्णांक संख्याएँ कहलाती हैं।
   $I = \{-3, -2, -1, 0, 1, 2, 3, ...\}$
   पूर्णांक दो प्रकार के होते हैं
   (i) **धन पूर्णांक** (Positive Integers) सभी प्राकृतिक संख्याएँ धन पूर्णांक कहलाती हैं।
   $I^+ = \{1, 2, 3, ...\}$
   (ii) **ऋण पूर्णांक** (Negative Integers) सभी प्राकृतिक संख्याओं की ऋणात्मक संख्याएँ ऋण पूर्णांक कहलाती हैं।
   $I^- = \{-1, -2, -3, ...\}$

नोट शून्य न तो धन पूर्णांक है और न ही ऋण पूर्णांक है।

4. **परिमेय संख्याएँ** (Rational Numbers) वे सभी संख्याएँ, जिन्हें $p/q, q \neq 0$ के रूप में निरूपित किया जा सके, परिमेय संख्याएँ कहलाती हैं।
   $$Q = \{p/q : p \text{ तथा } q \text{ पूर्णांक हैं और } q \neq 0\}$$
   जैसे— $3, -4, \frac{2}{3}, 0$ इत्यादि परिमेय संख्याएँ हैं।
5. **अपरिमेय संख्याएँ** (Irrational Numbers) वे सभी संख्याएँ, जिन्हें p/q के रूप में निरूपित नहीं किया जा सके, अपरिमेय संख्याएँ कहलाती हैं। जैसे—$\sqrt{3}, \sqrt{7}, \sqrt[3]{10}$ इत्यादि अपरिमेय संख्याएँ हैं। π एक अपरिमेय संख्या है, क्योंकि 22/7 तथा 3.14, π के लगभग बराबर है।
6. **वास्तविक संख्याएँ** (Real Numbers) परिमेय तथा अपरिमेय संख्याओं का समूह वास्तविक संख्याएँ कहलाती हैं।
   जैसे— $\sqrt{5}, \frac{7}{4}, \frac{1}{2}, \pi, -1$ आदि वास्तविक संख्याएँ हैं।
7. **सम संख्याएँ** (Even Numbers) 2 से पूर्णत: विभाजित होने वाली सभी प्राकृतिक संख्याएँ सम संख्याएँ कहलाती हैं।
   जैसे— 2, 4, 6, 8, ... सम संख्याएँ हैं।
8. **विषम संख्याएँ** (Odd Numbers) 2 से पूर्णत: विभाजित नहीं होने वाली सभी प्राकृतिक संख्याएँ विषम संख्याएँ कहलाती हैं।
   जैसे— 1, 3, 5, 7, ... विषम संख्याएँ हैं।
9. **अभाज्य (रूढ़) संख्याएँ** (Prime Numbers) वे सभी संख्याएँ जो 1 तथा स्वयं के अतिरिक्त किसी अन्य संख्या से पूर्णत: विभाजित न हो, अभाज्य संख्याएँ कहलाती हैं।
   जैसे- 2, 3, 5, 7, 11, ... सभी अभाज्य संख्याएँ हैं।

नोट 2 सबसे छोटी अभाज्य संख्या है।

10. **भाज्य संख्याएँ** (Composite Numbers) वे सभी संख्याएँ जो 1 और स्वयं के अतिरिक्त कम-से-कम एक अन्य संख्या से पूर्णत: विभाजित हो सकें, भाज्य संख्याएँ कहलाती हैं।
    जैसे— 4, 8, 9, 15, ... आदि भाज्य संख्याएँ हैं।

n-अंकीय बड़ी-से-बड़ी संख्याएँ (Greatest Numbers with n-digits)
बड़ी-से-बड़ी संख्याओं में n का जितना मान हो उतनी ही बार 9 अंक लिखा जाता है। जैसे—5 अंकीय बड़ी-से-बड़ी संख्या = 99999

n-अंकीय छोटी-से-छोटी संख्याएँ (Lowest Numbers with n-digits)
छोटी-से-छोटी संख्या में सर्वप्रथम 1 लिखकर $(n-1)$ बार शून्य लगाते हैं। जैसे—5 अंकीय छोटी-से-छोटी संख्या = 10000

उदाहरण 2. **तीन अंकों की सबसे बड़ी संख्या व सबसे छोटी संख्या के बीच अन्तर कितना होगा?**

(a) 990 (b) 985 (c) 100 (d) 899

हल *(d)* तीन अंकों की सबसे बड़ी संख्या = 999

तीन अंकों की सबसे छोटी संख्या = 100

∴ अभीष्ट अन्तर = 999 – 100 = 899

भाज्यता की जाँच

संख्या	विभाज्यता की स्थिति
2 से	दी गई संख्या के इकाई के स्थान पर शून्य या सम संख्या होनी चाहिए। जैसे– 12, 540 आदि।
3 से	दी गई संख्या के अंकों का योग 3 से विभाजित होना चाहिए। जैसे– 465 (यहाँ अंकों का योग = 4 + 6 + 5 = 15) आदि।
4 से	दी गई संख्या के इकाई और दहाई के अंकों से बनी संख्या 4 से विभाजित होनी चाहिए। जैसे- 1536, जिसके अन्तिम दो अंकों से बनी संख्या 36, 4 से विभाज्य है।
5 से	दी गई संख्या के इकाई के स्थान पर शून्य या 5 होना चाहिए। जैसे– 50, 155 आदि।
6 से	दी गई संख्या 2 तथा 3 से पूर्णतः विभाजित होनी चाहिए। जैसे– 36912, 2 तथा 3 दोनों से विभाजित है, क्योंकि इसका इकाई का अंक 2 तथा इसके अंकों का योग 21 है। अतः यह संख्या 6 से भी विभाजित होगी।
8 से	दी गई संख्या के अन्तिम तीन अंकों से बनी संख्या 8 से विभाज्य होनी चाहिए। जैसे– 257192, 8 से विभाजित है क्योंकि इसके अन्तिम तीन अंकों से बनी संख्या 192, 8 से विभाजित है।
9 से	दी गई संख्या के अंकों का योग 9 से विभाजित होना चाहिए। जैसे–29034, 9 से विभाजित है क्योंकि इसके अंकों का योग 2 + 9 + 0 + 3 + 4 = 18, 9 से विभाजित है।
11 से	दी गई संख्या के इकाई अंक के बाईं ओर चलने पर विषम स्थानों के अंकों का योग तथा सम स्थानों के अंकों के योग, का अन्तर या तो शून्य या 11 से विभाजित होना चाहिए। जैसे– 7127362 में, सम स्थानों के अंकों का योग = 6 + 7 + 1 = 14 तथा विषम स्थानों के अंकों का योगफल = 2 + 3 + 2 + 7 = 14 ∴ अन्तर = 14 – 14 = 0 अतः संख्या 7127362, 11 से पूर्णतः विभाजित होगी।

उदाहरण 3. **यदि 5432 * 7, 9 से विभाज्य हो, तो * के स्थान पर जो अंक होगा, वह क्या है?**

(a) 0 (b) 1
(c) 6 (d) 9

हल *(c)* 5432 * 7, 9 से पूर्णतः विभाज्य है। अतः संख्या के अंकों का योग 9 से विभाजित होगा। अतः संख्या के अंकों का योग

= 5 + 4 + 3 + 2 + * + 7 = 21 + *

यदि * = 6, तब अंकों के योग से प्राप्त संख्या 9 से विभाजित होगी।

भाज्यता का नियम

भाज्य = (भाजक × भागफल) + शेषफल

1. **भाज्य** (Dividend) वह संख्या जिसमें किसी संख्या से भाग दिया जाता है, भाज्य कहलाती है।
2. **भाजक** (Divisor) संख्या का वह मान जिससे किसी संख्या में भाग दिया जाता है, भाजक कहलाता है।
3. **भागफल** (Quotient) संख्या का वह मान जो भाज्य में भाजक द्वारा भाग देने पर उत्तर के रूप में प्राप्त होता है, भागफल कहलाता है।
4. **शेषफल** (Remainder) संख्या से बचा हुआ वह मान जो भाज्य में भाजक द्वारा भाग देने पर शेष रह जाता है, शेषफल कहलाता है।

उदाहरण 4. **भाजक, भागफल का 3 गुना तथा शेषफल का 6 गुना है। यदि शेषफल 2 हो, तो उसमें भाज्य कितना होगा?**

(a) 50 (b) 48 (c) 36 (d) 28

हल *(a)* प्रश्नानुसार, शेषफल = 2

भाजक = 6 × शेषफल = 6 × 2 = 12

तथा भाजक = 3 × भागफल

∴ भागफल $= \frac{\text{भाजक}}{3} = \frac{12}{3} = 4$

∴ भाज्य = भाजक × भागफल + शेषफल

= (12 × 4) + 2 = 48 + 2 = 50

महत्त्वपूर्ण सूत्र

पूर्ण संख्याओं पर आधारित गणना के लिए कुछ सूत्र निम्न हैं

- प्रथम n विषम प्राकृतिक संख्याओं का योग $= n^2$
- प्रथम n प्राकृतिक संख्याओं का योग $= \frac{n(n+1)}{2}$
- प्रथम n सम प्राकृतिक संख्याओं का योग $= n(n+1)$
- प्रथम n प्राकृतिक संख्याओं के वर्गों का योग $= \frac{n(n+1)(2n+1)}{6}$
- प्रथम n प्राकृतिक संख्याओं के घनों का योग $= \left\{\frac{n(n+1)}{2}\right\}^2$

उदाहरण 5. **संख्या 1 से 40 तक की विषम संख्याओं का योग क्या होगा?**

(a) 340 (b) 360 (c) 380 (d) 400

हल *(d)* ∵ संख्या 1 से 40 तक कुल 20 विषम संख्याएँ होती हैं।

(∵ प्रथम n विषम प्राकृतिक संख्याओं का योग $= n^2$)

∴ अभीष्ट योग $= (20)^2 = 400$

उदाहरण 6. **प्रथम 25 प्राकृतिक संख्याओं का योग है**

(a) 305 (b) 310 (c) 325 (d) 300

हल *(c)* प्रथम n प्राकृतिक संख्याओं का योग $= \frac{n(n+1)}{2}$

यहाँ, $n = 25$

∴ अभीष्ट योग $= \frac{25 \times 26}{2} = 25 \times 13 = 325$

घातीय रूप की संख्या में इकाई का अंक ज्ञात करना

1. यदि संख्या का इकाई का अंक 0, 1, 5, 6 हो, तो उसके इकाई का अंक अपरिवर्तित रहता है।
   जैसे– $(256)^{1151}$ का इकाई का अंक = 6

2. यदि संख्या का इकाई अंक 2, 3, 4, 7, 8 और 9 हो, तब इकाई अंक ज्ञात करने के लिए घात को '4' से विभाजित करते हैं, फिर प्राप्त शेषफल को इकाई अंक की घात बनाते हैं। इस प्रकार प्राप्त परिणाम का इकाई अंक अभीष्ट इकाई अंक होता है।

उदाहरण 7. $(572)^{443}$ में इकाई का अंक ज्ञात कीजिए।

(a) 6 (b) 2 (c) 8 (d) 4

हल *(c)* $(572)^{443}$ में इकाई का अंक

$= (2)^{443}$ में इकाई का अंक [इकाई अंक लेने पर]

$= (2)^{4 \times 110 + 3}$ में इकाई का अंक

[घात को 4 से भाग देने पर प्राप्त शेषफल को घात बनाने पर]

$= 2^3$ में इकाई अंक $= 8$

संख्याओं के गुणनफल में इकाई अंक ज्ञात करना

दो या दो से अधिक संख्याओं के गुणन का इकाई अंक ज्ञात करने लिए, सभी संख्याओं के इकाई अंकों का गुणन किया जाता हैं तथा उस गुणन से प्राप्त गुणनफल का इकाई अंक ही अभीष्ट इकाई अंक होता है।

उदाहरण 8. $729 \times 63 \times 2$ का इकाई अंक ज्ञात कीजिए।

(a) 4 (b) 6 (c) 7 (d) 2

हल *(a)* 729 का इकाई अंक $= 9$

63 का इकाई अंक $= 3$

2 का इकाई अंक $= 2$

$\therefore$ इकाई अंकों का गुणनफल $= 9 \times 3 \times 2 = 54$

अत: अभीष्ट इकाई अंक $= 4$

संख्या शृंखला

इसके अन्तर्गत पूछे जाने वाले प्रश्नों में संख्याओं की एक शृंखला दी गई होती है। यह शृंखला संख्याओं के मध्य जोड़, घटाव, गुणा, भाग, वर्ग, वर्गमूल, घन, घनमूल आदि के सम्बन्ध पर आधारित होती है। अभ्यर्थियों को शृंखला में आने वाली अगली संख्या या लुप्त संख्या ज्ञात करनी होती है।

उदाहरण 9. श्रेणी में लुप्त पद ज्ञात कीजिए।

40 42 46 52 60 ?

(a) 72 (b) 70 (c) 68 (d) 80

हल *(b)* श्रेणी का क्रम निम्नवत् है,

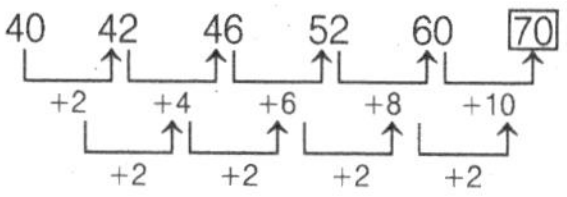

भिन्न

भिन्न एक ऐसी संख्या है, जिसे $\frac{p}{q}$ के रूप में व्यक्त किया जाता है। p को भिन्न का अंश और q को हर कहते हैं।

भिन्नों के प्रकार

भिन्नों के मुख्य प्रकार निम्नवत् हैं

1. **संक्षिप्त भिन्न** (Lowest Term Fraction) ऐसी भिन्न, जिसके अंश व हर परस्पर अभाज्य हों अर्थात् दोनों में 1 के अतिरिक्त कोई अन्य उभयनिष्ठ न हो, संक्षिप्त भिन्न कहलाती है। जैसे— $\frac{3}{7}, \frac{5}{13}$, आदि।

2. **उचित भिन्न** (Proper Fraction) यदि किसी भिन्न का अंश, हर से कम होता है, तो ऐसी भिन्न, उचित भिन्न कहलाती है।

   जैसे—$\frac{2}{7}$ में अंश 2, हर 7 से कम है। अत: $\frac{2}{7}$ एक उचित भिन्न है।

   दो उचित भिन्नों का गुणनफल गुणा की गई प्रत्येक भिन्न से कम होता है।

3. **अनुचित/विषम भिन्न** (Improper Fraction) यदि किसी भिन्न का अंश, हर से अधिक होता है, तो ऐसी भिन्न अनुचित भिन्न कहलाती है।

   जैसे— $\frac{13}{4}$ में अंश 13, हर 4 से अधिक है। अत: $\frac{13}{4}$ एक अनुचित भिन्न है।

4. **मिश्रित भिन्न** (Mixed Fraction) ऐसी भिन्न, जो पूर्णांक तथा एक भिन्न से मिलकर बनी होती हैं, मिश्रित भिन्न कहलाती है।

   जैसे— $3\frac{1}{4}$ एक मिश्रित भिन्न है।

   मिश्रित भिन्नों को अनुचित/विषम भिन्नों में तथा अनुचित भिन्नों को मिश्रित भिन्नों में परिवर्तित किया जा सकता है।

5. **व्युत्क्रम भिन्न** (Reciprocal Fraction) किसी भिन्न के अंश तथा हर को परस्पर बदलने से प्राप्त भिन्न, उस भिन्न की व्युत्क्रम भिन्न कहलाती है।

   जैसे— $\frac{5}{7}$ की व्युत्क्रम भिन्न $\frac{7}{5}$ है।

6. **सतत् भिन्न** (Continuous Fraction) निम्न रूप से लिखी जाने वाली भिन्न सतत् भिन्न कहलाती है।

   जैसे— $3 + \cfrac{2}{4 + \cfrac{1}{1 + \cfrac{5}{6}}}$

   इस प्रकार की भिन्न (सतत् भिन्न)को सरल करने के लिए नीचे से सरल करना प्रारम्भ करते हैं।

दशमलव भिन्न

जिस भिन्न का हर 10 या 10 की घात के रूप में होता है, उसे दशमलव भिन्न कहते हैं। जैसे— $\frac{2}{10}, \frac{3}{10}, \frac{11}{10}$, आदि या 0.2, 0.3, 1.1, आदि।

दशमलव भिन्नों के प्रकार

दशमलव भिन्नों के मुख्य प्रकार निम्न हैं

1. **पुनरावृत्त दशमलव** (Recurring Decimal Fraction) वह दशमलव भिन्न, जिसमें दशमलव के बाद एक से अधिक बार अंकों की पुनरावृत्ति हो अर्थात् एक ही अंक बार-बार आए, पुनरावृत्त दशमलव भिन्न कहलाती है। ऐसी दशमलव संख्याओं (या भिन्नों) को प्रदर्शित करने के लिए पुनरावृत्त अंकों पर रेखा खींचते हैं।

   जैसे— $\frac{2}{3} = 0.6666\ldots = 0.\overline{6}$ तथा $\frac{22}{7} = 3.\overline{142857}$

2. **शुद्ध पुनरावृत्त दशमलव भिन्न** (Pure Recurring Decimal Fraction) वह दशमलव भिन्न, जिनमें दशमलव के बाद के सभी अंकों की पुनरावृत्ति होती है, शुद्ध पुनरावृत्त दशमलव भिन्न कहलाती है।

   जैसे— $0.786786786\ldots = 0.\overline{786}$

   तथा $0.575757\ldots = 0.\overline{57}$, आदि।

   ऐसी भिन्नों को साधारण भिन्न में परिवर्तित करने के लिए दशमलव भिन्न के अंश को बिना दशमलव के अंश में लिखा जाता है तथा हर में उतनी ही बार 9 लिखा जाता है, जितने अंकों की पुनरावृत्ति होती है।

उदाहरण 10. $0.\bar{3}+0.\bar{6}+0.\bar{7}+0.\bar{8}$ **का साधारण (भिन्न में) मान है**

(a) $2\frac{3}{10}$ (b) $2\frac{2}{3}$ (c) $2.\overline{35}$ (d) $5\frac{3}{10}$

हल *(b)* $\therefore 0.\bar{3}+0.\bar{6}+0.\bar{7}+0.\bar{8}=\frac{3}{9}+\frac{6}{9}+\frac{7}{9}+\frac{8}{9}$

$$=\frac{3+6+7+8}{9}=\frac{24}{9}=\frac{8}{3}=2\frac{2}{3}$$

3. **मिश्रित पुनरावृत्त दशमलव भिन्न** वह दशमलव भिन्न, जिनमें दशमलव के बाद के सभी अंकों की पुनरावृत्ति नहीं होती है अर्थात् कुछ अंकों की होती है तथा कुछ अंकों की नहीं होती है, मिश्रित पुनरावृत्त दशमलव भिन्न कहलाती है।

जैसे– $0.179999... = 0.1\overline{79}$ तथा $0.6393939.. = 0.6\overline{39}$ आदि।

ऐसी भिन्नों को साधारण भिन्न में परिवर्तित करने के लिए दशमलव के बाद के सभी अंकों की संख्या में से अपुनरावृत्त भाग को घटाकर अंश के रूप में लिख लेते हैं तथा हर में जितने अंकों की पुनरावृत्ति हो रही है, उतनी ही बार 9 लेकर उसके बाद उतने ही शून्य लगाते हैं, जितने अपुनरावृत्त अंक हैं।

उदाहरण 11. $0.12\overline{36}$ **का साधारण (भिन्न में) मान होगा**

(a) $\frac{101}{825}$ (b) $\frac{102}{825}$ (c) $\frac{103}{825}$ (d) $\frac{104}{825}$

हल *(b)* $\therefore\ 0.12\overline{36}=\frac{1236-12}{9900}=\frac{1224}{9900}=\frac{102}{825}$

भिन्नों की तुलना

दी गई दो या दो से अधिक भिन्नों की तुलना करने की विभिन्न विधियाँ निम्न प्रकार हैं

1. **भिन्नों को दशमलव रूप में परिवर्तित करके** यदि दो या दो से अधिक भिन्नों की तुलना करनी हो, तो उन्हें दशमलव रूप में परिवर्तित करके उनकी तुलना की जा सकती है।

उदाहरण 12. **निम्न में से कौन-सी भिन्न $\frac{2}{3}$ से छोटी नहीं है?**

(a) $\frac{7}{12}$ (b) $\frac{11}{18}$ (c) $\frac{9}{15}$ (d) $\frac{17}{24}$

हल *(d)* $\because\ \frac{2}{3}=0.6666...$

विकल्प (a) से, $\frac{7}{12}=0.5833,$

विकल्प (b) से, $\frac{11}{18}=0.6111,$

विकल्प (c) से, $\frac{9}{15}=0.6000,$

विकल्प (d) से, $\frac{17}{24}=0.7083$

उपरोक्त से स्पष्ट है कि भिन्न $\frac{17}{24}, \frac{2}{3}$ से छोटी नहीं है।

2. **भिन्नों के हर समान करके** यदि दी गई भिन्नों के हर असमान हैं, तो सभी भिन्नों के हरों का ल.स. ज्ञात करके उनके हर समान कर लिए जाते हैं। फिर उनके अंशों की तुलना की जाती है। तब, बड़े अंश वाली भिन्न सबसे बड़ी होती है तथा छोटे अंश वाली भिन्न सबसे छोटी होती है।

उदाहरण 13. **निम्नलिखित में से कौन-सा समूह आरोही क्रम में हैं?**

(a) $\frac{5}{7},\frac{9}{11},\frac{7}{8}$ (b) $\frac{5}{7},\frac{7}{8},\frac{9}{11}$ (c) $\frac{7}{8},\frac{5}{7},\frac{9}{11}$ (d) $\frac{9}{11},\frac{7}{8},\frac{5}{7}$

हल *(a)* भिन्नों के समूह $\frac{5}{7},\frac{9}{11},\frac{7}{8}$ में,

भिन्नों के हरों 7, 11, 8 का ल. स. = 616

$\therefore$ $\frac{5}{7}=\frac{5}{7}\times\frac{88}{88}=\frac{440}{616}$

$\frac{9}{11}=\frac{9}{11}\times\frac{56}{56}=\frac{504}{616}$

$\frac{7}{8}=\frac{7}{8}\times\frac{77}{77}=\frac{539}{616}$

$\therefore$ आरोही क्रम $\frac{440}{616}<\frac{504}{616}<\frac{539}{616}$

अर्थात् $\frac{5}{7}<\frac{9}{11}<\frac{7}{8}$

भिन्नों की संक्रियाएँ

अन्य संख्याओं के समान ही भिन्नों की भी गणितीय संक्रियाएँ अर्थात् जोड़, घटाव, गुणा तथा भाग इत्यादि होती है।

1. भिन्नों को जोड़ते तथा घटाते समय उनके हरों को समान करते हैं और फिर अंश को जोड़ते या घटाते हैं।
2. भिन्नों की गुणा करते समय अंश की अंश से तथा हर की हर से गुणा होती है अर्थात्

$$\frac{a}{b}\times\frac{c}{d}=\frac{a\times c}{b\times d}$$

3. भिन्नों का भाग करते समय भाजक के स्थान की भिन्न के अंश और हर को आपस में बदलकर भाज्य से गुणा करते हैं अर्थात्

$$\frac{a}{b}\div\frac{c}{d}=\frac{a}{b}\times\frac{d}{c}=\frac{ad}{bc}$$

उदाहरण 14. $3\frac{1}{2}+4\frac{2}{3}$ **का मान क्या होगा?**

(a) $5\frac{7}{12}$ (b) $5\frac{3}{5}$ (c) $8\frac{1}{6}$ (d) $3\frac{13}{5}$

हल *(c)* $3\frac{1}{2}+4\frac{2}{3}=(3+4)+\left(\frac{1}{2}+\frac{2}{3}\right)=7+\frac{\frac{1}{2}\times6+\frac{2}{3}\times6}{6}$

$$=7+\left(\frac{1}{2}\times\frac{3}{3}+\frac{2}{3}\times\frac{2}{2}\right)=7+\left(\frac{3}{6}+\frac{4}{6}\right)$$

$$=7+\frac{7}{6}=7+1\frac{1}{6}=8\frac{1}{6}$$

भिन्नों पर आधारित इबारती प्रश्न

उदाहरण 15. **एक भिन्न का हर, अंश से 1 अधिक है। यदि अंश व हर दोनों में से 1 घटा दिया जाए, तो भिन्न 0.5 के बराबर हो जाती है। भिन्न है**

(a) $\frac{3}{4}$ (b) $\frac{4}{5}$ (c) $\frac{7}{8}$ (d) $\frac{2}{3}$

हल *(d)* माना भिन्न का अंश $= x$ तथा भिन्न का हर $= x+1$

$\therefore$ भिन्न $=\frac{\text{अंश}}{\text{हर}}=\frac{x}{x+1}$

प्रश्नानुसार, $\frac{x-1}{x+1-1}=0.5$

$\Rightarrow$ $\frac{x-1}{x}=\frac{1}{2}\ \Rightarrow\ 2x-2=x\ \Rightarrow\ x=2$

अतः भिन्न $=\frac{x}{x+1}=\frac{2}{3}$

एग्जाम पैटर्न प्रश्न

1. संख्या 5398714 में 9 के स्थानीय तथा वास्तविक मान के अन्तर का संख्यांक है

(a) 89994 (b) 98714
(c) 90009 (d) 89991

2. संख्या 23408 में 4 का स्थानीय व वास्तविक मान क्या है?

(a) 4,400 (b) 400,4
(c) 4000,40 (d) 40,4000

3. संख्या 8421 में 4 व 2 के स्थानीय मान का अन्तर क्या होगा?

(a) 380 (b) 320
(c) 370 (d) 300

4. निम्न में से कौन-सी संख्या अपरिमेय है?

(a) $\frac{8}{3}$ (b) π
(c) $\frac{9}{7}$ (d) 3.14

5. 40 से 80 के बीच सभी अभाज्य संख्याओं का योग कितना है?

(a) 594 (b) 572
(c) 722 (d) 635

6. निम्न में से कौन-सी संख्या परिमेय है?

(a) $\sqrt{4}$ (b) $\sqrt{5}$
(c) $2+\sqrt{3}$ (d) $6\sqrt{7}$

7. निम्नलिखित में से कौन-सा कथन सही है?

(a) दो अभाज्य संख्याओं का योगफल सदैव अभाज्य संख्या होता है।
(b) सबसे छोटी अभाज्य संख्या '1' है
(c) एक भाज्य संख्या विषम संख्या हो सकती है
(d) कोई सम संख्या अभाज्य संख्या नहीं है

8. यदि छः अंकों की बड़ी-से-बड़ी संख्या में से चार अंकों की सबसे छोटी संख्या को घटा दिया जाए, तो शेष क्या बचेगा?

(a) 999888 (b) 998888
(c) 998999 (d) 999000

9. तीन अंकों की सबसे बड़ी संख्या तथा दो अंकों की सबसे छोटी संख्याओं का योग क्या होगा?

(a) 1009 (b) 1010
(c) 1000 (d) 9990

10. भाजक, भागफल का 25 गुना है तथा शेषफल का 5 गुना है, यदि भागफल 16 हो, तो भाज्य है

(a) 6400 (b) 6480
(c) 400 (d) 480

11. वह सबसे छोटी संख्या ज्ञात कीजिए, जिसे 6709 में जोड़ने पर योगफल 9 से विभाजित हो जाए।

(a) 5 (b) 4 (c) 7 (d) 2

12. यदि * एक ऐसा अंक है, जिसके कारण 5824* को 11 से विभाजित किया जा सकता है, तो * कौन-सा अंक है?

(a) 2 (b) 3
(c) 5 (d) 6

13. प्रथम 20 विषम प्राकृतिक संख्याओं का योग क्या होगा?

(a) 210 (b) 300
(c) 400 (d) 420

14. (101 + 102 + 103 + ... + 200) का योग क्या होगा?

(a) 15000 (b) 15025
(c) 15050 (d) 25000

15. यदि $1^3 + 2^3 + 3^3 + ... + 10^3 = 3025$ हो, तो $2^3 + 4^3 + 6^3 + ... + 20^3$ का मान है

(a) 6050 (b) 9075
(c) 12100 (d) 24200

16. $631 \times 22 \times 34$ का इकाई अंक ज्ञात कीजिए।

(a) 7 (b) 8
(c) 6 (d) 1

17. $(264)^{102} + (264)^{103}$ में इकाई का अंक क्या होगा?

(a) 0 (b) 4
(c) 6 (d) 8

18. निम्नलिखित श्रृंखला में कौन-सी संख्या प्रश्न चिह्न (?) के स्थान पर आएगी?

52, 54, 57, 62, 69, ?

(a) 85 (b) 80
(c) 90 (d) 95

19. निम्नलिखित श्रृंखला में कौन-सी संख्या प्रश्न चिह्न (?) के स्थान पर आएगी?

6, 10, 26, 62, ?

(a) 126 (b) 216
(c) 92 (d) 112

20. निम्नलिखित प्रश्न में दिए गए विकल्पों में से लुप्त अंक ज्ञात कीजिए।

23, 28, 34, 41, 49, ?

(a) 59 (b) 57
(c) 58 (d) 55

21. निम्नलिखित प्रश्न में दिए गए विकल्पों में से लुप्त अंक ज्ञात कीजिए।

34, 69, 140, 283, ?, 1145

(a) 440 (b) 545 (c) 570 (d) 625

22. $\frac{3}{4} + \frac{8}{9}$ का मान क्या है?

(a) $\frac{57}{27}$ (b) $\frac{11}{13}$ (c) $\frac{59}{36}$ (d) $\frac{11}{9}$

23. $1\frac{1}{8} + 1\frac{6}{7} + 3\frac{3}{5}$ का मान होगा

(a) $8\frac{121}{140}$ (b) $6\frac{163}{280}$
(c) $7\frac{117}{140}$ (d) $9\frac{197}{280}$

24. $\frac{p}{q}$ के रूप में संख्या 0.121212... बराबर होगी

(a) $\frac{4}{11}$ (b) $\frac{2}{11}$
(c) $\frac{4}{33}$ (d) $\frac{2}{33}$

25. $3.\overline{76} - 1.4\overline{576}$ किसके बराबर है?

(a) $2.3\overline{100191}$ (b) $2.3\overline{101091}$
(c) $2.\overline{3110091}$ (d) $2.3\overline{110901}$

26. यदि किसी संख्या के 4 गुने में 21 जोड़ा जाए, तो परिणाम 57 आता है, तो संख्या है

(a) 7 (b) 8 (c) 10 (d) 9

27. भिन्नों $\frac{15}{16}, \frac{19}{20}, \frac{24}{25}, \frac{34}{35}$ में सबसे छोटी भिन्न है

(a) $\frac{34}{35}$ (b) $\frac{15}{16}$ (c) $\frac{19}{20}$ (d) $\frac{24}{25}$

28. $1 + \cfrac{1}{1 + \cfrac{1}{1 + \cfrac{1}{1 + \cfrac{1}{1 + \frac{2}{3}}}}}$ का मान कितना होगा?

(a) $\frac{21}{13}$ (b) $\frac{17}{3}$ (c) $\frac{34}{21}$ (d) $\frac{8}{5}$

29. यदि किसी खम्भे का $\frac{2}{5}$वाँ भाग कीचड़ में है, शेष का $\frac{1}{3}$वाँ भाग जल में एवं 6 मी जल के ऊपर है, तो खम्भे की लम्बाई है

(a) 20 मी (b) 25 मी
(c) 15 मी (d) 10 मी

30. किसी भिन्न के अंश तथा हर का योग 13 है। यदि अंश में एक जोड़ दिया जाए तथा हर में से 2 घटा दिया जाए, तो भिन्न $\frac{1}{2}$ बन जाती है। भिन्न का मान है
(a) $\frac{7}{12}$ (b) $\frac{3}{10}$ (c) 3 (d) $\frac{13}{50}$

31. एक लड़के से किसी धनराशि का $\frac{3}{8}$ मान ज्ञात करने के लिए कहा गया। उसने उस राशि को $\frac{3}{8}$ से गुणा करने के स्थान पर उसे $\frac{3}{8}$ से भाग कर दिया और इस प्रकार, जो उत्तर आया वह सही उत्तर से ₹55 अधिक था। सही उत्तर ज्ञात कीजिए।
(a) ₹9 (b) ₹24 (c) ₹64 (d) ₹1.320

32. एक किसान अपनी n गायों के झुण्ड को अपने चार बेटों में इस प्रकार वितरित करता है कि पहले बेटे को $\frac{1}{2}$ झुण्ड मिलता है, दूसरे को $\frac{1}{4}$, तीसरे को $\frac{1}{5}$ तथा चौथे को 7 गायें मिलती हैं। तद्नुसार, n का मान कितना है?
(a) 180 (b) 140 (c) 240 (d) 100

33. किसी भिन्न को उसी भिन्न से गुणा करने पर प्राप्त गुणनफल को उस भिन्न के व्युत्क्रम से भाग देने पर $18\frac{26}{27}$ प्राप्त होता है। वह भिन्न क्या है?
(a) $\frac{8}{27}$ (b) $1\frac{1}{3}$
(c) $2\frac{2}{3}$ (d) $1\frac{2}{3}$

PYQs

34. यदि 4 अंकों की संख्या $x27y,9$ से पूर्णत: विभाज्य है, तो $(x+y)$ का न्यूनतम मान ज्ञात कीजिए। **क्लर्क (हैदराबाद) 28 फरवरी 2021**
(a) 0 (b) 6
(c) 9 (d) 3

35. सबसे बड़ी दो अंकों की संख्या और सबसे छोटी दो अंकों की संख्या के बीच का अन्तर क्या है? **क्लर्क (लखनऊ) 2020**
(a) 10 (b) 0 (c) 45 (d) 89

36. 2 से विभाज्य एक संख्या, जिसे मैंने .... कहा है। **क्लर्क (हमीरपुर) 01 नवम्बर 2020**
(a) भाज्य संख्या (b) विषम संख्या
(c) अभाज्य संख्या (d) सम संख्या

37. दिए गए विकल्पों में से श्रृंखला को पूरा कीजिए: 4, 9, 16, 25, ...। **क्लर्क (बहरामपुर, बेंगलुरू) 01 नवम्बर 2020**
(a) 28 (b) 30
(c) 26 (d) 36

38. X चिह्न के स्थान पर क्या आना चाहिए? **क्लर्क (लखनऊ) 2020**
5, 6, 8, X, 20, 36
(a) 12 (b) 14
(c) 16 (d) 10

39. निम्नलिखित में से कौन-सी भिन्न इनमें से सबसे छोटी है? **क्लर्क (जबलपुर, दानापुर) 01 नवम्बर 2020**
2/5, 8/25, 7/15, 3/10
(a) 8/25 (b) 7/15
(c) 3/10 (d) 2/5

40. निम्नलिखित में से कौन-सी भिन्न इनमें से सबसे छोटी है? **क्लर्क (हमीरपुर) 01 नवम्बर 2020**
(a) 2/3
(b) 3/5
(c) 4/7
(d) 1/2

उत्तरमाला

1. (d)	2. (b)	3. (a)	4. (b)	5. (a)	6. (a)	7. (c)	8. (c)	9. (a)	10. (b)
11. (a)	12. (c)	13. (c)	14. (c)	15. (d)	16. (b)	17. (a)	18. (b)	19. (a)	20. (c)
21. (c)	22. (c)	23. (b)	24. (c)	25. (a)	26. (d)	27. (b)	28. (c)	29. (c)	30. (b)
31. (a)	32. (b)	33. (c)	34. (c)	35. (d)	36. (d)	37. (d)	38. (a)	39. (c)	40. (d)

संकेत एवं हल

1. (d) दी गई संख्या 5398714 में 9 का स्थानीय मान $= 90000$
तथा वास्तविक मान $= 9$
दोनों मानों में अन्तर का संख्यांक $= 90000 - 9 = 89991$

2. (b) 4 का स्थानीय मान $= 4 \times 100 = 400$
4 का वास्तविक मान $= 4$

3. (a) 4 का स्थानीय मान $= 400$
2 का स्थानीय मान $= 20$
अन्तर $= 400 - 20 = 380$

4. (b) π एक अपरिमेय संख्या है।

5. (a) 40 तथा 80 के बीच अभाज्य संख्याएँ 41, 43, 47, 53, 59, 61, 67, 71, 73 व 79 हैं।
$\therefore$ अभीष्ट योग $= 41 + 43 + 47 + 53 + 59 + 61 + 67 + 71 + 73 + 79 = 594$

6. (a) $\because \sqrt{4} = \sqrt{2 \times 2} = 2$
अत: $\sqrt{4}$ एक परिमेय संख्या है।

7. (c) माना दो अभाज्य संख्याएँ 5 व 7 हैं
$\therefore$ योग $= 5 + 7 = 12$ (भाज्य)
सबसे छोटी अभाज्य संख्या 1 नहीं बल्कि 2 होती हैं, जोकि एक सम संख्या है। अत: केवल विकल्प (c) में दिया गया कथन सही है क्योंकि एक भाज्य संख्या विषम संख्या हो सकती है (जैसे—15)।

8. (c) छ: अंकों की बड़ी-से-बड़ी संख्या $= 999999$
तथा चार अंकों की सबसे छोटी संख्या $= 1000$
$\therefore$ अभीष्ट अन्तर $= 999999 - 1000 = 998999$

9. (a) तीन अंकों की सबसे बड़ी संख्या $= 999$
दो अंकों की सबसे छोटी संख्या $= 10$
$\therefore$ अभीष्ट योगफल $= 999 + 10 = 1009$

10. (b) दिया है,
भागफल $= 16$
प्रश्नानुसार, भाजक $= 25 \times$ भागफल $= 25 \times 16 = 400$
तथा शेषफल $= \frac{1}{5} \times$ भाजक $= \frac{1}{5} \times 400 = 80$

हम जानते हैं कि,

भाज्य = (भाजक × भागफल) + शेषफल

$= 400 \times 16 + 80 = 6480$

11. (a) अंकों का योगफल

$= 6 + 7 + 0 + 9$

$= 22$

अत: 22 में 5 जोड़ने पर 27 होता है, जोकि 9 से विभाजित होता है।

12. (c) यहाँ $5 + 2 + * = 7 + *$,

$8 + 4 = 12$

अन्तर $= 12 - (7 + *) = 5 - *$

यदि * के स्थान पर 5 आए, तो अन्तर '0' होता है। अत: वह संख्या 58245, 11 से विभाजित हो जाएगी।

13. (c) प्रथम n विषम प्राकृतिक संख्याओं का योग

$= n^2$

प्रथम 20 विषम प्राकृतिक संख्याओं का योग

$= (20)^2 = 400$

14. (c) $(101 + 102 + 103 + \ldots + 200)$

$= (1 + 2 + \ldots + 100 + 101 + 102 + \ldots + 200) - (1 + 2 + 3 + \ldots + 100)$

$= \frac{200(200+1)}{2} - \frac{100(100+1)}{2}$

$= 100 \times 201 - 50 \times 101$

$= 20100 - 5050$

$= 15050$

15. (d) दिया है,

$1^3 + 2^3 + 3^3 + \ldots + 10^3 = 3025$

तब, $2^3 + 4^3 + 8^3 + \ldots + 20^3$

$= 2^3[1^3 + 2^3 + 3^3 + \ldots + 10^3]$

$= 2^3 \times 3025 = 24200$

16. (b) अभीष्ट इकाई अंक

$= 631 \times 22 \times 34$ का इकाई अंक

$= 1 \times 2 \times 4$ का इकाई अंक

$= 8$

17. (a) $[(264)^{102} + (264)^{103}]$

में इकाई का अंक

$= [4^{102} + 4^{103}]$ में इकाई का अंक

$= [4^{25\times4+2} + 4^{25\times4+3}]$ में इकाई अंक

$= [4^2 + 4^3]$ में इकाई का अंक

$= [16 + 64]$ में इकाई का अंक

$= [6 + 4]$ में इकाई का अंक

$= 10$ में इकाई का अंक $= 0$

18. (b) दी गई श्रृंखला निम्न प्रकार है,

52 54 57 62 69 [80]

+2 +3 +5 +7 +11

अभाज्य संख्याएँ

19. (a) दी गई श्रृंखला निम्न प्रकार है,

6 10 26 62 [126]

+4 +16 +36 +64

2^2 4^2 6^2 8^2

20. (c) दी गई श्रृंखला निम्न प्रकार है,

23 28 34 41 49 [58]

+5 +6 +7 +8 +9

21. (c) दी गई श्रृंखला निम्न प्रकार है,

34 69 140 283 [570] 1145

×2+1 ×2+2 ×2+3 ×2+4 ×2+5

22. (c) $\frac{3}{4} + \frac{8}{9}$

$\because$ 4, 9 का ल.स. = 36

$\therefore \frac{3}{4} \times \frac{9}{9} + \frac{8}{9} \times \frac{4}{4} = \frac{27}{36} + \frac{32}{36}$

$= \frac{27 + 32}{36} = \frac{59}{36}$

23. (b) $1\frac{1}{8} + 1\frac{6}{7} + 3\frac{3}{5} = \frac{9}{8} + \frac{13}{7} + \frac{18}{5}$

$= \frac{315 + 520 + 1008}{280}$

$= \frac{1843}{280}$

$= 6\frac{163}{280}$

24. (c) $0.121212\ldots = 0.\overline{12} = \frac{12}{99} = \frac{4}{33}$

25. (a) $3.\overline{76} - 1.4\overline{576}$

$= 3 + \frac{76}{99} - 1 - \frac{(4576 - 4)}{9990}$

$= 2 + \frac{76}{99} - \frac{4572}{9990}$

$= 2 + \frac{11356}{36630}$

$= 2 + 0.3\overline{100191}$

$= 2.3\overline{100191}$

26. (d) माना संख्या $= x$

$\therefore \quad 4x + 21 = 57$

या $\quad 4x = 57 - 21 = 36$

$x = \frac{36}{4} = 9$

27. (b) $\frac{15}{16} = 0.9375$, $\frac{19}{20} = 0.95$,

$\frac{24}{25} = 0.96$ तथा $\frac{34}{35} = 0.97$

अत: सबसे छोटी भिन्न $\frac{15}{16}$ है।

28. (c) $1 + \cfrac{1}{1 + \cfrac{1}{1 + \cfrac{1}{1 + \cfrac{1}{1 + \cfrac{2}{3}}}}}$

$= 1 + \cfrac{1}{1 + \cfrac{1}{1 + \cfrac{1}{1 + \cfrac{3}{5}}}}$

$= 1 + \cfrac{1}{1 + \cfrac{1}{1 + \cfrac{5}{8}}}$

$= 1 + \cfrac{1}{1 + \cfrac{8}{13}}$

$= 1 + \frac{13}{21} = \frac{34}{21}$

29. (c) माना खम्भे की लम्बाई $= x$ मी

प्रश्नानुसार, $\left(1 - \frac{2}{5}\right)\left(1 - \frac{1}{3}\right)x = 6$

$\Rightarrow \quad \frac{3}{5} \times \frac{2}{3} x = 6$

$\Rightarrow \quad x = \frac{6 \times 5}{2} = 15$ मी

30. (b) माना भिन्न का अंश $= x$

तब, भिन्न का हर $= (13 - x)$

$\because$ भिन्न $= \frac{x}{13 - x}$

प्रश्नानुसार,

$\frac{x + 1}{13 - x - 2} = \frac{1}{2}$

$\Rightarrow \quad 2(x + 1) = (11 - x)$

$\Rightarrow \quad 2x + 2 = 11 - x$

$\Rightarrow \quad 3x = 9$

$\Rightarrow \quad x = 3$

$\therefore$ भिन्न $= \frac{x}{13 - x} = \frac{3}{13 - 3} = \frac{3}{10}$

31. (a) माना धनराशि = ₹ x

तब प्रश्नानुसार,

$\frac{x}{\frac{3}{8}} - \frac{3}{8}x = 55$

$\Rightarrow \quad \frac{8x}{3} - \frac{3}{8}x = 55$

$\Rightarrow \quad \frac{(64 - 9)}{24}x = 55$

$\Rightarrow \quad x = 24$

अत: अभीष्ट मान $= \frac{3}{8} \times 24 =$ ₹ 9

32. (b) प्रश्नानुसार,

$\frac{n}{2} + \frac{n}{4} + \frac{n}{5} + 7 = n$

$\Rightarrow \quad \frac{10n + 5n + 4n}{20} + 7 = n$

$\Rightarrow \quad \frac{19n}{20} + 7 = n$

$\Rightarrow \quad n - \frac{19n}{20} = 7$

$\Rightarrow \quad \frac{20n - 19n}{20} = 7$

$\therefore \quad n = 7 \times 20 = 140$

33. (c) माना अभीष्ट भिन्न $= x$

तब, इस भिन्न की व्युत्क्रम भिन्न $= \frac{1}{x}$

प्रश्नानुसार, $\frac{x \times x}{\frac{1}{x}} = 18\frac{26}{27}$

$\Rightarrow \quad x \times x \times x = \frac{512}{27}$

$\Rightarrow \quad x^3 = \frac{512}{27}$

दोनों पक्षों का घनमूल लेने पर,

$x = \sqrt[3]{\frac{512}{27}} = \frac{8}{3} = 2\frac{2}{3}$

34. (c) हम जानते है, कि यदि किसी संख्या के अंकों का योग 9 से विभाज्य है, तो संख्या भी 9 से विभाज्य होगी।

$\therefore$ संख्या $x27y$ के अंकों का योग $= x + 2 + 7 + y = x + 9 + y$

$\therefore$ संख्या $x27y$, 9 से विभाज्य है।

$\therefore$ $x + y$ का न्यूनतम मान $= 9$

35. (d) दो अंकों की सबसे बड़ी संख्या $= 99$

दो अकों की सबसे छोटी संख्या $= 10$

$\therefore$ अभीष्ट अन्तर $= 99 - 10 = 89$

36. (d) 2 से विभाज्य संख्या 'सम' संख्या कहलाती है।

37. (d) दी गई शृंखला का क्रम निम्नवत् है,

4 9 16 25 [36]

$2^2 \quad 3^2 \quad 4^2 \quad 5^2 \quad 6^2$

+1 +1 +1 +1

38. (a) दी गई शृंखला का क्रम निम्नवत् है,

5 6 8 [12] 20 36

+1 +2 +4 +8 +16

×2 ×2 ×2 ×2

39. (c) $\frac{2}{5} = 0.4, \quad \frac{8}{25} = 0.32$

$\frac{7}{15} = 0.47, \quad \frac{3}{10} = 0.3$

अत: उपरोक्त से स्पष्ट है कि सबसे छोटी भिन्न $\frac{3}{10}$ है।

40. (d) $\frac{2}{3} = 0.67, \quad \frac{3}{5} = 0.6$

$\frac{4}{7} = 0.57, \quad \frac{1}{2} = 0.5$

अत: उपरोक्त से स्पष्ट है कि सबसे छोटी भिन्न $\frac{1}{2}$ है।

अध्याय 02

महत्तम समापवर्तक एवं लघुत्तम समापवर्त्य

अपवर्तक तथा अपवर्त्य

यदि संख्या a, संख्या b को पूर्णतया विभाजित कर दे, तो संख्या a को संख्या b का अपवर्तक कहते हैं तथा संख्या b को संख्या a का अपवर्त्य कहते हैं।

जैसे— 2 तथा 5 को 10 का अपवर्तक कहते हैं तथा 10 को 2 तथा 5 का अपवर्त्य कहते हैं।

महत्तम समापवर्तक

ऐसी बड़ी-से-बड़ी संख्या, जो दी गई दो या दो से अधिक संख्याओं को पूर्णतया विभाजित करें, उन संख्याओं का महत्तम समापवर्तक (म.स.) कहलाती हैं।

जैसे—15, 30, 45 के समापवर्तक 3, 5, 15 हैं, परन्तु 15, 30, 45 का महत्तम समापवर्तक 15 है।

महत्तम समापवर्तक ज्ञात करने की विधियाँ

महत्तम समापवर्तक ज्ञात करने की दो विधियाँ हैं

1. **गुणनखण्ड विधि** प्रत्येक दी गई संख्या को अभाज्य गुणनखण्डों के रूप में लिख लेते हैं तथा सभी संख्याओं में उभयनिष्ठ गुणनखण्डों का गुणनफल ही दी गई संख्याओं का अभीष्ट म.स. होता है।

उदाहरण 1. 24, 30, 42 का म.स. ज्ञात कीजिए।

(a) 6 (b) 7
(c) 8 (d) 9

हल (*a*) $\because$ $24 = 2 \times 2 \times 2 \times 3$

$30 = 2 \times 3 \times 5$

$42 = 2 \times 3 \times 7$

$\therefore$ 24, 30 तथा 42 का म.स. $= 2 \times 3 = 6$

2. **भाग विधि** दी गई दो संख्याओं में से बड़ी संख्या को छोटी संख्या से विभाजित किया जाता है तथा पुन: शेषफल द्वारा भाजक में भाग दिया जाता है। यह क्रिया तब तक दोहराई जाती है, जब तक शेषफल शून्य न प्राप्त हो जाए। अन्तिम भाजक ही दी गई दो संख्याओं का म.स. होता है।

दो से अधिक संख्याओं का म.स. निकालने में पहले दो संख्याओं का म.स. ज्ञात किया जाता है तथा इस म.स. का तीसरी संख्या के साथ म.स. निकालते हैं। यही म.स. तीनों संख्याओं का अभीष्ट म.स. होता है।

यह विधि निम्न उदाहरण द्वारा समझी जा सकती है

उदाहरण 2. 36, 54, 63 का म.स. ज्ञात कीजिए।

(a) 8 (b) 9 (c) 10 (d) 18

हल (*b*) सर्वप्रथम 36 तथा 54 का म.स. निकालते हैं।

```
36 ) 54 ( 1
     36
     18 ) 36 ( 2
          36
           ×
```

अत: 36 तथा 54 का म.स. = 18

अब, 18 तथा 63 का म.स. निकालते हैं।

```
18 ) 63 ( 3
     54
      9 ) 18 ( 2
          18
           ×
```

अत: 36, 54 तथा 63 का म.स. 9 है।

लघुत्तम समापवर्त्य

ऐसी छोटी-से-छोटी संख्या, जो दी गई दो या दो से अधिक संख्याओं में प्रत्येक से पूर्णतया विभाजित हो, उन संख्याओं का लघुत्तम समापवर्त्य (ल.स.) कहलाती हैं।

जैसे—3, 5 के समापवर्त्य 15, 30, 45, ... हैं, परन्तु 3, 5 का लघुत्तम समापवर्त्य 15 है।

लघुत्तम समापवर्त्य ज्ञात करने की विधियाँ

लघुत्तम समापवर्त्य ज्ञात करने की भी दो विधियाँ हैं

1. **गुणनखण्ड विधि** दी गई संख्याओं के अभाज्य गुणनखण्ड ज्ञात करते हैं। संख्याओं के अभाज्य गुणनखण्डों के सबसे बड़े घातांकों वाली संख्याओं का गुणनफल ही अभीष्ट ल.स. होता है।

उदाहरण 3. 40, 36 व 126 का ल.स. ज्ञात कीजिए।

(a) 2520 (b) 2620 (c) 2530 (d) 2430

हल (*a*) $40 = 2 \times 2 \times 2 \times 5 = 2^3 \times 5$

$36 = 2 \times 2 \times 3 \times 3 = 2^2 \times 3^2$

$126 = 2 \times 3 \times 3 \times 7 = 2 \times 3^2 \times 7$

$\therefore$ 40, 36 व 126 का ल.स. $= 2^3 \times 3^2 \times 5 \times 7$

$= 8 \times 9 \times 35 = 2520$

2. **भाग विधि** दी गई सभी संख्याओं को एक पंक्ति में रखकर छोटी-से-छोटी अभाज्य संख्याओं से भाग करते जाते है तथा जो संख्या विभाजित नहीं होती उसे ज्यों का त्यों लिखते हैं।
यह प्रक्रिया तब तक दोहराई जाती है, तब तक कि प्रत्येक संख्या के नीचे भागफल 1 प्राप्त न हो जाए। सभी प्राप्त अभाज्य भाजकों का गुणनफल ही अभीष्ट ल.स. होता है।

उदाहरण 4. 18, 24, 36 **का ल.स. ज्ञात कीजिए।**
(a) 360
(b) 45
(c) 72
(d) 108

हल *(c)*

2	18, 24, 36
2	9, 12, 18
2	9, 6, 9
3	9, 3, 9
3	3, 1, 3
	1, 1, 1

18, 24 व 36 का ल.स. $= 2 \times 2 \times 2 \times 3 \times 3 = 72$

उदाहरण 5. **चार घण्टियाँ 6, 8, 12 तथा 18 सेकण्ड के अन्तर पर बजती हैं। यदि वे 12 बजे एकसाथ बजती हैं, तो बताएँ कि वे पुनः कितने सेकण्ड के बाद एकसाथ बजेंगी?**
(a) 40 सेकण्ड
(b) 15 सेकण्ड
(c) 72 सेकण्ड
(d) 108 सेकण्ड

हल *(c)* 6, 8, 12 व 18 का ल.स. ज्ञात करने पर,

2	6, 8, 12, 18
2	3, 4, 6, 9
2	3, 2, 3, 9
3	3, 1, 3, 9
3	1, 1, 1, 3
	1, 1, 1, 1

$= 2 \times 2 \times 2 \times 3 \times 3 = 72$

अर्थात् घण्टियाँ 72 सेकण्ड बाद पुनः एक साथ बजेंगी।

महत्त्वपूर्ण सूत्र

- भिन्नों का ल.स. $= \dfrac{\text{अंशों का ल.स.}}{\text{हरों का म.स.}}$
- भिन्नों का म.स. $= \dfrac{\text{अंशों का म.स.}}{\text{हरों का ल.स.}}$
- पहली संख्या × दूसरी संख्या = ल.स. × म.स.
- दशमलव संख्याओं का म.स. तथा ल.स. निकालने के लिए सर्वप्रथम सभी दी गई संख्याओं को साधारण भिन्न के रूप में लिखते हैं। इसके बाद प्राप्त भिन्न का ल.स. अथवा म.स. अलग-अलग ज्ञात कर पुनः प्राप्त ल.स. अथवा म.स. को दशमलव संख्या में परिवर्तित कर लेते है।
- यदि किन्ही संख्याओं में कोई उभयनिष्ठ गुणनखण्ड न हो, तो उनका म.स. 1 तथा ल.स. उनका गुणनफल होता है।
- a, b और c को पूर्णतया विभाजित करने वाली सबसे बड़ी संख्या $= a, b$ और c का म.स.
- a, b और c द्वारा पूर्णतया विभाजित होने वाली सबसे छोटी संख्या $= a, b$ और c का ल.स.

एग्जाम पैटर्न प्रश्न

1. $2^3 \times 3^2 \times 5^4$ तथा $2^2 \times 3^2 \times 5 \times 7$ का म.स. होगा
(a) 180 (b) 360
(c) 540 (d) 35

2. 3556 तथा 3444 का म.स. होगा
(a) 25 (b) 28 (c) 3 (d) 26

3. 28 और 42 का ल.स. तथा म.स. किस अनुपात में है?
(a) 6 : 1 (b) 2 : 3
(c) 3 : 2 (d) 7 : 2

4. $\frac{5}{6}, \frac{10}{18}, \frac{25}{36}$ का म.स. है
(a) $\frac{5}{36}$ (b) $\frac{25}{6}$ (c) $\frac{25}{36}$ (d) $\frac{5}{18}$

5. $\frac{1}{2}, \frac{2}{3}, \frac{3}{4}, \frac{4}{5}$ का ल.स. है
(a) 42 (b) 24 (c) 12 (d) $\frac{4}{5}$

6. 14 तथा 16 के ल.स. तथा म.स. का गुणनफल है
(a) 2 (b) 12 (c) 224 (d) 112

7. $2^{-7}, 2^{-4}$ तथा 2^{-9} का ल.स. है
(a) 2^{-8} (b) 2^{-7}
(c) 2^{-9} (d) इनमें से कोई नहीं

8. 11, 11.11, 0.11, 0.011 का म.स. है
(a) 0.011 (b) 1.1 (c) 0.11 (d) 0.111

9. $\frac{2}{3}, \frac{3}{5}$ तथा $\frac{4}{7}$ का लघुत्तम समापवर्त्य है
(a) $\frac{1}{36}$ (b) 36 (c) $\frac{1}{12}$ (d) 12

10. दो संख्याओं का ल.स. 495 तथा म.स. 5 हैं। यदि उन संख्याओं का योग 100 हैं, तो उनका अन्तर हैं
(a) 10 (b) 46
(c) 70 (d) 90

11. दो संख्याओं का ल.स. 225 हैं तथा उनका म.स. 5 हैं। यदि एक संख्या 25 हो, तो दूसरी संख्या होगी
(a) 5 (b) 25 (c) 45 (d) 225

12. दो संख्याओं का अनुपात 15 : 11 है। यदि उनका महत्तम समापवर्तक 12 हो, तो वे संख्याएँ हैं
(a) 180, 132 (b) 132, 180
(c) 180, 232 (d) 180, 135

13. दो संख्याओं का म.स. 8 हैं। तब निम्नलिखित में से कौन-सी संख्या ऐसी है, जो उनका ल.स. नहीं हो सकती?
(a) 24 (b) 48 (c) 56 (d) 60

14. वह छोटी-से-छोटी संख्या, जिसे 12, 15, 20 या 54 से भाग करने पर प्रत्येक दशा में शेष 4 बचे, है
(a) 450 (b) 454 (c) 540 (d) 544

15. 23 का ऐसा सबसे छोटा गुणज जिसे 18, 21 और 24 से भाग देने पर क्रमश: 7, 10 और 13 शेष बचे, है

(a) 3013 (b) 3024
(c) 3002 (d) 3036

16. तीन लोहे की छड़ें 64 सेमी, 80 सेमी और 96 सेमी लम्बाइयों की हैं। किसी एक छड़ के द्वारा कम-से-कम कितनी लम्बाई का कपड़ा पूरा-पूरा नापा जा सकता है?

(a) 0.96 मी (b) 19.20 मी
(c) 9.60 मी (d) 96.00 मी

17. एक माली को पंक्तियों में बराबर संख्या में पौधे लगाने को कहा गया। उसने प्रत्येक पंक्ति में 6, 8, 10 और 12 पौधे लगाने की कोशिश की लेकिन प्रत्येक बार पाँच पौधे शेष रह गए। जब, उसने एक पंक्ति में 13 पौधे लगाए, तो कोई पौधा शेष नहीं बचा। पौधों की न्यूनतम संख्या होगी।

(a) 245 (b) 125
(c) 485 (d) 845

18. एक व्यापारी के पास तीन प्रकार के तेल तीन मात्राओं क्रमश: 435 लीटर, 493 लीटर और 551 लीटर में हैं। भरने के लिए एक ही माप के कम-से-कम कितने बर्तन चाहिए?

(a) 51
(b) 61
(c) 47
(d) 45

19. तीन विभिन्न चौराहों की बत्तियाँ क्रमश: 48 सेकण्ड, 72 सेकण्ड तथा 108 सेकण्ड के बाद बदलती रहती हैं। यदि वे 7 : 20 : 00 बजे एकसाथ बदलें, तो पुन: एकसाथ कितने बजे बदलेंगी?

(a) 7 : 27 : 12
(b) 8 : 28 : 12
(c) 7 : 25 : 32
(d) 7 : 26 : 12

20. कुछ अमरूद 16 या 40 या 70 लड़कों में इस प्रकार बाँटें कि प्रत्येक को बराबर-बराबर अमरूद मिले। यदि कोई अमरूद शेष न बचे, तो अमरूद की कम-से-कम संख्या क्या होनी चाहिए?

(a) 560
(b) 280
(c) 140
(d) उपरोक्त में से कोई नहीं

PYQs

21. दो संख्याओं का महत्तम समापवर्तक 11 और लघुत्तम समापवर्त्य 7700 हैं। यदि उनमें से एक 275 है, तो दूसरी .... है।

क्लर्क (हैदराबाद) 28 फरवरी 2021

(a) 308 (b) 318
(c) 283 (d) 279

22. 15, 30 और 45 का महत्तम समापवर्तक ज्ञात कीजिए।

क्लर्क (जबलपुर, दानापुर) 01 नवम्बर 2020

(a) 5 (b) 9
(c) 30 (d) 15

23. 18, 45 और 72 का महत्तम समापवर्तक ज्ञात कीजिए। **क्लर्क (बहरामपुर) 01 नवम्बर 2020**

(a) 3 (b) 6
(c) 9 (d) 8

24. दो संख्याएँ 3 : 4 के अनुपात में हैं, उनका लघुत्तम समापवर्त्य 84 है, दो संख्याओं में से सबसे बड़ी संख्या ज्ञात कीजिए।

क्लर्क (बेंगलुरू) 23 फरवरी 2020

(a) 84 (b) 24
(c) 21 (d) 28

उत्तरमाला

1. (a)	2. (b)	3. (a)	4. (a)	5. (c)	6. (c)	7. (d)	8. (a)	9. (d)	10. (a)
11. (c)	12. (a)	13. (d)	14. (d)	15. (a)	16. (c)	17. (d)	18. (a)	19. (a)	20. (a)
21. (a)	22. (d)	23. (c)	24. (d)						

संकेत एवं हल

1. (a) प्रथम संख्या $= 2^3 \times 3^2 \times 5^4$

द्वितीय संख्या $= 2^2 \times 3^2 \times 5 \times 7$

$\therefore$ अभीष्ट म.स. $= 2^2 \times 3^2 \times 5$

$= 2 \times 2 \times 3 \times 3 \times 5 = 180$

2. (b)

```
3444 ) 3556 ( 1
       3444
       112 ) 3444 ( 30
             336
              84 ) 112 ( 1
                   84
                   28 ) 84 ( 3
                        84
                        ×
```

$\therefore$ अभीष्ट म. स. = 28

3. (a) $\because 28 = 2 \times 2 \times 7$ व $42 = 2 \times 3 \times 7$

28 व 42 का म.स. $= 7 \times 2 = 14$

तथा 28 व 42 का ल.स. $= 7 \times 2 \times 2 \times 3 = 84$

$\therefore$ अभीष्ट अनुपात $= \frac{\text{ल.स.}}{\text{म.स.}} = \frac{84}{14} = \frac{6}{1} = 6:1$

4. (a) $\frac{5}{6}, \frac{10}{18}, \frac{25}{36}$ का म.स.

$= \frac{5, 10, 25 \text{ का म. स.}}{6, 18, 36 \text{ का ल. स.}} = \frac{5}{36}$

5. (c) $\frac{1}{2}, \frac{2}{3}, \frac{3}{4}, \frac{4}{5}$ का ल.स.

$= \frac{1, 2, 3, 4 \text{ का ल. स.}}{2, 3, 4, 5 \text{ का म. स.}}$

$= \frac{12}{1} = 12$

6. (c) पहली संख्या = 14 तथा दूसरी संख्या = 16

$\because$ म.स. × ल.स. = पहली संख्या × दूसरी संख्या

$\therefore$ म.स. × ल.स. $= 14 \times 16 = 224$

7. (d) $2^{-7}, 2^{-4}, 2^{-9}$ का ल.स.

$= \frac{1}{2^7, 2^4, 2^9 \text{ का म. स.}}$

$= \frac{1}{2^4} = 2^{-4}$

8. (a) 11, 11.11, 0.11, 0.011 का म.स.

$= \frac{11}{1}, \frac{1111}{100}, \frac{11}{100}, \frac{11}{1000}$ का म.स.

$= \frac{11, 1111, 11, 11, \text{ का म. स.}}{1, 100, 100, 1000, \text{ का ल. स.}}$

$= \frac{11}{1000} = 0.011$

9. (d) $\frac{2}{3}, \frac{3}{5}, \frac{4}{7}$ का ल.स.

$= \frac{2, 3, 4 \text{ का ल. स.}}{3, 5, 7 \text{ का म. स.}}$

$= \frac{12}{1}$

$= 12$

10. (a) माना संख्याएँ क्रमशः $5a$ और $5b$ हैं, तब

$5a + 5b = 100$

$a + b = 20$ ...(i)

$\because$ $5a \times 5b = 495 \times 5$

$a \times b = 99$ ...(ii)

समी (i) और (ii) से, $a = 11$ और $b = 9$

$\therefore$ अभीष्ट अन्तर $= 5 \times 11 - 5 \times 9$

$= 55 - 45 = 10$

11. (c) दूसरी संख्या $= \frac{\text{म.स.} \times \text{ल.स.}}{\text{पहली संख्या}}$

$= \frac{225 \times 5}{25} = 45$

12. (a) माना संख्याएँ $15x$ तथा $11x$ हैं।

तब, उनका म.स. $= x$ परन्तु $x = 12$

अत: वे संख्याएँ 15×12 तथा 11×12 हैं।

अत: संख्याएँ 180 तथा 132 हैं।

13. (d) दिए गए विकल्पों में से केवल 60, 8 से विभाज्य नहीं है अर्थात् जिन संख्याओं का म.स. 8 है उनका ल.स. 60 नहीं हो सकता है।

14. (d)

2	12, 15, 20, 54
2	6, 15, 10, 27
3	3, 15, 5, 27
9	1, 5, 5, 9
5	1, 5, 5, 1
	1, 1, 1, 1

12, 15, 20 और 54 का ल. स. $= 2 \times 2 \times 3 \times 9 \times 5$

$= 540$

$\therefore$ अभीष्ट संख्या $= 540 + 4 = 544$

15. (a) $18 - 7 = 21 - 10 = 24 - 13 = 11$

2	18, 21, 24
2	9, 21, 12
2	9, 21, 6
3	9, 21, 3
	3, 7, 1

18, 21 और 24 का ल. स.

$= 2 \times 2 \times 2 \times 3 \times 3 \times 7$

$= 504$

माना संख्या $= 504x - 11$

23 से विभाजित करने के लिए, $x = 6$ रखने पर,

$\therefore$ अभीष्ट संख्या $= 504 \times 6 - 11$

$= 3024 - 11 = 3013$

16. (c)

2	64, 80, 96
2	32, 40, 48
2	16, 20, 24
2	8, 10, 12
2	4, 5, 6
	2, 5, 3

अत: 64, 80 और 96 का ल. स.

$= 2 \times 2 \times 2 \times 2 \times 2 \times 2 \times 3 \times 5$

$= 64 \times 15 = 960$

अत: अभीष्ट कपड़े की नाप = 960 सेमी या 9.60 मी [$\because$ 1 सेमी = 1/100 मी]

17. (d)

2	6, 8, 10, 12
2	3, 4, 5, 6
2	3, 2, 5, 3
3	3, 1, 5, 3
5	1, 1, 5, 1
	1, 1, 1, 1

$\therefore$ 6, 8, 10 और 12 का ल. स.

$= 2 \times 2 \times 2 \times 3 \times 5 = 120$

$\therefore$ पौधों की न्यूनतम संख्या $= 120 \times k + 5$

k का वह न्यूनतम मान, जिससे प्राप्त संख्या 13 से पूर्णत विभाजित हों।

$\therefore$ $k = 7$ रखने पर

$= 120 \times 7 + 5$

$= 840 + 5 = 845$

18. (a) पहले 435 लीटर और 493 लीटर का म.स. ज्ञात करते हैं।

```
435 ) 493 ( 1
      435
      ----
       58 ) 435 ( 7
            406
            ----
             29 ) 58 ( 2
                  58
                  --
                  ×
```

अब, 29 लीटर और 551 लीटर का म.स. लेने पर,

```
29 ) 551 ( 19
     29
     ---
     261
     261
     ---
      ×
```

अत: 435 लीटर, 493 लीटर और 551 लीटर का म.स. = 29 लीटर

$\therefore$ अभीष्ट बर्तनों की संख्या

$= \frac{435}{29} + \frac{493}{29} + \frac{551}{29}$

$= 15 + 17 + 19 = 51$

19. (a) वह समय जिसके बाद बत्तियाँ पुन: इकट्ठी बदलेंगी

= 48, 72, 108 का ल.स.

= 432 सेकण्ड

= 7 मिनट 12 सेकण्ड

$\therefore$ पुन: इकट्ठा परिवर्तन होगा

= 7 : 20 : 00 + 7 : 12 बजे

= 7 : 27 : 12 बजे

20. (a) 16, 40, 70 का ल.स. निकालने पर,

2	16, 40, 70
2	8, 20, 35
2	4, 10, 35
2	2, 5, 35
5	1, 5, 35
7	1, 1, 7
	1, 1, 1

$= 2 \times 2 \times 2 \times 2 \times 5 \times 7 = 560$ अमरूद

अत: कम-से-कम अमरूदों की संख्या = 560

21. (a) हम जानते हैं, कि

पहली संख्या × दूसरी संख्या = म.स. × ल.स

275 × दूसरी संख्या = 11 × 7700

$\therefore$ दूसरी संख्या $= \frac{11 \times 7700}{275} = 308$

22. (d) $15 = \boxed{3} \times \boxed{5}$

$30 = 2 \times \boxed{3} \times \boxed{5}$

$45 = 3 \times \boxed{3} \times \boxed{5}$

$\therefore$ 15, 30 व 45 का म.स. $= 3 \times 5 = 15$

23. (c) $18 = 2 \times (3 \times 3)$

$45 = (3 \times 3) \times 5$

$72 = 2 \times 2 \times 2 \times (3 \times 3)$

$\therefore$ 18, 45 व 72 का म.स. $= 3 \times 3 = 9$

24. (d) माना दो संख्याएँ $3x$ व $4x$ हैं।

$3x$ व $4x$ का म.स. $= x$

$\therefore$ दोनों संख्याओं का गुणनफल = ल.स. × म.स.

$\Rightarrow$ $3x \times 4x = 84 \times x$

$\Rightarrow$ $12x^2 = 84x$

$\Rightarrow$ $12x = 84$

$\therefore$ $x = \frac{84}{12} = 7$

अत: सबसे बड़ी संख्या $= 4 \times 7 = 28$

अध्याय 03

वर्गमूल, घनमूल, घातांक एवं करणी

वर्ग

किसी संख्या (x) को उसी संख्या (x) से गुणा करने पर जो परिणाम (x^2) प्राप्त होता है, उसे उस संख्या का वर्ग कहते हैं। जैसे—संख्या 5 में 5 की गुणा करने पर अभीष्ट परिणाम $= 5 \times 5 = 5^2 = 25$; यहाँ 25, 5 का वर्ग है।

उदाहरण 1 **किसी विद्यालय में छात्रों की संख्या, छात्राओं की संख्या के वर्ग से आधी है। यदि छात्राओं की संख्या 26 हो, तो विद्यालय में कुल कितने बच्चे हैं?**

(a) 364 (b) 312 (c) 317 (d) 324

हल (*a*) दिया है, छात्राओं की संख्या = 26

$\therefore$ छात्रों की संख्या $= \frac{(26)^2}{2} = \frac{676}{2} = 338$

अतः कुल विद्यार्थी = छात्र + छात्राओं की संख्या
$= 338 + 26 = 364$

वर्गमूल

किसी संख्या का वर्गमूल वह संख्या होती है, जिसे स्वयं से ही गुणा करने पर दी गई संख्या प्राप्त होती है। इसे चिह्न $\sqrt{\ }$ से दर्शाते हैं।

जैसे— $\sqrt{25} = \sqrt{5 \times 5} = 5; \sqrt{16} = \sqrt{4 \times 4} = 4; \sqrt{196} = \sqrt{14 \times 14} = 14$

वर्गमूल ज्ञात करने की विधियाँ

किसी संख्या का वर्गमूल निम्नलिखित दो विधियों से ज्ञात किया जाता है

1. गुणनखण्ड विधि

सर्वप्रथम दी गई संख्या के अभाज्य गुणनखण्ड करते हैं। तत्पश्चात् प्रत्येक समान गुणनखण्ड के दो-दो के समूह बनाते हैं। प्रत्येक समूह या युग्म से एक-एक संख्या चुनकर उन सब की परस्पर गुणा कर देते हैं। प्राप्त गुणनफल ही अभीष्ट वर्गमूल होता है।

1764 का वर्गमूल गुणनखण्ड विधि से ज्ञात करना

सर्वप्रथम दी गई संख्या के अभाज्य गुणनखण्ड करने पर,

2	1764
2	882
3	441
3	147
7	49
7	7
	1

अभाज्य गुणनखण्ड $= 2 \times 2 \times 3 \times 3 \times 7 \times 7$

$= (\overline{2 \times 2}) \times (\overline{3 \times 3}) \times (\overline{7 \times 7})$ (जोड़े बनाने पर)

$= 2 \times 3 \times 7$ (एक-एक संख्या चुनने पर)

$= 42$

अतः $\sqrt{1764} = 42$

2. भाग विधि

माना संख्या $\sqrt{1764}$ है

चरण (i) इस विधि में सर्वप्रथम दी गई संख्या को एक ऊर्ध्वाधर रेखा खींचकर उसके दाईं ओर ज्यों का त्यों लिख देते हैं। उसके ऊपर भी एक रेखा खींचते हैं।

```
|1764
```

चरण (ii) इस संख्या के दाईं ओर से युग्म बनाते हैं यदि कोई संख्या बाईं ओर अकेली रहती है, तो उसे बिना जोड़ा बनाए लिखते हैं।

```
|17 64
```

चरण (iii) पहले जोड़े (या अकेली संख्या) के लिए एक ऐसी संख्या लेते है, जिसका वर्ग या तो उस जोड़े के बराबर हो या कम (यहाँ, 4 का वर्ग 16 है जो 17 से कम है।) ली गई संख्या को ऊर्ध्व रेखा के बाईं ओर तथा ऊपर की सीधी रेखा के ऊपर भागफल के रूप में दर्शाते हैं।

```
    4
 4 |17 64
   |16
```

चरण (iv) ली गई संख्या तथा भागफल के गुणनफल को जोड़े (युग्म) वाली संख्या से घटाते हैं और भागफल के बराबर संख्या भाजक में जोड़ लेते हैं। प्राप्त योगफल नए भाजक से शेषफल एवं ऊपर से उतारे गए जोड़े में भाग क्रिया उपरोक्त प्रकार करते हैं

```
     42
  4 |17 64
 +4 |16
 82 | 164
    | 164
    |   ×
```

उदाहरण 2 $\sqrt{15876}$ **का मान है**

(a) 136 (b) 126
(c) 106 (d) 116

हल (*b*)

```
      126
   1 |1 58 76
  +1 |1
  22 |  58
  +2 |  44
 246 |  1476
     |  1476
     |    ×
```

अतः $\sqrt{15876} = 126$

दशमलव संख्याओं का वर्गमूल ज्ञात करना

यदि किसी दशमलव संख्या (भिन्न) में दशमलव बिन्दु के बाद अंकों की संख्या विषम है तो उसके अन्त में एक शून्य और लगा देते हैं और अब दाईं ओर से दो-दो अंकों के जोड़े बनाकर भाग विधि से वर्गमूल ज्ञात कर लेते हैं।

उदाहरण 3 $\sqrt{0.9}$ **का मान है**

(a) 0.3 (b) 0.84
(c) 0.948 (d) 0.99

हल (*c*) दी गई संख्या में दशमलव के सम स्थान बनाने के लिए $0.9 = 0.90$ लिखेंगे।

	0.948
9	$0.\overline{90}\ \overline{00}\ \overline{00}$
+9	81
184	9 00
+4	7 36
1888	1 64 00
	1 51 04

दशमलव के तीन स्थानों तक $\sqrt{0.9}$ का मान 0.948 होगा।

घन

यदि किसी संख्या को स्वयं से दो बार गुणा कर दें, तो वह दी गई संख्या का घन कहलाएगी। इसे चिह्न $(\ )^3$ से दर्शाते हैं।

जैसे— दी गई संख्या = 4

दो बार गुणा करने पर, $4 \times (4 \times 4) = 64$

अत: 64, 4 का घन है।

उदाहरण 4 $(28)^3$ **का मान है**

(a) 21952
(b) 23792
(c) 20252
(d) 21752

हल (*a*) $(28)^3 = 28 \times 28 \times 28 = 21952$

घनमूल

किसी दी गई संख्या का घनमूल वह संख्या है जिसे स्वयं से दो बार गुणा करने पर दी गई संख्या प्राप्त होती है। इसे चिह्न $\sqrt[3]{\ }$ या $(\ )^{\frac{1}{3}}$ से दर्शाते हैं।

जैसे— 512 का घनमूल $= \sqrt[3]{512} = \sqrt{8 \times 8 \times 8} = 8$

घनमूल ज्ञात करने की विधि

किसी संख्या का घनमूल ज्ञात करने के लिए उस संख्या के अभाज्य गुणनखण्ड करते हैं और प्रत्येक समान अभाज्य संख्याओं के तीन-तीन के समूह बनाते हैं। इसके बाद प्रत्येक समूह से एक-एक संख्या लेकर उनका गुणनफल ज्ञात करते हैं। यही गुणनफल अभीष्ट घनमूल होता है।

जैसे— $\sqrt[3]{5832}$ का मान अभाज्य गुणनखण्ड विधि द्वारा ज्ञात करना।

2	5832
2	2916
2	1458
3	729
3	243
3	81
3	27
3	9
3	3
	1

$$\Rightarrow \sqrt[3]{5832} = \sqrt[3]{(2 \times 2 \times 2) \times (3 \times 3 \times 3) \times (3 \times 3 \times 3)}$$
$$= 2 \times 3 \times 3$$
$$= 18$$

उदाहरण 5 21600 को किस छोटी-से-छोटी संख्या से गुणा करें कि प्राप्त गुणनफल पूर्ण घन प्राप्त हो।

(a) 8 (b) 10 (c) 12 (d) 14

हल (*b*) सर्वप्रथम दी गई संख्या के अभाज्य गुणनखण्ड करने पर,

2	21600
2	10800
2	5400
2	2700
2	1350
3	675
3	225
3	75
5	25
5	5
	1

अभाज्य गुणनखण्ड $= 2 \times 2 \times 2 \times 2 \times 2 \times 3 \times 3 \times 3 \times 5 \times 5$
$= (2 \times 2 \times 2) \times 2 \times 2 \times (3 \times 3 \times 3) \times 5 \times 5$

स्पष्ट है कि यदि उपरोक्त में 2 तथा 5 की गुणा कर दी जाए, तो यह पूर्ण घन संख्या बन जाएगी।

अत: गुणा की जाने वाली न्यूनतम संख्या $= 2 \times 5 = 10$

उदाहरण 6 वह कौन-सी छोटी संख्या है, जिससे 3600 को भाग देने पर परिणाम पूर्ण घन प्राप्त हो?

(a) 450 (b) 216000 (c) 4 (d) 225

हल (*a*) $\because 3600 = 3 \times 3 \times \overline{2 \times 2 \times 2} \times 2 \times 5 \times 5$

अत: 3600 में $3 \times 3 \times 2 \times 5 \times 5$ अर्थात् 450 से भाग देने पर परिणाम पूर्ण घन होगा।

घातांक

यदि $a \times a \times a \times \ldots\ldots \times m$ बार को a^m लिखा जाए, तो इसे a की घात m पढ़ा जाता है। a को आधार तथा m को घातांक कहते हैं।

घातांक के नियम

माना a तथा b दो वास्तविक संख्याएँ हैं तथा m और n दो धनपूर्णांक हैं, तब

- $a^m \times a^n = a^{m+n}$
- $\dfrac{a^m}{a^n} = a^{m-n}$
- $(a^m)^n = a^{mn}$
- $a^{-m} = \dfrac{1}{a^m}$
- $(ab)^m = a^m b^m$
- $\left(\dfrac{a}{b}\right)^m = \dfrac{a^m}{b^m}$
- $a^0 = 1$

उदाहरण 7 $\left(\dfrac{1}{2}\right)^{\frac{-1}{2}}$ **बराबर है**

(a) $\dfrac{1}{\sqrt{2}}$ (b) $2\sqrt{2}$
(c) $-\sqrt{2}$ (d) $\sqrt{2}$

हल (*d*) $\left(\dfrac{1}{2}\right)^{\frac{-1}{2}} = \left(\dfrac{2}{1}\right)^{\frac{1}{2}} = \sqrt{2}$

करणी

यदि किसी करणी चिह्न वाली संख्या का निश्चित मान ज्ञात नहीं किया जा सकता हो, तो उस चिह्न को करणी कहते हैं।
जैसे—$\sqrt{3}$, $\sqrt[3]{4}$, $\sqrt[4]{6}$ आदि।

करणी के नियम

माना a एक परिमेय संख्या है तथा m और n दो धनपूर्णांक हैं, तब

- $(\sqrt[n]{a})^n = a$
- $\sqrt[m]{ab} = \sqrt[m]{a} \cdot \sqrt[m]{b}$
- $\sqrt[m]{\frac{a}{b}} = \frac{\sqrt[m]{a}}{\sqrt[m]{b}}$
- $(\sqrt[m]{a})^n = \sqrt[m]{a^n}$
- $\sqrt[m]{\sqrt[n]{a}} = \sqrt[mn]{a}$
- $\sqrt{a} + \sqrt{b}$ का परिमेयीकारी गुणक $= \sqrt{a} - \sqrt{b}$

उदाहरण 8 यदि $\frac{(x^3)^2 \times x^4}{x^{10}} = x^p$ हो, तो p का मान है

(a) 26 (b) 2 (c) 1 (d) 0

हल (d) $\frac{(x^3)^2 \times x^4}{x^{10}} = x^p \Rightarrow \frac{x^6 \times x^4}{x^{10}} = x^p$

$$x^{6+4} \times x^{-10} = x^p \Rightarrow x^{10} \times x^{-10} = x^p \Rightarrow x^0 = x^p$$

तुलना करने पर,

$$p = 0$$

एग्जाम पैटर्न प्रश्न

1. $\sqrt{110\frac{1}{4}}$ बराबर है
(a) 12.0 (b) 11.5
(c) 11.0 (d) 10.5

2. चार अंकों वाली सबसे छोटी पूर्ण वर्ग संख्या है
(a) 1009 (b) 1016
(c) 1024 (d) 1025

3. छः अंकों वाली सबसे बड़ी पूर्ण वर्ग संख्या है
(a) 998001 (b) 999976
(c) 999856 (d) 997649

4. यदि $\sqrt{2^x} = 256$ है, तो x का मान होगा
(a) 14 (b) 16
(c) 18 (d) 20

5. 15876 के वर्गमूल में इकाई का अंक क्या होगा?
(a) 8 (b) 6
(c) 4 (d) 2

6. 0.09 का वर्गमूल है
(a) 0.3
(b) 0.98
(c) 0.03
(d) उपरोक्त में से कोई नहीं

7. $\sqrt{\frac{0.49}{0.25}} + \sqrt{\frac{0.81}{0.36}}$ बराबर है
(a) $7\frac{9}{10}$ (b) $\frac{9}{10}$
(c) $2\frac{9}{10}$ (d) $4\frac{9}{10}$

8. $(272)^2 - (128)^2$ का वर्गमूल है
(a) 256 (b) 200
(c) 240 (d) 144

9. 120 तथा 300 के मध्य कितनी पूर्ण वर्ग संख्याएँ हैं?
(a) 5 (b) 6
(c) 7 (d) 8

10. 5808 को किस छोटी-से-छोटी संख्या से गुणा किया जाए कि वह पूर्ण वर्ग बन जाए?
(a) 2 (b) 11
(c) 7 (d) 3

11. वह छोटी-से-छोटी संख्या जिसे 680621 में जोड़ने पर योगफल पूर्ण वर्ग बन जाता है, निम्न है
(a) 4 (b) 5
(c) 6 (d) 8

12. वह छोटी-से-छोटी संख्या जिसे 63520 में से घटाने पर एक पूर्ण वर्ग प्राप्त हो, क्या है?
(a) 16 (b) 20
(c) 24 (d) 30

13. दो संख्याओं के वर्गों का योगफल 386 है। यदि एक संख्या 5 है, तो दूसरी संख्या होगी
(a) 18 (b) 19
(c) 15 (d) 20

14. $\sqrt[3]{4\frac{12}{125}}$ का मान है
(a) 1.6 (b) 1.3
(c) 1.5 (d) 2.6

15. $\sqrt[3]{0.004096}$ का मान है
(a) 0.16 (b) 0.4
(c) 1.6 (d) 0.004

16. $\sqrt[3]{1372} \times \sqrt[3]{1458} \div \sqrt[3]{343}$ का मान है
(a) 18 (b) 15
(c) 13 (d) 12

17. $[(50)^3 + (-30)^3 + (-20)^3]$ बराबर है
(a) 17000 (b) 15000
(c) 90000 (d) 900000

18. $\sqrt[3]{333 + \sqrt[3]{987 + \sqrt[3]{2197}}}$ बराबर है
(a) 21 (b) 18
(c) 7 (d) 3

19. यदि $(27)^{1/3} \times (81)^{-1/2} = 3^n$ हो, तो n का मान है
(a) – 1 (b) 0
(c) 27 (d) 81

20. $5^7 \times 5^4 \div 5^8$ का मान है
(a) 25 (b) 50
(c) 75 (d) 125

21. यदि $(64)^{2/3} \times (16)^{-1/2} = 4^n$ हो, तो n का मान है
(a) 1 (b) 0
(c) 27 (d) 81

22. यदि $\frac{(p^3)^2 \times p^4}{p^{10}} = p^r$ हो, तो r का मान है
(a) 26 (b) 2
(c) 1 (d) 0

23. यदि $[3^{m^2} \div (3^m)^2]^{1/m} = 81$ हो, तो m का मान है
(a) 3 (b) 6
(c) – 3 (d) – 6

24. यदि $2\sqrt{2} \times 2^3 \div 2^{-3/2} = 2^{a+2}$ हो, तो a का मान है
(a) 4 (b) 5
(c) 6 (d) 8

25. $\sqrt{3}, \sqrt[3]{2}, \sqrt[3]{4}$ में कौन-सी सबसे छोटी संख्या है?
(a) $\sqrt{3}$
(b) $\sqrt[3]{4}$
(c) $\sqrt[3]{2}$
(d) ज्ञात नही किया जा सकता

26. यदि $x = \sqrt{6 + \sqrt{6 + \sqrt{6 + \ldots\infty}}}$ हो, तो x का/के मान क्या है?
(a) 3 (b) 2
(c) – 2 (d) 3, – 2

PYQs

27. एक पूर्ण वर्ग बनाने के लिए 3850 में से कौन-सी छोटी से छोटी संख्या घटाई जानी चाहिए? **क्लर्क (बहरामपुर) 01 नवम्बर 2020**

(a) 1 (b) 4 (c) 6 (d) 9

28. 0.000841 का वर्गमूल ज्ञात कीजिए? **क्लर्क (बहरामपुर) 01 नवम्बर 2020**

(a) 0.0029 (b) 0.29
(c) 0.00029 (d) 0.029

29. $(-7)^2$ का मान ज्ञात कीजिए। **क्लर्क (बहरामपुर) 01 नवम्बर 2020**

(a) 49 (b) 7
(c) 14 (d) −49

30. हल कीजिए $(65)^2$ = ... **क्लर्क (बहरामपुर) 01 नवम्बर 2020**

(a) 4225
(b) 3015
(c) 3055
(d) 3705

31. हल कीजिए $(55)^2$ = ... **क्लर्क (बेंगलुरू) 23 फरवरी 2020**

(a) 3055
(b) 3025
(c) 3705
(d) 3015

32. दो क्रमागत विषम धनात्मक पूर्णांक ज्ञात कीजिए, जिनके वर्गों का योग 290 है? **क्लर्क (जबलपुर, दानापुर) 01 नवम्बर 2020**

(a) 5, 7 (b) 13, 15 (c) 11, 13 (d) 7, 9

उत्तरमाला

1. (d)	2. (c)	3. (a)	4. (b)	5. (b)	6. (a)	7. (c)	8. (c)	9. (c)	10. (d)
11. (a)	12. (a)	13. (b)	14. (a)	15. (a)	16. (a)	17. (c)	18. (c)	19. (a)	20. (d)
21. (a)	22. (d)	23. (b)	24. (a)	25. (c)	26. (d)	27. (c)	28. (d)	29. (a)	30. (a)
31. (b)	32. (c)								

संकेत एवं हल

1. (d) $\sqrt{110\frac{1}{4}} = \sqrt{\frac{440+1}{4}}$

$= \sqrt{\frac{441}{4}} = \frac{21}{2} = 10.5$

2. (c) चार अंकों की सबसे छोटी संख्या = 1000

	316
3	$\overline{10}\,\overline{00}$
+3	9
61	100
+1	61
626	3900
	3756

$\therefore \quad \sqrt{1000} \approx 31.6$

अत: 31.6 के बाद की संख्या अर्थात् 32 का वर्ग ही अभीष्ट चार अंकों की संख्या होगी

$\therefore \quad 32^2 = 32 \times 32 = 1024$

3. (a) छ: अंकों की सबसे बड़ी संख्या = 999999

	999
9	$\overline{99}\,\overline{99}\,\overline{99}$
+9	81
189	18 99
+9	17 01
1989	1 98 99
	1 79 01
	19 98

अत: छ: अंकों की सबसे बड़ी पूर्ण वर्ग संख्या

$= 999999 - 1998 = 998001$

4. (b) दिया है, $\sqrt{2^x} = 256$

$\Rightarrow \quad \sqrt{(2^x)} = 2^8 \quad [\because 2^8 = 256]$

दोनों ओर वर्ग करने पर,

$(\sqrt{2x})^2 = (28)^2$

$\Rightarrow \quad 2^x = 2^{16} \quad [\because (2^m)^n = 2^{m \times n}]$

$\therefore$ तुलना करने पर,

$x = 16$

5. (b)

2	15876
2	7938
3	3969
3	1323
3	441
3	147
7	49
7	7
	1

$\sqrt{15876} = \sqrt{2^2 \times 3^2 \times 3^2 \times 7^2}$

$= 2 \times 3 \times 3 \times 7$

$= 126$

अत: अभीष्ट इकाई अंक = 6

6. (a) 0.09 का वर्गमूल $= \sqrt{0.09} = \sqrt{\frac{9}{100}}$

$= \sqrt{\frac{3 \times 3}{10 \times 10}}$

$= \frac{3}{10} = 0.3$

7. (c) $\sqrt{\frac{0.49}{0.25}} + \sqrt{\frac{0.81}{0.36}} = \sqrt{\frac{49}{25}} + \sqrt{\frac{81}{36}}$

$= \frac{7}{5} + \frac{9}{6} = \frac{7}{5} + \frac{3}{2}$

$= \frac{14+15}{10} = \frac{29}{10} = 2\frac{9}{10}$

8. (c) $\sqrt{272^2 - 128^2}$

$= \sqrt{(272+128)(272-128)}$

$[\because a^2 - b^2 = (a+b)(a-b)]$

$= \sqrt{400 \times 144}$

$= 20 \times 12 = 240$

9. (c) 120 तथा 300 के मध्य पूर्ण वर्ग संख्याएँ 121, 144, 169, 196, 225, 256, 289 जो क्रमश: 11, 12, 13, 14, 15, 16 व 17 के वर्ग हैं।

अत: कुल सात संख्याएँ हैं।

10. (d) 5808 के अभाज्य गुणनखण्ड करने पर,

2	5808
2	2904
2	1452
2	726
3	363
11	121
11	11
	1

$\therefore \quad 5808 = 2^2 \times 2^2 \times 3 \times 11^2$

अत: यदि उपरोक्त में 3 से गुणा कर दी जाए, तो दी गई संख्या पूर्ण वर्ग बन जाएगी।

11. (a) दी गई संख्या = 680621

	825
8	$\overline{68}\,\overline{06}\,\overline{21}$
+8	64
162	406
	324
1645	8221
	8225
	−4

अत: जोड़ी जाने वाली न्यूनतम संख्या = 4

12. (a)

	252
2	63520
+2	4
45	235
+5	225
502	1020
	1004
	16

अत: घटाई जाने वाली न्यूनतम संख्या = 16

13. (b) माना संख्याएँ x और y हैं।

प्रश्नानुसार, $x^2 + y^2 = 386$ (माना $x = 5$)

अत: $5^2 + y^2 = 386$

$y^2 = 386 - 25 = 361 \Rightarrow y = 19$

14. (a) $\sqrt[3]{4\frac{12}{125}} = \sqrt[3]{\frac{500+12}{125}}$

$= \left(\frac{512}{125}\right)^{\frac{1}{3}} = \left\{\left(\frac{8}{5}\right)^3\right\}^{\frac{1}{3}} = \frac{8}{5} = 1.6$

15. (a) $\sqrt[3]{0.004096} = \sqrt[3]{\frac{4096}{1000000}}$

$= \sqrt[3]{\frac{16 \times 16 \times 16}{100 \times 100 \times 100}} = \frac{16}{100} = 0.16$

16. (a) $\sqrt[3]{1372} \times \sqrt[3]{1458} \div \sqrt[3]{343}$

$= \frac{\sqrt[3]{1372 \times 1458}}{\sqrt[3]{343}} = \sqrt[3]{\frac{1372 \times 1458}{343}}$

$= \sqrt[3]{4 \times 1458} = \sqrt[3]{4 \times 2 \times 729}$

$= \sqrt[3]{(2)^3 \times (9)^3} = 2 \times 9 = 18$

17. (c) $[(50)^3 + (-30)^3 + (-20)^3]$

$= 125000 + (-27000) + (-8000)$

$= 125000 - 27000 - 8000$

$= 125000 - 35000 = 90000$

18. (c) $\sqrt[3]{333 + \sqrt[3]{987 + \sqrt[3]{2197}}}$

$= \sqrt[3]{333 + \sqrt[3]{987 + 13}}$

$= \sqrt[3]{333 + \sqrt[3]{1000}} = \sqrt[3]{333 + 10}$

$= \sqrt[3]{343} = 7$

19. (a) $(27)^{1/3} \times (81)^{-1/2} = 3^n$

$\Rightarrow (3^3)^{1/3} \times (3^4)^{-1/2} = 3^n$

$\Rightarrow 3 \times 3^{-2} = 3^n$

$\Rightarrow 3^{-1} = 3^n$

तुलना करने पर, $n = -1$

20. (d) $5^7 \times 5^4 \div 5^8$

$= \frac{5^7 \times 5^4}{5^8} = \frac{5^{(7+4)}}{5^8}$ $\{\because a^m . a^n = a^{m+n}\}$

$= \frac{5^{11}}{5^8} = 5^{(11-8)}$ $\{\frac{a^m}{a^n} = a^{m-n}\}$

$= 5^3 = 125$

21. (a) $(64)^{2/3} \times (16)^{-1/2} = 4^n$

$\Rightarrow (4^3)^{2/3} \times (4^2)^{-1/2} = 4^n$

$\Rightarrow 4^2 \times 4^{-1} = 4^n$

$\Rightarrow 4^1 = 4^n$

तुलना करने पर, $n = 1$

22. (d) $\frac{(p^3)^2 \times p^4}{p^{10}} = p^r$

$\Rightarrow \frac{p^6 \times p^4}{p^{10}} = p^r \Rightarrow \frac{p^{10}}{p^{10}} = p^r$

$\Rightarrow p^r = p^0$

$\Rightarrow r = 0$

23. (b) $\left[3^{m^2} \div (3^m)^2\right]^{1/m} = 81$

$\Rightarrow \left[3^{m^2} \div 3^{2m}\right]^{1/m} = 81$

$\Rightarrow [3^{m^2 - 2m}]^{1/m} = 81$

$\Rightarrow 3^{\frac{m^2 - 2m}{m}} = 81$

$\Rightarrow 3^{m-2} = 3^4$

घातों की तुलना करने पर,

$m - 2 = 4$

$m = 4 + 2 = 6$

24. (a) $2\sqrt{2} \times 2^3 \div 2^{-3/2} = 2^{a+2}$

$\Rightarrow \frac{2 \cdot 2^{1/2} \cdot 2^3}{2^{-3/2}} = 2^{a+2}$

$\Rightarrow 2 \cdot 2^{1/2} \cdot 2^3 \cdot 2^{3/2} = 2^{a+2}$

$\Rightarrow 2^{1 + 1/2 + 3 + 3/2} = 2^{a+2}$

$\Rightarrow 2^6 = 2^{a+2}$

$\Rightarrow 6 = a + 2$

$\Rightarrow a = 4$

25. (c) $\sqrt{3} = (3)^{1/2} = (3)^{3/6} = (3^3)^{1/6} = (27)^{1/6}$

$\sqrt[3]{2} = (2)^{1/3} = (2)^{2/6} = (2^2)^{1/6} = (4)^{1/6}$

$\sqrt[3]{4} = (4)^{1/3} = (4)^{2/6} = (4^2)^{1/6} = (16)^{1/6}$

अत: सबसे छोटी संख्या $\sqrt[3]{2}$ है।

26. (d) $x = \sqrt{6 + \sqrt{6 + \sqrt{6 + \ldots\ldots\infty}}}$ ...(i)

दोनो पक्षों का वर्ग करने पर,

$x^2 = 6 + \sqrt{6 + \sqrt{6 + \ldots\ldots}}$,

$\Rightarrow x^2 = 6 + x$ [समी (i) से]

$\Rightarrow x^2 - x - 6 = 0$

$\Rightarrow x^2 - 3x + 2x - 6 = 0$

$\Rightarrow x^2 - 3x + 2x - 6 = 0$

$\Rightarrow x(x - 3) + 2(x - 3) = 0$

$\Rightarrow (x - 3)(x + 2) = 0$

$\therefore x = 3$

27. (c) दी गई संख्या = 3850

	62
6	$\overline{38}\,\overline{50}$
+6	36
122	250
	244
	6

अत: घटाई जाने वाली न्यूनतम संख्या = 6

28. (d) $\sqrt{0.000841}$

$= \sqrt{\frac{841}{1000000}} = \sqrt{\frac{(29)^2}{(1000)^2}}$

$= \frac{29}{1000} = 0.029$

29. (a) $(-7)^2 = (-7) \times (-7) = 49$

30. (a) $(65)^2 = 65 \times 65 = 4225$

31. (b) $(55)^2 = 55 \times 55 = 3025$

32. (c) माना दो क्रमागत धनात्मक पूर्णांक x व $x + 2$ हैं।

तब, प्रश्नानुसार,

$x^2 + (x + 2)^2 = 290$

$\Rightarrow x^2 + x^2 + 4 + 4x - 290 = 0$

$\Rightarrow 2x^2 + 4x - 286 = 0$

$\Rightarrow x^2 + 2x - 143 = 0$

$\Rightarrow x^2 + 13x - 11x - 143 = 0$

$\Rightarrow x(x + 13) - 11(x + 13) = 0$

$\Rightarrow (x + 13)(x - 11) = 0$

$\therefore x = 11, -13$

अत: दो क्रमागत धनात्मक पूर्णांक 11 व $(11 + 2) = 13$ हैं।

अध्याय 04

सरलीकरण

किसी व्यंजक में जटिल संक्रियाओं को सरल करने की प्रक्रिया सरलीकरण कहलाती है।

जब किसी व्यंजक में एकसाथ एक से अधिक संक्रियाएँ (कोष्ठक, योग, अन्तर, गुणा, भाग, आदि) हों, तो उन्हें सरल करने के लिए BODMAS नियम का क्रमनानुसार पालन करते हैं।

B → कोष्ठक (Bracket)
O → का (Of)
D → भाग (Division)
M → गुणा (Multiplication)
A → योग (Addition)
S → अन्तर (Subtraction)

उदाहरण 1 $18 \times 12 + 16 \div 8 - 14 = ?$

(a) 100 (b) 105
(c) 204 (d) 205

हल (c) $18 \times 12 + 16 \div 8 - 14$

$= 18 \times 12 + 2 - 14$ (भाग)

$= 216 + 2 - 14$ (गुणा)

$= 218 - 14$ (जोड़)

$= 204$ (घटाव)

यदि एक से अधिक कोष्ठक दिए हो, तो उन्हें सरल करने के लिए उनके क्रम का ध्यांन रखते हैं। उनका क्रम Vi Ci Cu Sq के अनुरूप होता है।

Vi → रेखा कोष्ठक (Vinculum or Bar) '—'
Ci → छोटा कोष्ठक (Circular Bracket) '( )'
Cu → मझला कोष्ठक (Curly Bracket) '{ }'
Sq → बड़ा कोष्ठक (Square Bracket) '[ ]'

नोट किसी संक्रिया या कोष्ठक की अनुपस्थिति में उनके क्रम में परिवर्तन नहीं होता।

उदाहरण 2 $6 - [5 - \{6 - (5 - \overline{4 - 1})\}]$ का मान है

(a) 4
(b) 5
(c) 6
(d) 7

हल (b) $6 - [5 - \{6 - (5 - \overline{4 - 1})\}]$

$= 6 - [5 - \{6 - (5 - 3)\}]$ (रेखा कोष्ठक हटाने पर)

$= 6 - [5 - \{6 - 2\}]$ (छोटा कोष्ठक हटाने पर)

$= 6 - [5 - 4]$ (मझला कोष्ठक हटाने पर)

$= 6 - 1$ (बड़ा कोष्ठक हटाने पर)

$= 5$

महत्त्वपूर्ण सूत्र

व्यंजकों के सरलीकरण में निम्न बीजगणितीय सूत्र उपयोगी होते हैं

- $a^2 - b^2 = (a + b)(a - b)$
- $(a + b)^2 = a^2 + 2ab + b^2$
- $(a - b)^2 = a^2 - 2ab + b^2$
- $(a + b)^3 = a^3 + b^3 + 3ab(a + b)$
- $(a - b)^3 = a^3 - b^3 - 3ab(a - b)$
- $a^3 + b^3 = (a + b)(a^2 - ab + b^2)$
- $a^3 - b^3 = (a - b)(a^2 + ab + b^2)$
- $(a + b + c)^2 = a^2 + b^2 + c^2 + 2ab + 2bc + 2ca$
- $a^3 + b^3 + c^3 - 3abc$
  $= (a + b + c)(a^2 + b^2 + c^2 - ab - bc - ca)$
- यदि $a + b + c = 0$ हो, तो $a^3 + b^3 + c^3 = 3abc$
- $(a + b)^2 = (a - b)^2 + 4ab$

उदाहरण 3 व्यंजक $\frac{(97)^3 - (47)^3}{(97)^2 + 97 \times 47 + (47)^2}$ को हल कीजिए।

(a) 50
(b) 144
(c) 40
(d) इनमें से कोई नहीं

हल (a) $\frac{(97)^3 - (47)^3}{(97)^2 + 97 \times 47 + (47)^2}$

$= \frac{(97 - 47)[(97)^2 + 97 \times 47 + (47)^2]}{(97)^2 + 97 \times 47 + (47)^2}$

$[\because (a^3 - b^3) = (a - b)(a^2 + ab + b^2)]$

$= 97 - 47 = 50$

एग्जाम पैटर्न प्रश्न

1. $73 + 238 \div 14 - 71$ का मान है
(a) 16 (b) 15 (c) 13 (d) 19

2. $4 \times 12 + 699$ का मान है
(a) 630 (b) 670
(c) 655 (d) 747

3. $? - 2936248 = 635773$
(a) 2300475
(b) 3572021
(c) 3536021
(d) 3562121

4. $? + 3699 + 1985 - 2047 = 31111$
(a) 34748
(b) 27474
(c) 30154
(d) 27574

5. $19587 \times 637 + 19587 \times 363 = ?$
(a) 16573500
(b) 23561400
(c) 19587000
(d) 14865608

6. $45 - [28 - \{37 - (15 - ?)\}] = 58$
(a) 19 (b) – 19 (c) 29 (d) – 29

7. $5 - \left[\frac{3}{4} + \left\{2\frac{1}{2} - \left(0.5 + \overline{\frac{1}{6} - \frac{1}{7}}\right)\right\}\right]$ का मान है
(a) $\frac{191}{84}$ (b) $\frac{84}{191}$
(c) 0 (d) 1

8. $[1 \div \{1 + 1 \div (1 + 1 \div 2)\}]$ तो (?) का मान है
(a) 2 (b) $\frac{1}{2}$
(c) 1 (d) $\frac{3}{5}$

9. $7\frac{1}{4} + [6 + (5 - 8 \div 4) - 1]$ का क्या मान होगा?
(a) $\frac{61}{4}$ (b) $\frac{29}{2}$
(c) $\frac{23}{2}$ (d) $\frac{57}{4}$

10. $4\frac{2}{3} \times \frac{9}{14} + 5\frac{1}{6} \times 2\frac{2}{5}$ का मान है
(a) $15\frac{1}{5}$ (b) $15\frac{2}{5}$
(c) $14\frac{2}{5}$ (d) $14\frac{4}{5}$

11. $13\frac{1}{2} - \left[4\frac{1}{2} - \left\{3 - \left(2 - \frac{1}{2}\right)\right\}\right]$ का मान क्या होगा?
(a) $9\frac{1}{2}$ (b) $10\frac{1}{2}$
(c) $8\frac{1}{2}$ (d) $11\frac{1}{2}$

12. यदि $6\frac{2}{3}$ का $7.26 \div 0.45$ का $x = 8\frac{32}{117}$ हो, तो x का मान है
(a) 1/13
(b) 13
(c) $13\frac{1}{9}$
(d) उपरोक्त में से कोई नहीं

13. $(1455)^2 - (545)^2$ का मान है
(a) 1820000 (b) 182000
(c) 200000 (d) 1920000

14. $287 \times 287 - 2 \times 287 \times 269 + 269 \times 269 = ?$
(a) 556 (b) 446
(c) 354 (d) 324

15. $\frac{(598 + 178)^2 - (598 - 178)^2}{598 \times 178}$ का मान है
(a) $\frac{1}{2}$ (b) 4
(c) 402 (d) $\frac{209}{388}$

16. $\frac{0.2 \times 0.2 + 0.02 \times 0.02 - 0.4 \times 0.02}{0.36}$ का मान है
(a) 0.09 (b) 0.9
(c) 0.009 (d) 9

PYQs

17. $6.5 \times 0.5 \times 2 - 4.5 = ?$ में प्रश्नवाचक चिह्न के स्थान पर क्या मान आना चाहिए?
क्लर्क (हैदराबाद) 28 फरवरी 2021
(a) 2 (b) 2.25
(c) 2.4 (d) 2.5

18. $51 - 75 + 125 - 25$ का मान ज्ञात करें।
क्लर्क 24 अप्रैल 2023
(a) 72 (b) 70
(c) 76 (d) 74

19. प्रश्नवाचक चिह्न (?) के स्थान पर क्या अनुमानित मान आएगा?
क्लर्क (लखनऊ) 2020
$1496 \times 2.5 + 13.226 + 14.0023 = ?$
(a) 3767.2283 (b) 3965.3321
(c) 325.7335 (d) 3900.2323

20. $2(14 + 6 - 5)$ का मान ज्ञात करें।
क्लर्क (हमीरपुर) 01 नवम्बर 2020
(a) 24 (b) 32
(c) 28 (d) 30

उत्तरमाला

1. (d)	2. (d)	3. (b)	4. (b)	5. (c)	6. (a)	7. (a)	8. (d)	9. (a)	10. (b)
11. (b)	12. (b)	13. (a)	14. (d)	15. (b)	16. (a)	17. (a)	18. (c)	19. (a)	20. (d)

संकेत एवं हल

1. (d) $73 + 238 \div 14 - 71$

$= 73 + 17 - 71$

$= 90 - 71 = 19$

2. (d) $4 \times 12 + 699$

$= 48 + 699$

$= 747$

3. (b) $? - 2936248 = 635773$

$? = 635773 + 2936248 = 3572021$

4. (b) $? + 3699 + 1985 - 2047 = 31111$

$\Rightarrow ? + 5684 = 31111 + 2047$

$\Rightarrow ? = 33158 - 5684$

$\therefore ? = 27474$

5. (c) $19587 \times 637 + 19587 \times 363$

$= 19587 \times (637 + 363)$

$= 19587 \times 1000 = 19587000$

6. (a) $45 - [28 - \{37 - (15 - ?)\}] = 58$

$\Rightarrow -[28 - \{37 - (15 - ?)\}] = 58 - 45$

$\Rightarrow -[28 - \{37 - (15 - ?)\}] = 13$

$\Rightarrow 28 - \{37 - (15 - ?)\} = -13$

$\Rightarrow 28 + 13 = 37 - (15 - ?)$

$\Rightarrow 41 = 37 - (15 - ?)$

$\Rightarrow (15 - ?) = 37 - 41$

$\Rightarrow (15 - ?) = -4$

$\Rightarrow (15 + 4) = ? \Rightarrow ? = 19$

7. (a) $5 - \left[\frac{3}{4} + \left\{2\frac{1}{2} - \left(0.5 + \frac{1}{6} - \frac{1}{7}\right)\right\}\right]$

$= 5 - \left[\frac{3}{4} + \left\{\frac{5}{2} - \left(\frac{5}{10} + \frac{1}{42}\right)\right\}\right]$

$= 5 - \left[\frac{3}{4} + \left\{\frac{5}{2} - \left(\frac{1}{2} + \frac{1}{42}\right)\right\}\right]$

$= 5 - \left[\frac{3}{4} + \left\{\frac{5}{2} - \left(\frac{21+1}{42}\right)\right\}\right]$

$= 5 - \left[\frac{3}{4} + \left\{\frac{5}{2} - \frac{22}{42}\right\}\right]$

$= 5 - \left[\frac{3}{4} + \left\{\frac{105 - 22}{42}\right\}\right]$

$= 5 - \left[\frac{3}{4} + \frac{83}{42}\right] = 5 - \left[\frac{63 + 166}{84}\right]$

$= 5 - \frac{229}{84} = \frac{420 - 229}{84} = \frac{191}{84}$

8. (d) $[1 \div \{1 + 1 \div (1 + 1 \div 2)\}]$

$= [1 \div \{1 + 1 \div (1 + \frac{1}{2})\}]$

$= \left[1 \div \left\{1 + 1 \div \left(\frac{3}{2}\right)\right\}\right]$

$= [1 \div \{1 + 1 \times \frac{2}{3}\}]$

$= \left[1 \div \left\{\frac{3+2}{3}\right\}\right] = \left[1 \div \left\{\frac{5}{3}\right\}\right]$

$= \left[1 \times \frac{3}{5}\right]$

$= \frac{3}{5}$

9. (a) $7\frac{1}{4} + [6 + (5 - 8 \div 4) - 1]$

$= \frac{29}{4} + [6 + (5 - 2) - 1]$

$= \frac{29}{4} + [6 + 3 - 1]$

$= \frac{29}{4} + [9 - 1] = \frac{29}{4} + 8$

$= \frac{29 + 32}{4} = \frac{61}{4}$

10. (b) $4\frac{2}{3} \times \frac{9}{14} + 5\frac{1}{6} \times 2\frac{2}{5}$

$= \frac{14}{3} \times \frac{9}{14} + \frac{31}{6} \times \frac{12}{5}$

$= 3 + \frac{62}{5} = \frac{15 + 62}{5} = \frac{77}{5} = 15\frac{2}{5}$

11. (b) $13\frac{1}{2} - \left[4\frac{1}{2} - \left\{3 - \left(2 - \frac{1}{2}\right)\right\}\right]$

$= \frac{27}{2} - \left[\frac{9}{2} - \left\{3 - \frac{3}{2}\right\}\right]$

$= \frac{27}{2} - \left[\frac{9}{2} - \frac{3}{2}\right] = \frac{27}{2} - \frac{6}{2}$

$= \frac{21}{2} = 10\frac{1}{2}$

12. (b) $6\frac{2}{3}$ का $7.26 \div 0.45$ का $x = 8\frac{32}{117}$

$\Rightarrow \frac{20}{3}$ का $\frac{726}{100} \div 0.45x = \frac{968}{117}$

$\Rightarrow \frac{20}{3} \times \frac{363}{50} \times \frac{1}{0.45x} = \frac{968}{117}$

$\Rightarrow \frac{2 \times 121}{5} \times \frac{100}{45x} = \frac{968}{117}$

$\therefore x = \frac{117}{9} = 13$

13. (a) $(1455)^2 - (545)^2$

$= (1455 + 545)(1455 - 545)$

$[\because a^2 - b^2 = (a + b)(a - b)]$

$= 2000 \times 910 = 1820000$

14. (d) $287 \times 287 - 2 \times 287 \times 269 + 269 \times 269$

$= (287 - 269)^2$

$[\because a^2 - 2ab + b^2 = (a - b)^2]$

$= (18)^2 = 324$

15. (b) $\frac{(598 + 178)^2 - (598 - 178)^2}{598 \times 178}$

[माना $a = 598$ तथा $b = 178$]

$= \frac{(a + b)^2 - (a - b)^2}{a \times b}$

$= \frac{a^2 + b^2 + 2ab - a^2 - b^2 + 2ab}{a \times b}$

$= \frac{4ab}{ab} = 4$

16. (a) $\frac{0.2 \times 0.2 + 0.02 \times 0.02 - 0.4 \times 0.02}{0.36}$

$= \frac{(0.2)^2 + (0.2)^2 - 2 \times 0.2 \times 0.02}{0.36}$

$[\because a^2 + b^2 - 2ab = (a - b)^2]$

$= \frac{(0.2 - 0.02)^2}{0.36} = \frac{(0.18)^2}{0.36}$

$= \frac{0.18 \times 0.18}{0.36}$

$= 0.09$

17. (a) $6.5 \times 0.5 \times 2 - 4.5$

$= 6.5 \times 1 - 4.5$

$= 6.5 - 4.5 = 2$

18. (c) $51 - 75 + 125 - 25$

$= 51 + 125 - 75 - 25$

$= 176 - 100$

$= 76$

19. (a) $1496 \times 2.5 + 13.226 + 14.0023$

$= 3740 + 13.226 + 14.0023$

$= 3767.2283$

20. (d) $2(14 + 6 - 5)$

$= 2(20 - 5)$

$= 2(15) = 2 \times 15$

$= 30$

अध्याय 05

औसत

समान राशियों का औसत या मध्यमान वह संख्या है, जो उन सभी राशियों के योगफल में, राशियों की संख्या से भाग देने पर प्राप्त होती है। अत: राशियों का औसत या मध्यमान

$$= \frac{\text{राशियों का कुल योगफल}}{\text{राशियों की कुल संख्याएँ}}$$

उदाहरण 1 नीचे दी गई संख्याओं का औसत ज्ञात कीजिए।

232, 149, 208, 301, 399, 415

(a) 296 (b) 284 (c) 272 (d) 260

हल (*b*) $\therefore$ अभीष्ट औसत $= \frac{\text{संख्याओं का कुल योग}}{\text{कुल संख्याएँ}}$

$$= \frac{232+149+208+301+399+415}{6} = \frac{1704}{6}$$

$= 284$

महत्त्वपूर्ण सूत्र

- प्रथम n प्राकृत संख्याओं का औसत $= \left(\frac{n+1}{2}\right)$
- प्रथम n सम संख्याओं का औसत $= (n+1)$
- प्रथम n विषम संख्याओं का औसत $= n$
- 1 से n तक की विषम संख्याओं का औसत $= \frac{\text{अन्तिम संख्या} + 1}{2}$
- 1 से n तक की सम संख्याओं का औसत $= \frac{\text{अन्तिम संख्या} + 2}{2}$
- किसी संख्या के n गुणजों का औसत $= \frac{\text{संख्या} \times (n+1)}{2}$

उदाहरण 2 प्रथम 37 प्राकृतिक संख्याओं का औसत है

(a) 19 (b) 20
(c) 18.5 (d) 17

हल (*a*) $\because$ यहाँ, $n = 37$

प्रथम 37 प्राकृतिक संख्याओं का औसत

$$= \left(\frac{n+1}{2}\right) = \left(\frac{37+1}{2}\right)$$

$$= \frac{38}{2} = 19$$

उदाहरण 3 प्रथम 43 सम संख्याओं का औसत है

(a) 21.5 (b) 44 (c) 43 (d) 86

हल (*b*) यहाँ, $n = 43$

प्रथम 43 सम संख्याओं का औसत $= n + 1 = 43 + 1 = 44$

उदाहरण 4 1 से 53 तक की विषम संख्याओं का औसत है

(a) 54 (b) 26.5 (c) 106 (d) 27

हल (*d*) $\because$ 1 से 53 तक की विषम संख्याओं का औसत

$$= \frac{\text{अन्तिम संख्या} + 1}{2} = \frac{53+1}{2} = 27$$

उदाहरण 5 7 के प्रथम 5 गुणजों का औसत क्या होगा?

(a) 14 (b) 21 (c) 17.5 (d) 24.5

हल (*b*) $\because$ यहाँ, $n = 5$

$$\text{औसत} = \frac{\text{संख्या} \times (n+1)}{2}$$

$$= \frac{7 \times (5+1)}{2} = \frac{42}{2} = 21$$

उदाहरण 6 7 संख्याओं में से पहली चार संख्याओं का औसत 4 है तथा अन्तिम चार संख्याओं का औसत भी 4 है। यदि सभी सात संख्याओं का औसत 3 हो, तो चौथी संख्या क्या होगी?

(a) 3 (b) 4 (c) 7 (d) 11

हल (*d*) पहली चार संख्याओं का योग $= 4 \times 4 = 16$

अन्तिम चार संख्याओं का योग $= 4 \times 4 = 16$

सभी सात संख्याओं का योग $= 7 \times 3 = 21$

$\therefore$ अभीष्ट संख्या $= 16 + 16 - 21 = 11$

उदाहरण 7 2 वर्ष पूर्व 8 सदस्यों के एक परिवार की औसत आयु 18 वर्ष थी। एक बच्चे के जन्म के बाद परिवार की औसत आयु आज उतनी ही है। बच्चे की आयु कितनी है?

(a) 2 वर्ष (b) $1\frac{1}{2}$ वर्ष (c) 1 वर्ष (d) $2\frac{1}{2}$ वर्ष

हल (*a*) 2 वर्ष पूर्व,

8 सदस्यों की औसत आयु = 18 वर्ष

$\therefore$ सभी सदस्यों की कुल आयु $= 18 \times 8 = 144$ वर्ष

अब, वर्तमान आयु $= 144 + 8 \times 2 = 160$ वर्ष

माना बच्चे की आयु x वर्ष है।

$\Rightarrow \quad \dfrac{160 + x}{9} = 18$

$x = 162 - 160 = 2$ वर्ष

उदाहरण 8 50 संख्याओं का औसत 38 है। यदि दो संख्याएँ अर्थात् 45 तथा 55 हटा दी जाएँ, तो शेष संख्याओं का औसत कितना रह जाएगा?

(a) 36 (b) 35 (c) 32.5 (d) 37.5

हल *(d)* $\because$ 50 संख्याओं का औसत = 38

$\therefore$ 50 संख्याओं का योग = $50 \times 38 = 1900$

निकाली गई संख्याओं का योग = $45 + 55 = 100$

$\therefore$ शेष संख्याओं का औसत = $\dfrac{1900 - 100}{48} = \dfrac{1800}{48} = 37.5$

उदाहरण 9 40 लड़कों की कक्षा में 30 का औसत भार 60 किग्रा तथा शेष का औसत 56 किग्रा हो, तो पूरी कक्षा का औसत क्या होगा?

(a) 59 किग्रा (b) 60 किग्रा (c) 65 किग्रा (d) 58 किग्रा

हल *(a)* $\because$ 30 लड़कों का औसत भार = 60 किग्रा

$\therefore$ 30 लड़कों का कुल भार (वजन) = $60 \times 30 = 1800$ किग्रा

शेष $(40 - 30 = 10)$ लड़कों का औसत भार = 56 किग्रा

$\therefore$ 10 लड़कों का कुल भार (वजन) = $56 \times 10 = 560$ किग्रा

लड़कों (पूरी कक्षा) का कुल भार

$= 1800 + 560 = 2360$ किग्रा

$\therefore$ 40 लड़कों का औसत भार (वजन) = $\dfrac{2360}{40} = 59$ किग्रा

एग्जाम पैटर्न प्रश्न

1. 1, 3, 5, 7, 9, 11, ...25 संख्याओं का औसत कितना होगा?

(a) 625 (b) 13
(c) 125 (d) 50

2. 5 के प्रथम 21 गुणजों का औसत है

(a) 45 (b) 55
(c) 22 (d) 5

3. प्रथम 6 अभाज्य संख्याओं का औसत क्या है?

(a) 4.5 (b) 5
(c) 5.6 (d) 6.8

4. प्रथम 177 प्राकृतिक सम संख्याओं का औसत है

(a) 178 (b) 89
(c) 79 (d) 88.5

5. यदि 7 क्रमिक संख्याओं का औसत 20 हो, तो उन संख्याओं में सबसे बड़ी संख्या होगी

(a) 24 (b) 23
(c) 22 (d) 20

6. प्रथम दस अभाज्य संख्याओं का औसत बताइए।

(a) 10.1 (b) 10 (c) 12.9 (d) 13

7. 27 संख्याओं का औसत 60 है। यदि एक संख्या बदलकर 28 की बजाय 82 कर दी जाए, तो औसत कितना हो जाएगा?

(a) 56 (b) 58
(c) 62 (d) 64

8. 5 संख्याओं का औसत 26.4 है। पहली संख्या, शेष 4 संख्याओं के योग के पाँचवें हिस्से के बराबर है। पहली संख्या ज्ञात कीजिए।

(a) 21 (b) 22 (c) 23 (d) 20

9. एक क्रिकेट खिलाड़ी की 10 पारियों के रनों का औसत 32 था। खिलाड़ी अगली पारी में कितने रन बनाए कि उसके रनों का औसत 4 अधिक हो जाए?

(a) 76 (b) 70
(c) 4 (d) 2

10. *A*, *B*, *C* का औसत भार 45 किग्रा है। यदि *A* तथा *B* का औसत भार 40 किग्रा तथा *B* और *C* का 43 किग्रा हो, तो *B* का भार होगा

(a) 17 किग्रा (b) 20 किग्रा
(c) 26 किग्रा (d) 31 किग्रा

11. तीन संख्याओं में से, पहली और दूसरी संख्याओं का औसत दूसरी और तीसरी संख्याओं के औसत से 15 अधिक है। पहली और तीसरी संख्या का अन्तर क्या होगा?

(a) 30
(b) 45
(c) 47
(d) 50

12. एक बल्लेबाज 17 वीं पारी में 87 रन बनाता है और इस प्रकार उसका औसत 3 बढ़ जाता है। 17 वीं पारी के बाद उसका औसत ज्ञात कीजिए।

(a) 84 (b) 87
(c) 90 (d) 39

13. *A* और *B* की औसत आय ₹ 200 है और *C* एवं *D* की औसत आय ₹ 250 है। *A*, *B*, *C* और *D* की औसत आय कितनी है?

(a) ₹ 200
(b) ₹ 10625
(c) ₹ 125
(d) ₹ 225

14. चार संख्याओं में से पहली तीन का औसत 18 तथा अन्तिम तीन का 16 है। यदि अन्तिम संख्या 19 हो, तो प्रथम संख्या है

(a) 19 (b) 18
(c) 20 (d) 25

15. एक आदमी ने 13 वस्तुएँ ₹ 70 मूल्य वाली खरीदी, 15 वस्तुएँ ₹ 60 मूल्य वाली और 12 वस्तुएँ ₹ 65 मूल्य वाली है, तो प्रति वस्तु औसत मूल्य है

(a) ₹ 60.25 (b) ₹ 64.75
(c) ₹ 65.75 (d) ₹ 62.25

16. 25 छात्रों की औसत आयु 17 वर्ष है। यदि इसमें अध्यापक की आयु भी शामिल कर ली जाए, तो औसत में एक वर्ष की वृद्धि हो जाती है। अध्यापक की आयु है

(a) 35 वर्ष (b) 43 वर्ष
(c) 48 वर्ष (d) 53 वर्ष

17. 14 छात्राओं और उनकी एक शिक्षिका की औसत आयु 15 वर्ष है। यदि शिक्षिका की आयु हटा दी जाए, तो औसत में एक वर्ष की कमी हो जाती है। शिक्षिका की आयु है

(a) 35 वर्ष (b) 32 वर्ष
(c) 30 वर्ष (d) 29 वर्ष

18. किसी कक्षा के 15 विद्यार्थियों की औसत आयु 15 वर्ष है। इनमें से 5 विद्यार्थियों की औसत आयु 14 वर्ष है तथा अन्य 9 विद्यार्थियों की औसत आयु 16 वर्ष है। 15वें विद्यार्थी की आयु है

(a) 11 वर्ष
(b) 15 वर्ष
(c) $15\frac{2}{7}$ वर्ष
(d) 14 वर्ष

19. सोमवार, मंगलवार तथा बुधवार का औसत तापमान 30°C था और मंगलवार, बुधवार तथा बृहस्पतिवार का औसत तापमान 33°C था। तदनुसार, यदि सोमवार का तापमान 32°C रहा हो, तो बृहस्पतिवार का तापमान कितना था?

(a) 33°C (b) 30°C
(c) 41°C (d) 32°C

PYQs

20. प्रथम दस विषम प्राकृत संख्याओं का औसत है

क्लर्क (हैदराबाद) 28 फरवरी 2021

(a) 11 (b) 15
(c) 20 (d) 10

21. 30 छात्रों की औसत आयु 9 वर्ष है। यदि उनके शिक्षक की आयु को शामिल कर लिया जाए तो, औसत आयु 10 वर्ष हो जाती है, शिक्षक की आयु (वर्षों में)........ है।

क्लर्क (हैदराबाद) 28 फरवरी 2021

(a) 40 (b) 35
(c) 31 (d) 27

उत्तरमाला

1. (b)	2. (b)	3. (d)	4. (a)	5. (b)	6. (c)	7. (c)	8. (b)	9. (a)	10. (d)
11. (a)	12. (d)	13. (d)	14. (d)	15. (b)	16. (b)	17. (d)	18. (a)	19. (c)	20. (d)
21. (a)									

संकेत एवं हल

1. (b) हम जानते हैं कि, प्रथम n प्राकृत विषम संख्याओं का औसत $= \dfrac{\text{अन्तिम संख्या} + 1}{2}$

तब, अभीष्ट औसत $= \dfrac{25+1}{2} = 13$

2. (b) 5 के प्रथम 21 गुणजों का औसत

$$= \frac{\text{संख्या} \times (n+1)}{2}$$
$$= \frac{5 \times (21+1)}{2}$$
$$= 5 \times 11 = 55$$

3. (d) प्रथम 6 अभाज्य संख्याएँ 2, 3, 5, 7, 11, 13 हैं।

∴ अभीष्ट औसत

$$= \frac{2+3+5+7+11+13}{6}$$
$$= \frac{41}{6} \approx 6.8$$

4. (a) प्रथम 177 प्राकृतिक सम संख्याओं का औसत

$= (n+1) = (177+1) = 178$

5. (b) प्रश्नानुसार,

$$\frac{n+(n+1)+(n+2)+(n+3)+(n+4)+(n+5)+(n+6)}{7} = 20$$

$\Rightarrow \dfrac{7n+21}{7} = 20$

$\Rightarrow n+3 = 20 \Rightarrow n = 17$

∴ सबसे बड़ी संख्या $= n+6$

$= 17+6 = 23$

6. (c) प्रथम दस अभाज्य संख्याएँ हैं

2, 3, 5, 7, 11, 13, 17, 19, 23, 29

∴ इनका औसत

$$= \frac{2+3+5+7+11+13+17+19+23+29}{10}$$
$$= \frac{129}{10} = 12.9$$

7. (c) ∵ 27 संख्याओं का औसत $= 60$

∴ 27 संख्याओं का योग $= 27 \times 60 = 1620$

28 की जगह 82 संख्या बदलने पर,

अभीष्ट औसत $= \dfrac{1620-28+82}{27}$

$= \dfrac{1702-28}{27} = \dfrac{1674}{27} = 62$

8. (b) माना पहली संख्या $= x$

प्रश्नानुसार,

5 संख्याओं का योग $= 5 \times 26.4 = 132$

∴ 4 संख्याओं का योग $= 132 - x$

पुनः प्रश्नानुसार,

$x = (132-x) \times \dfrac{1}{5}$

$\Rightarrow 5x = 132 - x$

$\Rightarrow 6x = 132$

$\therefore x = 22$

9. (a) 10 पारियों के रनों का औसत $= 32$

10 पारियों के रनों का योग $= 320$

माना 11वीं पारी में x रन बनाए गए।

∴ प्रश्नानुसार, $\dfrac{320+x}{11} = 36$

$\Rightarrow 320 + x = 396$

$\therefore x = 76$

10. (d) A, B तथा C का औसत भार $= 45$ किग्रा

$\therefore \dfrac{A+B+C}{3} = 45$

$A+B+C = 135$ ...(i)

इसी प्रकार, $A+B = 80$ ...(ii)

$B+C = 86$ ...(iii)

∴ B का भार $= (A+B+B+C)-(A+B+C)$

$= (80+86)-(135)$

$= 166-135 = 31$ किग्रा

11. (a) माना संख्याएँ क्रमशः a, b व c है।

तब प्रश्नानुसार,

$\dfrac{a+b}{2} = \dfrac{b+c}{2} + 15$

$\Rightarrow a+b = b+c+30$

$\Rightarrow a+b-b-c = 30$

$\therefore a-c = 30$

12. (d) माना 17 वीं पारी से पहले बल्लेबाज के कुल रन $= x$

17 वीं पारी के बाद कुल रन $= x+87$

तथा इससे उसका औसत 3 रन बढ़ जाता है।

तब,

$\dfrac{x+87}{17} - \dfrac{x}{16} = 3$

$\Rightarrow 16x + 87 \times 16 - 17x = 3 \times 16 \times 17$

$\Rightarrow 87 \times 16 - 3 \times 16 \times 17 = x$

$\Rightarrow 16(87-51) = x$

$\Rightarrow x = 16 \times 36$

$\therefore x = 576$

अब, 17 वीं पारी के बाद बल्लेबाज के रन $= 576 + 87 = 663$

$\therefore$ 17वीं पारी के बाद औसत रन

$= \frac{663}{17} = 39$

13. (d) A और B की कुल आय $= 200 \times 2$

$= ₹\ 400$

C और D की कुल आय $= 250 \times 2 = ₹\ 500$

A, B, C और D की औसत आय

$= \frac{400+500}{4}$

$= \frac{900}{4} = ₹\ 225$

14. (d) माना वे संख्याएँ x_1, x_2, x_3 और x_4 हैं।

तब प्रश्नानुसार,

$x_1 + x_2 + x_3 = 18 \times 3 = 54$ ...(i)

$x_2 + x_3 + x_4 = 16 \times 3 = 48$ ...(ii)

समी (i) में से समी (ii) को घटाने पर,

$x_1 - x_4 = 54 - 48$

$\Rightarrow x_1 - x_4 = 6$

$\Rightarrow x_1 - 19 = 6$ $[\because x_4 = 19]$

$\therefore x_1 = 19 + 6 = 25$

15. (b) प्रति वस्तु औसत मूल्य

$= \frac{13 \times 70 + 15 \times 60 + 12 \times 65}{13 + 15 + 12}$

$= \frac{910 + 900 + 780}{40}$

$= \frac{2590}{40} = ₹\ 64.75$

16. (b) 25 छात्रों की कुल आयु $= 25 \times 17 = 425$ वर्ष

माना अध्यापक की आयु $= x$ वर्ष

प्रश्नानुसार,

$\frac{425 + x}{26} = 18$

$\Rightarrow x = 18 \times 26 - 425$

$= 468 - 425 = 43$ वर्ष

17. (d) 14 छात्राओं व 1 शिक्षिका की औसत आयु

$= 15$ वर्ष

$\therefore$ 14 छात्राओं व 1 शिक्षिका की आयु का योग

$= 15 \times 15 = 225$ वर्ष

$\because$ 14 छात्राओं की औसत आयु $= 14$ वर्ष

$\therefore$ 14 छात्राओं की आयु का योग

$= 14 \times 14 = 196$ वर्ष

$\therefore$ शिक्षिका की आयु $= 225 - 196 = 29$ वर्ष

18. (a) $\because$ 15 विद्यार्थियों की औसत आयु $= 15$ वर्ष

$\therefore$ 15 विद्यार्थियों की कुल आयु $= 225$ वर्ष

$\therefore$ 5 विद्यार्थियों की औसत आयु $= 14$ वर्ष

तथा 5 विद्यार्थियों की कुल आयु $= 70$ वर्ष

तथा 9 विद्यार्थियों की कुल आयु $= 144$ वर्ष

15वें विद्यार्थी की आयु $= 225 - 70 - 144 = 11$ वर्ष

19. (c) प्रश्नानुसार,

सोमवार + मंगल + बुध $= 3 \times 30 = 90°C$ ...(i)

तथा मंगल + बुध + बृहस्पति $= 3 \times 33 = 99°C$ ...(ii)

$\therefore$ समी (ii) से समी (i) को घटाने पर,

$\Rightarrow$ बृहस्पति − सोमवार $= 99 - 90 = 9°C$

$\Rightarrow$ बृहस्पति $= 9°C +$ सोमवार

$= 9°C + 32°C$

[$\because$ सोमवार का तापमान $= 32°C$]

$= 41°\ C$

20. (d) हम जानते हैं, कि

प्रथम n विषम प्राकृत संख्याओं का औसत $= n$

$\therefore$ प्रथम 10 विषम प्राकृत संख्याओं का औसत

$= 10$

21. (a) 30 छात्रों की कुल आयु

$= 9 \times 30$

$= 270$ वर्ष

शिक्षक शामिल होने पर कुल आयु

$= 10 \times (30 + 1)$

$= 10 \times 31 = 310$ वर्ष

अत: शिक्षक की आयु $= 310 - 270 = 40$ वर्ष

अध्याय 06

अनुपात एवं समानुपात

अनुपात

अनुपात दो या दो से अधिक समान प्रकार (या समान इकाई) की राशियों का तुलनात्मक अध्ययन है। अनुपात के सम्बन्ध को चिह्न (:) से दर्शाते हैं।
जैसे—दो सजातीय राशियाँ a और b हों, तो

$$a \text{ अनुपात } b \Rightarrow a : b$$

अनुपात चिह्न (:) के बाईं ओर की राशि (a) को अग्रपद तथा दाईं ओर की राशि (b) को पश्चपद कहते हैं।

उदाहरण 1 एक कक्षा में 20 छात्र और 25 छात्राएँ हैं, तो इनकी संख्याओं का अनुपात क्या होगा?

(a) 1 : 4 (b) 4 : 3
(c) 4 : 5 (d) 2 : 5

हल (c) प्रश्नानुसार,

$$\text{अभीष्ट अनुपात} = \frac{\text{छात्रों की संख्या}}{\text{छात्राओं की संख्या}} = \frac{20}{25} = \frac{4}{5} = 4 : 5$$

अनुपात के प्रकार

अनुपात के प्रकार निम्नलिखित हैं

1. **वर्गानुपात** दो संख्याओं के वर्गों का अनुपात, वर्गानुपात कहलाता है।
   जैसे—2 : 5 का वर्गानुपात $= 2^2 : 5^2 = 4 : 25$
2. **वर्गमूलानुपात** दो संख्याओं के वर्गमूलों का अनुपात वर्गमूलानुपात कहलाता है।
   जैसे— 16 : 49 का वर्गमूलानुपात $= \sqrt{16} : \sqrt{49} = 4 : 7$
3. **घनानुपात** दो संख्याओं के घनों के अनुपात को, उन संख्याओं का घनानुपात कहते हैं।
   जैसे— 3 : 5 का घनानुपात $= 3^3 : 5^3 = 27 : 125$
4. **घनमूलानुपात** दो संख्याओं के घनमूलों के अनुपात को उन संख्याओं का घनमूलानुपात कहते हैं।
   जैसे— 1 : 8 का घनमूलानुपात $= \sqrt[3]{1} : \sqrt[3]{8} = 1 : 2$
5. **विलोमानुपात** किसी अनुपात के अग्र पद तथा पश्च पद को आपस में बदलकर प्राप्त किए गए नए अनुपात को पहले अनुपात का विलोमानुपात कहा जाता है। दो संख्याओं a व b के बीच के अनुपात $a:b$ का विलोमानुपात $b : a$ है।
   जैसे—2 : 5 का विलोमानुपात = 5 : 2
6. **मिश्रित अनुपात** दो या दो से अधिक अनुपातों के प्रथम पदों का गुणनफल तथा द्वितीय पदों के गुणनफल का अनुपात मिश्रित अनुपात कहलाता है।
   जैसे—2 : 3, 3 : 4 तथा 2 : 5 का मिश्रित अनुपात
   $$= (2 \times 3 \times 2) : (3 \times 4 \times 5)$$
   $$= 12 : 60 = 1 : 5$$

उदाहरण 2 3 : 11 का वर्गानुपात क्या होगा?

(a) 11 : 3 (b) 6 : 22
(c) 4 : 12 (d) 9 : 121

हल (d) 3 : 11 का वर्गानुपात $= 3^2 : 11^2 = 9 : 121$

उदाहरण 3 125 : 216 का घनमूलानुपात क्या होगा?

(a) 5 : 6 (b) 25 : 8 (c) 1 : 8 (d) 25 : 36

हल (a) 125 : 216 का घनमूलानुपात $= \sqrt[3]{125} : \sqrt[3]{216} = 5 : 6$

दो या तीन अनुपात ज्ञात होने पर कोई तीसरा या चौथा (या सम्मिलित) अनुपात ज्ञात करना

1. यदि $A : B = a : b$ तथा $B : C = c : d$ हो, तो
   $$A : B : C \Rightarrow \begin{matrix} a & & b \\ c & & d \end{matrix} \Rightarrow a \times c : c \times b : b \times d$$
2. यदि $A : B = a : b$, $B : C = c : d$, $C : D = e : f$ हो, तो
   $\Rightarrow$ $A : B : C : D = ace : bce : bde : bdf$
   जैसे—
   $$\begin{matrix} A : B = 2 : 3 \\ B : C = \quad 5 : 6 \\ C : D = \qquad 7 : 8 \end{matrix}$$
   $$A : B : C : D = 2 \times 5 \times 7 : 3 \times 5 \times 7 : 3 \times 6 \times 7 : 3 \times 6 \times 8$$
   $$= 70 : 105 : 126 : 144$$

उदाहरण 4 यदि $A : B = 2 : 3$, $B : C = 5 : 7$ हो, तो $A : B : C$ का मान है

(a) 10 : 15 : 21
(b) 5 : 12 : 23
(c) 2 : 5 : 21
(d) उपरोक्त में से कोई नहीं

हल (a) $A : B : C = \begin{matrix} 2 & & 3 \\ 5 & & 7 \end{matrix}$

$$= 2 \times 5 : 5 \times 3 : 3 \times 7$$
$$= 10 : 15 : 21$$

उदाहरण 5 यदि A का $\frac{1}{2} = B$ का $\frac{2}{5} = C$ का $\frac{1}{3}$ हो, तो $A:B:C$ कितना होगा?

(a) 4 : 5 : 6 (b) 6 : 4 : 5
(c) 5 : 4 : 6 (d) 4 : 6 : 5

हल (*a*) माना $A \times \frac{1}{2} = B \times \frac{2}{5} = C \times \frac{1}{3} = k$

$$A = 2k, B = \frac{5}{2}k, C = 3k$$

$$\therefore \quad A:B:C = 2k : \frac{5}{2}k : 3k = 4:5:6$$

समानुपात

जब दो अनुपात एक-दूसरे के बराबर या तुल्य होते हैं, तो उनकी चारों राशि समानुपात में होती हैं। समानुपात को चिह्न (::) से दर्शाते हैं।

जैसे—यदि दो अनुपात $a:b$ तथा $c:d$ परस्पर समान हैं, तो इन्हें $a:b::c:d$ लिखेंगे। समानुपात की शर्तानुसार, बाह्य पदों का गुणनफल $(a \times d)$ = मध्य पदों का गुणनफल $(b \times c)$

a : b :: c : d
bc (मध्य पद)
ad (बाह्य पद)

उदाहरण 6 यदि $2:3::5:x$ हो, तो x का मान क्या होगा?

(a) 1.5 (b) 2.6
(c) 7.5 (d) 8.6

हल (*c*) दिया है,

$$2 : 3 :: 5 : x$$

$$\Rightarrow \quad 2 \times x = 3 \times 5 \Rightarrow x = \frac{15}{2} = 7.5$$

समानुपात के नियम

1. **मध्यानुपाती** यदि $a : x :: x : b$ हो, तो

मध्यानुपाती (x) = बाह्य पदों के गुणनफल का वर्गमूल $\Rightarrow$ $x = \sqrt{ab}$

2. **तृतीयानुपाती** यदि $a : b :: b : x$ हो, तो

$$\text{तृतीयानुपाती } (x) = \frac{\text{मध्य पदों का गुणनफल}}{\text{पहला पद}} \Rightarrow x = \frac{b^2}{a}$$

3. **चतुर्थानुपाती** : यदि $a : b :: c : x$ हो, तो

$$\text{चतुर्थानुपाती } (x) = \frac{\text{मध्य पदों का गुणनफल}}{\text{पहला पद}} \Rightarrow x = \frac{b \times c}{a}$$

उदाहरण 7 9 तथा 4 का मध्यानुपाती क्या होगा?

(a) 2 (b) 5 (c) 6 (d) 8

हल (*c*) $a = 9, b = 4$ तब

मध्यानुपाती के लिए,

$$\Rightarrow \quad x = \sqrt{a \times b} = \sqrt{9 \times 4} = \sqrt{36} = 6$$

उदाहरण 8 ₹ 360 को A, B तथा C में 4 : 3 : 5 के अनुपात में बाँटने पर B का हिस्सा कितना होगा?

(a) ₹ 10 (b) ₹ 50 (c) ₹ 90 (d) ₹ 100

हल (*c*) दिया है, R = ₹ 360, तथा अनुपात = 4 : 3 : 5

माना A का हिस्सा $4x$, B का हिस्सा $3x$ व C का हिस्सा $5x$ है।

$$\therefore \quad B \text{ का हिस्सा} = \frac{b}{(a+b+c)} \times R$$

$$= \frac{3x}{(4x + 3x + 5x)} \times 360$$

$$= \frac{3x}{12x} \times 360 = ₹\ 90$$

एगजाम पैटर्न प्रश्न

1. 60 छात्रों और 30 छात्राओं की संख्याओं में अनुपात है

(a) 1 : 3 (b) 2 : 3
(c) 3 : 2 (d) 2 : 1

2. 2 लीटर पेट्रोल का 500 मिली पेट्रोल से क्या अनुपात है?

(a) 4 : 1 (b) 1 : 3
(c) 2 : 5 (d) 5 : 2

3. 200 के 80% का 300 के 50% से क्या अनुपात है?

(a) 13 : 16 (b) 16 : 15
(c) 2 : 3 (d) 15 : 17

4. $2^4 : 2^3$ का अनुपात किसके तुल्य है?

(a) 2 : 1 (b) 3 : 2
(c) 2 : 3 (d) 1 : 2

5. 36 : 121 का वर्गमूलानुपात है

(a) 6 : 11 (b) 6 : 7
(c) 11 : 6 (d) 18 : 13

6. 2 : 3 का वर्गानुपात क्या होगा?

(a) 1 : 2 (b) 8 : 27
(c) 4 : 9 (d) 9 : 4

7. 27 : 8 का घनमूलानुपात है

(a) 3 : 4 (b) 3 : 2
(c) 4 : 3 (d) 2 : 3

8. 5 : 3, 6 : 4, 2 : 3 का मिश्रित अनुपात कितना है?

(a) 5 : 3
(b) 6 : 4
(c) 2 : 3
(d) 5 : 4

9. 1 : 3 तथा 2 : 3 के व्युत्क्रमानुपातों के योग का अनुपात क्या होगा?

(a) 5 : 3 (b) 3 : 4
(c) 9 : 2 (d) 3 : 5

10. यदि $a : b = 2 : 3$, $b : c = 5 : 1$ हो, तो $a : b : c$ का मान होगा

(a) 11 : 12 : 4 (b) 5 : 3 : 2
(c) 10 : 15 : 3 (d) 6 : 8 : 3

11. यदि $A : B = 2 : 3$, $B : C = 4 : 5$ हो, तो $A : C$ का मान है

(a) 8 : 5 (b) 15 : 8
(c) 8 : 15 (d) 8 : 7

12. 0.4 : 1.4 :: 1.4 : x हो, तो x का मान है

(a) 49 (b) 4.9
(c) 0.49 (d) 0.4

13. 3 और 192 का मध्यानुपाती है
(a) 28 (b) 22
(c) 26 (d) 24

14. यदि $x : y = 6 : 5$ हो, तो $(5x + 3y) : (5x - 3y) = ?$
(a) 2 : 1 (b) 3: 1
(c) 5 : 3 (d) 5 : 2

15. यदि $\frac{a}{b} = \frac{2}{3}$ और $\frac{b}{c} = \frac{4}{5}$ हो, तो $\frac{a+b}{b+c}$ किसके बराबर है?
(a) $\frac{20}{27}$ (b) $\frac{27}{20}$
(c) $\frac{6}{8}$ (d) $\frac{8}{6}$

16. राम की सम्पत्ति श्याम से $\frac{2}{5}$ गुना है और मोहन की सम्पत्ति श्याम से $\frac{8}{3}$ गुना है। मोहन की सम्पत्ति का राम की सम्पत्ति से अनुपात क्या है?
(a) 4 : 5 (b) 20 : 3
(c) 3 : 10 (d) 2 : 5

17. 300 परीक्षार्थियों के एक परीक्षा हॉल में लड़के और लड़कियों में 7 : 8 का अनुपात पाया गया। हॉल में लड़कों की संख्या कितनी थी?
(a) 110 (b) 120 (c) 130 (d) 140

18. कृतिका की मासिक आय ₹ 45000 है। यदि उसके द्वारा किए गए मासिक व्यय और बचत का अनुपात 5 : 4 हो, तो उसकी मासिक बचत क्या है?
(a) ₹ 30000 (b) ₹ 20000
(c) ₹ 25000 (d) ₹ 15000

19. एक गाँव की 20000 आबादी में से तीन-चौथाई आबादी साक्षर है, जबकि शेष निरक्षर है। गाँव की साक्षरता और निरक्षरता में क्या अनुपात है?
(a) 2 : 3 (b) 3 : 2 (c) 3 : 1 (d) 5 : 1

20. दो संख्याएँ 3 : 5 के अनुपात में हैं। यदि दोनों में से प्रत्येक में से 9 घटा दें, तो परिणाम का अनुपात 12 : 23 प्राप्त होता है। छोटी संख्या है
(a) 27 (b) 33 (c) 49 (d) 55

PYQs

21. दो संख्याओं का योग 90 है और उनका अनुपात 7 : 8 है। संख्याएँ हैं
क्लर्क (हैदराबाद) 28 फरवरी 2021
(a) 31, 14 (b) 42, 48
(c) 20, 25 (d) 14, 31

22. यदि $7 : x = 28 : 48$ हो, तो x का मान ज्ञात कीजिए। **क्लर्क (हमीरपुर) 01 नवम्बर 2023**
(a) 16 (b) 12 (c) 18 (d) 15

23. वह अनुपात ज्ञात कीजिए, जिसका मान 2/3 और पूर्वपद 18 है। **क्लर्क (लखनऊ) 2020**
(a) 2 : 3 (b) 180 : 270
(c) 27 : 18 (d) 18 : 27

24. दो संख्याओं का अनुपात 3 : 4 है। यदि हम प्रत्येक संख्या में से 5 घटा दें, तो अनुपात 5 : 7 हो जाता है। संख्याएँ ज्ञात कीजिए।
क्लर्क (जबलपुर, दानापुर) 01 नवम्बर 2020
(a) 30, 40 (b) 40, 44
(c) 24, 32 (d) 121, 21

उत्तरमाला

1. (d)	2. (a)	3. (b)	4. (a)	5. (a)	6. (c)	7. (b)	8. (a)	9. (c)	10. (c)
11. (c)	12. (b)	13. (d)	14. (b)	15. (a)	16. (b)	17. (d)	18. (b)	19. (c)	20. (b)
21. (b)	22. (b)	23. (d)	24. (a)						

संकेत एवं हल

1. (d) 60 छात्र व 30 छात्राओं का अनुपात

$= \frac{60}{30} = \frac{2}{1} = 2:1$

2. (a) 2 लीटर = 2000 मिली

$\therefore$ 2 लीटर : 500 मिली

$= 2000:500 = 4:1$

3. (b) 200 का 80% $= \frac{200 \times 80}{100} = 160$

300 का 50% $= \frac{300 \times 50}{100} = 150$

$\therefore$ अभीष्ट अनुपात $= \frac{160}{150} = 16:15$

4. (a) $2^4 : 2^3 = 16:8 = 2:1$

5. (a) 36 : 121 का वर्गमूलानुपात

$= \sqrt{36} : \sqrt{121} = 6:11$

6. (c) 2 : 3 का वर्गानुपात $= 2^2 : 3^2 = 4:9$

7. (b) 27 : 8 का घनमूलानुपात $= \sqrt[3]{27} : \sqrt[3]{8}$

$= 3:2$

8. (a) 5 : 3, 6 : 4, 2 : 3 का मिश्रित अनुपात

$= (5 \times 6 \times 2) : (3 \times 4 \times 3) = 60:36$

$= 10:6 = 5:3$

9. (c) 1 : 3 का व्युत्क्रम $= 3:1 = \frac{3}{1}$

2 : 3 का व्युत्क्रम $= 3:2 = \frac{3}{2}$

$\therefore$ अभीष्ट योग $= \frac{3}{1} + \frac{3}{2} = \frac{6+3}{2} = \frac{9}{2} = 9:2$

10. (c) $a : b = 2:3,\ b : c = 5:1$

$\therefore \quad a : b : c \Rightarrow$ 2 3 / 4 5

$= 2 \times 5 : 5 \times 3 : 3 \times 1$

$= 10:15:3$

11. (c) $A : B = 2:3, \quad B : C = 4:5$

$\therefore \quad A : B : C = 2 \quad 3$ / $4 \quad 5$

$= 2 \times 4 : 4 \times 3 : 3 \times 5$

$= 8:12:15$

$\therefore \quad A : C = 8:15$

12. (b) प्रश्नानुसार,

$0.4 : 1.4 \quad :: \quad 1.4 : x$

गुणनफल

$\Rightarrow \quad 0.4 \times x = 1.4 \times 1.4$

$\Rightarrow \quad x = \frac{1.96}{0.4} = 4.9$

13. (d) माना 3 व 192 का मध्यानुपाती x है, तब

$3 : x :: x : 192$

$\Rightarrow \quad x = \sqrt{3 \times 192}$

$= \sqrt{3 \times 3 \times 8 \times 8} = 24$

14. (b) माना $x = 6k, y = 5k$

$\therefore \quad \frac{5x + 3y}{5x - 3y} = \frac{5 \times 6k + 3 \times 5k}{5 \times 6k - 3 \times 5k}$

$= \frac{30k + 15k}{30k - 15k} = \frac{45k}{15k} = \frac{3}{1} = 3:1$

15. (a) $\frac{a}{b} = \frac{2}{3}, \frac{b}{c} = \frac{4}{5}$ या $\frac{c}{b} = \frac{5}{4}$

$\therefore \quad \frac{a+b}{b+c} = \frac{b\left(\frac{a}{b} + 1\right)}{b\left(1 + \frac{c}{b}\right)}$

$= \frac{\frac{2}{3} + 1}{1 + \frac{5}{4}}$

$= \frac{\frac{5}{3}}{\frac{9}{4}}$

$= \frac{5}{3} \times \frac{4}{9} = \frac{20}{27}$

16. (b) माना श्याम की सम्पत्ति = ₹ x

$\therefore$ राम की सम्पत्ति = ₹ $\frac{2}{5}x$

तथा मोहन की सम्पत्ति = ₹ $\frac{8}{3}x$

तब, $\frac{\text{मोहन की सम्पत्ति}}{\text{राम की सम्पत्ति}} = \frac{\frac{8}{3}x}{\frac{2}{5}x}$

$= \frac{8 \times 5}{3 \times 2}$

$= \frac{20}{3} = 20:3$

17. (d) माना लड़के $= 7x$ तथा लड़कियाँ $= 8x$

प्रश्नानुसार, $7x + 8x = 300$

$\Rightarrow \quad 15x = 300$

$\Rightarrow \quad x = 20$

$\therefore$ लड़कों की संख्या $= 7x = 7 \times 20 = 140$

18. (b) कृतिका की मासिक आय = ₹ 45000

माना व्यय $5x$ तथा बचत $4x$ है।

प्रश्नानुसार, $5x + 4x = 45000$

$\Rightarrow \quad 9x = 45000$

$\Rightarrow \quad x = 5000$

अत: कृतिका की मासिक बचत $= 4x$

$= 4 \times 5000$

= ₹ 20000

19. (c) गाँव की कुल आबादी = 20000

साक्षर आबादी $= 20000 \times \frac{3}{4} = 15000$

निरक्षर आबादी $= 20000 - 15000$

$= 5000$

$\therefore$ अभीष्ट अनुपात $= 15000 : 5000$

$= 3:1$

20. (b) माना संख्याएँ $3x$ व $5x$ हैं।

प्रश्नानुसार, $\frac{3x - 9}{5x - 9} = \frac{12}{23}$

$\Rightarrow \quad 69x - 207 = 60x - 108$

$\Rightarrow \quad 9x = 207 - 108$

$\Rightarrow \quad 9x = 99$

$\Rightarrow \quad x = 11$

$\therefore$ छोटी संख्या $= 3x = 3 \times 11$

$= 33$

21. (b) माना संख्याएँ $7x$ और $8x$ हैं, तब

प्रश्नानुसार,

$7x + 8x = 90$

$\Rightarrow \quad 15x = 90$

$\therefore \quad x = \frac{90}{15} = 6$

अत: संख्याएँ $= 7 \times 6$ और 8×6

$= 42$ और 48

22. (b) प्रश्नानुसार, $\frac{7}{x} = \frac{28}{48}$

$\Rightarrow \quad x = \frac{7 \times 48}{28}$

$\therefore \quad x = 12$

23. (d) माना अनुपात का पश्चपद x है, तब

प्रश्नानुसार,

$18 : x = 2:3$

$\Rightarrow \quad \frac{18}{x} = \frac{2}{3}$

$\Rightarrow \quad x = \frac{18 \times 3}{2}$

$\therefore \quad x = 27$

$\therefore$ अभीष्ट अनुपात $= 18:27$

24. (a) माना दो संख्याएँ क्रमश: $3x$ और $4x$ हैं।

प्रश्नानुसार,

$\frac{3x - 5}{4x - 5} = \frac{5}{7}$

$\Rightarrow \quad 21x - 35 = 20x - 25$

$\Rightarrow \quad 21x - 20x = 35 - 25$

$\therefore \quad x = 10$

अत: संख्याएँ $= 3 \times 10$ और 4×10

$= 30$ और 40

अध्याय 07

प्रतिशतता

प्रतिशत की अवधारणा

प्रतिशत, 'प्रति' और 'शत' शब्दों से मिलकर बना है। प्रति का अर्थ 'एक' तथा 'शत' का अर्थ 'सौ' होता है। इस प्रकार प्रतिशत का अर्थ है—'प्रत्येक 100 पर' की गई गणना।

प्रतिशत को चिह्न % से दर्शाते है। *जैसे*— x प्रतिशत $= x\%$

भिन्न के रूप में $x\%$ एक ऐसी संख्या है, जिसका हर 100 तथा अंश x है अर्थात् $\frac{x}{100}$, x को 'दर' कहते है, जिसका मान (संख्यात्मक रूप से) कुछ भी हो सकता है।

जैसे—पचास प्रतिशत $= 50\% = \frac{50}{100} = \frac{1}{2}$

प्रतिशत सम्बन्धी महत्त्वपूर्ण नियम

1. (i) किसी प्रतिशत को भिन्न में बदलने के लिए, 100 से भाग देते हैं। जैसे—$75\% = \frac{75}{100} = \frac{3}{4}$

   (ii) किसी भिन्न को प्रतिशत में बदलने के लिए, 100 से गुणा करते हैं।
   जैसे— $\frac{9}{20} = \left(\frac{9}{20} \times 100\right)\% = (9 \times 5)\% = 45\%$

2. किसी संख्या (x) का $y\% = x \times \frac{y}{100}$

   जैसे—90 का $50\% = 90 \times \frac{50}{100} = 90 \times \frac{1}{2} = 45$

3. यदि x_1 का मान वृद्धि (या कमी) के पश्चात् x_2 हो जाता हो, तब
   वृद्धि प्रतिशत $= \frac{x_2 - x_1}{x_1} \times 100\%$
   या कमी प्रतिशत $= \frac{x_1 - x_2}{x_1} \times 100\%$

4. यदि किसी संख्या में क्रमशः $x\%$ व $y\%$ का बदलाव (कमी या वृद्धि) किया जाता है, तो कुल अथवा नेट प्रतिशत बदलाव
   $= \left[\pm x \pm y + \frac{(\pm x)(\pm y)}{100}\right]\%$ [वृद्धि के लिए '+']

5. (i) यदि A, B से $x\%$ अधिक है, तो B, A से $\left(\frac{x}{100+x} \times 100\right)\%$ कम होगा।

   (ii) यदि A, B से $x\%$ कम है, तो B, A से $\left(\frac{x}{100-x} \times 100\right)\%$ अधिक होगा।

उदाहरण 1 2% को भिन्न में बदलिए।

(a) $\frac{1}{50}$ (b) $\frac{1}{2}$ (c) $\frac{2}{3}$ (d) $\frac{1}{100}$

हल (*a*) $2\% = \frac{2}{100} = \frac{1}{50}$

उदाहरण 2 $\frac{3}{5}$ को प्रतिशत में बदलिए।

(a) 40% (b) 50% (c) 60% (d) 70%

हल (*c*) $\frac{3}{5} = \left(\frac{3}{5} \times 100\right)\% = (3 \times 20)\% = 60\%$

उदाहरण 3 300 का $\frac{1}{5}$ का 10% कितना होगा?

(a) 4 (b) 50
(c) 6 (d) 60

हल (*c*) 300 का $\frac{1}{5}$ का $10\% = 300 \times \frac{1}{5} \times \frac{10}{100} = 6$

उदाहरण 4 एक बस में 200 यात्री हैं, अन्तिम स्टेशन पर यह संख्या 50 रह गई। बस में यात्रियों की संख्या में कितने प्रतिशत की कमी हो गई?

(a) 80% (b) 50% (c) 75% (d) 25%

हल (*c*) प्रारम्भिक संख्या = 200
नयी संख्या = 50

$\therefore$ प्रतिशत कमी $= \left(\frac{\text{प्रारम्भिक संख्या} - \text{नयी संख्या}}{\text{प्रारम्भिक संख्या}} \times 100\right)\%$

$= \left(\frac{200 - 50}{200} \times 100\right)\%$

$= \frac{150}{200} \times 100\% = 75\%$

उदाहरण 5 किसी वस्तु की कीमत पहले 20% बढ़ाई जाती है तथा बाद में बिक्री में गिरावट के कारण इसकी कीमत 25% घटा दी जाती है। वस्तु के अन्तिम मूल्य में प्रतिशत परिवर्तन ज्ञात कीजिए।

(a) 20% लाभ (b) 18% लाभ
(c) 38% कमी (d) 10% कमी

हल (*d*) यहाँ, $x = 20\%$ तथा $y = -25\%$

कुल प्रतिशत परिणाम $= \left(\pm x \pm y + \frac{(\pm x)(\pm y)}{100}\right)\%$

$= 20 - 25 + \frac{(20)(-25)}{100} = -5 - 5 = -10\%$

$\because$ परिणाम ऋणात्मक है, अतः वस्तु के अन्तिम मूल्य में 10% की कमी हुई है।

एग्जाम पैटर्न प्रश्न

1. 9000 का 25% कितना होगा?
(a) 2350 (b) 2250 (c) 24250 (d) 2550

2. 75% राशि का 75% कितना होगा?
(a) 0.5625 (b) 0.7215
(c) 0.7325 (d) इनमें से कोई नहीं

3. 36 का 8% किस संख्या का 72% है?
(a) 3 (b) 4 (c) 5 (d) 6

4. एक संख्या का 35%, 63 है, तो संख्या क्या होगी?
(a) 180 (b) 170 (c) 160 (d) 150

5. एक संख्या 50 से 20% अधिक है, वह संख्या है
(a) 70 (b) 50 (c) 60 (d) 40

6. 2 घण्टे, 1 दिन का कितने प्रतिशत है?
(a) 12% (b) 24% (c) $7\frac{1}{4}\%$ (d) $8\frac{1}{3}\%$

7. 65 का $\frac{4}{5}$, 119 का $\frac{5}{7}$ से कितने प्रतिशत कम है?
(a) 38.82% (b) 35%
(c) 42% (d) इनमें से कोई नहीं

8. y का $x\% + x$ का $y\%$ किसके बराबर है?
(a) y का $x\%$ (b) x का $y\%$
(c) x का $xy\%$ (d) xy का 2%

9. यदि x का 40% का 40%, 40 हो, तो x का मान है
(a) 100 (b) 250
(c) 400 (d) इनमें से कोई नहीं

10. यदि $(x - y)$ का 50% = $(x + y)$ का 30% हो, तो x का कितने प्रतिशत y है?
(a) 25% (b) $33\frac{1}{3}\%$ (c) 40% (d) 400%

11. 75 पैसे, ₹ 2 का कितने प्रतिशत है?
(a) 36% (b) $34\frac{1}{2}\%$ (c) $37\frac{1}{2}\%$ (d) 35%

12. किसी संख्या में $16\frac{2}{3}\%$ की कमी करने पर 40 प्राप्त होता है। संख्या क्या है?
(a) 49 (b) 40 (c) 48 (d) 42

13. एक संख्या से 15 घटाने पर वह घटकर 80% रह जाती है। उस संख्या का 40% क्या है?
(a) 75 (b) 60 (c) 30 (d) 90

14. 1206 का $\frac{1}{3}$, 134 का कितने प्रतिशत है?
(a) 100% (b) 150% (c) 200% (d) 300%

15. किसी आयत की लम्बाई 20% बढ़ाई जाती है तथा उसकी चौड़ाई 20% कम की जाती है। उसके क्षेत्रफल में कितने प्रतिशत का बदलाव आएगा?
(a) 0.8% वृद्धि (b) 1.2% कमी
(c) 4% कमी (d) इनमें से कोई नहीं

16. यदि P की आय Q से 30% अधिक है, तो Q की आय P से कितने प्रतिशत कम है?
(a) $23\frac{1}{13}\%$ (b) $25\frac{1}{2}\%$
(c) $20\frac{3}{5}\%$ (d) $24\frac{2}{3}\%$

17. दो संख्याओं का अन्तर, उन दोनों में बड़ी संख्या के 20% के बराबर है। यदि छोटी संख्या 20 हो, तो बड़ी संख्या है
(a) 25 (b) 45 (c) 50 (d) 80

18. एक चुनाव में एक उम्मीद्वार 52% मत प्राप्त करता है और दूसरे उम्मीद्वार से 60 अधिक मतों से जीत हासिल करता है, चुनाव में कुल मत है
(a) 1500 (b) 1400 (c) 1300 (d) 1200

19. एक विद्यालय में 72% लड़की है। यदि इसमें 980 लड़के हो, तो लड़कियों की संख्या कितनी होगी?
(a) 2100 (b) 2400 (c) 2520 (d) 750

20. राहुल को एक परीक्षा में उत्तीर्ण होने के लिए 36% अंक प्राप्त करने थे। उसने 24% अंक प्राप्त किए तथा वह 9 अंकों से असफल हो गया। पूर्णांक कितना है?
(a) 50 (b) 65 (c) 70 (d) 75

21. मनोज ने अपनी कुल धनराशि में से 25% मकान निर्माण में, 40% मशीनों पर, 15% प्लाईवुड पर तथा 5% अन्य पर व्यय किया। इसके बाद भी उसने ₹ 261000 की बचत कर ली, उसके पास आरम्भ में कुल कितनी राशि थी?
(a) ₹ 166000 (b) ₹ 1740000
(c) ₹ 185000 (d) इनमें से कोई नहीं

22. किसी परीक्षा में 65% छात्र पास हुए। यदि फेल छात्र 420 थे, तो कुल छात्र कितने थे?
(a) 1000 (b) 1200
(c) 1500 (d) 1600

23. रीतेश अपने वेतन का 30% घरेलू समानों पर 25% शिक्षा पर तथा 15% अन्य मदों पर खर्च करता है। शेष राशि ₹ 5250 को वह बैंक खाते में जमा करा देता है, तो घरेलू सामानों पर उसका खर्च कितना था?
(a) ₹ 3250 (b) ₹ 4250
(c) ₹ 5250 (d) ₹ 2550

24. एक TV सेट की कीमत में 10% की कमी होने से इसकी कीमत ₹ 1650 कम हो गयी। TV सेट का आरम्भिक मूल्य था?
(a) ₹ 16500 (b) ₹ 16000
(c) ₹ 15000 (d) ₹ 16550

PYQs

25. x का मान 20% = 400 है। x का मान ज्ञात कीजिए।
क्लर्क (दानापुर, जबलपुर) 01 नवम्बर 2020
(a) 2000 (b) 2100
(c) 1800 (d) 1900

26. हल करें (2750 का 43%) − (2990 का 38%) = ?
क्लर्क (हमीरपुर) 01 नवम्बर 2020
(a) 49.3 (b) 46.3
(c) 44.7 (d) 43.6

27. यदि 498 एक संख्या से 17% कम है, तो संख्या है? **क्लर्क (लखनऊ) 2020**
(a) 600 (b) 520
(c) 610 (d) 580

28. रमन ने एक परीक्षा में 456 अंक प्राप्त किए और सीता समान परीक्षा में 54% अंक प्राप्त किए, जो रमन से 24 अंक कम है। यदि परीक्षा में न्यूनतम उत्तीर्ण अंक 34% हैं, तो रमन ने न्यूनतम उत्तीर्ण अंकों से कितने अधिक अंक प्राप्त किए?
क्लर्क (दानापुर, जबलपुर) 01 नवम्बर 2020
(a) 180 (b) 190
(c) 184 (d) 196

29. राम अपनी कुल आय का 50% खर्च करता है, यदि वह ₹ 2000 खर्च करता है, तो उसकी कुल आय ज्ञात कीजिए।
क्लर्क (बहरामपुर) 01 नवम्बर 2020
(a) ₹ 5000 (b) ₹ 4000
(c) ₹ 8000 (d) ₹ 1000

30. किसी कक्षा में 45 लड़के और 30 लड़कियाँ हैं। उस कक्षा में लड़कियों का प्रतिशत होगा? **क्लर्क (लखनऊ) 2020**
(a) 37% (b) 30%
(c) 45% (d) 40%

उत्तरमाला

1. (b)	2. (a)	3. (b)	4. (a)	5. (c)	6. (d)	7. (a)	8. (d)	9. (b)	10. (a)
11. (c)	12. (c)	13. (c)	14. (d)	15. (c)	16. (a)	17. (a)	18. (a)	19. (c)	20. (d)
21. (b)	22. (b)	23. (c)	24. (a)	25. (a)	26. (b)	27. (a)	28. (c)	29. (b)	30. (d)

संकेत एवं हल

1. (b) 9000 का 25% $= 9000 \times \frac{25}{100}$

$= 90 \times 25 = 2250$

2. (a) 75% का 75% $= \frac{75}{100} \times \frac{75}{100}$

$= \frac{3}{4} \times \frac{3}{4} = \frac{9}{16} = 0.5625$

3. (b) 36 का 8%, माना x का 72% है।

प्रश्नानुसार,

$36 \times \frac{8}{100} = x \times \frac{72}{100}$

$\Rightarrow \quad x \times 72 = 36 \times 8$

$\Rightarrow \quad x = \frac{36 \times 8}{72} \quad \Rightarrow x = 4$

4. (a) माना संख्या x है,

प्रश्नानुसार,

संख्या का 35% = 63

$\Rightarrow \quad x \times \frac{35}{100} = 63$

$\Rightarrow \quad x = \frac{6300}{35} = \frac{900}{5} = 180$

5. (c) माना संख्या x है,

प्रश्नानुसार,

$x = 50 + 50$ का 20%

$= 50\left(1 + \frac{1}{5}\right)$

$\left[\because 20\% = \frac{1}{5}\right]$

$= 50 \times \frac{6}{5} = 60$

6. (d) $\because$ 1 दिन = 24 घण्टे

माना 2 घण्टे, 24 घण्टे का x% है,

$\Rightarrow \quad 2 = 24 \times \frac{x}{100}$

$\Rightarrow \quad x = \frac{200}{24} = \frac{25}{3} = 8\frac{1}{3}\%$

$\therefore$ 2 घण्टे, 1 दिन का $8\frac{1}{3}$% है।

7. (a) माना x% कम है,

प्रश्नानुसार,

$\therefore \quad 119 \times \frac{5}{7} \times \frac{(100 - x)}{100} = 65 \times \frac{4}{5}$

$\Rightarrow \quad 17 \times 5 \times (100 - x) = 5200$

$\Rightarrow \quad 8500 - 85x = 5200$

$\Rightarrow \quad 85x = 3300$

$\Rightarrow \quad x = 38.82\%$

8. (d) y का $x\% + x$ का $y\%$

$= \frac{y \times x}{100} + \frac{x \times y}{100} = \frac{2xy}{100}$

$= xy$ का $\frac{2}{100} = xy$ का 2%

9. (b) प्रश्नानुसार, x का 40% का 40% = 40

$x \times \frac{40}{100} \times \frac{40}{100} = 40$

$x = \frac{100 \times 100}{40} = 250$

10. (a) $(x - y)$ का 50% $= (x + y)$ का 30%

$\frac{x - y}{x + y} = \frac{30}{50} = \frac{3}{5}$

$5x - 5y = 3x + 3y$

$\Rightarrow \quad 2x = 8y$

$\Rightarrow \quad x = 4y$

$\Rightarrow \quad y = \frac{x}{4}$

$y = \left(\frac{x}{4} \times 100\right)\% = x$ का 25%

अत: x का 25%, y है।

11. (c) माना 75 पैसे = ₹ 2 का x% है

75 पैसे = 200 पैसे $\times \frac{x}{100}$ [$\because$ ₹ 1 = 100 पैसे]

$\Rightarrow \quad 75 = 200 \times \frac{x}{100} = 2x$

$x = \frac{75}{2} = 37\frac{1}{2}\%$

12. (c) माना संख्या x है,

x का $\left(100 - 16\frac{2}{3}\right)\% = 40$

$\Rightarrow \quad x$ का $\left(100 - \frac{50}{3}\right) \times \frac{1}{100} = 40$

$\Rightarrow \quad x \times \frac{300 - 50}{300} = 40$

$\Rightarrow \quad x \times \frac{250}{300} = 40$

$\Rightarrow \quad x = \frac{40 \times 300}{250}$

$\therefore \quad x = 4 \times 12 = 48$

13. (c) माना वह संख्या x है, तब

प्रश्नानुसार,

$x - 15 = x$ का 80%

$\Rightarrow \quad x - 15 = \frac{x \times 80}{100} = \frac{4x}{5}$

$\Rightarrow \quad 5x - 75 = 4x \Rightarrow x = 75$

$\therefore$ संख्या का 40% = 75 का 40%

$= \frac{75 \times 40}{100} = 30$

14. (d) $1206 \times \frac{1}{3} = 402$

अत: अभीष्ट प्रतिशत $= \frac{402}{134} \times 100 = 300\%$

15. (c) आयत के क्षेत्रफल में अभीष्ट बदलाव

$= \left(x + y + \frac{xy}{100}\right)\%$

[यहाँ, $x = 20, y = -20$]

$\therefore$ अभीष्ट क्षेत्रफल परिवर्तन

$= \left(20 - 20 - \frac{(20) \times (-20)}{100}\right)\%$

$= (0 - 4)\% = -4\%$

अर्थात् 4% की कमी हो जाएगी।

16. (a) यहाँ, $x = 30°$

$\therefore$ आय में अभीष्ट कमी प्रतिशत,

$= \left(\frac{x}{100 + x} \times 100\right)\%$

$= \left(\frac{30}{100 + 30} \times 100\right)\% = \frac{3000}{130}$

$= \frac{300}{13} = 23\frac{1}{13}\%$

17. (a) माना बड़ी संख्या $= x$,

दिया है, एक संख्या = 20

प्रश्नानुसार,

$x - 20 = x \times \frac{20}{100}$

$\Rightarrow \quad x - 20 = \frac{x}{5}$

$\Rightarrow \quad 5x - 100 = x$

$\Rightarrow \quad 4x = 100$

$\Rightarrow \quad x = 25$

अत: बड़ी संख्या = 25

18. (a) माना कुल मत $= x$

प्रश्नानुसार, $x \times \frac{52}{100} - x \times \frac{48}{100} = 60$

$\frac{4x}{100} = 60$

$\Rightarrow \quad x = 1500$

19. (c) माना विद्यालय में कुल छात्र $= x$

$\because$ लड़कियों की संख्या $= x$ का 72%

$\therefore$ लड़कों की संख्या $= x$ का $(100-72)\%$

$\therefore$ प्रश्नानुसार,

x का $28\% = 980$

$\Rightarrow \quad x \times \frac{28}{100} = 980$

$\Rightarrow \quad x = \frac{980 \times 100}{28} = 3500$

$\therefore$ लड़कियों की संख्या = कुल छात्र − लड़कों की संख्या

$= 3500 - 980 = 2520$

20. (d) माना परीक्षा में पूर्णांक अंक $= x$

$\therefore$ प्रश्नानुसार,

x का $24\% + 9 = x$ का 36%

$\Rightarrow \quad x \times \frac{36}{100} - x \times \frac{24}{100} = 9$

$\Rightarrow \quad \frac{12x}{100} = 9$

$\Rightarrow \quad x = \frac{900}{12} = 75$

अतः पूर्णांक 75 अंक है।

21. (b) माना कुल धनराशि = ₹ x

कुल व्यय $= (25 + 40 + 15 + 5)\% = 85\%$

शेष राशि $= x$ का $(100 - 85)\% = x$ का 15%

प्रश्नानुसार, x का $15\% = 261000$

$x = \frac{261000 \times 100}{15}$

= ₹ 1740000

22. (b) माना कुल छात्र $= x$

$\therefore$ प्रश्नानुसार,

x का $(100 - 65)\% = 420$

$\Rightarrow x$ का $35\% = 420$

$\Rightarrow \quad x \times \frac{35}{100} = 420$

$\Rightarrow \quad x = \frac{420 \times 100}{35}$

$\therefore \quad x = 1200$

23. (c) माना रीतेश का कुल वेतन = ₹ x

कुल व्यय $= (30 + 25 + 15)\%$

$= 70\%$

शेष वेतन $= (100 - 70)\% = 30\%$

$\therefore \ x \times 30\% = 5250$

$x = \frac{5250 \times 100}{30} = 1750$

$\therefore$ घरेलू सामान पर खर्च = 17500 का 30%

= ₹ 5250

24. (a) माना TV सेट का आरम्भिक मूल्य = ₹ x

प्रश्नानुसार,

$x \times \frac{(100-10)}{100} = x - 1650$

$\Rightarrow \quad x \times 90 = 100x - 165000$

$\Rightarrow \quad 100x - 90x = 165000$

$\therefore \quad x = ₹\ 16500$

25. (a) x का $20\% = 400$

$\Rightarrow x \times \frac{20}{100} = 400$

$\therefore \quad x = \frac{400 \times 100}{20} = 2000$

26. (b) 2750 का 43% −2990 का 38%

$2750 \times \frac{43}{100} - 2990 \times \frac{38}{100}$

$= 1182.5 - 1136.2$

$= 46.3$

27. (a) माना संख्या x है,

प्रश्नानुसार,

$x - x\frac{17}{100} = 498$

$\Rightarrow \quad \frac{100x - 17x}{100} = 498$

$\Rightarrow \quad 83x = 498 \times 100$

$\therefore \quad x = \frac{498 \times 100}{83} = 600$

28. (c) माना परीक्षा के कुल अंक $= x$

रमन द्वारा प्राप्त अंक = 456

सीता द्वारा प्राप्त अंक $= x \times \frac{54}{100}$

प्रश्नानुसार,

$456 - \frac{54x}{100} = 24$

$\Rightarrow \quad \frac{54x}{100} = 432$

$\Rightarrow \therefore \quad x = \frac{432 \times 100}{54} = 800$

न्यूनतम उत्तीर्ण अंक $= 800 \times \frac{34}{100} = 272$

अतः रमन द्वारा न्यूनतम अंक से प्राप्त किए अधिक अंक

$= 456 - 272 = 184$

29. (b) माना राम की कुल आय $= x$

प्रश्नानुसार,

$x \times \frac{50}{100} = 2000$

$\Rightarrow \quad x = \frac{2000 \times 100}{50} = ₹\ 4000$

अतः राम की कुल आय = ₹ 4000

30. (d) लड़कों की संख्या = 45

लड़कियों की संख्या = 30

कुल विद्यार्थी $= 45 + 30 = 75$

$\therefore$ लड़कियों का प्रतिशत $= \frac{30}{75} \times 100 = 40\%$

अध्याय 08

लाभ, हानि एवं बट्टा

क्रय मूल्य

किसी वस्तु को खरीदने के लिए जितनी धनराशि अदा की जाती है अर्थात् जिस मूल्य पर कोई वस्तु खरीदी जाती है, उसे उस वस्तु का क्रय मूल्य कहते हैं।

विक्रय मूल्य

क्रय मूल्य की तुलना पर, जब किसी वस्तु को कम या अधिक मूल्य में बेचा जाता है अर्थात् जिस मूल्य पर कोई वस्तु बेची जाती है, उसे उस वस्तु का विक्रय मूल्य कहते हैं।

लाभ

जब किसी वस्तु को उसके क्रय मूल्य से अधिक मूल्य पर बेचा जाता है, तो उस स्थिति में वस्तु पर लाभ होता है अर्थात् लाभ = विक्रय मूल्य – क्रय मूल्य

तथा लाभ प्रतिशत $= \dfrac{\text{लाभ}}{\text{क्रय मूल्य}} \times 100$

हानि

जब किसी वस्तु को उसके क्रय मूल्य से कम मूल्य पर बेचा जाता है, तो उस स्थिति में वस्तु पर हानि होती है

अर्थात् हानि = क्रय मूल्य – विक्रय मूल्य

तथा हानि प्रतिशत $= \dfrac{\text{हानि}}{\text{क्रय मूल्य}} \times 100$

नोट किसी वस्तु को खरीदने के बाद उसकी मरम्मत आदि पर जो खर्च होता है, अतिरिक्त खर्च को उपरिव्यय कहा जाता है, तथा क्रय मूल्य में जोड़ा जाता है।

उदाहरण 1 एक आदमी एक खिलौना ₹ 25 में खरीदता है और उसे ₹ 30 में बेच देता है। तब उस आदमी को कितने प्रतिशत लाभ हुआ?

(a) 5% (b) 2.5% (c) 20% (d) 10%

हल (c) ∵ खिलौने का क्रय मूल्य = ₹ 25

खिलौने का विक्रय मूल्य = ₹ 30

∵ लाभ = विक्रय मूल्य – क्रय मूल्य

= 30 – 25 = ₹ 5

∴ लाभ प्रतिशत $= \dfrac{\text{लाभ}}{\text{क्रय मूल्य}} \times 100$

$= \dfrac{5}{25} \times 100 = 20\%$

क्रय मूल्य तथा विक्रय मूल्य के आधार पर लाभ/हानि प्रतिशत ज्ञात करना

1. जब परीक्षा में ऐसे प्रश्न पूछे जाते हैं, जिनमें x वस्तुओं का क्रय मूल्य y वस्तुओं के विक्रय मूल्य के समान हो या दो वस्तुओं का विक्रय मूल्य समान हो, तब उन पर होने वाले लाभ/हानि प्रतिशत की गणना करने हेतु निम्नलिखित नियमों/सूत्रों की जानकारी होना आवश्यक है
   (a) यदि x वस्तुओं का क्रय मूल्य, y वस्तुओं के विक्रय मूल्य के समान हो, तो

   लाभ % $= \dfrac{(x-y)}{y} \times 100$, हानि % $= \dfrac{(y-x)}{y} \times 100$

   (b) यदि x वस्तुओं को बेचकर, y वस्तुओं के विक्रय मूल्य के बराबर लाभ या हानि प्राप्त होती हो, तो प्रतिशत लाभ या हानि $= \dfrac{y}{(x \pm y)} \times 100$

   लाभ के लिए = '–', हानि के लिए = '+'
2. यदि दो वस्तुओं का विक्रय मूल्य समान हो तथा एक वस्तु x% लाभ एवं दूसरी वस्तु x% हानि पर बेची जाए, तो अन्ततः कुल सौदे पर हानि प्रतिशत $= \dfrac{x^2}{100}\%$
3. यदि कुछ वस्तुएँ ₹ x में y की दर से खरीदी जाती है और ₹ y में x की दर से बेची जाती है, तो पूरे लेन-देन में प्राप्त प्रतिशत लाभ या हानि $= \dfrac{y^2 - x^2}{x^2} \times 100\%$

नोट यदि इसका मान धनात्मक (+ve) आता है, तो प्रतिशत लाभ होगा। यदि इसका मान ऋणात्मक (–ve) आता है, तो प्रतिशत हानि होगी।

उदाहरण 2 यदि 16 वस्तुओं का विक्रय मूल्य, 20 वस्तुओं के क्रय मूल्य के बराबर हो, तो हमें प्राप्त होगा

(a) 25% का लाभ (b) 20% का लाभ
(c) 20% की हानि (d) 4% की हानि

हल (a) अभीष्ट लाभ प्रतिशत $= \dfrac{x-y}{y} \times 100$

$= \dfrac{20-16}{16} \times 100$

$= 25\%$

उदाहरण 3 यदि दो घड़ियाँ जिनमें से प्रत्येक को ₹ 1000 में बेचा गया हो तथा उनमें से एक पर 40% लाभ तथा दूसरी पर 40% हानि हुई हो, तो कुल सौदे में हुए लाभ/हानि का प्रतिशत कितना होगा?

(a) 4% लाभ (b) 16% हानि (c) 16% लाभ (d) न लाभ न हानि

हल (b) अभीष्ट हानि प्रतिशत $= \frac{x^2}{100} = \frac{40 \times 40}{100} = 16\%$

उदाहरण 4 एक व्यक्ति ने ₹ 4 की 6 की दर से पेन्सिलें खरीदी और उन्हें ₹ 6 की 4 की दर से बेच दिया। इस सौदे में कितना लाभ मिला?

(a) 75% (b) 80% (c) 125% (d) 100%

हल (c) यहाँ $x = 4$ और $y = 6$

$$\therefore \quad \text{प्रतिशत लाभ} = \frac{y^2 - x^2}{x^2} \times 100\%$$

$$= \frac{36 - 16}{16} \times 100\%$$

$$= \frac{20}{4} \times 25\% = 125\%$$

बेइमान विक्रेता पर आधारित प्रश्न

जब कोई दुकानदार 1 किग्रा के स्थान पर वस्तुओं को कुछ कम वजन पर तौलकर क्रय मूल्य पर बेचता है, तब

$$\text{लाभ प्रतिशत} = \frac{\text{त्रुटि}}{\text{सही मान} - \text{त्रुटि}} \times 100$$

उदाहरण 5 एक दुकानदार किसी वस्तु को उसके क्रय मूल्य पर ही बेचता है। लेकिन 1 किग्रा के स्थान पर 200 ग्राम कम तौलता है, तो उसे कितने प्रतिशत लाभ होगा?

(a) 12.5 (b) 25 (c) 37.5 (d) 50

हल (b) अभीष्ट लाभ प्रतिशत $= \frac{\text{त्रुटि}}{\text{सही मान} - \text{त्रुटि}} \times 100$

$$= \frac{200}{1000 - 200} \times 100 = \frac{200}{800} \times 100 = 25\%$$

बट्टा

यदि कोई दुकानदार या व्यापारी किसी वस्तु के अंकित मूल्य या सूची मूल्य पर कुछ छूट दे, तो उस छूट को ही बट्टा कहते हैं। बट्टा हमेशा अंकित मूल्य पर दिया जाता है अर्थात्

विक्रय मूल्य = अंकित मूल्य − बट्टा

महत्त्वपूर्ण सूत्र

- बट्टा $= \frac{\text{अंकित मूल्य} \times \text{बट्टे की दर}}{100}$
- विक्रय मूल्य = अंकित मूल्य $\times \left(\frac{100 - \text{बट्टा}\%}{100}\right)$
- जब दो बट्टे क्रमशः $x\%$ तथा $y\%$ हों, तब समतुल्य बट्टा $= \left(x + y - \frac{xy}{100}\right)\%$

उदाहरण 6 10%, 20% और 50% की उत्तरोत्तर छूट कितनी छूट के तुल्य होगी?

(a) 36% (b) 64%
(c) 80% (d) 56%

हल (b) $x\%$ एवं $y\%$ के उत्तरोत्तर छूट का एकल समतुल्य

$$\text{बट्टा} = \left(x + y - \frac{xy}{100}\right)\%$$

∴ 10% एवं 20% का एकल समतुल्य बट्टा

$$= \left(10 + 20 - \frac{10 \times 20}{100}\right) = 28\%$$

28% एवं 50% का एकल समतुल्य बट्टा

$$= \left(50 + 28 - \frac{50 \times 28}{100}\right)$$

$$= (78 - 14) = 64\%$$

एग्जाम पैटर्न प्रश्न

1. किसी वस्तु को ₹ 150 में बेचने पर 25% हानि होती है। वस्तु का क्रय मूल्य ज्ञात कीजिए।

(a) ₹ 300 (b) ₹ 200
(c) ₹ 100 (d) ₹ 400

2. 5 वस्तुओं का विक्रय मूल्य 3 वस्तुओं के क्रय मूल्य के बराबर है। लाभ या हानि है

(a) 20% लाभ
(b) 25% लाभ
(c) 40% हानि
(d) 30% हानि

3. यदि किसी दुकानदार को 25 वस्तुओं को बेचने पर 5 वस्तुओं के विक्रय मूल्य के बराबर लाभ होता हो, तो दुकानदार को कितने प्रतिशत लाभ होगा?

(a) 20% (b) 25%
(c) $33\frac{1}{3}\%$ (d) 50%

4. यदि 18 वस्तुओं का क्रय मूल्य 16 वस्तुओं के विक्रय मूल्य के बराबर है, तो लाभ या हानि है

(a) 25% लाभ (b) 25% हानि
(c) $12\frac{1}{2}\%$ हानि (d) $12\frac{1}{2}\%$ लाभ

5. राम ने दो घोड़े समान कीमत पर बेचे। एक में उसे 10% का लाभ हुआ और दूसरे में 10% की हानि हुई। राम को प्राप्त कुल लाभ या हानि % है।

(a) न हानि न लाभ (b) 2% हानि
(c) 1% हानि (d) 1% लाभ

6. एक व्यक्ति ने कुछ गेंदें ₹ 4 की 5 के भाव से खरीदकर ₹ 3 की 4 के भाव से बेच दी। इस प्रकार उसे कुल ₹ 20 की हानि हुई। व्यक्ति द्वारा कुल खरीदी गई गेंदों की संख्या क्या थी?

(a) 200 (b) 300
(c) 400 (d) 425

7. एक दुकानदार अपनी वस्तुओं को उनकी लागत कीमत पर बेचता है, परन्तु वह एक दोषपूर्ण तराजू का प्रयोग करता है, जो 800 ग्राम के लिए 1000 ग्राम दर्शाता है। उसकी वास्तविक लाभ प्रतिशतता क्या है?
(a) 25% (b) 20%
(c) 40% (d) 30%

8. A किसी वस्तु को 20% हानि पर B को बेचता है। B ने उस वस्तु को 10% हानि पर C को बेच दिया। यदि C ने उस वस्तु को ₹ 1800 में खरीदा हो, तो वस्तु का प्रारम्भिक मूल्य क्या था?
(a) ₹ 2500 (b) ₹ 18000
(c) ₹ 1700 (d) ₹ 1600

9. एक व्यक्ति को ₹ 160 में 90 बॉलपेन बेचकर 20% की हानि हुई। ₹ 96 के कितने बॉलपेन बेचे जाएँ, कि 20% का लाभ हो।
(a) 36 (b) 37
(c) 46 (d) 47

10. एक विक्रेता ₹ 225 की कलाई घड़ी खरीदता है और उसकी मरम्मत पर ₹ 15 खर्च करता है। यदि वह उसे ₹ 300 में बेचता है, तो उसे कितने प्रतिशत लाभ होगा?
(a) 15% (b) 20%
(c) 25% (d) 30%

11. दिनेश ने दो रेड़ियों ₹ 1920 में खरीदी। उसने एक रेडियो 20% के लाभ पर बेचा और दूसरा $6\frac{2}{3}$% की हानि पर। यदि दोनों रेड़ियो का विक्रय मूल्य एक ही हो, तो दोनों रेडियो के क्रय मूल्य हैं
(a) ₹ 800 और ₹ 1120
(b) ₹ 840 और ₹ 1080
(c) ₹ 860 और ₹ 1060
(d) ₹ 900 और ₹ 1020

12. यदि किसी वस्तु को ₹ 425 में बेचने से उतना ही लाभ होता है, जितनी उसे ₹ 355 में बेचने से हानि होती है, तो उस वस्तु का क्रय मूल्य है
(a) ₹ 370 (b) ₹ 380
(c) ₹ 390 (d) ₹ 400

13. एक व्यापारी के पास 1000 किग्रा चीनी है, जिसका कुछ भाग वह 8% लाभ पर बेच देता है और बचे हुए को 18% लाभ पर वह कुल मिलाकर 14% लाभ प्राप्त करता है। 18% लाभ पर बिकी हुई मात्रा है?
(a) 500 किग्रा
(b) 600 किग्रा
(c) 400 किग्रा
(d) 640 किग्रा

14. 10% और 20% के क्रमिक बट्टों के समतुल्य एक अकेला बट्टा है
(a) 30% (b) 15%
(c) 28% (d) 12%

15. 30%, 20% तथा 10% के क्रमिक बट्टों के समतुल्य एकमात्र बट्टा है
(a) 50% (b) 49.60%
(c) 49.40% (d) 51%

16. यदि कमीज की लागत 20% की छूट देने के बाद ₹ 64 आती है, तो इसकी मूल लागत (₹ में) कितनी थी?
(a) ₹ 76.80 (b) ₹ 80
(c) ₹ 88 (d) ₹ 86.80

17. एक वस्तु के अंकित मूल्य पर 12% की छूट देने के बाद, वह ₹ 880 में बेची गई। उसका अंकित मूल्य है
(a) ₹ 1100 (b) ₹ 2000
(c) ₹ 1000 (d) ₹ 2100

18. एक व्यापारी अपनी वस्तुओं पर क्रय मूल्य से 20% अधिक मूल्य अंकित करता है। यदि वह नकद भुगतान के लिए 5% छूट देता हैं, तो उस लेन-देन के लिए उसका लाभ प्रतिशत है
(a) 15 (b) 12
(c) 14 (d) 17

19. एक व्यापारी अपनी वस्तुओं पर क्रय मूल्य से 40% अधिक अंकित करता है और उन्हें 15% छूट पर बेचता है, उसका लाभ प्रतिशत है
(a) 25 (b) 22
(c) 19 (d) 20

20. किसी वस्तु को 25% की छूट पर ₹ 3600 में बेचा गया। उसका अंकित मूल्य क्या था?
(a) ₹ 4800 (b) ₹ 4500
(c) ₹ 2700 (d) ₹ 2880

21. किसी वस्तु के अंकित मूल्य पर 24% की छूट दी जाती है और उसके बाद वह वस्तु ₹ 342 में बेच दी जाती है। तद्नुसार, उस वस्तु का अंकित मूल्य कितना है?
(a) ₹ 500 (b) ₹ 490 (c) ₹ 450 (d) ₹ 430

22. एक दुकानदार टीवी सेटों के पूरे स्टॉक को खत्म करने के लिए टीवी सेट पर 12% की छूट देता है। यदि टीवी सेट का अंकित मूल्य ₹ 6500 है तो टीवी सेट का बिक्री मूल्य कितना है?
(a) ₹ 5700 (b) ₹ 5720
(c) ₹ 5400 (d) ₹ 6000

23. एक विक्रेता अपने माल पर अंकित मूल्य लागत मूल्य से 20% अधिक लिखता है और अपने ग्राहकों को 10% की छूट देता है। उसका लाभ-प्रतिशत कितना है?
(a) 9% (b) 6% (c) 8% (d) 7%

24. किसी खिलौने के अंकित मूल्य पर 10% का बट्टा देने से एक दुकानदार को 20% का लाभ होता है। यदि उसने 20% का बट्टा दिया होता, तो उसका लाभ प्रतिशत कितना होता?
(a) $6\frac{2}{3}$% (b) $8\frac{1}{3}$% (c) 10% (d) 15%

25. कोई वस्तु, जिसका अंकित मूल्य ₹ 650 है, को ₹ 572 में बेचा गया है। दिया गया बट्टा है
(a) 12% (b) 13% (c) 21% (d) 26%

PYQs

26. एक आदमी ने एक ट्रांजिस्टर को 10% की हानि पर ₹ 450 में बेचा दिया। ट्रांजिस्टर का क्रय मूल्य ज्ञात कीजिए?
क्लर्क (जबलपुर, बहरामपुर) 01 नवम्बर 2020
(a) ₹ 500 (b) ₹ 110 (c) ₹ 400 (d) ₹ 490

उत्तरमाला

1. (b)	2. (c)	3. (b)	4. (d)	5. (c)	6. (c)	7. (a)	8. (a)	9. (a)	10. (c)
11. (b)	12. (c)	13. (b)	14. (c)	15. (b)	16. (b)	17. (c)	18. (c)	19. (c)	20. (a)
21. (c)	22. (b)	23. (c)	24. (a)	25. (a)	26. (a)				

संकेत एवं हल

1. (b) माना वस्तु का क्रय मूल्य = ₹ x

दिया है, वस्तु का विक्रय मूल्य = ₹ 150

प्रश्नानुसार, $x \times \frac{(100-25)}{100} = 150$

$\Rightarrow \quad x \times \frac{75}{100} = 150$

$\Rightarrow \quad x = ₹\ 200$

2. (c) अभीष्ट हानि प्रतिशत $= \frac{x-y}{x} \times 100$

$= \frac{5-3}{5} \times 100 = 40\%$

3. (b) अभीष्ट लाभ प्रतिशत $= \frac{y}{x-y} \times 100$

$= \frac{5}{(25-5)} \times 100 = 25\%$

4. (d) अभीष्ट लाभ प्रतिशत $= \frac{x-y}{y} \times 100$

$= \frac{18-16}{16} \times 100$

$= \frac{2}{16} \times 100$

$= \frac{25}{2} = 12\frac{1}{2}\%$

5. (c) यहाँ, $x = 10\%$

$\therefore$ अभीष्ट हानि प्रतिशत $= \left(\frac{x^2}{100}\right)\%$

$= \frac{(10)^2}{100}\%$

$= \frac{100}{100}\% = 1\%$

6. (c) गेंद का क्रय मूल्य = ₹ 4 की 5

तब, 1 गेंद का क्रय मूल्य = ₹ 4/5

गेंद का विक्रय मूल्य = ₹ 3 की 4

तब, 1 गेंद का विक्रय मूल्य = ₹ 3/4

$\therefore$ गेंद पर हानि $= \frac{4}{5} - \frac{3}{4} = ₹\ \frac{1}{20}$

$\because$ माना कुल गेंदों की संख्या x है।

कुल हानि $= x \times \frac{1}{20} = ₹\ \frac{x}{20}$

प्रश्नानुसार, $\frac{x}{20} = 20$

$\therefore \quad x = 400$ गेंदें

7. (a) वास्तविक प्रतिशत लाभ

$= \frac{\text{त्रुटि}}{\text{शुद्ध माप} - \text{त्रुटि}} \times 100\%$

$= \frac{200}{1000-200} \times 100\%$

$= \frac{200}{800} \times 100\% = 25\%$

8. (a) माना वस्तु का प्रारम्भिक मूल्य = ₹ x

प्रश्नानुसार,

$x \times \frac{(100-20)}{100} \times \frac{(100-10)}{100} = 1800$

$x = \frac{1800 \times 100 \times 100}{80 \times 90} = ₹\ 2500$

9. (a) एक बॉलपेन का विक्रय मूल्य

$= ₹\ \frac{160}{90} = ₹\ \frac{16}{9}$

हानि = 20%

$\therefore \quad \frac{16}{9} = \left(\frac{100-20}{100}\right) \times$ क्रय मूल्य

$\Rightarrow \quad \frac{16}{9} = \frac{80}{100} \times$ क्रय मूल्य

$\Rightarrow$ क्रय मूल्य $= ₹\ \frac{20}{9}$

माना बेचें गए बॉलपेनों की संख्या = x

लाभ = 20%

$\therefore \quad \frac{20}{9} = \frac{100}{(100+20)} \times \frac{96}{x}$

$\Rightarrow \quad x = \frac{9 \times 100 \times 96}{20 \times 120} = 36$

अत: ₹ 96 के 36 बॉलपेन बेचने चाहिए।

10. (c) घड़ी का क्रय मूल्य = 225 + 15 = ₹ 240

घड़ी का विक्रय मूल्य = ₹ 300

$\because$ विक्रय मूल्य > क्रय मूल्य

$\therefore$ लाभ = 300 − 240 = ₹ 60

अब, लाभ प्रतिशत

$= \frac{\text{लाभ}}{\text{क्रय मूल्य}} \times 100\%$

$= \frac{60}{240} \times 100\% = 25\%$

11. (b) माना पहले रेडियो का क्रय मूल्य ₹ x तथा दूसरे का क्रय मूल्य ₹ $(1920 - x)$ है।

प्रश्नानुसार,

$x \times \frac{120}{100} = (1920-x) \times \left(100 - \frac{20}{3}\right) \times \frac{1}{100}$

$\Rightarrow \quad x \times \frac{120}{100} = (1920-x) \times \frac{280}{300}$

$\Rightarrow \quad 360x = (1920-x) \times 280$

$\Rightarrow x(360+280) = 1920 \times 280$

$\Rightarrow \quad x = \frac{1920 \times 280}{640}$

$= ₹\ 840$

$\therefore$ दूसरी रेडियो का क्रय मूल्य

$= ₹\ 1080$

12. (c) माना वस्तु का क्रय मूल्य ₹ x है।

तब प्रश्नानुसार, लाभ = हानि (दिया है)

$425 - x = x - 355$

$\Rightarrow \quad 2x = 780$

$\Rightarrow \quad x = ₹\ 390$

13. (b) माना 8% और 18% लाभ पर बेची गई मात्राएँ क्रमश: x और $1000 - x$ हैं, तब

प्रश्नानुसार,

$x \times \frac{(100+8)}{100} + (1000-x) \times \frac{(100+18)}{100}$

$= \frac{1000 \times (100+14)}{100}$

$108x + 118000 - 118x = 114000$

$10x = 4000$

$x = 400$

$\therefore$ 18% लाभ पर बिकी हुई मात्रा

$= 1000 - 400$

$= 600$ किग्रा

14. (c) समतुल्य बट्टा $= x + y - \frac{xy}{100}$

$= 10 + 20 - \frac{200}{100}$

$= 30 - 2 = 28\%$

अत: 10% और 20% के समतुल्य बट्टा 28% होगा।

15. (b) 30% एवं 20% का क्रमिक बट्टा

$= x + y - \frac{xy}{100}$

$= \left(30 + 20 - \frac{30 \times 20}{100}\right)$

$= 50 - 6$

$= 44\%$

पुन: 44% एवं 10% का क्रमिक बट्टा

$= x + y - \frac{xy}{100}$

$= \left(44 + 10 - \frac{44 \times 10}{100}\right)\%$

$= 54 - 4.4$

$= 49.60\%$

16. (b) माना कमीज की मूल लागत = ₹ x,

विक्रय मूल्य = ₹ 64

∴ छूट के बाद,

$\Rightarrow \quad 64 = \frac{100-20}{100} \times x$

$\Rightarrow \quad x = \frac{64 \times 100}{80}$

$\Rightarrow \quad x = ₹\, 80$

अत: कमीज की मूल लागत ₹ 80 है।

17. (c) $\frac{\text{अंकित मूल्य} \times (100-12)}{100} = \text{विक्रय मूल्य}$

$\text{अंकित मूल्य} = \frac{880 \times 100}{88}$

∴ अंकित मूल्य = ₹ 1000

18. (c) माना वस्तु का क्रय मूल्य ₹ 100 है।

∴ वस्तु का अंकित मूल्य = ₹ 120

5% छूट पर वस्तु का विक्रय मूल्य

$= 120 \times 95\% = ₹\, 114$

वस्तु पर प्राप्त लाभ

$= 114 - 100 = ₹\, 14$

∴ अभीष्ट लाभ प्रतिशत

$= \frac{14 \times 100}{100} = 14\%$

19. (c) माना वस्तु का क्रय मूल्य = ₹ 100

तब, वस्तु का अंकित मूल्य = ₹ 140

∴ वस्तु का विक्रय मूल्य = 140 का 85%

$= ₹\, 140 \times \frac{85}{100}$

$= ₹\, 119$

वस्तु पर प्राप्त लाभ = 119 − 100 = ₹ 19

∴ अभीष्ट प्रतिशत लाभ $= \frac{19 \times 100}{100} = 19\%$

20. (a) माना अंकित मूल्य = ₹ x

प्रश्नानुसार, $\frac{x \times 100 - 25}{100} = 3600$

$x = \frac{3600 \times 100}{75}$

$= ₹\, 4800$

21. (c) माना वस्तु का अंकित मूल्य = ₹ x

प्रश्नानुसार,

$x \times \frac{(100-24)}{100} = 342$

$\Rightarrow \quad x \times \frac{76}{100} = 342$

$\Rightarrow \quad x = \frac{342 \times 100}{76}$

$\Rightarrow \quad x = ₹\, 450$

22. (b) टीवी सेट का अंकित मूल्य = ₹ 6500

12% छूट के बाद टीवी सेट का बिक्री मूल्य

$= \frac{6500 \times (100-12)}{100}$

$= \frac{6500 \times 88}{100} = ₹\, 5720$

23. (c) माना वस्तु का लागत मूल्य ₹ 100 है।

तब प्रश्नानुसार,

वस्तु का अंकित मूल्य $= \frac{100 \times 120}{100} = ₹\, 120$

वस्तु का विक्रय मूल्य $= \frac{120 \times 90}{100} = ₹\, 108$

वस्तु पर प्राप्त अभीष्ट लाभ प्रतिशत

$= \frac{(108-100)}{100} \times 100 = 8\%$

24. (a) माना अंकित मूल्य ₹ 100 है।

∴ 10% के बट्टे के बाद मूल्य

$= 100 - 10 = ₹\, 90$

∵ ₹ 90 पर बेचने पर 20% लाभ होता है।

∴ वास्तविक मूल्य = 90 का $\frac{100}{120}$

$= \frac{300}{4}$

$= ₹\, 75$

पुन: 100 पर 20% बट्टा देने पर

= 100 का $\frac{80}{100} = ₹\, 80$

∴ लाभ = 80 − 75 = ₹ 5

∴ प्रतिशत लाभ $= \frac{\text{लाभ}}{\text{क्रय मूल्य}} \times 100$

$= \left(\frac{5}{75} \times 100\right)\%$

$= \frac{100}{15} = 6\frac{10}{15} = 6\frac{2}{3}\%$

25. (a) माना बट्टा r% है।

$\therefore \quad 650 \times \frac{100-r}{100} = 572$

$\Rightarrow \quad 100 - r = \frac{572 \times 100}{650}$

$\Rightarrow \quad 100 - r = \frac{572 \times 2}{13}$

$\Rightarrow \quad 100 - r = 44 \times 2$

$\Rightarrow \quad 100 - r = 88$

$\therefore \quad r = 12\%$

26. (a) माना ट्रांजिस्टर का क्रय मूल्य = ₹ x

तब प्रश्नानुसार,

$x - x \times \frac{10}{100} = 450$

$\Rightarrow \quad \frac{100x - 10x}{100} = 450$

$\Rightarrow \quad \frac{90x}{100} = 450$

$\therefore \quad x = \frac{450 \times 100}{90} = ₹\, 500$

अध्याय 09

साझेदारी

साझेदारी वह निकाय है, जिसमें दो या दो से अधिक व्यक्ति मिलकर व्यापार करते हैं तथा एक निश्चित समयावधि के उपरान्त व्यापार में हुई लाभ या हानि को अपनी निवेशित पूँजी के अनुपात में बाँट लेते हैं।

साझेदारी के प्रकार

साझेदारी सामान्यत: दो प्रकार की होती है

1. **साधारण साझेदारी** (Simple Partnership) जब प्रत्येक व्यक्ति द्वारा अपनी पूँजी समान समय के लिए लगाई जाती है, तो इस प्रकार के साझे को साधारण साझेदारी कहते हैं। इस प्रकार की साझेदारी में प्राप्त कुल लाभ या हानि को व्यक्तियों द्वारा लगाई गई पूँजी के अनुपात में बाँटा जाता है।
   अर्थात् निवेश की गई धनराशियों का अनुपात = लाभ में उनके भागों का अनुपात
   यदि निवेश की गई धनराशियाँ R_1, R_2 व R_3 तथा लाभ में उनके भाग क्रमश: P_1, P_2 व P_3 हैं।
   तब, $$R_1 : R_2 : R_3 = P_1 : P_2 : P_3$$

उदाहरण 1 **राम, रहीम और रॉबर्ट ने क्रमश: ₹ 30000, ₹ 50000 व ₹ 40000 का निवेश करके एक साझेदारी कारोबार आरम्भ किया। यदि उन्हें ₹ 18504 का वार्षिक लाभ हुआ, तो उसमें रहीम का हिस्सा है**

(a) ₹ 7510 (b) ₹ 7710
(c) ₹ 7170 (d) ₹ 7010

हल (*b*) ∵ लाभ में भागों का अनुपात
= निवेश की गई धनराशियों का अनुपात

∴ राम, रहीम व रॉबर्ट द्वारा निवेश की गई धनराशियों का अनुपात

$= 30000 : 50000 : 40000$

$= 3 : 5 : 4$

लाभों का अनुपातिक योग $= 3 + 5 + 4 = 12$

∵ वार्षिक लाभ = ₹ 18504

अत: रहीम का लाभ में हिस्सा

$$= \frac{\text{रहीम का हिस्सा}}{\text{लाभों का अनुपातिक योग}} \times \text{वार्षिक लाभ}$$

$$= \frac{5}{12} \times 18504 = 5 \times 1542 = ₹\ 7710$$

2. **जटिल साझेदारी** (Compound Partnership) जब प्रत्येक व्यक्ति द्वारा पूँजी भिन्न-भिन्न समय के लिए लगाई जाती है, तो इस प्रकार के साझे को जटिल साझेदारी कहते हैं। इस प्रकार की साझेदारी में प्राप्त कुल लाभ या हानि को उनके द्वारा लगाई गई पूँजी तथा समय के गुणनफल के अनुपात में बाँटा जाता है।
   अर्थात् यदि कुछ व्यक्ति विभिन्न धनराशि $x_1, x_2, x_3, \ldots$ विभिन्न समयों $t_1, t_2, t_3, \ldots$ के लिए निवेश करके साझेदारी में व्यापार करते हैं, तो उनके लाभों का अनुपात $= x_1t_1 : x_2t_2 : x_3t_3 : \ldots$

उदाहरण 2 **रहीम व करीम क्रमश: ₹ 1500 व ₹ 2000 लगाकर एक व्यापार आरम्भ करते हैं। 4 महीने पश्चात् जमीर ₹ 2250 लगाकर व्यापार में सम्मिलित हो जाता है तथा करीम 9 महीने पश्चात् व्यापार को छोड़ देता है। यदि वर्ष के अन्त में कुल लाभ ₹ 900 है, तो जमीर का भाग है**

(a) ₹ 300
(b) ₹ 350
(c) ₹ 400
(d) उपरोक्त में से कोई नहीं

हल (*a*) माना रहीम, करीम तथा जमीर द्वारा लगाई गई धनराशियाँ क्रमश: x_1, x_2, x_3 तथा समय t_1, t_2 व t_3 हैं।

तब, $x_1 = ₹\ 1500, x_2 = ₹\ 2000,\ x_3 = ₹\ 2250$

तथा समय $t_1 = 12$ महीने, $t_2 = 9$ महीने

तथा $t_3 = (12 - 4) = 8$ महीने

∴ रहीम, करीम तथा जमीर के लाभों का अनुपात

$= x_1t_1 : x_2t_2 : x_3t_3$

$= 1500 \times 12 : 2000 \times 9 : 2250 \times 8$

$= 18000 : 18000 : 18000 = 1 : 1 : 1$

अत: लाभों का अनुपातिक योग $= 1 + 1 + 1 = 3$

दिया है,

कुल वार्षिक लाभ = ₹ 900

∴ जमीर का भाग $= \frac{1}{3} \times 900$

= ₹ 300

एग्जाम पैटर्न प्रश्न

1. राम, श्याम और कमल ने मिलकर साझेदारी में व्यापार शुरू किया। पूँजी में उनका अनुपात क्रमश: 3 : 4 : 7 है। यदि उनका वार्षिक लाभांश ₹ 21000 है, तो कमल का लाभांश क्या होगा?

(a) ₹ 15000 (b) ₹ 12500
(c) ₹ 1000 (d) ₹ 10500

2. संयोग, किरण और किशोर ने एक दुकान क्रमश: ₹ 27000, ₹ 81000 और ₹ 72000 लगाकर खोली। एक वर्ष के अन्त में लाभ तीनों में बाँटा गया। यदि किरण का लाभ ₹ 36000 है, तो कुल लाभ होगा

(a) ₹ 80000
(b) ₹ 98000
(c) ₹ 108000
(d) ₹ 116000

3. *A, B* और *C* क्रमश: ₹ 8400, ₹ 15600 और ₹ 13200 निवेश करके एक व्यापार आरम्भ करते हैं। सभी ने समान समय के लिए निवेश किया। यदि वार्षिक लाभ में *A* का हिस्सा ₹ 1960 हो, तो *B* और *C* के वार्षिक लाभों के हिस्सों में क्या अन्तर होगा?

(a) ₹ 560
(b) ₹ 520
(c) ₹ 540
(d) ₹ 480

4. *A, B* और *C* ने साझे में एक व्यापार आरम्भ किया। *A* तथा *B* के निवेश का अनुपात 3 : 5 एवं *B* तथा *C* के निवेश का अनुपात 10 : 13 था। यदि वर्ष के अन्त में *C* ने वार्षिक लाभ में से अपने हिस्से के ₹ 5876 प्राप्त करे, तो उनके द्वारा अर्जित वार्षिक लाभ कितना था?

(a) ₹ 13108 (b) ₹ 12756
(c) ₹ 13224 (d) ₹ 12984

5. *A, B* और *C* ने एक लघु व्यापार आरम्भ किया। *A* ने व्यापार में निवेशित हुई कुल पूँजी में 1/5 का योगदान दिया। *B* और *C* ने बराबर योगदान किया। वर्ष के अन्त में ₹ 5200 का कुल लाभ हुआ। *C* का लाभ में कितना हिस्सा था?

(a) ₹ 1510 (b) ₹ 2510
(c) ₹ 1500 (d) ₹ 2080

6. गौरव ने ₹ 42000 का निवेश करके अपना व्यवसाय आरम्भ किया। 7 माह बाद ₹ 50000 की पूँजी के साथ सौरभ भी गौरव के व्यवसाय में शामिल हो गया। वर्ष के अन्त में ₹ 30160 का कुल लाभ प्राप्त हुआ। इस लाभ में सौरभ का हिस्सा कितना है?

(a) ₹ 10000 (b) ₹ 20160
(c) ₹ 10160 (d) ₹ 8000

7. *A* तथा *B* ने क्रमश: ₹ 10400 तथा ₹ 14300 का निवेश करके साझेदारी में एक व्यापार आरम्भ किया। 4 माह के पश्चात् *C* भी ₹ 9100 के साथ उसमें शामिल हो गया, यदि वर्ष के अन्त में कुल लाभ ₹ 11360 का हो, तो लाभ में *C* का हिस्सा कितना है?

(a) ₹ 2520
(b) ₹ 2240
(c) ₹ 2660
(d) ₹ 2100

8. तीन साझेदार *A, B* और *C* लाभ को इस प्रकार बाँटते हैं कि *A* के हिस्से में तीन गुना, *B* के हिस्से में दोगुना तथा *C* के हिस्से का बारह गुना बराबर हैं क्रमश: *A*, *B* तथा *C* के लाभ का अनुपात क्या है?

(a) 3 : 2 : 12
(b) 12 : 2 : 3
(c) 4 : 6 : 1
(d) 1 : 6 : 4

9. *A* अपना व्यवसाय ₹ 7000 से आरम्भ करता है। उसके 5 माह बाद *B* उसका भागीदार बन जाता है। तदोपरान्त, एक वर्ष बाद, लाभ का बँटवारा 2 : 3 के अनुपात में किया गया है। अत: *B* का पूँजी निवेश कितना था?

(a) ₹ 10000 (b) ₹ 6500
(c) ₹ 18000 (d) ₹ 900

10. *A* और *B*, 3 : 5 के अनुपात में निवेश करते हैं। 6 महीने के बाद *C* भी *B* के बराबर राशि निवेश करके कारोबार में शामिल हो जाता है। वर्ष के अन्त में उनके लाभ का अनुपात क्या होगा?

(a) 3 : 5 : 2
(b) 3 : 5 : 5
(c) 6 : 10 : 5
(d) 8 : 10 : 5

11. *A* ने ₹ 45000 के निवेश से व्यापार आरम्भ किया तथा कुछ समय पश्चात् *B*, ₹ 54000 का निवेश करके उसका साझेदार हो गया। यदि व्यापार में होने वाले लाभ को वर्ष के अन्त में उनमें 2 : 1 के अनुपात में बाँटा गया हो, तो कितने माह के बाद *B* व्यापार में साझेदार बना था?

(a) 4 (b) 5
(c) 6 (d) 7

PYQs

12. *A* और *B* ने क्रमश: ₹ 8000 और ₹ 60000 के निवेश के साथ एक व्यवसाय शुरू किया। वर्ष के अन्त में, कुल लाभ को उनके बीच .... के अनुपात में विभाजित किया जाएगा। **क्लर्क (बहरामपुर) 01 नवम्बर 2020**

(a) 3 : 4 (b) 2 : 15
(c) 4 : 3 (d) 2 : 3

उत्तरमाला

1. (d)	2. (a)	3. (a)	4. (a)	5. (d)	6. (a)	7. (b)	8. (c)	9. (c)	10. (c)
11. (d)	12. (b)								

संकेत एवं हल

1. (d) $\because$ राम, श्याम और कमल की पूँजी का अनुपात
$= $ उनके निवेशों का अनुपात
$= 3:4:7$
तथा कुल लाभ $= ₹\ 21000$
$\therefore$ कमल का लाभांश
$$= \frac{7}{3+4+7} \times 21000$$
$$= \frac{7}{14} \times 21000 = ₹\ 10500$$

2. (a) माना कुल लाभ $= ₹\ x$
तथा तीनों के द्वारा निवेशित पूँजी का अनुपात
$=$ उनके निवेशों का अनुपात
$= 27000 : 81000 : 72000$
$= 3:9:8$
$\therefore$ किरण का लाभ $= \frac{9}{3+9+8} \times$ कुल लाभ
$$\Rightarrow \quad 36000 = \frac{9}{3+9+8} \times x$$
$$\Rightarrow \quad x = \frac{36000 \times 20}{9} = ₹\ 80000$$

3. (a) A, B और C के लाभों का अनुपात
$=$ उनके निवेशों का अनुपात
$= 8400 : 15600 : 13200$
$= 7:13:11$
माना कुल वार्षिक लाभ $= ₹\ x$
$$\therefore \quad A \text{ का हिस्सा} = \frac{7}{7+13+11} \times x$$
$$\Rightarrow \quad 1960 = \frac{7}{31} \times x$$
$$\Rightarrow \quad x = \frac{1960 \times 31}{7} = ₹\ 8680$$
$$B \text{ का हिस्सा} = \frac{13}{31} \times 8680 = ₹\ 3640$$
$$\text{तथा } C \text{ का हिस्सा} = \frac{11}{31} \times 8680 = 3080$$
$\therefore$ अभीष्ट अन्तर $= (3640 - 3080) = ₹\ 560$

4. (a) दिया है, $A : B = 3:5 = 6:10$
और $\quad B : C = 10:13$
$\therefore \quad A:B:C = 6:10:13$
A, B व C के वार्षिक लाभ का अनुपात
$= A, B$ व C के निवेशों का अनुपात
$= 6:10:13$
माना वार्षिक लाभ $= ₹\ x$
$$\therefore \quad C \text{ का हिस्सा} = \frac{13}{6+10+13} \times x$$
$$\Rightarrow \quad 5876 = \frac{13x}{29}$$
$$\Rightarrow \quad x = \frac{5876 \times 29}{13} = ₹\ 13108$$

5. (d) माना A, B तथा C ने कुल मिलाकर ₹ x निवेश किया। तब, A द्वारा निवेशित पूँजी
$= ₹\frac{1}{5}x$
B तथा C द्वारा अलग-अलग निवेशित पूँजी
$$= \frac{1}{2}\left(x - \frac{x}{5}\right)$$
$$= \frac{1}{2} \times \frac{4x}{5} = ₹\ \frac{2x}{5}$$
अब, ₹ 5200 में C को प्राप्त लाभ में हिस्सा
$$= \frac{\frac{2x}{5}}{x} \times 5200 = ₹\ 2080$$

6. (a) $\therefore$ गौरव और सौरभ के लाभों का अनुपात
$= 42000 \times 12 : 50000 \times 5$
$= 21 \times 12 : 25 \times 5$
$= 252 : 125$
$\therefore$ लाभ में सौरभ का हिस्सा
$$= 30160 \times \frac{125}{(252+125)}$$
$$= 30160 \times \frac{125}{377}$$
$= ₹\ 10000$

7. (b) A, B और C के लाभों का अनुपात
$= 10400 \times 12 : 14300 \times 12 : 9100 \times 8$
$= 24 : 33 : 14$
$\therefore$ लाभ में C का हिस्सा
$$= \frac{14}{24+33+14} \times 11360$$
$$= \frac{14}{71} \times 11360 = ₹\ 2240$$

8. (c) माना A का हिस्सा $= 3x$
B का हिस्सा $= 2y$
C का हिस्सा $= 12z$
प्रश्नानुसार, $\quad 3x = 2y = 12z$
$$\text{अब,} \quad \frac{3x}{12} = \frac{2y}{12} = \frac{12z}{12}$$
[$\because$ 3, 2 व 12 का ल.स. 12 है]
$$\Rightarrow \quad \frac{x}{4} = \frac{y}{6} = \frac{z}{1}$$
$\therefore \quad x : y : z = 4 : 6 : 1$

9. (c) माना B की निवेशित पूँजी $= ₹\ x$
तब, $\quad 7000 \times 12 : x \times 7 = 2:3$
$$\Rightarrow \quad \frac{7000 \times 12}{x \times 7} = \frac{2}{3}$$
$$\Rightarrow \quad x = \frac{7000 \times 12 \times 3}{7 \times 2}$$
$= ₹\ 18000$

10. (c) माना A तथा B द्वारा निवेशित राशि $3x$ तथा $5x$ हैं।
A का कुल निवेश $= 3x \times 12$
B का कुल निवेश $= 5x \times 12$
C का कुल निवेश $= 5x \times 6$
$\therefore$ लाभों का अनुपात $=$ उनके द्वारा निवेशित राशियों का अनुपात
$= 3x \times 12 : 5x \times 12 : 5x \times 6$
$= 6:10:5$

11. (d) माना B, x माह बाद व्यापार में साझेदार बना तब
$45000 \times 12 : 54000 \times (12 - x) = 2:1$
$$\Rightarrow \quad \frac{45000 \times 12}{54000 \times (12-x)} = \frac{2}{1}$$
$$\Rightarrow \quad 5 = 12 - x$$
$$\Rightarrow \quad x = 12 - 5 = 7 \text{ माह}$$

12. (b) A और B के लाभों का अनुपात $= A$ और B के निवेशों का अनुपात
$= 8000 \times 12 : 60000 \times 12$
$= 8000 : 60000$
$= 8:60$
$= 2:15$

अध्याय 10

साधारण एवं चक्रवृद्धि ब्याज

ब्याज

किसी एक व्यक्ति द्वारा, दूसरे व्यक्ति या बैंक आदि से उधार ली गई धनराशि को वापस करते समय जो अतिरिक्त राशि दी जाती है, उसे ब्याज कहते हैं।

सामान्यत: ब्याज दो प्रकार के होते हैं

1. साधारण ब्याज
2. चक्रवृद्धि ब्याज

उपरोक्त दोनों प्रकार के ब्याजों के लेन-देन में कुछ महत्त्वपूर्ण पदों का ज्ञान होना आवश्यक है, जो इस प्रकार हैं

मूलधन किसी व्यक्ति अथवा किसी अन्य स्त्रोत द्वारा उधार ली गई या दी गई धनराशि मूलधन (P) कहलाती है।

ब्याज की दर प्रति ₹ 100 मूलधन पर प्रतिवर्ष दी जाने वाली ब्याज की राशि को ब्याज की दर कहते हैं। इसे $r\%$ से दर्शाते हैं।

समय जितने समय के लिए धनराशि उधार दी या ली जाती है, वह ब्याज की समयावधि कहलाती है। इसे n या t से दर्शाते हैं।

मिश्रधन मूलधन और ब्याज का योगफल, मिश्रधन कहलाता है। मिश्रधन को (A) से दर्शाते हैं।

मिश्रधन (A) = मूलधन (P) + साधारण ब्याज (SI)

साधारण ब्याज

उधार के रूप में किसी व्यक्ति द्वारा ली गई या दी गई धनराशि पर जब ब्याज केवल मूलधन पर जोड़ा जाता है, तो वह साधारण ब्याज कहलाती है। इसे SI से दर्शाते हैं।

$$\text{साधारण ब्याज (SI)} = \frac{\text{मूलधन} \times \text{दर} \times \text{समय}}{100} = \frac{PRT}{100}$$

उदाहरण 1 ₹ 5000 का 4% वार्षिक दर से 2 वर्ष का साधारण ब्याज क्या होगा?

(a) ₹ 400 (b) ₹ 500
(c) ₹ 600 (d) ₹ 900

हल (a) यहाँ, मूलधन (P) = ₹ 5000, दर $(r) = 4\%$ वार्षिक

समय $(T) = 2$ वर्ष

$$\text{साधारण ब्याज (SI)} = \frac{PRT}{100} = \frac{5000 \times 2 \times 4}{100}$$
$$= 50 \times 8$$
$$= ₹ 400$$

साधारण ब्याज से सम्बन्धित विशिष्ट नियम

1. **जब कोई धनराशि स्वयं की n गुनी हो जाए**

(a) $\text{दर} = \dfrac{(n-1) \times 100}{\text{समय}}$

(b) $\text{समय} = \dfrac{(n-1) \times 100}{\text{दर}}$

उदाहरण 2 एक धनराशि 10% वार्षिक साधारण ब्याज की दर से कितने वर्षों में 4 गुनी हो जाएगी?

(a) 28 वर्ष (b) 30 वर्ष
(c) 32 वर्ष (d) 40 वर्ष

हल (b) यहाँ, $n = 4$

$$\text{समय} = \frac{(n-1) \times 100}{\text{दर}}$$
$$= \frac{(4-1) \times 100}{10} = 3 \times 10 = 30 \text{ वर्ष}$$

2. **जब धनराशि t_1 वर्ष में अपने की n_1 गुनी; t_2 वर्ष में अपने की n_2 गुनी हो जाए**

तब, $$\frac{t_1}{t_2} = \frac{n_1 - 1}{n_2 - 1}$$

उदाहरण 3 यदि एक धनराशि 20 वर्षों में अपने से तीन गुनी हो जाती है, तो अपने से पाँच गुना होने में कितना समय लेगी?

(a) 30 वर्ष (b) 40 वर्ष (c) 50 वर्ष (d) 35 वर्ष

हल (b) यहाँ, $t_1 = 20, t_2 = ?, n_1 = 3, n_2 = 5$

सूत्र, $$\frac{t_1}{t_2} = \frac{n_1 - 1}{n_2 - 1}$$

$$\Rightarrow \frac{20}{t_2} = \frac{3-1}{5-1} = \frac{2}{4}$$

$$t_2 = \frac{4 \times 20}{2} = 40 \text{ वर्ष}$$

चक्रवृद्धि ब्याज

उधार के रूप में किसी व्यक्ति द्वारा ली गई अथवा दी गई धनराशि पर जब ब्याज की गणना, मूलधन के साथ-साथ पुरानी ब्याज पर भी की जाती है अर्थात् जब ब्याज पर ब्याज की गणना की जाती है, तो उसे चक्रवृद्धि ब्याज कहते हैं।

महत्त्वपूर्ण सूत्र

- चक्रवृद्धि मिश्रधन $(A) = P\left(1+\frac{r}{100}\right)^n$
- चक्रवृद्धि ब्याज (CI) = मिश्रधन − मूलधन = $A - P$
  $= P\left[\left(1+\frac{r}{100}\right)^n - 1\right]$
- प्रति छमाही देय के लिए; मिश्रधन, $(A) = P\left(1+\frac{r}{200}\right)^{2n}$
- प्रति तिमाही देय के लिए; मिश्रधन, $(A) = P\left(1+\frac{r}{400}\right)^{4n}$
- यदि पहले, दूसरे व तीसरे वर्ष के लिए ब्याज की दर क्रमशः R_1, R_2 व R_3 ले, तब
  मिश्रधन $(A) = P\left(1+\frac{R_1}{100}\right)\left(1+\frac{R_2}{100}\right)\left(1+\frac{R_3}{100}\right)$
- 2 वर्षों के लिए, $CI - SI (d) = P\left(\frac{r}{100}\right)^2$

उदाहरण 4 ₹ 80000 का 3 वर्ष का चक्रवृद्धि ब्याज क्या होगा, यदि प्रति वार्षिक दर 15% हो?

(a) ₹ 61270 (b) ₹ 31270 (c) ₹ 41670 (d) ₹ 51270

हल (c) यहाँ, $P =$ ₹ 80000, $n = 3$ वर्ष, $r = 15\%$

सूत्र $CI = P\left[\left(1+\frac{r}{100}\right)^n - 1\right]$ से,

$$= 80000\left[\left(1+\frac{15}{100}\right)^3 - 1\right] = 80000\left[\left(\frac{23}{20}\right)^3 - 1\right]$$

$$= 80000\left[\frac{23\times23\times23 - 20\times20\times20}{20\times20\times20}\right]$$

$$= \frac{80000}{8000}[12167 - 8000] = 10 \times 4167 = ₹\ 41670$$

उदाहरण 5 छमाही रूप से संयोजित 10% वार्षिक चक्रवृद्धि ब्याज की दर से कितने समय में ₹ 160000 की धनराशि ₹ 168000 हो जाएगी?

(a) 8 माह (b) 3 माह
(c) 1 वर्ष (d) 6 माह

हल (d) यहाँ ब्याज की गणना छमाही देय के अनुसार है, तब माना समय = $2n$ वर्ष, तब दर = 10%, $P =$ ₹ 160000

सूत्र $A = P\left(1+\frac{r}{200}\right)^{2n}$ से,

$$168000 = 160000\left(1+\frac{10}{200}\right)^{2n}$$

$$\frac{168000}{160000} = \left(\frac{21}{20}\right)^{2n} \Rightarrow \left(\frac{21}{20}\right)^1 = \left(\frac{21}{20}\right)^{2n}$$

$$\Rightarrow 2n = 1 \Rightarrow n = \frac{1}{2} \text{ वर्ष या 6 माह}$$

अतः 6 माह बाद 160000 की राशि 168000 हो जाएगी।

उदाहरण 6 यदि ₹ 1000 की एक धनराशि पर पहले वर्ष के लिए 5% दूसरे वर्ष के लिए 10% तथा तीसरे वर्ष के लिए 20% चक्रवृद्धि ब्याज की दर हो, तब तीन वर्ष उपरान्त मिश्रधन ज्ञात कीजिए।

(a) ₹ 1380 (b) ₹ 1382 (c) ₹ 1384 (d) ₹ 1386

हल (d) मूलधन $(P) =$ ₹ 1000

$r_1 = 5\%, r_2 = 10\%$ तथा $r_3 = 20\%$

$$\therefore \text{मिश्रधन } (A) = P\left(1+\frac{r_1}{100}\right)\left(1+\frac{r_2}{100}\right)\left(1+\frac{r_3}{100}\right)$$

$$= 1000 \times \left(1+\frac{5}{100}\right)\times\left(1+\frac{10}{100}\right)\times\left(1+\frac{20}{100}\right)$$

$$= 1000 \times \frac{105}{100} \times \frac{110}{100} \times \frac{120}{100}$$

$$= \frac{105\times11\times12}{10} = ₹\ 1386$$

उदाहरण 7 एक धनराशि चक्रवृद्धि ब्याज की दर से 3 वर्ष में ₹ 5500 तथा 4 वर्ष में ₹ 7260 हो जाती है। ब्याज की वार्षिक दर क्या होगी?

(a) 30% (b) 32% (c) 35% (d) 36%

हल (b) माना धनराशि = ₹ P तथा दर = $r\%$

प्रश्नानुसार, $5500 = P\left(1+\frac{r}{100}\right)^3$ ...(i)

तथा $7260 = P\left(1+\frac{r}{100}\right)^4$ ... (ii)

समी (ii) में, समी (i) से भाग करने पर,

$$\frac{7260}{5500} = 1+\frac{r}{100} \Rightarrow \frac{r}{100} = \frac{7260}{5500} - 1 = \frac{7260-5500}{5500}$$

$$\Rightarrow r = \frac{1760}{5500} \times 100 = 32\%$$

उदाहरण 8 किसी धनराशि का 2 वर्षों में 10% वार्षिक ब्याज की दर से साधारण एवं चक्रवृद्धि ब्याज में अन्तर ₹ 93 है, तो मूलधन कितना होगा?

(a) ₹ 9200 (b) ₹ 9300
(c) ₹ 4000 (d) ₹ 9000

हल (b) 2 वर्ष के अन्तर के लिए,

$$P = d \times \left(\frac{100}{r}\right)^2 = 93 \times \left(\frac{100}{10}\right)^2$$

$$= 93 \times 100 = ₹ 9300$$

उदाहरण 9 चक्रवृद्धि ब्याज पर निवेशित एक धनराशि 5 वर्षों में दोगुनी हो जाती हैं। तदनुसार वह मूल की आठ गुनी कितने समय में हो जाएगी?

(a) 15 वर्ष (b) 12 वर्ष (c) 10 वर्ष (d) 20 वर्ष

हल (a) $A = P\left(1+\frac{r}{100}\right)^n$ से,

प्रश्नानुसार, $2P = P\left(1+\frac{r}{100}\right)^5 \Rightarrow 2 = \left(1+\frac{r}{100}\right)^5$

दोनों पक्षों का घन करने पर,

$$8 = \left(1+\frac{r}{100}\right)^{15}$$

अतः 15 वर्षों में धन स्वयं का 8 गुना हो जाएगा।

एग्जाम पैटर्न प्रश्न

1. ₹ 2000 की एक धनराशि 10% वार्षिक साधारण ब्याज की दर से 5 वर्ष के लिए उधार दी जाती है। साधारण ब्याज कितना होगा?

(a) ₹ 1100 (b) ₹ 1000
(c) ₹ 900 (d) ₹ 1200

2. ₹ 1500 साधारण ब्याज की 5% वार्षिक दर से 5 वर्ष के लिए उधार दिया गया। 5 वर्ष के अन्त में वह धन कितना हो जाएगा?

(a) ₹ 1875 (b) ₹ 1575
(c) ₹ 1675 (d) ₹ 1975

3. एक धनराशि साधारण ब्याज की वार्षिक दर पर उधार दी गई। 3 वर्ष में वह अपने की $\frac{5}{4}$ गुनी हो जाती है ब्याज की वार्षिक दर कितनी होगी?

(a) $6\frac{2}{3}$% (b) 5%
(c) $8\frac{1}{3}$% (d) $9\frac{1}{11}$%

4. एक धनराशि का 4% वार्षिक साधारण ब्याज की दर से 3 वर्ष का ब्याज उसके 5 वर्ष के ब्याज से ₹ 1000 कम है। वह धन है

(a) ₹ 12500 (b) ₹ 10500
(c) ₹ 11500 (d) ₹ 13500

5. कोई धन साधारण ब्याज की दर पर 3 वर्ष में ₹ 500 तथा 5 वर्ष में ₹ 600 हो जाता है। ब्याज की दर क्या है?

(a) $13\frac{1}{7}$% (b) $14\frac{2}{7}$%
(c) $12\frac{1}{3}$% (d) $9\frac{1}{4}$%

6. एक धन पर 7% वार्षिक ब्याज की साधारण दर से 3 वर्ष में ब्याज ₹ 1500 है, तो कितने वर्षों में ₹ 1800 ब्याज प्राप्त होगा?

(a) $2\frac{1}{5}$ वर्ष (b) $4\frac{1}{5}$ वर्ष
(c) $3\frac{3}{5}$ वर्ष (d) $5\frac{3}{5}$ वर्ष

7. एक धनराशि पर पहले 2 वर्षों के लिए 4%, अगले 4 वर्षों के लिए 6% और इससे अधिक समय के लिए 8% वार्षिक ब्याज जोड़ा जाता है। कुल 15 वर्षों में साधारण ब्याज ₹ 1500 हो, तो वह धन कितना होगा?

(a) ₹ 1332.50 (b) ₹ 1150.30
(c) ₹ 1300 (d) ₹ 1442.30

8. साधारण ब्याज की किस दर से कोई धन 5 वर्ष में अपने का दोगुना हो जाएगा?

(a) 7% (b) 10%
(c) 20% (d) 15%

9. एक धनराशि 20 वर्षों में 7 गुनी हो जाती है। वह 13 गुनी होने में कितना समय लेगी?

(a) 25 वर्ष (b) 40 वर्ष
(c) 30 वर्ष (d) 50 वर्ष

10. राधेश्याम ने ₹ 10000, 12% वार्षिक ब्याज की दर से 5 वर्ष के लिए उधार लिया और नगेश ने ₹ 5000, 20 वर्ष के लिए उधार लिया। यदि दोनों अपनी-अपनी समयावधि के अन्त में समान साधारण ब्याज अदा करें, तो नगेश ने किस दर पर राशि उधार ली थी?

(a) 5% (b) 3% (c) 2% (d) 6%

11. सतेन्द्र ₹ 5000, 2 वर्ष के लिए 4% वार्षिक साधारण ब्याज की दर पर उधार लेता है। वह तत्काल इसे किसी दूसरे व्यक्ति को $6\frac{1}{2}$% वार्षिक साधारण की दर पर 2 वर्ष के लिए उधार दे देता है। इस पूरे सौदे में सतेन्द्र को कितना लाभ मिलेगा?

(a) ₹ 150 (b) ₹ 250
(c) ₹ 450 (d) ₹ 112.50

12. किसी राशि का साधारण ब्याज, मूलधन का $\frac{4}{9}$ है। यदि ब्याज पर दिए जाने वाले मूलधन की अवधि के वर्ष, ब्याज की वार्षिक दर के बराबर हो, तो ब्याज की दर क्या होगी?

(a) $7\frac{1}{5}$% (b) 6%
(c) $6\frac{2}{3}$% (d) 5%

13. ₹ 10000 का 3 वर्ष में चक्रवृद्धि ब्याज क्या होगा। यदि वार्षिक दर 10% हो?

(a) ₹ 3250
(b) ₹ 3310
(c) ₹ 3250
(d) ₹ 3160

14. ₹ 16000 का 5% वार्षिक दर से 1 वर्ष का चक्रवृद्धि ब्याज कितना होगा। यदि ब्याज छमाही देय हो?

(a) ₹ 550
(b) ₹ 810
(c) ₹ 450
(d) ₹ 350

15. किसी धन पर एक निश्चित दर से 2 वर्ष का साधारण ब्याज ₹ 160 तथा चक्रवृद्धि ब्याज ₹ 170 है। ब्याज की दर है

(a) 10% (b) $12\frac{1}{2}$%
(c) 5% (d) 13%

16. ₹ 8000 की धनराशि 10% वार्षिक चक्रवृद्धि ब्याज की दर से कितने समय में ₹ 9261 हो जाएगी। जबकि, ब्याज छमाही देय है?

(a) $3\frac{1}{2}$ वर्ष (b) $1\frac{1}{2}$ वर्ष
(c) $2\frac{1}{2}$ वर्ष (d) 2 वर्ष

17. 10% वार्षिक दर से 2 वर्ष के लिए किसी धनराशि के चक्रवृद्धि ब्याज तथा साधारण ब्याज का अन्तर ₹ 620 है। वह धनराशि है

(a) ₹ 62000 (b) ₹ 60000
(c) ₹ 40000 (d) ₹ 65000

18. कोई धन चक्रवृद्धि ब्याज की दर से 15 वर्ष में दोगुना हो जाता है। कितने वर्षों में यह स्वयं का 8 गुना हो जाएगा?

(a) 45 वर्ष (b) 40 वर्ष
(c) 30 वर्ष (d) 20 वर्ष

19. किसी धनराशि पर 5% की दर से 2 वर्ष का साधारण ब्याज ₹ 1600 है। वार्षिक चक्रवृद्धि ब्याज पर उसी दर पर 3 वर्ष के बाद चक्रवृद्धि ब्याज कितना होगा?

(a) ₹ 2520
(b) ₹ 2522
(c) ₹ 2555
(d) ₹ 2535

20. ₹ 5000 का 3 वर्ष का चक्रवृद्धि ब्याज क्या है, जबकि ब्याज की दर पहले वर्ष 8% दूसरे वर्ष 9% तथा तीसरे वर्ष 10% है?

(a) ₹ 14400
(b) ₹ 1474.6
(c) ₹ 12000
(d) ₹ 13300

21. ₹ 15000 की धनराशि पर 2 वर्ष में उपार्जित वार्षिक रूप से संयोजित चक्रवृद्धि ब्याज तथा साधारण ब्याज का अन्तर ₹ 96 है। ब्याज की वार्षिक दर है

(a) 8%
(b) 9%
(c) 5%
(d) 10%

PYQs

22. ₹ 500 पर 6% प्रति वर्ष पर 4 वर्ष का साधारण ब्याज ज्ञात कीजिए?

क्लर्क (जबलपुर, दानापुर) 01 नवम्बर 2020

(a) ₹ 120 (b) ₹ 150 (c) ₹ 200 (d) ₹ 100

23. साधारण ब्याज की 2% वार्षिक दर पर 1 वर्ष के लिए ₹ 13000 के मूलधन के लिए राशि ज्ञात कीजिए।

क्लर्क (हमीरपुर) 01 नवम्बर, 2020

(a) ₹ 11260 (b) ₹ 12260
(c) ₹ 10260 (d) ₹ 13260

24. ₹ 3000 पर 5% प्रतिवर्ष की दर से 2 वर्षों के लिए साधारण ब्याज ज्ञात कीजिए।

क्लर्क (बहरामपुर) 01 नवम्बर 2020
(बेंगलुरु) 23 फरवरी 2020

(a) ₹ 300 (b) ₹ 305
(c) ₹ 303 (d) ₹ 307

उत्तरमाला

1. (b)	2. (a)	3. (c)	4. (a)	5. (b)	6. (c)	7. (d)	8. (c)	9. (b)	10. (d)
11. (b)	12. (c)	13. (b)	14. (b)	15. (b)	16. (b)	17. (a)	18. (a)	19. (b)	20. (b)
21. (a)	22. (a)	23. (d)	24. (a)						

संकेत एवं हल

1. (b) $P = ₹ 2000$, $R = 10\%$ वार्षिक, $T = 5$ वर्ष,

$\therefore \quad SI = \frac{PRT}{100} = \frac{2000 \times 10 \times 5}{100} = 1000$

$\therefore \quad SI = ₹ 1000$

2. (a) $P = ₹ 1500$, $R = 5\%$ वार्षिक, $T = 5$ वर्ष, $A = ?$

$\therefore \quad SI = \frac{PRT}{100} = \frac{1500 \times 5 \times 5}{100} = ₹ 375$

मिश्रधन $(A) = P + SI$

$\therefore \quad A = 1500 + 375 = ₹ 1875$

3. (c) माना धनराशि $= ₹ P, T = 3$ वर्ष,

$A = \frac{5}{4}P$, दर $= R\%$

अब, $A = P + SI$

$\Rightarrow \quad \frac{5P}{4} = P + \frac{P \times R \times 3}{100}$

$\Rightarrow \quad \frac{5P}{4} = P\left[1 + \frac{3R}{100}\right]$

$\Rightarrow \quad \frac{5}{4} = \frac{100 + 3R}{100}$

$\Rightarrow \quad 400 + 12R = 500$

$\Rightarrow \quad 12R = 100$

$\therefore \quad R = \frac{100}{12} = 8\frac{1}{3}\%$

4. (a) माना मूलधन $= ₹ P$

प्रश्नानुसार,

$\frac{P \times 4 \times 5}{100} - \frac{P \times 4 \times 3}{100} = 1000$

$\Rightarrow \quad 20P - 12P = 100000$

$\Rightarrow \quad 8P = 100000$

$\therefore \quad P = ₹ 12500$

5. (b) $\because$ 2 वर्ष का साधारण ब्याज $= 600 - 500$
$= ₹ 100$

1 वर्ष का साधारण ब्याज $= ₹ 50$

3 वर्ष का साधारण ब्याज $= ₹ 150$

दिया है, 3 वर्ष का मिश्रधन $= ₹ 500$

तब, मूलधन = मिश्रधन − ब्याज

$= 500 - 150 = ₹ 350$

$\therefore \quad$ दर $= \frac{\text{साधारण ब्याज} \times 100}{\text{मूलधन} \times \text{समय}}$

$= \frac{150 \times 100}{350 \times 3} = \frac{100}{7} = 14\frac{2}{7}\%$

6. (c) माना धन $= ₹ P$, $R = 7\%$, $SI_1 = ₹ 1500$, $T_1 = 3$ वर्ष,

$\therefore \quad P = \frac{SI_1 \times 100}{R \times T_1}$

$= \frac{1500 \times 100}{7 \times 3} = ₹ \frac{500 \times 100}{7}$

अब, $SI_2 = ₹ 1800$, $R = 7\%$, $T_2 = ?$

$\therefore \quad T_2 = \frac{SI_2 \times 100}{P \times R}$

$= \frac{1800 \times 100 \times 7}{500 \times 100 \times 7}$

$= \frac{18}{5} = 3\frac{3}{5}$ वर्ष

7. (d) कुल ब्याज

$= \frac{PR_1T_1}{100} + \frac{PR_2T_2}{100} + \frac{PR_3T_3}{100}$

$= \frac{P \times (R_1T_1 + R_2T_2 + R_3T_3)}{100}$ से,

[यहाँ, $T_1 = 2, R_1 = 4, T_2 = 4, R_2 = 6$

$T_3 = 15 - (2 + 4) = 9, R_3 = 8,$

$SI = ₹ 1500$]

$\therefore$ कुल ब्याज $= \frac{P \times (4 \times 2 + 6 \times 4 + 8 \times 9)}{100}$

$\Rightarrow \quad 1500 = \frac{P \times (8 + 24 + 72)}{100}$

$\therefore \quad P = \frac{1500 \times 100}{104} = ₹ 1442.30$

8. (c) दिया है, समय = 5 वर्ष, $n = 2$ गुना

दर $= \frac{(n-1) \times 100}{\text{समय}} = \frac{(2-1) \times 100}{5} = 20\%$

9. (b) यहाँ, $T_1 = 20, n_1 = 7, n_2 = 13, T_2 = ?$

सूत्र $\frac{T_1}{T_2} = \frac{n_1 - 1}{n_2 - 1}$ से,

$\Rightarrow \quad \frac{20}{T_2} = \frac{7-1}{13-1} = \frac{6}{12}$

$\Rightarrow \quad 12 \times 20 = 6 \times T_2$

$\therefore \quad T_2 = 40$ वर्ष

10. (d) सूत्र, $P_1R_1T_1 = P_2R_2T_2$ से,

$10000 \times 12 \times 5 = 5000 \times 20 \times R_2$

$R_2 = \frac{10000 \times 12 \times 5}{5000 \times 20} = 6\%$

11. (b) ब्याज दरों में अन्तर

$= 6\frac{1}{2}\% - 4\% = 2\frac{1}{2}\% = \frac{5}{2}\%$

सौदे में लाभ

$= \frac{\text{मूलधन} \times \text{ब्याज दरों में अन्तर} \times \text{समय}}{100}$

$= \frac{5000 \times \frac{5}{2} \times 2}{100} = ₹ 250$

12. (c) माना मूलधन $= ₹ P$, ब्याज की दर $= R\%$

$\therefore$ ब्याज (SI) $= P \times \frac{4}{9}$

तथा दर (R) = समय (T)

$\therefore \quad SI = \frac{P \times R \times T}{100}$

$\Rightarrow \quad P \times \frac{4}{9} = \frac{P \times R \times R}{100}$

$\Rightarrow \quad R^2 = \frac{400}{9}$

$\therefore \quad R = \frac{20}{3} = 6\frac{2}{3}\%$

13. (b) मूलधन = ₹ 10000, समय = 3 वर्ष,

दर = 10%

∴ चक्रवृद्धि ब्याज

$= \text{मूलधन} \times \left[\left(1+\frac{\text{दर}}{100}\right)^{\text{समय}} - 1\right]$

$= 10000 \times \left[\left(1+\frac{10}{100}\right)^3 - 1\right]$

$= 10000 \times \left(\frac{11\times11\times11 - 10\times10\times10}{10\times10\times10}\right)$

$= \frac{10000}{1000} \times (1331 - 1000)$

$= 10 \times 331 = ₹\ 3310$

14. (b) मूलधन (P) = ₹ 16000, दर $(r) = 5\%$,

समय $(n) = 1$ वर्ष = 2 छमाही

∵ ब्याज छमाही देय है अत: दर $= \frac{5}{2}\%$

∴ ब्याज $= P\left[\left(1+\frac{r}{100}\right)^n - 1\right]$

$= 16000 \times \left[\left(1+\frac{5}{200}\right)^2 - 1\right]$

$= 16000 \times \left[\left(\frac{41}{40}\right)^2 - 1\right]$

$= \frac{16000}{1600} \times (1681 - 1600)$

$= 10 \times 81 = ₹\ 810$

15. (b) 2 वर्ष के लिए साधारण ब्याज = ₹ 160

∴ माना मूलधन = ₹ P तथा ब्याज की दर = $R\%$

∴ $\text{SI} = \frac{PRT}{100}$

⇒ $160 = \frac{P \times R \times 2}{100}$

⇒ $PR = 8000$

∴ $P = \frac{8000}{R}$ ...(i)

∵ 2 वर्षों के लिए,

$(\text{CI} - \text{SI}) = P\left(\frac{R}{100}\right)^2$

⇒ $170 - 160 = \frac{8000}{R} \times \frac{R^2}{100 \times 100}$

⇒ $10 = \frac{R \times 8}{10}$

∴ $R = \frac{100}{8} = 12\frac{1}{2}\%$

16. (b) मूलधन = ₹ 8000, मिश्रधन = ₹ 9261,

दर = 5% छमाही

माना समय = t वर्ष

तब, $8000\left(1+\frac{5}{100}\right)^t = 9261$

$\left(\frac{21}{20}\right)^t = \frac{9261}{8000} \Rightarrow \left(\frac{21}{20}\right)^t = \left(\frac{21}{20}\right)^3$

∴ $t = 3$

अत: समय = 3 छमाही $= 1\frac{1}{2}$ वर्ष

17. (a) यहाँ, d = ₹ 620, $r = 10\%$

तथा $n = 2$ वर्ष

सूत्र से, $P = d\left(\frac{100}{r}\right)^2$

$= \frac{620 \times 100 \times 100}{10 \times 10}$

= ₹ 62000

18. (a) माना मूलधन = ₹ P

तब, 15 वर्ष में मिश्रधन = ₹ $2P$

$P\left(1+\frac{r}{100}\right)^{15} = 2P$

⇒ $\left(1+\frac{r}{100}\right)^{15} = 2$ ...(i)

माना t समय पश्चात् मूलधन 8 गुना हो जाएगा, तब

$P\left(1+\frac{r}{100}\right)^t = 8P \Rightarrow \left(1+\frac{r}{100}\right)^t = (2)^3$

समी (i) से,

$\left(1+\frac{r}{100}\right)^t = \left(1+\frac{r}{100}\right)^{15\times3}$

तुलना करने पर, $t = 45$ वर्ष

19. (b) मूलधन $= \frac{\text{SI} \times 100}{T \times R}$

$= \frac{1600 \times 100}{5 \times 2}$

= ₹ 16000

चक्रवृद्धि ब्याज $= P\left[\left(1+\frac{R}{100}\right)^T - 1\right]$

$= 16000\left[\left(1+\frac{5}{100}\right)^3 - 1\right]$

$= 16000\left[\left(\frac{21}{20}\right)^3 - 1\right]$

$= 16000\left(\frac{9261}{8000} - 1\right)$

$= \frac{16000 \times 1261}{8000}$

= ₹ 2522

20. (b) मूलधन (P) = ₹ 5000

$r_1 = 8\%$, $r_2 = 9\%$ तथा $r_3 = 10\%$

∴ चक्रवृद्धि ब्याज = मिश्रधन − मूलधन

$= 5000\left(1+\frac{8}{100}\right)\left(1+\frac{9}{100}\right)\left(1+\frac{10}{100}\right) - 5000$

$= 5000\left[\frac{108}{100} \times \frac{109}{100} \times \frac{110}{100} - 1\right]$

$= 5000\left[\frac{1294920 - 1000000}{1000000}\right]$

$= \frac{294920}{200} = ₹\ 1474.6$

21. (a) P = ₹ 15000, $n = 2$ वर्ष,

अन्तर (d) = ₹ 96

माना दर = $r\%$

सूत्र $d = P\left(\frac{r}{100}\right)^2$ से,

⇒ $96 = 15000 \times \left(\frac{r}{100}\right)^2$

⇒ $\frac{96}{15000} = \frac{r^2}{10000} \Rightarrow r^2 = \frac{960000}{15000}$

⇒ $r^2 = 64 \Rightarrow r = 8\%$

22. (a) P = ₹ 500, $R = 6\%$, $T = 4$ वर्ष

∴ साधारण ब्याज $= \frac{PRT}{100} = \frac{500 \times 6 \times 4}{100}$

$= 5 \times 24$

= ₹ 120

23. (d) P = ₹ 1300, $R = 2\%$, $T = 1$ वर्ष

राशि $(A) = P + \text{SI}$

$= 13000 + \frac{13000 \times 2 \times 1}{100}$

$= 13000 + 260$

= ₹ 13260

24. (a) P = ₹ 3000, $R = 5\%$, $T = 2$ वर्ष

∴ साधारण ब्याज (SI) $= \frac{PRT}{100}$

$= \frac{3000 \times 5 \times 2}{100} = ₹\ 300$

अध्याय 11

कार्य और समय

प्रत्येक व्यक्ति की कार्यक्षमता भिन्न-भिन्न होती हैं। कोई व्यक्ति किसी कार्य को बहुत कम समय में पूरा कर देता है और कोई दूसरा व्यक्ति उसी कार्य को बहुत ज्यादा समय में पूरा करता है। अर्थात् किसी कार्य को पूरा होने में लगा समय, व्यक्ति की कार्य क्षमता या 1 दिन के कार्य तथा व्यक्तियों की संख्या पर निर्भर करता है।

कार्य-समय से सम्बन्धित महत्त्वपूर्ण तथ्य

- यदि कोई व्यक्ति किसी कार्य को x दिन में पूरा (1 इकाई) करता है, तो उस व्यक्ति का 1 दिन का कार्य $= \frac{1}{x}$ भाग होगा।
- किसी व्यक्ति A की कार्य करने की क्षमता, किसी अन्य व्यक्ति B की कार्य करने की क्षमता का x गुना हो, तो A द्वारा किसी कार्य को करने में B का $\frac{1}{x}$ गुना समय लगेगा।

उदाहरण 1 **A एक कार्य को 20 दिन में कर सकता है और B उसी कार्य को 30 दिन में कर सकता है। दोनों उस कार्य को कितने दिन में पूरा करेंगे ?**

(a) 16 दिन (b) 14 दिन
(c) 10 दिन (d) 12 दिन

हल *(d)* A का एक दिन का कार्य $= \frac{1}{20}$

B का एक दिन का कार्य $= \frac{1}{30}$

$\therefore$ $(A + B)$ दोनों का एक दिन का कार्य

$$= \frac{1}{20} + \frac{1}{30} = \frac{3+2}{60} = \frac{5}{60} = \frac{1}{12}$$

अत: दोनों मिलकर उस कार्य को 12 दिन में करेंगे।

उदाहरण 2 **A किसी कार्य को 5 दिन में करता है, B, 10 दिन में तथा C, 20 दिन में करता है। तीनों इस कार्य के लिए ₹ 1400 लेते हैं। तब A, B तथा C तीनों को प्राप्त अलग-अलग राशि क्या है?**

(a) 800, 400, 200 (b) 600, 400, 200
(c) 800, 500, 200 (d) 800, 400, 300

हल *(a)* कुल वेतन = A का 1 दिन का वेतन × दिन + B का 1 दिन का वेतन × दिन + C का 1 दिन का वेतन × दिन

$$1400 = \frac{1}{5} : \frac{1}{10} : \frac{1}{20} = 4:2:1$$

$$1400 = A:B:C = 4x:2x:x$$

$\because$ $1400 = 7x \Rightarrow x = 200$

$\therefore$ A का भाग $= 4 \times 200 =$ ₹ 800

B का भाग $= 2 \times 200 =$ ₹ 400

C का भाग $= 1 \times 200 =$ ₹ 200

उदाहरण 3 **6 पुरुष या 12 महिलाएँ किसी कार्य को 20 दिन में कर सकते हैं। 8 पुरुष और 16 महिलाएँ मिलकर इससे दोगुने कार्य को कितने दिनों में कर पाएँगे ?**

(a) 2 (b) 5
(c) 15 (d) 10

हल (c) प्रश्नानुसार, 6 पुरुष = 12 महिलाएँ

$\Rightarrow$ 1 पुरुष = 2 महिलाएँ

$\therefore$ 8 पुरुष + 16 महिलाएँ

= 16 महिलाएँ + 16 महिलाएँ = 32 महिलाएँ

12 महिलाएँ 1 कार्य को करती है = 20 दिन में

1 महिला 1 कार्य को करती है = 20×12 दिनों में

$\therefore$ 32 महिलाओं द्वारा दोगुने कार्य को करने में लगा समय

$$= \frac{12 \times 20 \times 2}{32} = 15 \text{ दिन}$$

- किसी व्यक्ति का 1 दिन का वेतन उसके द्वारा 1 दिन में किए गए कार्य के समानुपाती होता है।
  कुल वेतन = व्यक्ति का 1 दिन का वेतन × दिनों की संख्या
  या कुल वेतन = व्यक्तियों के 1 – 1 दिन के कार्यों का अनुपात

उदाहरण 4 **2 पुरुष और 1 लड़का एक कार्य 5 दिनों में कर सकते हैं। जबकि 1 पुरुष व 2 लड़के उसे 6 दिन में कर सकते हैं। यदि 1 पुरुष का पारिश्रमिक ₹ 28 हो, तो 1 लड़के का पारिश्रमिक कितना होगा ?**

(a) ₹ 8 (b) ₹ 12
(c) ₹ 16 (d) ₹ 9

हल *(c)* प्रश्नानुसार, 2 पुरुष व 1 लड़का, 1 कार्य करते हैं = 5 दिन में

$\Rightarrow$ 10 पुरुष व 5 लड़के, 1 कार्य करेंगे = 1 दिन में

इसी प्रकार, चूँकि 1 पुरुष व 2 लड़के, 1 कार्य करते हैं = 6 दिन में

$\Rightarrow$ 6 पुरुष व 12 लड़के, 1 कार्य को करेंगे = 1 दिन में

अत: 10 पुरुष + 5 लड़के = 6 पुरुष + 12 लड़के

4 पुरुष = 7 लड़के

$\Rightarrow$ 1 लड़का $= \frac{4}{7}$ पुरुष

$\because$ 1 पुरुष का पारिश्रमिक = ₹ 28

$\therefore$ $\frac{4}{7}$ पुरुष का पारिश्रमिक $= 28 \times \frac{4}{7} =$ ₹ 16

अत: 1 लड़के का पारिश्रमिक = ₹ 16

- यदि M_1 व्यक्ति, D_1 दिनों में, H_1 घण्टे प्रतिदिन कार्य करते हुए W_1 कार्य करते हैं, तो M_2 व्यक्ति, D_2 दिनों, H_2 घण्टे प्रतिदिन कार्य करते हुए W_2 कार्य करेंगे, इसके लिए निम्नलिखित सूत्र का प्रयोग करते हैं

$$\frac{M_1 D_1 H_1}{W_1} = \frac{M_2 D_2 H_2}{W_2}$$

उदाहरण 5 **16 आदमी दिन में 14 घण्टे कार्य करके किसी कार्य को 12 दिन में पूरा कर सकते हैं। 28 आदमी दिन में 12 घण्टे कार्य करके समान कार्य को कितने दिन में पूरा करेंगे?**

(a) 7 दिन (b) 6 दिन
(c) 10 दिन (d) 8 दिन

हल (*d*) माना 28 आदमी दिन में 12 घण्टे कार्य करके उस कार्य को D दिन में पूरा करेंगे। तब,

$M_1H_1D_1 = M_2H_2D_2$ से,

$\Rightarrow \quad 16 \times 14 \times 12 = 28 \times 12 \times D$

$\therefore \quad D = \frac{16 \times 14 \times 12}{28 \times 12} = 8$ दिन

- यदि किसी व्यक्ति A की कार्य करने की क्षमता, किसी अन्य व्यक्ति B की कार्य करने की क्षमता की x गुनी हो, तो A द्वारा किसी कार्य को करने में B का $\frac{1}{x}$ गुना समय लगेगा अथवा A और B के कार्य करने की क्षमताओं का अनुपात $= x : y$ तो, A और B द्वारा कार्य करने में लगे समयों का अनुपात $= y : x$

उदाहरण 6 **हरीश किसी कार्य को 25 दिन में पूरा कर सकता है। श्याम जोकि हरीश से 25% अधिक कुशल है। उस कार्य को वह कितने दिन में पूरा करेगा। यदि दोनों मिलकर कार्य करें ?**

(a) $11\frac{3}{9}$ दिन (b) $11\frac{1}{9}$ दिन (c) $10\frac{2}{5}$ दिन (d) $9\frac{1}{5}$ दिन

हल (*b*) हरीश और श्याम के कार्य करने की क्षमता का अनुपात

$$= 1 : \frac{5}{4} = 4 : 5$$

कार्य करने में समयों का अनुपात $= 5 : 4$

$\therefore$ श्याम का कार्य करने में लगा समय $= 25 \times \frac{4}{5} = 20$ दिन

दोनों को मिलकर कार्य पूरा करने में लगा समय

$$= \frac{25 \times 20}{25 + 20} = \frac{100}{9} = 11\frac{1}{9} \text{ दिन}$$

- नल एवं टंकी से सम्बन्धित प्रश्नों में, टंकी को भरने वाले पाइप द्वारा किया गया कार्य धनात्मक तथा खाली करने वाले पाइप द्वारा किया गया कार्य ऋणात्मक लेते है।

उदाहरण 7 **पानी की एक टंकी में दो पाइप लगे हैं। खाली टंकी पहले पाइप द्वारा 12 मिनट में भरती है और पूरी टंकी दूसरे पाइप द्वारा 20 मिनट में खाली होती है। जब दोनों पाइप कार्य कर रहे हों, तो आधी टंकी भरने में कितना समय लगेगा ?**

(a) 16 मिनट (b) 15 मिनट (c) 20 मिनट (d) 30 मिनट

हल (*b*) 1 पाइप 12 मिनट में पूरी टंकी भरता है

1 मिनट में पाइप टंकी भरता है $= \frac{1}{12}$ भाग

अब, दूसरा पाइप 20 मिनट में उसे खाली करता है

अत: 1 मिनट में खाली की गई टंकी $= \frac{1}{20}$ भाग

अब, पाइप द्वारा पूरी टंकी भरने में लगा कुल समय

$$= \frac{1}{12} - \frac{1}{20} = \frac{5-3}{60} = \frac{2}{60} = \frac{1}{30}$$

अत: पूरी टंकी 30 मिनट में भरी जाएगी।

अब, आधी टंकी भरने में लगने वाला समय = 15 मिनट

एग्जाम पैटर्न प्रश्न

1. x एक कार्य को 8 घण्टे में कर सकता है तथा y उसी कार्य को 24 घण्टों में कर सकता है। यदि x तथा y दोनों एक साथ कार्य करें तो कितना समय लगेगा?
(a) 6 घण्टे में (b) 10 घण्टे में
(c) 12 घण्टे में (d) 8 घण्टे में

2. A एक कार्य को 18 दिन में पूरा कर सकता है और B उसी कार्य को A से आधे समय में कर सकता है। वे दोनों एकसाथ मिलकर एक दिन में कार्य का कितना भाग पूरा कर सकते हैं?
(a) $\frac{1}{6}$ (b) $\frac{2}{5}$
(c) $\frac{1}{9}$ (d) $\frac{2}{7}$

3. सोहन प्रतिदिन 1/10 कार्य करता है तथा दीपक के साथ मिलकर वह कार्य को 6 दिन में पूरा करता है। कितने दिनों में दीपक अकेला उस कार्य को पूरा कर लेगा?
(a) 10 दिन (b) 15 दिन
(c) 12 दिन (d) 30 दिन

4. A और B एक कार्य को 10 दिन में कर सकते हैं, B और C उसे 15 दिन तथा C और A इसे 20 दिन में कर सकते हैं। C अकेला उस कार्य को कितने समय में पूरा करेगा?
(a) 60 दिन (b) 120 दिन
(c) 80 दिन (d) 30 दिन

5. जितनी देर में B जो कार्य करता है, A उतनी ही देर में उसका आधा कार्य करता है। B अकेला उस कार्य को 12 दिन में करता है। A और B मिलकर उस कार्य को करेंगे।
(a) 4 दिन में (b) 8 दिन में
(c) 7 दिन में (d) 3 दिन में

6. A किसी कार्य के $\frac{3}{4}$ भाग को 12 दिनों में पूरा कर सकता है, तो उसी कार्य के $\frac{1}{2}$ भाग को A, कितने दिनों में पूरा करेगा?
(a) 4 (b) 8
(c) 12 (d) 16

7. A किसी कार्य को 60 दिन में कर सकता है। वह 15 दिन कार्य करता है और फिर B ने अकेले शेष कार्य को 30 दिन में पूरा किया। दोनों मिलकर कार्य को कितने समय में पूरा कर सकते हैं?
(a) 24 दिन (b) 25 दिन
(c) 30 दिन (d) 32 दिन

8. A और B मिलकर एक गड्ढे को 12 दिन में भर सकते हैं। A अकेला इसको 20 दिन में भर सकता है। यदि प्रतिदिन B केवल आधा दिन कार्य करें, तब A और B को मिलकर उस गड्ढे को भरने में कितना समय लगेगा?
(a) 11 दिन (b) 15 दिन
(c) 20 दिन (d) 10 दिन

9. A एक कार्य को 9 दिन में कर सकता है। B, A से 50% अधिक दक्ष है, तो B समान कार्य को करने में कितना समय लेगा?
(a) 4 दिन (b) $4\frac{1}{2}$ दिन
(c) 6 दिन (d) 7 दिन

10. A एक दिन में B से दोगुना कार्य करता है और इसलिए एक कार्य को B से 60 दिन कम में करता है। उसी कार्य को A और B मिलकर कितने दिनों में पूरा कर सकेंगे?
(a) 20 दिन (b) 25 दिन
(c) 30 दिन (d) 40 दिन

11. कुछ आदमी एक कार्य को 12 दिन में कर सकते हैं। उनसे दोगुने आदमी आधे कार्य को कितने दिनों में पूरा करेंगे?
(a) 9 दिन (b) 6 दिन
(c) 5 दिन (d) 3 दिन

12. 8 घण्टे प्रतिदिन कार्य करते हुए अनु एक पुस्तक की प्रति 18 दिनों में तैयार कर सकती है। यदि वही कार्य 12 दिनों में पूरा करना हो, तो अनु को प्रतिदिन कितने घण्टे कार्य करना होगा?
(a) 12 घण्टे (b) 10 घण्टे
(c) 11 घण्टे (d) 13 घण्टे

13. 15 मजदूर 6 घण्टे प्रति दिन कार्य करके एक कार्य को 10 दिन में पूरा कर सकते हैं। यदि उस कार्य पर 18 मजदूर लगाए जाएँ तथा उसे 5 दिन में पूरा करवाना हो, तो मजदूरों को प्रतिदिन कितने घण्टे कार्य करना चाहिए?
(a) 8 घण्टे (b) 10 घण्टे
(c) 12 घण्टे (d) 9 घण्टे

14. यदि 24 व्यक्ति 8 घण्टे प्रतिदिन कार्य करके एक कार्य को 18 दिनों में पूरा करते हैं, तो 36 व्यक्ति 12 घण्टे प्रतिदिन कार्य करके उस कार्य को कितने दिनों में पूरा करेंगे?
(a) 6 दिन (b) 8 दिन
(c) 10 दिन (d) 12 दिन

15. यदि x आदमी किसी कार्य को 8 दिनों में पूरा कर सकते हैं और $x + 4$ आदमी उसी कार्य को 6 दिनों में पूरा कर सकते हैं, तो x का मान होगा
(a) 10 (b) 6 (c) 12 (d) 24

16. A और B ने किसी कार्य को करने का ₹ 4500 में ठेका लिया। A अकेला इस कार्य को 8 दिन में तथा B अकेला इस कार्य को 12 दिन में कर सकता है। C की सहायता से उन्होंने यह कार्य 4 दिन में पूरा कर लिया। तब, ठेके की धनराशि में C का भाग है
(a) ₹ 2250 (b) ₹ 1500
(c) ₹ 750 (d) ₹ 375

17. यदि 5 पुरुष तथा 2 लड़के मिलकर चार गुना कार्य करते हैं, जितना कि एक पुरुष तथा 1 लड़का मिलकर करते हैं। एक पुरुष तथा एक लड़के की कार्य क्षमता का अनुपात है
(a) 1 : 2 (b) 2 : 1 (c) 3 : 1 (d) 3 : 2

18. यदि 4 पुरुष या 6 लड़के एक कार्य को 20 दिन में पूरा करते हों, तो 6 पुरुष और 11 लड़के उसी कार्य को कितने दिनों में पूरा करेंगे?
(a) 10 दिन (b) 6 दिन (c) 4 दिन (d) 3 दिन

19. यदि 10 आदमी अथवा 18 लड़के किसी कार्य को 15 दिनों में कर सकते हैं, तो 25 आदमी और 15 लड़के उस कार्य का दोगुना कितने दिनों में कर सकते हैं?
(a) $\frac{9}{2}$ दिन (b) 9 दिन
(c) 18 दिन (d) 36 दिन

20. 12 पुरुष किसी कार्य को 8 दिन में पूरा कर सकते हैं तथा 8 महिलाएँ उसी कार्य को 16 दिन में पूरा कर सकती हैं। यदि 9 पुरुष और 12 महिलाएँ एकसाथ कार्य करें, तो उसे कितने दिन में पूरा किया जा सकता है।
(a) $5\frac{2}{3}$ दिन (b) $5\frac{1}{3}$ दिन
(c) $4\frac{1}{3}$ दिन (d) $4\frac{2}{3}$ दिन

21. यदि 5 पुरुष अथवा 8 महिलाएँ किसी कार्य को 12 दिन में कर सकते हैं, उसी कार्य को 2 पुरुष और 4 महिलाएँ कितने दिन में कर पाएँगे?
(a) 15 दिन (b) $13\frac{1}{2}$ दिन
(c) $13\frac{1}{3}$ दिन (d) 10 दिन

22. एक नल एक टंकी को 25 मिनट में भर सकता है, एक दूसरा नल उसे 50 मिनट में खाली कर सकता है। यदि दोनों नल एक साथ खोल दिए जाएँ, तो टंकी कितनी देर में भरेगी?

(a) 23 मिनट (b) $22\frac{1}{2}$ मिनट

(c) 50 मिनट (d) नहीं भरी जा सकती

23. एक टंकी एक नल के द्वारा 12 घण्टों में एवं दूसरे नल के द्वारा 8 घण्टों में भरी जा सकती है। उन्हें $2\frac{1}{2}$ घण्टों तक खुला रखा जाता है, टंकी का भरा हुआ भाग है

(a) $\frac{25}{48}$ (b) $\frac{5}{6}$ (c) $\frac{25}{36}$ (d) $\frac{12}{25}$

24. नल A तथा नल B एक बाल्टी को क्रमश: 12 मिनट तथा 15 मिनट में भर सकते हैं। यदि दोनों नल इकट्ठे खोल दिए जाएँ और फिर A नल को 3 मिनट बाद बन्द कर दिया जाए, तो B नल को बाल्टी को भरने में और कितना समय लगेगा?

(a) 7 मिनट 45 सेकण्ड

(b) 7 मिनट 15 सेकण्ड

(c) 8 मिनट 3 सेकण्ड

(d) 8 मिनट 25 सेकण्ड

PYQs

25. यदि 5 पुरुष या 9 महिलाएँ किसी कार्य को 19 दिनों में पूरा कर सकते हैं, तो 3 पुरुष और 6 महिलाएँ समान कार्य को कितने दिनों में पूरा करेंगे।

क्लर्क (हैदराबाद) 28 फरवरी 2021

(a) 13 दिन

(b) 12 दिन

(c) 15 दिन

(d) 10 दिन

उत्तरमाला

1. (a)	2. (a)	3. (b)	4. (b)	5. (b)	6. (b)	7. (a)	8. (b)	9. (c)	10. (d)
11. (d)	12. (a)	13. (b)	14. (b)	15. (c)	16. (c)	17. (b)	18. (b)	19. (a)	20. (b)
21. (c)	22. (c)	23. (a)	24. (d)	25 (c)					

संकेत एवं हल

1. (a) x का 1 घण्टे का कार्य $=\frac{1}{8}$

y का 1 घण्टे का कार्य $=\frac{1}{24}$

$\therefore$ x तथा y का 1 घण्टे का कार्य $=\frac{1}{8}+\frac{1}{24}$

$=\frac{3+1}{24}=\frac{4}{24}=\frac{1}{6}$

अत: x तथा y मिलकर उस कार्य को $\frac{1}{\frac{1}{6}}=6$ घण्टों में कर लेगें।

2. (a) A का 1 दिन का कार्य $=\frac{1}{18}$ दिन

B का 1 दिन का कार्य $=\frac{1}{9}$ दिन

$(A+B)$ दोनों का 1 दिन का कार्य

$=\frac{1}{18}+\frac{1}{9}=\frac{1+2}{18}$

$=\frac{3}{18}=\frac{1}{6}$ भाग

3. (b) सोहन का 1 दिन का कार्य $=\frac{1}{10}$

सोहन + दीपक का 1 दिन का कार्य $=\frac{1}{6}$

दीपक का 1 दिन का कार्य $=\frac{1}{6}-\frac{1}{10}$

$=\frac{5-3}{30}=\frac{2}{30}=\frac{1}{15}$

अत: दीपक उसे $\frac{1}{\frac{1}{15}}=15$ दिन में पूरा कर लेगा।

4. (b) $A+B$ का 1 दिन का कार्य $=\frac{1}{10}$

$B+C$ का 1 दिन का कार्य $=\frac{1}{15}$

$C+A$ का 1 दिन का कार्य $=\frac{1}{20}$

$2\times(A+B+C)$ का 1 दिन का कार्य

$=\frac{1}{10}+\frac{1}{15}+\frac{1}{20}=\frac{6+4+3}{60}=\frac{13}{60}$

$\therefore$ $A+B+C$ का 1 दिन का कार्य $=\frac{13}{2\times 60}$

$=\frac{13}{120}$ भाग

$\because$ $(A+B)$ का 1 दिन का कार्य $=\frac{1}{10}$

$\therefore$ C का 1 दिन का कार्य $=\frac{13}{120}-\frac{1}{10}$

$=\frac{13-12}{120}=\frac{1}{120}$

अत: C अकेला उस कार्य को $\frac{1}{\frac{1}{120}}=120$ दिन में कर लेगा।

5. (b) यदि B किसी कार्य को 12 दिन में करता है, तब, A उसी कार्य को 24 दिन में करेगा

$\therefore$ A का एक दिन का कार्य $=\frac{1}{24}$

B का एक दिन का कार्य $=\frac{1}{12}$

$(A+B)$ का 1 दिन का कार्य

$=\frac{1}{24}+\frac{1}{12}=\frac{1+2}{24}=\frac{3}{24}=\frac{1}{8}$

अत: A और B मिलकर उस कार्य को 8 दिन में करेंगे।

6. (b) प्रश्नानुसार,

A, 12 दिन में करता है $=\frac{3}{4}$ भाग कार्य

$\therefore$ A, 48 दिन में करेगा $=3$ भाग कार्य

या A, 16 दिन में करेगा $=1$ भाग कार्य

अत: A, $\frac{16}{2}$ दिन में करेगा

$=\frac{1}{2}$ भाग कार्य

या A, 8 दिन में $\frac{1}{2}$ भाग कार्य करेगा।

7. (a) A, 1 दिन में करता है $=\frac{1}{60}$ भाग

A का 15 दिन का कार्य $=15\times\frac{1}{60}=\frac{1}{4}$ भाग

शेष कार्य $=1-\frac{1}{4}=\frac{3}{4}$ भाग

$\because$ B, $\frac{3}{4}$ भाग करता है $=30$ दिन में

$\therefore$ B, 1 भाग करता है $=40$ दिन में

अब $(A+B)$ का 1 दिन का कार्य

$=\frac{1}{60}+\frac{1}{40}=\frac{2+3}{120}=\frac{5}{120}$

$\therefore$ $(A+B)$ पूरे कार्य को

$\frac{1}{\frac{5}{120}}=\frac{120}{5}=24$ दिन में करेंगे।

8. (b) A का 1 दिन का कार्य $= \frac{1}{20}$ भाग

$(A+B)$ का 1 दिन का कार्य $= \frac{1}{12}$ भाग

$\therefore$ B का 1 दिन का कार्य

$= \frac{1}{12} - \frac{1}{20} = \frac{5-3}{60} = \frac{2}{60} = \frac{1}{30}$ भाग

प्रश्नानुसार,

B, A के साथ प्रतिदिन आधा कार्य करता है, अर्थात् $B, \frac{1}{60}$ भाग कार्य 1 दिन में करता है।

तब, $(A+B)$ का 1 दिन का कार्य

$= \frac{1}{20} + \frac{1}{60} = \frac{3+1}{60} = \frac{4}{60} = \frac{1}{15}$ भाग

अत: A व B पूरे कार्य को 15 दिन में पूरा कर लेंगे।

9. (c) कार्यक्षमता का अनुपात $= A : B$

$= 100 : 150 = 2 : 3$

तब, दोनों के समय का अनुपात $= 3 : 2$

$= 3 \times 3 : 2 \times 3 = 9 : 6$

अत: यदि A, 9 दिन में पूरा कार्य करेगा, तो B उसे 6 दिन में करेगा।

10. (d) A की कार्यक्षमता : B की कार्यक्षमता $= 2 : 1$

समय का अनुपात $= 1 : 2$

$2x - x = x = 60$ दिन

$(A+B)$ द्वारा लिया गया समय

$= \frac{60 \times 120}{60 + 120} = 40$ दिन

11. (d) माना प्रारम्भ में उस कार्य को x आदमी करते थें, तब

$M_1 = x, D_1 = 12, W_1 = 1,$

$M_2 = 2x, W_2 = \frac{1}{2}, D_2 = ?$

$\therefore \quad \frac{M_1D_1}{W_1} = \frac{M_2D_2}{W_2}$

$\Rightarrow \quad \frac{x \times 12}{1} = \frac{2x \times D_2}{\frac{1}{2}}$

$\Rightarrow \quad D_2 = \frac{12}{4} = 3$ दिन

12. (a) माना समय $(H_2) = x$ घण्टे

तब, $D_1H_1 = D_2H_2$

$18 \times 8 = 12 \times x$

$x = 12$ घण्टे

13. (b) यहाँ, $M_1 = 15, D_1 = 10, H_1 = 6$

$M_2 = 18, D_2 = 5, H_2 = ?$

$\therefore \quad M_1D_1H_1 = M_2D_2H_2$

$\Rightarrow \quad H_2 = \frac{15 \times 10 \times 6}{18 \times 5} = 10$ घण्टे

14. (b) माना दिनों की संख्या $= x$

सूत्र $M_1D_1H_1 = M_2D_2H_2$ से,

$24 \times 18 \times 8 = 36 \times x \times 12$

$x = \frac{24 \times 18 \times 8}{36 \times 12}$

$x = 8$ दिन

15. (c) प्रश्नानुसार,

$M_1D_1 = M_2D_2$

$8 \times x = 6 \times (x+4)$

$8x = 6x + 24$

$2x = 24$

$x = 12$

16. (c) C अकेला 1 दिन में कार्य करेगा

$= \frac{1}{4} - \left(\frac{1}{8} + \frac{1}{12}\right)$

$= \frac{12-6-4}{48} = \frac{2}{48} = \frac{1}{24}$ भाग

$A : B : C = \frac{1}{8} : \frac{1}{12} : \frac{1}{24} = 3 : 2 : 1$

C का भाग $= \frac{1}{6} \times 4500 =$ ₹ 750

17. (b) 5 पुरुष + 2 लड़के

= 4 × (1 पुरुष + 1 लड़का)

$\Rightarrow \quad 5M + 2B = 4M + 4B$

[जहाँ, M = पुरुष, B = लड़का]

$1M = 2B$

अत: अभीष्ट अनुपात

$= \frac{M}{B} = \frac{2}{1} = 2 : 1$

18. (b) 4 पुरुष = 6 लड़के

$\Rightarrow$ 2 पुरुष = 3 लड़के

$\Rightarrow$ (2×3) पुरुष = (3×3) लड़के

6 पुरुष = 9 लड़के

$\therefore$ 6 पुरुष + 11 लड़के

= 9 लड़के + 11 लड़के = 20 लड़के

$\because$ 6 लड़के किसी कार्य को 20 दिन में करते हैं

तब, माना 20 लड़के उसी कार्य को D_2 दिन में करेंगे

$M_1D_1 = M_2D_2$

$6 \times 20 = 20 \times D_2$

$D_2 = 6$ दिन

19. (a) 10 आदमी = 18 लड़के

5 आदमी = 9 लड़के

$\Rightarrow$ (5×5) आदमी = (9×5) लड़के

25 आदमी = 45 लड़के

$\therefore$ 25 आदमी + 15 लड़के

= 45 लड़के + 15 लड़के = 60 लड़के

$\because$ 18 लड़के किसी कार्य को करते हैं 15 दिन में

तब, माना 60 लड़के उसी कार्य को करेंगे D_2 दिनों में

$\therefore$ $M_1D_1 = M_2D_2$ से,

$18 \times 15 = 60 \times D_2$

$D_2 = \frac{18 \times 15}{60} = \frac{18}{4} = \frac{9}{2}$ दिन

20. (b) $\because$ 8 महिला किसी कार्य को 16 दिन में करती हैं

$\therefore$ 16 महिला किसी कार्य को 8 दिन में करेंगी

तब, 12 पुरुष = 16 महिला

9 पुरुष $= \frac{16}{12} \times 9 = 12$ महिला

$\because$ 12 पुरुष एक कार्य करते हैं = 8 दिन में

$\therefore$ 1 पुरुष 1 कार्य करते हैं $= 8 \times 12$ दिन में

$\therefore$ (9 पुरुष + 12 महिला) = 18 पुरुष कार्य करेंगे

$= \frac{8 \times 12}{18} = \frac{16}{3}$

$= 5\frac{1}{3}$ दिन

21. (c) $\because$ 8 महिला = 5 पुरुष

4 महिला $= \frac{5}{2}$ पुरुष

$\therefore$ 2 पुरुष + 4 महिला $= \left(2 + \frac{5}{2}\right)$ पुरुष $= \frac{9}{2}$ पुरुष

$\therefore$ अभीष्ट दिन $= \frac{12 \times 2 \times 5}{9}$

$= \frac{40}{3} = 13\frac{1}{3}$ दिन

22. (c) दोनों नलों द्वारा लगा समय

$= \frac{1}{25} - \frac{1}{50} = \frac{2-1}{50} = \frac{1}{50}$

$\therefore$ अभीष्ट समय = 50 मिनट

23. (a) दोनों नलों द्वारा 1 घण्टे में भरा गया भाग

$= \frac{1}{8} + \frac{1}{12} = \frac{6+4}{48} = \frac{10}{48}$

दोनों नलों द्वारा $2\frac{1}{2} = \frac{5}{2}$ घण्टे में भरा गया भाग

$= \frac{5}{2} \times \frac{10}{48} = \frac{25}{48}$

24. (d) $(A+B)$ नल द्वारा 1 मिनट में भरा गया भाग

$= \frac{1}{12} + \frac{1}{15} = \frac{9}{60}$

3 मिनट में $(A+B)$ द्वारा भरा गया भाग

$= \frac{3 \times 9}{60} = \frac{9}{20}$

शेष भाग $= 1 - \frac{9}{20} = \frac{11}{20}$

B द्वारा $\frac{11}{20}$ भाग भरने में लगा अतिरिक्त समय

$= \frac{11}{20} \times 15 = \frac{33}{4}$

= 8 मिनट 25 सेकण्ड

25. (c) 9 महिलाएँ = 5 पुरुष

$\therefore$ 6 महिलाएँ $= \frac{5}{9} \times 6 = \frac{10}{3}$ पुरुष

अब, 3 पुरुष + 6 महिलाएँ = 3 पुरुष + $\frac{10}{3}$ पुरुष

$= \frac{19}{3}$ पुरुष

$\because$ 5 पुरुष एक कार्य 19 दिनों में करते हैं।

$\therefore$ $\frac{19}{3}$ पुरुषों को लगने वाला समय

$= \frac{5 \times 19}{19/3}$ [$\because M_1D_1 = M_2D_2$]

$= 5 \times 3$

$= 15$ दिन

अध्याय 12

चाल, समय और दूरी

चाल

किसी वस्तु द्वारा इकाई समय में चली गई दूरी, उस वस्तु की चाल कहलाती है। इसे s अक्षर से दर्शाया जाता है।

इसका मात्रक मी/से या किमी/घण्टा होता है।

$$\text{चाल } (s) = \frac{\text{दूरी}}{\text{समय}};$$

समय

किसी वस्तु द्वारा एक निश्चित दूरी तय करने में जितनी अवधि लगती है, वह उस वस्तु द्वारा लिया गया समय कहलाता है, इसे t से दर्शाते हैं।

$$\text{समय } (t) = \frac{\text{दूरी}}{\text{चाल}};$$

मात्रक = सेकण्ड या घण्टा मिनट

दूरी

किसी वस्तु द्वारा चली गई दूरी उसकी चाल और उसके द्वारा लिए गए समय के गुणनफल के बराबर होती है। इसे d से दर्शाते हैं।

दूरी (d) = चाल × समय; मात्रक = मीटर या किमी

उदाहरण 1 **एक व्यक्ति 5 किमी/घण्टा की चाल से बाइक चला रहा है, इस प्रकार उसे घर से स्कूल पहुँचने में 15 मिनट लगे। उसके घर से स्कूल कितनी दूरी पर है?**

(a) $1\frac{3}{4}$ किमी (b) $2\frac{3}{4}$ किमी
(c) $1\frac{1}{2}$ किमी (d) $1\frac{1}{4}$ किमी

हल (*d*) माना दूरी = d किमी,

चाल (s) = 5 किमी/घण्टा,

समय = 15 मिनट = $\frac{15}{60}$ घण्टा [∵ 1 घण्टा = 60 मिनट]

∴ दूरी (d) = चाल × समय = $5 \times \frac{15}{60}$

$= \frac{5}{4} = 1.25$ या $1\frac{1}{4}$ किमी

अतः व्यक्ति का स्कूल, घर से $1\frac{1}{4}$ किमी दूर है।

चाल में बदलाव

- यदि चाल मी/से में है, तो मी/से को किमी/घण्टा में बदलने के लिए $\frac{18}{5}$ की गुणा करते हैं।
  जैसे—25 मी/से = $25 \times \left(\frac{18}{5}\right)$ = 90 किमी/घण्टा
- यदि चाल किमी/घण्टा में है, तो किमी/घण्टा को मी/से में बदलने के लिए $\frac{5}{18}$ की गुणा करते हैं।
  जैसे— 90 किमी/घण्टा = $90 \times \left(\frac{5}{18}\right)$ = 25 मी/से

औसत चाल ज्ञात करना

- एक व्यक्ति या वस्तु द्वारा किसी दूरी के दो बराबर भागों को तय करने के लिए यदि चाल क्रमशः x और y हो, तो पूरी यात्रा की औसत चाल
  $$= \frac{2 \times x \times y}{x + y}$$

उदाहरण 2 **एक छात्र अपने घर से स्कूल 25 किमी/घण्टा की चाल से जाता है, जबकि दोपहर को वापसी में वह अपनी चाल 55 किमी/घण्टा रखता है, तो उसकी औसत चाल कितनी रही?**

(a) 34.375 किमी (b) 33.941 किमी (c) 32.54 किमी (d) 35.60 किमी

हल (*a*) यहाँ, x = 25 किमी/घण्टा तथा y = 55 किमी/घण्टा

∴ औसत चाल $= \frac{2xy}{x+y} = \frac{2 \times 25 \times 55}{25 + 55} = \frac{2750}{80}$

= 34.375 किमी/घण्टा

- यदि अलग चालों से अलग-अलग दूरियाँ तय की गई हों, तब
  $$\text{औसत चाल} = \frac{\text{सम्पूर्ण यात्रा की कुल दूरी}}{\text{सम्पूर्ण यात्रा में लगा कुल समय}}$$

उदाहरण 3 **एक बाइक सवार किसी यात्रा की पहली 5 किमी की दूरी 20 किमी/घण्टा की चाल से अगले 40 किमी की दूरी 60 किमी/घण्टा की चाल से तथा अन्तिम 75 किमी की दूरी 80 किमी/घण्टा की चाल से तय करता है। उसकी सम्पूर्ण यात्रा में कितनी औसत चाल रही ?**

(a) 65.33 किमी/घण्टा (b) 64.7 किमी/घण्टा
(c) 62.27 किमी/घण्टा (d) इनमें से कोई नहीं

हल (*b*) कुल यात्रा = 5 + 40 + 75 = 120 किमी

5 किमी दूरी तय करने में लगा समय $= \frac{\text{दूरी}}{\text{चाल}} = \frac{5}{20} = \frac{1}{4}$ घण्टा

40 किमी दूरी तय करने मे लगा समय $= \frac{40}{60} = \frac{2}{3}$ घण्टा

75 किमी दूरी तय करने में लगा समय $= \frac{75}{80} = \frac{15}{16}$ घण्टा

$\therefore$ कुल समय $= \frac{1}{4} + \frac{2}{3} + \frac{15}{16} = \frac{12 + 32 + 45}{48} = \frac{89}{48}$ घण्टा

$\therefore$ औसत चाल $= \frac{\text{कुल तय की गई दूरी}}{\text{कुल समय}}$

$= \frac{120}{\frac{89}{48}} = \frac{120 \times 48}{89} = \frac{5760}{89} = 64.7$ किमी/घण्टा

सापेक्ष चाल ज्ञात करना

यदि दो व्यक्ति या वस्तु एक ही समय या अलग-अलग समय पर एक ही दिशा में चले, तो

सापेक्ष चाल = दोनों चालों का अन्तर $= (x - y)$

यदि दोनों व्यक्ति या वस्तुएँ विपरीत दिशाओं में चलना आरम्भ करते हैं, तो

सापेक्ष चाल = चालों का योग $= (x + y)$

उदाहरण 4 **यदि दो कार चालक *A* और *B* नई दिल्ली से कानपुर के लिए एक ही समय में क्रमशः 45 किमी/घण्टा तथा 49 किमी/घण्टा की चाल से चलना आरम्भ करते हैं। 3 घण्टे के पश्चात् दोनों कार चालकों के बीच की दूरी कितनी होगी ?**

(a) 10 किमी (b) 12 किमी (c) 15 किमी (d) 18 किमी

हल (*b*) *A* की चाल = 45 किमी/घण्टा

B का चाल = 49 किमी/घण्टा

दोनों की सापेक्ष चाल = 49 − 45 = 4 किमी/घण्टा [$\because$ एक ही दिशा में है]

समय = 3 घण्टे

$\therefore$ 3 घण्टे के पश्चात् उनके बीच की दूरी = चाल × समय

$= 4 \times 3 = 12$ किमी

अत: 3 घण्टे बाद उनके मध्य 12 किमी की दूरी हो जाएगी।

रेलगाड़ी से सम्बन्धित मुख्य तथ्य एवं सूत्र

1. यदि कोई रेलगाड़ी किसी खम्भे, व्यक्ति या किसी नगण्य लम्बाई की वस्तु को पार करती है, तो रेलगाड़ी द्वारा चली गई दूरी = रेलगाड़ी की कुल लम्बाई
2. यदि रेलगाड़ी किसी पुल, प्लेटफॉर्म, सुरंग आदि को पार करती है, तो रेलगाड़ी द्वारा चली गई दूरी = पुल/प्लेटफॉर्म/सुरंग की लम्बाई + रेलगाड़ी की लम्बाई
3. यदि रेलगाड़ी किसी अन्य रेलगाड़ी को पार करती है, तो प्रत्येक रेलगाड़ी के लिए चली गई दूरी = दोनों रेलगाड़ियों की लम्बाई का योगफल

- तेज रेलगाड़ी द्वारा मन्दी रेलगाड़ी को पार करने में लगा समय जब वे एक ही दिशा में जा रही हैं

$= \frac{\text{दोनों की लम्बाइयों का योगफल}}{\text{तेज रेलगाड़ी की चाल − धीमी रेलगाड़ी की चाल}}$

- यदि रेलगाड़ी विपरीत दिशा में जा रही हैं, तो तेज रेलगाड़ी द्वारा धीमी रेलगाड़ी को पार करने में लगा समय

$= \frac{\text{दोनों रेलगाड़ियों की लम्बाइयों का योग}}{\text{उनकी चालों का योगफल}}$

उदाहरण 5 **54 किमी/घण्टा की गति से चलने वाली 320 मी लम्बी रेलगाड़ी 450 मी लम्बे पुल को पार करने में कितना समय लगेगा ?**

(a) 51.33 सेकण्ड
(b) 50 सेकण्ड
(c) 55 सेकण्ड
(d) 51.51 सेकण्ड

हल (*a*) रेलगाड़ी की चाल = 54 किमी/घण्टा $= 54 \times \frac{5}{18} = 15$ मी/से

चली गई दूरी = 320 + 450 = 770 मी

$\therefore$ समय $= \frac{\text{दूरी}}{\text{चाल}} = \frac{770}{15} = 51.33$ सेकण्ड

उदाहरण 6 **दो रेलगाड़ी जिनकी लम्बाई 120 मी तथा 80 मी है, यदि तेज रेलगाड़ी 60 किमी/घण्टा तथा धीमी रेलगाड़ी 40 किमी/घण्टा की चाल से विपरीत दिशा में जा रही है, तो तेज रेलगाड़ी, धीमी रेलगाड़ी को कितने समय में पार करेगी?**

(a) 7 सेकण्ड (b) 7.2 सेकण्ड (c) 7.5 सेकण्ड (d) 8 सेकण्ड

हल (*b*) दोनों रेलगाड़ी की चालों का योग

$= (60 + 40)$ किमी/घण्टा $= 100 \times \frac{5}{18}$ मी/से

$\therefore$ अभीष्ट समय $= \frac{\text{दोनों रेलगाड़ी की लम्बाई का योग}}{\text{दोनों रेलगाड़ी की चाल का योग}}$

$= \frac{120 + 80}{100 \times \frac{5}{18}} = \frac{200 \times 18}{100 \times 5} = \frac{36}{5} = 7.2$ सेकण्ड

नाव एवं धारा से सम्बन्धित महत्त्वपूर्ण तथ्य एवं सूत्र

स्थिर/शान्त जल

जब किसी तालाब या झील का जल बिना हलचल या गतिहीन हो, तो उसे शान्त जल कहते हैं। इसमें धारा का वेग शून्य होता है।

अनुप्रवाह (Downstream) इसके अन्तर्गत जिस दिशा में धारा की चाल होती है, उधर ही नाव जाती है। यदि नाव की चाल x तथा धारा की चाल y हो, तो जल में नाव/जहाज की कुल चाल

= नाव/जहाज की चाल + धारा की चाल $= (x + y)$

ऊर्ध्वप्रवाह (Upstream) इसके अन्तर्गत जिस दिशा में धारा की चाल होती है, नाव या जहाज उसके विपरीत दिशा में जाती/जाता है। यदि नाव की चाल x तथा धारा की चाल y हो, तो

नाव/जहाज की कुल चाल $= (x - y)$

1. नाव की चाल $= \frac{\text{अनुप्रवाह चाल + ऊर्ध्वप्रवाह चाल}}{2}$
2. धारा की चाल $= \frac{\text{अनुप्रवाह चाल − ऊर्ध्वप्रवाह चाल}}{2}$

उदाहरण 7 एक नाविक स्थिर जल में 7 किमी/घण्टा की चाल से नाव चला सकता है। यदि धारा की चाल 3 किमी/घण्टा है, तो नदी के साथ 20 किमी जाने में तथा वहाँ से वापस आने में कितना समय लगेगा ?

(a) 5 घण्टे (b) 6 घण्टे
(c) 7 घण्टे (d) 8 घण्टे

हल (*c*) नदी के अनुप्रवाह चाल = (7 + 3) = 10 किमी/घण्टा

नदी के ऊर्ध्वप्रवाह चाल = (7 − 3) = 4 किमी

20 किमी जाने और आने में लगा समय

$$= \left(\frac{20}{10} + \frac{20}{4}\right) \text{ घण्टे} = 2 + 5 = 7 \text{ घण्टे}$$

एग्जाम पैटर्न प्रश्न

1. यदि एक मोटर 9 सेकण्ड में 100 मी चलती है, तो इसकी चाल किमी/घण्टा में क्या होगी?
(a) 45 (b) 40 (c) 32 (d) 36

2. एक कार एक सेकण्ड में 10 मी की दूरी तय करती है, उसकी किमी/घण्टा में चाल ज्ञात कीजिए
(a) 40 (b) 32 (c) 48 (d) 36

3. एक गाड़ी 36 किमी/घण्टा की गति से चलती है, 3 मिनट में वह कितने मीटर चलेगी?
(a) 1800 मी (b) 1600 मी
(c) 1400 मी (d) 500 मी

4. यदि अरविन्द 20 किमी/घण्टा की चाल से दौड़े, तो वह 400 मी की दूरी कितने समय में तय कर लेगा?
(a) 2 मिनट (b) 3 मिनट
(c) $1\frac{1}{5}$ मिनट (d) $1\frac{1}{2}$ मिनट

5. एक कार किसी दूरी की यात्रा को 10 घण्टे में 48 किमी प्रति घण्टा की रफ्तार से चलकर पूरा करती है। यदि उस दूरी की यात्रा को 8 घण्टे में पूरा करना हो, तो कार की रफ्तार को कितना बढ़ाना होगा?
(a) 6 किमी/घण्टा (b) 7.5 किमी/घण्टा
(c) 12 किमी/घण्टा (d) 15 किमी/घण्टा

6. एक व्यक्ति 9 घण्टे में एक निश्चित यात्रा पूरी करता है। पहला अर्द्धांश वह 4 किमी/घण्टा से तथा द्वितीय अर्द्धांश 5 किमी/घण्टा की चाल से यात्रा पूरी की। उसके द्वारा तय की गई दूरी कितनी है?
(a) 10 किमी (b) 9 किमी
(c) 81 किमी (d) 40 किमी

7. 1200 मी लम्बे किसी पुल के दोनों ओर दो व्यक्ति खड़े हुए हैं, यदि वे एक-दूसरे की ओर क्रमश: 5 मी/मिनट और 10 मी/मिनट की चाल से चले, तो वे कितने समय में एक साथ मिलेगें?
(a) 60 मिनट (b) 80 मिनट
(c) 85 मिनट (d) 90 मिनट

8. एक पुलिस वाला किसी चोर को 200 मी की दूरी से देखता है, चोर भागना शुरू कर देता है और पुलिस वाला उसके पीछे भागता है। चोर की गति 10 किमी/घण्टा और पुलिस वाले की गति 11 किमी/घण्टा है, तब 6 मिनट बाद उसके बीच कितनी दूरी रह जाएगी?
(a) 100 मी (b) 190 मी
(c) 200 मी (d) 150 मी

9. एक साइकिल सवार 50 किमी/घण्टा की गति से कुछ दूरी तय करता है तथा 60 किमी/घण्टा की गति से वापस आता है उसकी औसत गति ज्ञात कीजिए
(a) 45 किमी/घण्टा
(b) 56 किमी/घण्टा
(c) 54.5 किमी/घण्टा
(d) 48.6 किमी/घण्टा

10. एक आदमी तीन दिन कार से यात्रा करता है। वह प्रतिदिन 10 घण्टे चलता है। पहले दिन 45 किमी/घण्टा की दर से, दूसरे दिन 40 किमी/घण्टा की दर से तथा तीसरे दिन 20 किमी/घण्टा की दर से यात्रा करता है। उसकी औसत गति क्या थी?
(a) 30 किमी/घण्टा
(b) 35 किमी/घण्टा
(c) 38 किमी/घण्टा
(d) 40 किमी/घण्टा

11. किसी दूरी को तय करने के लिए *A* और *B* की चालों में 3 : 4 का अनुपात है। गन्तव्य स्थान पर पहुँचने में *A* को *B* से 30 मिनट अधिक लगते हैं। गन्तव्य स्थान पर पहुँचने के लिए भी *A* को जितना समय लगा, वह निम्न है
(a) 1 घण्टा (b) $1\frac{1}{2}$ घण्टा
(c) 2 घण्टे (d) $2\frac{1}{2}$ घण्टा

12. एक रेलगाड़ी 30 किमी/घण्टा की गति से चलती है। यह 3 मिनट में कितने मी चलेगी?
(a) 1500 (b) 5000
(c) 180 (d) इनमें से कोई नहीं

13. 100 मी लम्बी एक रेलगाड़ी 30 किमी/घण्टा की गति से चल रही है, रेलवे लाइन के समीप खड़े एक व्यक्ति को पार करने में इसे निम्नलिखित समय में (सेकण्ड में) लगेगा
(a) 10 (b) 11 (c) 12 (d) 15

14. 270 मी लम्बी एक रेलगाड़ी 25 किमी/घण्टा की रफ्तार से चल रही है। 2 किमी प्रति घण्टे की रफ्तार में विपरीत दिशा से आते मनुष्य को वह कितने समय में पार कर लेगी?
(a) 36 सेकण्ड (b) 32 सेकण्ड
(c) 28 सेकण्ड (d) 24 सेकण्ड

15. दो रेलगाड़ियाँ समानान्तर लाइन में एक ही दिशा की ओर क्रमश: 50 किमी प्रति घण्टे और 30 किमी प्रति घण्टे की रफ्तार से चल रही हैं। तीव्र गाड़ी मन्द गाड़ी के एक आदमी को 18 सेकण्ड में पार करती है। तेज गाड़ी की लम्बाई है
(a) 170 मी (b) 100 मी
(c) 98 मी (d) 85 मी

16. उस पुल की लम्बाई ज्ञात कीजिए, जिसे 130 मी लम्बी एक ट्रेन 45 किमी प्रति घण्टे की गति से 30 सेकण्ड में पार करती है
(a) 115 मी
(b) 120 मी
(c) 245 मी
(d) 250 मी

17. एक रेलगाड़ी प्लेटफॉर्म पर खड़े व्यक्ति को 8 सेकण्ड में पार करती है तथा 264 मी लम्बे एक प्लेटफॉर्म को 20 सेकण्ड में पार कर जाती है। रेलगाड़ी की लम्बाई (मी में) है
(a) 188 (b) 176
(c) 175 (d) 96

18. एक स्टीमर धारा के विपरीत दिशा में 3 घण्टे में 72 किमी जाता है। यदि धारा की रफ्तार 3 किमी/घण्टा हो, तो शान्त जल में स्टीमर की चाल होगी
(a) 24 किमी/घण्टा (b) 21 किमी/घण्टा
(c) 27 किमी/घण्टा (d) 18 किमी/घण्टा

19. एक व्यक्ति धारा की दिशा में 11 किमी/घण्टा की गति से व धारा के विपरीत दिशा में 8 किमी/घण्टा की गति से नाव चला सकता है। धारा की गति है

(a) 3 किमी/घण्टा (b) 9.5 किमी/घण्टा
(c) 1.5 किमी/घण्टा (d) 6 किमी/घण्टा

20. एक नाव 8 घण्टे में धारा के विपरीत दिशा में 40 किमी चलती है तथा 6 घण्टे में धारा के अनुकूल 36 किमी जाती है। शान्त जल में नाव की चाल है

(a) 6.5 किमी/घण्टा (b) 5.5 किमी/घण्टा
(c) 6 किमी/घण्टा (d) 5 किमी/घण्टा

21. एक व्यक्ति शान्त जल में 5 किमी/घण्टा की चाल से नाव चला सकता है। यदि किसी स्थान पर नाव द्वारा जाने तथा वापस आने में उसे एक घण्टे का समय लगता है, जबकि धारा की गति 1 किमी/घण्टा है, तो स्थान कितनी दूरी पर है?

(a) 2.5 किमी (b) 3 किमी
(c) 2.4 किमी (d) 3.6 किमी

22. प्रवाह की दिशा में किसी नौका की चाल 12 किमी/घण्टा है और प्रवाह के विपरीत 8 किमी/घण्टा। स्थिर पानी में 24 किमी चलने के लिए नौका द्वारा लिया जाने वाला समय है

(a) 2 घण्टे (b) 3 घण्टे
(c) 2.4 घण्टे (d) 1.2 घण्टे

PYQs

23. एक नाव धारा के प्रतिकूल 12 किमी और धारा के अनुकूल 18 किमी की दूरी 3 घण्टे में तय करती है, जबकि यह 36 किमी धारा के प्रतिकूल और 24 किमी धारा के अनुकूल की दूरी $6\frac{1}{2}$ घण्टे में तय करती है। धारा की गति क्या है। **क्लर्क (दानापुर) 01 नवम्बर 2020**

(a) 2 किमी/घण्टा
(b) 2.5 किमी/घण्टा
(c) 1 किमी/घण्टा
(d) 1.5 किमी/घण्टा

उत्तरमाला

1. (b)	2. (d)	3. (a)	4. (c)	5. (c)	6. (d)	7. (b)	8. (a)	9. (c)	10. (b)
11. (c)	12. (a)	13. (c)	14. (a)	15. (b)	16. (c)	17. (b)	18. (c)	19. (c)	20. (b)
21. (c)	22. (c)	23. (a)							

संकेत एवं हल

1. (b) चाल $=\frac{\text{दूरी}}{\text{समय}}, =\frac{100}{9}$ मी/से

$\frac{100}{9}$ मी/से $=\frac{100}{9}\times\frac{18}{5}$ किमी/घण्टा

$=40$ किमी/घण्टा

2. (d) चाल $=10$ मी/से

$\therefore 10$ मी/से $=10\times\frac{18}{5}$ किमी/घण्टा

$=36$ किमी/घण्टा

3. (a) चाल $=36$ किमी/घण्टा

$\therefore$ 36 किमी/घण्टा

$=36\times\frac{5}{18}=10$ मी/से

$\because$ 1 सेकण्ड में चली दूरी $=10$ मी

3 मिनट में या 180 सेकण्ड में चली दूरी $=$ चाल $\times$ समय $=10\times180=1800$ मी

4. (c) चाल $=20$ किमी/घण्टा

$=20\times\frac{5}{18}=\frac{50}{9}$ मी/से

$\therefore$ अभीष्ट समय $=\frac{\text{दूरी}}{\text{चाल}}$

$=\frac{9\times400}{50}=72$ सेकण्ड

$=1\frac{1}{5}$ मिनट

5. (c) दूरी $=$ चाल $\times$ समय $=48\times10$

$\Rightarrow\quad d=480$ किमी

480 किमी की दूरी 8 घण्टे में तय करती है

$\therefore$ नई चाल $=\frac{480}{8}=60$ किमी/घण्टा

पुरानी चाल $=48$ किमी/घण्टा

$\therefore$ बढ़ाई जाने वाली चाल

$=60-48=12$ किमी/घण्टा

6. (d) माना कुल दूरी $=x$ किमी

तब प्रश्नानुसार,

$$\frac{\frac{x}{2}}{4}+\frac{\frac{x}{2}}{5}=9 \text{ घण्टे} \qquad \left[\because \text{समय}=\frac{\text{दूरी}}{\text{चाल}}\right]$$

$\Rightarrow\quad \frac{x}{8}+\frac{x}{10}=9$

$\Rightarrow\quad \frac{5x+4x}{40}=9$

$\Rightarrow\quad 9x=9\times40$

$\therefore\quad x=40$ किमी

7. (b) सापेक्ष चाल $=(5+10)=15$ मी/मिनट

$\therefore$ अभीष्ट समय $=\frac{\text{दूरी}}{\text{चाल}}=\frac{1200}{15}$

$=80$ मिनट

8. (a) सापेक्ष चाल $=(11-10)$

$=1$ किमी/घण्टा $=\frac{5}{18}$ मी/से

$\therefore$ 200 मी दूरी तय करने में लगा समय

$=\frac{200}{5}\times18=720$ सेकण्ड $=12$ मिनट

$\therefore$ 6 मिनट में बची दूरी $=100$ मी

9. (c) औसत चाल $=\frac{2xy}{x+y}$

$=\frac{2\times50\times60}{50+60}=\frac{6000}{110}$

$=54.5$ किमी/घण्टा

10. (b) $\because$ दूरी $=$ चाल $\times$ समय

पहले दिन की दूरी $=45\times10=450$ किमी

दूसरे दिन की दूरी $=40\times10=400$ किमी

तीसरे दिन की दूरी $=20\times10=200$ किमी

कुल दूरी $=(450+400+200)$

$=1050$ किमी

कुल लिया गया समय $=30$ घण्टे

औसत चाल $=\frac{\text{कुल दूरी}}{\text{कुल समय}}$

$=\frac{1050}{30}=35$ किमी/घण्टा

11. (c) A व B की चालों में अनुपात $= 3:4$

$\therefore A$ व B के समय का अनुपात $= 4:3$

माना A का समय $= 4x$,

B का समय $= 3x$

$\therefore \quad 4x - 3x = \frac{30}{60} = \frac{1}{2}$

$\Rightarrow \quad x = \frac{1}{2}$

$\therefore$ A का समय $= 4x$

$= 4 \times \frac{1}{2} = 2$ घण्टे

12. (a) रेलगाड़ी द्वारा 3 मिनट में चली गई

दूरी = चाल × समय

$= 30 \times \frac{3}{60}$ किमी

$= 30 \times \frac{3}{60} \times 1000$ मी

$= 1500$ मी

13. (c) रेलगाड़ी द्वारा व्यक्ति को पार करने में लगा

समय $= \frac{\text{दूरी}}{\text{चाल}} = \frac{100}{30 \times \frac{5}{18}}$

$= \frac{100 \times 18}{30 \times 5} = 12$ सेकण्ड

14. (a) मनुष्य को पार करने में लगा समय

$= \frac{\text{रेलगाड़ी की लम्बाई}}{\text{सापेक्ष चाल (मी/से)}}$

$= \frac{270}{(25+2) \times \frac{5}{18}} = \frac{270 \times 18}{27 \times 5}$

$= 36$ सेकण्ड

15. (b) तेज रेलगाड़ी की लम्बाई

(दूरी) = चाल × समय

$= (50 - 30) \times \frac{5}{18} \times 18$

$= 20 \times 5$

$= 100$ मी

16. (c) माना पुल की लम्बाई $= l$ मी

$l + 130 = 45 \times \frac{5}{18} \times 30 = 375$

[$\because$ (पुल + रेलगाड़ी) = रेलगाड़ी की चाल × समय]

$l = 375 - 130 = 245$ मी

17. (b) माना रेलगाड़ी की लम्बाई $= l$ मी

चाल $= \frac{\text{रेलगाड़ी की लम्बाई}}{\text{व्यक्ति को पार करने में लगा समय}}$

$= \frac{l}{8}$ मी/से

प्रश्नानुसार, (प्लेटफॉर्म + रेलगाड़ी) = चाल × समय

$\Rightarrow \quad (264 + l) = \frac{l}{8} \times 20 = \frac{5l}{2}$

$\Rightarrow \quad 2(264 + l) = 5l$

$\Rightarrow \quad 528 + 2l = 5l$

$\Rightarrow \quad 3l = 528 \Rightarrow l = 176$ मी

18. (c) माना शान्त जल में स्टीमर की चाल

$= x$ किमी/घण्टा

$\therefore$ धारा की विपरीत दिशा में चली गई दूरी

= प्रतिकूल चाल × समय

$72 = (x - 3) \times 3$

$24 = x - 3$

$\therefore \quad x = 27$ किमी/घण्टा

19. (c) धारा का गति

$= \frac{\text{अनुकूल चाल} - \text{प्रतिकूल चाल}}{2}$

$= \frac{11 - 8}{2} = \frac{3}{2}$

$= 1.5$ किमी/घण्टा

20. (b) माना शान्त जल में नाव की चाल $= x$

धारा की चाल $= y$

तब, $\quad x + y = \frac{36}{6} = 6$ किमी/घण्टा ...(i)

$x - y = \frac{40}{8} = 5$ किमी/घण्टा ...(ii)

समी (i) तथा समी (ii) को जोड़ने पर,

$2x = 6 + 5$

$\therefore \quad x = \frac{11}{2} = 5.5$ किमी/घण्टा

21. (c) माना अभीष्ट स्थान x किमी दूरी पर है।

$\therefore \quad \frac{x}{\text{अनुकूल चाल}} + \frac{x}{\text{प्रतिकूल चाल}} =$ कुल समय

$\Rightarrow \quad \frac{x}{5+1} + \frac{x}{5-1} = 1$

$\Rightarrow \quad \frac{x}{6} + \frac{x}{4} = 1$

$\Rightarrow \quad \frac{2x + 3x}{12} = 1$

$\Rightarrow \quad 5x = 12$

$\Rightarrow \quad x = 2.4$ किमी

22. (c) माना शान्त जल में नाव की चाल x किमी/घण्टा तथा धारा की चाल y किमी/घण्टा है, तब

प्रश्नानुसार, $\quad x + y = 12$ ...(i)

$x - y = 8$ ...(ii)

समी (i) तथा समी (ii) से,

$2x = 20$

$\Rightarrow \quad x = 10$

$\therefore$ अभीष्ट समय $= \frac{24}{10} = 2.4$ घण्टे

23. (a) माना धारा के अनुकूल चाल $= x$ किमी/घण्टा

धारा के प्रतिकूल चाल $= y$ किमी/घण्टा

प्रश्नानुसार,

$\frac{18}{x} + \frac{12}{y} = 3$

$\frac{6}{x} + \frac{4}{y} = 1$ ...(i)

और $\quad \frac{24}{x} + \frac{36}{y} = \frac{13}{2}$ ...(ii)

समी (i) में 4 से गुणा करके समी (ii) से घटाने पर,

$\frac{36}{y} - \frac{16}{y} = \frac{13}{2} - 4$

$\Rightarrow \quad \frac{20}{y} = \frac{5}{2}$

$\therefore \quad y = \frac{20 \times 2}{5} = 8$ किमी/घण्टा

y का मान समी (i) में रखने पर,

$\frac{6}{x} + \frac{4}{8} = 1$

$\Rightarrow \quad \frac{6}{x} = 1 - \frac{1}{2} = \frac{1}{2}$

$\therefore \quad x = 12$ किमी/घण्टा

अब धारा की चाल

$= \frac{\text{अनुकूल चाल} - \text{प्रतिकूल चाल}}{2}$

$= \frac{x - y}{2} = \frac{12 - 8}{2}$

$= \frac{4}{2} = 2$ किमी/घण्टा

अध्याय 13

बीजगणित

बीजगणित गणित की एक महत्त्वपूर्ण शाखा है। इसके अन्तर्गत चर राशियों की विभिन्न संक्रियाओं का अध्ययन करते हैं।

बीजीय व्यंजक (Algebraic Expression) जब चर तथा अचर राशियों को चार मूलभूत संक्रियाओं योग, अन्तर, गुणा तथा भाजन द्वारा संयुक्त रूप से सम्मिलित किया जाता है, तब यह संयोग बीजीय व्यंजक कहलाता है।
जैसे—$6x^2 - 5y^2 + 2xy$ एक बीजीय व्यंजक है।

बहुपद (Polynomial) ऐसे व्यंजक जहाँ पद और गुणांक परस्पर जोड़, घटाव, गुणा या भाग की संक्रिया द्वारा प्रदर्शित किए जाते हैं, बहुपद कहलाते हैं। जैसे—$2x^2 - x + 1$, $2x^2 - 5x + 3$ .... इत्यादि बहुपद हैं।

बहुपदों का वर्गीकरण

पदों की संख्या के आधार पर बहुपद को निम्न तीन भागों में विभक्त किया जाता है

1. **एकपदीय बहुपद** (Monomial) ऐसा बहुपद, जिसमें केवल एक ही पद होता है, एकपदीय बहुपद कहलाता है।
   जैसे— $5x, 7, 3x^2, -7x^2, 4^2$ आदि एकपदीय बहुपद हैं।
2. **द्विपदीय बहुपद** (Binomial) ऐसा बहुपद, जिसमें केवल दो पद होते हैं, द्विपदीय बहुपद कहलाता है।
   जैसे— $(3-5x)$ और $(7x^2 + y)$, $(7x^2y + 3y)$, $(y^{30} + 1)$ तथा $(z^{23} - z^2)$ आदि द्विपदीय बहुपद हैं।
3. **त्रिपदीय बहुपद** (Trinomial) ऐसा बहुपद, जिसमें केवल तीन पद होते हैं, त्रिपदीय बहुपद कहलाता है।
   जैसे—$(\sqrt{3}xy + \sqrt{2}xy^2 + \sqrt{5})$, $(8 + 3x + x^2)$, $(\sqrt{2} + x - x^2)$ आदि त्रिपदीय बहुपद हैं।

बहुपद की घात (या डिग्री)

बहुपद की अधिकतम घात वाले पद की घात (या उस पद में आने वाले चरों की घात का योग) ही बहुपद की घात कहलाती है।
जैसे— $8x^4 - 2x^2y^3 + 4$ में बहुपद की घात $2 + 3 = 5$

बहुपदों का भाग

बहुपदों में भाग निम्न सूत्र के आधार पर करते हैं

$$\frac{\text{भाज्य}}{\text{भाजक}} = \text{भागफल} + \frac{\text{शेषफल}}{\text{भाजक}}$$

या भाज्य = भागफल × भाजक + शेषफल

उदाहरण 1 $x^2 + 5x + 6$ को $x + 2$ से भाग देने पर भागफल क्या होगा?
(a) $x + 5$ (b) $x + 3$ (c) $x + 6$ (d) $x + 1$

हल (*b*)

$$x+2\overline{)x^2+5x+6}(x+3$$
$$\underline{x^2+2x}$$
$$3x+6$$
$$\underline{3x+6}$$
$$0$$

$\left[\because \frac{x^2}{x} = x\right]$

$\left[\because \frac{3x}{x} = 3\right]$

शेषफल प्रमेय

माना $p(x)$ एक से अधिक या एक के बराबर घात वाला एक बहुपद है और a कोई वास्तविक संख्या है। यदि $p(x)$ को रैखिक बहुपद $x - a$ से भाग दिया जाए, तो शेषफल $p(a)$ होता है।

उदाहरण 2 व्यंजक $x^4 - 3x^3 + 2x^2 + x - 1$ को $(x - 2)$ से भाग देने पर शेषफल होगा
(a) 2 (b) 3 (c) 4 (d) 1

हल (*d*) माना दिए गए बहुपद

$$p(x) = x^4 - 3x^3 + 2x^2 + x - 1 \quad ...(i)$$

और $g(x) = x - 2$ हैं,
$g(x)$ का शून्यक ज्ञात करने के लिए,
$g(x) = 0$ रखने पर, $x - 2 = 0 \Rightarrow x = 2$
इसलिए, $x = 2$, $g(x)$ का शून्यक है।
समी (i) में $x = 2$ रखने पर,

$$p(2) = (2)^4 - 3(2)^3 + 2(2)^2 + 2 - 1 = 1$$

अत: शेषफल = $p(2) = 1$

बीजगणितीय सर्वसमिकाएँ

बीजगणितीय सर्वसमिका एक बीजीय समीकरण होती है, जोकि चरों के सभी मानों के लिए सत्य होती है। कुछ बीजगणितीय सर्वसमिकाएँ निम्न हैं

(i) $(x + y)^2 = x^2 + 2xy + y^2$
(ii) $(x - y)^2 = x^2 - 2xy + y^2$
(iii) $x^2 - y^2 = (x - y)(x + y)$
(iv) $(x + y + z)^2 = x^2 + y^2 + z^2 + 2xy + 2yz + 2zx$
(v) $(x + y)^3 = x^3 + y^3 + 3xy(x + y)$
$= x^3 + y^3 + 3x^2y + 3xy^2$
(vi) $(x - y)^3 = x^3 - y^3 - 3xy(x - y)$
$= x^3 - y^3 - 3x^2y + 3xy^2$
(vii) $x^3 - y^3 = (x - y)(x^2 + xy + y^2)$
(viii) $x^3 + y^3 = (x + y)(x^2 - xy + y^2)$
(ix) $x^3 + y^3 + z^3 - 3xyz$
$= (x + y + z)(x^2 + y^2 + z^2 - xy - yz - zx)$
यदि $(x + y + z) = 0$, तब $x^3 + y^3 + z^3 = 3xyz$

उदाहरण 3 $(2x+y)(2x-y)(4x^2+y^2)$ बराबर है

(a) $16x^4+2y^4$ (b) $16x^4-y^4$

(c) $2x^4+y^4$ (d) $16x^4-4y^4$

हल (*b*) $(2x+y)(2x-y)(4x^2+y^2)$

$= \{(2x)^2-(y)^2\}(4x^2+y^2)$

$= (4x^2-y^2)(4x^2+y^2) = \{(4x^2)^2-(y^2)^2\}$

$= 16x^4-y^4$ $[\because (a+b)(a-b)=a^2-b^2]$

उदाहरण 4 $9x^2-25y^2$ के गुणनखण्ड क्या हैं?

(a) $(3x-5y)(3x+5y)$ (b) $(3x+5y)(5y-3x)$

(c) $(5y+3x)(5y-3x)$ (d) इनमें से कोई नहीं

हल (*a*) $9x^2-25y^2=(3x)^2-(5y)^2$

$=(3x-5y)(3x+5y)$

$[\because a^2-b^2=(a-b)(a+b)]$

शेषफल प्रमेय द्वारा बहुपद के गुणनफल ज्ञात करना

यदि $f(x)$ चर x का बहुपद है तथा $x=a$ रखने पर $f(a)$ का मान शून्य है, तब $(x-a)$ व्यंजक $f(x)$ का एक गुणनखण्ड होता है।

उदाहरण 5 $x^3+6x^2+3x-10$ के गुणनखण्ड क्या हैं?

(a) $(x-1)(x+2)(x+5)$

(b) $(x-1)(x-2)(x+5)$

(c) $(x+1)(x-2)(x+5)$

(d) $(x+1)(x-2)(x-5)$

हल (*a*) दिया गया व्यंजक $= x^3+6x^2+3x-10$

$x=1$ व्यंजक में रखने पर, $[\because 10 = 1\times 2\times 5]$

शेषफल $=(1)^3+6(1)^2+3(1)-10$

$=1+6+3-10=0$

$\because (x-1)$, दिए गए व्यंजक का गुणनखण्ड है।

अब, $x^3+6x^2+3x-10$

$=x^2(x-1)+7x(x-1)+10(x-1)$

$=(x-1)(x^2+7x+10)$

$=(x-1)[x^2+5x+2x+10]$

$=(x-1)[x(x+5)+2(x+5)]$

$=(x-1)(x+5)(x+2)$

बीजगणितीय समीकरण

वह समीकरण, जो एक या अधिक अज्ञात राशियों के बीच सम्बन्ध को दर्शाता है। बीजगणितीय समीकरण कहलाती है।

जैसे— $2x-3y=7$ एक बीजीय समीकरण है।

एक चर में रैखिक समीकरण

वह समीकरण जिसमें केवल एक ही चर राशि हो तथा उसकी घात भी 1 हो, एक चर में रैखिक समीकरण कहलाती है।

अन्य शब्दों में, $ax+b=0$ रूप की समीकरण, जहाँ a तथा b वास्तविक संख्याएँ, $a\neq 0$ एवं x एक चर है, को एक चर में रैखिक समीकरण कहते हैं।

जैसे— (i) $5x+8=9-x$

(ii) $\frac{2}{3}y+7=\frac{y}{2}$

समीकरणों के हल के प्रतिबन्ध

समीकरणों के निकाय $a_1x+b_1y+c_1=0$ और $a_2x+b_2y+c_2=0$ का

(i) कोई हल नहीं होगा, यदि $\frac{a_1}{a_2}=\frac{b_1}{b_2}\neq\frac{c_1}{c_2}$

(ii) अनन्त हल होंगे, यदि $\frac{a_1}{a_2}=\frac{b_1}{b_2}=\frac{c_1}{c_2}$

(iii) एक अद्वितीय हल होगा, यदि $\frac{a_1}{a_2}\neq\frac{b_1}{b_2}$

उदाहरण 6 युगपत रैखिक समीकरण $3x-y=5, 6x-2y=10$ के कितने हल हैं?

(a) केवल 1 (b) केवल 2 (c) कोई नहीं (d) अनन्त

हल (*d*) दिए गए समीकरण $3x-y=5, 6x-2y-10=0$ की तुलना क्रमशः $a_1x+b_1y+c_1=0, a_2x+b_2y+c_2=0$ से करने पर,

$a_1=3, b_1=-1, c_1=-5$ तथा $a_2=6, b_2=-2, c_2=-10$

$\therefore \quad \frac{a_1}{a_2}=\frac{3}{6}=\frac{1}{2}, \frac{b_1}{b_2}=\frac{-1}{-2}=\frac{1}{2}$

तथा $\frac{c_1}{c_2}=\frac{-5}{-10}=\frac{1}{2}$

अतः $\frac{a_1}{a_2}=\frac{b_1}{b_2}=\frac{c_1}{c_2}$

अतः दिए गए युगपत समीकरण के अनन्त हल हैं।

रैखिक समीकरण से सम्बन्धित शब्द समस्या

इस प्रकार के कुछ उदाहरण निम्नलिखित हैं।

उदाहरण 7 एक पिता और पुत्र की वर्तमान आयु का योगफल 70 वर्ष है। 10 वर्ष बाद पुत्र की आयु अपने पिता की आयु की ठीक आधी होगी। अब उनकी आयु कितनी है?

(a) 45 वर्ष, 25 वर्ष (b) 50 वर्ष, 20 वर्ष

(c) 47 वर्ष, 23 वर्ष (d) 50 वर्ष, 25 वर्ष

हल (*b*) माना पिता और पुत्र की वर्तमान आयु क्रमशः x वर्ष और $(70-x)$ वर्ष है, तब

प्रश्नानुसार, $x+10=2(70-x+10)$

$\Rightarrow \quad x+10=160-2x \quad \Rightarrow 3x=150$

$\therefore \quad x=50$

अतः पिता की आयु = 50 वर्ष तथा पुत्र की आयु = 20 वर्ष

द्विघात समीकरण

एक ऐसी समीकरण जिसमें चर राशि की अधिकतम घात 2 हो, द्विघात समीकरण कहलाती है। द्विघात समीकरण का व्यापक रूप $ax^2+bx+c=0, a\neq 0, a,b,c\in R$ है।

द्विघात समीकरण के मूल

चर राशि के वे मान जो समीकरण को सन्तुष्ट करते हैं, समीकरण के मूल कहलाते हैं।

यदि द्विघात समीकरण के दो मूल α तथा β हो,

तब, $\alpha+\beta=\frac{-b}{a}$ तथा $\alpha\times\beta=\frac{c}{a}$

तब द्विघात समीकरण, $x^2=(\alpha+\beta)x+(\alpha\times\beta)=0$

द्विघात समीकरण के मूल ज्ञात करना

द्विघात समीकरण के मूल निम्नलिखित विधियों द्वारा ज्ञात किए जा सकते हैं

1. **गुणनखण्ड विधि द्वारा**

इस विधि में सभी पदों को बाईं ओर रखकर दाईं ओर शून्य बना लेते हैं। बाईं ओर के गुणनखण्ड करके, प्रत्येक गुणनखण्ड को शून्य के बराबर रखकर चर राशि का मान ज्ञात करते हैं।

2. **श्रीधराचार्य के सूत्र द्वारा**

द्विघात समीकरण $ax^2 + bx + c = 0,\ a \neq 0$ के मूल अर्थात् चर राशि x के मान निम्नलिखित सूत्र से ज्ञात किए जा सकते हैं

$$x = \frac{-b \pm \sqrt{b^2 - 4ac}}{2a}$$

उदाहरण 8 समीकरण $x^2 - 7x + 12 = 0$ के मूल ज्ञात कीजिए।

(a) 3, 5 (b) 3, 4 (c) 2, 1 (d) 1, 3

हल *(b)* $x^2 - 7x + 12 = 0$

$\Rightarrow x^2 - 3x - 4x + 12 = 0$

$\Rightarrow x(x-3) - 4(x-3) = 0$

$\Rightarrow (x-3)(x-4) = 0$

$\Rightarrow (x-3) = 0$ या $(x-4) = 0$

$\therefore x = 3$ या $x = 4$

अतः $x = 3, 4$ समीकरण के मूल हैं।

नोट यदि किसी द्विघात समीकरण के मूल बराबर हो, तो $b^2 - 4ac$ का मान शून्य के बराबर रखते हैं।

एग्जाम पैटर्न प्रश्न

1. $(x+4)(x+4)(x+4)$ में x^2 का गुणांक ज्ञात कीजिए।
(a) 12 (b) 11 (c) 8 (d) 16

2. $(3x^2 + 2x - 4)(x^2 - 3x - 2)$ में x^3 का गुणांक ज्ञात कीजिए।
(a) – 8 (b) – 7
(c) – 9 (d) – 6

3. बहुपद $2x^3 - 3x^2 + 5x - 1$, कितने पदीय बहुपद है
(a) एकपदीय (b) द्विपदीय
(c) त्रिपदीय (d) इनमें से कोई नहीं

4. बहुपद $4x^3 + 0x^2 + 3x + 1$, कितने पदीय बहुपद है।
(a) चतुर्पदीय (b) त्रिपदीय
(c) द्विपदीय (d) एकपदीय

5. यदि $p(x) = x^2 - 2\sqrt{2}x + 1$ है, तब $p(2\sqrt{2})$ का मान है
(a) 1 (b) 2
(c) 3 (d) 4

6. यदि $f(t) = 4t^2 - 3t + 6$ है, तब $f(-5)$ का मान है
(a) 15 (b) 11 (c) 121 (d) 131

7. शेषफल प्रमेय की सहायता से, $4x^3 + 20x^2 + 33x + 18$ को $(x+2)$ से भाग देने पर शेषफल ज्ञात कीजिए।
(a) 3 (b) 2 (c) 1 (d) 0

8. बहुपद $3x^4 - 4x^3 - 3x - 1$ को बहुपद $(x-1)$ से भाग दिया जाता है, तब शेषफल है
(a) 1 (b) –4
(c) –5 (d) –3

9. यदि $x^{51} + 2x^{60} + 3x + k$ रैखिक बहुपद $x + 1$ से भाज्य है, तब k का मान ज्ञात कीजिए।
(a) 2 (b) 4 (c) 3 (d) 0

10. सरल कीजिए।
$(x+y)^3 - (x-y)^3 - 6y(x+y)(x-y)$
(a) $4y^2$ (b) $8y^3$
(c) $16y^2$ (d) $24y^4$

11. यदि $a + b + c = 9$ और $ab + bc + ca = 40$ हैं, तब $a^2 + b^2 + c^2$ का मान है
(a) 2 (b) 3 (c) 1 (d) 0

12. $(a+b)^2 + (a-b)^2$ का मान है
(a) $2a + 2b$ (b) $2a - 2b$
(c) $2a^2 + 2b^2$ (d) $2a^2 - 2b^2$

13. $(a+1)(a-1)(a^2+1)$ का मान है
(a) $a^4 - 1$ (b) $a^5 - 1$
(c) $a^3 - 1$ (d) $a^6 - 1$

14. $27x^3 - (3x - y)^3$ को सरल कीजिए।
(a) $27x^2y + y^3 - 9xy^2$
(b) $27xy^2 + y^3 - 9xy^2$
(c) $27x^2y + y^3 - 9x^2y$
(d) उपरेक्त में से कोई नहीं

15. यदि $\frac{2x+7}{5} - \frac{3x+11}{2} = \frac{2x+8}{3} - 5$ हो, तो x का मान ज्ञात कीजिए।
(a) 1 (b) – 1
(c) 0 (d) 2

16. समीकरण $x = 7$ को दो चरों में इस प्रकार लिखा जा सकता है
(a) $1 \cdot x + 1 \cdot y = 7$ (b) $1 \cdot x + 0 \cdot y = 7$
(c) $0 \cdot x + 1 \cdot y = 7$ (d) $0 \cdot x + 0 \cdot y = 7$

17. युगपत रैखिक समीकरण $2x + 5y = 17,\ 5x + 3y = 14$ के कितने हल हैं?
(a) अद्वितीय (b) केवल 2
(c) कोई नहीं (d) अनन्त

18. यदि किन्हीं दो संख्याओं का योगफल 395 तथा उनके मध्य का अन्तर 95 हो, तो दोनों संख्याएँ ज्ञात कीजिए।
(a) 245, 150
(b) 295, 100
(c) 270, 125
(d) 228, 167

19. एक पिता की आयु माँ से 7 वर्ष अधिक है और माँ इस समय अपनी पुत्री की आयु की 3 गुनी है। इस समय पुत्री की उम्र 10 वर्ष है। तद्नुसार, पुत्री के जन्म के समय, पिता की आयु कितनी थी?
(a) 27 वर्ष (b) 37 वर्ष
(c) 15 वर्ष (d) 40 वर्ष

20. दो व्यक्तियों की आयु में 20 वर्ष का अन्तर है। यदि 5 वर्ष पहले बड़े व्यक्ति की आयु छोटे व्यक्ति की आयु से 5 गुना थी, तो उनकी वर्तमान आयु (वर्षों में) है
(a) 30 वर्ष, 10 वर्ष
(b) 25 वर्ष, 5 वर्ष
(c) 29 वर्ष, 9 वर्ष
(d) 30 वर्ष, 30 वर्ष

21. यदि समीकरण $2x^2 + 3x + p = 0$ के मूल बराबर है, तब p का मान है।
(a) $\frac{9}{8}$ (b) $\frac{6}{5}$ (c) $\frac{4}{3}$ (d) $\frac{5}{4}$

22. यदि समीकरण $kx^2 + 2x + 3k = 0$ के मूलों का योग उनके गुणनफल के बराबर है, तो k का मान ज्ञात कीजिए।

(a) $\frac{1}{3}$ (b) $-\frac{1}{3}$

(c) $\frac{2}{3}$ (d) $-\frac{2}{3}$

23. एक द्विघात समीकरण के मूलों का योगफल -2 तथा गुणनफल -4 है, वह समीकरण बताइए।

(a) $x^2 + 2x + 4 = 0$

(b) $x^2 - 2x + 4 = 0$

(c) $x^2 + 2x - 4 = 0$

(d) $x^2 - 2x - 4 = 0$

PYQs

24. $(x + 1)(x^2 - x + 1)$ को सरल कीजिए।

क्लर्क (हैदराबाद) 28 फरवरी 2023

(a) $x - 1$ (b) $x^3 + 1$

(c) $x^2 - 1$ (d) $x + 2$

25. दो संख्याओं का योग 300 है और उनका अन्तर 150 है। संख्याएँ ज्ञात कीजिए।

क्लर्क (हैदराबाद) 28 फरवरी 2023

(a) 190, 110

(b) 205, 95

(c) 225, 75

(d) 250, 50

26. नीचे दिए गए समीकरण में 'x' के दो मान ज्ञात कीजिये। **क्लर्क (लखनऊ) 2020**

$$x^2 - 16x + 63 = 0$$

(a) [7, 9]

(b) [0, 6]

(c) [6, 9]

(d) [2, 3]

27. $\frac{x^2 + 3}{x^2 - 7}$ का व्युत्क्रम है **क्लर्क (लखनऊ) 2020**

(a) $\frac{x^2 - 3}{x^2 + 7}$ (b) $\frac{x^2 + 3}{x^2 - 7}$

(c) $(x^2 - 3)$ (d) $\frac{x^2 - 7}{x^2 + 3}$

उत्तरमाला

1. (a)	2. (b)	3. (d)	4. (b)	5. (a)	6. (c)	7. (d)	8. (c)	9. (a)	10. (b)
11. (c)	12. (c)	13. (a)	14. (a)	15. (b)	16. (b)	17. (a)	18. (a)	19. (a)	20. (a)
21. (a)	22. (d)	23. (c)	24. (b)	25 (c)	26. (a)	27. (d)			

संकेत एवं हल

1. (a) $(x + 4)(x + 4)(x + 4) = (x + 4)^3$

$= x^3 + (4)^3 + 3 \cdot x \cdot 4(x + 4)$

$[\because (a + b)^3 = a^3 + b^3 + 3ab(a + b)]$

$= x^3 + 64 + 12x^2 + 48x$

अत: x^2 का गुणांक '12' है।

2. (b) $(3x^2 + 2x - 4)(x^2 - 3x - 2)$

$= 3x^4 - 9x^3 - 6x^2 - 6x^2 - 4x$

$- 4x^2 + 12x + 8$

$= 3x^4 - 9x^3 - 16x^2 + 8x + 8$

अत: x^3 का गुणांक '-9' है।

3. (d) बहुपद $2x^3 - 3x^2 + 5x - 1$ में पदों की संख्या 4 है। अत: यह चतुर्पदीय बहुपद है।

4. (b) दिया है, $4x^3 + 0x^2 + 3x + 1$, में x^2 का गुणांक शून्य (0) है। जिसका कोई अर्थ नहीं है। बहुपद में शेष पद तीन हैं। अत: यह एक त्रिपदीय बहुपद है।

5. (a) दिया है,

$p(x) = x^2 - 2\sqrt{2}x + 1$

$p(x)$ में $x = 2\sqrt{2}$ रखने पर,

$p(2\sqrt{2}) = (2\sqrt{2})^2 - 2\sqrt{2}(2\sqrt{2}) + 1$

$= 8 - 8 + 1$

$= 1$

6. (c) दिया है, $f(t) = 4t^2 - 3t + 6$

$f(t)$ में $t = -5$ रखने पर,

$f(-5) = 4(-5)^2 - 3x - 5 + 6$

$= 4 \times 25 + 15 + 6$

$= 100 + 15 + 6 = 121$

7. (d) माना दिया गया बहुपद

$p(x) = 4x^3 + Ox^2 + 33x + 18$ ...(i)

और $g(x) = (x + 2)$ हैं

$g(x)$ का शून्यक ज्ञान करने के लिए,

$g(x) = 0$ रखने पर,

$\therefore\ x + 2 = 0 \Rightarrow x = -2$

इसलिए, यह $g(x)$ का शून्यक है।

समी (i) में $x = -2$ रखने पर,

$P(-2) = 4(-2)^2 + 20(-2)^2 + 33(-2) + 18$

$= -32 + 80 - 66 + 18$

$= 98 - 98 = 0$

$\therefore\ p(-2)$ का मान 0 है, जोकि $4x^3 + 20x^2 + 33x + 18$ को रैखिक बहुपद $(x + 2)$ से विभाजित करने पर प्राप्त अभीष्ट शेषफल है।

8. (c) दिए गए बहुपद $3x^4 - 4x^3 - 3x - 1$ में x का मान '1' रखने पर,

$= 3(1)^4 - 4(1)^3 - 3(1) - 1$

$= 3 - 4 - 3 - 1 = -5$

9. (a) $p(x) = x^{51} + 2x^{60} + 3x + k$

दिया है, $p(x)$, $x + 1$ से भाज्य है।

$\therefore\ x + 1 = 0 \Rightarrow x = -1$

$\therefore\ p(-1) = 0$

$\Rightarrow\ (-1)^{51} + 2(-1)^{60} + 3(-1) + k = 0$

$\Rightarrow\ -1 + 2 - 3 + k = 0$

$\Rightarrow\ k - 4 + 2 = 0$

$\Rightarrow\ k - 2 = 0$

$\therefore\ k = 2$

अत: k का मान 2 है।

10. (b) $(x+y)^3 - (x-y)^3 - 6y(x+y)(x-y)$

$= (x+y)^3 - (x-y)^3 - 3(x+y)(x-y)$

$[(x + y) - (x - y)]$

$= [(x + y) - (x - y)]^3$

$[\because a^3 - b^3 - 3ab(a - b) = (a - b)^3]$

$= (2y)^3 = 8y^3$

11. (c) दिया है, $a + b + c = 9$

दोनों पक्षों का वर्ग करने पर,

$(a + b + c)^2 = (9)^2$

$\Rightarrow a^2 + b^2 + c^2 + 2(ab + bc + ca) = 81$

$a^2 + b^2 + c^2 + 2 \times 40 = 81$

[$\because$ दिया है, $ab + bc + ca = 40$]

$\therefore a^2 + b^2 + c^2 = 81 - 80 = 1$

12. (c) $(a+b)^2 + (a-b)^2$

$= a^2 + b^2 + 2ab + a^2 + b^2 - 2ab$

$= 2a^2 + 2b^2$

13. (a) $(a+1)(a-1)(a^2+1)$

$= (a^2 - 1)(a^2 + 1)$

[$\because (a+b)(a-b) = (a^2 - b^2)$]

$= (a^2)^2 - 1 = a^4 - 1$

14. (a) $27x^3 - (3x-y)^3$

$= (3x)^3 - (3x-y)^3$

[$\because a^3 - b^3 = (a-b)(a^2 + b^2 + ab)$]

$= (3x - 3x + y)((3x)^2$

$+ (3x-y)^2 + (3x)(3x-y))$

$= y(9x^2 + 9x^2 + y^2 - 6xy + 9x^2 - 3xy)$

$= y(27x^2 + y^2 - 9xy)$

$= 27x^2y + y^3 - 9xy^2$

15. (b) दी गई समीकरण,

$\frac{2x+7}{5} - \frac{3x+11}{2} = \frac{2x+8}{3} - 5$

$\Rightarrow \frac{2(2x+7) - 5(3x+11)}{10} = \frac{2x+8-15}{3}$

$\Rightarrow 3(4x + 14 - 15x - 55) = 10(2x - 7)$

$\Rightarrow 3(-11x - 41) = 10(2x - 7)$

$\Rightarrow -33x - 123 = 20x - 70$

$\Rightarrow 53x = -53 \therefore x = -1$

16. (b) चूँकि दी गई समीकरण में y का गुणांक शून्य है। अत: समीकरण को निम्न प्रकार लिख सकते हैं

$1 \cdot x + 0 \cdot y = 7$

17. (a) दिए गए समीकरण

$2x + 5y - 17 = 0$,

$5x + 3y - 14 = 0$ की तुलना क्रमश:

$a_1x + b_1y + c_1 = 0$ तथा

$a_2x + b_2y + c_2 = 0$, से करने पर,

$a_1 = 2, b_1 = 5, c_1 = -17$

तथा $a_2 = 5, b_2 = 3, c_2 = -14$

$\therefore \frac{a_1}{a_2} = \frac{2}{5}, \frac{b_1}{b_2} = \frac{5}{3}$

तथा $\frac{c_1}{c_2} = \frac{-17}{-14} = \frac{17}{14}$

यहाँ, $\frac{a_1}{a_2} \neq \frac{b_1}{b_2}$

अत: दिए गए युगपत समीकरण का अद्वितीय हल है।

18. (a) माना दो संख्याएँ x तथा y हैं।

$\therefore \quad x + y = 395 \quad$ ...(i)

और $\quad x - y = 95 \quad$ ...(ii)

अब समी (i) व (ii) को जोड़ने पर,

$x + y + x - y = 395 + 95$

$\Rightarrow 2x = 490$

$x = \frac{490}{2} = 245$

x का मान समी (ii) में रखने पर,

$245 - y = 95$

$\Rightarrow y = 245 - 95$

$\therefore y = 150$

अत: संख्याएँ = 245, 150

19. (a) दिया है, पुत्री की वर्तमान आयु = 10 वर्ष

$\therefore$ माँ की वर्तमान आयु $= 10 \times 3 = 30$ वर्ष

तथा पिता की वर्तमान आयु $= 30 + 7 = 37$ वर्ष

पिता की आयु $= 37 - 10 = 27$ वर्ष

20. (a) माना बड़े व्यक्ति की वर्तमान आयु

$= x$ वर्ष

$\therefore$ छोटे व्यक्ति की वर्तमान आयु

$= (x - 20)$ वर्ष

प्रश्नानुसार, $x - 5 = 5(x - 20 - 5)$

$\Rightarrow x - 5 = 5x - 125$

$\Rightarrow 4x = 120$

$\Rightarrow x = 30$

$\therefore$ बड़े व्यक्ति की आयु = 30 वर्ष

व छोटे व्यक्ति की आयु

$= (x - 20) = 30 - 20 = 10$ वर्ष

21. (a) द्विघात समीकरण $2x^2 + 3x + p$ की तुलना $ax^2 + bx + c = 0$ से करने पर,

यहाँ, $a = 2, b = 3, c = p$

$\because$ समीकरण के मूल बराबर है।

$\therefore \quad b^2 - 4ac = 0$

$\Rightarrow (3)^2 - 4 \times 2 \times p = 0$

$\Rightarrow 9 - 8p = 0$

$\therefore p = \frac{9}{8}$

22. (d) दिए गए समीकरण $kx^2 + 2x + 3k = 0$

यहाँ, $a = k, b = 2, c = 3k$

दिए गए समीकरण के मूलों का योगफल

$= \frac{-b}{a} = \frac{-2}{k}$

मूलों का गुणनफल $= \frac{c}{a} = \frac{3k}{k} = 3$

अब, प्रश्नानुसार मूलों का योगफल

= मूलों का गुणनफल

$\Rightarrow -\frac{2}{k} = 3$

$\therefore k = \frac{-2}{3}$

23. (a) दिया है, $\quad \alpha + \beta = 2$

तथा $\quad \alpha \times \beta = -4$

$\therefore$ अभीष्ट समीकरण,

$x^2 - (\alpha + \beta)x + (\alpha \times \beta) = 0$

$\Rightarrow x^2 - (-2)x + (-4) = 0$

$\therefore x^2 + 2x - 4 = 0$

24. (b) $(x+1)(x^2 - x + 1)$

$= x^3 - x^2 + x + x^2 - x + 1$

$= x^3 + 1$

25. (c) माना दो संख्याएँ x और y हैं।

प्रश्नानुसार,

$x + y = 300 \quad$ ...(i)

और $\quad x - y = 150 \quad$ ...(ii)

समी (i) व (ii) को जोड़ने पर,

$x + y + x - y = 300 + 150$

$\Rightarrow 2x = 450$

$\therefore x = 225$

x का मान समी (i) में रखने पर,

$225 + y = 300$

$\therefore y = 300 - 225 = 75$

अत: संख्याएँ = 225, 75

26. (a) दिया है, $x^2 - 16x + 63 = 0$

$\Rightarrow x^2 - 9x - 7x + 63 = 0$

$\Rightarrow x(x-9) - 7(x-9) = 0$

$\Rightarrow (x-9)(x-7) = 0$

$\therefore x = 7, 9$

27. (d) $\frac{(x^2+3)}{(x^2-7)}$ का व्युत्क्रम $= \frac{1}{\frac{(x^2+3)}{(x^2-7)}}$

$= \frac{(x^2-7)}{(x^2+3)}$

भारतीय थल सेना
अग्निवीर

अध्याय 14

क्षेत्रमिति

क्षेत्रफल एवं परिमाप

किसी समतल आकृति (2D) द्वारा घेरे जाने वाले स्थान की मात्रा को उसका 'क्षेत्रफल' तथा आकृति की सभी भुजाओं के योगफल को उसका 'परिमाप' कहते हैं। प्रतियोगी परीक्षाओं में विभिन्न प्रकार के त्रिभुज, चतुर्भुज तथा वृत्त के क्षेत्रफल तथा परिमाप पर आधारित प्रश्न पूछे जाते हैं।

इनमें से प्रमुख आकृतियों का संक्षिप्त परिचय निम्नलिखित हैं

नाम	आकृति	परिमाप (इकाई में)	क्षेत्रफल (वर्ग इकाई में)	नामांकन
त्रिभुज	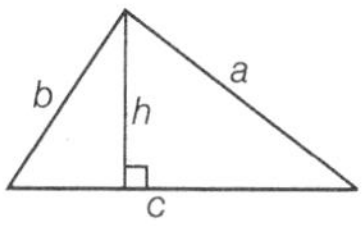	$a+b+c$ या $2s$	$\sqrt{s(s-a)(s-b)(s-c)}$ या $\frac{1}{2}ch$	a, b, c भुजाएँ हैं $h=$ ऊँचाई, अर्द्ध-परिमाप $s=\frac{a+b+c}{2}$
समकोण त्रिभुज	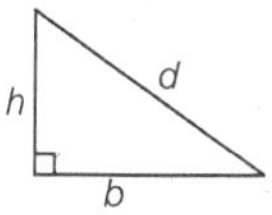	$b+h+d$	$\frac{1}{2}bh$	$d=\sqrt{b^2+h^2}$ (कर्ण)
समद्विबाहु त्रिभुज	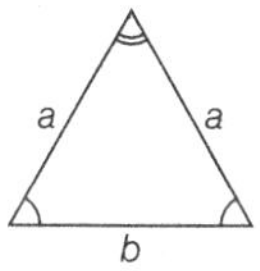	$2a+b$	$\frac{b}{4}\sqrt{4a^2-b^2}$	$a=$ समान भुजाओं की लम्बाई $b=$ तीसरी भुजा
समबाहु त्रिभुज	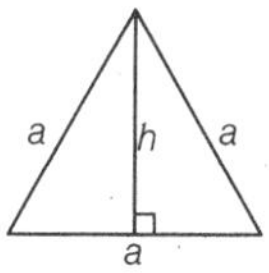	$3a$	$\frac{1}{2}ah$ या $\frac{\sqrt{3}}{4}a^2$	$h=\frac{\sqrt{3}}{2}a$ (ऊँचाई)
आयत	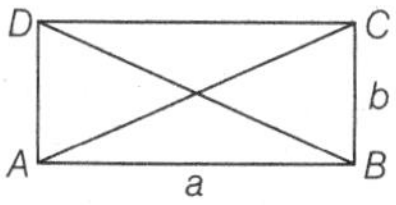	$2(a+b)$	ab	आयत का विकर्ण $=\sqrt{a^2+b^2}$ $a=$ लम्बाई, $b=$ चौड़ाई तथा $AC=BD$
वर्ग	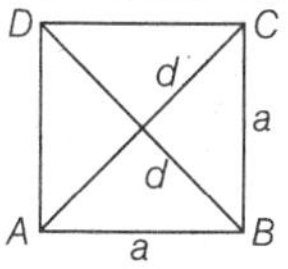	$4a$	a^2 या $\frac{1}{2}d^2$	वर्ग का विकर्ण $(d)=a\sqrt{2}$ $a=$ भुजा तथा $AC=BD$
समान्तर चतुर्भुज	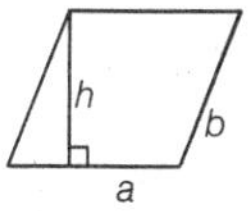	$2(a+b)$	ah	$a=$ भुजा $b=$ भुजा $h=$ समान्तर भुजाओं a और a के बीच की दूरी

नाम	आकृति	परिमाप (इकाई में)	क्षेत्रफल (वर्ग इकाई में)	नामांकन
समचतुर्भुज	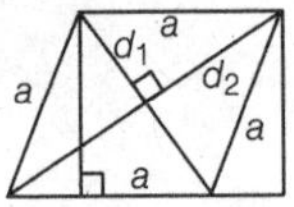	$4a$	$\frac{1}{2}d_1 d_2$	$4a = d_1^2 + d_2^2$ a = भुजा d_1, d_2 विकर्ण हैं।
समलम्ब	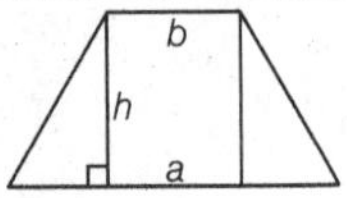	—	$\frac{1}{2}(a+b)h$	a और b = समान्तर भुजाएँ h = उनके बीच की दूरी
वृत्त	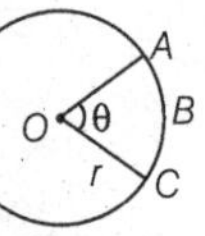	परिधि = $2\pi r$ चाप AC की लम्बाई = $\frac{\pi r\theta}{180°}$	वृत्त का क्षेत्रफल = πr^2 त्रिज्यखण्ड $ABCO$ का क्षेत्रफल $= \frac{\pi r^2 \theta}{360°}$	r = त्रिज्या $2r$ = व्यास θ = त्रिज्यखण्ड का कोण
वृत्ताकार वलय	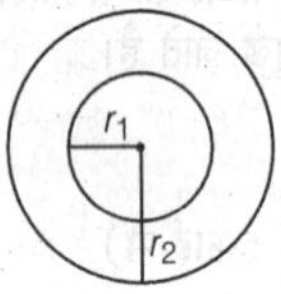	परिधियों का अन्तर $= 2\pi(r_2 - r_1)$	$\pi(r_2^2 - r_1^2)$	r_2 = बड़े वृत्त की त्रिज्या r_1 = छोटे वृत्त की त्रिज्या

उदाहरण 1 एक त्रिभुज की भुजाएँ क्रमशः 5 सेमी, 6 सेमी व 9 सेमी हैं। त्रिभुज का क्षेत्रफल व परिमाप ज्ञात कीजिए।

(a) $10\sqrt{2}$ वर्ग सेमी, 20 सेमी (b) $2\sqrt{2}$ वर्ग सेमी, 30 सेमी
(c) $10\sqrt{3}$ वर्ग सेमी, 10 सेमी (d) इनमें से कोई नहीं

हल *(a)* यहाँ, $a = 5$ सेमी, $b = 6$ सेमी तथा $c = 9$ सेमी

त्रिभुज का क्षेत्रफल $= \sqrt{s(s-a)(s-b)(s-c)}$

जहाँ, $s = \frac{a+b+c}{2} \Rightarrow s = \frac{5+6+9}{2} = \frac{20}{2} = 10$

$\therefore$ क्षेत्रफल $= \sqrt{10(10-5)(10-6)(10-9)}$

$= \sqrt{10 \times 5 \times 4 \times 1} = \sqrt{200} = 10\sqrt{2}$ वर्ग सेमी

और परिमाप $= a + b + c = 5 + 6 + 9 = 20$ सेमी

उदाहरण 2 एक समकोण त्रिभुज का कर्ण 10 सेमी तथा आधार 8 सेमी है, तो इस त्रिभुज का परिमाप क्या होगा?

(a) 10 सेमी (b) 15 सेमी (c) 20 सेमी (d) 24 सेमी

हल *(d)* यहाँ, कर्ण = 10 सेमी तथा आधार = 8 सेमी

$\because$ $(\text{कर्ण})^2 = (\text{आधार})^2 + (\text{लम्ब})^2$

$\Rightarrow$ $(10)^2 = (8)^2 + (\text{लम्ब})^2 \Rightarrow (\text{लम्ब})^2 = 100 - 64 = 36$

$\therefore$ लम्ब $= \sqrt{36} = 6$ सेमी

त्रिभुज का परिमाप = कर्ण + आधार + लम्ब

$= 10 + 8 + 6 = 24$ सेमी

उदाहरण 3 एक वर्ग का परिमाप 100 मी है, उस वर्ग के विकर्ण की लम्बाई कितनी होगी ?

(a) $25\sqrt{3}$ मी (b) $22\sqrt{3}$ मी (c) $25\sqrt{2}$ मी (d) $22\sqrt{5}$ मी

हल *(c)* वर्ग का परिमाप = 100 मी

$4 \times$ भुजा = 100 मी

$\Rightarrow$ भुजा = 25 मी

अतः वर्ग का विकर्ण $= \sqrt{2} \times$ भुजा $= \sqrt{2} \times 25 = 25\sqrt{2}$ मी

उदाहरण 4 एक आयताकार खेत की लम्बाई व चौड़ाई क्रमशः 50 मी व 25 मी हैं, तो उस खेत का क्षेत्रफल कितना होगा?

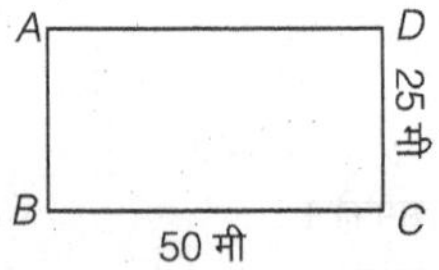

(a) 1250 वर्ग मी
(b) 1350 वर्ग मी
(c) 1260 वर्ग मी
(d) 1460 वर्ग मी

हल *(a)* यहाँ, $l = 50$ मी तथा $b = 25$ मी

$\therefore$ आयताकार खेत का क्षेत्रफल $= l \times b = 50 \times 25 = 1250$ वर्ग मी

उदाहरण 5 एक वृत्ताकार बाग का व्यास 210 मी है। इसका क्षेत्रफल कितना होगा?

(a) 34650 वर्ग मी
(b) 34420 वर्ग मी
(c) 34250 वर्ग मी
(d) 36650 वर्ग मी

हल *(a)* $\because$ वृत्ताकार बाग का व्यास = 210 मी

$\therefore$ वृत्ताकार बाग की त्रिज्या $= \frac{210}{2} = 105$ मी

अतः वृत्ताकार बाग का क्षेत्रफल

$= \pi \times (\text{त्रिज्या})^2 = \pi \times (105)^2$

$= \frac{22}{7} \times (105)^2$

$= 34650$ वर्ग मी

आयतन एवं पृष्ठीय क्षेत्रफल

किसी त्रि-विमीय आकृति (3*D*) द्वारा जो स्थान घेरा जाता है, वह उस आकृति का 'आयतन' तथा उसके तल का क्षेत्रफल उसका 'पृष्ठीय क्षेत्रफल' कहलाता है। प्रतियोगी परीक्षाओं के अन्तर्गत विभिन्न प्रकार की त्रि-विमीय आकृति पर आधारित प्रश्न पूछे जाते हैं।

3D आकृतियों का संक्षिप्त परिचय निम्नलिखित है

ठोस आकृति के नाम	आकृति	पार्श्व/वक्रपृष्ठ	सम्पूर्ण पृष्ठ	आयतन	नामांकन
घनाभ	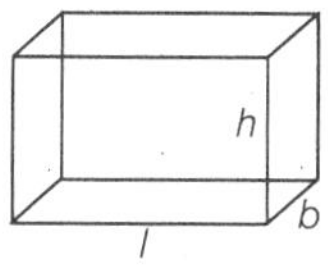	$2h(l+b)$	$2(lb+bh+hl)$	lbh	l = लम्बाई b = चौड़ाई h = ऊँचाई विकर्ण = $\sqrt{l^2+b^2+h^2}$
घन	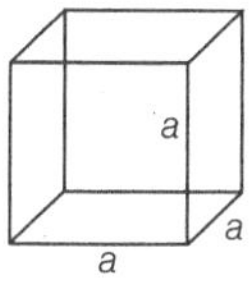	$4a^2$	$6a^2$	a^3	a = घन की भुजा या कोर विकर्ण $= a\sqrt{3}$
लम्बवृत्तीय बेलन	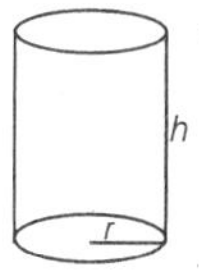	$2\pi rh$	$2\pi r(r+h)$	$\pi r^2 h$	r = आधार की त्रिज्या h = ऊँचाई
लम्बवृत्तीय शंकु		πrl	$\pi r(r+l)$	$\frac{1}{3}\pi r^2 h$	r = आधार की त्रिज्या h = ऊँचाई l = तिर्यक ऊँचाई $l=\sqrt{h^2+r^2}$
गोला	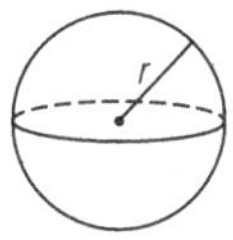	$4\pi r^2$	$4\pi r^2$	$\frac{4}{3}\pi r^3$	r = त्रिज्या
अर्द्धगोला	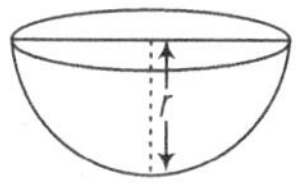	$2\pi r^2$	$2\pi r^2$	$\frac{2}{3}\pi r^3$	μ = त्रिज्या

उदाहरण 6 एक बेलन का आयतन 448 π सेमी^{3} तथा ऊँचाई 7 सेमी है। इसकी सतह का पृष्ठीय क्षेत्रफल तथा सम्पूर्ण पृष्ठीय क्षेत्रफल होगा

(a) 352 सेमी^{2}, 754.286 सेमी^{2}
(b) 352 सेमी^{2}, 754.25 सेमी^{2}
(c) 351 सेमी^{2}, 754.286 सेमी^{2}
(d) उपरोक्त में से कोई नहीं

हल *(a)* दिया है, बेलन का आयतन = 448 π सेमी^{3}

तथा बेलन की ऊँचाई = 7 सेमी

माना बेलन की त्रिज्या r सेमी है,

तब बेलन का आयतन = 448π

$\Rightarrow \quad \pi r^2 h = 448\pi$

$\Rightarrow \quad r^2 = \frac{448\pi}{h\pi} = \frac{448}{7} = 64$

$\therefore \quad r = 8$ सेमी

∵

बेलन की पृष्ठीय सतह का क्षेत्रफल = $2\pi rh$

$= 2 \times \frac{22}{7} \times 8 \times 7 = 352$ सेमी^{2}

$\therefore$ बेलन का सम्पूर्ण पृष्ठीय क्षेत्रफल = $2\pi r(h+r)$

$= 2 \times \frac{22}{7} \times 8(7+8)$

$= 2 \times \frac{22}{7} \times 8 \times 15$

$= \frac{5280}{7} = 754.286$ सेमी^{2}

उदाहरण 7 एक लम्बवृत्तीय शंकु की त्रिज्या व ऊँचाई का अनुपात 5 : 12 है। यदि इसका आयतन 314 मी^{3} हो, तो इसकी तिर्यक ऊँचाई तथा त्रिज्या ज्ञात कीजिए। (दिया है, $\pi = 3.14$)

(a) 14 मी, 5 मी
(b) 13 मी, 5 मी
(c) 13 मी, 6 मी
(d) 12 मी, 5 मी

हल *(b)* माना त्रिज्या = $5x$ तथा ऊँचाई = $12x$

शंकु का आयतन = $\frac{1}{3}\pi r^2 h$

$\Rightarrow \quad 314 = \frac{1}{3} \times 3.14 \times (5x)^2 \times (12x)$

$\Rightarrow \quad 314 = 314x^3$ या $x^3 = 1 \Rightarrow x = 1$

$\therefore$ त्रिज्या = $5 \times 1 = 5$ मी, ऊँचाई = $12 \times 1 = 12$ मी

तिर्यक ऊँचाई, $l=\sqrt{r^2+h^2}=\sqrt{(5)^2+(12)^2}$

$=\sqrt{169}=13$ मी

अत: तिर्यक ऊँचाई 13 मी तथा त्रिज्या 5 मी है।

उदाहरण 8 एक धातु के गोले का आयतन 38808 सेमी^{3} है, तो इसकी त्रिज्या व पृष्ठीय क्षेत्रफल ज्ञात कीजिए।

(a) 21 सेमी, 5554 सेमी^{2}

(b) 20 सेमी, 5544 सेमी^{2}

(c) 21 सेमी, 5544 सेमी^{2}

(d) उपरोक्त में से कोई नहीं

हल (c) दिया है, धातु के गोले का आयतन = 38808 सेमी^{3}

$\Rightarrow \frac{4}{3}\pi r^3 = 38808$

$\Rightarrow r^3 = 38808 \times \frac{3}{4} \times \frac{7}{22}$ $\left[\because \pi = \frac{22}{7}\right]$

$\Rightarrow r^3 = 9261$

$\therefore r = 21$ सेमी

$\because$ गोले का पृष्ठीय क्षेत्रफल $= 4\pi r^2 = 4 \times \frac{22}{7} \times 21 \times 21$

$= 5544$ सेमी^{2}

एग्जाम पैटर्न प्रश्न

1. एक समबाहु त्रिभुज की ऊँचाई x है। त्रिभुज का क्षेत्रफल कितना होगा?

(a) x^2 (b) $\frac{1}{2}x^2$

(c) $\frac{\sqrt{3}}{2}x^2$ (d) $\frac{\sqrt{3}}{3}x^2$

2. एक ΔABC की भुजाएँ क्रमश: 6 सेमी, 8 सेमी और 8 सेमी लम्बाई की हैं, तो त्रिभुज का क्षेत्रफल क्या होगा?

(a) 40 वर्ग सेमी (b) 24 वर्ग सेमी

(c) 30 वर्ग सेमी (d) इनमें से कोई नहीं

3. एक समद्विबाहु त्रिभुज की परिमिति 32 सेमी है तथा इनकी दो बराबर भुजाओं की लम्बाइयों का योग 12 सेमी है, तो त्रिभुज की तीसरी भुजा की लम्बाई ज्ञात करें।

(a) 15 सेमी (b) 17 सेमी

(c) 20 सेमी (d) 18 सेमी

4. एक त्रिभुजाकार खेत की तीन भुजाओं की लम्बाई क्रमश: 15 मी, 20 मी तथा 25 मी है। तद्नुसार, उसमें ₹ 5 प्रतिवर्ग मी की दर पर बीज बोने की लागत की गणना कीजिए।

(a) ₹ 300 (b) ₹ 600

(c) ₹ 750 (d) ₹ 150

5. एक वर्ग की प्रत्येक भुजा में 10% की वृद्धि हुई है, तो उसके क्षेत्रफल में वृद्धि होगी

(a) 10% (b) 21% (c) 44% (d) 100%

6. एक वर्ग के विकर्ण की लम्बाई 8 सेमी है। वर्ग की भुजा की लम्बाई है

(a) 2 सेमी (b) 2.8 सेमी

(c) 1.414 सेमी (d) 5.65 सेमी

7. दो वर्गों के विकर्ण 3 : 7 के अनुपात में हैं। इनके क्षेत्रफलों का अनुपात कितना होगा?

(a) 3 : 7 (b) 9 : 49

(c) 9 : 27 (d) 3 : 21

8. 15 मी लम्बाई तथा 8 मी चौड़ाई वाले आयत का क्षेत्रफल ज्ञात कीजिए।

(a) 120 वर्ग मी

(b) 111 वर्ग मी

(c) 115 वर्ग मी

(d) 125 वर्ग मी

9. 3.78 मी लम्बे एवं 5.25 मी चौड़े एक आयताकार आँगन में 0.21 मी माप की वर्गाकार टाइल बिछाई जानी हैं। ऐसी न्यूनतम टाइलों की संख्या होगी

(a) 430 (b) 440

(c) 450 (d) 460

10. एक आयताकार मैदान की चौड़ाई तथा लम्बाई 3 : 4 के अनुपात में है। उस मैदान का क्षेत्रफल $\frac{1}{12}$ हेक्टेयर है। तद्नुसार, उस मैदान की चौड़ाई कितनी है?

(a) 25 मी (b) 50 मी

(c) 75 मी (d) 100 मी

11. एक समान्तर चतुर्भुज का आधार, इसकी ऊँचाई का दोगुना है। यदि समान्तर चतुर्भुज का क्षेत्रफल 144 वर्ग सेमी हो, तो इसकी ऊँचाई (सेमी में) ज्ञात करें।

(a) $5\sqrt{2}$ (b) 6

(c) $4\sqrt{3}$ (d) $6\sqrt{2}$

12. किसी समचतुर्भुज का, जिसकी भुजा 13 सेमी और एक विकर्ण 10 सेमी है, क्षेत्रफल कितना होगा?

(a) 140 वर्ग सेमी (b) 130 वर्ग सेमी

(c) 120 वर्ग सेमी (d) 110 वर्ग सेमी

13. एक वृत्त की त्रिज्या में 2 सेमी की वृद्धि की जाती है। जिससे इसके क्षेत्रफल में 44 सेमी^{2} की वृद्धि होती है।

(a) 6 सेमी (b) 3.2 सेमी

(c) 2.5 सेमी (d) 3.5 सेमी

14. एक वृत्त का क्षेत्रफल 324π वर्ग सेमी है। उसकी दीर्घतम जीवा की लम्बाई (सेमी में) कितनी है?

(a) 36 (b) 38 (c) 28 (d) 32

19. एक बाइक का पहिया 15 पूर्ण चक्कर लगाने में कितनी दूरी (मी में) तय करेगा। यदि इसका व्यास 98 सेमी हो।

(a) 40.20 मी (b) 45.40 मी

(c) 46.30 मी (d) 46.20 मी

16. एक वृत्ताकार बगीचे का व्यास 62 मी है। बगीचे के चारों ओर 2 मी चौड़ी बाड़ (दीवार) लगी है। दीवार द्वारा घेरी गई भूमि का क्षेत्रफल कितना है?

(a) 128π वर्ग मी (b) 96π वर्ग मी

(c) 64π वर्ग मी (d) 32π वर्ग मी

17. एक कमरे की लम्बाई, चौड़ाई और ऊँचाई क्रमश: 5 मी, 4 मी और 3 मी है। कमरे में पूरी तरह से रखी जा सकने वाली छड़ी की लम्बाई है

(a) 5 मी (b) 60 मी

(c) 7 मी (d) $5\sqrt{2}$ मी

18. एक घन का पृष्ठ क्षेत्रफल 150 मी^{2} है, तो इसका आयतन क्या होगा?

(a) 1125 घन मी (b) 225 घन मी

(c) 125 घन मी (d) इनमें से कोई नहीं

19. 3 मी, 4 मी एवं 5 मी भुजाओं वाले तीन घनों को पिघलाकर एक नया घन तैयार किया जाता है। नये घन की भुजा है

(a) 12 मी (b) 10 मी

(c) 8 मी (d) 6 मी

20. एक घन का आयतन 512 मी^{3} है, तो इसका पृष्ठीय क्षेत्रफल कितना होगा?

(a) 216 मी^{2} (b) 384 मी^{2}

(c) 300 मी^{2} (d) 370 मी^{2}

21. यदि एक घन के विकर्ण की माप $4\sqrt{3}$ सेमी है, तब इस घन का आयतन कितना होगा?
(a) 16 घन सेमी (b) 27 घन सेमी
(c) 64 घन सेमी (d) 48 घन सेमी

22. एक ठोस बेलन जिसकी ऊँचाई 12 सेमी है और व्यास 10 सेमी है, बेलन का आयतन है ($\pi = 3.14$)
(a) 940 सेमी^{3} (b) 3142 सेमी^{3}
(c) 942 सेमी^{3} (d) 4507 सेमी^{3}

23. यदि किसी बेलन का पृष्ठीय क्षेत्रफल 94.2 सेमी^{2} है तथा इसकी ऊँचाई 5 सेमी है, तो इसके आधार की त्रिज्या होगी [$\pi = 3.14$]
(a) 5 सेमी (b) 7 सेमी
(c) 3 सेमी (d) 9 सेमी

24. किसी लम्बवृत्तीय शंकु की त्रिज्या और तिरछी ऊँचाई क्रमश: 5 सेमी और 13 सेमी है। शंकु का आयतन कितना है?
(a) 100π सेमी^{3} (b) 50π सेमी^{3}
(c) 65π सेमी^{3} (d) 169π सेमी^{3}

25. किसी शंकु का व्यास 1.4 सेमी है। उसकी तिरछी ऊँचाई 4.2 सेमी है। वक्रपृष्ठ क्षेत्रफल ज्ञात करें।
(a) 9.24 सेमी^{2}
(b) 2.24 सेमी^{2}
(c) 8.14 सेमी^{2}
(d) 6.94 सेमी^{2}

26. यदि एक गोले की त्रिज्या 3 सेमी हो, तो गोले का आयतन कितना होगा?
(a) 36π घन इकाई
(b) 18π घन इकाई
(c) 27π घन इकाई
(d) उपरोक्त में से कोई नहीं

27. एक अर्द्धगोले की त्रिज्या 7 सेमी है। अर्द्धगोले का वक्रपृष्ठीय क्षेत्रफल कितना होगा?
(a) 384 सेमी^{2} (b) 348 सेमी^{2}
(c) 380 सेमी^{2} (d) 308 सेमी^{2}

PYQs

28. एक आयताकार टेबल के शीर्ष का परिमाप 28 मी है, जबकि उसका क्षेत्रफल 48 वर्ग मी है। उसके विकर्ण की लम्बाई कितनी है?
क्लर्क (जबलपुर) 01 नवम्बर 2020
(a) 12.5 मी (b) 10 मी
(c) 12 मी (d) 5 मी

29. एक वृत्त की परिधि और क्षेत्रफल का संख्यात्मक मान बराबर है। वृत्त की त्रिज्या का संख्यात्मक मान क्या है?
क्लर्क (जबलपुर) 01 नवम्बर 2020
(a) 2 इकाई (b) 4 इकाई
(c) 1/2 इकाई (d) π इकाई

30. 1 मी तार से बने वृत्त का क्षेत्रफल (लगभग में) ज्ञात कीजिए?
क्लर्क (बहरामपुर) 01 नवम्बर 2020
(बैंगलोर) 23 फरवरी 2020
(a) 791 सेमी^{2} (b) 799 सेमी^{2}
(c) 795 सेमी^{2} (d) 798 सेमी^{2}

31. उस वृत्त का क्षेत्रफल ज्ञात कीजिये, जिसका व्यास 14 सेमी है। **क्लर्क 24 अप्रैल 2023**
(a) 154 सेमी^{2} (b) 174 सेमी^{2}
(c) 164 सेमी^{2} (d) 144 सेमी^{2}

32. एक साइकिल के एक पहिये का व्यास 70 सेमी है। यह सड़क पर धीरे-धीरे चलता है। 24 पूर्ण चक्कर में यह कितनी दूर जाएगा? **क्लर्क (लखनऊ) 2020**
(a) 53.8 मी (b) 60.8 मी
(c) 52.8 मी (d) 54.8 मी

33. एक साइकिल का पहिया 11 किमी चलने में 5000 चक्कर लगाता है। पहिये का व्यास कितना सेमी होगा?
क्लर्क (हमीरपुर) 01 नवम्बर 2020
(a) 60 (b) 80 (c) 50 (d) 70

34. त्रिभुज का क्षेत्रफल ज्ञात करने का सूत्र क्या है?
(a) क्षेत्रफल = 1/2 (आधार − ऊँचाई)
(b) क्षेत्रफल = 1/2 (आधार × ऊँचाई)
(c) क्षेत्रफल = 1/2 (आधार + ऊँचाई)
(d) क्षेत्रफल = 1/2 (आधार / ऊँचाई)

उत्तरमाला

1. (d)	2. (d)	3. (c)	4. (c)	5. (b)	6. (d)	7. (b)	8. (a)	9. (c)	10. (a)
11. (d)	12. (c)	13. (c)	14. (a)	15. (d)	16. (a)	17. (d)	18. (c)	19. (d)	20. (b)
21. (c)	22. (c)	23. (c)	24. (a)	25. (a)	26. (a)	27. (d)	28. (b)	29. (a)	30. (c)
31. (a)	32. (c)	33. (d)	34. (b)						

संकेत एवं हल

1. (d) दिया है,

समबाहु त्रिभुज की ऊँचाई $= x$ सेमी

$\therefore \quad \frac{\sqrt{3}}{2}$ (भुजा) $= x$

$\Rightarrow \quad$ भुजा $= \frac{2x}{\sqrt{3}}$

$\therefore$ समबाहु त्रिभुज का क्षेत्रफल

$= \frac{\sqrt{3}}{4}$ (भुजा)^2

$= \frac{\sqrt{3}}{4} \times \frac{2x}{\sqrt{3}} \times \frac{2x}{\sqrt{3}}$

$= \frac{x^2}{\sqrt{3}}$ वर्ग सेमी या $\frac{\sqrt{3}}{3}x^2$ वर्ग सेमी

2. (d) दिया है, त्रिभुज एक समद्विबाहु त्रिभुज है।

जहाँ, $a = 8$ सेमी, $b = 6$ सेमी

$\therefore$ त्रिभुज का क्षेत्रफल

$= \frac{b}{4}\sqrt{4a^2 - b^2} = \frac{6}{4}\sqrt{4(8)^2 - (6)^2}$

$= \frac{6}{4}\sqrt{220} = \frac{6}{4} \times 2\sqrt{55}$

$= 3\sqrt{55}$ वर्ग सेमी

3. (c) माना तीसरी भुजा x है।

त्रिभुज की परिमिति = तीनो भुजाओं का योग

$32 = 12 + x$

$\Rightarrow \quad x = 20$ सेमी

4. (c) यहाँ, $15^2 + 20^2 = 25^2$

तब त्रिभुजाकार खेत समकोणीय है।

तब, खेत का क्षेत्रफल

$= \frac{1}{2} \times 15 \times 20 = 150$ वर्ग मी

अत: ₹ 5 प्रतिवर्ग मी की दर पर बीज बोने की कुल लागत

$= 150 \times 5 =$ ₹ 750

5. (b) माना वर्ग की मूल भुजा $= a$ इकाई

मूल क्षेत्रफल $= a^2$ वर्ग इकाई

प्रश्नानुसार,

नई भुजा $= \frac{a \times (100 + 10)}{100} = \frac{11}{10}a$ इकाई

$\therefore$ नया क्षेत्रफल $= \left(\frac{11}{10}a\right)^2 = \frac{121}{100}a^2$

$\therefore$ अभीष्ट वृद्धि प्रतिशत

$= \frac{\frac{121}{100}a^2 - a^2}{a^2} \times 100 = 21\%$

6. (d) $\because$ वर्ग का विकर्ण = भुजा $\sqrt{2}$

$\Rightarrow \quad 8 =$ भुजा $\sqrt{2}$

$\therefore \quad$ भुजा $= \frac{8}{\sqrt{2}} = \frac{8\sqrt{2}}{2}$

$= 4 \times 1.414 = 5.65$ सेमी

7. (b) माना वर्गों के विकर्ण क्रमश: d_1 और d_2 हैं।

तब, $\frac{d_1}{d_2} = \frac{3}{7}$

$\frac{\text{पहले वर्ग का क्षेत्रफल}}{\text{दूसरे वर्ग का क्षेत्रफल}}$

$= \frac{\frac{1}{2}d_1^2}{\frac{1}{2}d_2^2} = \left(\frac{d_1}{d_2}\right)^2 = \left(\frac{3}{7}\right)^2$

$= \frac{9}{49} = 9:49$

8. (a) आयत का क्षेत्रफल

$=$ लम्बाई $\times$ चौड़ाई

$= 15 \times 8$

$= 120$ वर्ग मी

9. (c) $\therefore$ अभीष्ट ईंटों की संख्या

$= \frac{\text{आँगन का क्षेत्रफल}}{\text{ईंट का क्षेत्रफल}}$

$= \frac{3.78 \times 5.25}{0.21 \times 0.21} = 450$

10. (a) मैदान का क्षेत्रफल $= \frac{1}{12}$ हेक्टेयर

$= \frac{1}{12} \times 10000$ वर्ग मी

[$\because$ 1 हेक्टेयर = 10000 वर्ग मी]

$= \frac{2500}{3}$ वर्ग मी

माना मैदान की लम्बाई $4x$ तथा चौड़ाई $3x$ मी है।

तब, $\quad 3x \times 4x = \frac{2500}{3}$

$\Rightarrow \quad x^2 = \frac{2500}{3 \times 3 \times 4} = \frac{625}{3 \times 3}$

$\Rightarrow \quad x = \frac{25}{3}$

$\therefore$ मैदान की चौड़ाई $= 3x = 3 \times \frac{25}{3}$

$= 25$ मी

11. (d) माना समान्तर चतुर्भुज की ऊँचाई $= x$ सेमी

$\therefore \quad$ आधार $= 2x$ सेमी

समान्तर चतुर्भुज का क्षेत्रफल

$=$ आधार $\times$ ऊँचाई

$\Rightarrow \quad x \times 2x = 144$

$\Rightarrow \quad x^2 = \frac{144}{2} = 72$

$\Rightarrow \quad x = \sqrt{72} = 6\sqrt{2}$

$\therefore \quad$ ऊँचाई $= 6\sqrt{2}$ सेमी

12. (c) दिया है,

समचतुर्भुज की एक भुजा, $a = 13$ सेमी तथा

एक विकर्ण, $d_1 = 10$ सेमी

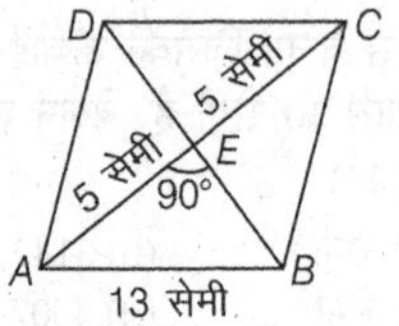

$\therefore$ समकोण ΔAEB में,

$AB^2 = AE^2 + BE^2$

$\Rightarrow \quad 13^2 = 5^2 + BE^2$

$\Rightarrow \quad BE^2 = 169 - 25 = 144$

$\Rightarrow \quad BE = 12$ सेमी

$\therefore \quad DB = 2 \times BE = 2 \times 12 = 24$ सेमी

दूसरे विकर्ण की लम्बाई, $d_2 = 24$ सेमी

$\therefore$ समचतुर्भुज का क्षेत्रफल

$= \frac{1}{2} \times d_1 \times d_2 = \frac{1}{2} \times 10 \times 24$

$= 120$ वर्ग सेमी

13. (c) माना वृत्त की मूल त्रिज्या x सेमी है।

प्रश्नानुसार,

$\pi(x+2)^2 - \pi x^2 = 44$

$\Rightarrow x^2 + 4x + 4 - x^2 = 44 \times \frac{7}{22} = 14$

$\Rightarrow \quad 4x = 14 - 4 \Rightarrow 4x = 10$

$\therefore \quad x = \frac{5}{2}$ सेमी $= 2.5$ सेमी

14. (a) माना वृत्त की त्रिज्या $= r$ सेमी

चूँकि वृत्त की दीर्घतम जीवा उसका व्यास होता है,

$\therefore$ वृत्त का क्षेत्रफल $= 324\pi$ सेमी

$\Rightarrow \quad \pi r^2 = 324\pi$

$\Rightarrow \quad r = 18$ सेमी

व्यास $= 2r = 2 \times 18 = 36$ सेमी

15. (d) दिया है, पहिए का व्यास $= 98$ सेमी

$\therefore$ पहिए की त्रिज्या $(r) = \frac{98}{2} = 49$ सेमी

$\therefore$ 15 पूर्ण चक्कर लगाने में पहिए द्वारा तय की गई दूरी = 15 पहिए की परिधि

$= 15 \times 2\pi r$

$= 15 \times 2 \times \frac{22}{7} \times 49$

$= 4620$ सेमी $= 46.20$ मी

16. (a) वृत्ताकार बगीचे का व्यास $= 62$ मी

बगीचे की त्रिज्या $= 31$ मी,

दीवार की चौड़ाई $= 2$ मी

अत: दीवार द्वारा घेरा गया क्षेत्रफल

$= \pi(31+2)^2 - \pi(31)^2$

$= \pi[33^2 - 31^2]$

$= \pi(33+31)(33-31)$

$= \pi(64 \times 2) = 128\pi$ वर्ग मी

17. (d) सबसे लम्बी छड़ी की लम्बाई

$= $ घनाभ का विकर्ण

$= \sqrt{l^2 + b^2 + h^2}$

$= \sqrt{(5)^2 + (4)^2 + (3)^2}$

$= \sqrt{25 + 16 + 9}$

$= \sqrt{50} = 5\sqrt{2}$ मी

18. (c) घन का पृष्ठीय क्षेत्रफल $= 150$

$\Rightarrow \quad 6a^2 = 150 \Rightarrow a^2 = 25$

$\therefore \quad a = 5$ मी

$\therefore$ अभीष्ट आयतन $= a^3 = (5)^3 = 125$ घन मी

19. (d) माना नए घन की भुजा $= a$

प्रश्नानुसार, नए घन का आयतन

$=$ तीनों घनों के आयतन का योग

$\Rightarrow \quad a^3 = (3)^3 + (4)^3 + (5)^3$

$\Rightarrow \quad a^3 = 27 + 64 + 125 = 216$

$\Rightarrow \quad a = \sqrt[3]{216} = 6$ मी

20. (b) माना घन की भुजा a मी है।

$\therefore$ घन का आयतन $= a^3$

$\Rightarrow \quad 512 = a^3$

$\Rightarrow \quad a = \sqrt[3]{512} = \sqrt[3]{8 \times 8 \times 8} = 8$ मी

अब, घन का पृष्ठ $= 6a^2 = 6(8)^2$

$= 6 \times 64 = 384$ मी^{2}

21. (c) माना घन की प्रत्येक भुजा $= a$ सेमी

तब, विकर्ण $= 4\sqrt{3}$ सेमी

$\therefore \quad \sqrt{3}a = 4\sqrt{3} \Rightarrow a = 4$

अत: घन का आयतन

$= a^3 = 4^3 = 64$ घन सेमी

22. (c) दिया है, बेलन की ऊँचाई $h = 12$ सेमी

आधार का व्यास $= 10$

$\therefore$ त्रिज्या $r = 5$ सेमी

बेलन का आयतन $= \pi r^2 h$

$= 3.14 \times (5)^2 \times 12$

$= 3.14 \times 25 \times 12 = 942$ सेमी^{3}

23. (c) दिया है, बेलन की ऊँचाई, $h = 5$ सेमी

तथा पृष्ठीय क्षेत्रफल $= 94.2$ सेमी^{2}

$\therefore \quad 2\pi rh = 94.2$

$\Rightarrow \quad r = \frac{94.2}{2\pi h} = \frac{94.2}{2 \times 3.14 \times 5}$

$= \frac{94.2}{31.4}$

$\therefore \quad r = 3$ सेमी

24. (a) दिया है, शंकु की त्रिज्या $(r) = 5$ सेमी

तिरछी ऊँचाई $(l) = 13$ सेमी

$\therefore$ शंकु की ऊँचाई $(h) = \sqrt{l^2 - r^2}$

$= \sqrt{13^2 - 5^2} = \sqrt{169 - 25}$

$= \sqrt{144} = 12$ सेमी

$\therefore$ शंकु का आयतन $= \frac{1}{3}\pi r^2 h$

$= \frac{1}{3}\pi \times (5)^2 \times 12$

$= 25 \times 4 \times \pi$

$= 100\pi$ सेमी^{3}

25. (a) दिया है,

शंकु की त्रिज्या $(r) = \frac{1.4}{2} = 0.7$ सेमी

शंकु की तिरछी ऊँचाई $(l) = 4.2$ सेमी

$\therefore$ शंकु के वक्रपृष्ठ का क्षेत्रफल $= \pi rl$

$= \frac{22}{7} \times 0.7 \times 4.2 = 9.24$ सेमी^{2}

26. (a) हम जानते है कि,

गोले का आयतन $= \frac{4}{3}\pi$ (त्रिज्या)^3 $= \frac{4}{3}\pi(3)^3$

$= \frac{4}{3}\pi \times 27$

$= 36\pi$ घन इकाई

27. (d) दिया है, अर्द्धगोले की त्रिज्या $(r) = 7$ सेमी

$\therefore$ अर्द्धगोले का वक्रपृष्ठीय क्षेत्रफल

$= 2\pi r^2 = 2 \times \frac{22}{77} \times (7)^2$

$= 308$ सेमी^{2}

28. (b) माना आयताकार टेबल की लम्बाई और चौड़ाई क्रमश: l व b हैं।

तब, परिमाप $= 28$

$2(l + b) = 28$

$\Rightarrow \quad l + b = 14 \quad \ldots(i)$

तथा क्षेत्रफल $= 48$

$lb = 48 \quad \ldots(ii)$

समी (i) का दोनों ओर वर्ग करने पर,

$(l + b)^2 = (14)^2$

$\Rightarrow \quad l^2 + b^2 + 2lb = 196$

$\Rightarrow \quad l^2 + bn^2 = 196 - 2 \times 48$

[समी (ii) से]

$\Rightarrow \quad l^2 + b^2 = 100 \quad \ldots(iii)$

$\because$ आयत का विकर्ण $= \sqrt{l^2 + b^2}$

$= \sqrt{100} = 10$ मी

29. (a) माना वृत्त की त्रिज्या $= r$

प्रश्नानुसार,

वृत्त की परिधि $=$ वृत्त का क्षेत्रफल

$2\pi r = \pi r^2$

$2 = r$

अत: वृत्त की त्रिज्या का संख्यात्मक मान

$= 2$ इकाई

30. (c) माना वृत्त की त्रिज्या $= r$

वृत्त की परिधि $= 1$ मी

$\Rightarrow \quad 2\pi r = 1$

$\therefore \quad r = \frac{1}{2\pi}$ मी

वृत्त का क्षेत्रफल $= \pi r^2$

$= \pi \times \frac{1}{2\pi} \times \frac{1}{2\pi} \times 100 \times 100$

[$\because$ 1 मी $= 100$ सेमी]

$= \frac{1}{4} \times \frac{7}{22} \times 10000$

$\frac{70000}{88} \approx 795$ सेमी^{2}

31. (a) वृत्त की व्यास $= 14$ सेमी

वृत्त की त्रिज्या $(r) = \frac{14}{2} = 7$ सेमी

वृत्त की क्षेत्रफल $= \pi r^2 = \frac{22}{7} \times 7 \times 7$

$= 154$ सेमी^{2}

32. (c) पहिये का व्यास $= 70$ सेमी

पहिये की त्रिज्या $= \frac{70}{2} = 35$ सेमी

पहिये की परिधि $= 2\pi r = 2 \times \frac{22}{7} \times 35$

$= 220$ सेमी

24 पूर्ण चक्करों में तय दूरी

$= 24 \times 220 = 5280$ सेमी

$= \frac{5280}{100} = 52.8$ मी

33. (d) माना पहिये की त्रिज्या $= r$

पहिये का परिमाप $= \frac{11 \times 1000 \times 100}{5000}$

[$\because$ 1 किमी $= 10000$ सेमी]

$2\pi r = 11 \times 20$

$r = \frac{11 \times 20 \times 7}{2 \times 22} = 35$

$\therefore$ पहिये का व्यास $= 2r = 2 \times 35 = 70$ सेमी

34. (b) त्रिभुज का क्षेत्रफल

$= \frac{1}{2} \times$ आधार $\times$ ऊँचाई

अध्याय 15

ज्यामिति

बिन्दु (Point) वह ज्यामितीय आकृति, जिसकी कोई माप नहीं होती है, बिन्दु कहलाता है।

रेखाखण्ड (Line segment) दो बिन्दुओं को मिलाने पर जो आकृति प्राप्त होती है, रेखाखण्ड कहलाता है, यहाँ, AB एक रेखाखण्ड है।

रेखा

किसी रेखाखण्ड को दोनों दिशाओं में अनन्त तक बढ़ाने पर जो आकृति प्राप्त होती है, रेखा कहलाती है। यहाँ, $\overleftrightarrow{AB}$ एक रेखा है।

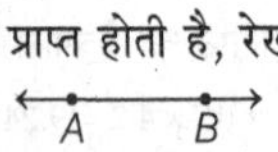

रेखाओं के प्रकार

समान्तर रेखाएँ	असमान्तर रेखाएँ	संरेख रेखाएँ	तिर्यक रेखाएँ
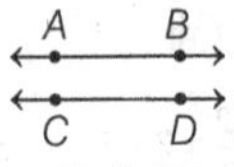 $AB \parallel CD$	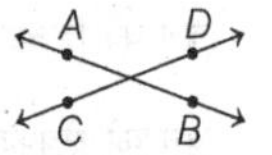 $AB \nparallel CD$	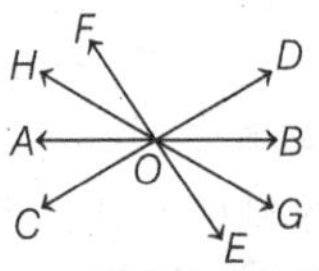 (एक ही बिन्दु पर काटने वाली)	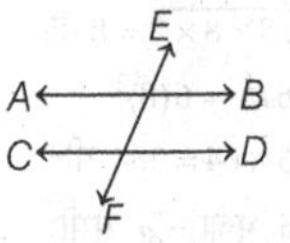 यहाँ, EF तिर्यक रेखा तथा $AB \parallel CD$

कोण

यदि दो रेखाएँ एक-दूसरे को प्रतिच्छेद करती हैं, तो इनके बीच झुकाव को कोण कहते हैं। यहाँ θ झुकाव कोण है।

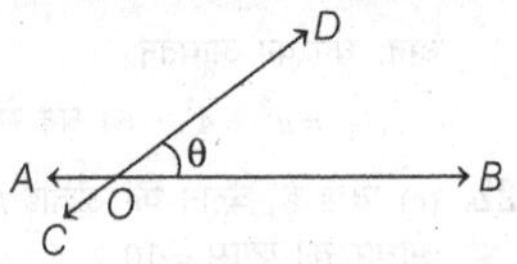

मुख्य कोणों के नाम

आसन्न कोण किसी कोण के भाजन से बने कोण एक-दूसरे के आसन्न कोण होते हैं

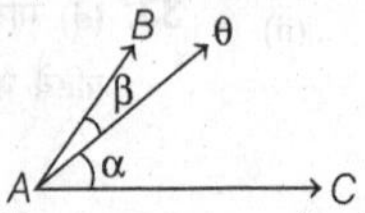

यहाँ, α व β आसन्न कोण हैं।

रैखिक युग्म के कोण यदि दो आसन्न कोणों की मापों का योग 180° हो, तो ये कोण रैखिक युग्म के कोण, कहलाते हैं।

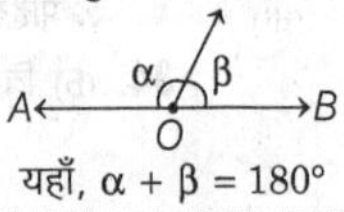

यहाँ, $\alpha + \beta = 180°$

शीर्षाभिमुख कोण दो प्रतिच्छेदी रेखाओं के प्रतिच्छेद बिन्दु पर बने एक-दूसरे के सामने के कोण, शीर्षाभिमुख कोण कहलाते हैं। ये कोण एक-दूसरे के बराबर होते हैं। यहाँ, α व β शीर्षाभिमुख कोण हैं।

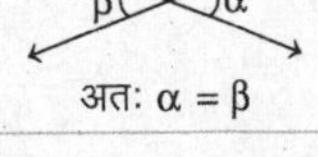

अतः $\alpha = \beta$

कोटिपूरक कोण यदि दो कोणों का योग 90° होता है, तो कोण एक-दूसरे के कोटिपूरक कोण, कहलाते हैं।

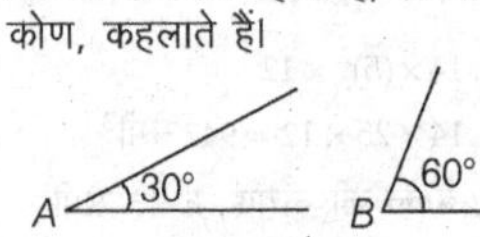

$A + B = 90°$

सम्पूरक कोण यदि दो कोणों का योग 180° होता है, तो कोण एक-दूसरे के सम्पूरक कोण कहलाते हैं।

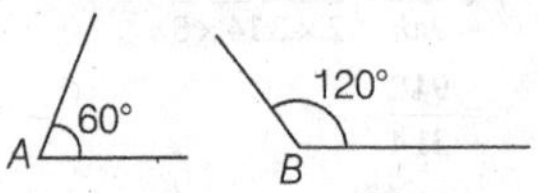

$A + B = 180°$

उदाहरण 1 दी गई आकृति में, $\angle BOC$ का मान ज्ञात कीजिए।

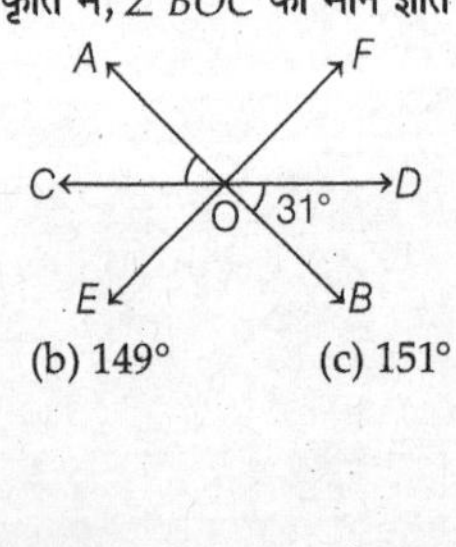

(a) 131° (b) 149° (c) 151° (d) 129°

हल (*b*) *CD* एक सीधी रेखा है।

$\therefore$ $\angle BOC + \angle BOD = 180°$ (रैखिक कोण युग्म)

$\Rightarrow$ $\angle BOC + 31° = 180°$

$\Rightarrow$ $\angle BOC = 180° - 31° = 149°$

तिर्यक रेखा एवं कोण की प्रमेय

यदि एक तिर्यक रेखा (transverse) दो समान्तर रेखाओं को काटती है, तो

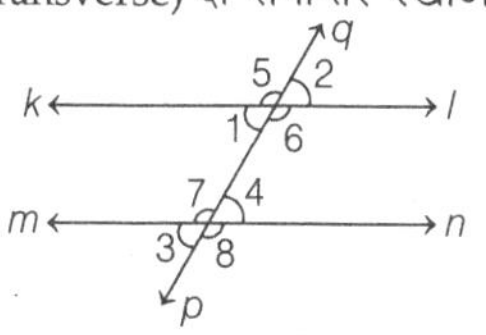

[यहाँ *kl* || *mn* तथा तिर्यक रेखा *pq* है।]

1. **संगत कोण बराबर होते हैं**

$\angle 1 = \angle 3$ $\angle 2 = \angle 4$

$\angle 5 = \angle 7$ $\angle 6 = \angle 8$

2. **शीर्षाभिमुख (सम्मुख) कोण बराबर होते हैं**

$\angle 1 = \angle 2$ $\angle 3 = \angle 4$

$\angle 5 = \angle 6$ $\angle 7 = \angle 8$

3. **एकान्तर कोण बराबर होते हैं**

$\angle 1 = \angle 4$ $\angle 6 = \angle 7$

4. **कोणों का योगफल** 180° **होता है**

$\angle 1 + \angle 7 = 180°$ $\angle 4 + \angle 6 = 180°$

उदाहरण 2 **दिए गए चित्र में** α, β, γ **व** θ **के मान क्रमशः हैं**

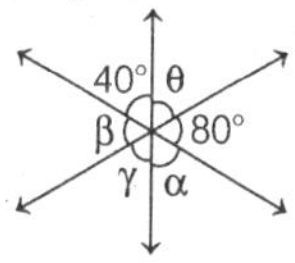

(a) 80°, 60°, 60°, 40° (b) 60°, 80°, 40°, 60°
(c) 40°, 60°, 80°, 60° (d) 40°, 80°, 60°, 60°

हल (*d*) 80° के सम्मुख कोण $= \beta = 80°$

40° के सम्मुख कोण $= \alpha = 40°$

$\theta = 180° - (40° + 80°) = 180° - 120° = 60°$ [$\because$ रैखिक कोण युग्म]

θ के सम्मुख कोण $= \gamma = 60°$

इस प्रकार, $\alpha = 40°, \beta = 80°, \gamma = 60°, \theta = 60°$

उदाहरण 3 **यदि** *AB* **एक सरल रेखा है, तो** *x* **का मान बताइए।**

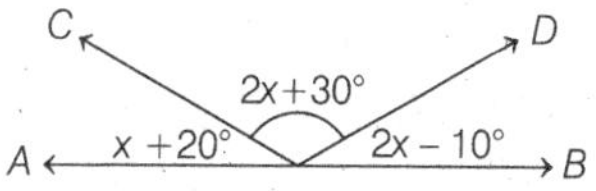

(a) 28° (b) 30° (c) 40° (d) 45°

हल (*a*) हम जानते हैं, कि सरल रेखा पर बने सभी कोणों का योगफल 180° होता है

$x + 20° + 2x + 30° + 2x - 10° = 180°$

$\Rightarrow$ $5x + 40° = 180°$

$\Rightarrow$ $5x = 140°$

अतः $x = 28°$

त्रिभुज

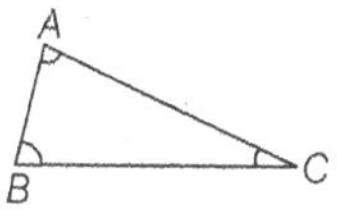

तीन रेखाखण्डों से घिरी आकृति त्रिभुज कहलाती है।

त्रिभुज के तीनों कोणों का योगफल 180° होता है।

$\therefore$ $\angle A + \angle B + \angle C = 180°$

उदाहरण 4 **एक त्रिभुज के दो कोण** 30° **व** 40° **हैं, तो तीसरा कोण क्या होगा?**

(a) 98° (b) 108° (c) 120° (d) 110°

हल (*d*) त्रिभुज के सभी कोणों का योगफल = 180°

माना तीसरा कोण $= x$,

$x + 30° + 40° = 180°$

$\Rightarrow$ $x + 70° = 180°$

$x = 180° - 70° = 110°$

त्रिभुज से सम्बन्धित महत्त्वपूर्ण बिन्दु

- किसी भी समबाहु त्रिभुज का प्रत्येक कोण 60° का होता है। इसमें इसकी एक भुजा पर डाला गया लम्ब इस भुजा को समद्विभाजित करता है।
- किसी भी समद्विबाहु त्रिभुज के आमने सामने के कोण बराबर होते है।
- भुजाओं के आधार पर त्रिभुज तीन प्रकार (समबाहु, समद्विबाहु तथा विषमबाहु) के होते हैं।
- कोणों के आधार पर भी त्रिभुज तीन प्रकार (न्यूनकोण, समकोण तथा अधिककोण) के होते है।

उदाहरण 5 **दिए गए त्रिभुज में यदि** $AB = BC = 5$ **सेमी हो तथा** $\angle ABC = 60°$ **हो, तो यह कैसा त्रिभुज है?**

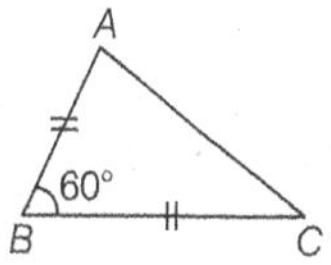

(a) समकोण (b) समबाहु
(c) समद्विबाहु (d) अधिक कोण त्रिभुज

हल (*b*) यहाँ, $AB = BC$

$\therefore$ $\angle A = \angle C$

परन्तु, $\angle A + \angle B + \angle C = 180°$

$\Rightarrow$ $\angle A + 60° + \angle C = 180°$

$\Rightarrow$ $\angle A + \angle C = 120°$

$\angle A + \angle A = 120°$

$\Rightarrow$ $2\angle A = 120°, \angle A = 60°$

अतः दिया गया त्रिभुज समबाहु होगा।

बहिष्कोण प्रमेय (Exterior Angle Theorem) **यदि किसी त्रिभुज की एक भुजा बढ़ाई जाए, तो बाह्य कोण (बहिष्कोण) अन्तः अभिमुख कोणों के योगफल के बराबर होता है।**

$\angle ACD = \angle A + \angle B$

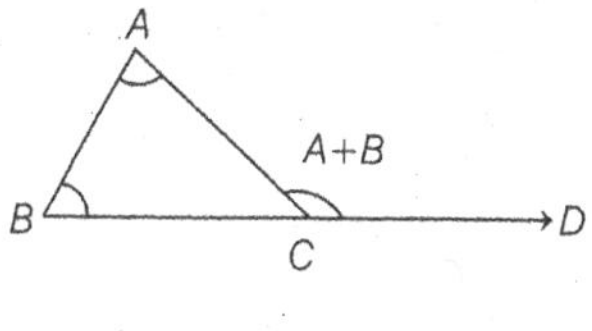

उदाहरण 6 एक त्रिभुज ABC की भुजा BC को आगे इस प्रकार बढ़ाया गया है कि $\angle ACD$ बनता है। यदि $\angle A = 30°$ तथा $\angle ACD = 110°$ हो, तो $\angle B$ का मान क्या होगा?

(a) 60° (b) 70°
(c) 80° (d) 90°

हल (c) हम जानते हैं कि,

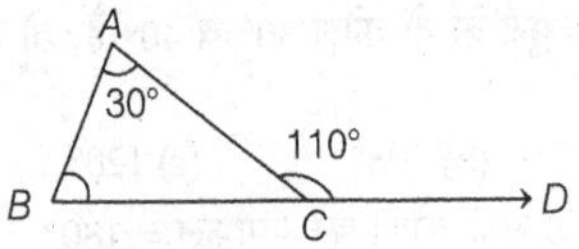

$$\angle A + \angle B = \angle ACD = 110°$$
$$\Rightarrow \quad 30° + \angle B = 110°$$
$$\angle B = 110° - 30° = 80°$$

समरूप त्रिभुजों के गुण

1. यदि दो त्रिभुज ΔABC तथा ΔDEF समरूप हैं, तो

(i) $\dfrac{AB}{DE} = \dfrac{BC}{EF} = \dfrac{CA}{FD}$

(ii) $\dfrac{\Delta ABC \text{ का परिमाप}}{\Delta DEF \text{ का परिमाप}} = \dfrac{AB}{DE} = \dfrac{BC}{EF} = \dfrac{CA}{FD}$

2. यदि दो समरूप ΔABC व ΔDEF की संगत ऊँचाइयाँ h_1 व h_2 हों, तो

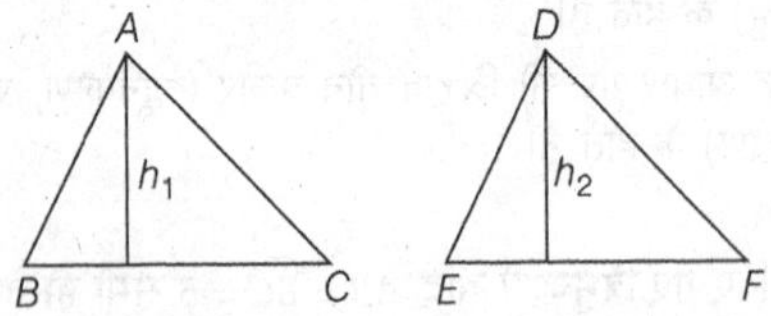

$$\frac{\Delta ABC \text{ का क्षेत्रफल}}{\Delta DEF \text{ का क्षेत्रफल}} = \frac{h_1^2}{h_2^2} = \frac{AB^2}{DE^2} = \frac{BC^2}{EF^2} = \frac{AC^2}{DF^2}$$

उदाहरण 7 दो समरूप त्रिभुजों ABC तथा PQR में $AB = 6$ सेमी, $BC = 8$ सेमी, $CA = 12$ सेमी तथा $PQ = 9$ सेमी हो, तो ΔPQR का परिमाप क्या होगा?

(a) 30 सेमी (b) 25 सेमी (c) 26 सेमी (d) 39 सेमी

हल (d) $\because$ $\Delta ABC \sim \Delta PQR$ अतः संगत भुजाएँ समानुपाती होंगी।

$$\frac{\Delta ABC \text{ का परिमाप}}{\Delta PQR \text{ का परिमाप}} = \frac{AB}{PQ}$$

$$\Rightarrow \quad \frac{AB + BC + CA}{\Delta PQR \text{ का परिमाप}} = \frac{6}{9} = \frac{2}{3}$$

$$\therefore \quad \Delta PQR \text{ का परिमाप} = \frac{3}{2} \times (6 + 8 + 12) = 39 \text{ सेमी}$$

चतुर्भुज

चार रेखाखण्डों से घिरी बन्द आकृति चतुर्भुज कहलाती है। चतुर्भुज के चारों कोणों का योगफल 360° होता है। चतुर्भुज $ABCD$ के दो विकर्ण AC व BD होते हैं।

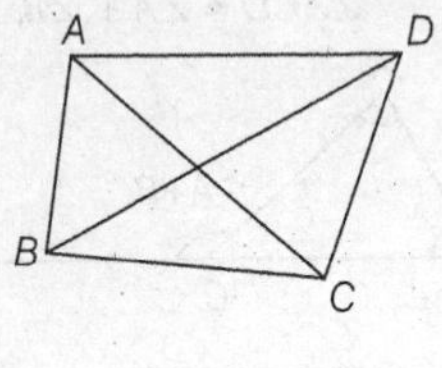

चतुर्भुज से सम्बन्धित महत्त्वपूर्ण बिन्दु

- किसी भी समान्तर चतुर्भुज में किन्ही भी दो संगत कोणों का योग 180° होता है।
- समान्तर चतुर्भुज के आमने-सामने की भुजाएँ बराबर और समान्तर होती है तथा आमने-सामने के कोण भी बराबर होते हैं।
- किसी भी आयत अथवा वर्ग का प्रत्येक कोण 90° और दोनों विकर्ण बराबर तथा एक-दूसरे को समद्विभाजित करते हैं।

समबहुभुज

वह बहुभुज, जिसकी सभी भुजाएँ व सभी आन्तरिक कोण आपस में बराबर होते हैं, समबहुभुज कहलाता है।

n भुजाओं वाले समबहुभुज के लिए,

1. अन्तः कोणों का योग $= (n - 2) \times 180°$
2. प्रत्येक अन्तः कोण $= \dfrac{(n-2)\times 180°}{n}$
3. सभी बाह्य कोणों का योग $= 360°$
4. प्रत्येक बाह्य कोण $= \left(\dfrac{360}{n}\right)^\circ$
5. अन्तः कोण + बाह्य कोण $= 180°$
6. विकर्णों की संख्या $= \dfrac{n(n-3)}{2}$

उदाहरण 8 यदि किसी समभुजाकार बहुभुज का अन्तःकोण 170° है, तो बहुभुज की भुजाओं की संख्या कितनी है?

(a) 36 (b) 20
(c) 18 (d) 27

हल (a) माना समबहुभुज की भुजाओं की संख्या n है।

$$\therefore \quad \text{प्रत्येक अन्तःकोण} = \frac{(n-2) \times 180°}{n}$$

$$\Rightarrow \quad 170° = \frac{(n-2) \times 180°}{n}$$

$$\Rightarrow \quad \frac{17}{18} = \frac{n-2}{n}$$

$$\Rightarrow \quad 18n - 36 = 17n$$

$$\Rightarrow \quad n = 36$$

वृत्त

एक समतल में स्थिर बिन्दु से समान दूरी पर रहने वाले बिन्दुओं का बिन्दुपथ (Locus), वृत्त कहलाता है। स्थिर बिन्दु को वृत्त का केन्द्र (O) एवं समान दूरी को वृत्त की त्रिज्या (r) कहते हैं।

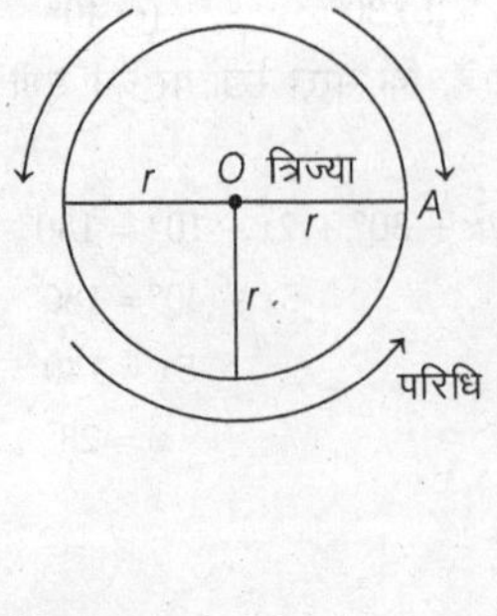

वृत्त से सम्बन्धित प्रमुख पद

एक O केन्द्र वाले वृत्त से सम्बन्धित प्रमुख पद निम्नवत् हैं

- **व्यास** (Diameter) वृत्त पर स्थित दो बिन्दुओं को मिलाने वाली रेखा, जो केन्द्र से होकर जाती है, वृत्त का व्यास कहलाती है। यहाँ AB वृत्त का व्यास है।

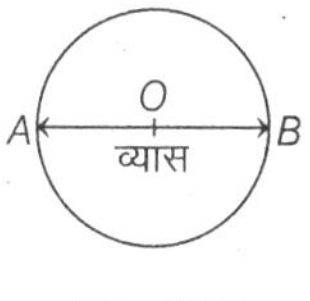

AB = व्यास

- वृत्त के वक्रपृष्ठ का अंश (PRQ) चाप कहलाता है। PRQ लघु चाप तथा PSQ दीर्घ चाप है। चाप के सिरों को मिलाने वाली रेखा जीवा कहलाती है। PQ वृत्त की जीवा है।

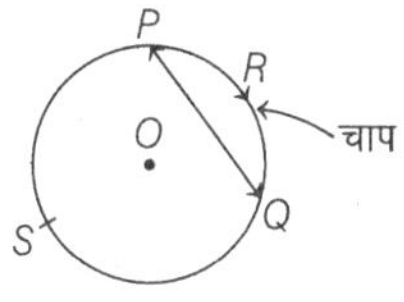

PRQ = चाप

- वृत्त की परिधि को केवल एक बिन्दु पर मिलती है। PQ रेखा स्पर्श रेखा है।

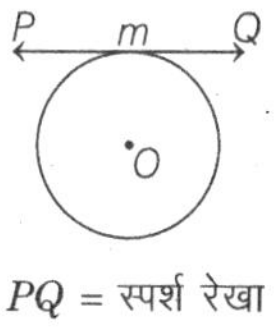

PQ = स्पर्श रेखा

- चक्रीय चतुर्भुज जिस चतुर्भुज के चारों शीर्ष किसी वृत्त की परिधि पर स्थित हों उसे चक्रीय चतुर्भुज कहते हैं। चक्रीय चतुर्भुज के कोण सम्पूरक होते हैं।
  $\angle A + \angle C = 180°$ तथा
  $\angle B + \angle D = 180°$

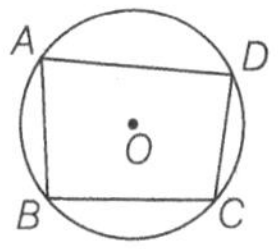

उदाहरण 9 चक्रीय चतुर्भुज $ABCD$ में $\angle A$, $\angle C$ का तीन गुना और $\angle B$, $\angle D$ का दो गुना है। $\angle A$ तथा $\angle D$ में कौन-सा बड़ा है और कितना बड़ा है?

(a) $\angle A$, 75°
(b) $\angle D$, 75°
(c) $\angle A$, 60°
(d) $\angle D$, 60°

हल (*a*) माना $\angle C = \alpha$ तब $\angle A = 3\alpha$ और
$\angle D = \theta$ तब $\angle B = 2\theta$

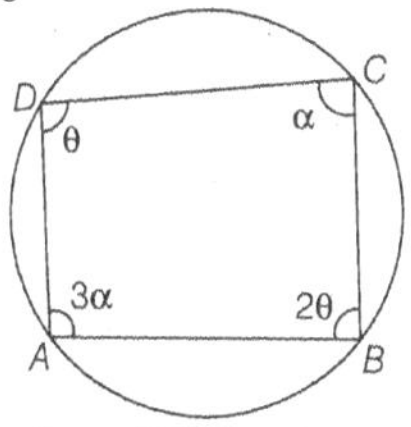

$\therefore$ $\alpha + 3\alpha = 180° \Rightarrow 4\alpha = 180° \Rightarrow \alpha = 45°$
पुनः $\theta + 2\theta = 180° \Rightarrow 3\theta = 180° \Rightarrow \theta = 60° = \angle D$
अतः $\angle A = 3\alpha = 3 \times 45° = 135°$ (जो बड़ा है)
$\angle A$ व $\angle D$ में अभीष्ट अन्तर $= 135° - 60° = 75°$

नोट अर्द्धवृत्त में बना कोण समकोण होता है

$$\angle ACB = 90°$$

- किसी चाप द्वारा केन्द्र पर बनाया गया कोण, परिधि पर बनाए गए कोण का दोगुना होता है।

उदाहरण 10 उस वृत्त की त्रिज्या ज्ञात कीजिए, जिसमें जीवा $AB = 8$ सेमी और जीवा AB पर केन्द्र से डाले गए लम्ब की लम्बाई $OC = 3$ सेमी है। O वृत्त का केन्द्र है।

(a) 5 सेमी (b) 3 सेमी (c) 4 सेमी (d) 2 सेमी

हल (*a*) $AC = CB = \frac{8}{2} = 4$ सेमी

समकोण ΔOCA में, पाइथागोरस प्रमेय से,

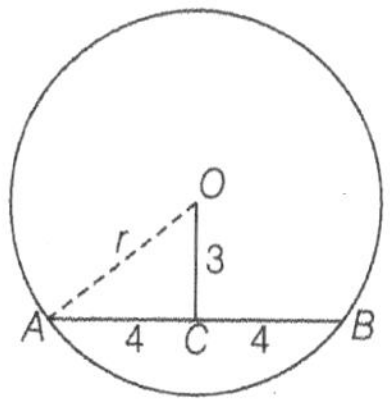

$\therefore$ $r^2 = 4^2 + 3^2 = 16 + 9 = 25$
$\Rightarrow$ $r = 5$ सेमी

एग्जाम पैटर्न प्रश्न

1. उस कोण की माप क्या है जिसका सम्पूरक कोण उसके कोटिपूरक कोण का 6 गुना है?
(a) 57° (b) 60°
(c) 65° (d) 72°

2. उस कोण की माप क्या है जो अपने सम्पूरक कोण का 5 गुना है?
(a) 36° (b) 30°
(c) 150° (d) 180°

3. उस कोण की माप क्या है जिसका कोटिपूरक कोण और सम्पूरक कोण का योग 120° है?
(a) 75° (b) 80° (c) 85° (d) 90°

4. दिए गए चित्र में Z का मान है

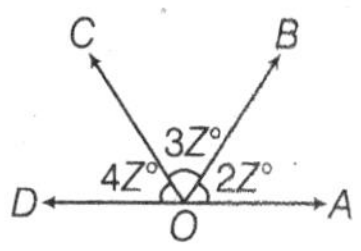

(a) 40° (b) 10° (c) 20° (d) 30°

5. एक त्रिभुज का एक कोण 82° है। अन्य दो कोण 2 : 5 के अनुपात में हैं। त्रिभुज का सबसे छोटा कोण है
(a) 14° (b) 25°
(c) 28° (d) 32°

6. किसी त्रिभुज में एक कोण सबसे छोटे कोण का दोगुना तथा दूसरा कोण सबसे छोटे कोण का तीन गुना है, तो सबसे छोटा कोण होगा
(a) 20° (b) 30° (c) 35° (d) 45°

7. दो समरूप त्रिभुजों के क्षेत्रफल 81 मी^{2} व 49 मी^{2} हैं, तो उनकी संगत भुजाओं का अनुपात है
(a) 81 : 49
(b) 9 : 7
(c) 6 : 7
(d) 11 : 13

8. यदि एक त्रिभुज के तीनों कोण $(x+15)^\circ, \left(\frac{6x}{5}+6\right)^\circ$ और $\left(\frac{2x}{3}+30\right)^\circ$ हो, तब त्रिभुज क्या है?
(a) समद्विबाहु
(b) समबाहु
(c) समकोण
(d) विषमबाहु

9. एक त्रिभुज के दो कोणों की मापों का अनुपात 4:5 है। यदि इन दो कोणों की माप का योग तीसरे कोण की माप के बराबर है, तो सबसे छोटा कोण क्या है?
(a) 90° (b) 50°
(c) 10° (d) 40°

10. ΔABC की BC भुजा, D तक बढ़ाई गई है। तद्नुसार, यदि $\angle ACD = 108^\circ$ और $\angle B = \frac{1}{2}\angle A$ हो, तो $\angle A$ कितना होगा?
(a) 108° (b) 59°
(c) 36° (d) 72°

11. यदि किसी समकोण त्रिभुज की भुजाएँ तीन क्रमिक पूर्णांक हों, तो सबसे छोटी भुजा की लम्बाई क्या होगी?
(a) 3 इकाई (b) 2 इकाई
(c) 4 इकाई (d) 5 इकाई

12. दो समान त्रिभुजों ABC और PQR के परिमाप क्रमशः 36 सेमी और 24 सेमी हैं। यदि $PQ = 10$ सेमी, तो AB क्या होगा?
(a) 15 सेमी
(b) 12 सेमी
(c) 14 सेमी
(d) 26 सेमी

13. किसी समान्तर चतुर्भुज का एक कोण 55° है, तब समान्तर चतुर्भुज के कोण क्रमशः हैं
(a) 105°, 125°, 55°
(b) 125°, 55°, 125°
(c) 125°, 130°, 50°
(d) 25°, 135°, 135°

14. निम्न चित्र में, यदि $AD \parallel BC$ हो, तो x और y के मान हैं

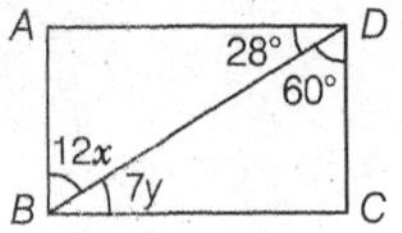

(a) 5°, 4° (b) 3°, 4°
(c) 2°, 1° (d) इनमें से कोई नहीं

15. $PQRS$ एक समचतुर्भुज है और $\angle SPQ = 50^\circ$ है, तो $\angle RSQ$ होगा
(a) 75° (b) 45°
(c) 55° (d) 65°

16. यदि एक चतुर्भुज के कोणों का अनुपात 2 : 7 : 2 : 7 है, तो वह क्या है?
(a) समान्तर चतुर्भुज
(b) समचतुर्भुज
(c) समलम्ब
(d) वर्ग

17. किसी समबहुभुज का प्रत्येक अन्तः कोण 140° है, तो उस बहुभुज के विकर्णों की संख्या क्या है?
(a) 18 (b) 27 (c) 36 (d) 12

18. पंचभुज के सभी अन्तः कोणों का योग है
(a) 180° (b) 360° (c) 540° (d) 720°

19. समषट्भुज का प्रत्येक अन्तः कोण है
(a) 90° (b) 120°
(c) 105° (d) 135°

20. यदि वृत्त की दो जीवाएँ AB व AC केन्द्र पर क्रमशः 90° व 150° के कोण बनाएँ, तो $\angle BAC$ किसके बराबर है
(a) 120° (b) 60°
(c) 90° (d) 75°

21. यदि एक वृत्त की जीवा उसकी त्रिज्या के बराबर है, तो जीवा द्वारा वृत्त के एक बिन्दु पर बनने वाला कोण होगा
(a) 90° (b) 30°
(c) 45° (d) 60°

22. किसी वृत्त में, जिसका केन्द्र O है, एक समबाहु त्रिभुज ABC है, तो $\angle BOC$ होगा

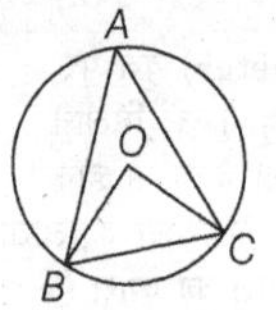

(a) 30° (b) 60° (c) 90° (d) 120°

23. किसी वृत्त में जीवा की लम्बाई 16 सेमी और इस पर केन्द्र से डाले गए लम्ब की लम्बाई 15 सेमी है, तो वृत्त की त्रिज्या होगी
(a) 15 सेमी
(b) 16 सेमी
(c) 17 सेमी
(d) 19 सेमी

24. नीचे दी गई आकृति में, $\angle BCD$ किसके बराबर है?

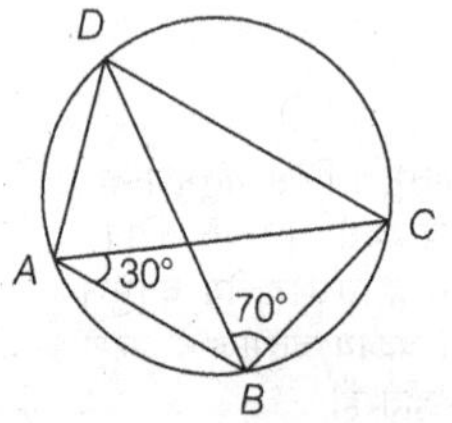

(a) 70° (b) 80°
(c) 75° (d) 90°

25. यदि O वृत्त का केन्द्र है, तब संलग्न चित्र में x का मान है

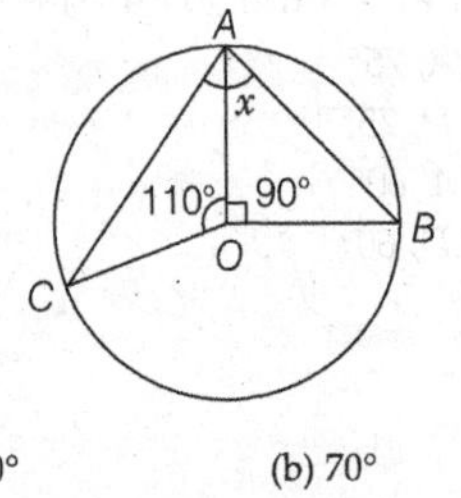

(a) 80° (b) 70°
(c) 60° (d) 50°

उत्तरमाला

1. (d)	2. (c)	3. (a)	4. (c)	5. (c)	6. (b)	7. (b)	8. (b)	9. (d)	10. (d)
11. (a)	12. (a)	13. (b)	14. (a)	15. (d)	16. (a)	17. (b)	18. (c)	19. (b)	20. (b)
21. (b)	22. (d)	23. (c)	24. (b)	25 (a)					

संकेत एवं हल

1. (d) माना कोण की माप $= x$

इसका सम्पूरक कोण $= (180° - x)$

कोटिपूरक कोण $= (90° - x)$

प्रश्नानुसार,

$\therefore \quad (180° - x) = 6 \times (90° - x)$

$180° - x = 540° - 6x$

$\Rightarrow \quad 5x = 360°$

$x = 72°$

2. (c) माना अभीष्ट कोण $= x$

प्रश्नानुसार, $x = 5(180° - x)$

$x = 900° - 5x$

$\Rightarrow \quad 6x = 900°$

$\Rightarrow \quad x = 150°$

3. (a) माना अभीष्ट कोण $= x$

प्रश्नानुसार,

$90° - x + 180° - x = 120°$

$2x = 270° - 120°$

$2x = 150°$

$\therefore \quad x = 75°$

4. (c) प्रश्नानुसार,

$2Z + 3Z + 4Z = 180°$ [रैखिक युग्म कोण]

$9Z = 180°$

$Z = 20°$

5. (c) माना अन्य दो कोण $2x$ व $5x$ है।

तब, तीनों कोणों का योग $= 180°$

$\Rightarrow \quad 2x + 5x + 82° = 180°$

$\Rightarrow \quad 7x = 180° - 82° = 98°$

$\therefore \quad x = 14°$

$\therefore$ सबसे छोटा कोण $= 2x = 2 \times 14 = 28°$

6. (b) माना सबसे छोटा कोण $= x$

एक कोण $= 2x$

दूसरा कोण $= 3x$

$\therefore \quad x + 2x + 3x = 180°$

$x = 30°$

7. (b) $\dfrac{(\text{पहले त्रिभुज की भुजा})^2}{(\text{दूसरे त्रिभुज की भुजा})^2} = \dfrac{\text{पहले त्रिभुज का क्षेत्रफल}}{\text{दूसरे त्रिभुज का क्षेत्रफल}}$

$\Rightarrow \quad \dfrac{(\text{भुजा})_1}{(\text{भुजा})_2} = \sqrt{\dfrac{81}{49}} = \dfrac{9}{7} = 9 : 7$

8. (b) हमें ज्ञात हैं कि,

त्रिभुज के तीनों कोणों का योग $= 180°$

$\Rightarrow (x + 15)° + \left(\dfrac{6x}{5} + 6\right)° + \left(\dfrac{2x}{3} + 30\right)° = 180°$

$\Rightarrow \quad \dfrac{15x + 225 + 18x + 90 + 10x + 450}{15} = 180°$

$\Rightarrow \quad 43x + 765 = 180 \times 15$

$\Rightarrow \quad 43x = 2700 - 765$

$\therefore \quad x = \dfrac{1935}{43} = 45$

तब, त्रिभुज के कोण $= (45 + 15)$, $\left(\dfrac{6 \times 45}{5} + 6\right), \left(\dfrac{2 \times 45}{3} + 30\right)$

$= 60°, 60°, 60°$

त्रिभुज के तीनों कोण समान है इसलिए यह त्रिभुज एक समबाहु त्रिभुज होगा।

9. (d) माना त्रिभुज के दो कोण $4x$ व $5x$ है।

तब,

त्रिभुज का तीसरा कोण $= 4x + 5x = 9x$

$\because$ त्रिभुज के तीनों कोणों का योग $= 180°$

$\therefore \quad 4x + 5x + 9x = 180°$

$\Rightarrow \quad 18x = 180°$

$\therefore \quad x = 10°$

अत: त्रिभुज का सबसे छोटा कोण $= 4x$

$= 4 \times 10° = 40°$

10. (d) $\angle ACD = 108°$ [रेखीय युग्म]

तथा $\angle ACD = \angle A + \angle B$

[$\because$ बाह्य कोण अन्त: सम्मुख कोणों के योग के बराबर होता है]

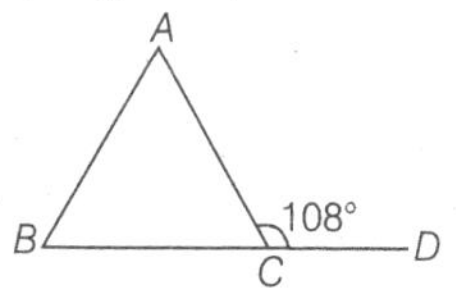

$\Rightarrow \quad 108° = \angle A + \dfrac{1}{2}\angle A \quad \left[\because \angle B = \dfrac{1}{2}\angle A\right]$

$\Rightarrow \quad \dfrac{3}{2}\angle A = 108°$

$\Rightarrow \quad \angle A = \dfrac{2}{3} \times 108° = 72°$

11. (a) माना भुजाएँ $(x - 1), x$ तथा $(x + 1)$ हैं।

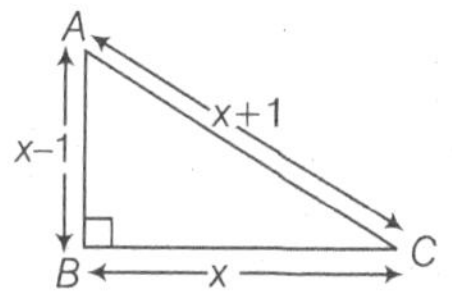

हम जानते हैं कि समकोण त्रिभुज में,

$(\text{कर्ण})^2 = (\text{लम्ब})^2 + (\text{आधार})^2$

$\therefore \quad (x + 1)^2 = (x - 1)^2 + x^2$

$\Rightarrow x^2 + 1 + 2x = x^2 + 1 - 2x + x^2$

$\Rightarrow \quad x^2 - 4x = 0$

$\Rightarrow \quad x(x - 4) = 0$

$\Rightarrow \quad x = 4$

$\therefore$ समकोण त्रिभुज की सबसे छोटी भुजा

$4 - 1 = 3$ इकाई

12. (a) $\dfrac{\Delta ABC \text{ का परिमाप}}{\Delta PQR \text{ का परिमाप}} = \dfrac{AB}{PQ}$

$\Rightarrow \quad \dfrac{36}{24} = \dfrac{AB}{10} \quad \Rightarrow AB = \dfrac{3}{2} \times 10$

$\therefore \quad AB = 15$ सेमी

13. (b) दिया है, $\angle A = 55°$

$\because$ समान्तर चतुर्भुज के विपरीत कोण बराबर होते हैं।

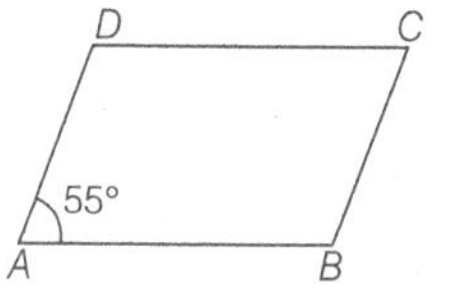

$\therefore \quad \angle C = \angle A = 55°$

तथा समान्तर चतुर्भुज के संगत कोणों का योग 180° होता है।

$\therefore \quad \angle A + \angle B = 180°$

$55° + \angle B = 180°$

$\angle B = 125°$

$\angle D = \angle B = 125°$ (विपरीत कोण)

अत: अन्य कोण $= 125°, 55°, 125°$

14. (a) $\because AD \parallel BC$

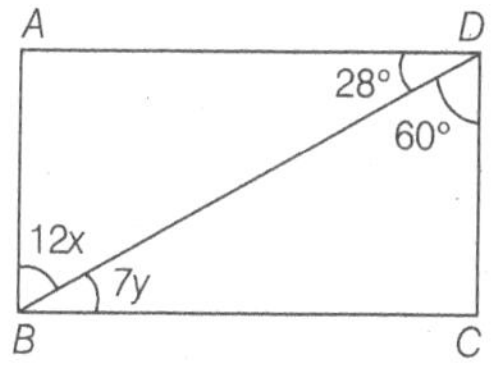

तब, BC, रेखा AD और BC की त्रिर्यक रेखा होगी।

$\therefore \quad \angle ABD = \angle BDC$ (एकान्तर कोण)

$\Rightarrow \quad 12x = 60°$

$x = 5°$

तथा $\quad \angle CBD = \angle BDA$ (एकान्तर कोण)

$7y = 28°$

$y = 4°$

15. (d)

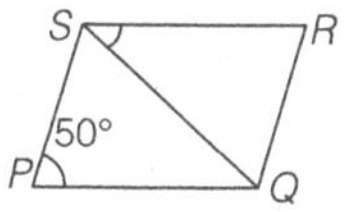

$\because \quad \angle P = 50°$

$\therefore \quad \angle PSR = 180° - 50° = 130°$

तब, $\quad \angle RSQ = \dfrac{130°}{2} = 65°$

16. (a) माना चतुर्भुज के कोण क्रमश: $2x, 7x, 2x$ तथा $7x$ हैं।

तब, $\quad 2x + 7x + 2x + 7x = 360°$

[$\because$ चतुर्भुज के चारों कोणों का योग 360° होता है]

$\Rightarrow \quad 18x = 360°$

$\Rightarrow \quad x = 20°$

अतः चतुर्भुज के कोण क्रमशः 40°, 140°, 40° तथा 140° होंगे।

∵ समान्तर चतुर्भुज के आमने-सामने के कोण बराबर होते हैं।

अतः यह चतुर्भुज एक समान्तर चतुर्भुज है।

17. (b) माना समबहुभुज की भुजाओं की संख्या = n

∴ प्रत्येक अन्तःकोण $= \frac{(n-2)\times 180}{n}$

$\Rightarrow \quad \frac{(n-2)\times 180}{n} = 140$

$\Rightarrow \quad \frac{n-2}{n} = \frac{7}{9}$

$\Rightarrow \quad 9n - 7n = 18$

$\Rightarrow \quad 2n = 18$

$\therefore \quad n = 9$

अब बहुभुज के विकर्णों की संख्या

$= \frac{n(n-3)}{2}$

$= \frac{9\times(9-3)}{2} = 27$

18. (c) यहाँ, $n = 5$

∴ पंचभुज के अन्तः कोणों का योग

$= (n-2)\times 180°$

$= (5-2)\times 180°$

$= 3\times 180° = 540°$

19. (b) समषट्भुज का प्रत्येक

अन्तः कोण $= \frac{(n-2)\times 180°}{n}$

$= \frac{(6-2)\times 180°}{6} = 4\times 30°$

$= 120°$

20. (b) यदि वृत्त का केन्द्र O है, तो

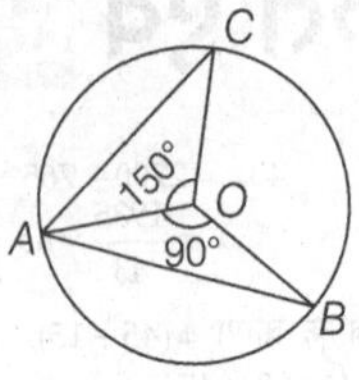

$\angle BOC = 360° - (90° + 150°) = 120°$

परन्तु, $\angle BAC = \frac{1}{2}\times \angle BOC$

$= \frac{1}{2}\times 120° = 60°$

21. (b) माना वृत्त का केन्द्र O तथा त्रिज्या r है। वृत्त की जीवा AB, बिन्दु P पर $\angle APB$ बनाती है।

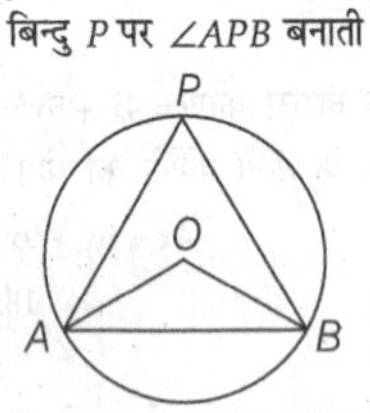

ΔAOB समबाहु त्रिभुज है।

$\therefore \angle AOB = 60° \quad [\because OA = OB = AB]$

$\therefore \angle APB = \frac{1}{2}\times 60° = 30°$

22. (d) $\angle A = \angle B = \angle C = 60°$

$\therefore \quad \angle BOC = 2\times \angle A$

$= 2\times 60° = 120°$

23. (c) वृत्त की त्रिज्या OB

$= \sqrt{OC^2 + CB^2}$ [पाइथागोरस प्रमेय से]

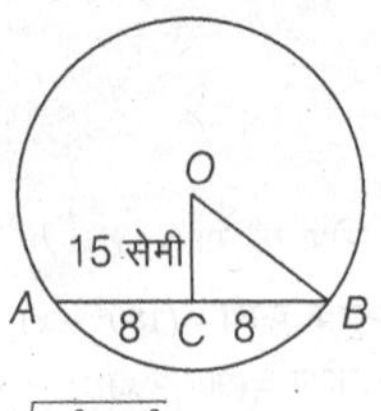

$= \sqrt{15^2 + 8^2}$

$= \sqrt{225 + 64}$

$= \sqrt{289}$

= 17 सेमी

24. (b) $\angle CAD = \angle CBD$

(एक ही वृत्तखण्ड में बना कोण)

$\therefore \quad \angle CAD = 70°$

$\therefore \quad \angle BAD = \angle BAC + \angle CAD$

$= 30° + 70° = 100°$

$\angle BAD + \angle BCD = 180°$

($\because ABCD$ एक चक्रीय चतुर्भुज है)

$\therefore \quad \angle BCD = 180° - \angle BAD$

$= 180° - 100°$

$= 80°$

25. (a) दिए गए चित्र से,

$\angle COB = 360° - (110° + 90°)$

$= 160°$

$\therefore \quad x = \angle CAB$

$= \frac{1}{2}\angle COB$

$= \frac{1}{2}\times 160° = 80°$

अध्याय 16

त्रिकोणमिति

'त्रिकोणमिति' शब्द तीन शब्दों त्रि (तीन), कोण तथा मिति (माप) से मिलकर बना है अर्थात् त्रिकोणमिति शब्द से हमारा तात्पर्य, किसी त्रिभुज के विभिन्न अंगों (भुजा तथा कोण) के मध्य पारस्परिक सम्बन्ध स्थापित करने से है।

कोण (Angle)

वृत्तीय पथ पर घूमे गए चाप तथा पथ की त्रिज्या के अनुपात को 'कोण' कहते हैं। इसे θ से प्रदर्शित करते हैं।

$$\text{अर्थात् कोण} = \frac{\text{चाप}}{\text{त्रिज्या}}$$

इसका मात्रक रेडियन होता है। जहाँ, π रेडियन = 180°

त्रिकोणमितीय अनुपात

त्रिकोणमितीय अनुपातों का प्रयोग किसी समकोण त्रिभुज में उसकी भुजाओं का तुलनात्मक अध्ययन करने हेतु किया जाता है। नीचे दिए गए समकोण ΔABC में कर्ण AC, लम्ब BC तथा आधार AB है, तब

$$\sin\theta = \frac{\text{लम्ब}}{\text{कर्ण}} = \frac{BC}{AC}$$

$$\cos\theta = \frac{\text{आधार}}{\text{कर्ण}} = \frac{AB}{AC}$$

$$\tan\theta = \frac{\text{लम्ब}}{\text{आधार}} = \frac{BC}{AB}$$

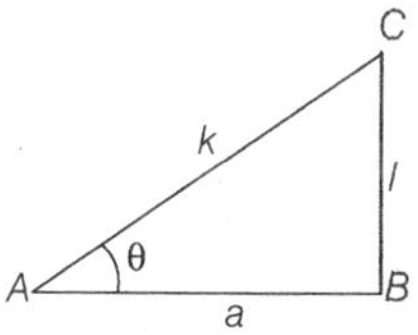

तथा $\tan\theta = \dfrac{\sin\theta}{\cos\theta}, \cot\theta = \dfrac{\cos\theta}{\sin\theta}$

नोट (i) $\sin\theta = \dfrac{1}{\text{cosec}\,\theta}, \cos\theta = \dfrac{1}{\sec\theta}, \tan\theta = \dfrac{1}{\cot\theta}$

(ii) उपरोक्त त्रिभुज ABC में, यदि कोई दो भुजाएँ दी हो, तो तीसरी भुजा को पाइथागोरस प्रमेय द्वारा ज्ञात किया जाता है, जो निम्न प्रकार है।

ΔABC में, $(\text{कर्ण})^2 = (\text{लम्ब})^2 + (\text{आधार})^2$

उदाहरण 1 यदि $\sin\theta = \dfrac{8}{17}$ हो, तो $\cos\theta$ और $\tan\theta$ का मान है

(a) $\dfrac{15}{17}, \dfrac{8}{15}$ (b) $\dfrac{13}{17}, \dfrac{7}{15}$ (c) $\dfrac{11}{17}, \dfrac{7}{15}$ (d) इनमें से कोई नहीं

हल *(a)* दिया है, $\sin\theta = \dfrac{8}{17} = \dfrac{\text{लम्ब}}{\text{कर्ण}}$

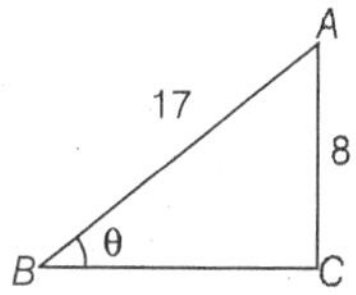

त्रिभुज ABC में पाइथागोरस प्रमेय से,

$$AB^2 = AC^2 + BC^2$$
$$(17)^2 = (8)^2 + BC^2$$
$$BC^2 = 289 - 64 = 225$$
$$\therefore \quad BC = \sqrt{225} = 15$$
$$\therefore \quad \cos\theta = \frac{\text{आधार}}{\text{कर्ण}} = \frac{15}{17} \text{ और } \tan\theta = \frac{\text{लम्ब}}{\text{आधार}} = \frac{8}{15}$$

त्रिकोणमितीय अनुपातों के मान

कोण	0°	30°	45°	60°	90°
sin	0	1/2	$1/\sqrt{2}$	$\sqrt{3}/2$	1
cos	1	$\sqrt{3}/2$	$1/\sqrt{2}$	1/2	0
tan	0	$1/\sqrt{3}$	1	$\sqrt{3}$	∞
cot	∞	$\sqrt{3}$	1	$1/\sqrt{3}$	0
sec	1	$2/\sqrt{3}$	$\sqrt{2}$	2	∞
cosec	∞	2	$\sqrt{2}$	$2/\sqrt{3}$	1

उदाहरण 2 यदि $\cos^2 45° + x^2 + \sin^2 30° = \dfrac{3}{2}$ है, तो x का मान होगा

(a) cos 60° (b) sin 60°
(c) tan 60° (d) 0

हल *(b)* $\cos^2 45° + x^2 + \sin^2 30° = \dfrac{3}{2}$

$$\Rightarrow \quad \left(\frac{1}{\sqrt{2}}\right)^2 + x^2 + \left(\frac{1}{2}\right)^2 = \frac{3}{2}$$

$$\Rightarrow \quad \frac{1}{2} + x^2 + \frac{1}{4} = \frac{3}{2} \Rightarrow x^2 + \frac{3}{4} = \frac{3}{2}$$

$$\Rightarrow \quad x^2 = \frac{3}{2} - \frac{3}{4} = \frac{3}{4} \Rightarrow x = \frac{\sqrt{3}}{2} = \sin 60°$$

त्रिकोणमितीय पूरक कोण

- $\sin(90° - \theta) = \cos\theta$
- $\cos(90° - \theta) = \sin\theta$
- $\tan(90° - \theta) = \cot\theta$
- $\cot(90° - \theta) = \tan\theta$
- $\sec(90° - \theta) = \text{cosec}\,\theta$
- $\text{cosec}(90° - \theta) = \sec\theta$

उदाहरण 3 cot 41°·cot 42°·cot 43°·cot 44°·cot 45°·cot 46°·cot 47°·cot 48°·cot 49° का मान कितना होगा ?

(a) 0 (b) 1 (c) $\dfrac{1}{\sqrt{2}}$ (d) $\dfrac{\sqrt{3}}{2}$

हल *(b)* cot 41°·cot 42°·cot 43°·cot 44°·cot 45°·cot 46°·cot 47°·cot 48°·cot 49°

$= \cot(90-49)°\cdot\cot(90-48)°\cdot\cot(90-47)°\cdot\cot(90-46)°\cdot\cot 45°\cdot\cot 46°\cdot\cot 47°\cdot\cot 48°\cdot\cot 49°$

$= \tan 49°\cdot\tan 48°\cdot\tan 47°\cdot\tan 46°\cdot\cot 45°\cdot\dfrac{1}{\tan 46°}\cdot\dfrac{1}{\tan 47°}\cdot\dfrac{1}{\tan 48°}\cdot\dfrac{1}{\tan 49°}$

$= 1\cdot1\cdot1\cdot1\cdot\cot 45° = 1$ [$\because \cot 45° = 1$]

त्रिकोणमितीय सर्वसमिकाएँ

- $\sin^2\theta + \cos^2\theta = 1$
- $1 + \tan^2\theta = \sec^2\theta$
- $1 + \cot^2\theta = \text{cosec}^2\theta$

उदाहरण 4 $\frac{1}{1+\cot^2\theta} + \frac{3}{1+\tan^2\theta} + 2\sin^2\theta$

का संख्यात्मक मान होगा

(a) 3 (b) 2 (c) 5 (d) 6

हल *(a)* $\frac{1}{1+\cot^2\theta} + \frac{3}{1+\tan^2\theta} + 2\sin^2\theta$

$= \frac{1}{\text{cosec}^2\theta} + \frac{3}{\sec^2\theta} + 2\sin^2\theta = \sin^2\theta + 3\cos^2\theta + 2\sin^2\theta$

$= 3\sin^2\theta + 3\cos^2\theta = 3(\sin^2\theta + \cos^2\theta) = 3$

ऊँचाई एवं दूरी

उन्नयन कोण या उन्नति कोण

क्षैतिज तल के साथ दूरस्थ वस्तु तथा दर्शक के नेत्र को मिलाने वाली रेखा से बने कोण को उन्नयन या उन्नति कोण कहते हैं, जबकि वस्तु, दर्शक के ऊपर हो। यहाँ संलग्न चित्र में, *PQ* मीनार तथा मीनार से d दूरी पर स्थित बिन्दु *R* पर दर्शक है। मीनार की चोटी *P* को बिन्दु *R* से देखते हुए बना कोण θ उन्नयन कोण है।

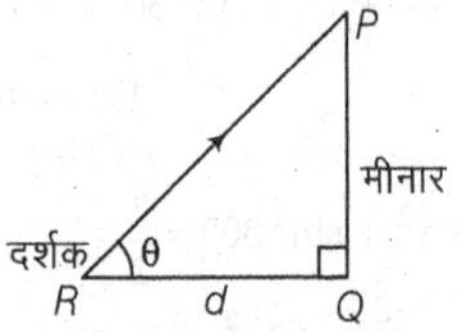

अवनमन कोण या अवनति कोण

क्षैतिज तल के साथ दूरस्थ वस्तु तथा दर्शक के नेत्र को मिलाने वाली रेखा से बने कोण को इसका अवनमन या अवनति कोण कहते हैं, जबकि वस्तु, दर्शक से नीचे हो। यहाँ संलग्न चित्र में, बिन्दु *R* से बना कोण θ अवनमन कोण है, जहाँ *RP* एक खम्भा है।

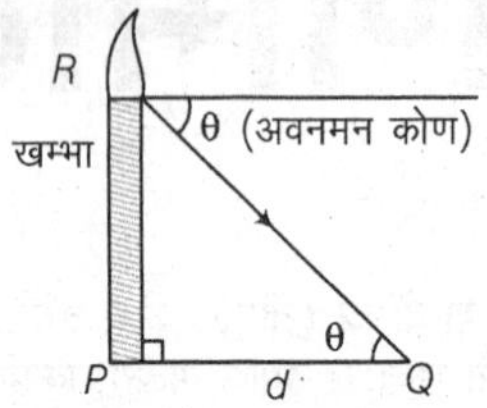

उदाहरण 5 एक मीनार का उसकी तली से 100 मी की दूरी से उन्नयन कोण 30° है। तद्नुसार, उस मीनार की ऊँचाई कितनी है?

(a) $100\sqrt{3}$ मी (b) $\frac{100}{\sqrt{3}}$ मी (c) $50\sqrt{3}$ मी (d) $\frac{200}{\sqrt{3}}$ मी

हल *(b)* माना *AB* एक मीनार है, जिसकी ऊँचाई = *h* मी

ΔABC में,

$\tan 30° = \frac{AB}{BC}$

$\Rightarrow \frac{1}{\sqrt{3}} = \frac{h}{100}$

$\Rightarrow h = \frac{100}{\sqrt{3}}$ मी

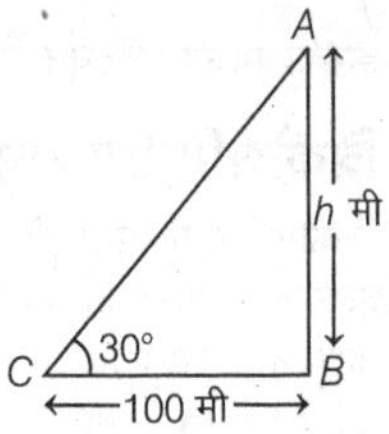

$[\because \tan\theta = \frac{\text{लम्ब}}{\text{आधार}}$ तथा $\tan 30° = \frac{1}{\sqrt{3}}]$

एग्जाम पैटर्न प्रश्न

1. यदि $\tan\theta = \frac{4}{3}$ हो, तो $\frac{3\sin\theta + 2\cos\theta}{3\sin\theta - 2\cos\theta}$ का मान क्या होगा?

(a) 0.5 (b) −0.5 (c) 3 (d) −3

2. यदि $3\cos\theta - 4\sin\theta = 2\cos\theta + \sin\theta$, तो $\tan\theta$ का मान है

(a) $\frac{2}{5}$ (b) $\frac{3}{5}$ (c) $\frac{1}{5}$ (d) $\frac{-1}{7}$

3. यदि $\tan(A-B) = \frac{1}{\sqrt{3}}$ और $\tan(A+B) = \sqrt{3}$, तो *A* और *B* क्रमश: हैं

(a) 45°, 15° (b) 35°, 55°
(c) 30°, 45° (d) 60°, 15°

4. $\tan^2 60° + 4\cos^2 45° + 3\sec^2 30° + 5\cos^2 90°$ का मान क्या होगा?

(a) 9 (b) $1/\sqrt{3}$ (c) 7 (d) $9/\sqrt{3}$

5. $(\cos 0° + \sin 45° + \sin 30°)$
$(\sin 90° - \cos 45° + \cos 60°)$ का मान है

(a) $\frac{3}{2}$ (b) $\frac{7}{4}$ (c) $\frac{5}{4}$ (d) $\frac{3}{4}$

6. यदि $\tan\theta = \tan 30° \cdot \tan 60°$ और θ एक न्यूनकोण है, तो 2θ का मान क्या है?

(a) 30° (b) 45° (c) 90° (d) 0°

7. $\left(\sin\frac{\pi}{6} + \cos\frac{\pi}{3} + \tan^3\frac{\pi}{4}\right)$ का मान है

(a) 0 (b) 1
(c) −1 (d) इनमें से कोई नहीं

8. यदि $\cos 2x = \cos 60° \cdot \cos 30° + \sin 60° \cdot \sin 30°$ हो, तब, *x* का मान ज्ञात कीजिए।

(a) 15° (b) 30° (c) 45° (d) 60°

9. यदि θ न्यूनकोण हो और $7\sin^2\theta + 3\cos^2\theta = 4$ हो, तो $\tan\theta$ का मान कितना होगा?

(a) $\sqrt{3}$ (b) $1/\sqrt{3}$ (c) 1 (d) 0

10. $\left(\frac{1}{\cos\theta} + \frac{1}{\cot\theta}\right)\left(\frac{1}{\cos\theta} - \frac{1}{\cot\theta}\right)$ का संख्यात्मक मान क्या होगा?

(a) 0 (b) −1 (c) 1 (d) 2

11. $\frac{\sin A + \sin B}{\cos A + \cos B} + \frac{\cos A - \cos B}{\sin A - \sin B}$ बराबर है

(a) $\tan A \cdot \tan B$ (b) $\tan A + \tan B$
(c) 1 (d) 0

12. $\frac{(\cot\theta + \text{cosec}\theta - 1)}{(\cot\theta - \text{cosec}\theta + 1)}$ का मान है

(a) $\tan\theta + \sin\theta$ (b) $\cos\theta - \sin\theta$
(c) $\cot\theta + \sec\theta$ (d) $\cot\theta + \text{cosec}\theta$

13. $\frac{\sin\theta \cdot \text{cosec}\theta \cdot \tan\theta \cdot \cot\theta}{\sin^2\theta + \cos^2\theta}$ का मान है

(a) 2 (b) 0 (c) $\tan\theta$
(d) 1

14. $\cot 15° \cdot \cot 20° \cdot \cot 70° \cdot \cot 75°$ किसके बराबर है?

(a) −1 (b) 0 (c) 1 (d) 2

15. यदि $\sin 3\theta = \cos(\theta - 2^\circ)$, जहाँ 3θ और $(\theta - 2^\circ)$ न्यूनकोण हैं, तो θ का मान क्या है?
(a) 22° (b) 23° (c) 24° (d) 25°

16. $\dfrac{\sin 10^\circ}{\cos 80^\circ}$ का मान है
(a) 1 (b) −1
(c) $\dfrac{1}{2}$ (d) इनमें से कोई नहीं

17. $\sqrt{\dfrac{1-\cos A}{1+\cos A}}$ का मान है
(a) $\operatorname{cosec} A - \cot A$ (b) $\operatorname{cosec} A + \cot A$
(c) $\operatorname{cosec} A \cdot \cot A$ (d) इनमें से कोई नहीं

18. निम्नलिखित का मान बताइए
$\dfrac{\sin 25^\circ \cdot \cos 65^\circ + \cos 25^\circ \cdot \sin 65^\circ}{\tan^2 70^\circ - \operatorname{cosec}^2 20^\circ}$
(a) −1 (b) 0 (c) 1 (d) 2

19. व्यंजक $\cos^2\dfrac{\pi}{8} + 4\cos^2\dfrac{\pi}{4} - \sec\dfrac{\pi}{3} + 5\tan^2\dfrac{\pi}{3} + \sin^2\dfrac{\pi}{8}$ का मान क्या है?
(a) 8 (b) 10
(c) 16 (d) 18

20. $\left(\dfrac{1+\sin\theta}{\cos\theta} + \dfrac{\cos\theta}{1+\sin\theta}\right)$ का मान होगा
(a) 1 (b) $\sec\theta$
(c) $2\sec\theta$ (d) $2\cos\theta$

21. $\cot 9^\circ \cdot \cot 27^\circ \cdot \cot 63^\circ \cdot \cot 81^\circ$ का सरलतम मान है
(a) 0 (b) 1 (c) −1 (d) $\sqrt{3}$

22. एक खम्भा $100\sqrt{3}$ मी लम्बा है। खम्भे की चोटी और खम्भे के आधार से 100 मी दूर स्थित एक बिन्दु का उन्नयन कोण ज्ञात कीजिए।
(a) 30° (b) 60° (c) 45° (d) 90°

23. एक स्तम्भ की छाया की लम्बाई, स्तम्भ की लम्बाई की $\sqrt{3}$ गुनी है। सूर्य का उन्नयन कोण है
(a) 60° (b) 30°
(c) 45° (d) इनमें से कोई नहीं

24. किसी मीनार के आधार से 200 मी दूर स्थित बिन्दु से मीनार का उन्नयन कोण 30° है। मीनार की ऊँचाई है
(a) $100\sqrt{3}$ मी (b) $\dfrac{200}{\sqrt{3}}$ मी
(c) $200\sqrt{3}$ मी (d) $\dfrac{100}{\sqrt{3}}$ मी

25. 9 मी ऊँचे एक ऊर्ध्वाधर खम्भे की छाया की लम्बाई (सेमी में) कितनी होगी, यदि उस समय सूर्य का उन्नतांश 30° हो?
(a) $3\sqrt{3}$ (b) $9\sqrt{3}$ (c) $900\sqrt{3}$ (d) $18\sqrt{3}$

26. एक मीनार का उसके तल से 100 मी की दूरी पर उन्नयन कोण 30° है, तो मीनार की ऊँचाई है
(a) $\dfrac{100}{\sqrt{3}}$ मी (b) $100\sqrt{3}$ मी
(c) $\dfrac{50}{\sqrt{3}}$ मी (d) $50\sqrt{3}$ मी

PYQs

27. $\sin A(1+\tan A) + \cos A(1+\cot A)$ का मान ज्ञात कीजिए। **क्लर्क (लखनऊ) 2020**
(a) $\sec A + \operatorname{cosec}$ (b) $\sec A - \operatorname{cosec} A$
(c) $\sin A - \cos A$ (d) $\operatorname{cosec} - \sec A$

उत्तरमाला

1. (c)	2. (c)	3. (a)	4. (a)	5. (b)	6. (c)	7. (d)	8. (a)	9. (b)	10. (c)
11. (d)	12. (d)	13. (d)	14. (c)	15. (b)	16. (a)	17. (a)	18. (a)	19. (c)	20. (c)
21. (b)	22. (b)	23. (b)	24. (b)	25. (c)	26. (a)	27. (a)			

संकेत एवं हल

1. (c) $\dfrac{3\sin\theta + 2\cos\theta}{3\sin\theta - 2\cos\theta}$

$$= \dfrac{\cos\theta\left(3\dfrac{\sin\theta}{\cos\theta}+2\right)}{\cos\theta\left(3\dfrac{\sin\theta}{\cos\theta}-2\right)} = \dfrac{3\tan\theta+2}{3\tan\theta-2}$$

$$= \dfrac{3\times\dfrac{4}{3}+2}{3\times\dfrac{4}{3}-2} = \dfrac{6}{2} = 3$$

2. (c) $3\cos\theta - 4\sin\theta = 2\cos\theta + \sin\theta$

$\Rightarrow \quad \cos\theta = 5\sin\theta \Rightarrow \tan\theta = \dfrac{1}{5}$

3. (a) $\tan(A-B) = \dfrac{1}{\sqrt{3}}$

$\Rightarrow \tan(A-B) = \tan 30^\circ$

$\Rightarrow \quad A - B = 30^\circ \quad$ ...(i)

$\Rightarrow \quad \tan(A+B) = \sqrt{3}$

$\Rightarrow \quad \tan(A+B) = \tan 60^\circ$

$\Rightarrow \quad A + B = 60^\circ \quad$ ...(ii)

समी (i) व (ii) को हल करने पर,

$A = 45^\circ \Rightarrow B = 15^\circ$

4. (a) $\tan^2 60^\circ + 4\cos^2 45^\circ + 3\sec^2 30^\circ + 5\cos^2 90^\circ$

$$= (\sqrt{3})^2 + 4\left(\dfrac{1}{\sqrt{2}}\right)^2 + 3\left(\dfrac{2}{\sqrt{3}}\right)^2 + 5(0)^2$$

$= 3 + 2 + 4 + 0 = 9$

5. (b) $(\cos 0^\circ + \sin 45^\circ + \sin 30^\circ)$

$(\sin 90^\circ - \cos 45^\circ + \cos 60^\circ)$

$$= \left(1 + \dfrac{1}{\sqrt{2}} + \dfrac{1}{2}\right)\left(1 - \dfrac{1}{\sqrt{2}} + \dfrac{1}{2}\right)$$

$$= \left(\dfrac{3}{2} + \dfrac{1}{\sqrt{2}}\right)\left(\dfrac{3}{2} - \dfrac{1}{\sqrt{2}}\right) = \left(\dfrac{3}{2}\right)^2 - \left(\dfrac{1}{\sqrt{2}}\right)^2$$

$\{\because (a+b)(a-b) = a^2 - b^2\}$

$$= \dfrac{9}{4} - \dfrac{1}{2} = \dfrac{9-2}{4} = \dfrac{7}{4}$$

6. (c) $\tan\theta = \tan 30^\circ \times \tan 60^\circ$ (दिया है)

$\tan\theta = \dfrac{1}{\sqrt{3}} \times \sqrt{3}, \; \tan\theta = 1 = \tan 45^\circ$

$\theta = 45^\circ$

$\therefore \quad 2\theta = 2 \times 45^\circ$

$= 90^\circ$

7. (d) $\sin\dfrac{\pi}{6} + \cos\dfrac{\pi}{3} + \tan^3\dfrac{\pi}{4}$

$$= \sin\dfrac{180^\circ}{6} + \cos\dfrac{180^\circ}{3} + \tan^3\dfrac{180^\circ}{4}$$

$= \sin 30^\circ + \cos 60^\circ + \tan^3 45^\circ$

$= \dfrac{1}{2} + \dfrac{1}{2} + (1)^3 = 1 + 1 = 2$

8. (a) $\cos 2x = \cos 60^\circ . \cos 30^\circ + \sin 60^\circ . \sin 30^\circ$

$\Rightarrow \quad \cos 2x = \dfrac{1}{2} \times \dfrac{\sqrt{3}}{2} + \dfrac{\sqrt{3}}{2} \times \dfrac{1}{2}$

$\Rightarrow \quad \cos 2x = \dfrac{2\sqrt{3}}{4} = \dfrac{\sqrt{3}}{2}$

$\Rightarrow \quad \cos 2x = \cos 30^\circ$

$\Rightarrow \quad 2x = 30^\circ$

$\therefore \quad x = \dfrac{30^\circ}{2} = 15^\circ$

9. (b) $7\sin^2\theta + 3\cos^2\theta = 4$

दोनों ओर $\cos^2\theta$ से भाग करने पर,

$\Rightarrow \quad 7\dfrac{\sin^2\theta}{\cos^2\theta} + 3 = 4\sec^2\theta$

$\Rightarrow 7\tan^2\theta + 3 = 4(1 + \tan^2\theta)$

$\Rightarrow \; 7\tan^2\theta - 4\tan^2\theta = 1$

$\Rightarrow \quad 3\tan^2\theta = 1$

$\Rightarrow \; \tan^2\theta = \frac{1}{3} \Rightarrow \tan\theta = \frac{1}{\sqrt{3}}$

11. (d) $\frac{\sin A + \sin B}{\cos A + \cos B} + \frac{\cos A - \cos B}{\sin A - \sin B}$

$= \frac{\sin^2 A - \sin^2 B + \cos^2 A - \cos^2 B}{(\cos A + \cos B)(\sin A - \sin B)}$

$= \frac{(\sin^2 A + \cos^2 A) - (\sin^2 B + \cos^2 B)}{(\cos A + \cos B)(\sin A - \sin B)}$

$= \frac{1-1}{(\cos A + \cos B)\,(\sin A - \sin B)} = 0$

12. (d) $\frac{\cot\theta + \operatorname{cosec}\theta - 1}{\cot\theta - \operatorname{cosec}\theta + 1}$

$= \frac{\cot\theta + \operatorname{cosec}\theta - (\operatorname{cosec}^2\theta - \cot^2\theta)}{\cot\theta - \operatorname{cosec}\theta + 1}$

$\{\because \operatorname{cosec}^2\theta - \cot^2\theta = 1\}$

$(\cot\theta + \operatorname{cosec}\theta) - (\operatorname{cosec}\theta + \cot\theta)$

$= \frac{(\operatorname{cosec}\theta - \cot\theta)}{\cot\theta - \operatorname{cosec}\theta + 1}$

$= \frac{(\cot\theta + \operatorname{cosec}\theta)(1 - \operatorname{cosec}\theta + \cot\theta)}{\cot\theta - \operatorname{cosec}\theta + 1}$

$= \cot\theta + \operatorname{cosec}\theta$

13. (d) $\frac{\sin\theta \cdot \operatorname{cosec}\theta \cdot \tan\theta \cdot \cot\theta}{\sin^2\theta + \cos^2\theta}$

$= \frac{\sin\theta \times \frac{1}{\sin\theta} \times \tan\theta \times \frac{1}{\tan\theta}}{1} = 1$

$[\because \sin^2\theta + \cos^2\theta = 1]$

14. (c) $\cot 15^\circ \cdot \cot 20^\circ \cdot \cot 70^\circ \cdot \cot 75^\circ$

$= \cot(90^\circ - 75^\circ)\cot(90^\circ - 70^\circ)$

$\cot 70^\circ \cdot \cot 75^\circ$

$= \tan 75^\circ \cdot \tan 70^\circ \cdot \frac{1}{\tan 70^\circ} \cdot \frac{1}{\tan 75^\circ} = 1$

15. (b) $\sin 3\theta = \cos(\theta - 2^\circ)$

$\Rightarrow \quad \sin 3\theta = \sin[90^\circ - (\theta - 2^\circ)]$

$\Rightarrow \quad 3\theta = 90^\circ - \theta + 2^\circ$

$\Rightarrow \quad 4\theta = 92^\circ$

$\Rightarrow \quad \theta = \frac{92^\circ}{4} = 23^\circ$

16. (a) $\frac{\sin 10^\circ}{\cos 80^\circ} = \frac{\sin(90^\circ - 80^\circ)}{\cos 80^\circ} = \frac{\cos 80^\circ}{\cos 80^\circ} = 1$

17. (a) $\sqrt{\frac{1-\cos A}{1+\cos A}}$

$= \sqrt{\frac{1-\cos A}{1+\cos A} \times \frac{1-\cos A}{1-\cos A}}$

$= \sqrt{\frac{(1-\cos A)^2}{1-\cos^2 A}} = \sqrt{\frac{(1-\cos A)^2}{\sin^2 A}}$

$= \frac{1-\cos A}{\sin A} = \frac{1}{\sin A} - \frac{\cos A}{\sin A} = \operatorname{cosec}A - \cot A$

18. (a) $\frac{\sin 25^\circ \cdot \cos 65^\circ + \cos 25^\circ \cdot \sin 65^\circ}{\tan^2 70^\circ - \operatorname{cosec}^2 20^\circ}$

$= \frac{\sin(90 - 65^\circ)\cdot\cos 65^\circ + \cos(90 - 65^\circ)\cdot\sin 65^\circ}{\tan^2(90 - 20^\circ) - \operatorname{cosec}^2 20^\circ}$

$= \frac{\cos 65^\circ \cdot \cos 65^\circ + \sin 65^\circ \cdot \sin 65^\circ}{\cot^2 20^\circ - \operatorname{cosec}^2 20^\circ}$

$= \frac{\cos^2 65^\circ + \sin^2 65^\circ}{-(\operatorname{cosec}^2 20^\circ - \cot^2 20^\circ)} = \frac{1}{-1} = -1$

19. (c) $\cos^2\frac{\pi}{8} + 4\cos^2\frac{\pi}{4} - \sec\frac{\pi}{3} + 5\tan^2\frac{\pi}{3} + \sin^2\frac{\pi}{8}$

$= \left(\cos^2\frac{\pi}{8} + \sin^2\frac{\pi}{8}\right) + 4\left(\frac{1}{\sqrt{2}}\right)^2 - 2 + 5(\sqrt{3})^2$

$= 1 + 4 \times \frac{1}{2} - 2 + 5 \times 3$

$= 1 + 2 - 2 + 15 = 16$

20. (c) $\left(\frac{1+\sin\theta}{\cos\theta} + \frac{\cos\theta}{1+\sin\theta}\right)$

$= \frac{(1+\sin\theta)^2 + \cos^2\theta}{\cos\theta\,(1+\sin\theta)}$

$= \frac{1 + \sin^2\theta + 2\sin\theta + + \cos^2\theta}{\cos\theta\,(1+\sin\theta)}$

$= \frac{1 + (\sin^2\theta + \cos^2\theta) + 2\sin\theta}{\cos\theta\,(1+\sin\theta)}$

$= \frac{1 + 1 + 2\sin\theta}{\cos\theta(1+\sin\theta)} = \frac{2(1+\sin\theta)}{\cos\theta(1+\sin\theta)}$

$= \frac{2}{\cos\theta} = 2\sec\theta$

21. (b) दिया गया त्रिकोणमितीय व्यंजक

$= \cot 9^\circ \cdot \cot 27^\circ \cdot \cot 63^\circ \cdot \cot 81^\circ$

$= \cot 9^\circ \cdot \cot 27^\circ \cdot \cot(90^\circ - 27^\circ)$

$\cot(90^\circ - 9^\circ)$

$= \cot 9^\circ \cdot \cot 27^\circ \cdot \tan 27^\circ \cdot \tan 9^\circ$

$= (\cot 9^\circ \cdot \tan 9^\circ) \cdot (\cot 27^\circ \cdot \tan 27^\circ)$

$= 1 \cdot 1 = 1$

22. (b) प्रश्नानुसार,

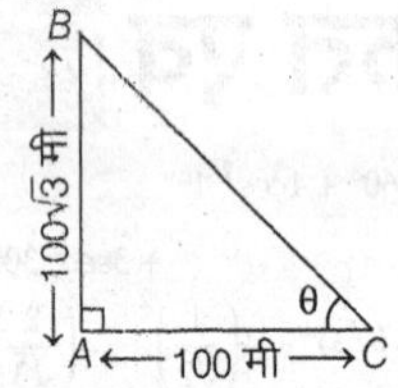

ΔBAC में,

$\tan\theta = \frac{AB}{AC} = \frac{100\sqrt{3}}{100} \Rightarrow \tan\theta = \sqrt{3}$

$\tan\theta = \tan 60^\circ$

$\therefore \quad \theta = 60^\circ$

23. (b) माना खम्भे AB की छाया BC है

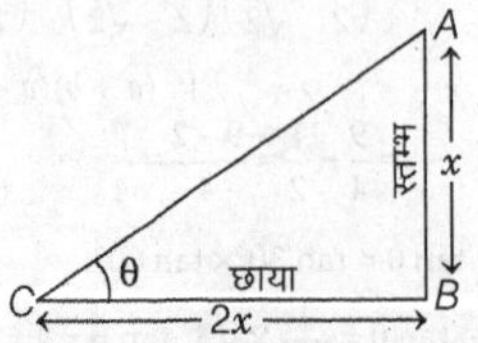

माना, $AB = x$ तब, $BC = \sqrt{3}x$

$\Rightarrow \quad \tan\theta = \frac{AB}{BC} = \frac{x}{\sqrt{3}x} = \frac{1}{\sqrt{3}}$

$\Rightarrow \quad \tan\theta = \tan 30^\circ$

$\therefore \quad \theta = 30^\circ$

24. (b) माना मीनार QR है।

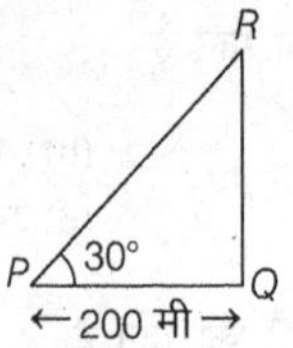

$\therefore \quad PQ = 200$ मी, $\theta = 30^\circ$

तब, $\tan 30^\circ = \frac{QR}{PQ}$

$\Rightarrow \quad QR = 200 \times \tan 30^\circ$

$QR = \frac{200}{\sqrt{3}}$ मी

25. (c) ΔABC में,

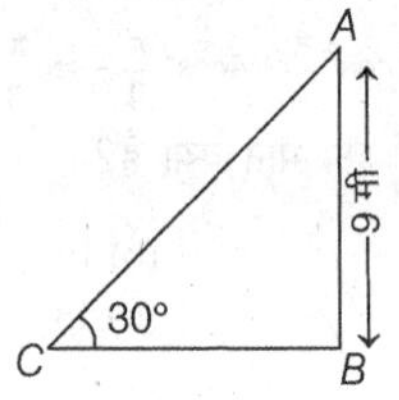

$\tan 30^\circ = \frac{AB}{BC} \quad \Rightarrow \quad \frac{1}{\sqrt{3}} = \frac{9}{BC}$

$\therefore \quad BC = 9\sqrt{3}$ मी

अत: खम्भे की छाया की लम्बाई

$= 900\sqrt{3}$ सेमी

26. (a) माना AB मीनार है जिसकी ऊँचाई h मी है।

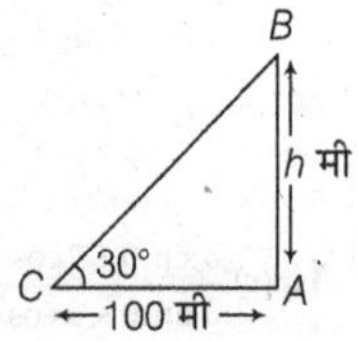

तब, $\tan 30^\circ = \frac{h}{100}$

$\therefore \quad h = 100 \times \frac{1}{\sqrt{3}}$

$= \frac{100}{\sqrt{3}}$ मी

28. (a) $\sin A(1 + \tan A) + \cos A(1 + \cot A)$

$= \sin A\left[1 + \frac{\sin A}{\cos A}\right] + \cos A\left[1 + \frac{\cos A}{\sin A}\right]$

$= \sin A\left[\frac{\cos A + \sin A}{\cos A}\right]$

$+ \cos A\left[\frac{\sin A + \cos A}{\sin A}\right]$

$= (\sin A + \cos A)\left[\frac{\sin A}{\cos A} + \frac{\cos A}{\sin A}\right]$

$= (\sin A + \cos A)\left[\frac{\sin^2 A + \cos^2 A}{\cos A \sin A}\right]$

$= (\sin A + \cos A)\left[\frac{1}{\cos A \cdot \sin A}\right]$

$= \frac{\sin A}{\cos A \cdot \sin A} + \frac{\cos A}{\cos A \cdot \sin A}$

$= \frac{1}{\cos A} + \frac{1}{\sin A} = \sec A + \operatorname{cosec} A$

कम्प्यूटर विज्ञान

अध्याय 01

कम्प्यूटर सिस्टम

कम्प्यूटर एक इलेक्ट्रॉनिक डिवाइस है, जो डाटा तथा निर्देशों को स्वीकार करता है और सॉफ्टवेयर या प्रोग्राम के अनुसार, परिणाम के लिए डाटा को प्रोसेस, स्टोर अथवा डिस्प्ले करता है।

कम्प्यूटर के कार्य

कम्प्यूटर के द्वारा निम्न चार कार्य किए जा सकते हैं

1. **इनपुट** कम्प्यूटर में डाटा या सूचना को भेजना, इनपुट कहलाता है। यह सेण्ट्रल प्रोसेसिंग यूनिट (Central Processing Unit-CPU) के लिए डाटा और निर्देश भेजता है।
2. **प्रोसेसिंग** सेण्ट्रल प्रोसेसिंग यूनिट कम्प्यूटर के निर्देशों को एक्जिक्यूट करती है। यह कम्प्यूटर के द्वारा कैलकुलेशन, तुलनात्मक कार्य व निर्णायक कार्यों में सहायता करती है।
3. **आउटपुट** यह उपयोगकर्ता को संसाधित (Processed) डाटा उपलब्ध कराता है। यह कम्प्यूटर से प्राप्त होने वाले परिणामों को इनपुट निर्देशों के अनुसार यूजर के समक्ष प्रस्तुत करता है।
4. **स्टोरेज** यह डाटा और प्रोग्राम को स्थायी रूप से स्टोर करता है। इसका प्रयोग प्रोग्राम क्रियान्वयन (Program execution) के समय सूचनाएँ स्टोर करने के लिए किया जाता है।

कम्प्यूटर के अवयव

कम्प्यूटर के प्रमुख अवयव (Components) निम्नलिखित हैं

इनपुट यूनिट

- इस यूनिट का प्रयोग डाटा को कम्प्यूटर में भेजने के लिए किया जाता है।
- यह उपयोगकर्ता द्वारा दिए गए निर्देशों (Instructions) तथा डाटा को स्वीकार करती है। जैसे—की-बोर्ड, माउस आदि।

आउटपुट यूनिट

- यह यूनिट उपयोगकर्ता को संसाधित परिणाम (Processed result) भेजती है।
- मुख्यत: इसका उपयोग डाटा तथा निर्देशों को परिणाम के रूप में प्रदर्शित करने के लिए किया जाता है। जैसे—प्रिण्टर, मॉनीटर आदि।

सेण्ट्रल प्रोसेसिंग यूनिट

- CPU, कम्प्यूटर का वह भाग है, जिसमें अर्थमैटिक और लॉजिकल ऑपरेशन्स (Arithmetic and Logical Operations) निष्पादित (Execute) होते हैं तथा निर्देश डिकोड किए जाते हैं।
- CPU को **कम्प्यूटर का मस्तिष्क** भी कहा जाता है।
- CPU की गति को हर्ट्ज में मापा जाता है।

CPU के प्रमुख अवयव निम्नलिखित हैं

1. **अर्थमैटिक लॉजिक यूनिट** (ALU) CPU के लिए सभी प्रकार की अंकगणितीय क्रियाएँ (जोड़ना, घटाना, गुणा करना तथा भाग देना) और तुलनाएँ (दो संख्याओं में यह बताना कि कौन-सी छोटी या बड़ी है अथवा दोनों बराबर हैं), अर्थमैटिक लॉजिक यूनिट (ALU) में ही की जाती हैं।

   ALU, प्रोसेस डाटा को स्टोर करने के लिए रजिस्टर (Register) का उपयोग करता है।

नोट– रजिस्टर बहुत तीव्र गति वाली अस्थायी स्टोरेज युक्ति है।

2. **कण्ट्रोल यूनिट** (CU) यह कम्प्यूटर के सभी भागों के कार्यों पर नज़र रखती है और उनमें परस्पर समन्वय (Coordination) करने के लिए उचित आदेश भेजती है।

   यह डाटा और निर्देशों के प्रोसेसिंग को व्यवस्थित करती है।

मैमोरी यूनिट

- मैमोरी कम्प्यूटर का वह भाग है, जो डाटा तथा निर्देशों को संगृहीत करती है।
- मैमोरी दो प्रकार की होती है: प्राइमरी मैमोरी जो CPU से सीधे जुड़ी होती है तथा सेकेण्डरी मैमोरी जो CPU से बाहर होती है।

मदरबोर्ड

- मदरबोर्ड (Motherboard), किसी जटिल इलेक्ट्रॉनिक सिस्टम; जैसे—आधुनिक कम्प्यूटर का केन्द्रीय या मुख्य सर्किट बोर्ड होता है।
- इसका मुख्य उद्देश्य सिस्टम के विभिन्न अवयवों को आपस में जोड़ने के लिए आवश्यक इलेक्ट्रॉनिक और लॉजिकल कनेक्शन उपलब्ध कराना होता है।

नोट सुपर कम्प्यूटर मुख्य रूप से सीमोर क्रे द्वारा डिजाइन किए गए थे।

एग्जाम पैटर्न प्रश्न

1. कम्प्यूटर में डाटा भेजना ………… कहलाता है
(a) आउटपुट (b) प्रोसेसिंग
(c) इनपुट (d) स्टोरेज

2. ………… यूनिट का प्रयोग कम्प्यूटर को निर्देश प्रदान करने के लिए किया जाता है।
(a) प्रिन्टिंग (b) आउटपुट
(c) सॉलिड स्टेट (d) इनपुट

3. निम्न में से कौन-सा कम्प्यूटर सिस्टम के कार्य करने के लिए सर्वाधिक जरूरी अवयव है?
(a) इनपुट यूनिट
(b) आउटपुट यूनिट
(c) स्टोरेज सिस्टम
(d) मॉनीटर

4. निम्न में से इनपुट, आउटपुट तथा प्रोसेसिंग डिवाइस साथ मिलकर क्या निरूपित करते हैं?
(a) मोबाइल डिवाइस
(b) सर्किट बोर्ड
(c) कम्प्यूटर सिस्टम
(d) इन्फॉर्मेशन प्रोसेसिंग साइकिल

5. किसी कम्प्यूटर के CPU के भाग हैं
(a) इनपुट, आउटपुट और प्रोसेसिंग
(b) कण्ट्रोल यूनिट, प्राइमरी स्टोरेज व सेकेण्डरी स्टोरेज
(c) कण्ट्रोल यूनिट, अर्थमैटिक लॉजिक यूनिट, प्राइमरी स्टोरेज
(d) कण्ट्रोल यूनिट, प्राइमरी स्टोरेज

6. इनपुट का आउटपुट में रूपान्तरण किया जाता है
(a) पेरिफेरल्स द्वारा
(b) सी पी यू द्वारा
(c) रैम द्वारा
(d) मैमोरी द्वारा

7. निम्न में से CPU का कौन-सा कार्य है?
(a) डिलीट करना (b) प्रोसेसिंग करना
(c) करप्ट करना (d) एडिट करना

8. ……… जिसे कम्प्यूटर का 'ब्रेन' भी कहते हैं, डाटा प्रोसेसिंग करती है।
(a) मदरबोर्ड
(b) मैमोरी
(c) रैम
(d) सेण्ट्रल प्रोसेसिंग यूनिट

9. कम्प्यूटर की कौन-सी यूनिट मैमोरी तथा अर्थमैटिक लॉजिकल यूनिट के मध्य संचार में सहायता करती है?
(a) CMU (b) CCU
(c) UPS (d) CPU

10. CPU में एक कण्ट्रोल यूनिट और एक ……… शामिल होती है।
(a) कण्ट्रोल यूनिट
(b) रैम
(c) अर्थमैटिक लॉजिक यूनिट
(d) रोम

11. ALU के मुख्य फंक्शन का कार्य है
(a) अर्थमैटिक और लॉजिकल ऑपरेटर्स को प्रदर्शित करना
(b) भविष्य में प्रयोग करने के लिए डाटा तथा सूचनाओं को स्टोर करना
(c) कम्प्यूटर आउटपुट कण्ट्रोल करना
(d) मॉनीटर तथा सभी कम्प्यूटर प्रोसेसिंग

12. कम्प्यूटर का कौन-सा भाग कैलकुलेटिंग एवं कम्पेरिंग के लिए प्रयोग होता है?
(a) ALU (b) कण्ट्रोल यूनिट
(c) डिस्क यूनिट (d) मॉडर्न

13. कौन-सी यूनिट इण्टीजर बाइनरी संख्याओं पर अर्थमैटिक तथा बिटवाइज (Bitwise) ऑपरेशन को करती है?
(a) BOU (b) AEU
(c) CPU (d) ALU

14. निम्न में से कौन CPU को डाटा उपयोग करने के लिए सबसे तीव्र मार्ग प्रदान करता है?
(a) मदरबोर्ड (b) रजिस्टर
(c) सर्किट (d) माइक्रोप्रोसेसर

15. CPU का वह भाग, जो अन्य सभी कम्प्यूटर कम्पोनेण्ट्स की गतिविधियों को कोऑर्डिनेट करता है, क्या कहलाता है?
(a) मदरबोर्ड (b) कोऑर्डिनेशन बोर्ड
(c) कण्ट्रोल यूनिट
(d) अर्थमैटिक लॉजिक यूनिट

16. निम्न में से कौन-सा कण्ट्रोल यूनिट का एक कार्य नहीं है?
(a) निर्देशों को पढ़ना
(b) निर्देशों की व्याख्या करना
(c) निर्देशों को प्रोसेस में लाना
(d) ऑपरेशन्स को निर्देशित करना

17. निम्नलिखित में से क्या एक कम्प्यूटर सिस्टम में एक महत्त्वपूर्ण सर्किटरी है, जो प्रोसेसर के संचालन का निर्देशन करता है?
(a) मैमोरी (b) एड्रेस बस
(c) अर्थमैटिक लॉजिक यूनिट
(d) कण्ट्रोल यूनिट

18. ……… यूनिट डाटा और निर्देशों को संग्रहीत करती है।
(a) इनपुट (b) मैमोरी
(c) आउटपुट (d) कण्ट्रोल

19. सिस्टम यूनिट के मेन सर्किट बोर्ड को क्या कहते हैं?
(a) कम्प्यूटर प्रोग्राम (b) कण्ट्रोल यूनिट
(c) मदरबोर्ड (d) रैम

PYQs

20. सुपर कम्प्यूटर मुख्य रूप से …………… द्वारा डिजाइन किए गए थे।
क्लर्क (हैदराबाद) 28 फरवरी 2021
(a) सीमोर क्रे (b) IBM
(c) C-DAC (d) हेवलेट पैकर्ड

21. कम्प्यूटर के प्रोसेसर की गति को …………… में मापा जाता है।
क्लर्क (बहरामपुर) 1 नवम्बर 2020
(a) बाड (b) हर्ट्ज (c) BPS (d) MIPS

उत्तरमाला

1. (c)	2. (d)	3. (a)	4. (c)	5. (c)	6. (b)	7. (b)	8. (d)	9. (d)	10. (c)
11. (a)	12. (a)	13. (d)	14. (b)	15. (c)	16. (b)	17. (d)	18. (b)	19. (c)	20. (a)
21. (b)									

अध्याय 02

इनपुट-आउटपुट डिवाइसेस

इनपुट डिवाइस

- वे डिवाइस, जिनका प्रयोग उपयोगकर्ता के द्वारा कम्प्यूटर को डाटा और निर्देश प्रदान करने के लिए किया जाता है, इनपुट डिवाइस कहलाती हैं।
- इनपुट डिवाइस (Input device) उपयोगकर्ता से इनपुट लेने के बाद इसे मशीनी भाषा (Machine language) में परिवर्तित करती है और इस परिवर्तित मशीनी भाषा को CPU के पास भेज देती है।

कुछ प्रमुख इनपुट डिवाइसेस निम्न हैं

की-बोर्ड

- की-बोर्ड (Keyboard) का प्रयोग कम्प्यूटर को अक्षर और अंकीय रूप में डाटा और सूचना देने के लिए करते हैं।
- कुछ विभिन्न प्रकार के की-बोर्ड; *जैसे*—QWERTY, DVORAK और AZERTY मुख्य रूप से प्रयोग किए जाते हैं।

प्वॉइण्टिंग डिवाइस

- इसका प्रयोग मॉनीटर की स्क्रीन पर कर्सर या प्वॉइण्टर को एक स्थान-से-दूसरे स्थान पर ले जाने के लिए किया जाता है।
- कुछ मुख्य रूप से प्रयोग में आने वाले प्वॉइण्टिग डिवाइस, जैसे-माउस, ट्रैकबॉल, जॉयस्टिक, लाइट पेन, टच स्क्रीन आदि हैं।

इनमें से प्रमुख डिवाइसेस का विवरण निम्न प्रकार है

- **माउस** इसका प्रयोग कर्सर या प्वॉइण्टर को एक स्थान से दूसरे स्थान पर ले जाने के लिए करते हैं। माउस का आविष्कार डगलस एंजेलबर्ट ने किया।
- **जॉयस्टिक** यह डिवाइस सभी दिशाओं में मूव करती है और कर्सर के मूवमेण्ट को कण्ट्रोल करती है। जॉयस्टिक (Joystick) का प्रयोग फ्लाइट सिम्युलेटर तथा कम्प्यूटर गेमिंग आदि में किया जाता है।
- **लाइट पेन** यह एक हाथ से चलाने वाली इलेक्ट्रोऑप्टिकल प्वॉइण्टिग डिवाइस है, जिसका प्रयोग ड्रॉइंग्स (Drawings) ग्राफिक्स बनाने के लिए और मेन्यू चुनाव के लिए किया जाता है।
- **टच स्क्रीन** यह एक इनपुट डिवाइस है, जिसका प्रयोग कम्प्यूटर स्क्रीन पर उपलब्ध विकल्पों में से किसी एक को टच करके निर्देश देने के लिए तथा प्रोग्रामों के एक्जीक्यूशन के लिए किया जाता है।

बारकोड रीडर

- यह एक इनपुट डिवाइस है, जिसका प्रयोग किसी प्रोडक्ट पर प्रिण्ट हुए बारकोड (यूनिवर्सल प्रोडक्ट कोड) को पढ़ने के लिए किया जाता है।
- बारकोड रीडर में एक लाइट सेन्सिटिव डिटेक्टर होता है, जो बारकोड इमेज को दोनों ओर से पहचानता है।

ऑप्टिकल मार्क रीडर (OMR)

- यह एक इनपुट डिवाइस है, जिसका प्रयोग किसी कागज पर बनाए गए चिन्हों को पहचानने के लिए किया जाता है।
- OMR की सहायता से किसी वस्तुनिष्ठ प्रकार (Objective type) की प्रयोगात्मक परीक्षा की उत्तर पुस्तिका की जाँच की जाती है।

ऑप्टिकल कैरेक्टर रिकॉग्निशन (OCR)

- यह केवल साधारण चिन्हों को ही नहीं, बल्कि प्रिण्ट किए गए या हाथ से साफ-साफ लिखे गए अक्षरों को भी पढ़ लेता है।
- इसका प्रयोग पुराने डॉक्यूमेण्ट को पढ़ने में किया जाता है।

मैग्नेटिक इंक कैरेक्टर रिकॉग्निशन (MICR)

- यह सूचनाओं का मैट्रिक्स के रूप में उनके आकार का परीक्षण करता है, उसके बाद उसे रीड करता है और रीड करने के बाद सूचनाओं को कम्प्यूटर में भेजता है।
- इसका प्रयोग बैंकों में चेक में नीचे छपे मैग्नेटिक इनकोडिंग संख्याओं को पहचानने और प्रोसेस करने के लिए किया जाता है।

बायोमैट्रिक सेन्सर

- यह एक इनपुट डिवाइस है, जिसका प्रयोग किसी व्यक्ति की अँगुलियों के निशान को पहचानने के लिए किया जाता है।
- इसका प्रयोग किसी संगठन में कर्मचारियों या संस्थान में विद्यार्थियों की उपस्थिति एण्टर करने के लिए किया जाता है।

स्कैनर

- इसका प्रयोग पेपर पर लिखे हुए डाटा या प्रिण्ट हुए इमेज (Image) को डिजिटल रूप में परिवर्तित करने के लिए करते हैं।
- स्कैनर का प्रयोग किसी डॉक्यूमेण्ट को उसके वास्तविक रूप में स्टोर करने के लिए किया जा सकता है, जिससे उसमें आसानी से कुछ बदलाव किया जा सके।

माइक्रोफोन

- यह एक इनपुट डिवाइस है, जिसका प्रयोग कम्प्यूटर को साउण्ड के रूप में इनपुट देने के लिए किया जाता है।
- माइक्रोफोन में आवाज को डिजिटल रूप में परिवर्तित करने के लिए साउण्ड कार्ड को प्रयोग किया जाता है।

वेबकैम या वेबकैमरा

- यह एक डिजिटल कैमरा है, जिसे कम्प्यूटर के साथ जोड़ा जाता है।
- इसका प्रयोग वीडियो कॉन्फ्रेन्सिंग और ऑनलाइन चैटिंग (Chatting) आदि कार्यों के लिए किया जाता है।

आउटपुट डिवाइस

- जिस डिवाइस का प्रयोग कम्प्यूटर से प्राप्त परिणाम को देखने अथवा प्राप्त करने के लिए किया जाता है, आउटपुट डिवाइस कहलाती है।
- आउटपुट डिवाइस (Output device), आउटपुट को हार्ड कॉपी अथवा सॉफ्ट कॉपी के रूप में प्रस्तुत करते हैं।

कुछ प्रमुख आउटपुट डिवाइस निम्न हैं

मॉनीटर

- यह कम्प्यूटर से प्राप्त परिणाम को सॉफ्ट कॉपी के रूप में दर्शाता है। इसे विजुअल डिस्प्ले यूनिट (VDU) भी कहा जाता है।
- मॉनीटर की रिफ्रेश दर हर्ट्ज (Hertz) में मापी जाती है।
- कुछ प्रमुख प्रयोग में आने वाले मॉनीटर निम्न हैं

CRT (कैथोड रे ट्यूब), LCD (लिक्विड क्रिस्टल डिस्प्ले), LED (लिक्विड/लाइट एमिटिंग डायोड), 3D मॉनीटर एवं TFT (थिन फिल्म ट्रांजिस्टर)।

नोट एक पिक्सेल कम्प्यूटर स्क्रीन पर छवि (image) का सबसे छोटा असतत् घटक है।

प्रिण्टर

- प्रिण्टर कम्प्यूटर से प्राप्त डाटा और सूचना को किसी कागज पर प्रिण्ट करता हैं।
- किसी प्रिण्टर की गति कैरेक्टर प्रति सेकण्ड (Character Per Second-CPS), लाइन प्रति मिनट (Line Per Minute-LPM) और पेजेज प्रति मिनट (Pages Per Minute-PPM) में मापी जाती है।
- प्रिण्टर की गुणवत्ता डॉट्स प्रति इंच (DPI) में मापी जाती है।

प्रिण्टर दो प्रकार के होते हैं

1. **इम्पैक्ट प्रिण्टर** इम्पैक्ट प्रिण्टर (Impact Printer) एक बार में एक कैरेक्टर या एक लाइन प्रिण्ट कर सकता है। डॉट मैट्रिक्स, डेजी व्हील, लाइन, ड्रम इम्पैक्ट प्रिण्टर के उदाहरण हैं।
2. **नॉन-इम्पैक्ट प्रिण्टर** नॉन-इम्पैक्ट प्रिण्टर (Non-Impact Printer) प्रिण्टिंग में इलेक्ट्रोस्टैटिक केमिकल और इंकजेट तकनीकी का प्रयोग करते हैं। इंकजेट, थर्मल, लेजर आदि नॉन-इम्पैक्ट प्रिण्टर के उदाहरण हैं।

प्लॉटर

- यह एक आउटपुट डिवाइस है, जिसका प्रयोग बड़ी ड्रॉइंग या इमेज, जैसे कि कन्स्ट्रक्शन प्लान्स (Construction Plans), मैकेनिकल वस्तुओं की ब्लूप्रिण्ट, आदि के लिए करते हैं।
- इसमें ड्रॉइंग बनाने के लिए पेन, पेन्सिल, मार्कर आदि राइटिंग टूल का प्रयोग होता है।

स्पीकर

- यह एक प्रकार की आउटपुट डिवाइस है, जो कम्प्यूटर से प्राप्त आउटपुट को आवाज के रूप में सुनाती है।
- इसका प्रयोग गाने सुनने आदि में करते हैं। स्पीकर कम्प्यूटर में आन्तरिक या बाह्य रूप से जुड़ा होता है।

प्रोजेक्टर

- यह एक प्रकार की आउटपुट डिवाइस है, जिसका प्रयोग कम्प्यूटर से प्राप्त सूचना या डाटा को एक बड़ी स्क्रीन पर देखने के लिए करते हैं।
- इसकी सहायता से एक समय में बहुत सारे लोग एक समूह में बैठकर कोई भी परिणाम देख सकते हैं।

एग्जाम पैटर्न प्रश्न

1. ········ डिवाइस का प्रयोग उपयोगकर्ता द्वारा कम्प्यूटर को निर्देश प्रदान करने के लिए किया जाता है।
(a) प्रिंटिंग (b) आउटपुट
(c) सॉलिड स्टेट (d) इनपुट

2. कम्प्यूटर सिस्टम में ········ के माध्यम से टेक्स्ट और न्यूमैरिकल डाटा एण्टर किया जाता है।
(a) की-बोर्ड (b) स्कैनर
(c) प्रिण्टर (d) प्लॉटर

3. आमतौर पर उपलब्ध अधिकांश कम्प्यूटरों/लैपटॉपों का की-बोर्ड ········ के नाम से लोकप्रिय है।
(a) QWERTY (b) QOLTY
(c) ALTER (d) UCLIF

4. QWERTY की-बोर्ड में कुल कितनी कुंजियाँ होती हैं?
(a) 108 (b) 105 (c) 104 (d) 106

5. कम्प्यूटर का माउस किस प्रकार की डिवाइस है?
(a) स्टोरेज (b) आउटपुट
(c) इनपुट (d) इनपुट/आउटपुट

6. माउस का आविष्कार किसने किया था?
(a) IBM
(b) Oracle
(c) डगलस एंजेलबर्ट
(d) Sun Microsystem

7. टेक्स्ट में आपकी पॉजिशन दर्शाने वाले ब्लिंकिंग प्वॉइण्ट को ······ कहते हैं।
(a) ब्लिंकर (b) कर्सर
(c) कॉजर (d) प्वॉइण्टर

8. इनमें से कौन-सी प्वॉइण्टिंग और ड्रॉप डिवाइस है?
(a) माउस (b) स्कैनर
(c) प्रिण्टर (d) CD-ROM

9. जॉयस्टिक का प्राथमिक तौर पर प्रयोग ········ के लिए होता है।
(a) स्क्रीन पर ध्वनि नियन्त्रण
(b) कम्प्यूटर गेमिंग
(c) टेक्स्ट एण्टर
(d) पिक्चर बनाने

10. निम्न में से किसका प्रयोग ड्रॉइंग्स ग्राफिक्स बनाने में किया जाता है?
(a) कीबोर्ड
(b) स्कैनर
(c) लाइट पेन
(d) बारकोड

11. निम्नलिखित में से कौन-सी प्वॉइण्टिंग डिवाइस नहीं है?
(a) माउस
(b) ट्रैकबॉल
(c) बारकोड रीडर
(d) टच स्क्रीन

12. अधिकांश प्रोडक्ट्स पर बने प्रिण्टेड लाइनों के पैटर्न को क्या कहते हैं?
(a) मूल्य (b) OCR
(c) स्कैनर्स (d) बार कोड्स

13. एक ऑप्टिकल इनपुट डिवाइस जो पेपर मीडिया पर पेन्सिल के अंकों की व्याख्या करता है
(a) OMR (b) पंच कार्ड रीडर
(c) ऑप्टिकल स्कैनर (d) मैग्नेटिक टेप

14. किस इनपुट डिवाइस की सहायता से किसी वस्तुनिष्ठ प्रकार की प्रयोगात्मक परीक्षा की उत्तर पुस्तिका की जाँच की जाती है?
(a) OMR (b) OCR
(c) MICR (d) बारकोड रीडर

15. OCR प्रकाश स्रोत की सहायता से करैक्टर की .... को पहचानता है।
(a) साइज (b) शेप
(c) कलर (d) यूज्ड लिंक

16. MICR में, C निम्न में से किसके लिए उपयुक्त है?
(a) कोड (b) कलर
(c) करैक्टर (d) कम्प्यूटर

17. बैंकों में चेकों को पढ़ने के लिए निम्न में से कौन-सी विधि का प्रयोग होता है
(a) OCR (b) MCR (c) MICR (d) OMR

18. निम्नलिखित में से किस समूह में केवल इनपुट डिवाइस है?
(a) माउस, की-बोर्ड, मॉनीटर
(b) माउस, की-बोर्ड, प्रिण्टर
(c) माउस, की-बोर्ड, प्लॉटर
(d) माउस, की-बोर्ड, स्कैनर

19. .... का प्रयोग हाथ से लिखे कण्टेण्ट या प्रिण्टिड कण्टेण्ट को पढ़कर डिजिटल इमेज बनाने में किया जाता है।
(a) प्रिण्टर (b) लेजर बीम
(c) स्कैनर (d) टचपैड

20. यह इमेज (ड्रॉइंग या फोटो) को कैप्चर करने का एक माध्यम है, जिससे उसे कम्प्यूटर पर स्टोर किया जा सके
(a) मॉडम (b) सॉफ्टवेयर
(c) स्कैनर (d) की-बोर्ड

21. आवाज को डिजिटल रूप में परिवर्तित करने के लिए किसका प्रयोग किया जाता है?
(a) बारकोड रीडर
(b) माइक्रोफोन
(c) वेब कैम
(d) स्कैनर

22. वीडियो कॉन्फ्रेन्सिंग में कौन-सी इनपुट डिवाइस का प्रयोग किया जाता है?
(a) वेबकैम (b) लाइट पेन
(c) स्कैनर (d) माउस

23. आउटपुट डिवाइस का प्रयोग कर सकते हैं
(a) डाटा देखने या प्रिण्ट
(b) डाटा मॉडिफाई
(c) डाटा स्टोर
(d) डाटा दोहराने

24. कम्प्यूटर मॉनिटर किस प्रकार की डिवाइस है?
(a) सॉफ्टवेयर (b) प्रोसेसिंग
(c) इनपुट (d) आउटपुट

25. मॉनीटर की रिफ्रेश रेट .... में मापी जाती है।
(a) हर्ट्ज (b) मेगाहर्ट्ज
(c) किलोहर्ट्ज (d) गीगाहर्ट्ज

26. कम्प्यूटर स्क्रीन में एक इमेज की सबसे छोटी इकाई कौन-सी है?
(a) यूनिट (b) पिक्सल
(c) ऐरे (d) रिजोल्यूशन

27. इसमें कम्प्यूटर का कौन-सा अनिवार्य भाग नहीं है?
(a) मॉनीटर (b) स्कैनर
(c) रैम (d) माउस

28. स्थायी आउटपुट प्राप्त करने हेतु ...... का सर्वाधिक उपयोग होता है।
(a) प्रिण्टर
(b) लाइट पेन
(c) स्कैनर
(d) की-बोर्ड

29. DPI दर्शाता है
(a) डॉट्स प्रति इंच
(b) डिजिटल प्रति यूनिट
(c) डॉट्स पिक्सल इंक
(d) डॉट प्रति इंक

30. निम्नलिखित में से कौन-सी एक आउटपुट डिवाइस है?
(a) माउस (b) स्कैनर
(c) वेबकैम (d) प्लॉटर

31. किसी सूचना को एक कम्प्यूटर से पेपर पर इमेज रूप में परिवर्तित करने के लिए किस आउटपुट डिवाइस का प्रयोग किया जाता है?
(a) टच पैनल (b) कार्ड पंच
(c) माउस (d) प्लॉटर

32. स्पीकर को सीपीयू से जोड़ने के लिए किस डिवाइस का प्रयोग करते हैं?
(a) साउण्ड ड्राइवर
(b) साउण्ड कनेक्टर
(c) साउण्ड कार्ड
(d) स्पीकर पोर्ट

33. निम्नलिखित में अस्थायी आउटपुट डिस्प्ले कौन-सा है?
(a) प्रोजेक्टर (b) प्रिण्टर
(c) स्कैनर (d) वीडियो कैमरा

PYQs

34. MICR का अर्थ .... है।
क्लर्क (बहरामपुर) 1 नवम्बर 2020
(a) मैग्नेटिक इंक कोड रीडर
(b) मैग्नेटिक इंक केसेज रीडर
(c) मैग्नेटिक इंक कैरेक्टर रिकॉग्निशन
(d) उपरोक्त में से कोई नहीं

35. .... इनपुट डिवाइस नहीं है।
क्लर्क (हमीरपुर) 1 नवम्बर 2020
(a) माउस
(b) की-बोर्ड
(c) VDU
(d) लाइट पैन

36. एक पिक्सेल .... को सन्दर्भित करता है। **क्लर्क (हैदराबाद) 28 फरवरी 2021**
(a) माध्यमिक में संगृहीत एक तस्वीर
(b) एक कम्प्यूटर प्रोग्राम जो चित्र बनाता है
(c) एक विषाणु
(d) कम्प्यूटर स्क्रीन पर छवि का सबसे छोटा असतत् घटक

उत्तरमाला

1. (d)	2. (a)	3. (a)	4. (c)	5. (c)	6. (c)	7. (b)	8. (a)	9. (b)	10. (c)
11. (c)	12. (d)	13. (a)	14. (a)	15. (b)	16. (c)	17. (c)	18. (d)	19. (c)	20. (c)
21. (b)	22. (a)	23. (a)	24. (d)	25. (a)	26. (b)	27. (b)	28. (a)	29. (a)	30. (d)
31. (d)	32. (c)	33. (a)	34. (c)	35. (a)	36. (d)				

अध्याय 03

कम्प्यूटर मैमोरी

कम्प्यूटर में मैमोरी का प्रयोग डाटा तथा प्रोग्राम को स्थायी या अस्थायी रूप से स्टोर करने के लिए किया जाता है।

मैमोरी के प्रकार

मैमोरी को दो भागों में बाँटा गया है— प्राइमरी मैमोरी और सेकेण्डरी मैमोरी।

प्राइमरी मैमोरी

- इसे आन्तरिक मैमोरी भी कहा जाता है, क्योंकि यह कम्प्यूटर के सीपीयू का ही भाग होती है।
- इसमें इनपुट तथा आउटपुट डाटा को कुछ समय के लिए स्टोर किया जाता है।

प्राइमरी मैमोरी को दो भागों में बाँटा जा सकता है

1. **रैण्डम एक्सेस मैमोरी** (RAM) इसमे उपस्थित सभी सूचनाएँ अस्थायी (Temporary) होती हैं और जैसे ही कम्प्यूटर की विद्युत सप्लाई बन्द कर दी जाती है, वैसे ही समस्त सूचनाएँ नष्ट हो जाती हैं अर्थात् रैम एक वॉलेटाइल (Volatile) मैमोरी है।
   - रैम दो प्रकार की होती हैं— डायनैमिक रैम तथा स्टैटिक रैम
2. **रीड ओनली मैमोरी** (ROM) इस मैमोरी में उपस्थित डाटा तथा निर्देश स्थायी (Permanent) होते हैं, जिस कारण इन्हें केवल पढ़ा जा सकता है।
   - डाटा और निर्देशों के स्थायी होने के कारण कम्प्यूटर की विद्युत सप्लाई बन्द होने पर भी चिप में उपस्थित सूचनाएँ संरक्षित रहती हैं अर्थात् रोम नॉन-वॉलेटाइल (Non-Volatile) मैमोरी है।
   - PROM (प्रोग्रामेबल रीड ओनली मैमोरी), EPROM (इरेजेबल प्रोग्रामेबल रीड ओनली मैमोरी) तथा EEPROM (इलेक्ट्रिकली इरेजेबल प्रोग्रामेबल रीड ओनली मैमोरी) रोम के विभिन्न प्रकार है।

नोट कैशे मैमोरी एक विशेष प्रकार की मैमोरी है, जो अत्यधिक तेज स्टैटिक रैम चिपों का उपयोग करती है और प्रोसेसर को किसी विशेष मैमोरी का उपयोग अत्यन्त तेजी से करने की सुविधा प्रदान करती है।

सेकेण्डरी मैमोरी

- इस प्रकार की मैमोरी सीपीयू के बाहर होती है, इसीलिए इसे बाह्य (External) या ऑक्जिलरी (Auxiliary) मैमोरी भी कहा जाता है।
- इस मैमोरी में ऐसी सूचनाएँ स्टोर होती हैं, जिन्हें लम्बे समय तक स्टोर करना होता है तथा जिनकी आवश्यकता लगातार न होती हो।

कुछ मुख्य सेकेण्डरी मैमोरी डिवाइस निम्न हैं

- **हार्ड डिस्क ड्राइव** यह एक नॉन-वोलेटाइल तथा रैण्डम एक्सेस डिजिटल डाटा स्टोरेज डिवाइस है।

  यह सूचनाओं को स्थायी रूप से स्टोर करने का बहुत विश्वसनीय (Reliable) माध्यम है।
- **फ्लॉपी डिस्क** इसको डिस्कीटी (Diskette), फ्लॉपी या केवल डिस्क के नाम से भी जाना जाता है।

  फ्लॉपी डिस्क पर कोई सूचना लिखने या उसे पढ़ने के लिए एक विशेष उपकरण की आवश्यकता होती है, जिसे फ्लॉपी डिस्क ड्राइव (FDD) कहा जाता है।
- **कॉम्पैक्ट डिस्क** (CD) यह एक विशेष प्रकार की डिस्क होती है, जिस पर डेटा प्राय: एक बार ही लिखा जाता है और फिर उसे कितनी बार भी पढ़ सकते हैं।
- एक सामान्य CD ROM आमतौर पर 680 MB डेटा तक स्टोर कर सकता है।
- **डिजिटल वीडियो डिस्क** (DVD) इस पर डाटा लिखने या उसे पढ़ने के लिए एक विशेष ड्राइव होती है, जिसे डीवीडी ड्राइव कहा जाता है।
- DVD का आकार CD के समान ही होता है, लेकिन ये छह गुना अधिक डाटा स्टोर करती हैं।
- **ब्लू-रे डिस्क** यह एक ऑप्टिकल डिस्क स्टोरेज माध्यम है। मुख्य रूप से इसका प्रयोग उच्च परिभाषा वाले वीडियो (High Definition Video), प्लेस्टेशन 3 (Playstation 3), वीडियो गेम्स स्टोर करने के लिए किया जाता है।
- **पेन ड्राइव** यह पेन के आकार की इलेक्ट्रॉनिक मैमोरी है, जिसे प्लग एण्ड प्ले डिवाइस की तरह पोर्ट में लगातार डेटा को स्टोर करने तथा पढ़ने के लिए प्रयोग किया जाता है।
- **मैमोरी कार्ड** यह एक चिप आकार में डाटा स्टोरेज डिवाइस है, जिसमें डाटा को स्टोर कर सकते हैं। ये सामान्यत: कई इलेक्ट्रॉनिक उपकरणों में उपयोग किए जाते हैं, जिनमें डिजिटल कैमरा, मोबाइल फोन, लैपटॉप कम्प्यूटर शामिल हैं।

मैमोरी की इकाइयाँ

1 बिट	=	बाइनरी डिजिट (0 या 1)
4 बिट्स	=	1 निबल
8 बिट्स	=	1 बाइट
1024 बाइट्स	=	1 किलोबाइट (1 KB)
1024 किलोबाइट	=	1 मेगाबाइट (1 MB)
1024 मेगाबाइट	=	1 गीगाबाइट (1 GB)
1024 गीगाबाइट	=	1 टेराबाइट (1 TB)
1024 टेराबाइट	=	1 पेटाबाइट (1 PB)
1024 पेटाबाइट	=	1 एक्साबाइट (1 EB)
1024 एक्साबाइट	=	1 जेटाबाइट (1 ZB)
1024 जेटाबाइट	=	1 योटाबाइट (1 YB)
1024 योटाबाइट	=	1 ब्रोण्टोबाइट (Bronto Byte)
1024 ब्रोण्टोबाइट	=	1 जीओपबाइट (Geop Byte)

नोट बिट सबसे छोटी मैमोरी इकाई है। जीओपबाइट सबसे बड़ी मैमोरी इकाई है।

एग्जाम पैटर्न प्रश्न

1. कम्प्यूटर डाटा एकत्र करते हैं, इसका अर्थ है कि वे उपयोगकर्ता को डाटा .... करने देते हैं।
(a) प्रेजेण्ट (b) इनपुट
(c) आउटपुट (d) स्टोर

2. मैमोरी (रैम या रोम) की मात्रा मापी जाती है
(a) बाइट्स में (b) बिट्स में
(c) मेगाबाइट में (d) मेगाबिट्स में

3. इण्टर्नल मैमोरी की प्रमुख विशेषता है
(a) सीमित क्षमता
(b) अस्थायी स्टोरेज
(c) तेज एक्सेस तथा उच्च लागत
(d) उपरोक्त सभी

4. जब प्रोसेसर सीपीयू का प्रयोग करता है, तब डाटा और प्रोग्राम कहाँ रखे जाते हैं?
(a) मेन मैमोरी (b) सेकेण्डरी मैमोरी
(c) डिस्क मैमोरी (d) प्रोग्राम मैमोरी

5. कम्प्यूटर की मेन मैमोरी का भाग कौन-सा है?
(a) CPU
(b) RAM
(c) ROM
(d) 'b' और 'c' दोनों

6. कम्प्यूटर की प्रमुख मैमोरी को .... भी कहा जाता है।
(a) प्राथमिक/प्राइमरी स्टोरेज
(b) आन्तरिक मैमोरी
(c) प्राइमरी मैमोरी
(d) ये सभी

7. RAM निम्नलिखित में से किसका उदाहरण है?
(a) नॉन-वॉलेटाइल मैमोरी
(b) कैशे मैमोरी
(c) वर्चुअल मैमोरी
(d) वॉलेटाइल मैमोरी

8. RAM में स्टोर की गई सूचना वॉलेटाइल मानी जाती है, जिसका अर्थ है कि वह
(a) वहाँ स्थायी रूप से स्टोर्ड है।
(b) स्थायी रूप से नहीं, केवल अस्थायी रूप से स्टोर है।
(c) जब बिजली बन्द की जाए, तो स्टोर की जाती है।
(d) CPU डिवाइस में स्थायी रूप से स्टोर की जाती है।

9. 'रैम' के बारे में निम्न में से कौन-सा कथन असत्य है?
(a) रैम, हार्ड डिस्क स्टोरेज के समान होती है
(b) रैम एक अस्थायी संग्रहण क्षेत्र है
(c) रैम एक वॉलेटाइल मैमोरी है
(d) रैम एक प्राथमिक मैमोरी है

10. प्राइमरी मैमोरी यूनिट किसका एक हिस्सा है?
(a) इनपुट डिवाइस (b) कण्ट्रोल यूनिट
(c) आउटपुट डिवाइस (d) सीपीयू

11. यदि प्रयोक्ता को CPU में तत्काल उपलब्ध सूचना की जरूरत हो, तो यह .... स्टोर की जानी चाहिए।
(a) CPU में (b) RAM में
(c) सेकेण्डरी स्टोरेज में (d) CD में

12. कौन-सी मैमोरी टेम्परेरी मैमोरी की तरह प्रयोग की जाती है?
(a) नॉन-वॉलेटाइल मैमोरी
(b) वॉलेटाइल मैमोरी
(c) हार्ड डिस्क मैमोरी
(d) रीड ओनली मैमोरी

13. बिजली बन्द कर दिए जाने के बाद जो स्टोरेज अपना डाटा रखती है, उसे .... कहते हैं।
(a) वॉलेटाइल मैमोरी
(b) नॉन-वॉलेटाइल मैमोरी
(c) सिक्वेन्शियल स्टोरेज
(d) डायरेक्ट स्टोरेज

14. रीड ओनली मैमोरी (ROM) की कौन-सी विशेषता उसे उपयोगी बनाती है?
(a) ROM में जानकारी को आसानी से अपडेट किया जा सकता है
(b) ROM में डाटा को खतरा नहीं होता, बिजली न होने पर भी वह उसमें रहता है
(c) ROM विशाल सस्ता डाटा स्टोरेज उपलब्ध कराता है
(d) ROM चिपों की अलग-अलग ब्राण्ड के कम्प्यूटरों में आसानी से अदला-बदली की जा सकती है

15. ROM (Read Only Memory) में डाटा
(a) सिर्फ पढ़ा जाता है
(b) Non-Volatile होता है
(c) सिर्फ लिखा जाता है
(d) 'a' और 'b' दोनों

16. जब आप पहले एक कम्प्यूटर को ऑन करते हैं, तब सीपीयू में संगृहीत निर्देशों को प्रयोग में लाने के लिए पहले से तैयार होता है
(a) रैम (b) फ्लैश मैमोरी
(c) रोम (d) सीडी-रोम

17. जब इसमें बिजली बन्द हो जाती है, तो मैमोरी के कण्टेण्ट्स गुम (नष्ट) नहीं होंगे
(a) रोम (b) EPROM
(c) EEPROM (d) ये सभी

18. कैशे मैमोरी .... के मध्य स्थित होती है।
(a) CPU और RAM
(b) RAM और ROM
(c) CPU और हार्ड डिस्क
(d) ये सभी

19. एक छोटे आकार की वॉलेटाइल मैमोरी है, जो प्रोसेसर के लिए उच्च गति का डाटा एक्सेस करती है
(a) माइक्रोप्रोसेसर (b) कैशे
(c) रोम (d) ALU

20. प्राइमरी मैमोरी की तुलना में सेकेण्डरी मैमोरी की गति होती है

(a) धीमी (b) एक जैसी
(c) तेज (d) बहुत तेज

21. सेव करके कम्प्यूटर बन्द करने पर आपका डाटा यथावत् होगा

(a) RAM
(b) मदरबोर्ड
(c) सेकेण्डरी स्टोरेज डिवाइस
(d) प्राइमरी स्टोरेज डिवाइस

22. निम्नलिखित में से कौन-सा कथन सेकेण्डरी मैमोरी के बारे में सत्य है?

(a) इसे सतत् विद्युत की आवश्यकता नहीं होती
(b) यह मैग्नेटिक मीडिया का प्रयोग नहीं करती
(c) यह चार मुख्य प्रकार की डिवाइसों से मिलकर बनी होती है
(d) यह बाद में प्राप्त किए गए डाटा को सेव नहीं करती है

23. हार्ड डिस्क ड्राइव्स को ……… स्टोरेज माना जाता है।

(a) फ्लैश
(b) नॉन-वॉलेटाइल
(c) टेम्पेररी
(d) नॉन-परमानेण्ट

24. कम्प्यूटर किससे सीधे सम्पर्क करता है?

(a) हार्ड ड्राइव
(b) डिस्क ड्राइव
(c) मॉडम
(d) USB पोर्ट

25. हार्ड ड्राइव को स्टोर करने के लिए ……… उपयोग किया जाता है।

(a) वॉलेटाइल डाटा
(b) नॉन-वोलेटाइल डाटा
(c) स्थायी डाटा
(d) अस्थायी डाटा

26. डिस्क के उस कण्टेण्ट को क्या कहते हैं, जिसे प्रयोक्ता बदल या मिटा नहीं सकता है?

(a) केवल मैमोरी
(b) केवल राइट
(c) केवल रीड
(d) केवल रन

27. स्टोरेज मीडिया जैसे सीडी की सूचनाएँ ……… के प्रयोग से लिखी जाती हैं और पढ़ी जाती हैं।

(a) रेड लाइट के लेजर
(b) मैग्नेटिक डॉट
(c) मैग्नेटिक स्ट्रिप्स
(d) उपरोक्त सभी

28. CD-RW का पूरा रूप है ………।

(a) Compact Drum, Read, Write
(b) Compact Diskette, Read, Write
(c) Compact Disc, Read Only then Write
(d) Compact Disc-Rewritable

29. डीवीडी (DVD) ……… का उदाहरण है।

(a) हार्ड डिस्क
(b) ऑप्टिकल डिस्क
(c) आउटपुट डिवाइस
(d) सॉलिड स्टेट स्टोरेज डिवाइस

30. ब्लू-रे डिस्क का प्रयोग किसमें किया जाता है?

(a) प्लेस्टेशन 3 में
(b) इमेज में
(c) इन्स्टॉलेशन में
(d) अपडेटिंग में

31. एक 'बिट' से अभिप्राय है

(a) संग्रहण का एक प्रकार
(b) एक किलोबाइट के बराबर मान
(c) एक मेगाबाइट के बराबर मान
(d) डिजिटल सूचना की सबसे छोटी इकाई

32. निम्नलिखित में से क्या 4 बिट्स के समूह का एक ओर अन्य नाम है?

(a) निबल (b) बाइट
(c) किलोबाइट (d) मेगाबाइट

PYQs

33. एक सामान्य CD ROM आमतौर पर ………… डेटा तक स्टोर कर सकता है।

क्लर्क (लखनऊ) 2020

(a) 600 GB (b) 600 KB
(c) 680 बाइट्स (d) 680 MB

34. स्टोरेज डिवाइस (भण्डारण साधन) में सूचना के प्रत्येक टुकड़े को उसके स्थान के लगभग समान समय में पढ़ने और लिखने की क्षमता …………… है।

क्लर्क (बेंगलुरु) 23 फरवरी 2020

(a) सीक्वेंशियल एक्सेस
(b) रेस्टर स्कैन
(c) खोज
(d) रैण्डम एक्सेस

35. किस प्रकार की मैमोरी स्थिर और गैर-वाष्पशील दोनों प्रकार की होती है?

क्लर्क (बेंगलुरु) 23 फरवरी 2020
क्लर्क (बहरामपुर) 01 नवम्बर 2020

(a) BIOS (b) CACHE
(c) ROM (d) RAM

36. किसी स्टोरेज डिवाइस में इन्फॉर्मेशन के प्रत्येक भाग को रीड और राइट करने की क्षमता बिना समय अवधि के परवाह के लगभग समान …………… लेती है।

क्लर्क (बहरामपुर) 01 नवम्बर 2020

(a) सीक्वेंशियल एक्सेस
(b) रैण्डम एक्सेस
(c) रास्टर स्कैन
(d) सर्च

उत्तरमाला

1. (d)	2. (c)	3. (d)	4. (a)	5. (d)	6. (d)	7. (d)	8. (b)	9. (a)	10. (d)
11. (b)	12. (b)	13. (b)	14. (b)	15. (d)	16. (c)	17. (d)	18. (a)	19. (b)	20. (a)
21. (c)	22. (a)	23. (b)	24. (a)	25. (c)	26. (c)	27. (a)	28. (d)	29. (b)	30. (a)
31. (d)	32. (a)	33. (d)	34. (d)	35. (c)	36. (b)				

अध्याय 04

ऑपरेटिंग सिस्टम की मूल अवधारणा

- ऑपरेटिंग सिस्टम कुछ विशेष प्रोग्रामों का ऐसा व्यवस्थित समूह है, जो किसी कम्प्यूटर के सम्पूर्ण क्रियाकलापों को नियन्त्रित करता है।
- यह कम्प्यूटर तथा यूजर के मध्य सम्बन्ध स्थापित करता है।

ऑपरेटिंग सिस्टम के प्रकार

ऑपरेटिंग सिस्टम के प्रकार निम्नलिखित हैं

बैच प्रोसेसिंग ऑपरेटिंग सिस्टम

इस प्रकार के ऑपरेटिंग सिस्टम में एक प्रकार के सभी कार्यों को एक बैच (Batch) के रूप में संगठित करके साथ में क्रियान्वित किया जाता है।
जैसे— यूनिक्स

सिंगल यूज़र ऑपरेटिंग सिस्टम

- इस प्रकार के ऑपरेटिंग सिस्टम में एक बार में केवल एक उपयोगकर्ता को ही कार्य करने की अनुमति होती है।
- यह सबसे अधिक प्रयोग किया जाने वाला ऑपरेटिंग सिस्टम है; जैसे—MS-DOS, Windows 9X आदि।

मल्टीयूजर ऑपरेटिंग सिस्टम

- यह ऑपरेटिंग सिस्टम एक समय में एक से अधिक उपयोगकर्ता को कार्य करने की अनुमति देता है।
- यह प्रत्येक प्रोग्राम की संसाधन (Resources) सम्बन्धी जरूरत को पूरा करता है; जैसे—यूनिक्स, वीएमएस (VMS) आदि।

मल्टीप्रोसेसिंग ऑपरेटिंग सिस्टम

इस ऑपरेटिंग सिस्टम में दो या दो से अधिक सेण्ट्रल प्रोसेसिंग यूनिट का प्रयोग किया जाता है; जैसे—लाइनक्स, यूनिक्स आदि।

मल्टीटास्किंग ऑपरेटिंग सिस्टम

यह ऑपरेटिंग सिस्टम एक समय में एक से अधिक कार्यों को सम्पन्न करने की अनुमति देता है, इसमें उपयोगकर्ता आसानी से दो कार्यों के मध्य स्विच (Switch) कर सकता है; *जैसे*—लाइनक्स, यूनिक्स, Windows 95 आदि।

टाइम शेयरिंग ऑपरेटिंग सिस्टम

इस प्रकार के ऑपरेटिंग सिस्टम में एक साथ एक से अधिक उपयोगकर्ता या प्रोग्राम कम्प्यूटर के संसाधनों का प्रयोग करते हैं। जैसे— MacOS आदि।

यूजर इण्टरफेस

जो सिस्टम, यूजर्स को कम्प्यूटर से इण्टरेक्ट (Interact) करने की सुविधा प्रदान करता है, उसे यूजर इण्टरफेस कहते हैं।
यूजर इण्टरफेस दो प्रकार के होते हैं

1. **ग्राफिकल यूजर इण्टरफेस** ऐसा इण्टरफेस, जो यूजर को स्क्रीन पर उपस्थित ऑब्जेक्ट्स पर प्वॉइण्ट या क्लिक करके कमाण्ड्स के रूप में स्वीकार करता है, ग्राफिकल यूजर इण्टरफेस (GUI) कहलाता है;
   जैसे— विण्डोज।
2. **कैरेक्टर यूजर इण्टरफेस** ऐसा इण्टरफेस, जो शब्दों तथा अक्षरों को कमाण्ड्स के रूप में स्वीकार करता है, कैरेक्टर यूजर इण्टरफेस (CUI) कहलाता है। कमाण्ड लाइनों का प्रयोग करने के कारण इसे कमाण्ड लाइन इण्टरफेस (CLI) भी कहा जाता है; *जैसे*— MS-DOS

नोट कम्प्यूटर को स्टार्ट या रीस्टार्ट करने की प्रक्रिया को **बूटिंग** कहते हैं। बूटिंग दो प्रकार की होती है— वार्म बूटिंग और कोल्ड बूटिंग।

कुछ महत्त्वपूर्ण ऑपरेटिंग सिस्टम

कुछ महत्त्वपूर्ण ऑपरेटिंग सिस्टम निम्न हैं

यूनिक्स

- इसका पूरा नाम यूनिप्लेक्स इन्फॉर्मेशन कम्प्यूटर सिस्टम है।
- इस ऑपरेटिंग सिस्टम को सर्वर तथा वर्कस्टेशन दोनों में प्रयोग किया जा सकता है।

लाइनक्स

- यह ऑपरेटिंग सिस्टम लीनस टोरवॉल्डस (Linus Torvalds) द्वारा विकसित किया गया था। इसका प्रयोग मुख्यत: सर्वर के लिए होता है।
- यह एक ओपन सोर्स सॉफ्टवेयर है तथा सभी प्रकार के कम्प्यूटर पर चल सकता है।

एमएस-विण्डोज

- यह माइक्रोसॉफ्ट द्वारा विकसित ग्राफिकल यूज़र इण्टरफेस ऑपरेटिंग सिस्टम है। इसके विभिन्न संस्करण; *जैसे*—विण्डोज-*95/98/XP/Vista/7/10* आदि उपलब्ध हैं।

MS-DOS

- इसका पूर्ण रूप माइक्रोसॉफ्ट डिस्क ऑपरेटिंग सिस्टम (Microsoft Disk Operating System) है। यह एक सिंगल यूजर ऑपरेटिंग सिस्टम है।

मोबाइल ऑपरेटिंग सिस्टम

- स्मार्टफोन, टेबलेट्स, PDA और डिजिटल मोबाइल डिवाइसों में प्रयुक्त होने वाले ऑपरेटिंग सिस्टम, मोबाइल ऑपरेटिंग सिस्टम कहलाते हैं।
- इन्हें हैण्डहेल्ड ऑपरेटिंग सिस्टम के नाम से भी जाना जाता है।

कुछ मोबाइल ऑपरेटिंग सिस्टम का विवरण निम्नलिखित हैं

- **एण्ड्रॉयड** इसे प्रमुख रूप से टच स्क्रीन मोबाइलों; *जैसे*—टेबलेट, स्मार्टफोन आदि के लिए बनाया गया है।
- **सिम्बियन** यह मोबाइल ऑपरेटिंग सिस्टम सिम्बियन लिमिटेड द्वारा प्रस्तुत किया गया है। इनका प्रयोग मोटोरोला, सोनी, नोकिया, सैमसंग आदि कम्पनियों के विभिन्न सेटों में किया जा रहा है।
- **iOS** यह एप्पल इनकॉर्पोरेशन के द्वारा निर्मित एक बहु-लोकप्रिय ऑपरेटिंग सिस्टम है। इसका प्रयोग मुख्य रूप से एप्पल के आइफोन (iPhone), आइपॉड (iPod), आइपैड (iPad) इत्यादि में किया जाता है।

एग्जाम पैटर्न प्रश्न

1. ………… वह प्रोग्राम है, जो कम्प्यूटर को प्रयोग करने में आसान बना देता है।
(a) एप्लीकेशन (b) यूटिलिटी
(c) नेटवर्क (d) ऑपरेटिंग सिस्टम

2. ……… का उपयोग बहुत बड़ी फाइलों के लिए किया जाता है या जहाँ फास्ट रेस्पॉन्स टाइम महत्त्वपूर्ण नहीं होता है।
(a) बैच प्रोसेसिंग (b) ऑनलाइन प्रोसेसिंग
(c) फाइल प्रोसेसिंग (d) डाटा प्रोसेसिंग

3. अनेक प्रोसेसर्स द्वारा की जाने वाली दो या अधिक प्रोग्रामों की लगातार प्रोसेसिंग ………… कहलाती है।
(a) मल्टीप्रोग्रामिंग (b) मल्टीटास्किंग
(c) टाइम शेयरिंग (d) मल्टीप्रोसेसिंग

4. एक समय में, एक साथ, एक से ज्यादा कार्य सम्पन्न करने वाली कम्प्यूटर तकनीक को ………… कहते हैं।
(a) मल्टीयूजर
(b) मल्टीटास्किंग
(c) मल्टीप्रपज
(d) मल्टीफंक्शनल

5. एक ऑपरेटिंग सिस्टम मल्टीटास्किंग कर सकता है, का क्या अर्थ है?
(a) ऑपरेटिंग सिस्टम कार्य को कई CPUs के बीच विभाजित कर सकता है
(b) बहुत से प्रोग्राम साथ-साथ ऑपरेट किए जा सकते हैं
(c) बहुत से लोग साथ-साथ कम्प्यूटर का उपयोग कर सकते हैं
(d) उपरोक्त सभी

6. जब बहुत से कार्य कम्प्यूटर में एक साथ प्रतीत होते हैं, उसे क्या कहते हैं?
(a) टाइम शेयरिंग
(b) बैच प्रोसेसिंग
(c) 'a' और 'b' दोनों
(d) रियल टाइम

7. टाइम शेयरिंग सर्वाधिक उपयुक्त है
(a) छोटे कार्यों के लिए
(b) बड़े कार्यों के लिए
(c) आसान व छोटे कार्यों के लिए
(d) उपरोक्त सभी

8. किस ऑपरेटिंग सिस्टम की सहायता से एक साथ कई उपयोगकर्ता कम्प्यूटर ऑपरेट कर सकते हैं?
(a) विण्डोज
(b) एमएस-डॉस
(c) टाइम शेयरिंग
(d) उपरोक्त सभी

9. यूजर और ऑपरेटिंग सिस्टम के मध्य होने वाले इण्टरेक्शन के तरीके को निम्न में से कौन कण्ट्रोल करता है?
(a) यूजर इण्टरफेस
(b) लैंग्वेज ट्रांसलेटर
(c) प्लेटफॉर्म
(d) स्क्रीन सेवर

10. GUI का पूर्ण रूप है
(a) ग्राफिकल यूजर इण्टरफेस
(b) ग्राफिक यूजर इण्टरफेस
(c) ग्रेट यूजर इण्टरफेस
(d) ग्राफिकल यूजर इण्टरेक्शन

11. आजकल अधिकतर एप्लीकेशन सॉफ्टवेयर एक इण्टरफेस युक्त होते हैं, ऐसे सॉफ्टवेयर को क्या कहा जाता है?
(a) ग्राफिकल यूजर इण्टरफेस
(b) कैरेक्टर यूजर इण्टरफेस
(c) आइकन यूजर इण्टरफेस
(d) बटन यूजर इण्टरफेस

12. GUI का प्रयोग ………… के बीच एक इण्टरफेस के रूप में होता है।
(a) हार्डवेयर और सॉफ्टवेयर
(b) यूजर और मशीन
(c) सॉफ्टवेयर एवं यूजर
(d) उपरोक्त सभी

13. जो शब्दों तथा अक्षरों को कमाण्ड्स के रूप में स्वीकार करता है, कहलाता है
(a) यूजर इण्टरफेस
(b) कमाण्ड लाइन इण्टरफेस
(c) ग्राफिकल यूजर इण्टरफेस
(d) 'b' और 'c' दोनों

14. ………… न हो, तो कम्प्यूटर 'बूट' नहीं कर सकता।
(a) कम्पाइलर
(b) लोडर
(c) ऑपरेटिंग सिस्टम
(d) असेम्बलर

15. कम्प्यूटर को 'स्टार्ट' तथा 'रीस्टार्ट' करने की प्रक्रिया को ……………… कहते हैं।
(a) स्टार्ट-अप
(b) सैटिंग अप
(c) इनीशियलाइजिंग
(d) बूटिंग

17. जब आप कम्प्यूटर को बन्द करते हैं, तो बूट रूटिन इस प्रक्रिया को प्रदर्शित करेगा
(a) रैम प्रक्रिया
(b) डिस्क ड्राइव प्रक्रिया
(c) मैमोरी प्रक्रिया
(d) पावर ऑन सैल्फ टेस्ट

18. यूनिक्स की विशेषता क्या है?
(a) एक साथ अनेक कार्य
(b) एक साथ अनेक लोग कार्य कर सकते हैं
(c) काफी सुरक्षित है
(d) उपरोक्त सभी

19. यूनिक्स ऑपरेटिंग सिस्टम .... के लिए उपयुक्त है।
(a) मल्टीयूजर
(b) रियल टाइम प्रोसेसिंग
(c) डिस्ट्रिब्यूटेड प्रोसेसिंग
(d) सिंगल यूजर

20. 'यूनिक्स' का पूरा नाम क्या है?
(a) यूनिप्लेक्स इन्फॉर्मेशन कम्प्यूटर सिस्टम
(b) यूनिप्लेक्स इण्टर कम्प्यूटर सर्किट
(c) यूनियन इन्फॉर्मेशन कम्प्यूटर सिस्टम
(d) यूनियन इन्फ्रो कैरेक्टर सिस्टम

21. एप्पल (Apple) का ऑपरेटिंग सिस्टम कौन-सा है?
(a) मैक (b) लाइनक्स (c) यूनिक्स (d) विस्टा

22. निम्नलिखित में से कौन-सा ऑपरेटिंग सिस्टम सभी तरह के कम्प्यूटर पर चल सकता है?
(a) यूनिक्स (b) विण्डोज XP
(c) लाइनक्स (d) सोलेरिस

23. Redhat, Ubuntu तथा Chromium इत्यादि किसके उदाहरण हैं?
(a) विण्डोज आधारित ऑपरेटिंग सिस्टम
(b) लाइनक्स आधारित ऑपरेटिंग सिस्टम
(c) यूनिक्स आधारित ऑपरेटिंग सिस्टम
(d) MAC आधारित ऑपरेटिंग सिस्टम

24 पर्सनल कम्प्यूटर के लिए निम्न में से कौन-सा विण्डोज ऑपरेटिंग सिस्टम सॉफ्टवेयर का एक वर्जन नहीं है?
(a) ME
(b) 98
(c) XP
(d) लाइनक्स

उत्तरमाला

1. (d)	2. (a)	3. (d)	4. (b)	5. (b)	6. (b)	7. (c)	8. (c)	9. (a)	10. (a)
11. (a)	12. (b)	13. (b)	14. (c)	15. (d)	16. (a)	17. (d)	18. (d)	19. (a)	20. (a)
21. (a)	22. (c)	23. (b)	24. (d)						

अध्याय 05

विण्डोज का परिचय

माइक्रोसॉफ्ट विण्डोज का पूरा नाम 'माइक्रोसॉफ्ट-वाइड इण्टरएक्टिव नेटवर्क डेवलपमेण्ट फॉर ऑफिस वर्क सॉल्यूशन' है। माइक्रोसॉफ्ट विण्डोज, पर्सनल कम्प्यूटर के लिए माइक्रोसॉफ्ट द्वारा विकसित ऑपरेटिंग सिस्टम है। विण्डोज NT/95/98/ XP/Vista/7/10 इसके विभिन्न संस्करण (Version) हैं।

डेस्कटॉप

- मॉनीटर ऑन करने के बाद आने वाली प्रारम्भिक स्क्रीन को डेस्कटॉप कहा जाता है। यह सभी प्रोग्रामों तथा उन पर पहुँचने के लिए आवश्यक निर्देशों का बैकग्राउण्ड है।
- डेस्कटॉप के बैकग्राउण्ड (Background) को वॉलपेपर (Wallpaper) कहते हैं।

डेस्कटॉप के प्रमुख अवयव (Components) निम्नलिखित हैं

आइकन

- यह छोटा-सा ग्राफिक इमेज है, जो किसी भी प्रोग्राम के क्रियान्वयन (Execution) का प्रतिनिधित्व करता है।
- जब हम माउस द्वारा किसी आइकन पर क्लिक करते हैं, तो इससे सम्बन्धित प्रोग्राम क्रियान्वित (Execute) हो जाते हैं।
- Computer, Recycle Bin, Network, Documents डेस्कटॉप पर कुछ महत्त्वपूर्ण आइकन हैं

टास्क बार

- यह डेस्कटॉप के नीचे एक पतली पट्टी होती है, जिसके बाईं ओर स्टार्ट बटन तथा दाईं ओर घड़ी (Clock) रहती है।
- जब भी उपयोगकर्ता कोई विण्डो या प्रोग्राम ओपन करता है, तो उस विण्डो या प्रोग्राम को टास्क बार में दर्शाया जाता है।

स्टार्ट मेन्यू

- टास्क बार के बाएँ कोने पर स्टार्ट बटन होता है, जिस पर क्लिक करके स्टार्ट मेन्यू (Start menu) खुलता है। All Programs, Favourites, Documents, Setting, Log off, Turn off स्टार्ट मेन्यू में विभिन्न ऑप्शन्स हैं।
- इस मेन्यू में कई ऑप्शन्स होते हैं

विण्डो

- यह एक आयताकार क्षेत्र है, जो कई प्रोग्रामों को रन (Run) करने के लिए एक इण्टरफेस प्रदान करता है।
- यह खुले हुए डॉक्यूमेण्ट, प्रोग्राम या फोल्डर को प्रदर्शित करता है।
- माइक्रोसॉफ्ट विंडोज एक जीयूआई (GUI) है।

विण्डो के कुछ प्रमुख भाग निम्नलिखित हैं

1. **टाइटल बार**
   - यह विण्डो में सबसे ऊपर स्थित क्षैतिज पट्टी है, जिस पर एक्टिव प्रोग्राम का नाम लिखा होता है।
   - इस पट्टी के दाईं ओर तीन छोटे-छोटे कण्ट्रोल बटन्स Minimize, Maximize और Restore होते हैं।
2. **स्क्रॉल बार**
   - यदि विण्डो में प्रदर्शित सूचना का आकार विण्डो के आकार से बड़ा हो, तो सूचना को ऊपर-नीचे या दाएँ-बाएँ करने के लिए स्क्रॉल बार का प्रयोग करते हैं।
   - विण्डो के दाईं ओर ऊर्ध्वाधर (Vertical) तथा नीचे की ओर क्षैतिज (Horizontal) स्क्रॉल बार होता है।
3. **मेन्यू बार**
   - टाइटल बार के ठीक नीचे मेन्यू बार होता है, जिसमें कई प्रोग्राम, फाइल, विकल्पों या आदेशों की सूची होती है, जिसमें से किसी एक का चयन कर उस कार्य को क्रियान्वित किया जा सकता है।
   - मेन्यू बार के कुछ विकल्प निम्न हैं फाइल, एडिट, व्यू, इन्सर्ट, हेल्प।

विण्डोज के अन्तर्गत उपयोगी प्रोग्राम

- **नोटपैड** (Notepad) यह एक साधारण टेक्स्ट एडिटर है। इसमें केवल टेक्स्ट लिखा जाता है।
- **वर्डपैड** (WordPad) यह विण्डोज के अन्तर्गत दूसरा वर्ड प्रोसेसर है, जो नोटपैड से कुछ अधिक विकसित है। इसमें फॉण्ट्स, रंग तथा इमेज की भी सुविधा है।
- **पेण्ट** (Paint) यह ड्रॉइंग बनाने या डिजिटल इमेजों को एडिट (Edit) करने के लिए प्रयोग होने वाला ड्रॉइंग प्रोग्राम है।
- **मीडिया प्लेयर** (Media Player) विण्डोज मीडिया प्लेयर एक इण्टरफेस है, जिसके द्वारा डिजिटल मीडिया फाइलों को प्ले तथा व्यवस्थित किया जाता है।

फाइल्स

- फाइलें (Files) सेकेण्डरी मैमोरी पर स्टोर डाटा का संग्रह होती हैं। उपयोगकर्ता द्वारा एक फाइल या डॉक्यूमेण्ट को दिया गया नाम फाइल नेम (File name) कहलाता है।

- सभी फाइलें, फाइल एक्सटेंशन से प्रदर्शित की जाती हैं। जिसका प्रयोग फाइल के प्रकार की पहचान करने के लिए किया जाता है।

कुछ प्रमुख फाइल एक्सटेंशन निम्न प्रकार हैं

एक्सटेंशन	फाइल का नाम
.txt	नोटपैड
.docx	डॉक्यूमेण्ट फाइल
.html/.htm	एचटीएमएल फाइल
.bas	बेसिक प्रोग्राम फाइल
.ico	आइकन फाइल
.eml	ई-मेल फाइल
.exe	एक्जीक्यूटेबल फाइल

कुछ विशेष प्रकार की फाइलें निम्नलिखित हैं

- **ZIP फाइल** (Zip File) ZIP का पूरा नाम जोन इन्फॉर्मेशन प्रोटोकॉल (Zone Information Protocol) है। यह एक एप्लीकेशन है, जो फाइलों को कम्प्रैस (Compress) या आकार में छोटा करने की अनुमति देता है।
- **एक्जीक्यूटेबल फाइल** (Executable File) यह एक ऐसी फाइल है, जिसका प्रयोग विभिन्न कार्यों को करने के लिए किया जाता है। एक्जीक्यूटेबल फाइल पढ़ी नहीं जा सकती, क्योंकि यह कम्पाइल्ड होती है।

फोल्डर

- यह डिजिटल फाइल सिस्टम में एक आभासी कण्टेनर है, जिसमें फाइलों और अन्य फोल्डरों के समूहों को व्यवस्थित किया जाता है।
- एक फोल्डर के अन्तर्गत कई सारे सब-फोल्डर बनाए जा सकते हैं, जो कई फाइलों तथा अन्य सब-फोल्डरों को संगृहीत करने में सक्षम होते हैं।

एमएस-विण्डोज़ शॉर्टकट कीज़

कुंजियाँ	कार्य
Delete	सिलेक्टिड आइटम को डिलीट करने के लिए या रिसाइकिल बिन में भेजने के लिए
F2	सिलेक्टिड आइटम का नाम परिवर्तित करने के लिए
F3	फाइल या फोल्डर सर्च करने के लिए
F5	सक्रिय विण्डो के कण्टेण्ट्स को रिफ्रेश करने के लिए
Alt + F4	सक्रिय विण्डो को बन्द करने के लिए
Ctrl + Esc	Start मेन्यू को प्रदर्शित करने के लिए
Backspace	कर्सर के बाईं ओर के करैक्टर्स हटाने के लिए
Alt+Spacebar	एक्टिव विण्डो के लिए शॉर्टकट मेन्यू ओपन करने के लिए
Ctrl+Alt+Del Esc	कम्प्यूटर को रिस्टार्ट करने के लिए तथा वर्तमान टास्क को रद्द करने के लिए
Window	Start मेन्यू को छिपाने या प्रदर्शित करने के लिए
Window + D	मॉनीटर पर सभी विण्डोज को मिनीमाइज करने के लिए
Window + L	की-बोर्ड को लॉक करने के लिए

एग्जाम पैटर्न प्रश्न

1. विण्डोज ME में, ME का पूर्णरूप है
(a) Millennium Edition
(b) Micro-Expert
(c) Macro-Expert
(d) Multi-Expert

2. विण्डोज 98, 95 और NT किस नाम से जाने जाते हैं?
(a) प्रोसेसर
(b) डोमेन नेम
(c) मॉडम
(d) ऑपरेटिंग सिस्टम

3. यदि आप 'विण्डोज 98' ऑपरेटिंग सिस्टम को 'विण्डोज XP' से बदल रहे हैं, तो आप कर रहे हैं
(a) अपडेट (b) पुश अप
(c) पैच (d) अपग्रेड

4. स्क्रीन के बैकग्राउण्ड को किस नाम से जाना जाता है?
(a) एप्लीकेशन (b) विण्डो
(c) डेस्कटॉप (d) फ्रेम

5. विण्डोज में कम्प्यूटर को ऑन करने पर पहली स्क्रीन को ……… कहते हैं।
(a) विण्डो (b) डेस्कटॉप
(c) टेक्स्ट एरिया (d) ये सभी

6. डेस्कटॉप पर जो छोटे, पिक्चर युक्त, ऑब्जेक्ट होते हैं, वे ……… कहलाते हैं।
(a) आइकन (b) लिस्ट व्यू
(c) फाइल मेन्यू (d) टास्क बार

7. विभिन्न एप्लीकेशन तथा डॉक्यूमेण्ट्स को विण्डो डेस्कटॉप पर किसके द्वारा निरूपित किया जाता है?
(a) चिन्हों (b) लेबल्स
(c) ग्राफ्स (d) आइकन्स

8. ………… डेस्कटॉप पर एक आइकन है, जो उपयोगकर्ता को किसी प्रोग्राम या फाइल तक तरन्तु एक्सेस प्रदान करता है
(a) कर्नल (b) बफर
(c) शॉर्टकट (d) इनमें से कोई नहीं

9. सामान्यत: ……… लोकेटेड आइकन से आप रिसाइकल बिन एक्सेस करते हैं।
(a) डेस्कटॉप पर
(b) हार्ड ड्राइव पर
(c) शॉर्टकट मेन्यू पर
(d) प्रोपर्टीज डायलॉग बॉक्स में

10. सभी डिलीटिड फाइलें ……… में जाती हैं।
(a) रिसाइकिल बिन (b) टास्क बार
(c) टूल बार (d) माई कम्प्यूटर

11. रिसाइकिल बिन में डिलीट किए गए आइटमों को तब तक स्टोर किया जाता है, जब तक कि
(a) दूसरा कोई यूजर लॉग-इन नहीं करता
(b) कम्प्यूटर शट डाउन है
(c) पूरा दिन समाप्त नहीं हो जाता
(d) यूजर इसे खाली नहीं कर देता

12. टास्क बार …… प्रदर्शित होता है।
(a) स्टार्ट मेन्यू पर (b) स्क्रीन के बॉटम पर
(c) शॉर्टकट मेन्यू पर
(d) प्रोपर्टीज डायलॉग बॉक्स में

13. डेस्कटॉप पर एक एप्लीकेशन को शॉर्टकट से खोलने के लिए
(a) शॉर्टकट पर डबल क्लिक करें
(b) राइट क्लिक करके 'Open' विकल्प चुनें
(c) आइकन सिलेक्ट करके एण्टर दबाएँ
(d) उपरोक्त सभी

14. जब आप अपने कम्प्यूटर पर एक नया प्रोग्राम इन्स्टॉल करते हैं, तो इसे आमतौर पर किस मेन्यू में जोड़ा जाता है?
(a) All Programs
(b) Desktop programs
(c) Select programs
(d) इनमें से कोई नहीं

15. सूचना को डिस्प्ले करने और प्रोग्रामों को रन करने के लिए आयताकार जगह निम्न में से कौन-सी है?
(a) डेस्कटॉप (b) डायलॉग बॉक्स
(c) मेन्यू (d) विण्डो

16. डॉक्यूमेण्ट के दाएँ ऊपरी कोने पर स्थित तीन बटनों को क्या कहते हैं?
(a) स्पेशल बटन (b) हेल्प बटन
(c) डिवाइड बटन (d) कण्ट्रोल बटन

17. निम्न में से कौन आपको सिस्टम की सेटिंग्स को देखने तथा बदलने की सुविधा प्रदान करता है?
(a) माई कम्प्यूटर (b) विण्डोज एक्सप्लोरर
(c) कण्ट्रोल पैनल (d) रिसाइकिल बिन

18. इनमें से किस कण्ट्रोल बटन का प्रयोग विण्डो को उसके पूर्व आकार में लाने के लिए किया जाता है?
(a) न्यूनतम (b) अधिकतम
(c) रीस्टोर (d) बन्द

19. पूरी स्क्रीन पर विण्डो को डिस्प्ले करने वाले बटन को क्या कहते हैं?
(a) स्क्रोल बॉक्स (b) डाउन साइज
(c) रीस्टोर डाउन (d) मैक्सीमाइज

20. मेन्यू पर प्रत्येक ········ एक विशेष कार्य करती है।
(a) क्लाइण्ट (b) सर्वर
(c) नोड (d) कमाण्ड

21. सॉफ्टवेयर के ·········· में कमाण्ड्स और ऑप्शन्स की सूचियाँ होती हैं।
(a) टाइटल बार (b) मेन्यू बार
(c) फॉर्मूला बार (d) टूलबार

22. निम्न में से किस प्रकार के मेन्यू को ड्रॉप डाउन मेन्यू भी कहते हैं?
(a) फ्लाई आउट (b) केस्केडिंग
(c) पॉप-अप (d) पुल-डाउन

23. डॉक्यूमेण्ट क्रिएट करने के लिए फाइल मेन्यू में किस विकल्प का प्रयोग करेंगे?
(a) Open (b) New
(c) Close (d) Save

24. नोटपैड की फाइल का एक्सटेंशन क्या होता है?
(a) .txt (b) .rtf
(c) .exe (d) .bmp

25. निम्न में से किस फाइल फॉर्मेट को नोटपैड नहीं खोल सकता है?
(a) AVI (b) TXT (c) LOG (d) DAT

26. ड्राइंग बनाने के लिए ·········· का प्रयोग करते हैं।
(a) कैलकुलेटर (b) गेम
(c) पेण्ट (d) नोटपैड

27. कॉपी कमाण्ड कहाँ सेव करती है?
(a) डेस्कटॉप (b) क्लिपबोर्ड
(c) प्रिण्टर (d) माइक्रोसॉफ्ट वर्ड

28. प्राय: किसी फाइल को क्या कहा जाता है?
(a) विजार्ड (b) दस्तावेज
(c) पेन (d) डिवाइस

29. फाइल्स से सम्बन्धित निम्न कथनों में से कौन-सा असत्य है?
(a) फाइल्स को फोल्डर में रखा जाना चाहिए
(b) फाइल्स को एक एप्लीकेशन से प्राप्त किया जा सकता है
(c) एक फाइल एक जैसी जानकारियों का संग्रहण होता है
(d) फाइल्स को रैम में स्टोर किया जाता है

30. यूजर डॉक्यूमेण्ट को जो नाम देता है, उसे ·········· कहते हैं।
(a) डॉक्यूमेण्ट नेम
(b) फाइलनेम
(c) नेम-गीवन
(d) डॉक्यूमेण्ट-आइडेण्टिटी

31. निम्न में से क्या कम्प्यूटर फाइलों के बारे में सत्य नहीं है?
(a) ये स्टोरेज माध्यम में संगृहीत किए गए डाटा का कलेक्शन होती हैं
(b) प्रत्येक फाइल का एक फाइल नाम होता है
(c) यूजर द्वारा स्थापित फाइल एक्सटेंशन फाइल के कण्टेण्ट्स को प्रदर्शित करता है
(d) सभी फाइलों में डाटा होता है

32. वह फाइल, जिसमें कम्प्यूटर द्वारा एक्जीक्यूट किए जाने वाले निर्देशों को रखा जाता है, उसे प्राय: क्या कहा जाता है?
(a) डाटा फाइल
(b) इन्फॉर्मेशन फाइल
(c) एप्लीकेशन फाइल
(d) एक्जीक्यूटेबल फाइल

33. निम्न में से क्या 'फाइलनेम' के अन्त में आता है, जिसकी सहायता से फाइल का प्रकार ज्ञात किया जाता है?
(a) फाइल प्रोपर्टी (b) फाइल टाइप
(c) फाइलनेम (d) फाइल एक्सटेंशन

34. फाइल एक्सटेंशन को फाइल के मुख्य नाम से ·········· द्वारा अलग किया गया है, जिसमें कोई स्पेस नहीं दिया जाता।
(a) क्वशचन मार्क
(b) एक्सक्लेमेशन मार्क
(c) अण्डरस्कोर
(d) पीरियड (.)

35. .bas, .doc और .htm किसके उदाहरण हैं?
(a) डाटाबेस (b) डोमेन
(c) एक्सटेंशन (d) प्रोटोकॉल

36. सक्रिय विण्डो को बन्द करने के लिए प्रयुक्त शॉर्टकट कीज़ कौन-सी है?
(a) Ctrl + F5 (b) Alt + F4
(c) Ctrl + F4 (d) Alt + F5

37. आप अपनी पर्सनल फाइल/फोल्डर ······· में रख सकते हैं।
(a) माई फोल्डर (b) माई डॉक्यूमेण्ट
(c) माई फाइल्स (d) माई टेक्स्ट

38. फाइलों को किसमें स्टोर कर व्यवस्थित किया जाता है?
(a) अर्चिव (b) लिस्ट
(c) इण्डेक्स (d) फोल्डर

PYQs

39. माइक्रोसॉफ्ट विण्डोज एक ··············· है।
क्लर्क (जबलपुर) 1 नवम्बर 2020
(a) जीयूआई
(b) वॉयस यूजर इण्टरफेस
(c) टच यूजर इंटरफेस
(d) सीयूआई

40. ··············· की मदद से उपयोगकर्ता फाइल के प्रकार की पहचान कर सकता है।
क्लर्क (जबलपुर) 1 नवम्बर 2020
(a) फाइल का नाम (b) फाइल एक्सटेन्शन
(c) पथ (d) फोल्डर

उत्तरमाला

1. (a)	2. (d)	3. (d)	4. (c)	5. (b)	6. (a)	7. (d)	8. (c)	9. (a)	10. (a)
11. (d)	12. (b)	13. (d)	14. (a)	15. (d)	16. (d)	17. (c)	18. (c)	19. (d)	20. (d)
21. (b)	22. (d)	23. (b)	24. (a)	25. (a)	26. (c)	27. (b)	28. (b)	29. (d)	30. (b)
31. (c)	32. (d)	33. (d)	34. (d)	35. (c)	36. (b)	37. (b)	38. (d)	39. (a)	40. (b)

अध्याय 06

माइक्रोसॉफ्ट ऑफिस

(एमएस-वर्ड, एमएस-एक्सेल, एमएस-पावरपॉइण्ट)

यह एक पैकेज है, जो विभिन्न प्रकार के सॉफ्टवेयर के अवयवों से बना है। यह सॉफ्टवेयर किसी कार्यालय या स्कूल आदि में विशेष रूप से प्रयोग किया जाता है, इसलिए इसका नाम MS-Office है।

MS-Office के प्रमुख सॉफ्टवेयर निम्नलिखित हैं

एमएस–वर्ड

यह एक विशेष प्रकार का वर्ड प्रोसेसिंग सॉफ्टवेयर है, जिसका प्रयोग किसी डॉक्यूमेण्ट को बनाने तथा उसमें कुछ एडिट करने के लिए किया जाता है। जैसे–.docx एमएस-वर्ड का एक्सटेंशन है।

एमएस–वर्ड की विशेषताएँ

इसकी निम्नलिखित विशेषताएँ है।

- **टेक्स्ट एडिटिंग** MS Word में किसी टेक्स्ट को लिखना, लिखे हुए टेक्स्ट को एडिट करना, डिलीट करना, टेक्स्ट के कम्पोनेण्ट को मॉडिफाई करना आदि कार्य बहुत ही आसानी से होते हैं।
- **फॉर्मेट टेक्स्ट** MS Word में किसी टेक्स्ट या शब्द को अनेक प्रकार के शब्द डिजाइन से मॉडिफाई (Modify) कर सकते हैं। विभिन्न प्रकार की स्टाइल का प्रयोग करके टेक्स्ट के एपीयरेन्स (Appearance) को बदल सकते हैं
- **इण्डेण्टेशन** इसके प्रयोग से टेक्स्ट और पेज बाउण्ड्री के बीच में चारों ओर से स्पेस को कम या अधिक कर सकते हैं।
- **पेज ओरिएण्टेशन** इसका प्रयोग किसी टाइप किए हुए टेक्स्ट को एक क्षैतिज पेज में या ऊर्ध्वाधर पेज में प्रिण्ट करने के लिए किया जाता है। MS Word में पोर्ट्रेट (Portrait) तथा लैण्डस्केप (Landscape) दो प्रकार के पेज ओरिएण्टेशन होते हैं।
- **स्पेल चेक** इसमें स्पेलिंग और ग्रामर को चेक करने की सुविधा होती है। यह ऑटोमैटिकली (Automatically) स्पेलिंग और ग्रामर (Grammar) की गलतियों को ढूँढ़ता है तथा उसे सही भी करता है।
- **शब्दकोश** इस सॉफ्टवेयर में एक कॉम्प्रेहेन्सिव डिक्शनरी (Comprehensive dictionary) और शब्दकोश होता है, जो एक शब्द के कई पर्यायवाची (Synonyms) प्रदर्शित करता है।
- **बुलेट्स एण्ड नम्बरिंग** इस सॉफ्टवेयर में अनेक प्रकार के बुलेट्स (विशेष प्रकार के चिन्ह) और नम्बर (गिनती के अंक, रोमन अंक और अंग्रेजी के अक्षर) होते हैं, जिनका प्रयोग करके पेज में एक लिस्ट बना सकते हैं।
- **मेल मर्ज** यह MS-Word की वह सुविधा है, जिसके द्वारा एक पत्र अनेक व्यक्तियों को भेज सकते हैं अथवा कुछ सूचनाएँ बदलते हुए किसी डॉक्यूमेण्ट की अनेक कॉपियाँ निकाल सकते हैं। इससे दो फाइलों से सूचनाएँ लेकर उन्हें आपस में मिलाकर या मर्ज (Merge) करके वास्तविक डॉक्यूमेण्ट तैयार किया जाता है
- **ऑब्जेक्ट लिंकिंग एण्ड एम्बेडिंग** यह माइक्रोसॉफ्ट द्वारा विकसित एक ऐसी तकनीक है, जो डॉक्यूमेण्टों और अन्य एप्लीकेशनों को जोड़ने और एम्बेडिंग करने की अनुमति प्रदान करती है। इसमें विभिन्न प्रकार के ऑब्जेक्ट; *जैसे*–चार्ट्स (Charts), समीकरण (Equations), वीडियो क्लिप तथा पिक्चर आदि उपलब्ध होते हैं।
- **क्षैतिज और ऊर्ध्वाधर स्क्रॉल बार** इस सॉफ्टवेयर में दो स्क्रॉल बार होते हैं, जो पेज को डॉक्यूमेण्ट विण्डो में ऊपर नीचे या दाएँ-बाएँ मूव कराते हैं। इसमें क्षैतिज (Horizontal) स्क्रॉल बार होता है, जो पेज को दाईं ओर या बाईं ओर मूव करा सकता है। दूसरा ऊर्ध्वाधर (Vertical) स्क्रॉल बार होता है, जो पेज को डॉक्यूमेण्ट विण्डो में ऊपर-नीचे मूव कराता है।

MS-Word की शॉर्टकट कुंजियाँ और उनका विवरण

टूल का नाम	शॉर्टकट	विवरण
New	Ctrl + N	एक नया डॉक्यूमेण्ट बनाने के लिए
Open	Ctrl + O या Ctrl + F12	पहले से बने हुए डॉक्यूमेण्ट को खोलने के लिए
Save	Ctrl + S या Shift + F12	एक्टिव डॉक्यूमेण्ट को सेव करने के लिए
	F12	किसी सेव डॉक्यूमेण्ट के नाम व लोकेशन को बदलकर सेव करने के लिए

टूल का नाम	शॉर्टकट	विवरण
Select	Ctrl + A	पेज के सभी कण्टेण्ट्स को सिलेक्ट करने के लिए
Print	Ctrl + P or Ctrl+Shift+F12	एक्टिव डॉक्यूमेण्ट को प्रिण्ट करने के लिए
Spelling	F7	किसी एक्टिव डॉक्यूमेण्ट में स्पेलिंग चेक करने के लिए
Cut	Ctrl + X	चुने हुए टेक्स्ट या ऑब्जेक्ट को कट करने और उसे क्लिपबोर्ड में रखने के लिए
Copy	Ctrl + C	चुने हुए टेक्स्ट या ऑब्जेक्ट की कॉपी करने और उसे क्लिपबोर्ड में रखने के लिए
Paste	Ctrl + V या Shift + Insert	क्लिपबोर्ड से कट या कॉपी किए गए कण्टेण्ट को किसी पेज पर किसी स्थान पर पेस्ट करने के लिए
Undo	Ctrl + Z	कट किए गए टेक्स्ट को वापस लाने के लिए
Redo	Ctrl + Y	Undo के द्वारा कट किए गए आदेश को प्रभावी बनाने के लिए या Undo का विपरीत करने के लिए
Search	Ctrl + F	डॉक्यूमेण्ट में किसी टेक्स्ट को ढूँढ़ने के लिए
Style	Ctrl + Shift + S	किसी चुने हुए टेक्स्ट या फॉण्ट की स्टाइल को बदलने के लिए
Font	Ctrl + Shift + F	चुने हुए टेक्स्ट के फॉण्ट तथा आकार को बदलने के लिए
Font Size	Ctrl + Shift+P	चुने हुए टेक्स्ट के फॉण्ट साइज को बदलने के लिए
Bold	Ctrl + B	चुने हुए टेक्स्ट या शब्द को बोल्ड (मोटे अक्षर) में लिखने के लिए
Italic	Ctrl + I	चुने हुए शब्द या अक्षर को तिरछे (Italic) स्टाइल में लिखने के लिए
Underline	Ctrl + U	चुने हुए शब्द या अक्षर के नीचे रेखा खींचने के लिए
Aligned Left	Ctrl + L	शब्दों को बाईं ओर से एलाइन (Align) में लाने के लिए
Center	Ctrl + E	पैराग्राफ को पेज के बीचों बीच में लाने के लिए या शब्दों को बीच में लिखने के लिए
Aligned Right	Ctrl + R	शब्दों या पैराग्राफ को पेज के दाईं ओर से एलाइन (Align) में लाने के लिए
Justify	Ctrl + J	पैराग्राफ को दाईं तथा बाईं ओर से एलाइन में लाने के लिए

नोट **रिच टेक्स्ट फॉर्मेट** (RTF) यह एक टेक्स्ट फॉर्मेट है, जिसक उपयोग फाइल को अलग-अलग वर्ड स्टोर्स के बीच पोस्ट करने के लिए किया जाता है।

एमएस-एक्सेल

- एमएस-एक्सेल एक पावरफुल स्प्रेडशीट प्रोग्राम है, जो आपके डाटा को व्यवस्थित करने, कैलकुलेशन पूरी करने, ग्राफ तथा रिपोर्ट तैयार करने की सुविधा देता है। .xls एमएस एक्सेल का एक्सटेंशन है।
- एमएस-एक्सेल के अतिरिक्त कुछ अन्य स्प्रेडशीट; जैसे—स्नोबॉल (Snowball), Lotus 1-2-3, एप्पल नम्बर्स (Apple numbers) आदि हैं।

स्प्रेडशीट से सम्बन्धित महत्त्वपूर्ण तथ्य

MS-Excel से सम्बन्धित कुछ मुख्य तथ्य (Terms) निम्नलिखित हैं

- इसमें रॉज और कॉलमों के प्रतिच्छेद (Intersection) से बहुत सारे सेल्स (Cells) बनते हैं, जो संख्याओं (Numbers), सूत्रों (Formulae) और टेक्स्ट (लेबल्स) को होल्ड (Hold) करते हैं।
- **एक्टिव सेल** वह सेल होता है, जिसमें आप वर्तमान समय में कार्य कर रहे हैं।
- सेलों के समूह को शीट या वर्कशीट (Worksheet) कहते हैं।
- वर्कशीट के अन्दर टेबल में सूचनाएँ रॉज और कॉलम्स में प्रदर्शित होती हैं।
- रॉज की पहचान संख्याएँ 1, 2, 3......से होती है।
- कॉलम्स की पहचान अक्षरों A, B, C.....AA, AB,.....ZZ आदि से होती है।
- वर्कबुक एक डॉक्यूमेण्ट होता है, जिसमें एक या एक से अधिक वर्कशीट होती हैं।
- एक्सेल में कोई भी फॉर्मूला = चिन्ह के साथ शुरू होता है।
- सेल एड्रेस, रॉज और कॉलम्स के अक्षर और संख्याओं के प्रतिच्छेद को दर्शाता है; जैसे—C5 का अर्थ कॉलम C और रॉ 5 है।
- एक्सेल 2007 वर्कशीट में अधिकतम कॉलम्स की संख्या 16384 तथा रॉ की संख्या 1048576 होती हैं।
- एक्सेल में किसी वर्कशीट के डाटा के ग्राफिकल एवं पिक्टोरियल (Pictorial) प्रेजेन्टेशन के लिए चार्ट का प्रयोग करते हैं।

फॉर्मूला बार

- फॉर्मूला बार (Formula Bar) रिबन के नीचे होता है।

  इसके दो भाग होते हैं—पहला नेम बॉक्स (Name box), जो किसी सेल के रेफरेंस को प्रदर्शित करता है तथा दूसरा फॉर्मूला, जिसमें फॉर्मूला टाइप करते हैं। इसका प्रयोग कैलकुलेशन में किया जाता है।
- एक्सेल में प्रीप्रोग्राम्ड फॉर्मूले को **फंक्शन** कहा जाता है।

कुछ प्रसिद्ध एक्सेल फॉर्मूले निम्न प्रकार हैं

कार्य	विवरण	उदाहरण
SUM	संख्याओं का योग करने के लिए	= SUM (A1 : A5)
AVERAGE	संख्याओं का औसत ज्ञात करने के लिए	= AVERAGE (A1 : A5)
MAX	अधिकतम संख्या ज्ञात करने के लिए	= MAX (A1 : A5)
MIN	न्यूनतम संख्या ज्ञात करने के लिए	= MIN (A1 : A5)
COUNT	सेल्स, जो टेक्स्ट या संख्या स्टोर करती है, उन्हें काउण्ट करने के लिए	= COUNT (A1 : A5)

यहाँ A1 : A5 रेंज का अर्थ है, जो सेल A1 से A5 के मध्य की सभी सेलों को शामिल करता है।

MS Excel की शॉर्टकट कुंजियाँ और उनका वर्णन

शॉर्टकट कुंजियाँ	वर्णन
F2	चुने हुए सेल को एडिट करने के लिए
F5	किसी विशेष सेल पर जाने के लिए; जैसे- C6
F7	किसी चुने हुए टेक्स्ट या डॉक्यूमेण्ट में स्पेलिंग चेक करने के लिए
F11	चार्ट बनाने के लिए
Ctrl + Shift + ;	करण्ट टाइम एण्टर करने के लिए
Ctrl +;	करण्ट दिनांक एण्टर करने के लिए
Alt + Shift + F1	नई वर्कशीट इन्सर्ट करने के लिए
Shift + F3	एक्सेल फॉर्मूला विण्डो खोलने के लिए
Shift + F5	सर्च बॉक्स लाने के लिए या खोलने के लिए
Ctrl + F10	करेण्टली चुनी हुई वर्कशीट को मैक्सिमाइज करने के लिए
Ctrl + F6	खुली हुई वर्कबुक्स या विण्डोज के मध्य एक वर्कबुक से दूसरी वर्कबुक या एक विण्डो से दूसरी विण्डो पर जाने के लिए
Ctrl + Page Up	एक ही एक्सेल डॉक्यूमेण्ट की पूर्व वर्कशीट्स में मूव करने के लिए
Ctrl + Page Down	एक ही एक्सेल डॉक्यूमेण्ट की अगली वर्कशीट में मूव करने के लिए
Alt + =	चुने हुए सेलों (Cells) के सभी डाटा को जोड़कर फॉर्मूला क्रिएट करने के लिए
Ctrl + Space	सम्पूर्ण कॉलम चुनने के लिए
Shift + Space	सम्पूर्ण रॉ चुनने के लिए
Ctrl + W	वर्कबुक बन्द करने के लिए
Ctrl + A	वर्कशीट के समस्त टेक्स्ट को चुनने के लिए
Ctrl + B	सिलेक्टिड टेक्स्ट को बोल्ड करना
Ctrl + I	सिलेक्टिड टेक्स्ट को इटैलिक करना
Ctrl + U	सिलेक्टिड टेक्स्ट को अण्डरलाइन करना
Ctrl + P	प्रिण्टिंग के लिए प्रिण्ट डायलॉग बॉक्स प्रदर्शित करना
Home	टेक्स्ट की रॉ के आरम्भ में जाने के लिए
End	टेक्स्ट की रॉ के अन्त में जाने के लिए

एमएस पावरप्वॉइण्ट

- पावरप्वॉइण्ट एमएस-ऑफिस पैकेज के अन्तर्गत एक प्रेजेण्टेशन (Presentation) सॉफ्टवेयर है, जो आपको प्रोफेशनल तरीके से प्रेजेण्टेशन बनाने की सुविधा देता है। .pptx पावरप्वॉइण्ट फाइल का एक्सटेंशन है।

MS PowerPoint की शॉर्टकट कुंजियाँ और उनका वर्णन

कुंजियाँ	कार्य
Ctrl + O	ओपन डायलॉग बॉक्स खोलना
Ctrl + N	नई फाइल बनाना
Ctrl + M	न्यू स्लाइड इन्सर्ट करना
Ctrl + W	प्रेजेण्टेशन को क्लोज करना
Shift + F5	स्लाइड शो को पुनः आरम्भ करना
Esc	स्लाइड शो बन्द करना
Ctrl + A	प्रेजेण्टेशन के सभी टेक्स्ट को सिलेक्ट करना
Ctrl + U	अण्डरलाइन करना
Ctrl + H	Replace टैब के साथ Replace डायलॉग बॉक्स खोलना
Shift+Ctrl+Home	एक्टिव टेक्स्ट बॉक्स की शुरूआत में कर्सर से सभी टेक्स्ट का चयन करता है।
Shift+Ctrl+End	एक्टिव टेक्स्ट बॉक्स के अन्त में कर्सर से सभी टेक्स्ट का चयन करता है।
S	स्लाइड शो को रोकना, स्लाइड शो को रिस्टार्ट करने के लिए S दबाएँ।

नोट पावर प्वॉइण्ट में स्लाइड शो व्यू उपस्थित नहीं है।

एग्जाम पैटर्न प्रश्न

1. माइक्रोसॉफ्ट ऑफिस .... ।
(a) शेयरवेयर है
(b) पब्लिक डोमेन सॉफ्टवेयर है
(c) ओपन सोर्स सॉफ्टवेयर है
(d) एक एप्लीकेशन सूट है

2. 'एमएस वर्ड' क्या है?
(a) यह एक कैलकुलेटिंग टूल है
(b) यह एक प्लानिंग टूल है
(c) यह एक चार्ट है
(d) यह एक डॉक्यूमेण्ट टाइपिंग टूल है

3. माइक्रोसॉफ्ट वर्ड .... का एक उदाहरण है।
(a) ऑपरेटिंग सिस्टम (b) प्रोसेसिंग डिवाइस
(c) एप्लीकेशन सॉफ्टवेयर
(d) इनपुट डिवाइस

4. वर्ड प्रोसेसर का श्रेष्ठ उपयोग किसके लिए होगा?
(a) तस्वीर पेण्ट करने के लिए
(b) आकृति ड्रॉ करने के लिए
(c) कहानी टाइप करने के लिए
(d) आय एवं व्यय का हिसाब लगाने के लिए

5. टेक्स्ट डॉक्यूमेण्ट को बनाने, एडिट करने, फॉर्मेट करने, और प्रिण्ट करने के लिए कुल मिलाकर एक शब्द कौन-सा है?
(a) वर्ड प्रोसेसिंग
(b) स्प्रेडशीट डिजाइन
(c) वेब डिजाइन
(d) डाटाबेस प्रबन्धन

6. वर्ड डॉक्यूमेण्ट्स के लिए डिफॉल्ट एक्सटेंशन क्या है?
(a) .doc (b) .txt (c) .wrd (d) .fil

7. डॉक्यूमेण्ट क्रिएट करने के लिए आप फाइल मेन्यू पर .... कमाण्ड का प्रयोग करते हैं।
(a) ओपन (b) क्लोज (c) न्यू (d) सेव

8. निम्नलिखित में से कौन-सा विकल्प एमएस वर्ड से सम्बन्धित नहीं है?
(a) Page Layout (b) Antivirus
(c) Mailings (d) Format Painter

9. डॉक्यूमेण्ट के शीर्षक, पेज नम्बर जैसी सूचना को डिस्प्ले करने के लिए निम्न में से किस ऑप्शन का प्रयोग किया जाता है?
(a) इन्सर्ट टेबल
(b) ऑटोकरैक्ट
(c) थिसारस
(d) हेडर एवं फुटर

10. वर्ड प्रोसेसिंग प्रोग्रामों से किस प्रकार की फाइलें बनाई जाती हैं?
(a) स्टोरेज फाइल (b) डाटाबेस फाइल
(c) वर्कशीट फाइल (d) डॉक्यूमेण्ट फाइल

11. .... ऑटोमैटिकली स्पेलिंग और ग्रामर की गलतियों को ढूँढ़ता है तथा उसे सही भी करता है।
(a) इण्डेण्टेशन (b) मेल मर्ज
(c) स्पेल चेक (d) शब्दकोश

12. एमएस-वर्ड में कितने स्क्रॉल बार होते है?
(a) 3 (b) 2
(c) 4 (d) इनमें से कोई नहीं

13. यदि सेव की हुई फाइल एडिट की गई है, तो
(a) इसे पुन: सेव नहीं किया जा सकता
(b) किए गए परिवर्तन स्वत: ही फाइल में सेव हो जाते हैं
(c) यदि फाइल में एक से ज्यादा पेज हैं, तो फाइल को तभी सेव करना होगा
(d) फाइल में किए गए परिवर्तन को स्टोर करने के लिए सेव करना बहुत ही आवश्यक है

14. वर्ड में जब पैराग्राफ को इण्डेण्ट किया जाता है, तो
(a) टेक्स्ट मार्जिन के सम्बन्ध में सरक जाता है
(b) पेज पर मार्जिन बदल जाता है
(c) टेक्स्ट एक रॉ ऊपर चला जाता है
(d) टेक्स्ट एक रॉ नीचे चला जाता है

15. Portrait + Landscape कहाँ होता है?
(a) Page Layout → Margins
(b) Page Layout → Orientation
(c) Insert → Table
(d) Page layout → Size

16. स्पेल चेक निम्न में से किस गलती का पता लगाएगा?
(a) Today is a rainy day
(b) Today is a rainy aday
(c) is a rainy
(d) Rainy today a day

17. वर्ड का .... फीचर कुछ स्पेलिंगों, कैपिटल अक्षरों या व्याकरण की त्रुटियों को अपने आप ठीक कर देता है।
(a) ऑटोफिक्स
(b) ऑटोस्पेल
(c) ऑटोमार्क
(d) ऑटोकरैक्ट

18. टाइप किया गया शब्द जो वर्ड डिक्शनरी में नहीं है, तो उस शब्द के नीचे एक .... वेवी अण्डरलाइन दिखती है।
(a) लाल (b) हरी
(c) नीली (d) काली

19. .... एक उपयोगी उपकरण है, जो आपको डाटा स्रोत के साथ मुख्य डॉक्यूमेण्ट को मर्ज करने की अनुमति देता है।
(a) मेल मर्ज (b) ट्रैक चेंज
(c) पेज मार्जिन (d) ओरिएण्टेशन

20. वह कौन-सी विशेषता है, जिससे स्क्रीन पर डॉक्यूमेण्ट के किसी भाग को देखा जा सकता है?
(a) सर्चिंग
(b) पेस्टिंग
(c) स्क्रॉलिंग
(d) एडिटिंग

21. किसी डॉक्यूमेण्ट की अन्तिम लाइन पर जाने के लिए शॉर्टकट कुंजी है
(a) Ctrl + Last (b) Ctrl + L
(c) Ctrl + End (d) Alt + End

22. Ctrl + Home कुंजी (Key) के प्रयोग से कर्सर डॉक्यूमेण्ट के .... में पहुँच जाता है।
(a) मध्य (b) ऊपर
(c) आरम्भ (d) अन्त

23. समग्र डॉक्यूमेण्ट सिलेक्ट करने के लिए निम्नलिखित में से किसे प्रयुक्त किया जा सकता है?
(a) Ctrl + A (b) Alt + F5
(c) Shift + A (d) Ctrl + K

24. वर्ड में पिछले एक्शन को रिवर्स करने के लिए
(a) कट कमाण्ड का प्रयोग कर
(b) अनडू (Undo) कमाण्ड का प्रयोग करें
(c) डिलीट-की प्रेस करें
(d) रीडू (Redo) कमाण्ड का प्रयोग करें

25. किसी डॉक्यूमेण्ट को सेव और क्लोज करने के लिए प्रयोग किया जाता है
(a) Ctrl + S (b) Ctrl + Q
(c) Ctrl + C (d) Ctrl + W

26. किसी विद्यमान डॉक्यूमेण्ट को अलग नाम सहित सेव करने के लिए आप क्या करेंगे?
(a) डॉक्यूमेण्ट रिवाइज कर इसे अलग नाम देंगे
(b) Save As ... कमाण्ड को प्रयुक्त करेंगे
(c) मूल डॉक्यूमेण्ट से एक नए डॉक्यूमेण्ट में कॉपी करेंगे और फिर सेव करेंगे
(d) किसी अलग लोकेशन पर डॉक्यूमेण्ट कॉपी करने के लिए विण्डोज एक्सप्लोरर का उपयोग कर उसे नया नाम देंगे

27. .... सॉफ्टवेयर प्रयोक्ताओं को डाटा को रॉज और कॉलमों पर व्यवस्थित करने देता है।
(a) वर्ड प्रोसेसिंग
(b) प्रेजेण्टेशन ग्राफिक्स
(c) डाटाबेस मैनेजमेण्ट
(d) इलेक्ट्रॉनिक स्प्रेडशीट

28. एक बिलिंग अकाउण्ट के ट्रैक की देख-रेख के लिए आप किस प्रकार के सॉफ्टवेयर का प्रयोग किया जाता है?
(a) वेब ऑथरिंग
(b) इलेक्ट्रॉनिक पब्लिशिंग
(c) स्प्रेडशीट
(d) वर्ड प्रोसेसिंग

29. एक्सेल में वर्कबुक निम्न में से किसका संग्रह है?
(a) डायग्राम्स (b) पेज
(c) स्टार्ट-अप (d) वर्कशीट्स

30. उपयोगकर्ता डॉक्यूमेण्ट को जो नाम देता है, उसे कहते हैं
(a) फाइल नेम (b) प्रोग्राम
(c) रिकॉर्ड (d) डाटा

31. एक्सेल, सेल में टेक्स्ट को बाय डिफॉल्ट .... करता है।
(a) लेफ्ट एलाइण्ड (b) राइट एलाइण्ड
(c) सेण्टर्ड (d) जस्टिफाइड

32. एक्सेल में एक्टिव सेल के कण्टेण्ट्स को कौन डिस्प्ले करता है?
(a) नेम बॉक्स (b) रॉ हैडिंग्स
(c) फॉर्मूला बार (d) टास्कपेन

33. = SUM (B1: B10) किसका एक उदाहरण है?
(a) फंक्शन (b) सेल एड्रेस
(c) फॉर्मूला (d) वैल्यू

34. एक्सेल विण्डो का कौन-सा क्षेत्र मान एवं सूत्र रखता है?
(a) टाइटल बार (b) मेन्यू बार
(c) फॉर्मूला बार (d) स्टैण्डर्ड टूलबार

35. एक्सेल में प्रीप्रोग्राम्ड फॉर्मूले का एक अन्य नाम है ....।
(a) रेंज (b) ग्राफ
(c) फंक्शन (d) सेल

36. एक्सेल में .... फंक्शन का उपयोग सेलों की संख्या की गिनती करने के लिए किया जाता है।
(a) Count IF (b) Count
(c) Sum Count (d) Count Sum

37. स्प्रेडशीट में डाटा कैसे ऑर्गेनाइज होता है?
(a) लाइन्स एण्ड स्पेसेज
(b) लेयर्स एण्ड प्लेन्स
(c) हाइट एण्ड विड्थ
(d) रॉ तथा कॉलम

38. वर्कशीट की बेसिक यूनिट, जिसमें आप एक्सेल में डाटा एण्टर करते हैं, उसे कहते हैं
(a) टैब (b) सेल
(c) बॉक्स (d) रेंज

39. एक्सेल 2007 वर्कशीट में अधिकतम कॉलम की संख्या कितनी होती है?
(a) 16387 (b) 16384
(c) 1024 (d) 18384

40. एक्सेल में सेल की पहचान निम्न में से कौन करता है?
(a) फॉर्मूला (b) नाम
(c) लेबल (d) एड्रेस

41. टेक्स्ट की पंक्ति के आरम्भ में जाने के लिए ········ कुंजी (की) दबाएँ।
(a) होम (b) Esc
(c) पेज अप (d) एण्टर

42. एक्सेल की एक रॉ में इन्सर्शन प्वॉइण्ट को पहले सेल में मूव करने के लिए कुंजी प्रेस करें
(a) पेजअप (b) पेजडाउन
(c) होम (d) टैब

43. सारणी में एक पूरी रॉ चुनने के लिए ·············।
(a) पंक्ति के बाईं ओर क्लिक कीजिए
(b) Shift + Space को क्लिक कीजिए
(c) TAB की दबाइए
(d) टेबल मूल हैण्डल्स क्लिक कीजिए

44. निम्नलिखित में से कौन-सा विकल्प किसी प्रेजेण्टेशन प्रोग्राम को बनाने वाले सॉफ्टवेयर को दर्शाता है?
(a) MS Excel
(b) MS PowerPoint
(c) Corel Draw
(d) MS Word

45. निम्न में से किसका प्रयोग करके स्कैच से प्रेजेण्टेशन को बनाया जा सकता है?
(a) Auto content wizard
(b) Sample Presentation
(c) Blank Presentation
(d) Design Templates

46. किसी भी प्रेजेण्टेशन में इलेक्ट्रॉनिक पेज कहलाता है
(a) वेब पेज
(b) स्लाइड
(c) ई-स्लाइड
(d) प्रेजेण्टेशन

47. ········ एक पूर्व डिजाइन किया हुआ डॉक्यूमेण्ट है, जिसमें पहले से ही फॉण्ट, ले-आउट एवं बैकग्राउण्ड होते हैं।
(a) गाइड
(b) मॉडल
(c) रूलर
(d) टेम्पलेट

48. पेज पर कितने मार्जिन होते हैं?
(a) दो (हेडर एवं फुटर)
(b) चार (टॉप, बॉटम, राइट, लेफ्ट)
(c) दो (लैण्डस्केप एवं पोर्ट्रेट)
(d) दो (टॉप एवं बॉटम)

49. प्रेजेण्टेशन को ············ भी कहते हैं
(a) प्रिव्यू
(b) गैलरी
(c) स्लाइड सॉर्टर
(d) स्लाइड शो

50. प्रेजेण्टेशन में एक नई स्लाइड को इन्सर्ट करने के लिए निम्नलिखित में से किसे प्रेस करना होगा?
(a) Ctrl + N (b) Ctrl + M
(c) Ctrl + O (d) Ctrl + S

PYQs

51. एमएस वर्ड में आरटीएफ का अर्थ ·········· है। **क्लर्क (जबलपुर) 1 नवम्बर 2020**
(a) रियल टाइम फॉर्मेटिंग
(b) रिच टेक्स्ट फॉर्मेट
(c) रियल टाइम फॉण्ट्स
(d) रियली टेक्स्ट फाइल्स

52. एक स्लाइड पर एक लेबल बनाने के लिए ················ । **क्लर्क (लखनऊ) नवम्बर 2020**
(a) <फॉर्मेट> विकल्प चुनें
(b) <व्यू> विकल्प चुनें
(c) <एडिट> विकल्प चुनें
(d) <इन्सर्ट> विकल्प चुनें

53. निम्नलिखित में से कौन-सा एक स्प्रेडशीट है? **क्लर्क (हमीरपुर) 1 नवम्बर 2020**
(a) एम एस वर्ड
(b) एम एस एक्सेल
(c) फोटोशॉप
(d) जावा

54. पावर प्वॉइण्ट में ···················· व्यू उपस्थित नहीं है। **क्लर्क (लखनऊ) 2020**
(a) स्लाइड सॉर्टर (b) स्लाइड शो
(c) नॉर्मल (d) आउटलाइन

उत्तरमाला

1. (d)	2. (d)	3. (c)	4. (c)	5. (a)	6. (a)	7. (c)	8. (b)	9. (d)	10. (d)
11. (c)	12. (b)	13. (d)	14. (b)	15. (b)	16. (b)	17. (d)	18. (a)	19. (a)	20. (c)
21. (c)	22. (c)	23. (a)	24. (b)	25. (d)	26. (b)	27. (d)	28. (c)	29. (d)	30. (a)
31. (a)	32. (c)	33. (c)	34. (c)	35. (c)	36. (b)	37. (d)	38. (b)	39. (b)	40. (d)
41. (a)	42. (c)	43. (b)	44. (b)	45. (c)	46. (b)	47. (d)	48. (b)	49. (d)	50. (b)
51. (b)	52. (a)	53. (b)	54. (b)						

अध्याय 07

प्रोग्रामिंग अवधारणाएँ

कम्प्यूटर की सहायता से किसी समस्या को हल करने के लिए क्रियाओं एवं पदों को क्रमबद्ध करना ही कम्प्यूटर प्रोग्रामिंग (Computer Programming) कहलाती है।

जो व्यक्ति कम्प्यूटर के लिए प्रोग्राम लिखते हैं या तैयार करते हैं, उन्हें प्रोग्रामर (Programmer) कहा जाता है।

प्रोग्रामर कम्प्यूटर प्रोग्रामिंग के लिए कुछ विशेष भाषा का प्रयोग करते हैं, जिसे **प्रोग्रामिंग भाषा** (Programming Language) कहा जाता है; *जैसे*—C++, JAVA आदि।

नोट एडा लवलेस को दुनिया का पहला प्रोग्रामर माना जाता है।

प्रोग्रामिंग भाषाएँ

कम्प्यूटर एक मशीन है, इसलिए हमारी सामान्य बोलचाल की भाषाओं में लिखे प्रोग्रामों को नहीं समझ सकता, इसलिए कम्प्यूटर के लिए विशेष प्रकार की भाषाओं में प्रोग्राम लिखे जाते हैं। इन भाषाओं को प्रोग्रामिंग भाषाएँ कहते हैं।

इन भाषाओं की अपनी एक अलग व्याकरण (Grammar) होती है और प्रोग्राम लिखते समय उनकी व्याकरण का पालन करना आवश्यक है। ये भाषाएँ कम्प्यूटर और प्रोग्रामर के बीच सम्पर्क या संवाद बनाती हैं। कम्प्यूटर प्रोग्रामिंग भाषाओं के माध्यम से दिए गए निर्देशों को समझकर उनके अनुसार कार्य करता है। ये निर्देश इस प्रकार दिए जाते हैं कि उनका क्रमश: पालन करने से कोई भी कार्य पूरा किया जा सकता है।

प्रोग्रामिंग भाषाओं को तीन प्रमुख भागों में विभाजित किया गया है

1. निम्न स्तरीय भाषाएँ

निम्न स्तरीय भाषाएँ (Low Level Languages) कम्प्यूटर की आन्तरिक कार्य-प्रणाली के अनुसार बनाई जाती हैं तथा ऐसी भाषाओं में लिखे गए प्रोग्रामों के क्रियान्वयन करने की गति अधिक होती है, क्योंकि कम्प्यूटर उसके निर्देशों का सीधे ही क्रियान्वयन कर सकता है। इनके दो प्रमुख उदाहरण हैं—मशीनी तथा असेम्बली भाषाएँ।

(i) **मशीनी भाषाएँ** (Machine Languages) ये भाषाएँ केवल बाइनरी अंकों (0 या 1) से बनी होती हैं। प्रत्येक कम्प्यूटर के लिए उसकी अलग मशीनी भाषा होती है। मशीनी भाषा का प्रयोग प्रथम पीढ़ी के कम्प्यूटरों में किया जाता था तथा इनमें त्रुटियों (Errors) का पता लगाना एवं उन्हें ठीक करना लगभग असम्भव होता था।

(ii) **असेम्बली भाषाएँ** (Assembly Languages) ये भाषाएँ पूरी तरह मशीनी भाषाओं पर आधारित होती हैं, परन्तु इनमें 0, 1 की श्रृंखलाओं के स्थान पर अंग्रेजी के अक्षरों और कुछ चुने हुए शब्दों को कोड के रूप में प्रयोग किया जाता है। इन भाषाओं में लिखे गए प्रोग्रामों में त्रुटि का पता लगाना एवं उन्हें ठीक करना आसन होता है।

2. मध्य स्तरीय भाषाएँ

मध्य स्तरीय भाषाएँ (Middle Level Language) निम्न स्तरीय तथा उच्च स्तरीय भाषाओं (High level languages) के मध्य पुल (Bridge) का कार्य करती हैं। C भाषा को मध्य स्तरीय भाषा कहा जाता है, क्योंकि इसमें उच्च स्तरीय तथा निम्न स्तरीय (Low level) दोनों भाषाओं के गुण हैं।

3. उच्च स्तरीय भाषाएँ

उच्च स्तरीय भाषाएँ (High Level Language) कम्प्यूटर की आन्तरिक कार्य-प्रणाली पर आधारित नहीं होती हैं। इन भाषाओं में अंग्रेजी के कुछ चुने हुए शब्दों और साधारण गणित में प्रयोग किए जाने वाले चिन्हों का प्रयोग किया जाता है। इनमें त्रुटियों का पता लगाना और उन्हें ठीक करना सरल होता है, किन्तु इन भाषाओं में लिखे प्रोग्राम्स को मशीनी भाषा में कम्पाइलर या इण्टरप्रेटर के द्वारा अनुवादित (Translated) कराया जाना आवश्यक होता है। कम्प्यूटर प्रोग्राम सामान्य रूप से उच्च स्तरीय प्रोग्रामिंग भाषाओं में लिखे जाते हैं। प्रोग्राम के मानव द्वारा रीडेबल वर्जन (Readable version) को **सोर्स कोड** कहते हैं।

उदाहरण BASIC C, FORTRAN, JAVA, Python आदि।

कुछ उच्च स्तरीय भाषाएँ तथा उनके अनुप्रयोग क्षेत्र

भाषा (Language)	वर्ष (Year)	डेवलपर (Developer)	अनुप्रयोग क्षेत्र (Applications)	प्रकृति (Nature)
FORTRAN (Formula Translation)	1957	IBM के प्रोग्रामर्स की टीम के द्वारा	संख्यात्मक गणना और वैज्ञानिक कम्प्यूटिंग	कम्पाइल्ड
ALGOL (Algorithmic Language)	1958	यूरोपियन तथा अमेरिकी कम्प्यूटर वैज्ञानिकों ने सामूहिक रूप से	वैज्ञानिक अनुप्रयोग के लिए	कम्पाइल्ड
LISP (List Processing)	1958	जॉन मैकार्थी ने MIT इन्स्टीट्यूट में	आर्टिफिशियल इण्टेलिजेन्स	कम्पाइल्ड और इण्टरप्रेटेड
COBOL (Common Business Oriented Language)	1959	ग्रेस हूपर ने	बिजनेस	कम्पाइल्ड
BASIC (Beginner's All purpose Symbolic Instruction Code)	1964	जॉन जी केमेनी और थॉमस ई. कुर्ट्ज ने डर्टमाउथ कॉलेज न्यू हैमिसपायर में	शिक्षण कार्य	इण्टरप्रेटेड
Pascal	1970	निकलोस विर्थ	शिक्षण कार्य	कम्पाइल्ड
C	1972	डेनिस रिची द्वारा बेल प्रयोगशाला में	सिस्टम प्रोग्रामिंग	कम्पाइल्ड

एग्जाम पैटर्न प्रश्न

1. .... एक एल्गोरिथ्म के लॉजिकल स्टेप को व्यक्त करने के लिए विशिष्ट निर्देश तथा शब्द रखती/रखते है/हैं।
(a) प्रोग्रामिंग लैंग्वेज (b) वाक्य रचना
(c) प्रोग्रामिंग स्ट्रक्चर (d) लॉजिक चार्ट

2. 1 और 0 के संयोजन के उपयोग की सुविधा किस प्रकार की कम्प्यूटर भाषा में है?
(a) High Level Languages
(b) PASCAL
(c) Machine Language
(d) C

3. C, BASIC, COBOL तथा JAVA किस प्रकार की भाषाओं के उदाहरण हैं?
(a) निम्न स्तरीय (b) कम्प्यूटर
(c) सिस्टम प्रोग्रामिंग (d) उच्च स्तरीय

4. निम्न में से कौन मशीन इण्डिपेण्डेण्ट प्रोग्राम है?
(a) उच्च स्तरीय भाषा (b) निम्न स्तरीय भाषा
(c) असेम्बली भाषा (d) मशीनी भाषा

5. निम्न में से कौन-सी कम्प्यूटर लैंग्वेज एक गणितीय ओरिएण्टेड है, जिसका प्रयोग वैज्ञानिक समस्याओं के लिए किया जाता है?
(a) FORTRAN (b) COBOL
(c) LISP (d) PROLOG

6. निम्न में से किसने कम्प्यूटर भाषा, COBOL का आविष्कार किया?
(a) ग्रेस हूपर (b) जॉन मैकार्थी
(c) चार्ल्स बैबेज (d) ब्रेडन इच

7. पास्कल लैंग्वेज किस उद्देश्य के लिए प्रयुक्त होती है?
(a) वैज्ञानिक कार्य के लिए
(b) शिक्षण कार्य के लिए
(c) व्यापारिक कार्य के लिए
(d) गणित के क्षेत्र में

8. Python एक है
(a) निम्न स्तरीय भाषा
(b) उच्च स्तरीय भाषा
(c) मशीनी भाषा
(d) असेम्बली भाषा

9. इण्टरनेट आधारित प्रोग्रामिंग के लिए प्रयुक्त भाषा कौन-सी है?
(a) C++ (b) C
(c) PASCAL (d) JAVA

10. Javascript प्रोग्रामिंग भाषा को किसने विकसित किया?
(a) ब्रेडन इच (b) विलियम एनथोवन
(c) जॉर्ज एस्टमैन (d) एमील एर्लेनमेयर

11. किस वर्ष Javascript प्रोग्रामिंग भाषा अस्तित्व में आई?
(a) 1995 (b) 1999
(c) 1990 (d) 2000

PYQs

12. व्यावसायिक कम्प्यूटर भाषा के सबसे पुराने रूप को .... कहा जाता है।
क्लर्क (हैदराबाद) 28 फरवरी, 2021
(a) BASIC (b) COBOL
(c) मशीन भाषा (d) FORTRAN

13. 'C' उच्च स्तरीय भाषा का आविष्कार किसने किया था? **क्लर्क (लखनऊ) 2020**
(a) डेनिस रिची
(b) सीमोर पैपर्ट
(c) डोनाल्ड कुंथ
(d) निकलॉस रिथ

उत्तरमाला

1. (a)	2. (c)	3. (d)	4. (a)	5. (a)	6. (a)	7. (b)	8. (b)	9. (d)	10. (a)
11. (a)	12. (d)	13. (a)							

अध्याय 08

कम्प्यूटर नेटवर्क एवं इण्टरनेट

कम्प्यूटर नेटवर्क

- कम्प्यूटर नेटवर्क से हमारा तात्पर्य आस-पास या दूर बिखरे हुए कम्प्यूटरों को इस प्रकार जोड़ने से है कि उनमें से प्रत्येक कम्प्यूटर किसी दूसरे कम्प्यूटर के साथ स्वतन्त्र रूप से सम्पर्क बनाकर सूचनाओं या सन्देशों का आदान-प्रदान कर सके और एक-दूसरे के साधनों तथा सुविधाओं को साझा (Share) कर सके।

कम्प्यूटर नेटवर्क के प्रकार

नेटवर्कों को उनके कम्प्यूटरों की भौगोलिक स्थिति के अनुसार मुख्यत: निम्न श्रेणियों में बाँटा जाता है

लोकल एरिया नेटवर्क

- ऐसे नेटवर्क्स के सभी कम्प्यूटर्स एक सीमित क्षेत्र में स्थित होते हैं। यह क्षेत्र लगभग एक किलोमीटर की सीमा में होना चाहिए; जैसे— कोई बड़ी बिल्डिंग या उनका एक समूह।
- इसकी गति 1000 Mbps तक होती है।

मेट्रोपोलिटन एरिया नेटवर्क

- जब बहुत सारे लोकल एरिया नेटवर्क्स अर्थात् लैन (LAN) किसी नगर या शहर के अन्तर्गत एक-दूसरे से जुड़े रहते हैं, तो इस प्रकार के नेटवर्क को मेट्रोपोलिटन एरिया नेटवर्क (Metropolitan Area Network, MAN) कहा जाता है।

वाइड एरिया नेटवर्क

- वाइड एरिया नेटवर्क (Wide Area Network, WAN) से जुड़े हुए कम्प्यूटर तथा उपकरण एक-दूसरे से हजारों किलोमीटर की भौगोलिक दूरी पर भी स्थित हो सकते हैं। इनका कार्यक्षेत्र कई महाद्वीपों तक फैला हो सकता है।
- अधिक दूरी के कारण प्राय: इनमें माइक्रोवेव स्टेशनों या संचार उपग्रहों (Communication satellites) का प्रयोग सन्देश आगे भेजने वाले स्टेशनों की तरह किया जाता है।

नेटवर्किंग युक्तियाँ

नेटवर्किंग युक्तियों (Networking Devices) का प्रयोग दो-या-दो से अधिक कम्प्यूटर्स को आपस में जोड़ने के लिए किया जाता है। कुछ प्रमुख नेटवर्किंग युक्तियाँ निम्न हैं

1. **रिपीटर** (Repeater) ये ऐसे इलेक्ट्रॉनिक उपकरण होते हैं, जो निम्न स्तर (Low level) के सिग्नल्स को प्राप्त करके उन्हें उच्च स्तर का बनाकर वापस भेजते हैं।
   रिपीटर्स का प्रयोग कमजोर पड़ चुके सिग्नल्स एवं उनसे होने वाली समस्याओं से बचाता है।
2. **हब** (Hub) इसका प्रयोग ऐसे स्थान पर किया जाता है, जहाँ नेटवर्क की सभी केबल मिलती हैं। यह एक प्रकार का रिपीटर होता है, जिसमें नेटवर्क चैनलों को जोड़ने के लिए पोर्ट्स लगे होते हैं। हब स्टार नेटवर्क से जुड़ा होता है।
3. **गेटवे** (Gateway) यह एक ऐसी डिवाइस है, जिसका प्रयोग दो विभिन्न नेटवर्क प्रोटोकॉल को जोड़ने के लिए किया जाता है। इन्हें **प्रोटोकॉल परिवर्तक** (Protocol converters) भी कहते हैं। ये फायरवॉल की तरह कार्य करते हैं।
4. **स्विच** (Switch) ये ऐसे हार्डवेयर होते हैं, जो विभिन्न कम्प्यूटर्स को एक लैन में जोड़ते हैं। स्विच को हब के स्थान पर उपयोग किया जाता है।
5. **राउटर** (Router) इसका प्रयोग नेटवर्क में डाटा को कहीं भी भेजने में करते हैं, इस प्रक्रिया को **राउटिंग** कहते हैं।
   बड़े नेटवर्कों में एक से अधिक रूट होते हैं, जिनके द्वारा सूचनाएँ अपने गन्तव्य स्थान तक पहुँच सकती हैं। ऐसे में राउटर्स यह तय करते हैं कि किस सूचना को किस रास्ते से उसके गन्तव्य तक पहुँचाना है।
6. **ब्रिज** (Bridge) ये छोटे नेटवर्कों को आपस में जोड़ने के काम आते हैं, जिससे ये आपस में जुड़कर एक बड़े नेटवर्क की तरह काम कर सकें।
   ब्रिज एक बड़े या व्यस्त नेटवर्क को छोटे हिस्सों में बाँटने का भी कार्य करते हैं। व्यस्त नेटवर्क को तब बाँटा जाता है, जब नेटवर्क के एक हिस्से को बाकी हिस्सों से अलग रखा जाना हो।
7. **मॉडम** (Modem) यह एनालॉग सिग्नल्स को डिजिटल सिग्नल्स में तथा डिजिटल सिग्नल्स को एनालॉग सिग्नल्स में बदलता है। एक मॉडम को हमेशा एक टेलीफोन लाइन तथा कम्प्यूटर के मध्य लगाया जाता है। डिजिटल सिग्नल्स को एनालॉग सिग्नल्स में बदलने की प्रक्रिया को **मॉड्यूलेशन** (Modulation) तथा एनालॉग सिग्नल्स को डिजिटल सिग्नल्स में बदलने की प्रक्रिया को **डिमॉड्यूलेशन** (Demodulation) कहते हैं।

ओपन सिस्टम इण्टरकनेक्शन (OSI मॉडल)

- यह कम्प्यूटर नेटवर्क की डिजाइनिंग के लिए विकसित किया गया एक बहुस्तरीय (Layered) ढाँचा है, जो सभी प्रकार के कम्प्यूटर्स में संचार के लिए अनुमति देता है।

OSI मॉडल में कुल सात लेयर होती हैं

लेयर का नाम	प्रमुख कार्य
फिज़िकल लेयर	इस लेयर का मुख्य कार्य, नेटवर्क के भौतिक कनेक्शन से सिग्नल्स को प्राप्त करना या भेजना है।
डाटा लिंक लेयर	यह लेयर डाटा के एक नोड (सिस्टम) से दूसरे नोड (सिस्टम) तक विश्वसनीय वितरण (Delivery) के लिए प्रयुक्त होती है।
नेटवर्क लेयर	यह लेयर डाटा के पैकेटों को स्रोत (Source) से गन्तव्य (Destination) तक पहुँचाती है।
ट्रांसपोर्ट लेयर	यह लेयर पूरे सन्देश को स्रोत पर चलने वाले प्रोग्राम से गन्तव्य पर चलने वाले प्रोग्राम तक पहुँचाती है।
सेशन लेयर	यह लेयर दो नोड्स (सिस्टम) को आपस में संवाद स्थापित करने की अनुमति देती है।
प्रेजेण्टेशन लेयर	इस लेयर का प्रयोग डाटा का इन्क्रिप्शन तथा डिक्रिप्शन के लिए किया जाता है।
एप्लीकेशन लेयर	यह लेयर यूजर के एप्लीकेशन और नेटवर्क के मध्य इण्टरफेस प्रोवाइड करती है। इसके अन्तर्गत सूचना, लॉगइन, पासवर्ड चेकिंग, पैकेट फिल्टरिंग आदि की फाइलें होती हैं।

इण्टरनेट

- इण्टरनेट का पूरा नाम **इण्टरनेशनल नेटवर्क** है, जिसे वर्ष 1950 में **विण्ट कर्फ** (Vint Cerf) ने शुरू किया, जिन्हें इण्टरनेट का पिता कहा जाता है।
- सामान्यतः "नेटवर्क दो या दो से अधिक कम्प्यूटर सिस्टमों को आपस में जोड़कर बनाया गया एक समूह है।"

इण्टरनेट से सम्बन्धित पद निम्नलिखित है

1. **वर्ल्ड वाइड वेब** (World Wide Web-WWW) यह एक सिंगल इण्टरफेस पर कई इण्टरनेट प्रोटोकॉल एक्सेस करने के लिए हाइपर टेक्स्ट और मल्टीमीडिया का समर्थन (Support) करने वाला एक इण्टरनेट सर्वर है। इसे वेब या WWW भी कहा जाता है।
2. **वेब पेज** (Web Page) ये डॉक्यूमेण्ट्स HTML में लिखे जाते हैं तथा वेब ब्राउजर द्वारा प्रदर्शित किए जाते हैं।
3. **वेबसाइट** (Website) वेबसाइट वेब पेजों का संग्रह होती है, जिसमें सभी वेब पेज हाइपरलिंक द्वारा एक-दूसरे से जुड़े होते हैं। किसी भी वेबसाइट का पहला पेज **होमपेज** कहलाता है; जैसे– http://iete.org इत्यादि।
4. **वेब ब्राउजर** (Web Browser) यह एक सॉफ्टवेयर एप्लीकेशन है, जिसका प्रयोग वर्ल्ड वाइड वेब के कण्टेण्ट को ढूँढने व प्रदर्शित करने में होता है; जैसे– नेटस्केप, इण्टरनेट एक्सप्लोरर, ओपेरा आदि।
5. **वेब सर्वर** (Web Server) यह एक कम्प्यूटर प्रोग्राम है, जो HTML पेजों या फाइलों की जरूरतों को पूरा करता है। प्रत्येक वेब सर्वर, जो इण्टरनेट से जुड़ा होता है, उसका एक अद्वितीय (Unique) एड्रेस होता है, जिसे IP एड्रेस कहते हैं।
6. **वेब एड्रेस तथा URL** (Web Address and URL) इण्टरनेट पर वेब एड्रेस किसी विशिष्ट वेब पेज की लोकेशन को पहचानता है। वेब एड्रेस को URL (Uniform Resource Locator) भी कहते हैं। URL इण्टरनेट से जुड़े होस्ट कम्प्यूटर पर फाइलों के इण्टरनेट एड्रेस को दर्शाते हैं।
7. **सर्च इंजन** (Search Engine) यह इण्टरनेट पर किसी भी विषय से सम्बन्धित जानकारियों के लिए प्रयोग होता है। यह एक ऐसी वेबसाइट होती है, जिसके सर्च बार में किसी भी टॉपिक को लिखने पर उससे सम्बन्धित सभी जानकारियाँ प्रदर्शित हो जाती हैं। इनमें से कुछ निम्नलिखित हैं। उददुत, Yahoo, AltaVista, Hotbot, Lycos, Excite आदि सर्च इंजन के उदाहरण है।

इण्टरनेट के उपयोग

इण्टरनेट से उपयोगकर्ता कई प्रकार की सेवाओं का लाभ उठा सकते है, जैसे कि इलेक्ट्रॉनिक मेल, मल्टीमीडिया डिस्प्ले, शॉपिंग, रियल टाइम ब्रॉडकास्टिंग इत्यादि।

इनमें से कुछ महत्त्वपूर्ण सेवाएँ निम्न प्रकार हैं

1. **चैटिंग** (Chatting) यह बड़े स्तर पर उपयोग होने वाली टेक्स्ट आधारित कम्युनिकेशन है, जिसमें इण्टरनेट के द्वारा आपस में बातचीत कर सकते हैं;
   जैसे- Skype, yahoo, messenger इत्यादि।
2. **ई-मेल** (Electronic mail) ई-मेल के माध्यम से कोई भी उपयोगकर्ता किसी भी अन्य व्यक्ति को इलेक्ट्रॉनिक रूप में सन्देश भेज सकता है तथा प्राप्त भी कर सकता है। ई-मेल को भेजने के लिए किसी भी उपयोगकर्ता का ई-मेल एड्रेस होना बहुत आवश्यक है, जो विश्वभर में उस ई-मेल सर्विस पर अद्वितीय होता है। ई-मेल में टेक्स्ट फॉर्मेटिंग, Cc (Carbon copy), Bcc (Blind carbon copy) के विकल्प भी उपलब्ध होते हैं।
   ई-मेल एड्रेस छोटे अक्षरों के रूप में होता है। ई-मेल एड्रेस में दो भाग होते हैं, जो एक प्रतीक @ द्वारा अलग होते हैं—पहला भाग यूजरनेम तथा दूसरा भाग डोमेन नेम होता है; जैसे- arihantbooks@gmail.com। यहाँ पर arihantbooks यूजरनेम तथा gmail.com डोमेन नेम है।
3. **वीडियो कॉन्फ्रेन्सिंग** (Video Conferencing) वीडियो कॉन्फ्रेन्सिंग के माध्यम से कोई व्यक्ति या व्यक्तियों का समूह किसी अन्य व्यक्ति या समूह के साथ दूर होते हुए भी आमने-सामने रहकर वार्तालाप कर सकते हैं।
4. **सोशल नेटवर्किंग** (Social Networking) यह इण्टरनेट के माध्यम से बना हुआ सोशल नेटवर्क (कुछ विशेष व्यक्ति या अन्य असम्बन्धित व्यक्तियों का समूह) होता है। इसके माध्यम से उस सोशल नेटवर्क के अन्तर्गत आने वाला कोई व्यक्ति किसी अन्य व्यक्ति से सम्पर्क रख सकता है।
5. **ई-कॉमर्स** (E-commerce) इसके अन्तर्गत सामानों का लेन-देन, व्यापारिक सम्बन्धों को बनाए रखना व व्यापारिक जानकारियों को शेयर करना इत्यादि सम्मिलित हैं, इसमें धनराशि का लेन-देन इत्यादि भी सम्मिलित हैं। दूसरे शब्दों में, यह इण्टरनेट से सम्बन्धित व्यापार है।
6. **ई-लर्निंग** (E-learning) यह कम्प्यूटर की सहायता से सीखने का एक लोकप्रिय तरीका है। इसके अन्तर्गत कम्प्यूटर आधारित प्रशिक्षण, इण्टरनेट आधारित प्रशिक्षण, आनलाइन शिक्षा आदि सम्मिलित हैं।

एग्जाम पैटर्न प्रश्न

1. नेटवर्कों के नेटवर्क को क्या कहा जाता है?
(a) कम्प्यूटर नेटवर्क (b) यूजनेट
(c) इण्ट्रानेट (d) इण्टरनेट

2. इण्टरनेट का पिता कहा जाता है
(a) लॉस एंजिल्स (b) विण्ट कर्फ
(c) नैपियर बोन्स (d) बैबेज

3. इण्टरनेट को कब बनाया गया?
(a) 1950 के दशक में (b) 1960 के दशक में
(c) 1970 के दशक में (d) 1980 के दशक में

4. WWW से क्या तात्पर्य है?
(a) वर्ल्ड वर्क वेब (b) वाइड वर्क वेब
(c) वर्ल्ड वाइल (d) वर्ल्ड वाइड वेब

5. ………… जिसे वेब भी कहते हैं, में कई बिलियन डॉक्यूमेण्ट्स होते हैं।
(a) वर्ल्ड वाइड वेब (b) HTTP
(c) वेब पोर्टल (d) डोमेन

6. वर्ल्ड वाइड वेब या विश्वव्यापी वेब के आविष्कार के लिए किसे जाना जाता है?
(a) टिम बर्नर्स ली (b) मैक्सवेल
(c) मार्टिन कपूर (d) एस. ए. फोर्ब्स

7. वेब पेज पर दिखने वाले ………… को क्लिक किया जाए, तो उससे दूसरा डॉक्यूमेण्ट खुलता है।
(a) एंकर (b) URL
(c) हाइपरलिंक (d) रेफरेन्स

8. वेब ………… में एक से ज्यादा वेब पेज होते हैं, जो वेब सर्वर पर स्थित होते हैं।
(a) हब (b) साइट
(c) स्टोरी (d) टेम्प्लेट

9. वेबसाइट एड्रेस एक ऐसा यूनिक नाम है, जो वेब पर किसी विशेष ………… को पहचानता है।
(a) वेब ब्राउजर (b) वेबसाइट
(c) PDA (d) लिंक

10. निम्न में से कौन-सा पद ब्राउजर या वेबसाइट का पहला या मुख्य वेब पेज है?
(a) यूआरएल (b) डोमेन
(c) गूगल (d) होमपेज

11. जिस सॉफ्टवेयर से उपयोगकर्ता इण्टरनेट सर्फ करते हैं, उसे ………… कहते हैं।
(a) सर्च इंजन
(b) इण्टरनेट सर्विस प्रोवाइडर (ISP)
(c) मल्टीमीडिया एप्लिकेशन
(d) ब्राउजर

12. हम ………… का प्रयोग करके 'वर्ल्ड वाइड वेब' पर पहुँचते हैं।
(a) हाई बैण्डविड्थ
(b) इन्स्टेण्ट मैसेजिंग एप्लिकेशन
(c) मेल क्लाइण्ट
(d) ब्राउजर

13. विशिष्ट प्रोग्राम, जो वेब पर इन्फॉर्मेशन लोकेट करने के लिए यूजर्स की सहायता करता है, उसे ………… कहते हैं।
(a) इन्फॉर्मेशन इंजन (b) सर्च इंजन
(c) वेब ब्राउजर्स (d) रिसोर्स लोकेटर्स

14. यह इण्टरनेट पर उपलब्ध प्रचलित सेवाओं में से एक है, जिसमें अरबों की संख्या में वेब पेज संगृहीत होते हैं
(a) वेब सर्वर (b) टेलनेट
(c) वेब (d) कलेक्शन

15. निम्न में से कौन-सा ई-मेल एड्रेस मान्य या वैध है?
(a) name.website@info@ed
(b) name.website@info.in
(c) name@website.info.com
(d) website.name@website.com

16. निम्न में से कौन-सा ई-मेल एड्रेस का हमेशा एक हिस्सा होता है?
(a) Period (–) (b) At sign (@)
(c) Space( ) (d) Underscore (_)

PYQs

17. OSI मॉडल में ……………… होती हैं।
क्लर्क (हैदराबाद) 28 फरवरी, 2021
(a) 9 परतें (b) 10 परतें
(c) 7 परतें (d) 5 परतें

18. कम्प्यूटर की सहायता से सीखने का एक लोकप्रिय तरीका ……………… कहलाता है।
क्लर्क (जबलपुर) 01 नवम्बर 2020
(a) ई-लर्निंग (b) क्लोज लर्निंग
(c) आई-लर्निंग (d) आइसोलेटेड लर्निंग

19. पूरे इण्टरनेट पर लिंक का संग्रह एक परस्पर सम्बन्धित नेटवर्क बनाता है और इसे ……… कहा जाता है।
क्लर्क (बेंगलुरु) 23 फरवरी 2020
(a) लोकल वेब (b) वायरलेस कोड
(c) वर्ल्ड वाइड वेब (d) वाइड कनेक्शन

20. हब ………… नेटवर्क से जुड़ा होता है।
क्लर्क (हमीरपुर) 01 नवम्बर 2020
(a) अर्थ (b) सन
(c) मून (d) स्टार

21. नेटवर्क बनाने के लिए कम-से-कम कितने सिस्टम की आवश्यकता होती है?
क्लर्क (लखनऊ) 2020
(a) 2 (b) 100
(c) 10 (d) 3

22. ……… एक वेब ब्राउजर नहीं है?
क्लर्क (हमीरपुर) 1 नवम्बर 2020
(a) नेटस्केप
(b) इण्टरनेट एक्सप्लोरर
(c) ओपेरा
(d) माइक्रोसॉफ्ट आउटलुक

23. कम्प्यूटर में, मॉडेम निम्नलिखित में से किस विकल्प के लिए है?
क्लर्क (जबलपुर) 1 नवम्बर 2020
(a) माइक्रो डेमॉन्स
(b) मोनो-डेमो
(c) माइक्रो-डेमो
(d) मॉड्यूलेटर-डीमॉड्यूलेटर

24. कम्प्यूटर में, MODEM का अर्थ ……… है।
क्लर्क (दानापुर, हमीरपुर) 1 नवम्बर 2020
(a) माइक्रो-डेमो
(b) माइक्रो डेमॉन्स
(c) मॉड्यूलेटर-डीमॉड्यूलेटर
(d) मोनो-डेमो

उत्तरमाला

1. (d)	2. (b)	3. (a)	4. (d)	5. (a)	6. (a)	7. (c)	8. (b)	9. (b)	10. (d)
11. (d)	12. (d)	13. (b)	14. (a)	15. (d)	16. (b)	17. (c)	18. (a)	19. (c)	20. (d)
21. (a)	22. (d)	23. (d)	24. (c)						

अंग्रेजी

Chapter 01

Indian Army Agniveer

Articles

- Articles are word that identify a noun as being specific or unspecific.
- Articles are generally demonstrative adjectives and they are used as determiners before noun.

Kinds of Article

Articles are classified into two kinds : Indefinite articles and Definite article.

Indefinite Articles

- A and An are indefinite articles. They are only used before a singular countable noun. Indefinite articles do not point out any particular person or thing.

e.g., (i) I read *a* book. (Any book)
↓
Singular Countable Noun

(ii) We saw *an* animal. (Any animal)
↓
Singular Countable Noun

Caution

- 'A' or 'An' is not used before a plural noun.
- 'A' or 'An' is not used before uncountable nouns.

Usage of 'A' and 'An'

Article 'a' is used

(i) Before a word beginning with a consonant

e.g., A boy, A girl, A system, A lawyer, etc.

(ii) Before a vowel that giving the sound of a consonant or such vowels that have the sound of 'you'.

e.g., A useful book, A university, A european, A eulogy, etc.

(iii) Before the vowel 'o', pronounced with the sound of a consonant or when it sounds like 'w'.

e.g., A one-eyed man, A one-rupee note, such a one, etc.

Article 'an' is used

(i) Before a word beginning with a vowel (a, e, i, o, u)

e.g., An eye, An idiot, An ox , An egg , An apple, etc.

(ii) Before a word beginning with a mute 'h'.

e.g., An hour, An heir, An honourable person, An hourly visit, etc.

(iii) Before a word beginning with a consonant that pronounced with the sound of a vowel.

e.g., An LLB students, An MP, An MLA, An SP, An wol, An x-ray, etc.

The consonants that have a vowel sound are - F , H, L, M, N, R, S or X .

Other usage of Indefinite Articles 'A' or 'An'

- Indefinite articles are used before a singular noun which is countable, when it is mentioned for the first time and represents no particular person or thing.

  e.g., (i) I need *an* umbrella.
  (ii) We live in *a* small house.

- Indefinite articles are used before a singular countable noun to indicate a class.

  e.g., (i) *A* vehicle must be insured.
  (Any vehicle or All vehicle)
  (ii) *An* ant is a industrious creature. (All ants)

- 'A' or 'An' is used with a noun complement.

  e.g., (i) It was *an* earthquake.
  (ii) I am *a* banker.

- Before name of a profession, indefinite articles are used.

  e.g., (i) He is *an* MP/MLA.
  (ii) Mr. Srivastava is *a* doctor.

- If a singular noun is placed after many / rather / quite / such, then use 'a' / 'an' before the singular noun.

  e.g., (i) Many *a* woman would welcome such a chance.
  (ii) It was quite *an* impossible task.

- Indefinite articles are used in expressions of price, speed, ratio, etc.

  e.g., (i) She can run twelve kilometres *an* hour.
  (ii) Rice sells fifty rupees *a* kilo.

- 'A' or 'An' is used in exclamatory sentences before singular countable nouns.

  e.g., (i) Such *a* long queue !
  (ii) What *an* unfortunate development !

- Indefinite articles are used before a proper noun, when it is used as a common noun.

  e.g., (i) He thinks he is *a* Shakespeare.
  (ii) He seems to be *an* Australian.

- 'A' or 'An' is used in some phrases as : To make a noise, in a nutshell, in a hurry, a short while ago, to have a headache, to be in a temper, to have a taste for, etc.

  e.g., (i) It is *a* matter of shame.

  (ii) They seem to have *an* axe to grind.

- If adjective / adverb comes before a noun, then indefinite articles is used before the adjective or adverb.

  A/An + Adverb + Adjective + Noun

  e.g., (i) He is *a* very honest man.

  (ii) This is *an* old rare book.

Usage of 'The'

- 'The' is called the definite article. It is used to point some particular person or thing.

e.g., I dislike the fellow who came here yesterday.

↓

Particular fellow

- 'The' is used when noun is specifically identified or its identity is already understood. As a general rule, a common noun in the singular number should have an article before it.

  e.g., (i) I have seen elephant. (✗)

  (ii) I have seen an or the elephant. (✓)

  But a common noun in the plural does not require 'the' unless we want to particularise.

Other usage of Definite Article - 'The'

- Article 'the' is used before some proper nouns, such as The names of mountain ranges (the Himalayas), rivers (the Brahmaputra), bay (the Bay of Bengal, the Hudson Bay), gulfs (the Persian Gulf), seas (the Black sea), oceans (the Atlantic Ocean), groups of islands (the Andamans), newspapers (The Asian Age), ships (the Ti-tanic), names of holy books (the Ramayana), descriptive geographical or significant names (the USA, the Punjab, names of noted public places and important events (the Secretariat, the PVR cinema, the Siri Fort Auditorium, the Supreme Court, the White House, the Industrial Revolution, the Renaissance and Reformation), trains (the Karnataka Express), planes (the Airbus), spacecrafts (the discovery, the Atlantis).

  Exceptions

  But before a single mountain or a peak, article 'the' should not be used.

  e.g., Mount Everest is the highest peak of *the* Himalayas.

> - We say '*The* Ramayana of Valmiki' but Valmiki's Ramayana' is correct.
> - The secretariat (means the Parliament House), but Member of Parliament is correct.

- When a singular noun is meant to represent a whole category/class of animals or things, article 'the' is used.

  e.g., (i) *The* dog has an intense sense of smell.

  (ii) *The* pineapple is a tropical fruit.

> **Exception**
>
> - But when man, woman or mankind denotes the entire class in its meaning definite article 'the'should not be used. Infact no article is used before the words.
>
>   e.g., (i) Man is a social animal.
>
>   (ii) Mankind originated a billion years ago.

- 'The' is used before the name of directions (the East, the West , the North) and before such common nouns that are names of things, unique of their kind such as the moon, the world, the sea, the environment, etc.

  e.g., (i) *The* Sun rises in *the* East and sets in *the* West.

  (ii) *The* world is at the voyage of destruction.

> **Exceptions**
>
> - In following case, we do not use 'the' before 'sea'.
>
>   e.g., (i) We got to sea as sailors.
>
>   (ii) He is at sea now a days. (on a voyage)
>
> - We can use 'the' before the word 'space' if it means palce.
>
>   e.g., He tried to park his car there but the space was too small.
>
>   But if 'space' means area beyond the earth's atmosphere, do not use 'the' before it.
>
>   e.g., There are lacs of stars in space.

- Article 'the' is used before the names of important renowned books, epics, novels.

  e.g., (i) *The* Ramayana and *the* Mahabharat are the holy epics of the Hindus.

  (ii) The Tempest is a great novel.

> - But when the name of the author or publisher comes with the book (like Valmiki's Ramayan, Homer's Illiad, Jaidev' Geet Govind) article 'the' should not be used.
>
>   e.g., Shakespeare's Tempest is a great novel.

- We use 'the' before a noun representing a class of persons.

  e.g., (i) *The* teacher is to be respected by the students .

  (ii) *The* rich should not look down upon the poor.

- Musical instruments are preceded by the article 'the'.

  e.g., (i) He can play *the* violin.

  (ii) She is good at playing *the* guitar.

- Used in double comparisons.

  e.g., (i) The faster the car is, *the* more dangerous it is to drive.

  (ii) The easier the task, *the* shorter the time it requires.

- Before an adjective in the superlative degree.

  e.g., (i) They are *the* best term in this tournament.

  (ii) The Taj Mahal is *the* most popular of the 'Seven Wonders of the World'.

- Before an adjective in the comparative degree treated as superlative, when the comparison is complete among two.
  e.g., (i) He is *the* taller of the two brothers.
  (ii) Which is *the* more intelligent of the two students ?
- Before a proper noun used to make a comparison.
  e.g., (i) Nelson Mandela is known *the* Gandhi of South Africa.
  (ii) Kalidas is *the* Shakespeare of India.
- Before sobriquets (nicknames).
  e.g., (i) Vallabhbhai Patel is known as *the* 'Iron Man of India'.
  (ii) Dashrath Manjhi is called *the* Mountain man for carving a pathway though a mountain.
- Before awards, trophies, cups.
  e.g., (i) The Paramvir Chakra is the highest honour awarded in India for gallantry in battlefield.
  (ii) India won the ICC World Cup in 2011.
- Before inventions/instruments. The ipod, the cellphone, the television, the radio.
  e.g., (i) Joe plays the piano really well.
  (ii) The telephone was invented by Graham Bell.
- Before the organs of government. The Parliament, the Assembly, the UNESCO, the World Bank , the UNO.
  e.g., (i) The Parliament has authority over the armed forces.
  (ii) The World Bank should pull out of the project.
- To show the physical position.
  e.g., (i) He is standing at the front of his house.
  (ii) The cat is playing around the back of the cabin.

Omission of Article 'The'

Sometimes, we omit the use of article before a noun. Such a case wherein neither definite (the) nor indefinite (a, an) article appears before a noun is often referred to as zero article.

- Before the proper names of places and institutions.
  e.g., Jawaharlal Nehru University, Rajiv Chowk, Indira Gandhi International Airport, (Victoria), Terminus, George Washington Bridge
- Before specific mealtime.
  e.g., (i) Have you had breakfast this morning?
  (ii) Grandma will have fruit for lunch.
- With names of days, months, seasons, holidays and specific time of the day.
- e.g., On Tuesday, in April, in summer, at Diwali, at Christmas, at noon, at night, at midnight, before dusk, after sunset, at sunrise, etc., (but the is very much required with parts of the day, in the morning, in the afternoon, in the evening).
- With names of pubs, restaurants ending in's.
  e.g., (i) We went to Sakley's last night.
  (ii) Let's meet at Domino's.
- With names of sports, games and activities.
  e.g., (i) I love snooker.
  (ii) Rummy is a lot more difficult than solitaire.
- With geographical names.
  e.g., (i) **Continents** Africa, Antarctica, Asia, Australia, Europe, etc., (but the Americas (North and South America), the Antarctic, the Arctic), etc.
  (ii) **Countries** Chile, France, New Zealand, Kazakhstan, Namibia, etc., (but the Czech Republic, the Netherlands, the Philippines, the United Kingdom (UK), the United States of America (USA), etc.
  (iii) **Lakes** Lake Geneva, Lake Lopnor, Lake Michigan, Lake Victoria, etc.
  (iv) **Mountain peaks** Mawson Peak, Mont Blanc, Mount Everest, Mount Kenya, Mount Washington, etc.
  (v) **Cities** Beijing, New York, Reykjavik, Rio de Janeiro (but the Hague, the Vatican, etc.)
  (vi) **Streets and roads** Downing Street, Michigan Avenue, 7 Lok Kalyan Marg, 10 Janpath, etc.
- With certain places in their institutional sense.
  e.g., (i) The children are going to school. (for studying) (**but** I've not seen him in the school today.)
  (ii) What time do you go to bed? (to sleep) (**but** he went to the bed to check if the children were asleep.)

Exam Pattern QUESTIONS

Directions (Q. Nos. 1-33) *Insert suitable articles in the given blanks with the help of given alternatives.*

1. ...... bag I found yesterday contained ...... key chain.
(a) The, a (b) An, the
(c) A, an (d) The, an

2. I will go there in ...... evening.
(a) an (b) the
(c) a (d) No article

3. Have you found ...... purse, you lost yesterday?
(a) a (b) an
(c) the (d) No article

4. It is ...... matter of chance.
(a) an (b) a
(c) the (d) No article

5. He was invited for ...... dinner.
(a) an (b) the
(c) a (d) No article

6. Copper is ...... useful metal.
(a) an (b) a (c) the (d) No article

7. He is ...... MA.
(a) an (b) the
(c) a (d) No Article

8. Only ...... can save our country.
(a) the Hitler (b) a Hitler
(c) Hitler (d) an Hitler

9. ...... man-eater has been killed.
(a) The (b) A
(c) An (d) Either (a) or (b)

10. I cannot do ...... difficult work.
(a) a such (b) the such
(c) such the (d) such a

11. ...... is taking keen interest in India.
(a) The USA (b) USA
(c) An USA (d) A USA

12. ...... will have to be paid for this material.
(a) Half rupee (b) Half a rupee
(c) A half rupee (d) An half rupee

13. French is ...... language of ...... people of England.
(a) a, an (b) an, the
(c) the, the (d) the, an

14. Turn to ...... left.
(a) the (b) an (c) a (d) No article

15. Which is ...... highest mountain in India ?
(a) a (b) the (c) an (d) No article

16. Do not make ...... noise.
(a) an (b) the (c) a (d) No article

17. I shall be back in ...... hour.
(a) a (b) an (c) the (d) No article

18. ...... Apple cart is ...... historical novel.
(a) An, a (b) The, an
(c) The, a (d) A, an

19. ...... Varanasi, where he was born, is ...... good city.
(a) The, a (b) A, an
(c) The, an (d) A, an

20. Dry these boots in ...... Sun.
(a) the (b) a (c) an (d) No article

21. Switch on .... light.
(a) the (b) a
(c) an (d) None of these

22. He is .... unlucky man.
(a) the (b) an (c) a (d) No article

23. The lion is .... king of beasts.
(a) the (b) an (c) a (d) No article

24. I eat an egg .... day.
(a) the (b) an (c) a (d) No article

25. I want to be .... MP.
(a) the (b) an (c) a (d) No article

26. Give me .... umbrella which you bought yesterday.
(a) the (b) an
(c) a (d) No article

27. He died without .... heir.
(a) the (b) an
(c) a (d) No article

28. I have .... glass of milk every morning.
(a) the (b) a (c) any (d) some

29. My neighbour is .... honest person.
(a) a (b) an
(c) the (d) any

30. You should always carry .... umbrella with you.
(a) a (b) an
(c) any (d) a few

31. The thief was sent to .... prison.
(a) a (b) an
(c) No article (d) the

32. .... meat you cooked tasted good.
(a) A (b) An
(c) The (d) No article

33. Our city will have .... university soon.
(a) a (b) an
(c) the (d) No article

PYQs

Directions (Q. Nos. 34-42) *Fill in the blanks using the correct article.*

34. This is .... eagle.
Clerk (Hyderabad) 28 Feb 2021
(a) the (b) an
(c) a (d) None of these

35. Stay here .... little longer.
Clerk (Hyderabad) 28 Feb 2021
(a) an (b) a
(c) the (d) None of these

36. ...... rich should help .... helpless.
Clerk (Hyderabad) 28 Feb 2021
(a) The , the (b) The, a
(c) The , an (d) None of these

37. I met ...... friend on the train.
Clerk (Danapur) 01 November 2020
(a) an (b) the
(c) a (d) None of these

38. Do you know the name of .... artist who painted this portrait ?
Clerk (Danapur) 01 November 2020
(a) the (b) a
(c) an (d) None of these

39. I first saw the Himalayas ...... year ago.
Clerk (Danapur) 01 November 2020
(a) the (b) a
(c) an (d) None of these

40. He always speaks .... truth.
Clerk (Hamirpur) 01 Nov 2020
(a) a (b) an (c) the (d) No article

41. I often suffer from ...... backache.
Clerk (Hamirpur) 01 Nov 2020
(a) a (b) the
(c) an (d) No article

42. We stopped for ...... cream tea on ...... way home.
Clerk (Hamirpur) 01 Nov 2020
(a) the, the (b) a, an
(c) a, the (d) None of these

Answers

1. (a)	2. (b)	3. (c)	4. (b)	5. (d)	6. (b)	7. (a)	8. (b)	9. (d)	10. (d)
11. (a)	12. (b)	13. (c)	14. (a)	15. (b)	16. (c)	17. (b)	18. (c)	19. (a)	20. (a)
21. (a)	22. (b)	23. (a)	24. (c)	25. (b)	26. (a)	27. (b)	28. (b)	29. (b)	30. (b)
31. (c)	32. (c)	33. (a)	34. (b)	35. (b)	36. (a)	37. (c)	38. (a)	39. (b)	40. (c)
41. (d)	42. (c)								

Chapter 02

Noun

- Noun is a word that is used as the name of a person, thing, place, idea and quality of a person.
  e.g., Akshay, Delhi, Chair, Truth, Love, etc.

Kinds of Noun

Kind of Noun	Definition	Examples
Proper Noun	Name of some particular person, place or thing.	India, Taj Mahal, Shiva, Yamuna, etc.
Common Noun	Name given to every person or things of the same kind or class.	Boy, girl, teacher, books, etc.
Collective Noun	Name of a collection or a group of persons or things treated as a whole.	Class, pack , crowd, army, bunch, etc.
Material Noun	Name of a material or substance out of which things are made.	Iron, gold, copper, wheat, milk, etc.
Abstract Noun	Name of a quality, idea, concept or a state.	Love, anger, respect, strength, mercy, birth, etc.

Classification of Nouns

(i) Nouns can be classified into singular and plural.
e.g., Bus, Leaf, City *(Singular)*
Buses, Leaves, Cities *(Plural)*

(ii) Nouns can be classified into masculine, feminine, common and neuter gender.
e.g., Tiger, Father, Time *(Masculine)*
Woman, Lioness, Peace *(Feminine)*
Teacher, Servant, Student *(Common)*
Copy, Book, Room *(Neuter)*

(iii) Nouns can be classified into countable and uncountable nouns.
e.g., Tables, Chairs, Branches *(Countables)*
Oxygen, Furniture, Happiness *(Uncountables)*

Important Rules of Noun

Rule I Articles are not used before material nouns.
e.g., (i) Leather is used in making shoes.
(ii) Copper and mispickel are mined only in small quantities.

Rule II Material nouns and abstract nouns are not used in plural form.
e.g., (i) *Care* of the old is necessary.
(ii) Jewellery of *gold* is very costly.

Rule III Proper nouns are sometimes used as common nouns.
e.g., (i) Samudragupta is the *Napoleon* of India.
(ii) Kalidas is the *Shakespeare* of India.

In the above two sentences, the proper nouns *Napoleon* and *Shakespeare* are used as common nouns.

Rule IV Collective nouns usually take a singular verb and are substituted by a singular pronoun.
e.g., (i) The jury *has* given *its* verdict.
(ii) The team *has* performed to *its* potential.

Rule V Collective nouns take a plural verb and are substituted by a plural pronoun, when the group members do not behave as a whole but take different directions.
e.g., (i) The jury *are* divided in *their* decision.
(ii) The Ministry *are* much divided in *their* opinion regarding the foreign policy.

Rule VI Collective nouns, even when they denote living beings, are considered to be of neuter gender.
e.g., (i) India has a big army and *it* is divided into three major divisions.
(ii) The class waits for *its* teacher quietly.

Rule VII Units of counting, i.e., pair, dozen, score, hundred, etc., when used after numbers retain in their singular form.
e.g., (i) My friend bought two *dozen* eggs from the market.
(ii) I gave him two *hundred* rupees.

Rule VIII The following nouns are always used in plural form

- Certain articles of dress like trousers, shorts, jeans, parts, etc.
  e.g., (i) Jeans *are* in vogue these days.
  (ii) Where *are* my parts ?
- Certain collective nouns (although they are singular in form) like police, cattle, gentry, peasantry, clergy, people, company, poultry, majority, artillery, infantry, etc.

e.g., (i) Police *have* reached the crime scene.
(ii) Cattles *are* grazing in the field.

- Certain other nouns like assets, premises, alms, proceeds, contents, refreshments, orders, repairs, rations, statistics (*collection of data*), credentials, etc.

e.g., (i) Court should make it mandatory for the ministers to declare *their* assets.
(ii) Alms *were* distributed in the beggars.

Rule IX Some nouns look like plural but always used in a singular form like Mathematics, Statistics, Physics, Economics (*All subjects*), Gymnastics, News, Innings, Series, Measles, Rabies, Mumps, Rickets, Summons, Names of Books, etc.

e.g., (i) The news *is* bad.
(ii) Gymnastics *is* fun to watch.

Rule X Uncountable nouns are used in the singular forms only. Indefinite article (a, an) is not used before them. 'Much' is used in place of 'Many' for denoting plurality. Some of the important nouns of this category are as follows

Advice, information, hair, luggage, business, work, word (promise), mischief, bread, scenery, abuse, vacation, evidence, employment, alphabet, poetry, furniture, baggage, trouble, fuel, wheat, rice, stationery, etc.

e.g.,
(i) He gave me information.
(ii) He was punished for committing *much* mischief.

Rule XI When two nouns depict a common possession, we use apostrophe('s) after the second noun if they are functioning as one unit.

e.g., Rahul and *Shweta's* father has died.

Rule XII When two or more nouns depict a common possession but they are functioning separately, use apostrophe ('s) after each noun.

e.g., (i) *Rita's* and *Geeta's* businesses are booming.
(ii) *Ram's* and *Mohan's* father are ill.

Rule XIII Hyphenated noun does not have plural form.

e.g., (i) He gave me two hundred-rupees notes. (Change 'rupees' into 'rupee')
(ii) He stays in five-stars hotels. (Change 'stars' into 'star')

Rule XIV Certain nouns/words are used in colloquial English in India which is wrong as the word is literally translated from English to Hindi.

[e.g.,]

Wrong	Correct
Cousin brother/sister	Cousin
Pick pocketer	Pick pocket
Good name	Name
Big blunder	Blunder
Strong breeze	Strong wind
Bad dream	Nightmare
Proudy	Proud
According to me	In my opinion
Cheater	Cheat

Rule XV Apostrophe is not used with non-living things. We use 'of'.

e.g., (i) Table's leg. (✗)
Leg of table. (✓)

Exam Pattern QUESTIONS

Directions (Q. Nos. 1-30) *Choose the appropriate noun from the options to complete the given sentences.*

1. The chain of my .... became loose, due to which I had to stop pedaling and put it back again.
(a) bicycle (b) shirt (c) book (d) home

2. We need .... to help us when we run into problems.
(a) birds (b) animals
(c) friends (d) cars

3. Jamshed left his ....to find work in the nearby town.
(a) chimney (b) village
(c) certificate (d) toys

4. The Nile is the longest of all the ....
(a) lakes (b) oceans
(c) seas (d) rivers

5. Our .... fought with great courage during the Kargil War.
(a) men (b) soldiers
(c) politicians (d) students

6. Farmers keep a .... of buffaloes.
(a) bees (b) band
(c) herd (d) bevy

7. A large .... is expected.
(a) crowd (b) crowds
(c) holiday (d) children

8. Forest show you, a clump of ....
(a) fruits (b) vegetables
(c) animals (d) trees

9. I have just filled forty .... of petrol in the car.
(a) kilos (b) litres
(c) boxes (d) metres

10. The .... was attended by guests from both the bride's and groom's families.
(a) school
(b) wedding
(c) picnic
(d) village

11. I would like to have a .... of coffee, please.
(a) cup (b) plate (c) piece (d) sip

12. I do not travel with much ....
(a) furniture (b) food
(c) luggage (d) work

13. .... is on the banks of river Hooghly.
(a) Bihar
(b) Kolkata
(c) Delhi
(d) None of the above

14. The .... still has not taken our order.
(a) porter
(b) manager
(c) shopkeeper
(d) waiter

15. Life of a .... is luxurious.
(a) farmer (b) shopkeeper
(c) engineer (d) king

16. We met at McDonalds at noon. The word 'McDonalds' is a .... noun.
(a) common (b) collective
(c) abstract (d) proper

17. Select the proper noun in the sentence.
He could not remember who signed the Declaration of Independence.
(a) Remember
(b) Signed
(c) Declaration of Independence
(d) He

18. I study in Springdales School. Here, 'Springdales School' is a ....
(a) proper noun (b) material noun
(c) common noun (d) collective noun

19. Fill in the blank with the correct collective noun.
The .... were on the march for several days.
(a) officers (b) armies
(c) soldiers (d) cadets

20. Fill in the blank with the correct collective noun.
On reaching the top of the ridge, we came upon a .... of monkeys.
(a) troop (b) pack
(c) herd (d) colony

21. My family lives in different parts of India. Here, 'family' is ....
(a) collective noun (b) abstract noun
(c) common noun (d) proper noun

22. Select all the common nouns in the given sentence.
Rohan took his bike to the hills for a ride.
(a) Rohan, bike, his
(b) His, bike, hills
(c) Bike, hills, ride
(d) Rohan, hills, ride

23. Masons build houses. Here, 'masons' is a ....
(a) collective noun
(b) abstract noun
(c) common noun
(d) proper noun

24. Find the material noun in the given sentence.
Lomani Paris is my favourite perfume.
(a) Lomani Paris (b) favourite
(c) my (d) perfume

25. Fill in the blank with correct noun.
.... dresses are very cheap and comfortable.
(a) Cotton (b) Silk
(c) Jute (d) Nylon

26. What is the plural of father-in-law?
(a) Father-in-laws (b) Fathers-in-law
(c) Fathers-in-laws (d) Father-ins-law

27. Select the noun which is used as it is in its plural form.
(a) Bottle (b) Deer
(c) Tiger (d) Shirt

28. Select the abstract noun in the given sentence.
It's a pleasure to meet you after five years.
(a) you (b) meet
(c) five years (d) pleasure

29. My mother admired your honesty. Here, 'honesty' is ....
(a) abstract noun (b) collective noun
(c) common noun (d) proper noun

30. Childhood is the best part of life. Here, 'childhood' is ....
(a) collective noun
(b) common noun
(c) proper noun
(d) abstract noun

Answers

1. (a)	2. (c)	3. (b)	4. (d)	5. (b)	6. (c)	7. (a)	8. (d)	9. (b)	10. (b)
11. (a)	12. (c)	13. (b)	14. (d)	15. (d)	16. (d)	17. (c)	18. (a)	19. (b)	20. (a)
21. (a)	22. (c)	23. (c)	24. (d)	25. (a)	26. (b)	27. (b)	28. (d)	29. (a)	30. (d)

Chapter 03

Pronoun

Words used in place of nouns are called pronoun. They are used to avoid the repetition of noun in a sentence.

e.g., I saw a boy on the roof. *He* seemed to recognise me.

In this example, the pronoun 'he' is used instead of repeating the noun 'boy'.

Kinds of Pronoun

Following are the kinds of pronoun with their specific rules

Personal Pronouns

These pronouns refer to the words which are used in place of nouns referring to person. Personal pronouns have the following categorisations

Persons	Nominative Case		Objective Case		Possessive Case	
	Singular	Plural	Singular	Plural	Singular	Plural
I Person	I	We	Me	Us	My/Mine	Our/Ours
II Person	You	You	You	You	Your/Yours	Your/Yours
III Person						
Male	He	They	Him	Them	His	Their/Theirs
Female	She		Her		Her/Hers	
Neuter	It		It		Its	

Rules of Personal Pronouns

Rule I A personal pronoun must be of the same number, gender and person as the noun for which it stands.

e.g., (i) I am not one of those who believe everything *they* see (Not 'I')

(ii) Every man must love *his* country.

Rule II If a pronoun is used as the object of the verb or of a preposition, it should be in the objective case.

e.g., (i) He was shouting at *me*. (Not 'I')

(ii) He was teaching *him*.

Rule III Words such as, *as good as, as well as, as soon as, as beautiful as, as intelligent as,* etc are followed by nominative case.

e.g., (i) When it comes to providing news, no one is as good as *he*.

(ii) In studies, he is as good as *he*.

Rule II, III and I The second person should come before the third and the third person come before the first. This case applies if all the pronouns are singular in a sentence.

e.g., (i) *You, He* and *I* are good friends. *(Not I, you and he)*

(ii) *You* and *I* will be punished.

- When it comes to confessing something or committing a crime and all the pronouns are plural then II, III, I rule gets changed to I, II, III.

e.g., (i) *I, you* and *he* will be punished for the crime.

(ii) *We, You* and *They* will go to the party.

Rule V When two or more singular nouns are joined by 'or, either-or or neither-nor', the pronoun and the verb should be singular.

e.g., (i) Either Raj or Amar *is* doing *his* duty.

(ii) Neither Ram nor Shyam *has* completed *his* work.

Rule VI Whenever one singular and one plural noun are used with either-or or neither-nor, the plural noun always comes second. In this case, the verb and the pronoun both become plural.

e.g., (i) Neither Amit nor his friends *were* present in *their* house.

(ii) Either the Principal or the teachers failed in *their* duty.

Rule VII After 'than', nominative case pronoun is used if there is a comparison between two nominatives.

e.g., You are taller than I .

- But objective case pronoun is used after 'than' if the comparison is between two objects.

e.g., He loves you more than me.

Reflexive Pronouns

Reflexive pronouns are the pronouns in which the action done by the subject turns back upon the subject. They end in -self in singular form or -selves in plural form.

e.g., Myself, themselves, yourself, itself, himself, ourselves, etc.

Rules of Reflexive Pronoun

Rule I A reflexive pronoun is used with the following verbs-absent, avail, apply, enjoy, pride, resign, acquit, revenge, exert, adapt, adjust etc.

e.g., (i) He resigned *himself* to his failure.
(ii) You should avail *yourself* of every chance in life.

Rule II A reflexive pronoun is not used with the following verbs-keep, break, set, bath, make, stop, steal, qualify, hide, etc.

e.g., (i) He *kept* away from the function.
(ii) She *hid* in the room.

Rule III Reflexive pronoun cannot be used as a subject or an object of a sentence unless a noun / pronoun comes before it.

e.g., (i) Myself Ram from Delhi, ('I am Ram from Delhi' is correct)
(ii) Yourself and he reached there in time. (Use 'you' in place of 'yourself ')

Demonstrative Pronouns

The pronouns that are used to point out the objects to which they refer are called demonstrative e.g., these, that, those, such, this, etc.

If these words (this, that, these, those) are followed by a noun, then they are not considered as distributive pronouns rather they become distributive adjectives.

(i) This is a book . (Demonstrative Pronoun)

e.g., You should read this book. (Demonstrative adjective)

(ii) These are the tips for your exams. (Demonstrative pronoun)

These tips will help you in your exams. (Demonstrative adjective)

Rules of Demonstrative Pronouns

Rule I 'This' and 'That' takes a singular verb and is used when referring to a single person or thing while 'These' and 'Those' takes a plural verb and is used when referring to more than person or thing.

e.g., (i) *That* man is our principal.
(ii) *These* books belong to him.

Rule II Pronoun 'it' comes before the phrase or clause to which it refers.

e.g., (i) *It* is true that India has won the match.
(ii) *It* is conform that he is wrong.

Rule III To avoid repetition of singular noun 'that' is used. In case of a plural noun 'those' is used.

e.g., (i) The climate of Pune is better than *that* of Mumbai . (It means climate of Mumbai)
(ii) The streets of Delhi are wider than *those* of Mumbai . (It means the streets of Mumbai)

Rule IV In a sentence, 'one' is used to avoid the repetition of a singular countable noun. Ones is used to avoid the repetition of plural countable nouns. Do not use 'one's in place of 'ones '.

e.g., (i) This is the new version, that is an old *one*.
(ii) These are new books but those are old *ones*.

Indefinite Pronouns

A pronoun that does not refer to any person, amount or thing in particular.

e.g., anything, something, anyone, everyone, one, anyone etc.

Rules of Indefinite Pronouns

Rule I 'One', if used in a sentence, always repeats itself.

e.g., (i) *One* must respect *one's* country for *one's* sake.
(ii) *One* must obey *one's* elders.

Rule II If 'one' is used as the subject, nominative case 'one' and objective pronoun 'oneself' is used.

e.g., (i) One should do one's duty oneself.
(ii) One should keep one's promise.

Rule III 'Either' is replaced by 'anyone' when we are talking about more than two persons or things. Same case apply with 'none' and 'neither'.

e.g., (i) I couldn't contact *anyone* of the three.
(ii) *None* of his body parts is defective.

Rule IV 'Each other' should be used in speaking of two persons or things, 'one another' used in speaking of more than two.

e.g., (i) We should love *one another*.
(ii) Shivani and Himani never liked *each other*.

Rule V 'Any' as a pronoun, is used only in interrogative and negative sentences. It may be both singular and plural and may refer to both persons and things.

e.g., Have you visited any stranger outside the gate?
No, I have not visit any.

Relative Pronouns

Relative pronouns are used to connect clause, a phrase to a noun or pronoun.

e.g., who, whom, that, which, whose etc.

Rules of Relative Pronouns

Rule I 'Whom' and 'Who' are used only for persons and 'Which' is used for things without life and for animals and babies.

e.g., (i) The man *who* is honest is trusted.
(ii) The horse *which* I had bought was an Arab.

Rule II The relative pronoun 'what' is used without any antecedent.It has the meaning-the thing or things that.

e.g., (i) I mean *what* I say.
(ii) *What* cannot be cured must be endured.

Rule III 'Whose' is used to refer to persons only; 'of which' is used while referring to lifeless objects.

e.g., (i) I have a friend *whose* father is a doctor.
(ii) I saw a watch, the dial *of which* was made of gold.

Rule IV 'That' refers to persons, animals and things . (That can be used as a substitute of who/ which)

e.g., (i) The boy that fought in the street.
(ii) The book that is on the table is mine.

Interrogative Pronouns

The interrogative pronouns are used for making querries or asking questions.

e.g., who, what, whose, whom, etc.

Rules of Interrogative Pronouns

Rule I 'What' is used in broad sense, while 'which' is used in the specific sense.

e.g., (i) *What* are you doing these days?
(ii) *Which* institute have you joined for that?

Rule II 'Which' is used in place of 'who' and 'what', when we are referring to a choice between two or more than two things or persons.

e.g., (i) Of the two brothers *which* is more intelligent?
(ii) *Which* is your mother in the crowd?

Exam Pattern QUESTIONS

Directions (Q. Nos. 1-15) *Fill in the blanks with suitable pronoun.*

1. Abha is more beautiful and intelligent than ....
(a) I (b) me
(c) myself (d) mine

2. Have you any objection to .... going to your house.
(a) mine (b) I
(c) my (d) me

3. This is only thing .... I want.
(a) as (b) that
(c) which (d) whose

4. I do not like .... of these two magazines.
(a) any (b) one
(c) either (d) some

5. My views are quite different from ....
(a) you (b) your
(c) yourself (d) yours

6. Come and have supper with us if you are not doing .... thing tonight.
(a) some (b) any
(c) one (d) all

7. I was unable to say whether .... was a boy or not.
(a) it (b) he
(c) she (d) that

8. Rakhi is the girl .... has failed.
(a) whom (b) who
(c) which (d) whose

9. There was none .... did not enjoy the show.
(a) who (b) which
(c) that (d) whom

10. You and she have cheated .... neighbour.
(a) our (b) their (c) her (d) your

11. Hello Harish, Kavita and Praveen. Help.....to buy some food and I'II be with you in a moment.
(a) you (b) yours
(c) yourself (d) yourselves

12. The dog caught ...... tail in the door when it closed.
(a) it's (b) itself (c) its (d) it

13. When Sunanda won the lottery, she pinched .... to make sure she wasn't dreaming.
(a) hers (b) herself
(c) her (d) himself

14. Almost no friend of.... came to the funeral.
(a) her (b) myself
(c) theirs (d) them

15. It's partly finished. There is .... left.
(a) nothing (b) everything
(c) anything (d) something

Directions (Q. Nos. 16-25) *In the sentences given below identify the pronoun with the help of given alternatives.*

16. Be sure that everyone brings his own book.
(a) sure (b) his (c) brings (d) Be

17. Mark and I have been very good friends for years.
(a) very (b) friends (c) I (d) Mark

18. Everyone who purchased one of the paintings was pleased.
(a) Everyone (b) pleased
(c) purchased (d) None of these

19. The local government plans to cut its budget for recreation.
(a) recreation (b) budget
(c) cut (d) its

20. These are my class notes.
(a) notes (b) These
(c) are (d) class

21. I found my book in the garden, but I couldn't find yours.
(a) found (b) in
(c) garden (d) yours

22. I saw the dog which ate the cake.
(a) which (b) saw (c) cake (d) dog

23. I have done the homework myself.
(a) homework (b) myself
(c) done (d) have

24. Have you ever heard about this ?
(a) heard (b) ever
(c) this (d) about

25. Which is your favourite car ?
(a) car (b) is
(c) favourite (d) Which

Directions (Q. Nos. 26-40) *Do as directed.*

26. Fill in the blank with correct pronoun.
Jason and James took their bike with ....
(a) they (b) them
(c) their (d) us

27. Find the personal pronoun in the given sentence.
Jerry's mother asked him to clean the garden.
(a) Jerry (b) mother
(c) him (d) garden

28. Fill in the blank with correct pronoun.
Don't blame yourself for the mistake. .... is perfect.
(a) Nobody
(b) Anybody
(c) Everybody
(d) Somebody

29. Someone caught twelve fish. Here 'someone' is ....
(a) Personal pronoun
(b) Possessive pronoun
(c) Reflexive pronoun
(d) Indefinite pronoun

30. Fill in the blank with correct pronoun.
Someone must do .... about the human rights in that country or it will be too late.
(a) anything (b) everything
(c) something (d) nothing

31. Fill in the blank with correct interrogative pronoun.
What is the name of the man .... car you borrowed?
(a) whose (b) whom
(c) what (d) how

32. Select the distributive pronouns from the following options.
(a) Himself, herself, ourselves
(b) Every, each, both
(c) Anybody, somebody, nobody
(d) What, which, whom

33. None of the books are hers. They belong to Mary's sons. Here 'none' is ....
(a) Distributive pronoun
(b) Personal pronoun
(c) Possessive pronoun
(d) Reflexive pronoun

34. Select the distributive pronoun in the given sentence.
I enjoyed every minute of my stay in Africa.
(a) I
(b) my stay
(c) Africa
(d) every

35. Fill in the blank with correct Possessive pronoun.
The computer quickly stores information on .... huge memory.
(a) yours (b) theirs
(c) its (d) hers

36. Meera and Seema are giving gift to each other. Here, 'each other' is ....
(a) Distributive pronoun
(b) Reciprocal pronoun
(c) Personal pronoun
(d) Possessive pronoun

37. Fill in the blank with correct pronoun.
Could you bring me .... book I left in the garden?
(a) this (b) that (c) those (d) these

38. Fill in the blank with correct pronoun.
Emma hurt ....
(a) herself (b) yourself
(c) myself (d) itself

39. Fill in the blank with suitable pronoun.
Adam is the boy .... loves playing soccer.
(a) whose (b) whom
(c) that (d) who

40. Fill in the blank with correct interrogative pronoun.
.... did you invite to preside over the meeting?
(a) Why (b) Whom (c) Who (d) What

Answers

1. (b)	2. (d)	3. (b)	4. (c)	5. (d)	6. (b)	7. (a)	8. (b)	9. (c)	10. (d)
11. (d)	12. (c)	13. (b)	14. (c)	15. (d)	16. (b)	17. (c)	18. (a)	19. (b)	20. (d)
21. (d)	22. (a)	23. (b)	24. (c)	25. (d)	26. (b)	27. (c)	28. (a)	29. (d)	30. (c)
31. (a)	32. (b)	33. (a)	34. (d)	35. (c)	36. (b)	37. (b)	38. (a)	39. (d)	40. (b)

Chapter 04

Adjective

- An Adjective is a word which is used to describe a Noun or a Pronoun. They are also called *Describing Words.*

e.g., a *beautiful* garden, *dark* humour, a *self-made* man, etc.

In the above examples, adjective 'beautiful, dark and self-made' describe the nouns i.e., garden, humour and man respectively.

Kinds of Adjectives

Following are the kinds of adjective

(i) **Adjectives of Quality** These are used to describe the quality, condition or nature of a noun.

e.g., honest, kind, soft, sweet, etc.

(a) Dr. APJ Abdul Kalam was an *honest* man.

(b) This food tastes *sour.*

(ii) **Adjectives of Quantity** These adjectives show the quantity or degree of a thing.

e.g., much, little, whole, some, enough, all, etc.

- Much, little, whole are always used for quantity.

e.g., (a) How *much* milk is left in the fridge?

(b) There is *little* sugar left in the pot.

- All, some, enough, sufficient, most are used for both quantity and number.

e.g., (a) Mayank has *enough* money to start his own business.

(b) Employees have completed *most* of the tasks.

(iii) **Adjectives of Number** These are of two types

(a) Definite adjectives as Cardinals (one, two, three...) and ordinals (first, second, last...) denote exact or order of persons/things.

Cardinals are used after ordinals, if they both are to be used in the same sentence.

e.g., (i) The *first two* lessons of the novel are interesting.

(ii) The *last three* questions of this chapter have to be completed.

(b) Indefinite adjectives as many, some, enough, few, all, most, various, several, etc. are used to denote number of some kind without saying precisely what the number is?

e.g., (i) *Many* students have participated in school function.

(ii) *All* of my friends are intelligent.

(iv) **Demonstrative Adjectives** These are used to point out nouns and pronouns. They are always used before the words they are referring to.

e.g., this, that, these, those, etc.

(a) *That* house is very expensive.

(b) *These* cookies are delicious.

(v) **Possessive Adjectives** These adjectives are used to show ownership or possession.

e.g., my, our, your, his, her, their, its, etc.

(a) *My* dirt bike is faster than his moped.

(b) Kids, don't forget to drink *your* milk.

(vi) **Interrogative Adjectives** These adjectives are used to ask questions.

e.g., what, whose, which, etc.

(a) *Whose* wife is sitting in the lobby?

(b) *Which* book do you want to buy?

(vii) **Proper Adjectives** Adjectives that are derived from proper nouns are called Proper adjectives. They must begin with a capital letter.

e.g., Indian, American, German, etc.

(a) This *Indian* town has an interesting history.

(b) I have many *German* friends.

Degrees of Adjective

There are three degrees or levels of Adjectives namely Positive, Comparative and Superlative.

(i) **Positive Degree** It is used when we talk about a single person, place or thing.

e.g., (a) Manali is a *beautiful* hill station.

(b) She bought a *colourful* bedsheet.

(ii) **Comparative Degree** This is used when we are comparing two persons, places or things.

e.g., (a) Rashi is *taller* than Mukesh.

(b) A couch is *more comfortable* than a chair.

Here, 'taller' and 'more comfortable' are the examples of comparative degree.

(iii) **Superlative Degree** This is used when we are comparing more than two things.

e.g., (a) Amsterdam is the *greenest* city in the world.

(b) The final is the *most crucial* match of the season.

Here, 'greenest' and 'most crucial' are examples of superlative degree.

Uses of Some Adjectives

This, That

- 'This' (in case of plural, 'these')
It refers to persons or thing(s) near the speaker.
e.g., (i) *This* book is very interesting.
(ii) *These* flowers are very beautiful.
- 'That' (in case of plural, 'those')
It is used to avoid the repetition of the preceding noun(s).
e.g., (i) My bat is better than *that* of my friend.
(ii) Our soldiers are better equipped than *those* of Pakistan.
- 'That' and 'These' refers to person(s) or thing(s) far from the speaker.
e.g., (i) Get *that* dog out of here.
(ii) *Those* houses are for sale.

Some

- 'Some' is used normally in affirmative sentences with both countable and uncountable nouns.
e.g., (i) I shall buy *some* books. *(Countable)*
(ii) They have purchased *some* fruits. *(Uncountable)*

Any

- 'Any' is used in negative and interrogative sentences for countable and uncountable nouns, when we refer to a quantity of something which may/may not exist.
e.g., (i) I don't have *any* pen.
(ii) I haven't watched any serial today.

Little, A little, Much

- 'Little' is used for uncountable nouns. 'Little' means 'hardly any'. It has a negative meaning.
e.g., He takes *little* interest in parental business.
- 'A little' means 'some, though not much'. It has a positive meaning.
e.g., *A little* knowledge is a dangerous thing.
- 'Much' is used before uncountable nouns and it emphasises a large amount.
e.g., How *much* money have you got?

Few, A few, Many

- 'Few' is used for countable nouns. 'Few' means 'hardly any'. It has a negative meaning.
e.g., *Few* people are happy.
- 'A few' means 'not many'. It has a positive meaning.
e.g., He asked me *a few* questions.
- 'Many' is used before countable nouns.
e.g., She has *many* books.

More, Less, Fewer (Comparative Determiners)

- 'More' is an uncountable numerical expression used before plural and uncountable nouns to refer to comparison of quantity.
e.g., We need *more* information on this case.
- 'Less' is used generally before uncountable nouns to refer to an amount of something which is smaller than another amount.
e.g., He finds *less* time to play these days.
- 'Fewer' is used before plural nouns (*countable nouns*) to refer to a group of things that is smaller as compared to another group.
e.g., *Fewer* candidates cracked the IAS examination this year.

All

- When followed by a countable plural noun, it requires a plural verb.
e.g., *All* the students *were* happy.
- When followed by an uncountable noun, it requires a singular verb.
e.g., *All* that glitters *is* not gold.

Both

'Both' is used to talk about two persons or things of the same kind. It expresses that two persons or things are intensely involved.

e.g., *Both* of them are equally good players.

Either, Neither

- We use 'either' to refer to one or two things, people or situations, when we want to say that they both are possible and it does not matter, which one is chosen or considered.
e.g., I don't particularly agree with *either* group.
- 'Neither' always takes a singular countable noun and singular verb. Neither is the negative of 'either'.
e.g., *Neither* book is useful.

Each, Every

'Each' is used for two and more than two, while 'every' is always used for more than two. 'Each' is used when the number in the group is limited or definite, while 'every' is used when the number is indefinite.

e.g., (i) *Each* of the two girls gets a prize.

(ii) *Every* student has a book.

Another, Other

- 'Another' is used for an additional person or things of the same type.
  e.g., Please bring me *another* knife.
- 'Other' can be used with singular countable, plural countable or uncountable nouns.
  e.g., The *other* door is open.

Most, Several

- 'Most' refers to nearly all of a group or amount. It is usually used with uncountable and plural nouns.
  e.g., *Most* people do not trust others.
- 'Several' refers to more than two, but not a very large number. It is generally used with plural nouns.
  e.g., *Several* people were against her.

Some Important Rules of Adjectives

Rule I Two comparative degrees of adjective are never used together.

e.g., (i) The sky is brighter today.
(ii) My Grandmother is getting weaker day by day.

Rule II If a noun is compared with all others of the same group/class, we use 'any other'.

e.g., (i) Kolkata is more populated than **any other** city in India.
(ii) Ankit is healthier than **any other** person in his family.

Rule III Adjectives such as superior, inferior, senior, junior, prior, etc., take preposition 'to' with them. Never use senior than, junior than.

e.g., (i) They went to the zoo **prior** to coming here.
(ii) No one is **senior** to the President.

Rule IV Some adjectives don't have any comparative degree 'they have only positive and superlative degree.

(i) Northern - Northernmost
(ii) Southern - Southernmost
(iii) Eastern - Easternmost
(iv) Western - Westernmost
(v) Bottom - Bottommost

e.g., (i) Arunachal Pradesh is the **Easternmost** state of India.
(ii) Indira Point is the **Southernmost** point of India.

Rule V When we use an adjective between 'as ...... as 'or 'so......as', we always use the positive degree of adjective.

e.g., (i) This model is **as good as** the previous one.
(ii) He is not **as black as** a crow. (He could be either more or less black in colour as compared to a crow)

Rule VI If definite article 'the' is used before positive degree of an adjective, it represents the whole class. Poor, rich, Indians, Mumbaikars, needy, young, dead.

e.g., (i) We should always help the **poor**.
(ii) The **youth** of the country spend a lot of time on social media.

Rule VII The words 'these' and 'those' should not be used with the singular nouns 'kind', 'type' and 'sort'.

e.g., (i) I will not do these kind/sort of act.
(Use 'this kind/sort' for 'these kind/sort ')
(ii) This type of articles are not allowed into the hall.

Rule VIII When one is chosen out of two, we use a comparative degree preceded by 'the' and followed by 'of'.

e.g., (i) She is **the** better of two sisters.
But if one is chosen out of 'more than two' or 'all' superlative degree is used preceded by 'the' and followed by 'of'.
(ii) He is the best of the three/all the players.

Rule IX When two adjectives required different prepositions, appropriate prepositions should be used with both adjectives.

e.g., (i) He is senior and older than I. (Use 'to' after 'senior')
(ii) His dress is different and cheaper than mine. (Use 'from' after 'different')

Rule X With the word 'like', we use superlative degree-best and most. In such case, we do not use 'the' before the superlative.

e.g., (i) Which of the story do you like most ?
(ii) Which of the Magazine do you like best ?

Exam Pattern QUESTIONS

Directions (Q. Nos. 1-25) *Fill in the blanks with suitable adjective.*

1. She succeeded due to her .... work.
   (a) most hard (b) more hard
   (c) hard (d) None of these
2. His performance is the ....this year.
   (a) good (b) best
   (c) better (d) None of these
3. It was ....car he had ever driven.
   (a) the more comfortable
   (b) the most comfortable
   (c) the comfortable
   (d) the comfortablest
4. His sister is .... than his wife.
   (a) more prettier (b) very prettier
   (c) most prettier (d) prettier
5. Today is the .... day of the month.
   (a) last (b) later
   (c) latest (d) latter
6. .... of the two chapters can be taught first.
   (a) All (b) Either
   (c) Any (d) Some
7. Meerut is my .... railway station.
   (a) nearer (b) nearest
   (c) near (d) next
8. Her anniversary is the .... day of her life.
   (a) more happier (b) happier
   (c) most happiest (d) happiest
9. Delhi is .... from Alwar than Jaipur.
   (a) farther
   (b) further
   (c) farthest
   (d) None of the above
10. The .... chapter of this book is very interesting.
    (a) last (b) latest
    (c) later (d) latter
11. .... team could score a goal. So, it was a drawn match.
    (a) Either (b) Neither
    (c) Any (d) Both
12. Komal is more beautiful than .... of her sisters.
    (a) some (b) any
    (c) all (d) None of these
13. There is .... hope of his recovery, he is very serious.
    (a) a little (b) little
    (c) the little (d) None of these
14. This is the ....building in our village.
    (a) oldest (b) older
    (c) elder (d) eldest
15. .... people can speak English correctly.
    (a) Few
    (b) A few
    (c) The few
    (d) None of the above
16. He has not ...... car.
    (a) any (b) some (c) few (d) little
17. There are ...... balls in the store room.
    (a) much (b) a little
    (c) one (d) many
18. ...... people are satisfied.
    (a) A few (b) Much
    (c) Little (d) Every
19. He drank ...... the water.
    (a) whole (b) any
    (c) all (d) many
20. He doesn't have ...... money to donate.
    (a) many (b) much
    (c) a few (d) few
21. Do you have ...... question?
    (a) some (b) any
    (c) a few (d) much
22. ...... people come to see this temple daily.
    (a) Much (b) Many
    (c) All (d) Every
23. I am a stranger here, I have ...... knowledge about this place.
    (a) few (b) little
    (c) any (d) much
24. ...... girls were absent yesterday.
    (a) Much (b) Any
    (c) A little (d) A few
25. Please give me ...... rice.
    (a) any (b) few
    (c) some (d) a

Directions (Q. Nos. 26-35) *Choose the adjective in the given sentences.*

26. The unique design of the building was praised much.
    (a) The unique
    (b) design of
    (c) building
    (d) praised
27. Lord Mountbatten was the last Governor-General of India.
    (a) Lord Mountbatten
    (b) last
    (c) Governor-General
    (d) India
28. The first book of author is about poverty.
    (a) first (b) book
    (c) author (d) poverty
29. They are wise enough to not fight with others.
    (a) They (b) wise
    (c) enough (d) fight
30. His command over English is excellent.
    (a) command
    (b) His
    (c) English
    (d) excellent
31. It is relatively colder today.
    (a) It (b) colder
    (c) today (d) None of these
32. The baby has drunk much milk.
    (a) The baby (b) drunk
    (c) much (d) milk
33. Mumbai is the busiest city in India.
    (a) Mumbai (b) busiest
    (c) city (d) India
34. The beauty of Kashmir is unmatched.
    (a) beauty (b) Kashmir
    (c) unmatched (d) None of these
35. The interior decoration of the temple was excellent.
    (a) interior (b) decoration
    (c) excellent (d) Both (a) and (c)

Directions (Q. Nos. 36-45) *Do as directed.*

36. Fill in the blank with the correct degree of comparison of the word given in the bracket.
My cold is definitely .... (bad) this morning.
(a) worst (b) worse
(c) bad (d) more bad

37. Change the degree of adjective to positive of the given sentence.
Shakespeare is the most famous of all writers in English.
(a) Shakespeare is the more famous of all writers in English.
(b) Shakespeare is the famous of all writers in English.
(c) No other writer in English is as famous as Shakespeare.
(d) Shakespeare is greater than any other writer in English.

38. My sister is a beautiful girl. Here, 'beautiful' is a/an ....
(a) adjective of quality
(b) adjective of quantity
(c) demonstrative adjective
(d) possessive adjective

39. Find out the adjectives of quality from the following options.
(a) Most, few, little
(b) Tall, small, sweet
(c) One, five, ten
(d) My, your, his

40. Change the degree of adjective to superlative of the given sentence.
Greenland is larger than any other island in the world.
(a) No other island in the world is as large as Greenland.
(b) Greenland is the largest than any other island in the world.
(c) No other island in the world is as largest as Greenland.
(d) Greenland is the largest island in the world.

41. Select the distributive adjective in the following sentence.
Each cheerleader is given props along with dress.
(a) each
(b) along
(c) given
(d) props

42. Neither my son nor my husband could lock the door. Here 'neither' is a/an ....
(a) possessive adjective
(b) demonstrative adjective
(c) interrogative adjective
(d) distributive adjective

43. The most common articles used with indefinite adjective(s) is/are
A. The B. An C. A
(a) B and C
(b) A and B
(c) Only A
(d) A and C

44. Comparative degree of 'well' is
(a) best
(b) well
(c) very well
(d) better

45. Find out the indefinite adjective in the given sentence.
A man can fail many times, but he isn't a failure until he begins to blame somebody else.
(a) many (b) somebody
(c) failure (d) times

Answers

1. (c)	2. (b)	3. (b)	4. (d)	5. (a)	6. (b)	7. (b)	8. (d)	9. (a)	10. (a)
11. (b)	12. (c)	13. (b)	14. (a)	15. (b)	16. (a)	17. (d)	18. (a)	19. (c)	20. (b)
21. (b)	22. (b)	23. (b)	24. (d)	25. (c)	26. (a)	27. (b)	28. (a)	29. (b)	30. (d)
31. (b)	32. (c)	33. (b)	34. (c)	35. (d)	36. (b)	37. (c)	38. (a)	39. (b)	40. (d)
41. (a)	42. (d)	43. (a)	44. (d)	45. (a)					

Chapter 05

Indian Army Agniveer

Verb

- Verb is a word that is used to tell us what people or things are doing. They are also called as action words.
  e.g., (i) Supriya *painted* the wall.
  (ii) The house is *being whitewashed.*

In the above examples, 'painted' and 'being whitewashed' are verbs.

Kinds of Verb

Verb can be classified into following types

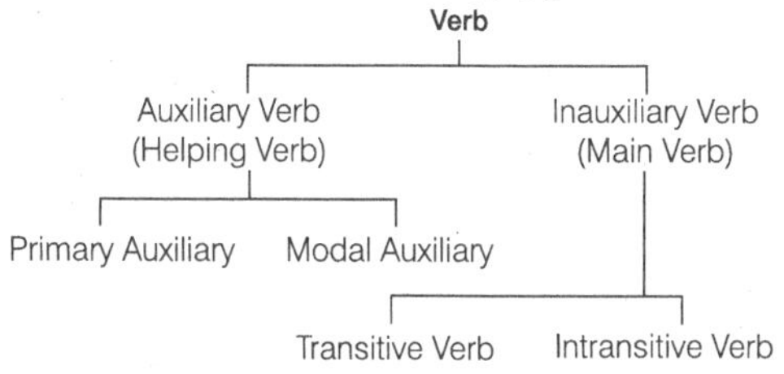

Auxiliary/Helping Verbs

- These verbs are used before action verb or linking verb to convey additional information regarding aspects of possibility (may, can, could, etc.) or time (was, is, has, etc).
  e.g., (i) I *can learn* French in two weeks.
  (ii) Jasper *will leave* tomorrow.

Auxiliary verbs are of two types

(i) **Primary Auxiliary Verbs** The verbs which can help main verbs or they can act like the main verb also are called primary auxiliary verbs.
  (a) **Verbs 'to do'** – Do / does / did / doing / done
  (b) **Verbs 'to be'** – Is / am / are / was / were / being / been
  (c) **Verbs 'to have'** – Has / have / had / having

  e.g., (i) I can *do* my work myself. *(as main verb)*
  (ii) I *do* not work with liars. *(as helping verb)*

(ii) **Modal Auxiliary Verbs** These verbs cannot act like main verb that means they need main verb to complete the sentence. There are nine modal auxiliaries in total i.e., can, could, shall, should, will, would, may, might, must.
  e.g., (i) I *can* eat four bananas easily.
  (ii) You *should* do your work on time.

Main Verbs

- The words that expresses the main action or possession are called main verbs.
  e.g., play, sleep, dance, have, own, etc.
  Main verbs are of two types

(i) **Transitive Verbs** The verbs which need an object to complete the sentence are transitive verbs.
  e.g., (i) I *write* a letter on every Sunday.
  (ii) Never *eat* any vegetable or fruit without cleaning.

(ii) **Intransitive Verbs** The verbs which need not an object to make the sentence complete are intransitive verbs.
  e.g., (i) He *runs* fast.
  (ii) Rohan *studies* hard.

Conjugation of Verbs

- The different form of verbs used with different tenses are called conjugation of verbs.
- There are primarily three forms of verbs
  (i) Present (Original form)
  (ii) Past
  (iii) Past Participle

Following is the list of verbs with their forms

Present Tense (V_1)	Past Tense (V_2)	Past Participle (V_2)
Add	Added	Added
Act	Acted	Acted
Bore	Bored	Bored
Borrow	Borrowed	Borrowed
Boil	Boiled	Boiled
Call	Called	Called
Carve	Carved	Carved
Dress	Dressed	Dressed
Earn	Earned	Earned
Attract	Attracted	Attracted
Cancel	Cancelled	Cancelled

Present Tense (V_1)	Past Tense (V_2)	Past Participle (V_2)
Adore	Adored	Adored
Adorn	Adorned	Adorned
Mark	Marked	Marked
Drill	Drilled	Drilled
Treat	Treated	Treated
Paint	Painted	Painted
Walk	Walked	Walked
Show	Showed	Showed
Become	Became	Became
Bean	Bent	Bent
Breed	Bred	Bred
Feed	Fed	Fed
Bring	Brought	Brought
Built	Built	Built
Burn	Burnt	Burnt
Catch	Caught	Caught
Dream	Dreamed/Dreamt	Dreamed/Dreamt
Keep	Kept	Kept
Make	made	Made
Send	Sent	Sent
Shine	Shone	Shone
Feel	Felt	Felt
Fight	Fought	Fought
Find	Found	Found
Meet	Met	Met
Be	Was/Were	Been
Begin	Began	Begun
Bite	Bit	Bitten
Blow	Blew	Blown
Choose	Chose	Chosen
Do	Did	Done

Some Verbs that do not Change Form

bet	bet	bet	betting	bets
bid	bid	bid	bidding	bids
cost	cost	cost	costing	costs
cut	cut	cut	cuitting	cuts
put	put	put	putting	puts
read	read	read	reading	reads
let	let	let	letting	lets
shut	shut	shut	shutting	shuts
hit	hit	hit	hitting	hits
hurt	hurt	hurt	hurting	hurts

Some verbs confused with other verbs

	V_1	V_2	V_3
(i)	wind (tie, finish)	wound	wound
	wound (injure)	wounded	wounded
(ii)	find (search)	found	found
	found (start/build)	founded	founded
(iii)	grind (crush)	ground	ground
	ground (restrict ship/plane on land)	grounded	grounded
(iv)	bind (tie)	bound	bound
	bound (leap/bounce)	bounded	bounded
(v)	bear (tolerate, conceive)	bore	borne
Note: 'born' is the passive form of bear (conceive); e.g., A son is/was/had been born to him.			
(vi)	fall (go down)	fell	fallen
	fell (cut down)	felled	felled
(vii)	hang (suspend)	hung	hung
	hang (to death)	hanged	hanged
(viii)	lie (speak untruth)	lied	lied
	lie (be horizontal/supine)	lay	lain
	lay (keep horizontal)	laid	laid
(ix)	rise (ascend, move up)	rose	risen
	raise (move something up)	raised	raised
	raze (bring down)	razed	razed
(x)	fly	flew	flown
	flow	flowed	flowed
(xi)	see	saw	seen
	saw	sawed	sawed/sawn
(xii)	rend (tear)	rent	rent
	rent (use/allow use on payment)	rented	rented

Some Important Rules of Verb

Rule I Modal auxiliary verbs are not used as main verbs. They are used as only helping verbs.

e.g., (i) I *can lift* this box .

(ii) He *should work* hard.

Rule II Verbs can be used both transitively and intransitively.

Transitive	Intransitive
He spoke the truth.	Sita speaks slowly.
The ant fought the wasps.	Some ants are very fierce .
The shot sank the ship.	The ship sank rapidly.

Rule III Some intransitive verbs can be made transitive by adding a proposition with them.

e.g., (i) He *looks* after his parents.
(ii) They *laughed* at me.
(iii) I will *look* into your matter.

Rule IV Some intransitively verbs take an object after them that are similar in meaning to the verb.

e.g., (i) He *sighed* a deep *sigh*.
(ii) Our Army *fought* a fierce fight.
(iii) She *smiled* a mysterious smile.

Rule V Use of auxiliary verb 'to be' (is / am / are / was / were)
'Is / am / are' are used in present tense while 'was / were' are used in past tense. 'Am' is used with 'I' only , while 'is' used with other singular. 'Are/ Were' are used with plural. 'Was' is used in past tense with singular subject.

e.g., (i) I *am* to go to USA next month.
(ii) You *are* to wait here till we return.
(iii) They *were* just to leave by car.

Rule VI Use of auxiliary verb 'To have' (Have / Has / Had)
Have / Has / Had are used to show possession / ownership. 'Have' is used with plural and 'has' is used with singular subject. With pronoun 'I' 'have' should be used. 'Have' and 'has' refer present tense, while use of 'had' refers past tense'.

e.g., (i) I *have* a car.
(ii) A man *has* two legs.
(iii) He *had* got several good opportunities.

Rule VII Use of auxiliary verb 'To do' (Do / Does / Did)
'Do / Does / did' are used in framing negative and interrogative question in present and past tense.

e.g., (i) It is nothing to *do* with you.
(ii) She always *does* manage to hurt her mother's feelings.
(iii) Shalini excelled in language studies so, *did* his brother.

Exam Pattern QUESTIONS

Directions (Q. Nos. 1-15) *Identify the types of the underlined verbs.*

1. Rahul wants to swim in the lake.
(a) Intransitive verb
(b) Gerund
(c) Modal
(d) Infinitive

2. My father joined the army in 1965.
(a) Main verb
(b) Primary auxiliary verb
(c) Modal
(d) Participle

3. College should impart quality education.
(a) Main verb
(b) Modal
(c) Participle
(d) Intransitive verb

4. The victims were grateful for the extended support from the local people.
(a) Intransitive verb
(b) Participle
(c) Transitive verb
(d) Infinitive

5. Having finished his work, he left for home early.
(a) Past participle
(b) Present participle
(c) Perfect participle
(d) Gerund

6. Mary is confident of securing the gold medal.
(a) Gerund
(b) Infinitive
(c) Main verb
(d) Primary auxiliary verb

7. They have been waiting for the taxi for twenty minutes now.
(a) Infinite verb (b) Modal
(c) Finite verb (d) Transitive verb

8. Crying will not solve your problems.
(a) Finite verb (b) Modal
(c) Gerund (d) Intransitive verb

9. A broken heart will surely mend over time.
(a) Primary auxiliary verb
(b) Main verb
(c) Participle
(d) Transitive verb

10. They agreed to settle the conflict once and for all.
(a) Infinitive (b) Main verb
(c) Gerund (d) Participle

11. Aman talks as if he knows everything.
(a) Finite verb
(b) Modal
(c) Primary auxiliary verb
(d) Transitive verb

12. Doha is good at fencing.
(a) Finite verb
(b) Modal
(c) Perfect participle
(d) Gerund

13. She doesn't enjoy stitching anymore.
(a) Modal
(b) Gerund
(c) Past participle
(d) Perfect participle

14. I should be on my way if I don't want to miss the train.
(a) Past form
(b) Main verb
(c) Modal
(d) Participle

15. I want to get the completed set of this worksheet.
(a) Past participle
(b) Present participle
(c) Perfect participle
(d) Main verb

Directions (Q. Nos. 16-45) *Fill in the blank with suitable options from the given alternatives.*

16. I believe that you .... the exam with flying colours.
(a) pass (b) should pass
(c) will pass (d) passed

17. Some churches .... high ceilings.
(a) had (b) was (c) were (d) have

18. Having .... the medicine, he started to feel better.
(a) taken (b) take
(c) took (d) being taken

19. Those are pieces of a .... window.
(a) broken (b) shredded
(c) glass (d) paper

20. The .... ox could not plough any further.
(a) angry (b) tired
(c) hunted (d) crying

21. In spite of continuous failures, he hopes .... this time.
(a) succeed (b) to success
(c) to deject (d) to succeed

22. This book, in some parts, ... quite interesting.
(a) is (b) are (c) were (d) have

23. I had my shirt washed and .... last week.
(a) had ironed (b) ironing
(c) to iron (d) ironed

24. Last night while reading, I .... a very strange sound coming from the balcony.
(a) heard (b) hear
(c) did hear (d) would hear

25. .... you come coming if I called for you?
(a) Will (b) Would (c) Can (d) Should

26. I prefer .... to music before going to sleep.
(a) to listen (b) listens
(c) listen (d) listening

27. Will things be different now .... I taken a different path?
(a) have (b) had (c) were (d) was

28. Our family is .... dinner now.
(a) have (b) had (c) having (d) has

29. When was the last time she .... a new bag?
(a) buys (b) buying
(c) buy (d) bought

30. This list contains the names of the .... candidates.
(a) selected (b) select
(c) selection (d) selecting

31. Arushi and Priya .... become very good friends after that incident.
(a) are (b) were (c) has (d) have

32. She .... have learnt her lesson from this grave mistake.
(a) must (b) should
(c) could (d) would

33. How .... she do this to me!
(a) could (b) should
(c) had (d) has

34. She .... asleep while watching a movie.
(a) falls (b) fell
(c) has fallen (d) have fallen

35. What time do you .... off work?
(a) get (b) had got
(c) got (d) had gotten

36. You don't .... to water the plants as it had already rain.
(a) need (b) had
(c) ask to (d) exercise

37. He .... a purple suit.
(a) worn (b) was worn
(c) wear (d) wears

38. As you sow, so .... you reap.
(a) will (b) shall
(c) would (d) should

39. I don't have any achievement to .... about.
(a) boast (b) boasted
(c) boasting (d) being boasted

40. She brought me .... cookies to eat.
(a) burned (b) burning
(c) burn (d) burnt

41. He .... a long distance to catch the pickpocket.
(a) run (b) have run
(c) has run (d) ran

42. The best thing to do is to live and let ....
(a) to live (b) living
(c) live (d) lives

43. Students are .... their board exams next week.
(a) appearing (b) preparing
(c) going (d) doing

44. I often find myself .... behind others.
(a) to lag (b) lagging
(c) jumping (d) appearing

45. She .... her office on time daily.
(a) reach (b) reaches
(c) reached (d) reaching

PYQs

46. Fill in the blank with the correct word from the given options.
Your father used to be the principal of this college, ... ?
Clerk (Behrampur, Hamirpur) 01 Nov 2020
(a) doesn't he (b) did he
(c) didn't he (d) does he

Answers

1. (d)	2. (a)	3. (b)	4. (b)	5. (c)	6. (a)	7. (c)	8. (c)	9. (b)	10. (a)
11. (d)	12. (d)	13. (b)	14. (c)	15. (a)	16. (c)	17. (d)	18. (a)	19. (a)	20. (b)
21. (d)	22. (a)	23. (d)	24. (a)	25. (b)	26. (d)	27. (b)	28. (c)	29. (d)	30. (a)
31. (d)	32. (a)	33. (a)	34. (b)	35. (a)	36. (a)	37. (d)	38. (b)	39. (a)	40. (d)
41. (d)	42. (c)	43. (a)	44. (b)	45. (b)	46. (c)				

Chapter 06

Indian Army Agniveer

Modals

A verb used to express the mood (mode) or attitude of a speaker is called modal auxiliary or modals.
e.g., (i) You *should* regularly go for a morning walk.
(ii) They *must* attend tomorrow's meeting.

Some common modals are may, might, can, could, will, shall, would, should, must, etc.

Uses of Modals

(i) **May** is used

- To show or ask for permission.
  e.g., *May* I go now ?
- For making informal request.
  e.g., *May* I have the salt please?
- For expressing good wishes, desire, wish or prayer.
  e.g., *May* you live long!
- For expressing purpose.
  e.g., She works hard so that she *may* pass.

(ii) **Might** is used

- For making request that expresses more politeness, hesitation or lack of confidence of the speaker.
  e.g., *Might* I borrow your golden necklace?
- When the uncertainty did not happen but it was possible then 'might' is used in perfect tense.
  e.g., You *might* have invited me to your wedding.
- In conditional sentences, when the expression is introduced by a verb in the past tense.
  e.g., If you invited her she *might* attend the party.

(iii) **May/Might + Have**

- They are used to express possibility/ desirability relating to the past action.
  e.g., He *may/might* have left yesterday. *(It is possible he left)*

(iv) **Can** is used

- To express physical or mental ability/ capacity/ capability.
  e.g., I *can* solve this puzzle.
- To take permission or giving an order
  e.g., Yes, you *can* go now.
- In questions with 'Wh' words to denote puzzleness/impatience/anger of the speaker
  e.g., What *can* he do?
- To show the circumstantial possibility.
  e.g., You *can* ski on the hills now-a-days.

(v) **Could** is used

- For making a request more polite and courteous.
  e.g., *Could* you lend me your car for a day?
- Use of 'could' refers past ability.
  e.g., When I was young, I *could* climb any tree.
- To express general permission in the past.
  e.g., On Sundays, we *could* (were allowed to) stay up late.
- In unreal conditions.
  e.g., If I had ten crores, I *could* build a temple.

(vi) **Could + Have** This form is used for past ability while indicating that the action did not take place.
e.g., I *could have* revealed the secret. *(But I did not)*

(vii) **Should** is used to express

- **Duty/Obligation**
  e.g., You *should* stand by your brother.
- **Future in the past**
  e.g., I told him that I *should* go there.
- **Condition**
  e.g., Should you work hard, you will get success. *('Should' is used in the sense of 'if')*
- **Should + Have** This form is used to express obligation in the past. It may imply the non-performance of the action.
  e.g., You *should have* stood by your brother.

(viii) **Must** is used to express

- **Necessity or Obligation** (In place of 'should')
  e.g., You *must* follow instructions.
- **Order of the Speaker**
  e.g., You *must* not leave now.
- **Strong Possibility** (in place of 'may')
  e.g., It is ten. The teacher *must* be in the class.
- **Deduction, Inference**
  e.g., He has a big house. He *must* be rich.

- **Must + Have** This form is used for a past action or situation indicating non-performance of action.
  e.g., You *must* have followed instructions.

(ix) **Ought** is used to express

Duty or Moral Obligation It is normally used for 'should and must', when there is strong sense of moral duty, advice or indication of correct action.

e.g., You *ought to* serve your motherland.

- **Ought to + Have** This construction is used in relation to past action of duty that was not fulfilled or an action that was neglected in the past.
  e.g., He *ought to have* been present at the wedding of his friend.

To Be + Infinitive

This expression is used to express plan

e.g.,(i) I am to make a speech tomorrow.

(ii) She is to leave for the states after marriage.

(iii) She was to leave for the states for higher study.

The last two sentences do not state expressly about the implementation of the plan.

To Have + Infinitive

This expression is used to express compulsion as is expressed with 'Must'. It also expresses obligation (In the Present, Past and Future).

(i) I have to leave for Delhi today.

(ii) I don't have to meet him now. (Need not)

(iii) I have not to meet him now.

(x) **Used to** is used

- To denote habitual action or the past routine of the subject.
  e.g., He *used to* go to Delhi by car.
- To denote discontinued action.
  e.g., He *used to* play hockey. *(Now he has stopped)*
- 'Used to' is also used as an Adjective (be used to). It is equal to 'accustomed to' as
  He is *used to* getting up early.

(xi) **Would** is used in the following cases

(i) *Would* you please help my son? *(Polite request)*

(ii) She told me that she *would* give me money. *(Future in the past)*

(iii) I *would/should* like to play now. *(Wish)*

Exam Pattern QUESTIONS

Directions (Q. Nos. 1-40) *Complete the sentences with suitable alternatives.*

1. She expects that her son ....
(a) can return (b) may return
(c) should return (d) could return

2. If we request her she .... to college.
(a) must give a lift (b) might give a lift
(c) can give a lift (d) could give-left

3. It is possible Marlowe .... plays for Shakespeare.
(a) may write
(b) might have written
(c) might write
(d) None of the above

4. All felt that he .... a cheat.
(a) may be (b) can be
(c) might be (d) will be

5. .... I go out? asked her son.
(a) Should (b) May
(c) Must (d) Could

6. "Yes, you ....", the mother answered.
(a) should go (b) may go
(c) must go (d) shall go

7. The son asked his mother if he ....
(a) can go out (b) may go out
(c) might go out (d) None of these

8. .... our king live long!
(a) May
(b) Must
(c) Should
(d) Will

9. We eat so that we .... live.
(a) may (b) might
(c) can (d) could

10. He went there so that he .... borrow money.
(a) may (b) can
(c) might (d) should

11. She advised that I .... curtail expenditure.
(a) should (b) shall
(c) should have (d) would

12. You .... him that gambling would ruin him.
(a) should warn
(b) should have warned
(c) must warn
(d) could warn

13. We enjoyed the movie, you .... there.
(a) should have been
(b) can be
(c) should be
(d) None of the above

14. .... you work hard, you will pass.
(a) Would (b) Will
(c) Should (d) Shall

15. I told him that I .... leave next day.
(a) should (b) should have
(c) could (d) ought to

16. Make haste lest you .... late.
(a) should get (b) should not get
(c) may not got (d) shall got

17. She .... work hard if she wants to top the merit list.
(a) must have (b) must
(c) must not (d) would

18. She .... alone as it was raining heavily.
(a) must not leave
(b) must not have left
(c) should not leave
(d) None of the above

19. Principal to a student : You .... with bad girls.
(a) must not mix (b) cannot mix
(c) may not mix (d) All are correct

20. She .... alone as it is raining heavily.
(a) must not leave
(b) must not have left
(c) should not have left
(d) would not leave

21. There .... something wrong with the cooker today.
(a) must be
(b) should have been
(c) must have been
(d) could have been

22. Swati is gentle, her sister .... it.
(a) should have done
(b) must have done
(c) should do
(d) None of the above

23. I am sure the Principal .... in his room.
(a) should be (b) can be
(c) must be (d) would be

24. You .... obey your parents.
(a) should (b) ought to
(c) must (d) need not

25. You .... stood by your sister, when she was in difficulties.
(a) ought to
(b) ought to have
(c) should have
(d) None of the above

26. Since the keys are with my brother, I .... you money.
(a) will not lend
(b) cannot lend
(c) may not lend
(d) should not lend

27. She told me that she .... English fluently and was very happy.
(a) could speak
(b) could have spoken
(c) can speak
(d) will speak

28. .... you please help my son?
(a) Can (b) Was able to
(c) Could (d) Might

29. After we had changed the punctured tyre we .... continue our journey.
(a) can (b) was able
(c) were able to (d) should able

30. My friend did not help me though he .... helped.
(a) could (b) could have
(c) should (d) used to

31. He .... catch the first train tonight.
(a) is to (b) was to have
(c) is to have (d) None of these

32. How are you here? You .... her marriage.
(a) are to attend
(b) were to attend
(c) were to have attended
(d) None of the above

33. She .... the first flight so she hurried to the airport in a taxi.
(a) was to catch
(b) am to catch
(c) was to have caught
(d) would to catch

34. She told me that she .... go to Mumbai next month.
(a) will
(b) should
(c) would
(d) shall

35. He .... go to college daily by bus in his college days.
(a) should (b) would
(c) will (d) can

36. .... you please help my son?
(a) Should (b) Can
(c) Would (d) Could

37. My friend .... visit me every Sunday when I was ill.
(a) used to (b) is used to
(c) was used to (d) None of these

38. Deepu .... getting up early in the morning.
(a) used to (b) is used to
(c) accustomed to (d) was used to

39. .... you read when you were five?
(a) Can (b) Could
(c) May (d) Might

40. My father .... speak and write five languages.
(a) might (b) shall
(c) can (d) must

Answers

1. (b)	2. (a)	3. (b)	4. (c)	5. (b)	6. (b)	7. (c)	8. (a)	9. (a)	10. (c)
11. (a)	12. (b)	13. (a)	14. (c)	15. (a)	16. (a)	17. (b)	18. (b)	19. (a)	20. (a)
21. (a)	22. (b)	23. (c)	24. (b)	25. (b)	26. (b)	27. (a)	28. (c)	29. (c)	30. (b)
31. (a)	32. (c)	33. (a)	34. (c)	35. (b)	36. (c)	37. (a)	38. (b)	39. (b)	40. (c)

Chapter 07

Indian Army
Agniveer

Subject-Verb Agreement

- Subject-verb agreement refers to a set of rules that suggests that the subject and the verb, present in the sentence should agree with each other for the sentence to be grammatically correct.
- In other words, the verb must agree with the subject in number and person.

  e.g., (i) Nitu and Vidya work with novelists.

  (ii) He studies in a government school.

  In the above sentences, for plural subjects 'Nitu and Vidya', the plural verb 'work' is used and for singular subject 'He', the singular verb 'studies' is used.

Rules Involved in Subject-Verb Agreement

Rule I If the subject is singular, it takes a singular verb and if the subject is plural, it takes a plural verb.
e.g., The children are playing cricket in the playground.

Rule II If two subjects are joined by 'and', plural verb will be used.
e.g., Ram and Shyam are (P.V.) coming.

Rule III If two or more than two nouns or adjectives are joined by 'and' but only one person or thing or idea is discussed, singular verb is used.
e.g., (i) My friend, philosopher and guide have come. (change 'have' into 'has')
(ii) Fish and chips is my favourite dish. (✓)
If two uncountable nouns are joined by 'and' and if two different subjects are discussed, Plural Verb will be used.
e.g., Poverty (U.N.) and misery (U.N.) come (P.V.) together. (✓)

Rule IV If the subject is joined by 'as well as', 'with', 'alongwith', 'together with', 'and not', 'in addition to', 'but', 'besides', 'except', 'rather than', 'accompanied by', 'like', 'unlike', 'no less than', 'nothing but', the verb will agree with the first subject.
e.g., (i) Ram (S.S.) as well as his parents is (S.V.) coming.
(ii) The captain (S.S.) along with the sailors was (S.V.) drowned.

Rule V If an article is placed just before the first subject, it means the person/thing is the same for which two nouns are used. Hence, singular verb will be used. Similarly, if only one person or thing is discussed, we use article before the first noun only.
e.g., A white and black gown was (S.V.) bought by her.
But if an article is used before every subject, it refers to different people/things. Hence, plural verb will be used.
e.g., The director and the producer have (P.V.) come. (✓)

Rule VI If two subjects are joined by 'neither .... nor', 'either .... or, 'not only' .... 'but also', 'nor', 'or', 'none-but', the verb will agree with the nearest subject.
e.g., (i) Neither Ram nor Shyam (S.S.) has (S.V.) come.
(ii) Either Ram or his friends (P.S.) have (P.V.) come.

Rule VII Collective nouns always take singular verb.
e.g., (i) The herd (S.S.) of cows is (S.V.) grazing in the field.
(ii) The committee (S.S.) has (S.V.) unanimously taken its (S.A.) decision.
If there is a division among the members of the collective noun or we talk about the members of the collective noun, plural verb and plural pronoun are used.
e.g., (i) The jury are (P.V.) divided in their (P.P.) opinion.
(ii) The audience have (P.V.) taken their (P.A.) seats.

Rule VIII Plural numbers always take plural verb. If plural noun is used after cardinal adjectives (one, two, three, four, etc.) and if plural noun denotes certain amount, weight, height or period, singular verb will be used.

In other words we can say that plural number used as singular unit will take singular verb.

e.g., Hundred rupees $\underbrace{\text{is}}_{\text{S.V.}}$ in my pocket.

Rule IX Each, every, everyone, someone, somebody, nobody, none, any, many a, more than one are singular. Hence, they will take singular verb, singular noun and singular pronoun.

e.g., More than one $\underbrace{\text{man}}_{\text{S.N}}$ $\underbrace{\text{was}}_{\text{S.V.}}$ present there.

Rule X If 'of' is used after each, every, one, etc., the noun or pronoun that comes immediately after 'of 'will be plural in form. However the verb, pronoun, adjective, etc., that comes in the latter part of the sentence will be, singular in form.

e.g., One of $\underbrace{\text{the boys / then}}_{\text{Noun/Pronoun (Plural)}}$ $\underbrace{\text{has}}_{\text{S.V.}}$ done $\underbrace{\text{his}}_{\text{S.A.}}$ work.

Rule XI If 'each' is used after plural noun or plural pronoun, plural verb is used.

e.g., $\underbrace{\text{We}}_{\text{P.S.}}$ each $\underbrace{\text{have}}_{\text{P.V.}}$ a duty towards our nation. (✓)

Rule XII If a subject and the verb are joined by a relative pronoun, the verb used will agree with the antecedent to the relative pronoun.

e.g., She is one of the noblest <u>women</u> $\underbrace{\text{that}}_{\text{R.P.}}$ ever lived on this earth.

Rule XIII If indefinite pronoun 'one' comes as the subject of a sentence, it takes singular verb and singular pronoun 'one', 'one's' and 'oneself' and not 'he', 'him', 'his' or 'himself'.

e.g., (i) One should keep his promise. (✗)

(ii) One should keep one's promise. (✓)

Rule XIV 'A number of' / 'a large number of' / 'a great number of' is used with plural countable noun. Hence, they will take plural verb.

e.g., A number of $\underbrace{\text{students}}_{\text{P.S.}}$ $\underbrace{\text{were}}_{\text{P.V.}}$ present. (✓)

Note The number of denotes, the number of plural countable noun. It will take singular verb.

e.g., The number of $\underbrace{\text{boys}}_{\text{P.S.}}$ $\underbrace{\text{is}}_{\text{S.V.}}$ fifty. (✓)

<u>Rule XV</u> With uncountable nouns we use 'amount of' / 'Quantity of' followed by a singular verb.

e.g., The amount of $\underbrace{\text{money}}_{\text{U.N.}}$ $\underbrace{\text{is}}_{\text{S.V.}}$ not sufficient. (✓)

Note

A number of, Numerous, A lot of, Lots of, Plenty of, Some, Few, Money, Majority come with plural countable noun.	Quantity of, A lot of, Lots of, Plenty of, A great deal of, Some, Little, Much come with uncountable noun.	Amount of comes with money.

Rule XVI 'All' can be used in both countable and uncountable sense. When used as uncountable, it takes singular Verb and when used as countable, it takes plural verb.

e.g., All $\underbrace{\text{is}}_{\text{S.V.}}$ well that $\underbrace{\text{ends}}_{\text{S.V.}}$ well.

Rule XVII If a sentence states an imaginary position, it starts with if, as if, as though, suppose, I wish, in case, would that, etc. In such sentences 'were' is used as the verb irrespective of the number of the subject.

e.g., (i) I wish, I were a bird.

(ii) If he were rich, he would help others.

Grammar Help

<u>Many</u> is used in the following ways

(i) Many a $\underbrace{\text{man}}_{\text{S.N.}}$ $\underbrace{\text{has}}_{\text{S.V.}}$ come.

(ii) Many $\underbrace{\text{men}}_{\text{P.N.}}$ $\underbrace{\text{have}}_{\text{P.V.}}$ come.

(iii) A great/A good many $\underbrace{\text{men}}_{\text{P.N.}}$ $\underbrace{\text{have}}_{\text{P.V.}}$ come.

Exam Pattern QUESTIONS

Directions (Q. Nos. 1-5) *From the following options, choose the sentences in which the verbs agree with their respective subjects.*

1. (a) Every rose has a thorn.
(b) Every roses has a thorn.
(c) Every rose have a thorn.
(d) Every roses have a thorn.

2. (a) Cale and Hestia are seen going to the airport.
(b) Cale and Hestia has been going to the airport.
(c) Cale and Hestia is seen going to the airport.
(d) Cale and Hestia have going to the airport.

3. (a) The fruits that mother bought in the morning is spoiled.
(b) The fruits that mother bought in the morning are spoiled.
(c) The fruits that mother bought in the morning has spoiled.
(d) The fruits that mother bought in the morning was spoiled.

4. (a) Nobody has seen him for the past few days.
(b) Nobody has saw him for the past few days.
(c) Nobody was seen him for the past few days.
(d) Nobody have seen him for the past few days.

5. (a) Two lakh rupees are not enough to build a house.
(b) Two lakh rupees has not enough to build a house.
(c) Two lakh rupees is not enough to build a house.
(d) Two lakh rupees have not enough to build a house.

Directions (Q. Nos. 6-37) *Fill in the blanks by choosing the correct options.*

6. The Chief Minister along with his Cabinet Ministers .... reached the venue.
(a) have (b) has
(c) is (d) have been

7. That lady with the green eyes .... across the road.
(a) lives (b) living
(c) was lived (d) live

8. The United Nations .... not as reliable as before.
(a) had (b) is (c) are (d) have

9. The rich of the society .... down on the middle class and the poor.
(a) looks (b) has looked
(c) look (d) has been looking

10. This pair of jeans .... to be washed.
(a) need (b) needs (c) have (d) are

11. The Arabian Nights .... famous throughout the world.
(a) is (b) were
(c) are (d) have been

12. The level of pain tolerance .... from one person to another person.
(a) vary (b) varies
(c) have varied (d) has been varying

13. The Olympics .... held every four years.
(a) are (b) has been
(c) have (d) is

14. The plastic material thrown into the water bodies .... the respiratory system of the marine fish and animals.
(a) choke (b) could choke
(c) chokes (d) had choked

15. Exercising .... nothing but gives a wealth of good health.
(a) costed
(b) cost
(c) has costed
(d) costs

16. The police .... investigating the case thoroughly.
(a) are (b) is (c) has (d) had

17. Each of the students .... to bring art materials for the painting competition.
(a) needs (b) need
(c) have needed (d) are needed

18. Junk food, like pizza and soda .... stomachache if eaten frequently.
(a) are (b) have caused
(c) causes (d) is causing

19. The team .... the recommendation letter.
(a) receives (b) receive
(c) have received (d) are receiving

20. Neither he nor his sisters .... to school.
(a) goes (b) gone
(c) go (d) has gone

21. The jury .... about to give its final decision.
(a) is (b) are (c) were (d) had

22. The novelist and poet .... no more with us.
(a) are (b) is (c) was (d) were

23. Most of my friends .... extrovert.
(a) is (b) was (c) has been (d) are

24. Either the child or the old man .... telling lies.
(a) were (b) are
(c) is (d) have been

25. The furniture in this place .... exquisite.
(a) look (b) looks
(c) looking (d) have looked

26. Plenty of water .... supplied to the farmers.
(a) were (b) had (c) was (d) are

27. My neighbours together with my father .... gone to see the situation.
(a) has (b) have
(c) were being (d) had been

28. His clothing .... of a bullet-proof jacket, a blue pair of trousers and some other items.
(a) consists
(b) consist
(c) have been consisted
(d) is consisting

29. A regiment of soldiers ...... marching towards the town.
(a) are (b) have been
(c) is (d) were

30. Measles .... an infectious disease.
(a) is (b) are
(c) were (d) have been

31. Fifteen kilometres above sea level .... a scary height if we think about it.
(a) were (b) was
(c) is (d) has

32. Every child and each adult .... given Covid vaccination.
(a) are (b) is
(c) were (d) had

33. Her progress .... looking good.
(a) is (b) are
(c) have been (d) was being

34. My cat, as well as his dog .... to run in the park.
(a) loves (b) love
(c) is being loved (d) has loved

35. The buildings on each campus .... completed recently.
(a) were (b) was
(c) is (d) has been

36. Three-fourths of the land .... been ploughed.
(a) have (b) has
(c) was (d) were

37. This news .... all over the world from BBC radio.
(a) is broadcast
(b) was broadcasted
(c) are broadcast
(d) is broadcasted

Answers

1. (a)	2. (a)	3. (b)	4. (a)	5. (a)	6. (b)	7. (a)	8. (b)	9. (c)	10. (b)
11. (a)	12. (b)	13. (d)	14. (c)	15. (d)	16. (a)	17. (a)	18. (c)	19. (a)	20. (c)
21. (a)	22. (b)	23. (d)	24. (c)	25. (b)	26. (c)	27. (b)	28. (a)	29. (c)	30. (a)
31. (c)	32. (b)	33. (a)	34. (a)	35. (a)	36. (b)	37. (a)			

Chapter 08

Preposition

- Prepositions are words, which tell the relation between one noun to other noun or pronoun.
  e.g., (i) Children are sitting *in the* classroom.
  (ii) My sister lives *on MG* road.

Correct Usage of Inside, In, Towards, To, Into, At, Of, For, On

Inside

- To tell that something is within the other.
  e.g., Keep your watch *inside* the drawer.

In

- To tell that something is at a point within an area or space.
  e.g., There is a teacher in the classroom.
- To specify the time of a day or specify a month or an year.
  e.g., (i) I read *in* the morning.
  (ii) We will go to Bombay *in* July.
  (iii) They shifted to Pune *in* 2018.

Towards

- To tell the direction.
  e.g., He ran *towards* his home.

To

- To indicate the direction/place.
  e.g., The child goes *to* school.
- To indicate the limit.
  e.g., In his lifetime, he reached *to* the top.
- To indicate a time period.
  e.g., You have *to* work 10 to 6.

Into

- Inside + towards.
  e.g., The snake slithered *into* the hole.

At

- To indicate a place.
  e.g., He was there *at* his home.
- To refer to a time.
  e.g., We are meeting tomorrow *at* 11 am.

Of

- To indicate relationship/belonging.
  e.g., (i) She is the mother *of* that child.
  (ii) He has a great knowledge *of* mathematics.
- To refer to something.
  e.g., This is the story *of* his past.

For

- To indicate a reason/purpose.
  e.g., (i) This is all *for* your comfort.
  (ii) I am studying *for* my exams .
- To indicate a time period.
  e.g., I worked in that company *for* two years .

On

- To refer to the surface of something.
  e.g., The boy stood *on* the table.
- To specify a day/date.
  e.g., (i) We will meet *on* Monday.
  (ii) He is coming *on* 26th January .
- To refer to a phone or TV or any other device.
  e.g., (i) My programme will be telecasted *on* TV.
  (ii) You can watch the movie *on* your phone.
- To refer to a state.
  e.g., (i) The officer is *on* duty .
  (ii) The toys in this shop are *on* sale.

Correct Usage of Between and Among

- Between and Among are used with countable nouns.
- General rule is that between is used for two people/two subjects and among is used for more than two.
  e.g., (i) The deal was signed *between* India and Japan.
  (ii) The sweets were distributed *among* the *students*.
- Between can also be used when there are more than 2 subjects if the number is known.
  e.g., (i) The Asia Cup was played *between* India, Pakistan and Sri Lanka.
  (ii) The deal was signed *between* the BRICS nations.

Correct Usage of Amid

- Amid is used with uncountable nouns.
  e.g., (i) He drove his car *amid* heavy snowfall.
  (ii) I could see the mountain peak *amid* the clouds.

Correct Usage of Since and for

- Since from an exact/specific time of past.
- For duration of time, length of time, interval of time.

e.g., (i) I have been taking online classes *since* January. (specific time of past is mentioned)

(ii) I have been taking online classes *for* 8 months. (length of time is mentioned)

Correct Usage of Beside and Besides

- Beside is a preposition which means at the side of or next to somebody/something.
- Besides is a conjunction which means apart from/in addition to.

e.g., (i) *Besides* having a Honda city, he also has a BMW.

(ii) My vehicle is parked *beside* yours.

Correct Usage of Off and Of

- Of is used to show relation.
- Off is used to show separation.

e.g., (i) The classes will remain *off* on Saturday.

(ii) He is a man *of* his word.

Correct Usage of Against

- Against is used as a preposition with verbs, to show reactions, to show physical contact and competition.
- We use against to refer to negative, hostile or opposing reactions to situations, beliefs, people, events, etc.

e.g., (i) It's not easy to go *against* your parents' advice. (negative reactions)

(ii) She was leaning *against* the wall reading a book. (there was a contact between her and the wall)

Correct Usage of Across

Across can be used in various ways from one side to the other, on the opposite side, etc.

e.g., (i) The bridge was constructed *across* the river. (from one side of the river to the other)

(ii) Vaccination drive is going on *across* the country. (from one part of the country to the other)

Correct Usage of Through

- 'Through' is used to indicate medium, movement from one end to the other (generally a closed medium) or in a sense of having finished using or doing something .

e.g., (i) We walked our way *through* the forest.

(ii) On our journey from Mumbai to Madgaon, the train passed *through* a lot of tunnels.

Correct Usage of Despite and Inspite Of

- Both despite and inspite of have same meaning.
- It is used to show that something happened although you did not expect it.
- Both are interchangeable in usage.
- Never use 'despite + of'.

e.g., (i) I enjoyed the week *despite* bad weather.

(ii) *Despite* repeated assurances from the government that the vaccine is safe and effective, many people avoid it.

(iii) *Inspite* of his injury, Ronaldo played the match.

Correct Usage of By and With

- 'By' is used in various ways

(i) To show the person or thing that does something.

(ii) To show how something is done.

(iii) Near or at the side of something.

(iv) Not later than a period of time.

e.g., (i) *By* the time we reached the station the train had gone.

(ii) The car was driven *by* my brother.

(iii) Cricketing world was dominated *by* Sachin Tendulkar during the 1990s.

(iv) Do you want to be paid in cash or *by* cheque?

- 'With' is also used in the following ways

(i) In the presence/company of somebody/something

(ii) Possessing/carrying something

(iii) Using something (e.g., tool)

(iv) To fill something

(v) To fight against somebody/to oppose somebody

e.g., (i) I am going *with* my friends.

(ii) *With* the main apparatus you get a handle to move it easily.

(iii) The girl *with* brown eyes sat silently.

(iv) You can open it *with* a screwdriver.

(v) The toy was filled *with* soft wool.

Correct Usage of Below, Under and Beneath

- Below is used for a lower position in which the object is at rest or the object cannot move on its own.
- Under is used for a lower position in which the object is at rest but can move or change position on its own.

e.g., (i) The man is standing *under* the tree. (the man can move on its own)

(ii) The shoes are kept *below* the almirah. (the shoes cannot move)

- 'Beneath' means 'at a lower level than' something else.
- Beneath is particularly common when talking about the ground or surface directly under one's feet.

e.g., (i) There is a mall *beneath* the metro station.

(ii) She could feel the train coming because the ground *beneath* her feet was moving.

Correct Usage of Above and Over

- Both Above and Over are used to indicate a higher position with respect to the other.
- 'Above' is used for a higher position in which the object is at rest or the object cannot move on its own.
- 'Over' is used for a higher position in which the object is at rest but can move or change its position.

e.g., (i) The clouds are moving *over* my head.
(ii) The sky is *above* our head.

'Over' completion.
(i) The class is *over*.
(ii) My exams will be *over* by the end of this week.

'Over' used to cover something.
(i) The lady puts a blanket *over* the baby.

Exam Pattern QUESTIONS

Directions (Q. Nos. 1-40) *In the following questions choose the correct option to fill in the blanks.*

1. I applied .... the post of manager.
(a) to (b) for (c) with (d) across

2. She is worthy .... winning the first prize.
(a) of (b) off
(c) on (d) with

3. The children are sitting .... the classroom.
(a) on (b) at
(c) in (d) out

4. The train will arrive .... platform number 4.
(a) in (b) on
(c) into (d) out

5. I thank my parents .... giving me this opportunity.
(a) from (b) of
(c) off (d) for

6. Smith was ignorant .... what was happening in his locality.
(a) to (b) in
(c) on (d) at

7. One should stick .... one's words .
(a) on (b) against
(c) to (d) in

8. The worried mother sat .... her child all night.
(a) besides (b) on
(c) away (d) beside

9. Members only have the access .... the Board of Directors hall.
(a) for (b) to
(c) on (d) upon

10. He has a grudge .... everybody in the class.
(a) to (b) for
(c) with (d) against

11. She looks .... her mother in many ways.
(a) behind (b) like
(c) after (d) for

12. It has been a long time .... I heard of him.
(a) to (b) since
(c) for (d) after

13. We should all pledge to .... our bad habits in this New Year.
(a) give in (b) give up
(c) give away (d) give off

14. I have been learning Spanish .... over three months now.
(a) since (b) for
(c) until (d) about

15. David is an expert .... getting his own way.
(a) in (b) for (c) at (d) due

16. Due to my injury, I find it difficult .... play the match today.
(a) for (b) to
(c) in (d) None of these

17. Where were you .... 26th January?
(a) at (b) on (c) in (d) from

18. I get up .... 8:30 everyday.
(a) on (b) In
(c) with (d) at

19. I used to get up early .... the morning.
(a) on (b) in
(c) at (d) across

20. My uncle got married .... October.
(a) on (b) at
(c) in (d) from

21. Divyanshi and I met .... 2016.
(a) on (b) in
(c) at (d) for

22. Do you often play games .... the evening?
(a) in (b) on (c) at (d) from

23. Vishal is not here .... the moment.
(a) on (b) in (c) from (d) at

24. Shriya's birthday is .... the month of March?
(a) on (b) at
(c) in (d) above

25. Mr. and Mrs. Khanna have been married .... 2005.
(a) for (b) on
(c) at (d) since

26. We waited .... Sachin half an hour but he did not come.
(a) for (b) on
(c) at (d) since

27. Have you just arrived?' 'No, I have been here .... half past six'.
(a) for (b) since (c) at (d) on

28. 'How long did you stay at the party last night?' .... midnight'.
(a) till (b) for (c) since (d) in

29. Miller and I are good friends. We have known each other .... 10 years.
(a) in (b) since
(c) for (d) from

30. I'm tired, I will take rest ……… a few minutes.
(a) from (b) in (c) at (d) for

31. Don't open the door of the train ……… the train stops.
(a) until (b) since
(c) for (d) in

32. This is my house. I have been living here ……… I was 6 years old.
(a) for (b) on
(c) at (d) since

33. Next week I'm going to Indore ……… seven days.
(a) from (b) for
(c) of (d) since

34. He broke the glass ……… a hundred pieces.
(a) into (b) in
(c) to (d) by

35. It has been raining ……… yesterday.
(a) at (b) for
(c) since (d) at

36. I have been working hard ……… these practice tests.
(a) in (b) at
(c) with (d) on

37. The story was written ……… me ……… an ink pen.
(a) from, to (b) by, with
(c) with, by (d) on, by

38. It is ten o'clock ……… my watch.
(a) in (b) by
(c) inside (d) at

39. There is nothing new ……… his bad behaviour.
(a) on (b) between
(c) about (d) at

40. Do not cry ……… spilt milk.
(a) above (b) away
(c) into (d) over

Answers

1. (b)	2. (a)	3. (c)	4. (b)	5. (d)	6. (a)	7. (c)	8. (d)	9. (b)	10. (c)
11. (c)	12. (b)	13. (b)	14. (b)	15. (a)	16. (b)	17. (b)	18. (d)	19. (b)	20. (c)
21. (b)	22. (a)	23. (d)	24. (a)	25. (d)	26. (a)	27. (b)	28. (a)	29. (c)	30. (d)
31. (a)	32. (d)	33. (b)	34. (a)	35. (c)	36. (d)	37. (b)	38. (b)	39. (c)	40. (d)

Conjunction

- Conjunctions are words that are used to join words, phrases, clauses or sentences.
  e.g., (i) I am craving for some sweet and salty snacks.
  (ii) She likes tea but her sister prefers coffee.

Kinds of Conjunctions

Conjunctions can be categorised into three types as discussed below

Coordinating Conjunctions

Coordinating conjunctions are used to join two or more words, phrases and clauses of equal ranks.

The coordinating conjunctions include and, but, or, nor, for, yet, so.

e.g., (i) I was feeling unwell so I could not attend her wedding.
(ii) Either Meera or Meena has to drop their sister to school.

Use of Coordinating Conjunctions

And

- It is used to combine similar facts or statements.
  e.g., (i) Anaira likes singing *and* dancing.
  (ii) She is noble, kind compassionate *and* beautiful.

But

- It is used to connect opposite or contrasting ideas/statements.
  e.g., (i) The shepherd was not wealthy *but* he was generous to everyone.
  (ii) The child has cavities *but* loves eating chocolates.

Or

- It is used to express a choice between two things.
  e.g., (i) Are you writing *or* drawing on your tablet?
  (ii) You can take an auto *or* you can walk as it is not for from here.

For

- It is used to show outcome or result for the previous statement/expression.
  e.g., (i) He could not go swimming *for* he has aquaphobia.
  (ii) He had to work till mid-night *for* the project was due the next day.

So

- It is used to show outcome, result or consequence of something.
  e.g., (i) He hurt his hand *so* I had to help him with the household chores.
  (ii) Priyanka fell ill *so* she could not given the final exam.

Nor

- It is used to combine two words or ideas both of which are to be negated.
  e.g., (i) The old man cannot read *nor* can he write.
  (ii) I don't feel like taking to them, *nor* does she.

Yet

- It is used to express a contradictory or contrasting concept to an existing logical idea or point.
  e.g., (i) She seems to be calm and composed, *yet* she loses her temper easily.
  (ii) This clock looks worn out *yet* it gives off an artistic charm.

Correlative Conjunctions

- The conjunctions that are used in pairs to connect two words, phrases or sentences of equal importance are known as correlative conjunctions.
- Correlative conjunctions include, both-and, not only-but also, either-or, neither-nor, no sooner-than, hardly-when, such-that, whether-or.
  e.g., (i) *Not only* did he helped the old man pick up his vegetables *but also* gave him money for the ruined portion.
  (ii) *Both* my best friend *and* I have keen interest in astronomy.

Use of Correlative Conjunctions

Either.....or

- It is used to show choice between two things.

e.g., (i) *Either* the parent *or* the guardian is to be present in the parent-teacher meeting.
(ii) I want to eat *either* pizza *or* pasta.

Neither.....nor

- It is used to negate both of the given choices.

e.g., (i) *Neither* she *nor* her brother is ready to admit their fault.
(ii) She could *neither* eat *nor* drink as she was fasting.

Both.....and

- It is used to combine two ideas.

e.g., (i) I want to learn *both* karate *and* judo.
(ii) Both he and his mother will go on a trip next month.

Whether.....or

- It is used to express doubt or choice between two things.

e.g., (i) Please let me know in advance *whether* you'll be able to come *or* not.
(ii) *Whether* you study *or* not is upto you.

Not only......but also

- It is used to express the inclusion of more than one thing.

e.g., (i) Lewis Carroll was *not only* a novelist *but also* a mathematician.
(ii) She is *not only* fabricating a gas sensor *but also* using it on a device.

No sooner..... than

- It is used to show that one thing happens immediately after another thing.

e.g., (i) *No sooner* had I gone out to the market *than* it started raining heavily.
(ii) He had *no sooner* turned on the TV *than* the lights went out.

Subordinating Conjunctions

- Subordinating conjunctions are used to join subordinate clauses to main clauses.

e.g., (i) We missed the train *because* we were late.
(ii) You would have passed the exam if you had studied properly.

Here is the list of the subordinating conjunction

after	if	though	although
if only	till	as	in order that
unless	as if	now that	until
as long as	once	when	as though
rather than	whenever	because	since
where	before	so that	whereas
even if	than	wherever	even though
that		while	

After

- It is used to express the sequence of happening of two things.

e.g., (i) I will have dinner *after* I finish my assignment.
(ii) Mother said that I could go out to play *after* I had helped her with the chores.

If

- It is used to express a condition in the clause.

e.g., (i) I will definitely go *if* you go as well.
(ii) *If* you had cared above her, you wouldn't have done this.

Though, Although and Even though

- They are used to show contrast between the two clauses.

e.g., (i) *Though* he studied, he could not score high marks.
(ii) She didn't chide with the members *although* they had lost the match body.
(iii) He lives a simple life even *though* he is wealthy.

If only

- It is used to show a specific condition stated in the clause.

e.g., (i) *If only* he would show a little remorse.
(ii) She will do the work *only if* you pay her a decent amount.

Till, Until

- They are used to connect an action to a point in time.

e.g., (i) I can stay here only *till* 7 o'clock.
(ii) The shop opens *until* 9 pm.

As

- It is used to show time, cause and reason in a sentence.

e.g., (i) Anandi is sick *as* she was drenched in rain.
(ii) *As* I turned the corner. I say a black cat staring at me.

Unless

- It shows the negativity stated in a condition.

e.g., (i) The child will not stop crying *unless* the mother buys his favourite toy.
(ii) *Unless* you do your job well, you won't get a promotion.

When

- It introduces adverbial clause expressing when an action takes place.

e.g., (i) I remembered that I had left my wallet at the metro
station *when* I reached home.
(ii) I don't know *when* he is going to send the letter.

Rather than

- It is used to show preferences or choices in a sentence.
  e.g., (i) I like cheesecake *rather* than chocolate cake.
  (ii) She would *rather* die than let her child go.

Because

- It is used to express the reason of an action.
  e.g., (i) I have to travel back home *because* my father is sick.
  (ii) She has a scar on her head *because* she had a surgery.

Since

- It is used to give reason for something.
  e.g., (i) *Since* I have exercised for some time, I feel tired.
  (ii) I haven't seen my niece *since* I was out of town.

Before

- It is used to suggest that the second event happened soon after the first one.
  e.g., (i) He reached home *before* I could pick him up from the airport.
  (ii) *Before* the thunder roars, lighting strikes.

Whereas

- It shows the contrast between the two clauses.
  e.g., (i) India is in Asia *whereas* Brazil is in South America.
  (ii) I can read fast *whereas* he can write fast.

While

- It is used to show that actions or events happen at the same time.
  e.g., (i) He was watching a series *while* having his dinner.
  (ii) I fell asleep *while* I was reading a book.

Some Important Rules Related to Conjunctions

Rule I 'Scarcely/hardly' is always followed by 'when/ before'.

e.g., *Scarcely* had he gone out of the office *when* policeman came.

Rule II 'Lest' is followed by should of first form of the verb. Lest is a negative word. So, do not use not, never, no with 'lest'.

e.g., Be careful *lest* you *should* fall.

Rule III 'Although/though' must always be followed by 'yet' or comma (,).

e.g., *Although* he worked hard *yet* he failed.

Rule IV 'Both' is followed by 'and' and not by 'else', 'but' or 'as well as'.

e.g., *Both* Sonu *and* Pawan have done their work.

Rule V 'Rather' and 'other' are always followed by 'than'.

e.g., (i) I have no *other* choice *than* to do it.
(ii) I would *rather* drive *than* walk.

Rule VI 'Neither ... nor' and 'Either ... or' are used in pairs. These are followed by the same part of speech.

e.g., (i) He has invited *neither* him *nor* her.
(ii) The step taken was *either* right *or* wrong.

Rule VII 'Not only' is followed by 'but also'. These always join the same parts of speech.

e.g., He is going to open *not only* a hospital *but also* an inn.

Rule VIII 'Whether' is always followed by 'or'.

e.g., We don't care *whether* you pass *or* fail.

Rule IX 'The same' is followed by relative pronoun 'that' or 'as'.

e.g., He is *the same* boy *that* broke the glass.

'As' is used, if the verb is not clear in the sentence.

e.g., This is the same dress *as* mine.

Rule X 'Because, since, as, as soon as' are not followed by 'therefore, thus', etc.

e.g., *As*he came late, he was punished.

Rule XI "Until" is time oriented and "unless" is action oriented. Until and unless are negative words which don't require not, never, no with the clause containing these words.

e.g., (i) Wait here *until* you get my call.
(ii) *Unless* you work hard, you will not qualify this test.

Rule XII If affirmative sentences, the phrases doubt and doubtful are followed by if or whether. In negative or interrogative sentences, the phrases doubt and doubtful are followed by that.

e.g., (i) I am doubtful if he will pass the exam.
(ii) I do not doubt that he will pass the exam.

Rule XIII Between is followed by 'and'; 'from' is followed by 'to'.

e.g., (i) You will have to choose *between* black and golden.
(ii) The doctor attends to his patients *from* morning to evening.

Rule XIV ' Neither of ' means none of the two, 'none of' is used for more than two, 'either of ' means one of the two and when more than two are concerned, 'one of ' is used.

e.g., (i) *Neither of* the children was hurt.
(ii) *None of* my friends got admission in medical.
(iii) *Either of* the parties has enough support to form a government.
(iv) *One of* the students of your class is responsible for this tragic incident.

Exam Pattern QUESTIONS

Directions (Q. Nos. 1-50) *Fill in the blanks using suitable conjunctions.*

1. Her mother told me that she is .... intelligent and clever.
(a) both (b) before
(c) but (d) so

2. I had no money with me .... I could not extend any help to him.
(a) so (b) because
(c) if (d) since

3. Kunal is athletic .... his brother is smart.
(a) as (b) after
(c) whereas (d) because

4. Reena has not only done her homework .... revised her lesson.
(a) or (b) nor
(c) but also (d) and

5. Seeing her score in the exam, Kiara was neither happy .... sad.
(a) nor (b) or
(c) but (d) and

6. .... we worked hard all week, we did not get enough credit.
(a) unless (b) whether
(c) but (d) although

7. I have a stomachache .... I ate spicy food last night.
(a) but (b) and (c) or (d) as

8. .... had I entered the classroom than the kids started greeting.
(a) no sooner (b) until
(c) when (d) whenever

9. He isn't sure .... he will go back home or stay here.
(a) as (b) neither
(c) whether (d) either

10. He would go running .... going for a swim.
(a) rather than (b) but
(c) whereas (d) unless

11. He has been living in seclusion .... the accident.
(a) as (b) since
(c) because (d) unless

12. He didn't take any extra classes .... did he need to.
(a) nor (b) or (c) but (d) as

13. The sun rose .... the fog disappeared.
(a) because (b) and
(c) so (d) as

14. She lost her balance while climbing up the stairs .... she didn't fall down.
(a) and (b) so (c) or (d) but

15. .... he prepares well, he will not pass the prelims.
(a) until (b) unless
(c) when (d) before

16. History will be kind to me, ... I intend to write it.
(a) as (b) for
(c) before (d) after

17. .... he is thin, he is strong.
(a) but (b) as
(c) though (d) because

18. She had an unpleasant experience .... she was in Paris.
(a) but (b) because
(c) while (d) and

19. The committee rejected the proposal .... they did not think it was practical.
(a) unless (b) because
(c) and (d) but

20. Payal doesn't know whether her bike can be fixed .... if she will have to walk back home.
(a) either (b) but
(c) or (d) nor

21. I bought some fruits .... when I went to the market.
(a) whenever (b) when
(c) for (d) as

22. The pied piper played the instrument .... the children danced to the music.
(a) or (b) but
(c) and (d) because

23. .... Thanos would not hate mankind.
(a) if only (b) if
(c) because (d) as

24. She hasn't come .... has her sister.
(a) or (b) nor
(c) but (d) for

25. I won't be available .... tomorrow morning.
(a) till (b) as
(c) for (d) but

26. Spring came, the flower blossomed .... the birds began to sing.
(a) or (b) but
(c) so (d) and

27. We shall certainly attend the concert .... time permits.
(a) whenever (b) if
(c) before (d) after

28. You can stop at our inn .... the rain stops.
(a) unless (b) after
(c) before (d) until

29. Please call me back .... you are free.
(a) whenever (b) unless
(c) till (d) as

30. Read the instructions .... you proceed to the next step.
(a) after (b) before
(c) until (d) for

31. The machine might be working slow .... it works efficiently.
(a) but (b) and
(c) or (d) as

32. You should clear this miscommunication .... you like it or not.
(a) though (b) whether
(c) if (d) as

33. The band could present a phenomenal performance .... they had practised diligently.
(a) as (b) though
(c) if (d) after

34. Tangy taste is .... salty or spicy.
(a) whether (b) both
(c) and (d) either

35. Calisto not only helped Penelope to run away from the castle .... protected her from evil forces.
(a) but then (b) but also
(c) but if (d) but

36. Our trip to the antique shop was interesting, ... there were several relics from the 1800s on display.
(a) but (b) for
(c) since (d) when

37. Ruby has to send her children to school at six, ... she wakes up at five.
(a) but (b) so
(c) as (d) because

38. Bianca wanted to go by foot .... Anakin insisted that they take a cab.
(a) so (b) because
(c) since (d) but

39. You won't be able to read .... you turn on the lights.
(a) when (b) if
(c) unless (d) until

40. I'm afraid of heights, ... I want to try skydiving once.
(a) nor (b) yet (c) but (d) or

41. She was awarded with .... an honorary title and prize money for her bravery.
(a) also (b) and
(c) both (d) but

42. .... my cousin is older than me, he behaves like an unruly child.
(a) as
(b) although
(c) but
(d) and

43. He was too shy to ask anyone for help .... he tried to handle the problem by himself.
(a) but
(b) since
(c) nor
(d) so

44. I would sleep .... going to a party.
(a) rather than (b) but also
(c) only if (d) whether

45. Take an umbrella with you .... it is sunny outside.
(a) as (b) but
(c) and (d) while

46. Do you want the blue .... white dress? We'll take only one .... there is not enough money left.
(a) and, because (b) or, because
(c) nor, as (d) and, as

47. The box was heavy .... lift it.
(a) so, he could (b) so, he was to
(c) so, he couldn't (d) so, he

48. He took a taxi .... raining.
(a) for it was (b) for it is
(c) for it has been (d) for was

49. .... an excellent football player, Ronid is a weak person.
(a) while his sister is
(b) while his sister isn't
(c) because his sister is
(d) as his sister is

50. He neither wanted to study .... want to play.
(a) nor didn't he (b) nor does he
(c) nor did he (d) nor was he to

Answers

1. (a)	2. (a)	3. (c)	4. (c)	5. (a)	6. (d)	7. (d)	8. (a)	9. (c)	10. (a)
11. (b)	12. (a)	13. (b)	14. (d)	15. (b)	16. (b)	17. (c)	18. (c)	19. (b)	20. (c)
21. (b)	22. (c)	23. (a)	24. (b)	25. (a)	26. (d)	27. (b)	28. (d)	29. (a)	30. (b)
31. (a)	32. (b)	33. (a)	34. (d)	35. (b)	36. (b)	37. (b)	38. (d)	39. (c)	40. (b)
41. (c)	42. (b)	43. (d)	44. (a)	45. (a)	46. (b)	47. (c)	48. (a)	49. (a)	50. (c)

Tenses

- Tense is defined as the form of verb that tells the relation between time and action.

Kinds of Tenses

There are three basic kinds of tenses. They are

Present tense is used to denote an action that is happening at present.
e.g., My sister works in Bangalore.

Past Tense is used to denote an action that had already been completed in the past.
e.g., We went to the park last Sunday.

Future Tense is used to denote an action that will or expected to occur in the future.
e.g., We will go to the market in the evening.

Each of these tenses can further be categorised into four categories namely

(i) Simple (ii) Continuous
(iii) Perfect (iv) Perfect Continuous

Present Indefinite or Simple Tense

- Present indefinite tense denotes an action that takes place in the present time.

Structure

- Subject + V_1 (+ s/es) + Object
e.g.,She works under her guidance.
The negative and interrogative forms are listed in the table below

Sentence Type	Structure	Example
Negative	Subject + do/does + not + V_1 + Object	She does not work under her guidance.
Interrogative	Do/Does + subject + V_1 + Object?	Does she work under her guidance?

Note V_1 – first form of the verb/ present form
V_2 – second form of the verb/ past form
V_3 – third form of the verb/ past participle form

This form of the present tense is used in the following ways

- To express habitual action, habit or custom.
e.g., He goes to the market in the evening.
- To talk about a general or universal truth.
e.g., Tokyo is the capital of Japan.
- To indicate a future event which is part of a plan or arrangement.
e.g., The concert is tomorrow.
- Exclamatory sentences that begin with here or there.
e.g., Here he goes again!
- To talk about repected actions.
e.g., Suman plays cricket at weekends.
- It is used in a negative question to make a suggestion.
e.g., Why can't we play here?

Present Continuous Tense

- Present continuous tense denotes an action that is taking place at the time of speaking.
Structure
- Subject + be + verb (is, am, are) + V_1 + ing + Object
e.g., They are playing football.
The negative and interrogative forms are listed in the table below

Sentence Type	Structure	Example
Negative	Subject + be + verb (is, am, are) + not + V_1 + ing + Object	They are not playing football.
Interrogative	be + verb (is, am, are) + subject + V_1 + ing + Object?	Are they playing football?

This form of the present tense is used in the following ways

- To indicate an action that is not happening at the time of speaking but is in progress.
e.g., Ankita is doing her post doctorate course.
- To denote an action that has been pre-arranged to take place in the near future.
e.g., I am going for a walk in the evening.
- To express possibility or determination.
e.g., We are going to win the game.
- To denote persistent and undesirable habit, especially with adverbs like always, continually, constantly, etc.
e.g., He is always playing video games.
- It can be also used when things are changing over a long period of time.
e.g., The Earth is slowly getting warmer.

Present Perfect Tense

Present perfect tense describes an action that has just been completed.

Structure

Subject + has/have + V_3 + Object

e.g.,Teacher has asked for a red pen.

The negative and interrogative forms are listed in the table below

Sentence Type	Structure	Example
Negative	Subject + has/have + not + V_3 + Object	Teacher has asked for a red pen.
Interrogative	Has/Have + subject + V_3 + Object?	Has teacher asked for a red pen?

This form of the present tense is used in the following ways

- To describe an action that started sometime in the past and have continued to the present.
  e.g., She hasn't gone to a concert in a while.
- To describe past events, the effect of which still exists.
  e.g., He is completing his homework now as he had not done it last night.
- To describe an action, the time of which is not given or definite.
  e.g., She has watched the premium league.

Present Perfect Continuous Tense

Present perfect continuous tense expresses an action that began at sometime in the past and is still continuing.

Structure

Subject + has/have + been + V_1 + ing + Object

e.g., We have been studying here for many years.

The negative and interrogative forms are listed in the table below

Sentence Type	Structure	Example
Negative	Subject + has/have + not + been + V_1 + ing + Object	We have not been studying here for many years.
Interrogative	Has/Have + subject + been + V_1 + ing + Object?	Have we been studying here for many years?

This form of the present tense is used in the following ways

- It is used for an action over a period of time leading up to the present.
  e.g., we have been waiting her for 40 minutes.
- It is used when we say how long an action is going on for.
  e.g., Arvind has been playing the guitar since 8'o clock.

Past Indefinite or Simple Past Tense

Simple past tense indicates an action that was completed in the past.

Structure

Subject + V_2 + Object

e.g., They went to Noida.

The negative and interrogative forms are listed in the table below

Sentence Type	Structure	Example
Negative	Subject + did + not + V_1 + Object	They did not go to Noida.
Interrogative	Did + Subject + V_1 + Object?	Did they go to Noida?

This form of the past tense is used in the following ways

- It is often used in recounts and narratives.
  e.g., She ran away when she saw the scary looking dog.
- To indicate past habits or repeated events that are over now.
  e.g., He would jog every morning.
- To indicate another action that happened in the middle of a longer action.
  e.g., The flight took off while we were waiting for our manager.

Past Continuous Tense

- Past continuous tense indicates an action that was happening at sometime in the past in which the time of action may or may not be indicated.

Structure

Subject + be verb (was,were) + V_1 + ing + Object

e.g., I was reading the whole day.

The negative and interrogative forms are listed in the table below

Sentence Type	Structure	Example
Negative	Subject + be + verb (was,were) + not + V_1 + ing + Object	I was not reading the whole day.
Interrogative	Be + verb (was,were) + subject + V_1 + ing + Object?	Was I reading the whole day?

This form of the past tense is used in the following ways

- To express an action that was going on during a given period or at a period of time in the past.
  e.g., While she was washing her clothes, her father was working on his project.
- To describe the background.
  e.g., The birds were chirping.

Past Perfect Tense

- Past perfect tense denotes an action that was already completed before a certain point of time in the past.

Structure

Subject + had + V3 + Object

e.g., They had asked for some water.

The negative and interrogative forms are listed in the table below

Sentence Type	Structure	Example
Negative	Subject + had + not + V_3 + Object	They had not asked for some water.
Interrogative	Had + subject + V_3 + Object?	Had they asked for some water?

This form of the past tense is used in the following ways

- To indicate an action completed before another past event.
  e.g., Before we reached the hospital, she had already felt better.
- To indicate desires in the past that have not been fulfilled.
  e.g., He had wished that he was born with special abilities.
- The most common mistake with the past perfect tense is to use it simply because we are talking about a time in the distant past.
  e.g., The Romans spoke Latin .

Past Perfect Continuous Tense

- Past perfect continuous tense indicates an action that began in the past and continued up to a certain point of time in the past.

Structure

Subject + had + been + V_1 + ing + Object

e.g., She had been working as an assistant before he joined the new company.

The negative and interrogative forms are listed in the table below

Sentence Type	Structure	Example
Negative	Subject + had + not + been + V_1 + ing + Object	She had not been working as an assistant before he joined the new company.
Interrogative	Had + subject + been + V_1 + ing + Object?	Had she been working as an assistant before he joined the new company?

This form of the tense is used in the following way

- To denote an action that is the cause of another action in the past.
  e.g., Ron was disappointed because he had been studying really hard for that exam.
- A repeated action in the past perfect can also be expressed as a continuous action by the past perfect continuous tense.
  e.g., She had tried many times to get him on the mobile.

Future Indefinite or Simple Future Tense

- Simple future tense expresses an action that will take place at sometime in the future.

Structure

Subject + will/shall + V_1 + Object

e.g., They will come to meet me.

The negative and interrogative forms are listed in the table below

Sentence Type	Structure	Example
Negative	Subject + will/shall + not + V_1 + Object	They will not come to meet me.
Interrogative	Will/Shall + subject + V_1 + Object?	Will they come to meet me?

This form of the future tense is used in the following ways.

- To express a warning, order, request, advice or proposal.
  e.g., You will need to submit this assignment by tomorrow.
- The future indefinite tense is also used in sentences containing clauses of condition and time.
  e.g., I shall go to market, if it does not rain.
- The future indefinite tense is used to describe such habitual actions that will take place in usual course.
  e.g., Winter will come again.

Future Continuous Tense

- Future continuous tense denotes an action that will be in progress at a point of time in the future.

Structure

Subject + will/shall + be + V_1 + ing + Object

e.g., She will be participating in the sports' meet.

The negative and interrogative forms are listed in the table below

Sentence Type	Structure	Example
Negative	Subject + will/shall + not + be + V_1 + ing + Object	She will not be participating in the sports' meet.
Interrogative	Will/Shall + subject + be + V_1 + ing + Object?	Will she be participating in the sports' meet?

This form of the future tense is used in the following ways

- To indicate an action that will occur in a continuous course.
  e.g., They will be going to Kerala tomorrow.

- To compare between present and future events.
  e.g., He might be living in a poor condition now, but he will definitely be rich in the future.
- It is used to ask information about the future.
  e.g., Will you be coming to the party tonight?
- It is used to express future without intention.
  e.g., I will be helping my mother tomorrow.

Future Perfect Tense

- Future perfect tense denotes an action that will be completed at some point in the future.

Structure

Subject + will/shall + have + V_1 + Object

e.g., They will have eaten dinner by now.

The negative and interrogative forms are listed in the table below

Sentence Type	Structure	Example
Negative	Subject + will/shall + not + have + V_1 + Object	They will not have eaten dinner by now.
Interrogative	Will/Shall + subject + have + V_1 + Object?	Will they have eaten dinner by now?

This form of tense is used in the following way

- We often use future perfect with 'by' or 'in', by means not later than particular time and 'in' means within a period of time.
  e.g., Naveen will have finished his project by June.

Future Perfect Continuous Tense

- Future perfect continuous tense denotes an action that will be in progress over a period of time or another event in the future.

Structure

Subject + will/shall + have + been + V_1 + ing + Object

e.g., He will have been studying for three years in this college by next month.

The negative and interrogative forms are listed in the table below

Sentence Type	Structure	Example
Negative	Subject + will/shall + not + have + been + V_1 + ing + Object	He will have not been studying for three years in this college by next month.
Interrogative	Will/Shall + subject + have + been + V_1 + ing + Object?	Will he have been studying for three years in this college by next month?

Exam Pattern QUESTIONS

Directions (Q. Nos. 1-15) *Identify the tenses of the following sentences.*

1. Who takes care of your younger siblings when your parents are not at home?
   (a) Present perfect
   (b) Present continuous
   (c) Simple past
   (d) Simple present
2. When the police broke open the trunk, it was full of stolen luxury items.
   (a) Present perfect
   (b) Past perfect
   (c) Past continuous
   (d) Simple past
3. The infant had been sleeping since morning.
   (a) Past perfect
   (b) Past perfect continuous
   (c) Present perfect continuous
   (d) Past perfect continuous
4. Will you be going with us?
   (a) Simple future
   (b) Future continuous
   (c) Present continuous
   (d) Simple present
5. The teacher has covered the whole syllabus in a short period of time.
   (a) Present perfect
   (b) Simple present
   (c) Simple past
   (d) Past perfect
6. They did not know whether to laugh or cry at that point in time.
   (a) Simple present
   (b) Simple past
   (c) Past continuous
   (d) Simple future
7. In the evening, I often play chess with my neighbours.
   (a) Future simple
   (b) Simple present
   (c) Simple past
   (d) Present continuous
8. I had been waiting for the price of this book to go down but it went up instead.
   (a) Present perfect
   (b) Simple past
   (c) Past perfect continuous
   (d) Past perfect
9. Have you been taking German language classes? I want to apply there too.
   (a) Present continuous
   (b) Simple past
   (c) Present perfect
   (d) Simple present
10. Many observations have indicated that the number of youth addicted to internet is increasing day by day.
    (a) Present perfect continuous
    (b) Past continuous
    (c) Past perfect
    (d) Present continuous

11. My father had used this bicycle for many years before it got handed down to my uncle.
(a) Present perfect (b) Past perfect
(c) Simple present (d) Past continuous

12. Had you studied harder, you would have passed the exam.
(a) Present perfect
(b) Past perfect continuous
(c) Simple past
(d) Simple present

13. I haven't been able to get a hold of him. Have you been talking to him lately?
(a) Present perfect continuous
(b) Simple present
(c) Past perfect continuous
(d) Past perfect

14. Will you be going to the carnival with me? I have got an extra ticket with me.
(a) Future perfect continuous
(b) Future perfect
(c) Future continuous
(d) Simple present

15. Did you not eat pizza in the morning? Why are you having it for dinner?
(a) Simple present (b) Simple past
(c) Present perfect (d) Past continuous

Directions (Q. Nos. 16-25) *Pick out the correct sentences as per the types given.*

16. Simple past tense
(a) The turtle crossed the line before the rabbit.
(b) The turtle had crossed the line before the rabbit.
(c) The turtle cross the line before the rabbit.
(d) The turtle crosses the line before the rabbit.

17. Present perfect tense
(a) Had you ever visit a museum?
(b) Have you ever visit a museum?
(c) Have ever visited a museum?
(d) Have you ever visiting a museum?

18. Past perfect continuous tense
(a) The cat has been waiting for its owner for a long time.
(b) The cat was waiting for its owner for a long time.
(c) The cat had been waiting for its owner for a long time.
(d) The cat had waited for its owner for a long time.

19. Future continuous tense
(a) I shall be presenting the award.
(b) I will be presenting the award.
(c) I will be present the award.
(d) I shall be present the award.

20. Present perfect tense
(a) She has three apples with her.
(b) She have three apples with her.
(c) She has got three apples with her.
(d) She got three apples with her.

21. Simple past tense
(a) Anand has been driving since morning.
(b) She had collected some samples.
(c) He had a black cat back at home.
(d) Sammy has got some extra pens.

22. Future perfect tense
(a) I shall have discovered the cure to this disorder.
(b) We will have been walking for two hours now.
(c) The cat has been starving.
(d) Some people will be coming today.

23. Simple present tense
(a) She can run upto ten kilometres in a day.
(b) He should be held responsible for this accident.
(c) Meera could not have done this.
(d) Might I come inside for a while?

24. Past continuous tense
(a) Were you driven a car before?
(b) Was I going to be reprimanded?
(c) Was she walk towards the gate?
(d) Were you cross the road when it was empty?

25. Future continuous tense
(a) I wouldn't be getting on a bus right now.
(b) You will have to finish this work by next week.
(c) We shall't be hoping for too much.
(d) No goodwill come out of this situation.

Directions (Q. Nos. 26-50) *Fill in the blanks by using appropriate forms of tenses.*

26. She .... working as a subject matter expert for two years now.
(a) had been (b) has been
(c) is (d) was

27. Ruby .... out the candle before she slept.
(a) blow
(b) blows
(c) blew
(d) was blown

28. I .... read all the books written by Arundhati Roy.
(a) have been
(b) had been
(c) have
(d) am

29. Why .... the child get tired soon?
(a) do (b) did
(c) have been (d) had been

30. The cheetah .... the fastest animal on Earth.
(a) was
(b) had been
(c) is being
(d) is

31. Sheetal's father .... her to school most days.
(a) drives
(b) drove
(c) drived
(d) driven

32. His mother .... his report card from the school next week.
(a) collect
(b) will be collected
(c) collected
(d) will collect

33. The day before yesterday, My friends and I .... at our favourite restaurant.
(a) has eaten
(b) had eaten
(c) have been eating
(d) was eating

34. It is suspected that many animals might .... in the cold.
(a) died
(b) dead
(c) dying
(d) die

35. He .... anybody about his accident that day.
(a) doesn't tell
(b) tell
(c) didn't tell
(d) told

36. She knew that her brother .... the same path each evening.
(a) took
(b) is taking
(c) takes
(d) was taken

37. Long ago, people .... little about plant hybridisation.
(a) had known
(b) should know
(c) knew
(d) have known

38. He was carrying a speaking parrot with him and it .... at me curiously.
(a) should look
(b) would look
(c) had been looking
(d) was looking

39. She .... living here since 2015.
(a) have been
(b) had been
(c) has been
(d) was

40. Who .... on a hike yesterday?
(a) did go
(b) went
(c) has gone
(d) had went

41. Has it .... all day?
(a) been raining
(b) rained
(c) been rained
(d) raining

42. Have you ever .... a movie in an open theatre?
(a) been watched
(b) had been watched
(c) watched
(d) been watching

43. When the burglar broke into the house, the family ....
(a) was sleeping
(b) had been sleeping
(c) have been sleeping
(d) are sleeping

44. The old man could not remember where he .... his glasses.
(a) keeps
(b) is keeping
(c) had kept
(d) would keep

45. The technician .... to repair the machine since morning.
(a) tried
(b) tries
(c) has been trying
(d) was trying

46. I haven't .... breakfast yet.
(a) have (b) been
(c) will (d) had

47. Will you still .... tomorrow morning?
(a) be travelling
(b) travel
(c) travels
(d) travelled

48. The exam .... to start next week.
(a) will have been
(b) will
(c) is set
(d) is setting

49. The builders ...... to finish constructing the building by next year.
(a) are instructed
(b) should
(c) would be asked
(d) shall be asked

50. When Tango graduates from college next year, he .... engineering for nearly four years.
(a) will be studying
(b) will have been studying
(c) should have been
(d) shall be studying

Answers

1. (d)	2. (d)	3. (d)	4. (b)	5. (a)	6. (b)	7. (b)	8. (c)	9. (c)	10. (d)
11. (b)	12. (c)	13. (a)	14. (a)	15. (b)	16. (a)	17. (c)	18. (c)	19. (a)	20. (c)
21. (c)	22. (a)	23. (a)	24. (b)	25. (c)	26. (b)	27. (c)	28. (c)	29. (b)	30. (d)
31. (a)	32. (d)	33. (b)	34. (d)	35. (c)	36. (c)	37. (c)	38. (d)	39. (c)	40. (b)
41. (a)	42. (c)	43. (b)	44. (c)	45. (c)	46. (d)	47. (a)	48. (c)	49. (a)	50. (b)

Chapter 11

Spotting Error

Spotting error means to find the error in the given sentence. Usually these errors are related to parts of speech. In these type of questions, a sentence is given and is divided into three parts (a) , (b) and (c). The candidate is required to spot the part which has an error. If there is no error in the given sentence, the answer is option (d) i.e., No error. Such kind of questions are usually based on different grammatical rules and their correct usage. Hence, the candidates need to be well acquainted with all the rules of grammar to solve spotting error questions.

Exam Pattern QUESTIONS

Directions (Q.Nos. 1-50) *Find out the part which has an error in the following sentences. If there is no error, your answer is (d).*

1. You can not withdraw (a)/ all your money until (b)/ you give a prior notice. (c)/ No error (d)
2. You should behave with others (a)/ the same way which you (b)/ would expect them to behave with you. (c)/ No error (d)
3. Either he nor his brother (a)/ was informed about the venue (b)/ of the meeting of our society. (c)/ No error (d)
4. He not only believes (a)/ in hard work but also (b)/ in honesty of the highest order. (c)/ No error (d)
5. No sooner did she (a)/ reach the station (b)/ then it started raining. (c)/ No error (d)
6. The captain and his wife (a)/ were invited for the (b)/ cultural function at my home. (c)/ No error (d)
7. He tried (a)/ to open the can (b)/ by a can opener. (c)/ No error. (d)
8. Let no one (a)/ remain with doubt that (b)/ India is getting stronger and stronger. (c)/ No error (d)
9. When the students reached late (a)/ the teacher objected their entering the class (b)/ without his permission. (c)/ No error (d)
10. Sheela advised to her (a)/ child not to play (b)/ with the ball on the road. (c)/ No error (d)
11. The expert mason reported (a)/ to the owner of the hotel that (b)/ there was no question of the wall's falling down. (c)/ No error (d)
12. "This blade's edge is sharper (a)/ than any other blades's," (b)/ said the representative of the company. (c)/ No error (d)
13. Your son's-in law's friend is serioulsy ill and (a)/ he wants you (b)/ to see him as soon as possible. (c)/ No error (d)
14. You know it well that your success in life (a)/ depends not on my advice (b)/ but on somebody's else. (c)/ No error (d)
15. He suggested to me (a)/ that I should go to nursery (b)/ to bring some beautiful summer's flowers. (c)/ No error (d)
16. No sooner we entered (a)/ than he got up (b)/ and left the room. (c)/ No error. (d)
17. He ultimately decided (a)/ to willingly and cheerfully accept (b)/ the responsibility entrusted to him. (c)/ No error (d)
18. Harish is (a)/ very much willing (b)/to come with you. (c)/ No error (d)
19. Mahesh thought that he would pass (a)/ in the examination although he did not (b)/ answer most of the questions correct. (c)/ No error (d)
20. Kunal's father advised him (a)/ not to ride the motorcycle (b)/ lately at night. (c)/ No error (d)
21. Looking into the situation (a)/ that prevailed a few years ago (b)/ he was taken that decision. (c)/ No error (d)
22. If you had not come in time (a)/ the child would have taken (b)/ by the dacoits. (c)/ No error (d)
23. I knew our college library was run chaotically (a)/ but only recently did I discover (b)/ how bad the situation is. (c)/ No error (d)

24. They talked for a while (a)/ and then they will continue to play (b)/ the game till tomorrow morning. (c)/ No error (d)

25. We got everything ready (a)/ for all of them (b)/ long before they arrived. (c)/ No error (d)

26. He looks more depressed (a)/ than her but I don't (b)/ know the reason. (c)/ No error (d)

27. The person which was (a)/ recommended for the position (b)/ did not fulfill the prescribed qualifications. (c)/ No error (d)

28. Between you and I (a)/ he probably (b)/ won't come at all. (c)/ No error (d)

29. If all of you quarral (a)/ among yourself we shall not (b)/ be able to solve your problems. (c)/ No error (d)

30. They have invited Ramesh and I (a)/ to the function (b)/ to be held in the next month. (c)/ No error (d)

31. We should drink several glasses (a)/ of the water daily (b)/ if we want to remain healthy. (c)/ No error (d)

32. Children who have had (a)/ good Pre-School Education are most likely (b)/ to out do other children at school. (c)/ No error (d)

33. On my request Jatin (a)/ introduced me to his friend (b)/ who is singer and scientist. (c)/ No error (d)

34. The burglars were caught just as (a)/ they were about to (b)/ escape from the jail. (c)/ No error (d)

35. The teacher drew (a)/ and attention of the boys (b)/ to the importance of regular practice. (c)/ No error (d)

36. He has brought (a)/ four breads (b)/ for lunch today. (c)/ No error (d)

37. This data are (a)/ very useful to arrive (b)/ at correct conclusion. (c)/ No error (d)

38. "I have never seen (a)/ such a lovely spectacles in my life," (b)/said the passer by. (c)/ No error (d)

39. When you see his offsprings (a)/ you can't (b)/ believe that he is above seventy. (c)/ No error (d)

40. An earthquake (a)/ is a natural phenomena (b)/ and nobody can check it, be sure. (c)/ No error (d)

41. The Secretary of the worker's union remarked that (a)/ the present government is so selfish that (b)/ it cared very little about solving anyone else's problem. (c)/ No error (d)

42. Please explain to me (a)/ how is a digital computer different (b)/ from an analogue computer. (c)/ No error (d)

43. We had swam (a)/ across the river (b)/ before the sunset. (c)/ No error (d)

44. The Secretary and Treasurer (a)/ were not present (b)/ at today's meeting. (c)/ No error (d)

45. Neither Rakesh nor I (a)/ are leaving (b)/ for Hyderabad. (c)/ No error (d)

46. My book is superior (a)/ than yours although it has (b)/ cost me much less. (c)/ No error (d)

47. When Charles was in hospital (a)/ his sister sent (b)/ much fruit then his uncle. (c)/ No error (d)

48. Dilip's performance in the film (a)/ was worst than Amit's (b)/ but was not as bad as Vinod's. (c)/ No error (d)

49. The teacher said that (a)/ Ajay was capable of (b)/ doing more better work. (c)/ No error (d)

50. A severe cold (a)/ Prevented the president (b)/ being present (c)/ at the function (d)

PYQs

Direction (Q.Nos. 51-65) *The following sentence has been split into four segments. Identify the segment that contains a grammatical error.*

51. He noticed children to talk together and caught them climbing the trees.

Clerk (Hyderabad) 28 Feb 2021

(a) He noticed children
(b) climbing the trees
(c) to talk together
(d) and caught them

52. The minister's speech / published / in the newspaper.

Clerk (Hyderabad) 28 Feb 2021

(a) in the newspaper
(b) published
(c) The Minister's speech
(d) No error

53. Work as quick / as you can / but as carefully as possible /when you take the test.

Clerk (Hyderabad) 28 Feb 2021

(a) as you can
(b) but as carefully as possible
(c) Work as quick
(d) when you take the test

54. India needs an education system/ who will inculcate values / among the students and / enrich their personalities.

Clerk (Jabalpur) 01 Nov 2020

(a) India needs an education system
(b) enrich their personalities
(c) among the students and
(d) who will inculcate values

55. After graduating from college / having an engineering degree / he received a job offer / from a reputed American firm.

Clerk (Hamirpur) 01 Nov 2020

(a) having an engineering degree
(b) After graduating from college
(c) he received a job offer
(d) from a reputed American firm

56. Regretfully, profits earned by your company / fell by 20 percent last year / despite higher sales.

Clerk (Jabalpur) 01 Nov 2020

(a) No error
(b) despite higher sales
(c) Regretfully, profits earned by your company
(d) fell by 20 per cent last year

57. Students must/ paid attention to / what the teacher / tells them.

Clerk (Bangalore) 23 Feb 2020

(a) students must
(b) what the teacher tells them
(c) paid attention to
(d) No error

58. Whenever he went to town / nowadays / he spends/ a lot of money.

Clerk (Bangalore) 23 Feb 2020

(a) he spends
(b) nowadays
(c) Whenever he went to town
(d) a lot of money

59. When our company was/faced financial difficulties / the training budget was / the first to be cut.
Clerk (Bangalore) 23 Feb 2020
(a) When our company was
(b) faced financial difficulties
(c) the first to be cut
(d) the training budget was

60. When the plane landed,/ he found / that one of the wings / be damaged by a shell.
Clerk (Danapur) 01 Nov 2020
(a) he found
(b) that one of the wings
(c) When the plane landed
(d) be damaged by a shell.

61. When he comes / to see us / he usually will bring / something with him. **Clerk (Danapur) 01 Nov 2020**
(a) When he comes
(b) to see us
(c) he usually will bring
(d) something with him

62. The receptionist / asked me / who I wanted / to meet in the office.
Clerk (Danapur) 01 Nov 2020
(a) who I wanted
(b) the receptionist
(c) asked me
(d) to meet in the office

63. There is / no denying/ that he enjoys / to listened to the radio.
Clerk (Behrampur) 01 Nov 2020
(a) There is (b) no denying
(c) to listened to the radio
(d) that he enjoys

64. The teacher advised to / the student to borrow / a book from the library within three days/ No error
Clerk (Hamirpur) 01 Nov 2020
(a) the student to borrow
(b) a book from the library within three days
(c) No error
(d) The teacher advised to

65. Mr. Anand is planning / to settle in Delhi / as soon as / he will retire in August next year.
Clerk (Behrampur) 01 Nov 2020
(a) to settle in Delhi
(b) as soon as
(c) he will retire in August next year
(d) Mr. Anand is planning

Answers

1. (b)	2. (b)	3. (a)	4. (a)	5. (b)	6. (b)	7. (c)	8. (b)	9. (b)	10. (a)
11. (c)	12. (d)	13. (a)	14. (a)	15. (c)	16. (a)	17. (b)	18. (b)	19. (c)	20. (c)
21. (c)	22. (b)	23. (c)	24. (a)	25. (a)	26. (b)	27. (a)	28. (a)	29. (b)	30. (a)
31. (b)	32. (b)	33. (c)	34. (c)	35. (b)	36. (b)	37. (a)	38. (b)	39. (a)	40. (b)
41. (b)	42. (b)	43. (a)	44. (b)	45. (b)	46. (b)	47. (c)	48. (b)	49. (c)	50. (c)
51. (c)	52. (b)	53. (c)	54. (d)	55. (a)	56. (c)	57. (c)	58. (c)	59. (a)	60. (d)
61. (c)	62. (a)	63. (c)	64. (d)	65. (c)					

Chapter 12

Phrasal Verb

- A phrasal verb or phrases is a verb that is made up of a main verb together with an adverb or a preposition, or both. Typically, their meaning is not obvious from the meanings of the individual words themselves.
- These prepositions and adverbs are known in grammar as particles.

e.g., (i) Set in, means start.
(verb + adverb)
(ii) Set up, means establish.
(verb + adverb) (verb + preposition)
(iii) Put up with, means tolerate.
(verb + adverb + preposition)

Various Phrasal Verbs and Their Use

A

- **Account for** (*explain the reason, answer for*) I can't *account for* his unusual behaviour in this matter.
- **Ask for** (*request for*) She *asked for* a glass of water.

B

- **Back out** (*go back on, withdraw from promise*) He agreed to help but *backed out* at the last moment.
- **Bear with** (*to show patience, co-operate*) In view of the heavy losses suffered by the company, the shareholders were requested to *bear with*.
- **Blow out** (*extinguish*) The candle *blew out* as the gust of wind came in.
- **Blow up** (*explode, start suddenly*) The plan of the enemy to *blow up* the fly-over was failed by the police.
- **Break down** (*emotional collapse, stop functioning*) While giving evidence in the court, she *broke down*.
- **Break into** (*enter by force*) The robbers *broke into* his house last night.
- **Break out** (*spread* [*war, epidemic, fire, riots*]) The fear that aids has *broken out* in India is not unfounded.
- **Break through** (*discover a secret, major achievement*) There is no hope of *break through* in the murder case.
- **Break up with** (*quarrel*) After long and fruitful friendship the two friends *broken up with* each other.

C

- **Call for** (*necessary, require*) For the unity of the country discipline among the people is *called for.*
- **Call off** (*suspend or abandon*) We decided to *call off* the strike.
- **Call up** (*to telephone, recall)* Many of my friends *called* me *up* to congratulate me.
- **Call upon** (*appeal, exhort*) He was *called upon* to prove the correctness of the press reports.
- **Carry on** (*continue*) Now it is difficult to *carry on* this business after this huge loss.
- **Carry out** (*implement, obey, execute*) It is not likely that your father will *carry out* the threat of disinheriting you.
- **Cast off** (*release, remove*) Organisation must *cast off* old fashioned practices in order to survive.
- **Catch up with** (*make up for deficiency, overtake*) He remained ill for many days but *caught up with* the pending work very soon.
- **Come about** (*happen*) It is not good that such an unfortunate accident *came about.*
- **Come across** (*meet by chance*) I *came across* my old friend in the market yesterday.
- **Come off** (*take place as arranged, fade, get separated*) I was surprised to see that plaster had *come off* the walls.
- **Come over** (*get over, overcome*) You can *come over* your problems by honest means.

D

- **Die out** (*become out of use or existence*) He thought that the custom had *died out* a long time ago.
- **Dispose of** (*sell off*) She has decided to *dispose of* her old house.
- **Do away with** (*eradicate*) We should *do away with* social evils.
- **Do for** (*serve the purpose*) This book will *do for* the SSC examination.
- (Have) **Done with** (*have no relation*) I have *done with* him because of his dishonesty.

- **Do without** (*dispense with, to manage without*) We cannot *do without* fan in summer.
- **Draw up** (*to write, compose, draft*) I was busy *drawing up* plans for the new course.
- **Drop out** (*retire in the midst of doing something*) She could not qualify for the selection as she *dropped out* while the race was in progress.

F

- **Fall out** (*quarrel*) The two friends appear to have *fallen out* over a minor issue.
- **Fall in with** (*agree with*) Instead of challenging the lie, she *fell in with* their views.
- **Follow up** (*pursue after the first attempt*) The idea has been *followed up* by a group of researchers.

G

- **Get ahead** (*go forward*) You can *get ahead* of your rivals only by hard work.
- **Get along** (*be friendly*) They just can't *get along* together because of temperamental differences.
- **Get at** (*reach, understand*) It is very difficult to *get at* the truth etc.
- **Get away** (*escape*) They *got away* on scooter.
- **Get away with** (*without being punished or with little punishment*) Although his fault was serious, he *got away with* light punishment.
- **Get on** (*progress*) How is your son *getting on* with his study?
- **Get over** (*recover from illness or shock, come over*) He is still trying to *get over* the financial crises.
- **Get through** (*pass through, succeed*) It is not possible to *get through* examination without labour.
- **Get up** (*rise from bed, dressed*) The woman *got up* from her chair with the baby in her arms.
- **Give away** (*distribute*) She has *given away* jewellery worth thousands of Rupees.
- **Give in** (*surrender, agree*) At first she was adamant but at last she *gave in* to the request of her friend.
- **Give out** (*announce verbally, emit*) It was *given out* that she had failed.
- **Give up** (*stop, abstain from*) He *gave up* smoking to save money.
- **Given to** (*accustomed to*) He is *given to* smoking.
- **Go in for** (*buy, practise, to enter a contest*) I thought of *going in for* teaching.

H

- **Hand out** (*distribute*) *Hand out* the books to the students.
- **Hand over** (*give charge or authority*) He has not *handed over* charge to the new manager.
- **Hang about** (*stay waiting, roam about*) The boys *hanging about* girls' hostel were rounded up by the police.
- **Hold on** (*carry on, bear difficulties, persist*) Inspite of financial difficulties he *held on* and succeeded in the long run.
- **Hold out** (*resist*) When the robbers ran short of ammunition, they could no longer *hold out*.
- **Hold over** (*postpone*) Most of the bills are *held over* till the next session of the Parliament.
- **Hold up** (*to stop in order to rob, delay*) The terrorists *held up* the motor car and kept the ladies as hostages.

J

- **Jump at** (*accept happily*) He *jumped at* the offer of his boss to accept the job abroad.
- **Jump to** (*arrive suddenly* [*conclusion*]) You should never *jump to* conclusions.

K

- **Keep from** (*refrain from, not to mix with*) Always *keep from* selfish people because they can harm you anytime.
- **Keep off** (*keep at a distance*) There was a notice at the site, "*Keep off* the bushes".
- **Keep on** (*continue*) She *kept on* crying inspite of my assurance of help.
- **Keep up** (*maintain*) Always try to *keep up* the standard of life even in the face of crises.
- **Keep up with** (*try to move with, not to fall behind*) Young men should *keep up with* the latest development in international field.

L

- (Be) **Laid up with** (*confined to bed*) She is not going out as she is *laid up with* the flu.
- **Lay down** (*establish a rule, sacrifice, surrender*) The conditions *laid down* by the Department of Health were violated by the nursing homes.
- **Lay off** (*to discontinue work, dismiss temporarily*) The workers have been *laid off* for want of raw material.
- **Let down** (*humiliate, to lower down*) We should never *let down* our friends.

- **Let into** (*allow to enter*) After repeated requests he was *let into* the classroom.
- **Live on** (*depend for food [staple food]*) The lion is carnivorous and *lives on* flesh.
- **Live by** (*means/manner*) You must learn to *live by* honest means.
- **Live off** (*source of income*) They were *living off* rental income.
- **Look about** (*in search of, on the watch*) The thirsty crow was *looking about* water here and there.
- **Look after** (*take care of*) In her old age she has no one to *look after* her.
- **Look at** (*see carefully*) The boys are *looking at* the sky.
- **Look back on** (*to think of the past*) People can often *look back* and reflect *on* happy childhood memories.
- **Look for** (*search for a lost thing*) She was *looking for* her lost books.
- **Look down upon** (*hate, despise*) It is folly on your part to *look down upon* the poor students.
- **Look into** (*investigate the matter*) A committee was set up to *look into* the problem.
- **Look on** (*to see as a spectator*) His parents *looked on* with a triumphant smile.
- **Look over** (*examine carefully, go over*) The examiner has yet to *look over* practice note books.
- **Look out** (*watch out, careful, beware*) *Look out*, there is a snake under the bush.

M

- **Make out** (*understand the meaning*) The police could not *make out* the coded message they intercepted.
- **Make over** (*transfer possession, convert*) Since she had no legal heir, she *made over* her house in charity.
- **Make up** (to end (*quarrel*), compose) You should make an effort to *make up* a quarrel with your friend.

P

- **Pass away** (*die, expire*) On the *passing away* of his father I sent him a message of condolence.
- **Pass off** (*take place*) The elections are likely to *pass off* peacefully.
- **Pass through** (*go through, undergo, endure*) He is *passing through* financial difficulties these days.
- **Pass out** (*leave after completing education*) The cadets will *pass out* next month after completing their training.
- **Pull down** (*demolish a structure*) Why did they *pull* the shops *down*?
- **Pull off** (*succeed*) India *pulled off* victory in the last stage of the match.
- **Pull up** (*stop, scold*) The students were *pulled up* by the Principal for their misbehaviour with the class teacher.
- **Pull with** (*live together, get on with*) He is *pulling* well *with* his wife these days.
- **Put down** (*crush, keep down*) The riots were *put down* by the local police.
- **Put off** (*postpone, avoid, discourage*) The meeting had to be *put off* because the President could not come.

S

- **See through** (*discover something hidden, motive*) Man has grown so clever that it is difficult to *see through* his tricks.
- **Set about** (*start doing*) As soon as she reached home, she *set about* calling up her friends.
- **Set in** (*begin*) As soon as the summer *sets in*, the reptiles come out of hibernation.
- **Set up** (*establish*) The factory was *set up* by his uncle.
- **Set forth** (*start on a journey, explain*) The party will *set forth* its views on globalisation at a public rally.
- **Set out** (*start on a journey, set forth*) No sooner was the hunter informed of a lion's presence in the forest than he *set out*.
- **Sit back** (*relax*) He believes that he has the right to *sit back* while others should work hard.
- **Sit up** (*stay out of bed, stay up*) She *sat up* till her son returned.

T

- **Take down** (*write*) She was busy in *taking down* the dictation which the teacher was giving.
- **Take off** (*remove, leave the ground, improve*) It is difficult for Indian economy to *take off* in the absence of heavy investment.
- **Take over** (*take up responsibility*) The agency tried to *take over* another company.
- **Take up** (*start a hobby or study, occupy*) He has *taken up* modelling as a career.
- **Talk over** (*discuss a matter*) I agreed to go home and *talk over* the matter.
- **Turn down** (*reject, strike down*) I *turned down* the request of my friend to go to Shimla.
- **Turn off** (*stop, switch off*) Please *turn off* water tap before you go out.

W

- **Watch out** (*look out, careful*) If you do not *watch out*, he might harm you.
- **Wipe away** (*cleaned, remove*) The marks of blood were *wiped away* by the accused.
- **Wipe out** (*destroy completely*) We must try to *wipe out* poverty from the country.
- **Work out** (*solve the problem*) He is very intelligent and can *work out* any difficult problem.

Exam Pattern QUESTIONS

Directions (Q. Nos. 1-20) *Fill in the blanks with appropriate phrasal verbs in the following sentences.*

1. Kumar really likes Kimi but he's too nervous to ....
   (a) ask her out (b) ask her on
   (c) ask out (d) ask her in
2. After the tragic accident, Lily's mother had a nervous ....
   (a) breakup (b) breakdown
   (c) breakthrough (d) breakout
3. Mary often .... important issues at the meetings.
   (a) brought down (b) brought up
   (c) brought over (d) bring off
4. Lily was .... her friends to help her move.
   (a) counting down
   (b) counting about
   (c) counting on
   (d) counting in
5. The children tried to .... a way of getting to the concert venue on their own.
   (a) figure out (b) figure about
   (c) figure up (d) figure over
6. The couple .... many forms before they could immigrate to England.
   (a) filled (b) filled about
   (c) filled out (d) filled in
7. They rented a car so that it would be easier to .... the new city.
   (a) get on (b) get around
   (c) get (d) get after
8. The criminal tried to .... the incriminating evidence quickly.
   (a) get rid of (b) get rid about
   (c) get rid on (d) get out
9. Lily decided to .... after the fourth unsuccessful ring.
   (a) hang up (b) hang down
   (c) hang over (d) hang on
10. At long last, the storm is starting to look like it's going to ....
    (a) let in (b) let down
    (c) let up (d) let off
11. Before Sheila died from a long cancer battle, she asked her sister to .... her children.
    (a) look down (b) look over
    (c) look in (d) look back
12. The assembly line problem was a minor .... for the company last week.
    (a) set about (b) set down
    (c) set back (d) set off
13. People are getting tired of Sneh because he always .... late.
    (a) shows
    (b) shows up
    (c) shows over
    (d) shoot off
14. The 'T' in the acronym .... Time.
    (a) stands about
    (b) stands over
    (c) stands for
    (d) stand by
15. Moni wanted to .... the old sofa but her husband couldn't part with it.
    (a) throw out (b) throw up
    (c) throw down (d) throw on
16. Lily was feeling blue, so she went shopping to .... some new outfits.
    (a) try at (b) try on
    (c) try in (d) try out
17. Even though he was exhausted, he ....
    (a) kept going (b) kept out
    (c) kept in (d) kept
18. Toni was .... of school for bad behaviour.
    (a) kicked in (b) kicked over
    (c) kicked out (d) kicked
19. Just look at that gorgeous girl. She will .... her rival.
    (a) knock in (b) knock over
    (c) knock out (d) knock
20. Her father .... when she was just a kid.
    (a) passed over (b) passed away
    (c) passed down (d) pass on
21. She has ...... her money and jewellery to help the poor.
    (a) given way (b) given away
    (c) given in (d) given up
22. Many premier educational institutions come forward to have a .... with flourishing industries.
    (a) tie-down (b) tie-up
    (c) tie-in (d) tie-on
23. The lecture was not very interesting. In fact I .... in the middle of it.
    (a) showed off (b) put off
    (c) dozed off (d) plugged off
24. A woman got into the car and ....
    (a) drove off (b) broke down
    (c) rode in (d) drove in
25. .... your shoes before your step on the carpet.
    (a) Take (b) Take in
    (c) Take off (d) Took up

Answers

1. (a)	2. (b)	3. (b)	4. (c)	5. (a)	6. (c)	7. (b)	8. (a)	9. (a)	10. (c)
11. (b)	12. (c)	13. (b)	14. (c)	15. (a)	16. (b)	17. (a)	18. (c)	19. (c)	20. (b)
21. (b)	22. (b)	23. (c)	24. (a)	25. (c)					

Direct/Indirect Speech

The way of reporting the words of a speaker without changing its meaning is called *Narration.*

Kinds of Narration

There are two kinds of Narration

(i) **Direct Narration** It is a kind of speech which is reported by some other person exactly in the words, spoken by the speaker. This speech is placed within inverted commas (" ").

e.g., She said to him, "I shall give you money." *(Direct)*

(ii) **Indirect Narration** It is a speech which is reported by some other person by using certain conjunctions in place of commas and making necessary changes in the verbs and the pronouns of the reported speech.

e.g., She told him that she would give him money. *(Indirect)*

Parts in the Statement of a Narration

There are two parts in the statement of a narration

(i) Reporting verb

(ii) Reported speech

e.g., John said to Joy, "You are very clever."

In the above example, the part that is outside the inverted comma (" ") is called reporting verb and the part that is inside the inverted comma (" ") is called reported speech.

For the purpose of changing narration, sentences are divided as follows

(i) **Assertive Sentences** Sentences denoting statements in affirmative and negative.

e.g., (i) You are playing.
(ii) She was not sleeping.

(ii) **Interrogative Sentences**

(a) Sentences beginning with auxiliary verbs. (Yes or No answer type questions).

e.g., (i) Are you playing?
(ii) Was she sleeping?

(b) Sentences beginning with question words such as 'when, where, why, who, which, what', etc.

e.g., (i) When are you playing?
(ii) Where was she sleeping?

(iii) **Imperative Sentences** Sentences denoting command, request and advice.

e.g., (i) Do not waste time.
(ii) Please give me something to eat.

(iv) **Exclamatory Sentences** Sentences expressing joy, sorrow and wonder etc.

e.g., (i) Hurrah! we won.
(ii) Alas! All is over.

(v) **Optative Sentences** Sentences expressing wish and prayer etc.

e.g., (i) Good bye, my daughters!
(ii) May you live long!

General Rules of Narration

Following changes are made in sentences while transforming a direct narration to indirect.

(i) The inverted commas (" ") used in direct narration are removed while changing the sentence into indirect narration .

e.g., She says, "I am late". *(Direct)*
She says that she is late. *(Indirect)*

(ii) When the reporting verb is in past, words denoting time or place in reported speech change as following

Now	Then
Ago	Before
Today	That day
Tomorrow	The next day
Yesterday	The previous day/The day before
Last night	The previous night/The night before
Next month	The following month
Here	There
This	That
These	Those
Thus	So

(iii) 'That' is used in place of inverted commas.

e.g., She said to me, "I am a doctor." *(Direct)*
She told me that she was a doctor. *(Indirect)*

(iv) In narration, tenses are changed as follows

- **Simple Present** — Simple Past
  e.g., (i) He said to me, "I never eat sweets." *(Direct)*
  (ii) He told me that he never ate sweets. *(Indirect)*
- **Present Continuous** — Past Continuous
  e.g., (i) They said to Rahim, "They are playing football." *(Direct)*
  (ii) They told Rahim that they were playing football. *(Indirect)*
- **Present Perfect** — Past Perfect
  e.g., (i) Mita said, "I have already cooked." *(Direct)*
  (ii) Mita said that she had already cooked. *(Indirect)*
- **Present Perfect Continuous** — Past Perfect Continuous
  e.g., (i) Sonu said to me, "I have been reading for an hour." *(Direct)*
  (ii) Sonu told me that he had been reading for an hour. *(Indirect)*
- **Past Indefinite** — Past Perfect
  e.g., (i) She said to Ram, "I went to Jaipur last week." *(Direct)*
  (ii) She told Ram that she had gone to Jaipur the previous week. *(Indirect)*
- **Past Continuous** — Past Perfect Continuous
  e.g., (i) She said to me, "I was waiting for you." *(Direct)*
  (ii) She told me that she had been waiting for me. *(Indirect)*
- **Past Perfect** — No change of tense
- **Past Perfect Continuous** — No change of tense

(v) When the reporting verb is in the present tense or future tense, there is no change in the verb of the reported speech.

e.g., (i) He says, "Ruchi goes early." *(Direct)*
He says that Ruchi goes early. *(Indirect)*
(ii) Kumar will say, "Prakash is always angry." *(Direct)*
Kumar will say that Prakash is always angry. *(Indirect)*

(vi) Changes also occur in the pronouns of the reported speech. These changes are according to a formula, i.e.,

S	O	N
1	2	3

This means, according to the first person subject, according to second person object and in third person no change)

e.g., (i) She said to me, "I am intelligent but you are fool". *(Direct)*
She said to me that she was intelligent but I was fool. *(Indirect)*

Here, ('I' is first person which according to the subject 'she' has changed into she; while you is second person which according to the object me, has changed into I.)

(vii) If any magazine, newspaper, periodical, etc., use we / our / us etc., to represent them, then in indirect narration they are changed to 'its' or 'it'.

e.g., (i) The times of India says, " We are the leader in print media". *(Direct)*
(ii) The times of India says that it is leader in print media . *(Indirect)*

(viii) **Change in Future Tenses**

Will/Shall — Would/Should
Can — Could
May — Might
Could/Should/Would/Might — No change

(ix) **Change of Modal Verbs**

Following changes are made in modal verbs

May	Might
Can	Could
Have to	Had to
Had to	Had had to
Should	No change
Must	No change

Some important changes of modal verbs are as follows

(A) 'Will' change into 'Should' when the speaker seeks advice or request.

e.g., The mother said, "What will I do with so much money, My son!" *(Direct)*
The mother asked her son what she should do with so much money. *(Indirect)*

(B) 'Need' changes into 'had to' or 'needed' in indirect speech.

e.g., (i) She said, "Need I write a letter?" *(Direct)*
She asked if she had to write a letter. *(Indirect)*
(ii) She said, "If I am selected, I needn't study further." *(Direct)*
She said that if she was selected she would not have to study further. *(Indirect)*

(C) 'Must' normally does not change when it refers to duty or laws of nature.

e.g., (i) Rahul said to her, "You must obey your parents." *(Direct)*
Rahul said to her that she must obey her parents. *(Indirect)*
(ii) She said, "We must all die." *(Direct)*
She said that we must all die. *(Indirect)*

But 'Must' changes to 'had to' where times for fulfillments of the obligation either have been fixed or fulfilled fairly promptly.

e.g., (i) She said, "I must leave at once." *(Direct)*
She said that she had to leave at once. *(Indirect)*
(ii) Harish said, "I must be there by six tomorrow morning." *(Direct)*
Harish said that he had to be there by six the next morning. *(Indirect)*

(x) **Change of 'Person'**

Ist Person changes as per the subject.
IInd Person changes as per the object.
IIIrd Person gets no change.

Assertive Sentences

Assertive sentences are changed in indirect narration as follows

- Verb in the reporting verb is changed into 'tell' or 'told' with an object otherwise 'say' and 'said' are retained.
- 'Think/wonder' to oneself can also be used.
- The tense of the verb of the reported speech is changed as per requirement in the sentence.

e.g., (i) She said, "I am a doctor." *(Direct)*
She said that she was a doctor. *(Indirect)*
(ii) She says to me, "I am a doctor." *(Direct)*
She tells me that she is a doctor. *(Indirect)*
(iii) She thought, "She will not go out with him." *(Direct)*
She thought to herself that she would not go out with him. *(Indirect)*

Interrogative Sentences

(A) A verb in the reporting verb is changed into ask/asked or inquire/inquired of or want/wanted to know, demand/demanded, wonder/wondered.

e.g., (i) Mother said to daughter, "Have you completed your home work?" *(Direct)*
Mother asked daughter if she had completed her home work. *(Indirect)*
(ii) He said to me, "Why are you happy"? *(Direct)*
He asked me why I was happy. *(Indirect)*

(B) In 'yes' or 'no' answer type questions 'if ' or 'whether' is used in place of inverted commas.

e.g., (i) Father said to me, "Do you know the residence of the doctor?" *(Direct)*
Father asked me if I knew the residence of the doctor. *(Indirect)*

(C) In the sentences beginning with question words, inverted commas are replaced by question word itself (Who, when, what etc.).

e.g., (i) The teacher said to Rohan, "Why are you late?" *(Direct)*
(ii) The teacher asked Rohan why he was late. *(Indirect)*

(D) But if a clause with Interrogative pronouns (Question words) is followed by main clause, 'that' is used before the question words and this rule also applies to 'if or whether' in 'yes or no' answer type questions.

e.g., (i) She said to me, "When she will come is not certain?" *(Direct)*
She told me that when she would come was not certain. *(Indirect)*
(ii) I said to him, "Whether she will pass is not certain?" *(Direct)*
I told him that whether she would pass was not certain. *(Indirect)*

Imperative Sentences

(A) A verb in the reporting verb changes into command/order, beg, request, advise, forbid, suggest, propose, assure, ask, remind, warn, agree, refuse, promise etc.

e.g., (i) She said to me, "Please help me." *(Direct)*
She requested me to help her. *(Indirect)*
(ii) She said to me, "Have a glass of milk". *(Direct)*
She asked me to have a glass of milk. *(Indirect)*

(B) 'To/not to' is used in place of inverted commas.

e.g., (i) She said to the postman, "Either go or wait." *(Direct)*
(ii) She asked the postman either to go or wait. *(Indirect)*

Imperatives with 'Let'

(A) Let as a proposal/suggestion.

e.g., (i) He said, "Let us go to the movie." *(Direct)*
He proposed that they should go to the movie. *(Indirect)*
(ii) I said to Deepa, "Let us buy a new house." *(Direct)*
I suggested to Deepa that we should buy a new house. *(Indirect)*

(B) Let as a request.

e.g., (i) Ravi said to the manager, "Let me go home." *(Direct)*
Ravi requested the manager to let him go home. *(Indirect)*
(ii) The girls said to the gate keeper, "Let us enter the school." *(Direct)*
The girls requested the gate keeper to let them enter the school. *(Indirect)*

(C) Let as an order

e.g., (i) The manager said to his assistant, "Let the customers in." *(Direct)*
(ii) The manager ordered his assistant to let the customers in. *(Indirect)*

(D) Let as don't care

e.g., (i) Sawant said, "Let it rain, I have to go." *(Direct)*

Sawant persisted that he did not care for the rain and he had to go. *(Indirect)*

Note When reported speech starts with a negative command. In this sentence, construction of the sentence would follow ' forbade +object + *to* + V_1' is used.

e.g., He said to me,"Do not shout here." *(Direct)*

He forbade me to shout there. *(Indirect)*

Exclamatory Sentences

(A) Verb in the reporting verb is changed into 'exclaim with sorrow', 'exclaim with surprise', 'exclaim with joy', 'cry out' etc. e.g.,

e.g, (i) Portia said, "God Heavens, I am ruined!" *(Direct)*

Portia exclaimed with sorrow that she was ruined. *(Indirect)*

(ii) The director said, "What a good dance, Suhani! you have won the contest." *(Direct)*

The director remarked with appreciation/ applauded that Suhani had danced well and declared that she had won the contest. *(Indirect)*

(B) 'That' is used in place of inverted commas.

e.g., (i) Tarun said, "How clever I am!" *(Direct)*

Tarun exclaimed that he was very clever. *(Indirect)*

(ii) Deepa said, "What a pity! you have not succeeded." *(Direct)*

Deepa exclaimed that it was a pity that he had not succeeded. *(Indirect)*

Optative Sentences

(A) Verb in the reporting verb is changed into 'wish' and 'pray'.

e.g., (i) The old man said to his son, "May God bless you!" *(Direct)*

The old man wished/blessed his son that God might bless him. *(Indirect)*

(ii) They said, "May God save our country." *(Direct)*

They prayed that God might save their country. *(Indirect)*

(B) 'That' is used in place of inverted commas.

e.g., (i) He said, "May God pardon my sins!" *(Direct)*

He prayed that God might pardon his sins. *(Indirect)*

(ii) The beggar said, "May you live long." *(Direct)*

The beggar prayed that she might live long. *(Indirect)*

Exam Pattern QUESTIONS

Directions (Q. Nos. 1-10) *In questions given below, a sentence has been given in Direct speech. Out of the four alternatives suggested, select the one which best expresses the same sentence in Indirect speech.*

1. The teacher said to the student, "Milk is white."

(a) The teacher told the student that milk was white.
(b) The teacher told the student that milk is white.
(c) The teacher told the student that milk will be white.
(d) The teacher told the student if milk is white.

2. My mother says to me, "You did not complete your exercise."

(a) My mother tells me that I had not completed my exercise.
(b) My mother told me that I did not complete my exercise.
(c) My mother tells me that I did not complete my exercise.
(d) My mother tells me to complete my exercise which I have not completed.

3. Sonam said to Prem, "We are not working today."

(a) Sonam asked Prem why he was not working that day.
(b) Sonam told Prem that they were not working today.
(c) Sonam told Prem that they are not working that day.
(d) Sonam told Prem that they were not working that day.

4. The little girl said to her father, "Why have you beaten my brother?"

(a) The little girl asked her father why he had beaten her brother.
(b) The little girl told her father why he had beaten her brother.
(c) The little girl asked her father if he had beaten her brother.
(d) The little girl asked her father not to beat her brother.

5. Neelam said to her mother, "Bring me a cup of coffee, please."

(a) Neelam ordered her mother to bring her a cup of coffee.
(b) Neelam requested her mother to bring her a cup of coffee.
(c) Neelam asked her mother that she wants a cup of coffee.
(d) Neelam told her mother to bring her a cup of coffee.

6. He said, "Let us wait a few minutes and try again later."

(a) He said that they should wait a few minutes and try again later.
(b) He suggested that they should wait a few minutes and try again later.

(c) He suggested that he should wait a few minutes and try again later.
(d) He ordered that they should wait a few minutes and try again later.

7. Radhika said, "Oh! I lost my purse in the market yesterday."
(a) Radhika exclaimed with sorrow that she had lost her purse in the market the previous day.
(b) Radhika exclaimed with sorrow that she lost her purse in the market the previous day.
(c) Radhika exclaimed with surprise that she had lost her purse in the market the previous day.
(d) Radhika exclaimed with sorrow that I had lost my purse in the market the previous day.

8. My teacher said to us, "May you prosper in life."
(a) My teacher told us that might prosper in life.
(b) My teacher blessed us with the prosperity of life.
(c) My teacher wished us that we might prosper in life.
(d) My teacher wished us that prosper in your life.

9. She said, "My brother is getting married the next month."
(a) She said that her brother was getting married the following month.
(b) She said that her brother was getting married in the previous month.
(c) She said that her brother had been getting married in next month.
(d) She said that her brother had been married in next month.

10. I said to him, "Love and obey your parents."
(a) I advised him to love and obey his parents.
(b) I ordered that he should love and obey his parents.
(c) I requested him to love and obey his parents.
(d) I pleaded him to love and obey your parents.

Directions (Q. Nos. 11-19) *In questions given below, a sentence has been given in Indirect speech. Out of the four alternatives suggested, select the one which best expresses the same sentence in Direct speech.*

11. The father warned his son that he should be beware of him.
(a) "Beware of him, son", warned his father.
(b) The father warned his son, "Be careful about him."
(c) "Beware of him, son," warned the father.
(d) The father said to his son, "Be aware of him."

12. She exclaimed with sorrow that she had lost her purse.
(a) She said, "Oh! I lost the purse."
(b) She exclaimed, "Oh! I had lost the purse."
(c) She told, "Oh! I lost my purse."
(d) She said, "Oh! I lost my purse."

13. Doshi requested his wife to select one of those necklaces.
(a) Doshi requested his wife, "Please select one of those necklaces."
(b) Doshi said to his wife, "Please select one of these necklaces."
(c) Doshi said to his wife, "Please select one of those necklaces."
(d) Doshi pleased his wife, "Select one of these necklaces, please."

14. Darwin said that humans have evolved from apes.
(a) Darwin said, "Humans have evolved from apes."
(b) Darwin said, "Humans had evolved from apes."
(c) Darwin said, "Human were evolved from apes."
(d) Darwin said, "Humans are evolved from apes."

15. I warned her that I could no longer tolerate her coming late.
(a) I said to her, "I can no longer tolerate your coming late."
(b) I said to her, "You can no longer tolerate my coming late."
(c) I said to her, "He can no longer tolerate my coming late."
(d) I said to her, "I can not longer tolerate she coming late."

16. The Prime Minister said that no one would be allowed to disturb the peace.
(a) The Prime Minister said, "We shall not allow anyone to disturb the peace."
(b) The Prime Minister said, "We would not allow no one to disturb the peace."
(c) The Prime Minister said, "No one will disturb the peace."
(d) The Prime Minister said, "No one can disturb the peace."

17. Mr. Robinson asked his son what he wanted to be when he grew up.
(a) "My son," said Mr. Robinson, "what will you be when you grow up?"
(b) "My son," said Mr. Robinson, "what do you want to be when you grow up?"
(c) "Mr. Robinson said, "My son, what did you want to be when you grew up?"
(d) Mr. Robinson said, "My son, what would you be when you grow up?"

18. The boys respectfully wished their teacher good morning.
(a) "Good morning", said the boys to their teacher.
(b) "Good morning", said the boys to the teacher.
(c) "Good morning, Madam, " said the boys to the teacher.
(d) "Good morning, Madam," said the boys to their teacher.

19. The girl wondered where the sparrows had gone.
(a) The girl said, "Oh! Where the sparrows have gone?"
(b) The girl said, "Oh! Where are the sparrows?"
(c) The girl said, "Oh! Where had the sparrows gone?"
(d) The girl said, "Oh! Where have the sparrows gone?"

Answers

1. (a)	2. (c)	3. (d)	4. (a)	5. (b)	6. (b)	7. (a)	8. (c)	9. (a)	10. (a)
11. (c)	12. (d)	13. (b)	14. (a)	15. (a)	16. (a)	17. (b)	18. (d)	19. (d)	

Chapter 14

Active and Passive Voice

- The voice of a verb tells whether the subject of the sentence performs or receives the action. There are two ways of expressing the action of a subject

(i) **Active Voice** In active voice, the subject performs the action expressed by the verb.

e.g., The manager fired the employee due to his misconduct.

(ii) **Passive Voice** In passive voice, the subject receives the action expressed by the verb.

e.g., The employee was fired by the manager due to his misconduct.

> The structure of a sentence, for both voices are given below
>
> **Active Voice** Subject + Verb + Object.
>
> **Passive Voice** Object + Helping Verb (Form of Verb 'Be') + Past Participle of Verb (3rd form) + by + Subject.

Changes made while Converting Active Voice into Passive Voice

Following changes are made while converting a active voice sentence to passive voice sentence.

(i) Subject and object are interchanged

e.g., My mother writes a novel. *(Active)*

A novel is written by my mother. *(Passive)*

In the above example, the places of subject 'my mother' and object 'a novel' are interchanged.

(ii) Sometime while converting sentence from Active voice to Passive voice, the subject is omitted.

e.g., *Someone* broke the chair. *(Active)*

The chair was broken. *(Passive)*

In the given example, the subject 'someone' is missing from the Passive voice.

(iii) Past participle of the verb (3rd form of verb) is always used as main verb in Passive voice for all tenses.

e.g., I *cook* the food for my father. *(Active)*

The food is *cooked* for my father by me. *(Passive)*

In the above example, past participle (3rd form) of verb 'cooked' has been used in Passive voice.

(iv) The word 'by' is used before subject in sentences of Passive voice.

e.g., He teaches English. *(Active)*

English is taught *by* him. *(Passive)*

(v) Sometimes words 'with, to' may also be used in place of 'by' before subject in Passive voice.

e.g., (i) The water fills the bucket. *(Active)*

The bucket is filled *with* water. *(Passive)*

(ii) I know him. *(Active)*

He is known *to* me. *(Passive)*

Changes of Pronouns in Active and Passive Voice

Active Voice	Passive Voice
I	me
we	us
you	you
he	him
she	her
it	it
they	them

Rules to Convert Active Voice to Passive Voice in Different Tenses

Tense	Active Voice	Passive Voice
Simple Present	S + V (1st form) + s/es + O Rakul plays cricket.	O + is/am/are + V (3rd form) + by + S Cricket is played by Rakul.
Present Continuous	S + is/am/are + V + ing + O Rakul is playing cricket.	O + is/am/are + being + V (3rd form) + by + S Cricket is being played by Rakul.
Present Perfect	S + has/have + V (3rd form) + O Rakul has played cricket.	O + has/have + been + V (3rd form) + by + S Cricket has been played by Rakul.
Simple Past	S + V (2nd form) + O Rakul played cricket.	O + was/were + V (3rd form) + by + S Cricket was played by Rakul.
Past Continuous	S + was/were + V + ing + O Rakul was playing cricket.	O + was/were + being + V (3rd form) + by + S Cricket was being played by Rakul.
Past Perfect	S + had + V (3rd form) + O Rakul had played cricket.	O + had + been + V (3rd form) + by + S Cricket had been played by Rakul.
Simple Future	S + will/shall + V (1st form) + O Rakul will play cricket.	O + will/shall + be + V (3rd form) + by + S Cricket will be played by Rakul.

Note Future Continuous and Perfect Continuous tenses cannot be converted into Passive voice. Sometimes verb are used with two objects in active voice sentences. Passive voice can be made with either of the objects.

e.g., He gave me a book. *(Active)*
I was given a book by him. *(Passive)*
or book was given to me by him. *(Passive)*

Passive Voice of Modal Verbs

- Can, could, may, might, would, must, should, ought to etc. are the modal verbs.
- The structure of Active and Passive voices of sentences which have modal verbs in it is as follows

Active Voice Subject + Modal Verb + Action Verb + Object

Passive Voice Object + Modal Verb + be + (3rd form) of Action Verb + by + Subject

e.g., (i) Paul may kick the ball. *(Active)*
The ball may be kicked by Paul. *(Passive)*
(ii) Supriya should write an application. *(Active)*
An application should be written by Supriya. *(Passive)*
(iii) Madan must learn French. *(Active)*
French must be learnt by Madan. *(Passive)*

Passive Voice of Interrogative Sentence

- Interrogative sentences are used to ask questions. There are two types of interrogative sentence i.e., Questions that begins with a helping verb like Do, Does, Did, Has, Have etc. and Question begin with wh-words like Why, Who, What How, When, etc.

(i) To change questions from active to passive beginning with Do/ Does.

Active Do / Does + Subject + V_1 + Object?

Passive Am / Is / Are + Subject + V_3 + by + Agent.

e.g., Does he need some curry? *(Active)*
Is some curry needed by him. *(Passive)*

(ii) To change questions from active to passive beginning with Did.

Active Did + subject + V_1 + Object?

Passive Was / Were + Subject + V_3 + by + Agent

e.g., Did he entertain you? *(Active)*
Were you entertained by him. *(Passive)*

(iii) To change questions from active to passive beginning with Have / Has / Had.

Active Have / Has / Had + Subject + V_3 + Object?

Passive Have / Has / Had + Subject + been + V_3 + by + Agent?

e.g., Has Anuradha sang a song? *(Active)*
Has a song been sung by Anuradha? *(Passive)*

(iv) To change questions from active to passive beginning with wh-word.

Active 'Wh'-word + auxiliary + Subject + main verb + object?

Passive Wh - word + auxiliary + Subject (object of active) + V_3 + by + agent?

e.g., (i) Why have you broken the mirror? *(Active)*
Why has the mirror been broken by you? *(Passive)*
(ii) Who solved that problem? *(Active)*
By whom was that problem solved? *(Passive)*
(iii) Whom have you invited? *(Active)*
Who has been invited by you? *(Passive)*

Passive Voice of Imperative Sentences

Imperative sentences are sentences which express advice, suggestion, request, order or command.

Command and Order

(i) When object is given, use
Let + object + be + Past participle.

e.g., (i) Bring a book. *(Active)*
Let a book be brought. *(Passive)*
(ii) Turn Payal out. *(Active)*
Let Payal be turned out. *(Passive)*

(ii) When no object is given, begin the sentence with 'You are ordered/commanded to'.

e.g., (i) Go out at once. *(Active)*
You are ordered to go out at once. *(Passive)*
(ii) Don't stay here. *(Active)*
You are ordered not to stay here. *(Passive)*

Permission, Request and Advice

(i) When object is given, make passive with object.
Object + Should + Past Participle.

e.g., (i) Obey parents. *(Active)*
Parents should be obeyed. *(Passive)*
(ii) Listen to me. *(Active)*
I should be listened to. *(Passive)*
(iii) Prepare for war. *(Active)*
You should be prepared for war. *(Passive)*
Or
Be prepared for war. *(Passive)*

(ii) When no object is given, begin the sentence with 'You are allowed, requested or advised'.

e.g., (i) Please come soon. *(Active)*
You are requested to come soon. *(Passive)*
(ii) Please don't talk loudly. *(Active)*
You are requested not to talk loudly. *(Passive)*

Sentences beginning with let *(Permission and Suggestion)*

(i) When object is given, make passive voice *as follows.*

e.g., (i) Let me play here. *(Permission)*
I may be allowed to play here.
(ii) Let us help him. *(Suggestion)*
He should be helped.

(ii) When no object is given, begin the sentence with 'It is suggested'.

e.g., (i) Let us stay here. *(Suggestion)*
It is suggested that we should stay here.
(ii) Let us sleep here. *(Suggestion)*
It is suggested that we should sleep here.

Exam Pattern QUESTIONS

Directions (Q. Nos 1-15) *A sentence has been given in Active voice. Out of the four alternatives suggested, select the one which best expresses the same sentence in Passive voice.*

1. We will not allow them to run away.
(a) They will not be allowed to run away by us.
(b) They would not be allowed to run away.
(c) They are not allowed to run away.
(d) They were not allowed to run away.

2. Everyone must read this book.
(a) This book should be read by everyone.
(b) This book has to be read by everyone.
(c) This book is to be read by everyone.
(d) This book must be read by everyone.

3. She begins her day with a cup of coffee.
(a) Her day is being begun with a cup of coffee.
(b) Her day is begun with a cup of coffee.
(c) A cup of coffee is beginning her day.
(d) A cup of coffee had begun her day.

4. You have to do this immediately.
(a) This has been done by you immediately.
(b) This is being done by you immediately.
(c) This was being done by you immediately.
(d) This has to be done by you immediately.

5. Where do you keep the current magazines?
(a) Where were the current magazines kept?
(b) Where have the current magazines been kept?
(c) Where are the current magazines being kept?
(d) Where are the current magazines kept by you?

6. We must now deal with these problems.
(a) These problems must now be deal with by us.
(b) These problems must now be dealing with by us.
(c) These problems must now deal with by us.
(d) These problems are to be deal with by us.

7. God gives us happiness.
(a) Happiness is given by God.
(b) Happiness is being given to us by God.
(c) Happiness has been given by God.
(d) Happiness will be given by God.

8. Did the sound disturb you?
(a) Was the sound disturbed by you?
(b) Were you disturbed by the sound?
(c) Were you disturb by the sound?
(d) Did you disturb the sound?

9. Run home, please.
(a) You are please to run home.
(b) You are told to run home please.
(c) You are requested to run home.
(d) You run home and this is a request.

10. The waiter filled the glasses with water.
(a) The glasses filled with water by the waiter.
(b) The glasses were filled with water by the waiter.
(c) The waiter was filled the glasses with water.
(d) The water were filled in the glasses by waiter.

11. She took the dog for a walk.
(a) The dog was taken for a walk by her.
(b) The dog took her for a walk.
(c) The dog was took for a walk.
(d) The dog took a walk by her.

12. They will laugh at you.
(a) You can be laughed at by them.
(b) You may be laughed at by them.
(c) You will be laughed at by them.
(d) You will have been laughed at by them.

13. She will invite me.
(a) I shall be invited by her.
(b) I will invited by her.
(c) I shall being invited by her.
(d) I will been invited by her.

14. You must obey your parents.
(a) Your parents must obeyed by you.
(b) Your parents must been obeyed by you.
(c) Your parents must be obeyed by you.
(d) Your parents must being obeyed by you.

15. Earth revolves around Sun.
(a) The Sun revolved around the Earth.
(b) The Sun is revolved around by the Earth.
(c) The Sun revolves around by the Earth.
(d) The Sun is being revolved around by the Earth.

Directions (Q. Nos 16-25) *A sentence has been given in Passive voice. Out of the four alternatives suggested, select the one which best expresses the same sentence in Active voice.*

16. This watch was given to me by my grandfather.
(a) My grandfather gave me this watch.
(b) My grandfather gives me this watch.
(c) My grandfather had given this watch to me.
(d) My grandfather had been given this watch to me.

17. By whom is the child being fed?
(a) Who is feeding the child?
(b) Who had fed the child?
(c) Who was feeding the child?
(d) Who has been feeding the child?

18. Cacao is bitter when it is tasted.
(a) Cacao is bitter
(b) Cacao tastes bitter
(c) Cacao's taste is bitter
(d) Cacao tasted bitter

19. Can those happy moments be ever forgotten by me?
(a) Shall I ever forget those happy moments?
(b) Can I ever forget those happy moments?
(c) Will I ever forget those happy moments?
(d) Could I ever forget those happy moments?

20. I have been given this book by my sister.
(a) My sister has given me this book.
(b) To me this book was given by my sister.
(c) This book was given by my sister.
(d) My sister gave me this book.

21. The walls had not been decorated by us.
(a) We have not been decorating the walls.
(b) We had not been decorating the walls.
(c) We have not decorated the walls.
(d) We had not decorated the walls.

22. A fresh batch of eggs was collected by the farmer's wife.
(a) The farmer's wife was collecting a fresh batch of eggs.
(b) The farmer's wife collected a fresh batch of eggs.
(c) The farmer's wife had collected a fresh batch of eggs.
(d) The farmer's wife will be collecting a fresh batch of eggs.

23. My watch can't be repaired by anyone.
(a) No one will repair my watch.
(b) No one can repair my watch.
(c) No one can't repair my watch.
(d) No one will be able to repair my watch.

24. The loan will be sanctioned by the bank.
(a) The bank sanctioned the loan.
(b) The bank is going to sanction the loan.
(c) The bank would sanction the loan.
(d) The bank will sanction the loan.

25. You will be taken care of by me.
(a) I will be taking care of you.
(b) I would take care of you.
(c) I will take care of you.
(d) I will being take care of you.

Answers

1. (a)	2. (d)	3. (b)	4. (d)	5. (d)	6. (a)	7. (a)	8. (b)	9. (c)	10. (b)
11. (a)	12. (c)	13. (a)	14. (c)	15. (b)	16. (a)	17. (a)	18. (b)	19. (b)	20. (a)
21. (d)	22. (b)	23. (b)	24. (d)	25. (c)					

Chapter 15

Idioms

An **idiom** is a group of words whose meaning is different from the meanings of its individual words. They have however hidden meanings.

e.g., An early bird (Someone who gets up early in the morning)

Some commonly used idioms are as follows

- **By hook or by crook** (by any means right or wrong)
  Getting the government job, Mohan wanted to earn money by hook or by crook.
- **A bolt from the blue** (a sudden shock)
  The death of his cousin came as a bolt from the blue for him.
- **Blow one's own trumpet** (description of one's good deeds by oneself)
  Don't blow your own trumpet as everybody knows about you.
- **By the skin of one's teeth** (very narrowly)
  He moved at the right time and saved himself by the skin of his teeth.
- **Close shave** (save narrowly)
  I closed shave myself by climbing the tree before the arrival of the tiger.
- **To be at loggerheads** (to quarrel)
  Both the sisters were at loggerheads over new toys.
- **To get cold feet** (too afraid to complete an action)
  Seeing the Principal before him, he got cold feet and left the room immediately.
- **A storm in a tea cup** (great excitement about a little matter)
  Both are trying to present the disagreement as a storm in a tea cup.
- **Rank and fire** (everybody without any discrimination)
  The doctor treated rank and file of his colony without any fee.
- **Have the last laugh** (to finally get an advantage from an argument or disagreement, when it seemed that you would not)
  Ankita had the last laugh when the publisher agreed to publish her novel at the price she had quoted earlier.
- **A White elephant** (something that is completely useless, although it may have cost a lot of money)
  A car is a white elephant in a poor man's house.
- **Let bygones be bygones** (to forget unpleasant experiences that happened in the past)
  Now that we are friends, we can let bygones be bygones.
- **Cheek and Jowl** (close to each other)
  Ramesh and Suresh always sit cheek and jowl in their office.
- **Get a sack** (to get fired)
  Due to inappropriate behaviour at his office, he got a sack.
- **Call it a day** (to decide to stop doing something)
  Seeing his children return home, the farmer called it a day.
- **To take to the task** (to curse)
  When he could not reach his office on time, he took the taxi driver to the task.
- **To eat humble pie** (to admit that you are wrong and say that you are sorry)
  As soon as my father entered the room, I ate humble pie with my brother.
- **Swan song** (the last piece of work that an artist or writer produces or the last time someone gives a performance)
  This performance will be my swan song.
- **With open arms** (warmly)
  Though I was meeting my uncle first time, he welcomed me with open arms.
- **All in all** (used to show that you are considering every part of a situation)
  All in all, Jayati is the best singer in the group.
- **Blue blood** (people belonging to noble family)
  His manners show that he is a blue blood.
- **Uphill task** (very difficult work)
  Even learning one chapter seems an uphill task to Mohan.
- **Fair weather friend** (a friend who does not help in difficulty)
  All my friends proved to be fair weather friends as none of them helped me in my exam.
- **To be weak or vacant in the upper storey** (to be feeble minded)
  I can't assign such work to him, as he is vacant in the upper storey.
- **To be under one's thumb** (to be under the control of someone)
  She is no more under the thumb of her mother in law.

- **To be at daggers drawn** (to be bitterly hostile towards each other)
  Both the brothers are at daggers drawn due to the property dispute.
- **To pull a long face** (to look sad)
  My son pulled a long face when he was scolded by his mother.
- **To play truant** (to be absent from school without leave)
  It is a very bad habit of the students to play truant from class.
- **To flag a dead horse** (to waste effort on something when there is no chance of succeeding)
  Placating my daughter is like flogging a dead horse.
- **To fall flat** (to fail miserably)
  The Principal's speech fell flat on convincing the teachers to call off the strike.
- **To get into hot water** (to get into trouble)
  The manager got into hot water by participating in the union meeting.
- **Fair field and no favour** (Honesty and sincerity)
  All the staff want fair field and no favour in the matter of transfer.
- **From far and wide** (from a large number of places)
  Many tourists come to see the Taj from far and wide.
- **To move heaven and earth** (do everything possible to achieve something)
  The Prime Minister moved heaven and earth to find the solution of Kashmir problem.
- **To make light** (to treat as in significant)
  She is in the habit of making light of the advice of the doctors.
- **To make both ends meet** (to have just enough money to pay for the things that you need)
  Sudden increase in prices has made it difficult for the common man to make both ends meet.
- **To gild the pill** (to make something unpleasant seem appealing)
  On one hand he was issued charge sheet and the officer gild the pill by verbally praising his sincere working.
- **To stem the tide of** (to stop something from increasing or continuing)
  As a true social worker, first of all you stem the tide of poverty and unemployment.
- **To speak volumes for** (to express something clearly and completely)
  The sacrifice made by freedom fighters speaks volumes for their true love for the country.
- **No rhyme or reason** (without reason or explanation)
  He resigned from the service without any rhyme or reason.
- **Right and left** (on all sides or everywhere)
  The robbers looted the village right and left and fled away.
- **Safe and sound** (unharmed)
  She reached there safe and sound.
- **To go on fool's errand** (a fruitless mission)
  The key was in his pocket and he sent me on a fool's errand to search the same at the shopping complex.
- **To gain ground** (to become popular or accepted)
  The belief in the abolition of Sati rites has gained ground.
- **The last nail in the coffin** (an event that causes the failure of something that had already started to fail)
  The reservation policy of VP Singh was the last nail in the coffin of Janta Party.
- **Through thick and thin** (good and bad times)
  I shall support you through thick and thin.
- **To make sure** (to ensure)
  I went to the college to make sure if our exams would commence from the next week.
- **To make neither head nor tail** (to fail to understand something)
  The leader spoke so rapidly that the audience could make neither head nor tail of his lecture.
- **To nip in the bud** (to stop something before it has an opportunity to develop)
  The militancy must be nipped in the bud.
- **To fight tooth and nail** (to try very hard to get something you want)
  We fought tooth and nail to stop getting the building demolished.
- **To knit the brow** (to frown)
  My father always knits the brow at everything I do.
- **To kick the bucket** (to die)
  She had kicked the bucket after suffering from cancer for several years.
- **To keep someone at an arm's length** (to avoid)
  She is not a good girl and must be kept at an arm's length.
- **Confusion worse confounded** (a still worse state of disorder)
  Such demonstrations and communal speeches in present situation make confusion worse confounded.
- **Cut and dried** (already decided and unlikely to be changed)
  There is no cut and dried method of English speaking.
- **To keep abreast of** (to make sure you know all the most recent facts about a subject or situation)
  It is very important for the young to keep abreast of all current events.
- **To keep one's fingers crossed** (to wish someone good luck)
  Keep your fingers crossed while I start the car.
- **Nook and corner** (every part of a place)
  I searched her in every nook and corner.

Exam Pattern QUESTIONS

Directions (Q. Nos. 1-25) *In each of the following questions, four alternatives are given for the Idiom / Phrase. Choose the alternative which best expresses the meaning of the given Idiom / Phrase.*

1. At one's wit's end
(a) to work hard (b) to be intelligent
(c) to get puzzled (d) to be stupid

2. To see the writing on the wall
(a) to get an information
(b) to get an advantage over an enemy
(c) to have no other alternative than one
(d) to get know about something unpleasant

3. To jump down one's throat
(a) to find a place best suited to one's taste
(b) to treat someone unduly
(c) to behave unjudiciously
(d) to scold someone severely

4. To beat one to the draw
(a) to dispute about a matter
(b) to prefer to do something wrong
(c) to perform a wrongful act
(d) to do something before someone does it

5. To take leave of one's senses
(a) to go mad
(b) to be hopeful and jubilant
(c) to try more and more
(d) to be in a permanent solitude

6. To take the biscuit
(a) to show coldness
(b) to eat everything
(c) to take lead
(d) to be the worst example of something

7. To be all ears
(a) to listen keenly
(b) to pass a restless night
(c) to sleep soundly
(d) to detect in negligence

8. To drop a hint
(a) to become worn from use
(b) to be friendly with someone
(c) to give an indication
(d) to watch very keenly

9. To bring into play
(a) to be effective
(b) to deal superficially
(c) to make somebody excited
(d) to give an opportunity for the exercise

10. Close shave
(a) a lucky escape
(b) a clean shave
(c) a well kept secret
(d) a narrow escape

11. To be at loggerheads
(a) to have a tough encounter
(b) to be at enmity
(c) to face stiff opposition
(d) to be very tired

12. To get cold feet
(a) to fall sick
(b) to be afraid
(c) to be ill-mannered
(d) to run for life

13. To smell rat
(a) to detect bad smell
(b) to misunderstand
(c) to see hidden meaning
(d) to suspect a trick

14. To live in an ivory tower
(a) to keep distance
(b) to be rich
(c) imaginary world
(d) in low spirits

15. A storm in a tea cup
(a) impending
(b) excitement over trivial matter
(c) something trivial but important
(d) danger

16. Rank and file
(a) the upper class
(b) the rich
(c) ordinary folk
(d) one section of people

17. Nipped in the bud
(a) to discourage
(b) to change entirely
(c) refuse to listen
(d) to pluck the bud

18. Have the last laugh
(a) to be a cheerful nature
(b) laugh only after understanding something
(c) to be victorious at the end of an argument
(d) to crack the final joke

19. Cheek and jowl
(a) very near (b) tongue tied
(c) very far (d) irritated

20. Got the sack
(a) resigned
(b) was demoted
(c) got rid off
(d) was dismissed

21. The general decided to call it a day
(a) good bye to active life
(b) naming a day
(c) call in day time
(d) call someone a day

22. bolt from the blue
(a) running fast
(b) unexpected good news
(c) unexpected calamity
(d) thunder and lightening

23. The attempt to suppress the agitation of the workers only added fuel to the fire
(a) made matters worse
(b) add petrol
(c) confuse
(d) cause of quarrel

24. 'LAMENT' was Shelley's swan song
(a) refined creation
(b) mediocre creation
(c) famous creation
(d) last creation

25. At the eleventh hour.
(a) at eleven o' clock
(b) at the last hour
(c) arrive late
(d) at the last possible time

Directions (Q. Nos. 26-40) *In each of the following questions, four alternatives are given for the Idiom / Phrase underlined in the sentence. Choose the alternative* *which best expresses the meaning of the given Idiom / Phrase.*

26. She is a fair-weather friend.
(a) a good friend
(b) a friend who meets difficulties calmly
(c) one who deserts you in difficulties
(d) a favourable friend

27. To die in harness means to die while
(a) riding a horse
(b) in a stable
(c) in a uniform
(d) still in service

28. To keep under wraps means to keep something
(a) covered (b) protected
(c) unpacked (d) secret

29. I knew he had an axe to grind and turned down his offer of help.
(a) a blunt axe
(b) a sharp tongue
(c) a private interest to serve
(d) a tendency to fight

30. She tries very hard to keep up with her rich neighbours.
(a) to imitate
(b) to keep in touch
(c) to avoid
(d) to be on par

31. The failure of crops in successive years put the farmer in a tight corner.
(a) in a closed room
(b) in a small field
(c) in a difficult situation
(d) in a meadow

32. The effort to trace the culprit was a wild goose chase.
(a) fruitful hunting (b) futile search
(c) ideal seeking (d) genuine effort

33. The story does not hold water.
(a) does not deserve appreciation
(b) does not fulfil the requirements
(c) cannot be believed
(d) cannot be valued

34. When the servant tried to make the matter clear he got a flea in his ear.
(a) to get a rumour
(b) to get a severe scolding
(c) to be oppressed with ear-ache
(d) to be advised in one's ear

35. The manager assured me that he would not breathe a word about the matter.
(a) not to permit an unceremonious act
(b) not to accept any bribe to reveal a secret
(c) not to make anybody worried about anything
(d) not to reveal the secret matter

36. Intelligence and patience can save the day of a person out of his self-imposed tortures.
(a) to prevent something from going wrong
(b) to take most trouble over something
(c) to deceive someone
(d) to go mad

37. I am not agree with him on any proposal. He is in the habit of making a meal of anything.
(a) to take more trouble over something
(b) to depreciate something unduly
(c) to have given a remarkable duty
(d) to fail to manage the situation

38. Her younger son was a rascal by nature, thus he always appeared to be a thorn in her side.
(a) a constant source of annoyance
(b) a man disturbed in mind
(c) a conceited person
(d) a person unable to find a genuine path

39. He is a resourceful man and he always keeps a good table.
(a) to mock at someone
(b) to cease from talking
(c) to clash against someone
(d) to provide luxurious food

40. My office is almost next door to my house.
(a) to be in the same building
(b) to be in a distant place
(c) to be at a long distance
(d) to be very close

Answers

1. (c)	2. (d)	3. (d)	4. (d)	5. (a)	6. (d)	7. (a)	8. (c)	9. (d)	10. (d)
11. (b)	12. (b)	13. (c)	14. (c)	15. (d)	16. (a)	17. (a)	18. (c)	19. (a)	20. (d)
21. (a)	22. (b)	23. (c)	24. (d)	25. (d)	26. (c)	27. (d)	28. (d)	29. (c)	30. (d)
31. (a)	32. (b)	33. (b)	34. (b)	35. (d)	36. (a)	37. (a)	38. (a)	39. (d)	40. (d)

Chapter 16

Synonyms & Antonyms

Synonyms

- Synonyms are the words which are similar to each other in meaning.

e.g.,	(i) Adapt	Adjust
	(ii) Better	Improve
	(iii) Calamity	Disaster

List of some important words with their synonyms are as follows

Words	Synonyms
Awkward	Clumsy, Rough
Allure	Entice, Fascinate
Abortive	Vain, Unproductive
Allay	Pacify, Soothe
Axiom	Maxim, Truth
Abjure	Forsake, Renounce
Abject	Despicable, Servile
Alien	Foreigner, Outsider
Affront	Provoke, Irreverence
Adversity	Misfortune, Calamity
Antipathy	Hostility, Aversion
Amplify	Enlarge, Extend
Alleviate	Abate, Relieve
Admonish	Counsel, Reprove
Adherent	Follower, Disciple
Absolve	Pardon, Forgive
Apology	Pardon, Excuse
Anger	Fury, Rage
Adept	Proficient, Expert
Answer	Reply, Response
Bustle	Haste, Flurry
Brittle	Delicate, Fragile
Bliss	Happiness, Joy
Brave	Valiant, Bold
Build	Construct, Make
Barbarous	Uncivilised, Wild

Words	Synonyms
Bear	Tolerate, Endure
Busy	Engaged, Engrossed
Careful	Cautious, Alert
Cease	Desist, Stop
Competent	Able, Capable
Chaste	Pure, Simple
Confess	Admit, Disclose
Consolation	Solace, Comfort
Convict	Criminal, Prisoner
Consolidate	Compact, Strong
Consequence	Effect, Outcome
Captivity	Imprisonment, Confinement
Despicable	Worthless, Shameless
Disdain	Detest, Despise
Deride	Mock, Taunt
Deprive	Despoil, Divest
Demolish	Ruin, Devastate
Delicious	Palatable, Tasteful
Deliberate	Ponder, Intentional
Defray	Spend, Pay
Defile	Contaminate, Pollute
Defer	Prolong, Suspend
Evident	Obvious, Apparent
Eternal	Perpetual, Endless
Esteem	Respect, Reverence
Eradicate	Destroy, Exterminate

Words	Synonyms
Equivocal	Uncertain, Ambiguous
Epitome	Precise, Exemplar
Endowment	Grant, Benefit
Endeavour	Undertake, Aspire
Elevate	Dignify, Heighten
Frugality	Economy, Providence
Frivolous	Petty, Worthless
Frantic	Violent, Agitated
Fragile	Weak, Infirm
Forsake	Desert, Renounce
Fluctuate	Deflect, Vacillate
Flimsy	Trifling, Transparent
Fleeting	Transient, Temporary
Feud	Strife, Quarrel
Fallacy	Delusion, Mistake
Guile	Cunning, Deceit
Grudge	Hatred, Aversion
Grisly	Disgusting, Atrocious
Gracious	Courteous, Beneficent
Gorgeous	Magnificent, Dazzling
Glut	Stuff, Satiate
Gloom	Obscurity, Darkness
Hypocrisy	Insincerity, Falsity
Hideous	Frightful, Shocking
Heretic	Non-conformist, Secularist
Holy	Godly, Pious

Words	Synonyms
Homage	Tribute, Respect
Humane	Kind, Sympathetic
Humble	Modest, Meek
Haven	Refuge, Shelter
Hygiene	Cleanliness, Sanitation
Invincible	Unconquerable, Impregnable
Intricate	Tangled, Complicated
Intrigue	Scheme, Conspiracy
Insinuate	Communicate, Allude
Inclination	Disposition, Affection
Impute	Attribute, Ascribe
Impious	Irreligious, Unholy
Impediment	Hurdle, Obstruction
Impartial	Just, Unbiased
Impair	Diminish, Deteriorate
Immunity	Prerogative, Privilege
Juvenile	Young, Tender
Justify	Defend, Exculpate
Jaded	Tired, Exhausted
Jejune	Dull, Boring
Kindred	Relation, Species
Keen	Sharp, Poignant
Knave	Dishonest, Scoundrel
Knell	Death Bell, Last Blow
Knotty	Complicated, Difficult
Luxuriant	Profuse, Abundant
Luscious	Palatable, Delicious
Lure	Attract, Entice
Lunacy	Delusion, Insanity
Lucid	Sound, Rational

Words	Synonyms
Listless	Lazy, Inattentive
Lax	Slack, Careless
Lavish	Abundant, Excessive
Mutual	Joint, Identical
Mutinous	Recalcitrant, Insurgent
Murky	Dusky, Dreary
Mollify	Appease, Assuage
Minute	Diminutive, Miniature
Numerous	Profuse, Various
Nullify	Cancel, Annul
Noxious	Baneful, Injurious
Novice	Tyro, Beginner
Nonchalant	Indifferent, Negligent
Nimble	Prompt, Brisk
Overwhelm	Triumph, Subjugate
Outrage	Offence, Maltreatment
Outbreak	Eruption, Insurrection
Ornamental	Decorative, Adorned
Ordain	Order, Impose
Prudent	Cautious, Discreet
Queer	Strange, Odd
Quit	Leave, Abandon
Regard	Respect, Esteem
Rival	Competitor, Opponent
Raise	Increase, Lift
Recover	Regain, Obtain
Release	Free, Liberate
Reliable	Trustworthy, Dependable
Significant	Distinctive, Important
Settle	Adjust, Compromise

Words	Synonyms
Separate	Part, Divide
Simple	Plain, Natural
Tough	Aggressive, Unyielding
Tremendous	Huge, Colossal
Thin	Slim, Slender
Thick	Dense, Compact
Teach	Instruct, Educate
Target	Goal, Object
Tedious	Boring, Dull
Timid	Cowardly, Shy
Trust	Faith, Confidence
Uproar	Tumult
Unique	Unequalled, Matchless
Urge	Solicit, Plead
Understanding	Insight, Perception
Variety	Assortment, Diversify
Valid	Authorised, Legitimate
Various	Several, Many
Vague	Nuclear, Indefinite
Vanish	Disappear
Vice	Wickedness
Vigour	Energy, Force
Wicked	Immoral, Sinful
Withhold	Retrain, Detain
Wisdom	Intelligence, Foresight
Wreck	Destruction, Ruin
Yoke	Connect, Harness
Yield	Surrender, Abdicate
Yearn	Languish, Crave
Zest	Delight, Enthusiasm
Zenith	Summit, Apex
Zeal	Eagerness, Fervour

Antonyms

Antonyms are the words which are opposite in meaning to each other.

e.g., (i) Accord – Discord, Disagreement; (ii) Deference – Disrespect, Irreverence; (iii) Candid-unfair

List of some important words with their antonyms are as follows

Words	Antonyms
Above	Below
Attack	Defend
Ability	Inability
Advance	Retreat
Absurd	Reasonable

Words	Antonyms
Agree	Disagree
Angel	Devil
Ancient	Modern
Alive	Dead
Bottom	Top

Words	Antonyms
Broad	Narrow
Buy	Sell
Blunt	Sharp
Busy	Idle
Beautiful	Ugly

Words	Antonyms
Blessing	Curse
Bitter	Sweet
Cheerful	Gloomy
Complicated	Simple
Confess	Deny
Compare	Contrast
Courageous	Timid
Care	Neglect
Creation	Destruction
Civilised	Uncivilised, Wild
Cause	Effect
Certain	Uncertain
Chaste	Sullied
Caricature	Exactness, Precision
Captivity	Freedom, Liberty
Captivate	Disillusion, Offend
Calumny	Commendation, Praise
Callous	Compassionate, Tender
Calamity	Happiness, Fortune
Cavity	Elevation, Projection
Cease	Continue, Originate
Despicable	Worthy, Decent
Disdain	Approve, Praise
Deride	Inspire, Encourage
Deprive	Restore, Renew
Demolish	Repair, Construct
Dainty	Clumsy, Insipid
Evident	Obscure, Concealed
Esteem	Ridicule, Spurn
Eradicate	Secure, Plant
Equivocal	Obvious, Lucid
Epitome	Increment, Expansion
Endowment	Drawback, Damage
Endeavour	Cease, Quit
Fabricate	Destroy, Dismantle
Frugality	Lavishness, Extravagance
Frivolous	Solemn, Significant
Frantic	Subdued, Gentle
Fragile	Enduring, Tough
Forsake	Hold, Maintain
Fluctuate	Stable, Resolute
Flimsy	Firm, Tenacious

Words	Antonyms
Fantastic	Ordinary, Normal
Fanatical	Liberal, Tolerant
Falter	Persist, Endure
Fallacy	Veracity, Truth
Guile	Honesty, Frankness
Grudge	Benevolence, Affection
Grisly	Pleasing, Attractive
Gracious	Rude, Unforgiving
Hypocrisy	Sincerity, Honesty
Hideous	Attractive, Alluring
Heretic	Conformable, Religious
Hazard	Conviction, Security
Haughty	Humble, Submissive
Initial	Final
Inhale	Exhale
Junior	Senior
Justice	Injustice
Joy	Sorrow
Known	Unknown
King	Subject
Knowledge	Ignorance
Kind	Cruel
Like	Dislike
Literate	Illiterate
Logical	Illogical
Lack	Abundance
Legitimate	Illegitimate
Laugh	Cry
Lend	Borrow
Material	Spiritual
Maximum	Minimum
Mature	Immature
Mad	Sane
Noble	Ignoble
Natural	Unnatural, Artificial
Night	Day
Noise	Quiet
Oral	Written
Odd	Even
Offer	Refuse
Order	Disorder
Optimistic	Pessimistic

Words	Antonyms
Provoke	Pacify, Comfort
Protract	Abbreviate, Curtail
Proscribe	Solicit, Include
Profuse	Scarce, Meagre
Profligate	Virtuous, Upright
Prodigy	Normal, Average
Prodigious	Unimpressive, Diminutive
Quaint	Familiar, Usual
Quack	Upright, Unfeigned
Quibble	Unfeign, Plain
Ruthless	Compassionate, Lenient
Rustic	Cultured, Refined
Rout	Succumb, Withdraw
Retract	Confirm, Assert
Remote	Adjoining, Adjacent
Remorse	Ruthless, Obduracy
Resentment	Content, Cheer
Rescind	Delegate, Permit
Remonstrate	Agree, Laud
Remnant	Entire, Whole
Sycophant	Devoted, Loyal
Trenchant	Feeble, Vacillating
Transient	Lasting, Enduring
Tranquil	Violent, Furious
Timid	Bold, Intrepid
Uncouth	Elegant, Graceful
Umbrage	Sympathy, Goodwill
Vulgar	Elegant, Civil
Vouch	Repudiate, Prohibit
Vanity	Modesty, Humility
Valour	Fear, Cowardice
Waive	Impose, Clamp
Wary	Heedless, Negligent
Wane	Ameliorate, Rise
Welt	Revive, Bloom
Yoke	Liberate, Release
Yield	Resist, Protest
Yearn	Content, Satisfied
Zest	Disgust, Passive
Zenith	Nadir, Base
Zeal	Apathy, Lethargy

Exam Pattern QUESTIONS

Directions (Q. Nos. 1-15) *In the following questions, choose the word which best expresses the similar meaning of the given word.*

1. Garnish
(a) Abuse (b) Garner
(c) Adorn (d) Paint

2. Animate
(a) Cartoon (b) Alive
(c) Still (d) Stationary

3. Honour
(a) Respect (b) Determination
(c) Courage (d) Discipline

4. Ponder
(a) Anticipate (b) Think
(c) Evaluate (d) Increase

5. Rectify
(a) Correct (b) Condone
(c) Clarify (d) Regularise

6. Lament
(a) Complain (b) Celebrate
(c) Comment (d) Console

7. Massacre
(a) Assassinate (b) Stab
(c) Slaughter (d) Murder

8. Voracious
(a) Truthful (b) Venturous
(c) Gluttonous (d) Funny

9. Brief
(a) Limited (b) Little
(c) Small (d) Short

10. Amend
(a) Increase (b) Improve
(c) Simplify (d) Reduce

11. Conceal
(a) Show (b) Hide (c) cancel (d) Excuse

12. Predominant
(a) Lovable (b) Important
(c) Vague (d) Assurance

13. Utility
(a) Impracticality (b) Usefulness
(c) Worthlessness (d) Disadvantage

14. Compassion
(a) Kindness (b) Similarity
(c) Contrast (d) Cruelty

15. Contentment
(a) Craftiness (b) Idleness
(c) Craving (d) Satisfaction

Directions (Q. Nos. 16-30) *In the following questions, choose the word which is the exact opposite in meaning to the given word.*

16. Gain
(a) Loose (b) Fall
(c) Lost (d) Lose

17. Haphazard
(a) Deliberate (b) Accidental
(c) Indifferent (d) Fortuitous

18. Enormous
(a) Tiny (b) Soft
(c) Average (d) Weak

19. Abolition
(a) Restoration (b) Influx
(c) Return (d) Home-coming

20. Malicious
(a) Hostile (b) Generous
(c) Boastful (d) Indifferent

21. Fragile
(a) Discard (b) Weak
(c) Brittle (d) Strong

22. Confess
(a) Contend (b) Admit
(c) Content (d) Deny

23. Industrious
(a) Casual (b) Indifferent
(c) Indolent (d) Passive

24. Acquitted
(a) Convicted (b) Freed
(c) Burdened (d) Entrusted

25. Busy
(a) Occupied (b) Relaxed
(c) Engrossed (d) Engaged

26. Corrupt
(a) Honest (b) Unclean
(c) Heartless (d) Hateful

27. Mitigate
(a) Abate (b) Aggravate
(c) Allay (d) Alleviate

28. Inconsistent
(a) Irregular (b) Erratic
(c) Regular (d) Indifferent

29. Gloomy
(a) Discouraging
(b) Disguising
(c) Bright
(d) Tragic

30. Querulous
(a) Disconnected (b) Timorous
(c) Disputed (d) Contented

Directions (Q. Nos. 31-40) *In the following questions, a sentence is given with a word underlined. For each underlined part, four words are listed below. Choose the word nearest in meaning to the underlined part.*

31. Mr. Narendra Modi is a candid politician.
(a) fearless (b) faithful
(c) soft spoken (d) frank

32. He had a reputation of being a prudent businessman.
(a) skilful (b) careful
(c) wealthy (d) dishonest

33. Shakeel is very discreet while deciding his career.
(a) cunning (b) sensible
(c) obstinate (d) fearless

34. My mother has told me many times not to play in Sun.
(a) several (b) unlimited
(c) endless (d) numberless

35. Sachin Tendulkar had penchant for pull shots.
(a) strength (b) desire
(c) inclination (d) art

36. He is a good looking but insipid young man.
(a) arrogant (b) unscrupulous
(c) sick (d) lack in spirit

37. He could rise to this stature because of his invincible courage.
(a) unmanageable
(b) inviolable
(c) unbeatable
(d) immeasurable

38. Our fates seemed intertwined.
(a) complicated
(b) destined
(c) complex
(d) linked

39. Shiva was warned at the onset of his career.
(a) end (b) beginning
(c) middle (d) entrance

40. The story of the film is too fantastic to be credible.
(a) praiseworthy (b) readable
(c) believable (d) false

Directions (Q. Nos. 41-45) *In the following questions, a sentence is given with a word underlined. Select the word which is opposite in meaning to the underlined word.*

41. Earthquakes are not frequent in India.
(a) rare (b) few
(c) help (d) unusual

42. The scene in the movie was indeed captivating.
(a) repulsive (b) disgusting
(c) amazing (d) obscene

43. People know her for her vanity.
(a) humanity
(b) honesty
(c) courtesy
(d) modesty

44. It is really a gracious occasion for all of us.
(a) benign (b) churlish
(c) wasteful (d) infructuous

45. A detective should be vigilant towards every clue.
(a) careless (b) careful
(c) alternative (d) ignorant

PYQs

46. Choose the synonym of given word AMIABLE
Clerk (Hyderabad) 28 Feb 2021
(a) Strict
(b) Unreasonable
(c) Aloof
(d) Friendly

Directions (Q. Nos. 47-51) *Choose the correct synonym for the given word.*

47. Which of these word is closest in meaning to 'CEASE' ?
Clerk (Hyderabad) 28 Feb 2021
(a) duell (b) create
(c) stop (d) begin

48. APPROPRIATE
Clerk (Bangalore) 23 Feb 2020
(a) Befitting
(b) Relinquish
(c) Retrace
(d) Retard

49. CANCEL
Clerk (Danapur) 01 Nov 2020
(a) Allow
(b) Break
(c) Abolish
(d) Approve

50. INITIATE
Clerk (Jabalpur) 01 Nov 2020
(a) Lead (b) Begin
(c) Guide (d) Enlighten

51. ABUNDANT
Clerk (Behrampur) 01 Nov 2020
(a) Plenty (b) Less
(c) Limited (d) Finite

Direction (Q. Nos. 52 and 53) *Choose the antonym of given word.*

52. AGONY
Clerk (Hyderabad) 28 Feb 2021
(a) Happiness
(b) Interesting
(c) Pain
(d) Liking

53. KEEN **Clerk (Hyderabad) 28 Feb 2021**
(a) Acute
(b) Knee
(c) Uninterested
(d) Sensitive

Direction (Q. Nos. 54 and 55) *Choose the correct antonym for the given word.*

54. Which of these words is opposite in meaning to 'ABANDON' ?
Clerk (Danapur) 01 Nov 2020
(a) Twist (b) Assert
(c) Retain (d) Produce

55. Which of these words is opposite in meaning to 'CANCEL' ?
Clerk (Danapur) 01 Nov 2020
(a) Approve (b) Allow
(c) Break (d) Abolish

Direction (Q. Nos. 56-61) *Choose the correct antonym for the given word.*

56. BRAVERY
Clerk (Bangalore) 23 Feb 2020
(a) Heroism (b) Daring
(c) Courage (d) Cowardice

57. ELEVATION
Clerk (Bangalore) 23 Feb 2020
(a) Reduction (b) Depression
(c) Humiliation (d) Demotion

58. INTERESTING
Clerk (Jabalpur) 01 Nov 2020
(a) Cautious (b) Dull
(c) Amateur (d) Versatile

59. AGREE
Clerk (Behrampur) 01 Nov 2020
(a) Display (b) Produce
(c) Old (d) Disagree

60. OVERSTRUNG
Clerk (Behrampur) 01 Nov 2020
(a) Enthusiastic (b) Excited
(c) Calm (d) Cheerful

61. CHIVALROUS
Clerk (Jabalpur) 01 Nov 2020
(a) Brave (b) Gallant
(c) Amorous (d) Coward

Answers

1. (c)	2. (b)	3. (a)	4. (b)	5. (a)	6. (a)	7. (c)	8. (c)	9. (d)	10. (b)
11. (b)	12. (b)	13. (b)	14. (a)	15. (d)	16. (d)	17. (a)	18. (a)	19. (a)	20. (b)
21. (d)	22. (d)	23. (c)	24. (a)	25. (b)	26. (a)	27. (b)	28. (c)	29. (c)	30. (d)
31. (d)	32. (b)	33. (b)	34. (a)	35. (c)	36. (d)	37. (c)	38. (d)	39. (b)	40. (c)
41. (a)	42. (a)	43. (d)	44. (b)	45. (a)	46. (d)	47. (c)	48. (a)	49. (c)	50. (b)
51. (a)	52. (a)	53. (c)	54. (c)	55. (a)	56. (d)	57. (a)	58. (b)	59. (d)	60. (c)
61. (d)									

Chapter 17

Indian Army
Agniveer

One Word Substitution

One Word Substitutions (substitutes) may be defined as single words that are used in place of a group of words to denote a person, an object, a place, a state of mind, a profession, etc. In common parlance, they are used as single words that are used to make an expression in brief and in pertinent form.

List of Important One Word Substitution

Group of Words	One Word Substitution
Able to walk after being bedridden	Ambulatory
Absence of government in a country	Anarchy
Act of carrying away unlawfully or by force	Abduction
Agreement by billigerants to stop fighting	Armistice
Animals living on land and in water	Amphibians
Fear of height	Acrophobia
Fear of one's self	Autophoby/ Autophobia
Give more force or importance to something	Accentuate
Government by one person with absolute power which has been obtained by force	Autocracy
Helper in a wrong deed or crime	Accomplice / Accessary
Helpful but not an essential part	Accessory
Place where bees are kept	Apiary
Contemptuous talk about sacred things or god	Blasphemy
Fear of books	Bibliophobia
Government by officials	Bureaucracy
Life history of a person written by another person	Biography
List of books and writings of one author or about one subject	Bibliography
The person interested in reading books and nothing else	Bookworm
One who is rough and ill mannered	Boorish
Art of beautiful handwriting	Calligraphy

Group of Words	One Word Substitution
Art of map making	Cartography
Art and technology of making objects from clay	Ceramics
Belonging to all parts of the world or Being familiar with many different countries or Person who regards the whole world as his country or Free from national prejudices	Cosmopolitan
Centre of attraction	Cynosure
Composition of stage dance	Choreography
Compulsory enlistment for military or other service	Conscription
Device or drug to prevent conception	Contraceptive
Eye witness who makes a broadcast	Commentator
Harsh sound	Cacophony
Hundredth anniversary	Centenary
Judgement of literature	Criticism
Amount of money that represents part of company's profit	Dividend
Belief that is accepted without question	Dogma
Board of directors in a company	Directorate
Body of officials or deligates	Delegacy
Cause troops etc. to spread out in readiness for battle	Deploy
Dismiss or reduce to a lower position	Demote / Relegate
Express earnest disapproval of	Deprecate

Group of Words	One Word Substitution
Fail to perform a duty or Fail to pay a debt in time	Default
Government by elected representatives	Democracy
Being connected with different racial group	Ethnic
Body of voters	Electorate
Commemorative inscription of words on a tomb	Epitaph
Fear of home surrounding	Ecophobia
Having superior intellectual interests or tastes or Groups in society considered to be superior because of power, talent, etc.	Elite
Man of odd habits	Eccentric
Medicine which induces vomiting	Emetic
Animals of a certain region	Fauna
Disease which ends in death	Fatal
Extreme scarcity of food in a region	Famine
Filled with excessive enthusiasm in religion	Fanatic
Having a bad smell or taste	Foul
Killing of brother	Fratricide
Light sailing boat built especially for racing	Frigate
Man who makes love without serious intention	Flirt,Philanderer
One who believes in fate or that everything is predestined	Fatalist
Page number of a printed book	Folio
Something that can be easily broken or injured	Fragile
Capable bending easily without breaking	Flexible
Cluster of stars	Galaxy
House for storing grains	Granary
Specialist in the non-medical problem of aging	Gerontologist
Talk about private affairs of other people	Gossip
Vivid description enabling one to have a clear picture in the mind	Graphic
Study of ancestory	Genealogy
Murder of race	Genocide
Naive and easily deceived	Gullible

Group of Words	One Word Substitution
Abnormally high blood pressure	Hypertension
Abnormally low blood pressure	Hypotension
Artificial centre for honey bees	Hive
Carefully saved and guarded store of money	Hoard
Conferred as an honor	Honorary
Fear of water	Hydrophobia
That which eats grass	Herbivorous
Angry at enjustice	Indignant
That can be easily set on fire	Inflammable
Close and familiar	Intimate
Inability to fall asleep	Insomnia
That cannot be done without	Indispensible
Which cannot be expressed in words	Ineffable
Incapable of being reached	Inaccessible
A writing which cannot be read	Illegible
That cannot be seen	Invisible
Incapable of doing wrong	Infallible
Killer of an infant / new born child	Infanticide
One who can neither read nor write	Illiterate
One who cannot be corrected	Incorrigible
One who cannot die	Immortal
Anything which relates to young and youth	Juvenile
Science of law	Jurisprudence
Placing a thing beside other to compare	Juxtapose
A newspaper or magazine that deals with a particular subject	Journal
A dog's home	Kennel
A crook or dishonest person	Knave
Desire to steal things	Kleptomania
A funeral bell	Knell
An acquired or natural skill	Knack
Not within the range of what someone knows or understand	Ken
One who spoils the joy of others	Kill joy
Salt water lake separated from the sea by sand banks	Lagoons
One who believes in freedom of expression	Libertarian
A humorous five line poem with rhyme scheme aabba	Limerick

Group of Words	One Word Substitution
Fear of speech	Lalophobia
A written attack using humour to provoke contempt	Lampoon
Absence of variety	Monotony
Amazing or remarkable event	Miracle
Building in which historical things are kept	Museum
Buildings in which monks live	Monastery
Declaration of plans and promises put forward by a candidate for election	Manifesto
Drama to be performed by a single man	Monologue
Drawing a wrong conclusion	Misinterpret
Government by a king or a queen	Monarchy
Coining or using of new words	Neologism
Giving of personal or special favour to a person in employment or to give undue favour to one's kith and kin	Nepotism
Specialist in nervous system	Neurologist
Someone in love with himself	Narcissist
A strong desire to return home or to old days	Nostalgia
Someone new to the field	Novice
A place, charitable homes for orphans	Orphanage
Knowing everything	Omniscient
Notice of death of a person	Obituary
Study of birds	Ornithology
That through which light cannot pass	Opaque
That which is required to be done by law	Obligatory
Author's explanatory remarks at the beginning of a book	Preface
Anything that happens relative to a person after his / her death	Posthumously
To avoid risk by taking prior care	Precaution
Child or person of unusual or remarkable talent	Prodigy
Code of diplomatic etiquette and precedence	Protocol

Group of Words	One Word Substitution
Concluding part of speech	Peroration
Cure / Remedy for all diseases	Panacea
Having more than one husband at the same time	Polyandry
Having more than one wife at the same time	Polygamy
Disease that spreads over a whole country or world	Pandemic
Temple dedicated to all the Gods	Pantheon
Things that can be felt or touched	Palpable
Trying to do the impossible	Quixotic
Animal having four feet	Quadruped
A feather used as a pen	Quill
Fixed number of person that must be present to make proceedings valid	Quorum
Amount of money paid to free a prisoner	Ransom
Artificial lake for storing water	Reservoir
Egg laying animals that creep or crawl	Reptiles
Murder of a king	Regicide
Restore to former position	Rehabilitate
Person who lives alone	Recluse
Too much official formalities	Red-Tapism
The art of elegant speech or writing	Rhetoric
Act of speech for inciting the public against the government	Sedition
Anxious to help or serve somebody	Solicitous
Art of carving figures on wood, stone or clay	Sculpture
Belief or notion not based on reason	Superstition
Bitter or ironical remark	Sarcasm
Book or writing of a sacred or religious nature	Scrupture
Causing a quick and excited reaction	Sensational
Deriving pleasure from inflicting pain on others	Sadism

Exam Pattern QUESTIONS

Directions (Q.Nos 1-50) *In each of the following questions, out of the four alternatives, choose the one which can be substituted for the given words/sentences.*

1. To examine one's own thoughts and feelings
(a) Meditation (b) Retrospection
(c) Reflection (d) Introspection

2. Custom of having many wives
(a) Monogamy (b) Bigamy
(c) Polygamy (d) Matrimony

3. To cause troops to spread out in readiness for battle
(a) Align
(b) Collocate
(c) Deploy
(d) Disperse

4. The policy of extending a country's empire and influence
(a) Imperialism
(b) Capitalism
(c) Internationalism
(d) Communism

5. The custom of having more than one husband at the same time
(a) Polygamy (b) Polyandry
(c) Debauchery (d) Bigamy

6. List of headings of the business to be transacted at a meeting
(a) Schedule (b) Agenda
(c) Proceedings (d) Excerpts

7. To send an unwanted person out of the country
(a) Exclude (b) Ostracise
(c) Deport (d) Expatriate

8. A government run by a dictator
(a) Democracy (b) Autocracy
(c) Oligarchy (d) Theocracy

9. An office or post with no work but high pay
(a) Honorary
(b) Sinecure
(c) Gratis
(d) Ex-officio

10. Murder of a brother
(a) Patricide (b) Regicide
(c) Homicide (d) Fratricide

11. A person living permanently in a certain place
(a) Native (b) Resident
(c) Domicile (d) Subject

12. Regard for others as a principle of action
(a) Cynicism (b) Nepotism
(c) Philanthropy (d) Altruism

13. Person who believes that God is everything and everything is God
(a) Agnostic (b) Theist
(c) Pantheist (d) Pantechnicon

14. Relationship by blood or birth
(a) Parentage (b) Affiliation
(c) Consanguinity (d) Nepotism

15. Opposed to great or sudden change
(a) Static (b) Revolutionary
(c) Conservative (d) Evolutionary

16. Belief or opinion contrary to what is generally accepted
(a) Unbelief
(b) Superstition
(c) Non conformity
(d) Heresy

17. A person who kills somebody especially for political reason
(a) Criminal (b) Murderer
(c) Assassin (d) Hangman

18. A person who rules without consulting the opinion of others
(a) Democrat
(b) Bureaucrat
(c) Autocrat
(d) Fanatic

19. Study of mankind
(a) Pathology
(b) Physiology
(c) Philology
(d) Anthropology

20. Through which light cannot pass
(a) Dull (b) Dark
(c) Obscure (d) Opaque

21. Stealing from the writings of others
(a) Copying (b) Reframing
(c) Reproducing (d) Plagiarism

22. Design made by putting together coloured pieces of glass or stones
(a) Oleograph (b) Mosaic
(c) Tracery (d) Relief

23. One who deserts his religion
(a) Deserter (b) Turn-coat
(c) Fanatic (d) Apostate

24. The original inhabitants of a country
(a) Aborigines (b) Citizens
(c) Natives (d) Primitive

25. Place where birds are kept
(a) Zoo (b) Apiary
(c) Armoury (d) Aviary

26. One who does not care for literature or art
(a) Barbarian (b) Philistine
(c) Illiterate (d) Primitive

27. A man of odd habits
(a) Eccentric (b) Cynical
(c) Introvert (d) Moody

28. The power of reading the thoughts of others
(a) Psychopathy
(b) Telecommunication
(c) Psychology
(d) Telepathy

29. Animals living on land and in water
(a) Ambiguous (b) Amphibian
(c) Amorphous (d) Ambivalent

30. A light sailing boat built especially for racing
(a) Dinghy (b) Canoe
(c) Yacht (d) Frigate

31. Be the embodiment or perfect example of
(a) Signify (b) Characterise
(c) Personify (d) Masquerade

32. A person who maliciously destroys by fire
(a) Antagonist (b) Activist
(c) Terrorist (d) Incendiary

33. A name adopted by an author in his writings is
(a) Title (b) Nomenclature
(c) Nickname (d) Pseudonym

34. Member of a band of robbers
(a) Dacoit (b) Brigand
(c) Thief (d) Pirate

35. A person who brings goods illegally into the country
(a) Exporter (b) Importer
(c) Smuggler (d) Imposter

36. Cutting for stone in the bladder
(a) Dichotomy
(b) Tubectomy
(c) Vasectomy
(d) Lithotomy

37. A person who travels to a sacred place as an act of religious devotion
(a) Hermit (b) Pilgrim
(c) Saint (d) Mendicant

38. Food which agrees with one's taste
(a) Pungent (b) Palatable
(c) Sensuous (d) Edible

39. One who loves books
(a) Bibliophobe
(b) Bibliographer
(c) Bibliophile
(d) Bibliophagist

40. A low-area storm with high winds rotating about a centre of low atmospheric pressure
(a) Cyclone
(b) Tornado
(c) Typhoon
(d) Hurricane

41. One who promotes the idea of absence of government of any kind, when every man should be a law unto himself
(a) Anarchist (b) Belligerent
(c) Iconoclast (d) Agnostic

42. Something which is not thorough or profound
(a) Superficial
(b) Superstitious
(c) Superfluous
(d) Supernatural

43. To mediate between two parties in a dispute
(a) Interfere (b) Interact
(c) Interrupt (d) Intercede

44. One who specialises in the study of birds
(a) Biologist (b) Naturalist
(c) Zoologist (d) Ornithologist

45. A person pretending to be somebody he is not
(a) Imposter (b) Liar
(c) Rogue (d) Magician

46. Giving undue favours to one's own kith and kin
(a) Favouritism (b) Nepotism
(c) Corruption (d) Worldliness

47. One who sacrifices his life for a cause
(a) Soldier (b) Revolutionary
(c) Martyr (d) Patriot

48. One who thinks that human nature is essentially evil
(a) Agnostic (b) Cynic
(c) Sceptic (d) Misogynist

49. That which makes it difficult to recognise the presence of real nature of somebody or something
(a) Cover (b) Mask
(c) Pretence (d) Camouflage

50. Yearly celebration of a date or an event
(a) Centenary (b) Jubilee
(c) Anniversary (d) Birthday

PYQs

51. Fill in the blank with the correct word from the given option.
.... is a number of stars grouped together.
Clerk (Bangalore) 23 Feb 2020
(a) Constellation (b) Deelectation
(c) Congregation (d) Conscription

52. Fill in the blank with the correct word from the given option.
Clerk (Danapur) 1 Nov 2020
A person who compliles a dictionary is called ....
(a) Author
(b) Linguist
(c) Lexicographer
(d) Grammarian

Answers

1. (d)	2. (c)	3. (c)	4. (a)	5. (b)	6. (b)	7. (c)	8. (b)	9. (b)	10. (d)
11. (c)	12. (d)	13. (c)	14. (c)	15. (c)	16. (d)	17. (c)	18. (c)	19. (d)	20. (d)
21. (d)	22. (b)	23. (d)	24. (a)	25. (d)	26. (b)	27. (a)	28. (d)	29. (b)	30. (c)
31. (c)	32. (d)	33. (d)	34. (b)	35. (c)	36. (d)	37. (b)	38. (b)	39. (c)	40. (a)
41. (a)	42. (a)	43. (d)	44. (d)	45. (a)	46. (b)	47. (c)	48. (b)	49. (d)	50. (c)
51. (a)	52. (c)								

Chapter 18

Jumbled Sentences/ Sentence Arrangement

Sentence arrangement is about arranging a group of phrases in a meaningful sentence. It is a part of the comprehension skills.

The questions on sentence arrangement can be classified into two categories

(i) Rearrangement of Sentences
(ii) Rearrangement of Paragraph

Rearrangement of Sentences

In these type of questions, usually four phrases which are labelled as P, Q, R, S or A, B, C, D are given. These phrases are part of a complete and meaningful sentence but are given in a jumbled order. The candidate has to rearrange the jumbled phrases and make a meaningful sentence with the help of given option.

e.g., (P) : at night (Q) : next door
(R) : sings loudly (S) : the person who lives

(a) SQRP (b) SPRQ (c) PQSR (d) SRQP

Ans. *(a)* The sequence given in option (a) 'SQRP' makes the sentence meaningful, i.e.,

The person who lives next door sings loudly at night.

Rearrangement of Paragraphs

In these type of questions, the first and last sentence (S_1 & S_6) of paragraph are given. The rest of the middle sentences are jumbled and labelled as P, Q, R, S. The candidate has to rearrange the jumbled sentences in order to make a coherent and meaningful paragraph.

e.g., S_1 : If we look around us today
P : that is shattered by violence
Q : the effects of which
R : a world
S : we will find
S_6 : continue, to influence us

(a) RSPQ
(b) RPQS
(c) SRPQ
(d) QPSR

Ans. *(c)* The correct sequence should be 'SRPQ'.

If we around us today, we will find a world that is shattered by violence the effects of which continue, to influence us.

Exam Pattern QUESTIONS

Directions (Q. Nos. 1-15) *Rearrange the following in the correct sequence to form a meaningful sentence and choose the correct option.*

1 A : for some time
B : which is troublesome
C : the weather becomes cool and pleasant
D : though there is humidity in it
The correct sequence should be
(a) CBAD (b) DBAC
(c) ACBD (d) CADB

2 A : well skilled in his job
B : he is a capable person
C : but his roughness of a rustic nature
D : devalues his achievements
The correct sequence should be
(a) BACD (b) BCDA
(c) CDBA (d) ADBA

3 A : he did not take revenge on Ravi
B : though he had
C : as he was magnanimous
D : done great harm to him
The correct sequence should be
(a) BCAD (b) CABD
(c) BDAC (d) ADCB

4 A : have some influence on
B : alter much of his natural bent
C : no doubt, education and surroundings
D : the direction of a man's life, but they do not
The correct sequence should be
(a) CBAD (b) ADBC
(c) DACB (d) CADB

5 A : his writings are so philosophical
B : to read between the lines
C : that it is sometimes difficult
D : and find out what he wants to convey
The correct sequence should be
(a) ACBD (b) BDAC
(c) BCAD (d) ABCD

6 A : just to prove
B : disparaging each new production
C : no one liked their caustically
D : the playwright's worthlessness
The correct sequence should be
(a) DBAC (b) CBAD
(c) CDAB (d) ADBC

7 A : although a great scientist
B : Einstein was weak in arithmetic
C : right from his school days
D : it has been established that
The correct sequence should be
(a) DCBA (b) ADBC
(c) DABC (d) DBCA

8 A : choice of goals that are not
B : wisdom is equally needed
C : only beneficient but also attainable
D : in private life in the
The correct sequence should be
(a) ABCD (b) BDAC
(c) CBDA (d) ADCB

9 A : people blame others for their misdeeds
B : of the present-day world arise
C : most of the troubles
D : from the fact that instead of doing their duty
The correct sequence should be
(a) DCBA (b) CBAD
(c) CBDA (d) ABDC

10 A : inside the auditorium
B : other people
C : apart from us
D : there were several
The correct sequence should be
(a) BDAC (b) CBDA
(c) CDBA (d) ABDC

11 A : can make Indian farmers active
B : growth of industries
C : throughout the year
D : in cities around the villages
The correct sequence should be
(a) DCAB (b) BADC
(c) BDAC (d) CADB

12 A : a valuable aid to education
B : the cinema offers
C : not only amusement
D : but also
The correct sequence should be
(a) BCDA (b) BDAC
(c) CBDA (d) DABC

13 A : to raise to their status
B : from others
C : and to gain acceptance
D : people follow fashion
The correct sequence should be
(a) DBCA (b) ABCD
(c) DACB (d) BCAD

14 A : do or die was the call
B : that Gandhiji gave
C : when he asked the British to quit India
D : to all freedom fighters
The correct sequence should be
(a) BACD
(b) ACBD
(c) CDAB
(d) ABDC

15 A : on the propagation of the idea
B : of family planning
C : the governments of many countries
D : have been spending a lot of money
The correct sequence should be
(a) ABCD (b) ACBD
(c) DACB (d) CDAB

Directions (Q. Nos. 16-20) *In these questions, the first and the last sentences of the paragraph are given and numbered as S_1 and S_6. The rest of the passage is split into four parts and named P, Q, R and S. These four parts are jumbled. Read the sentences and find out, which of the four combinations is correct.*

16 S_1 : Nick was bored with life
P : he caught the same bus to work
Q : he did the same things in office
R : he got up exactly at the same time
S : every day was exactly the same
S_6 : he came home at the same time
The correct sequence should be
(a) QPRS (b) PSRQ
(c) SQRP (d) SRPQ

17 S_1 : If we look around us today
P. : that is shattered by violence,
Q : the effects of which
R : a world
S : we will find
S_6 : continue to influence us.
The correct sequence should be
(a) RSPQ (b) RPQS
(c) SRPQ (d) QPSR

18 S_1 : When the Impressionists
Q : everyday and often putting
P : they made them look like
R : people you would see
S : painted pictures of people
S_6 : more emphasis on the scene.

The correct sequence should be
(a) PRQS (b) SPRQ
(c) RQPS (d) SRQP

19 S_1 : Sherlock Holmes is the
P : who is in a state of grace
Q : is raised to the status
R : because in him scientific curiosity
S : exceptional individual
S_6 : of a heroic passion.
The correct sequence should be
(a) SPRQ (b) RPSQ
(c) PRQS (d) SRQP

20 S_1 : The goals of our present system
P : schooling is to prepare
Q : students for the examination system
R : which will take them to the
S : of primary and secondary
S_6 : best technical institutions in the country.
The correct sequence should be
(a) PRQS (b) PSQR
(c) SPQR (d) QPRS

PYQs

Directions (Q. Nos. 21-23) *Jumbled Sentence / Words : Attempt the the question as per the instruction given below.*

21 Mr. Sharma (P) / School (Q)/ Teaches (R)/ English in (S)
Clerk (Hyderabad) 28 Feb 2021
(a) QSPR (b) QRSP
(c) PRSQ (d) RPQS

22 are fifty froms (P) / my school (R) / in (Q) / there (S)
Clerk (Hyderabad) 28 Feb 2021
(a) SRPQ
(b) SPQR
(c) QPRS
(d) RSQP

23 Seventh class (P) / She (Q) / in (R) / reads (S)
(a) PQSR (b) RPQS
(c) QSRP (d) SRPQ

Directions (Q. Nos. 24-26) *Jumble Sentence / Words.*

24 [P] two flask-shaped bags [Q] inside [R] for [S] it [T] storing [U] belly [V] its [W] has [X] water.
Clerk (Danapur) 1 Nov 2020
(a) XQTVRUPSW (b) QUSVXWTRP
(c) SWPQVURTX (d) QVUSWPRTX

25 [P] also [Q] Cultivate [R] they [S] asked them to [T] had to [U] those [V] which [W] crops [X] the English
Clerk (Danapur) 1 Nov 2020
(a) RPTQUWVXS (b) RSTXQVUPW
(c) TUPXRQWVS (d) RVTWXQUPS

26 [P] healthy person [Q] germs [R] a [S] carry [T] may [U] of [V] in [W] body [X] typhoid, cholera, dysentery, etc [Y] his
Clerk (Hamirpur) 1 Nov 2020
(a) TQRUPSYWXV
(b) VTXQWRUYSP
(c) UTYVQPWRSX
(d) RPTSQUXVYW

Directions (Q. Nos. 27-29) *Arrange the PQRS parts of the sentence to make a meaningful sentence.*

27 The recently opened P. Hauz Khas Village Park Balluchi
Q. at the Deer park
R. has taken the capital's gourmets
S. and hospitality industry
6. by storm.
Clerk (Behrampur) 1 Nov 2020
(a) P, Q, R, S
(b) Q, R, P, S
(c) S, P, Q, R
(d) Q, P, R, S

28 We have to
P : as we see it
Q : speak the truth,
R : there is falsehood and darkness
S : even if all around us.
Clerk (Bangalore) 21 Feb 2020
(a) R, S, Q, P
(b) Q, R, P, S
(c) R, Q, S, P
(d) Q, P, S, R

29 1. We have the pleasure
P. a double room
Q. for five days form 4th September to 8th September
R. that we have reserved
S. of informing you
6. both days inclusive.
Clerk (Bangalore) 21 Feb 2020
(a) SRPQ
(b) PQSR
(c) RPSQ
(d) RQPS

Answers

1. (d)	2. (a)	3. (c)	4. (d)	5. (a)	6. (b)	7. (c)	8. (b)	9. (c)	10. (c)
11. (c)	12. (a)	13. (c)	14. (d)	15. (d)	16. (d)	17. (c)	18. (b)	19. (a)	20. (c)
21. (c)	22. (b)	23. (c)	24. (c)	25. (a)	26. (d)	27. (a)	28. (d)	29. (a)	

Chapter 19

Indian Army Agniveer

Spelling Test

Spelling test involves finding the correct spelling of a particular word out of the given options.

e.g.,

1. Find the correctly spelt word.
   (a) Entirely
   (b) Entierely
   (c) Entierly
   (d) Entyrely

Ans. (a) Among the given words, the correctly spelt word is 'Entirely'.

Exam Pattern QUESTIONS

Directions (Q. Nos. 1-40) *Select the correctly spelt words.*

1. (a) Disstract (b) Destarct (c) Distract (d) Distarct

2. (a) Fracsion (b) Frcation (c) Fraction (d) Fractition

3. (a) Oppertunity (b) Opportunity (c) Opurtunity (d) Oportunity

4. (a) Beneficial (b) Benificial (c) Beneifical (d) Benificail

5. (a) Comotion (b) Commotion (c) Commosion (d) Comosion

6. (a) Wengeance (b) Vengance (c) Wengence (d) Vengeance

7. (a) Circate (b) Circuit (c) Sircuit (d) Circiut

8. (a) Concurrence (b) Concurreence (c) Concurence (d) Concureence

9. (a) Expernce (b) Experience (c) Expeireince (d) Expereince

10. (a) Asassination (b) Assasination (c) Assassination (d) Assaissination

11. (a) Arbittrtes (b) Arbitrates (c) Arbetrates (d) Arbettrates

12. (a) Accommodation (b) Accomodation (c) Acomodation (d) Acommodation

13. (a) Manipulete (b) Manipulate (c) Menipulate (d) Manepulate

14. (a) Agreument (b) Argument (c) Arguemant (d) Arguement

15. (a) Particular (b) Perticuler (c) Particuler (d) Perticular

16. (a) Adolescence (b) Adolesense (c) Adolescense (d) Adolescance

17. (a) Previledge (b) Peivailege (c) Privilege (d) Previllage

18. (a) Deligence (b) Diligence (c) Delegence (d) Dilegence

19. (a) Ansestral (b) Encestral (c) Ansastral (d) Ancestral

20. (a) Courteus (b) Courtoeus (c) Courtious (d) Courteous

21. (a) Mountainer (b) Mountaineer (c) Mounteener (d) Mountineer

22. (a) Acheive (b) Achieve (c) Achave (d) Acheeve

PYQs

23. Find the correclty spelt words.
Clerk (Danapur) 1 Nov 2020
(a) Harassment (b) Herassment (c) Harasment (d) Harassmient

Answers

1. (c)	2. (c)	3. (b)	4. (a)	5. (b)	6. (d)	7. (b)	8. (a)	9. (b)	10. (c)
11. (b)	12. (a)	13. (b)	14. (b)	15. (a)	16. (a)	17. (c)	18. (b)	19. (d)	20. (d)
21. (b)	22. (b)	23. (a)							

Chapter 20

Comprehension

Reading comprehension is a test to assess the candidate's verbal ability, language skills, thorough knowledge of grammar, vocabulary, elementary appreciation and comprehension of written English.

The purpose of comprehension is achieved chiefly by setting suitable questions on a given passage which is required to answer accurately. To solve comprehension, a candidate is required to read the passage carefully and choose the correct answer of the given questions.

Tips for Solving Comprehension

(i) Read the passage quickly in the first go to get the general idea of the passage.
(ii) Then, read the passage slowly so as to know the details.
(iii) Now, study the questions thoroughly.
(iv) If you are asked to give the meaning of any phrase or word from the passage, the answer should be based on the context of the passage.

Sample Passage

We are tempted to assume that technological progress is the real progress and that material success is the criterion of civilisation. If the eastern people become fascinated by machines and techniques and use them as western nations do, to build industrial organisations and large military establishments, they will get involved in power politics and drift into the danger of death. If machines get into the saddle, all our progress will have been in vain. The problem facing us is a universal one.

1 What is man tempted to assume?
(a) Western nations are superior to eastern nations
(b) Science and technology pose no danger to humanity
(c) Technological progress is the real progress
(d) As such, there is nothing wrong with machines

Ans. (*c*) Man is tempted to assume technological progress is the real progress.

2 When do science and technology become dangerous?
(a) When they become idols
(b) When they are used with temptation
(c) When their advantages are not used judiciously
(d) When it is assumed that material success is the criterion of civilisation

Ans. (*b*) When science and technology are used with temptation, they become dangerous.

3 What will happen if eastern people use machines?
(a) It will bring great opportunities and rewards to them
(b) It will show the victory of mind over matter
(c) They will realise that it is not an end in itself
(d) They will get involved in politics and drift into the danger of death

Ans. (*a*) If eastern people use machines it will bring great opportunities and rewards to them.

4 The author is of the opinion that
(a) science and technology are neither good nor bad.
(b) through machines, man can achieve all progress.
(c) science and technology brings great risks and temptations.
(d) All of the above

Ans. (*d*) According to the author's opinion, all the given statements are true.

5 Choose the word which replace the word 'tabooed' as used in the passage.
(a) Forbidden
(b) Accepted
(c) Damaged
(d) Criticised

Ans. (*a*) 'Forbidden' is the word that replace the word 'tabooed' as both means 'to not allow something'.

Exam Pattern QUESTIONS

Directions Passage (1-20) *You have some brief passages with 5 questions following each passage. Read the passage carefully and choose the best answer to each question out of the four alternatives.*

Passage 1

Every society must develop in its people a social responsibility. This is something that we, in India, have been falling short of.

We are very individualistic and don't relate ourselves to our society as such. Very seldom do we actually go out and do something, which is beneficial to the society and which does not have a side-benefit for ourselves, as individuals and this is another thing that must be built into the education system. Our young boys and girls coming out must have a feeling for our society. There is a special responsibility that you have, that we all have in building up the spirit. We have to see that what we learn is not used only for our own personal benefits, that every task we do is such that it benefits the weak and the poor, as Gandhiji has said.

India, today, is striving out into the modern world. We are looking ahead to new technology, to high technology, new methods, new types of employment and a new dynamism in our economic growth.

But while we look ahead, we must not forget the millions who are still below the poverty line. When we look at technology, when we look at science, when we look at development, our attention must not be diverted from what is still a major block in India — the poor and deprived groups and everything we do must be targetted in a manner that the benefit will flow to the weak, the deprived and the depressed.

1 According to the author, the Indian people
(a) are socially very responsible
(b) lack social responsibility
(c) have several responsibilities
(d) are highly irresponsible

2 Indians do not do anything beneficial to society unless
(a) there is a benefit for themselves
(b) it involves personal sacrifices
(c) other individuals are benefitted
(d) the whole society benefits by it

3 The author says that India
(a) wants to acquire new technology
(b) does not want new technology
(c) already has sufficient new technology
(d) can export technology to other countries

4 The author suggests that
(a) the poor and the weak must benefit from new technology
(b) the poor and the weak produce new technology
(c) the new technology must help the rich
(d) the new technology is useless to the poor and the weak

5 What value does the author want to build into the educational system?
(a) Individuals must work for themselves
(b) Individuals must work for the benefit of the society without expecting any return or personal benefits
(c) Society must work for the benefit of the individuals
(d) Side-benefit is a must for any social work

Passage 2

Lorde : I keep a journal and write in it fairly regularly. I get a lot of my poems out of it. It's like the raw material for my poems. Sometimes I'm blessed with a poem that comes in the form of a poem, but other times I've worked for two years on a poem. For me, there are two very basic and different processes for revising my poetry.

One is recognising that a poem has not yet become itself. In other words, I mean that the feeling, the truth that the poem is anchored in is somehow not clearly clarified inside of me and as a result it lacks something.

Then, it has to be re-felt. Then, there's the other process which is easier. The poem is itself, but it has rough edges that need to be refined. That kind of revision involves picking the image that is more potent or tailoring it so that it carries the feeling. That's an easier kind of re-writing and re-feeling.

1 From where this account has been taken?
(a) A journal (b) A newspaper
(c) An interview (d) An essay

2 The person named Lorde in the passage writes in a journal
(a) very regularly (b) rarely
(c) all the time (d) fairly regularly

3 Lorde is probably a
(a) poet (b) novelist
(c) dramatist (d) painter

4 Another word in the second paragraph that mean 'rewriting' is
(a) re-feeling
(b) recognising
(c) picking
(d) revising

5 According to the writer the two processes involved in revising her work are
(a) complex and confusing
(b) clear but different
(c) difficult and complex
(d) easy and anchored

Passage 3

The important thing in life is not what you have been but what you are reaching for and becoming. At my age, when I can see the end of the road more clearly than most, I can sit back and recollect in tranquility the varying vicissitudes of my life and what it has taught me.

When I look back, I find that the great and glorious hours of my life were those when I gave a helping hand to others without expecting anything in return and not when I struggled arid succeeded to gain my own ends and I can well imagine and appreciate that in this world those alone live who live for others.

I have no regrets for the past. Life has been kind to me My only regret is that I received more from life than I gave.

1 What stage of life must the author be?
(a) Adolescence (b) Youth
(c) Middle age (d) Old age

2 What feelings does the author harbour about life?
(a) Regret (b) Gratitude
(c) Sadness (d) Ecstasy

3 What, according to the author, were the most fulfilling moments of his life?
(a) When he recollected his life in tranquility
(b) When he succeeded in gaining his own ends
(c) When he managed to struggle through the vicissitudes of life
(d) When he could help others without expecting anything back

4 What, according to the author, is the most important thing in life?
(a) The achievements of one's life
(b) The struggles one has faced in life
(c) The thing one is striving for
(d) The memories one has in life

5 What is the tone of the passage?
(a) Reflective (b) Argumentative
(c) Opinionated (d) Satirical

Passage 4

Fingerprints are the marks made by the ridges on the ends of the fingers and thumbs. These ridges form a pattern that stays the same throughout a person's life. No two persons have ever had the same fingerprints. So, fingerprints are a foolproof way of identifying a person.

A fingerprint record is made in an interesting manner. A small piece of metal is coated with a thin film of ink. Next, a person's finger and thumb tips are pressed against the inked surface. Then, the fingertips are pressed on a white card. The prints are recorded in exact detail.

Fingerprinting is often used to solve crimes. Fingerprints are picked up at the scene of a crime. These are compared with those of a suspect. Millions of fingerprints are kept on files by police departments.

Fingerprinting is also used in finding missing persons and identifying unknown dead bodies. It is used to screen people who apply for certain jobs.

It is thought that the Chinese used thumb prints to sign documents a long time before Christ.

The system used today was invented by Sir Francis Galton in the 1880's. In 1901, Sir ER Henry found a simple way of grouping fingerprints. His system is used by many law enforcement organisations.

1 Fingerprints are the most .... way of identifying a person.
(a) best (b) genuine
(c) sincere (d) accurate

2 The main reason why fingerprinting is used for identification is that
(a) every individual has a unique set of fingerprints
(b) every set of fingerprints falls into a pattern
(c) records of fingerprints can be maintained
(d) fingerprints can be picked even after a crime

3 The fingerprints are stored for record
(a) on a white card
(b) on an inked surface
(c) on paper files
(d) on a small piece of metal

4 Who first evolved a system of using finger impressions to authenticate documents?
(a) Sir Francis Galton (b) Sir ER Henry
(c) The Chinese (d) The Britishers

5 The present system of recording fingerprints is around ...... years old.
(a) 2200 (b) 100 (c) 500 (d) 220

Passage 5

An old man with steel-rimmed spectacles and very dusty clothes sat by the side of the road. There was a pontoon bridge across the river and carts, trucks and men, women and children were crossing it. The muledrawn carts staggered up the steep bank from the bridge with soldiers helping to push against the spokes of the wheels. The trucks ground up and away heading out of it all. The peasants plodded along in the ankledeep dust. But the old man sat there without moving. He was too tired to go any farther.

1 What was the old man wearing?
(a) Iron-rimmed spectacles
(b) An old shirt and pant
(c) White clothes
(d) Steel-rimmed spectacles and very dusty clothes

2 Mention those which crossed the bridge besides human beings.
(a) Mules and horses
(b) Men, women and children
(c) Carts and trucks
(d) Soldiers and carts

3 Who were helping to push the muledrawn carts?
(a) Mules
(b) The villagers
(c) The horses
(d) Soldiers

4 Where was the old man sitting?
(a) In the cart
(b) Over the bridge
(c) By the side of the road
(d) On the banks of the river

5 Why was he sitting there?
(a) To admire the natural scenery
(b) To watch the people passing by
(c) Because he was so tired that he couldn't go any farther
(d) Waiting for somebody

Passage 6

The New Year is a time for resolutions. Mentally at least, most of us could compile formidable lists of do's and don'ts. The same old favourites recur year in and year out with monotonous regularity. Past experience has taught us that certain accomplishments are beyond attainment.

If we remain inveterate smokers, it is only because we have so often experienced the frustration that results from failure. Most of us fail in our efforts at self-improvement because our schemes are too ambitious and we never have time to carry them out.

We also make the fundamental error of announcing our resolutions to everybody so that we look even more foolish when we slip back into our old bad ways.

1 What does it mean by the phrase 'Formidable lists of do's and don'ts' as used in passage?
(a) The realisation that we are so imperfect is frightening
(b) The bad points of our character are formidable
(c) The list is so long that it is frightening
(d) The things that need to be included is frightening

2 Why does the author imply that many are inveterate smokers?
(a) Because they want to forget the frustration of not smoking
(b) Because they believe that it is almost impossible to give it up
(c) Because they have not tried to give it up
(d) Because they do not have will power to do so

3 What does the author say, regarding self-improvement?
(a) The author says that we fail in our efforts at self-improvement because of high ambitions
(b) The author says that we cannot become perfect
(c) The author believes that imperfections are part of our lives so it is not possible to improve ourselves
(d) None of the above

4 What is the fundamental error about resolution that we make?
(a) We do not make announcement publically
(b) We never try to make them possible
(c) We make the announcement publically and look even more foolish
(d) We complete them without realising the effect

5 What does the word 'deep-rooted' means as used in the passage?
(a) Formidable
(b) Attainment
(c) Ambitious
(d) Inveterate

Passage 7

Last year I suffered a stroke I had to be hospitalised. I was put in a general ward for there was no room in the intensive coronary care unit.

Not far from my bed was a patient in obvious indigent circumstances and on hospital diet. For breakfast he used to get two eggs, besides other things.

The man was regularly visited by a twelve year old boy, perhaps his son, dressed in worn-out clothes. The man always kept one egg for that boy when he arrived soon after the doctors had done their founds.

One day was a shortfall in the supply of eggs to the hospital and our man got only one egg. He looked at it for a long time, turning it over in his hands and then put it away. He thought the boy's need was greater than his perhaps.

1 Why was the author hospitalised?
(a) Because he wanted a routine check-up
(b) Because he suffered a stroke
(c) Because he wanted to encash his medical insurance
(d) Because he liked the hospital life so much

2 Why did the other patient in the hospital look at the egg for a long time?
(a) Because the egg was rotten
(b) Because he was annoyed at being given only one egg
(c) Because he wanted to eat it as early as possible
(d) Because he could not decide whether he should eat it or give it to the boy

3 What does the given passage focus on?
(a) Paternal affection of the man
(b) Poverty of the man
(c) Poor condition of the hospital
(d) Poor condition of the boy

4 What does it mean by 'indigent circumstances' as used in the passage?
(a) Miserly personality (b) Rich background
(c) Miserable condition (d) Poor condition

5 From which disease, the author is suffering in last year?
(a) Fever (b) Cough (c) Stomach pain (d) Stroke

PYQs

Passage 8

The stock-taking done at the firs t national convention on Consumer Protection served to highlight the areas that called for special attention to sustain the momentum of the movement as a genuine forum for safeguard ing the people's interests. Spreading awareness about the rights of consumers and relief open to them in case they did not get their money's worth of goods and services has rightly been identified as the first priority.

While this may not be a difficult task in urban areas, where the movement is concentrated at present, taking it to the vast rural hinterland calls for a multi-media approach in which radio and television have a crucial role to play. The involvement of the 500- odd consumer organisations in the country in publicising the concept of fair trade practices and the remedies available against their violation will prove rewarding if the message is conveyed through village bodies. Government efforts remain confined at best to set-up the infrastructure after the formal launch of the movement with the enactment of the Consumer Protection Act. The mounting back log of cases in consumer courts points to the need for toning up the district-level redressal machinery.

The main objective of the movement is the creation of a culture that denies place in the market for products that are not consumer-friendly. This is possible only if consumer bodies take over the watchdog role performed by the Government till now and exercise social control over the market to see the benefit of liberalisation are not reaped by traders alone. But the plea to industry to exercise self-regulation and maintain minimum standards of quality and devise appropriate pricing is bound to go unheeded unless strict measures are taken to ensure compliance. **Clerk (Hyderabad) 28 Feb 2021**

1 Government contributed to the Consumer Protection Movement by
(a) enactment of' the Consumer Protection Act
(b) clearing the backlog cases in the consumer court
(c) toning lip a district level redressal machinery
(d) setting up infrastructure

2 Spreading Consumer Protection Movement to the rural areas needs
(a) a multi-media approach
(b) consumer organisation to canvass this
(c) message to be conveyed by village bodies
(d) official patronage

3 Role of consumer bodies is
(a) to maintain minimum standards of quality
(b) to function as a government
(c) to make a plea to industry to exercise self - control
(d) to exercise social control over the market

4 Consumer Protection Act proposes to give the Consumer Protection against
(a) highly priced substandard goods
(b) cheating by selling substandard goods
(c) not getting one's money's worth
(d) denial of relief if the product is not up to the mark

5 The first national convention on Consumer Protection has
(a) specified in relief open to the consumer
(b) highlighted the areas for special attention
(c) given it a momentum
(d) spread awareness about consumer rights

Passage 9

Smoking is the single largest preventable cause of death worldwide. It is killing about 2020 people in India every day which means one every forty seconds. It is alarming that in spite of this smoking is increasing among the youth of India. According to a World Bank study India, Indonesia and China are the only countries in the world where the incidence of smoking is going up. It is increasing not only in cities but also in towns and villages. Higher education groups are also taking to smoking more readily. Since smoking enjoys social acceptance. It is easy to get cigarettes. What starts as an experiment, soon turns into a habit. It is difficult to give up smoking because, unlike other drugs, the craving for it is immediate. Nicotine in cigarettes brings structural changes to the brain. Its non-availability can cause symptoms of agitation. Smoking also has a strong associational aspect. People smoke while reading, after meals, or with a cup of coffee. **Clerk (Danapur) 1 Nov 2020**

1. In India daily about 2020 people die:
(a) due to fraud activites
(b) due to starvation
(c) due to smoking
(d) due to accidents

2. It is difficult to give up smoking because:
(a) it can't be remedied
(b) craving for a cigarette is immediate
(c) its lust does not spare one
(d) it is a tough job

3. The noun form of 'preventable' is
(a) prevented (b) preventively
(c) prevent (d) preventative

4. Three countries where the incidence of smoking is going up, are
(a) India Indonesia and China
(b) China, India and Bangladesh
(c) India, Indonesia and Canada
(d) Pakistan, India and Sri Lanka

5. Nicotine brings about what kind of changes in the brain?
(a) Chemical changes
(b) Atmospheric changes
(c) Physical changes
(d) Structural changes

Passage 10

The kitchen garden today is driven by both aesthetics and necessity. A great variety of vegetables are combined with herbs, annual and perennial flowers and fruit trees in creative ways. The concept of the kitchen garden dates back to several thousand years. By 2700 B. C., the Egyptians had it recorded history of growing over 500 herbs, which were used as drugs to cure illness. Today in India the herbal plants are the new entrants in gardens. As in cities, people mostly reside in high rise apartments kitchen gardens on roofs or terraces are coming up where pot culture is the current trend. Presently herbs in the kitchen garden are appreciated for their beauty and their use in healthcare. Chefs use herbs to liven their dishes. So, herbs in the Indian kitchen garden is co-existing with annual and perennial flowers. **Clerk (Jabalpur) 01 Nov 2020**

1. What are the new entrants in the Indian gardens ?
(a) Pot culture
(b) Flowers baskets
(c) Herbal plants
(d) Perennial flowers

2. At present, kitchen gardens are appreciated ....
(a) for their beauty and their use in healthcare
(b) to rest and beauty care in garden
(c) to have competition and rest
(d) supply the medicines to market

3. What is the meaning of perennial?
(a) mortal
(b) ending
(c) everlasting
(d) lasting

4. In today's time, the kitchen garden are
(a) for selling and profit
(b) for hobby
(c) aesthetics and need based
(d) None of the above

5. The herbs grown by the Egyptians were ....
(a) used for insecurity and lawlessness.
(b) used as drugs to cure illness.
(c) used for religious purpose.
(d) used for beautification of their cities.

Passage 11

We should preserve nature to preserve life and beauty. A beautiful landscape, full of green vegetation, will not only attract our attention but also will fill us with infinite satisfaction. Unfortunately, because of modernisation, much of nature is now yielding to lawns, roads and industrial areas. In a few places, some natural reserves are now being carved out to avert the danger of destroying nature completely. Man will perish without nature, so modern man must continue his struggle to save plants, that give us oxygen and protect us from extinction.

1. What does 'Struggle' in the passage mean?
Clerk (Hamirpur) 01 Nov 2020
(a) Man's struggle to catch up with modern trends
(b) Man's struggle to exist in the world.
(c) Man's struggle to conserve oxygen.
(d) Man's struggle to save nature.

2. What does the writer suggest?
(a) Carving out Natural reserves will hamper the growth of industries
(b) All nature has not been destroyed by modern living
(c) We should modernise. so that nature can be preserved
(d) While modernising we should be careful not to destroy nature completely.

3. According to the passage, which one of the following is the correct statement?
(a) There is beauty in nature
(b) Nature is a moral teacher
(c) Everything is beautiful in its natural state
(d) Beauty is only skin-deep

4. What does 'Nature' in the passage mean?
(a) Practical study of plants and animals
(b) Physical power that created the world
(c) Inherent things that determine character
(d) Countryside covered with plants and trees

5. Why does a beautiful landscape fill us with infinite satisfaction?
(a) Because it will ensure out future existence
(b) Because it is full of green vegetation
(c) Because we love beauty
(d) Because it will show our command over nature

Passage 12

Street theatre in India is a well established ancient art form. Despite the proliferation of modern means of entertainment and communication, the street theatre continues to flourish in India. Street theatre as a channel of communication has for centuries been propagating reforms by highlighting social, economic and political issues present in the society. Unlike in the olden days, its performance is no longer restricted to villages or small localities of the city. Today small groups of performers including students would stage performances to mobilise public opinion or to help create or raise awareness over a particular issue of public importance. Themes on substance abuse, AIDS awareness, and domestic violence are some of the areas highlighted by contemporary street theatre troupe. Unlike in regular drama, street drama employs very few props and images. The human body becomes the main tool in which choreography, mime, dialogues, songs and slogans are extensively used. Street theatre is one of the most intimate media. Its appeal is to the emotions leading to a quick psychological impact on audiences. By being local and live they also are able to establish not only direct contact with the audience but by being cost-effective and flexible they are popular among all age groups.

Clerk (Banglore) 23 Feb 2023

1. Street theater usually .... with issues of public importance.
(a) is perfomed
(b) does not deal
(c) is distanced
(d) deals

2. Street theatre creates a .... impact on audiences.
(a) intimate (b) mystical
(c) psychological (d) physical

3. Unlike the olden days, the street theatre .... to villages or small localities of the city.
(a) is not restricted (b) is entertained
(c) is opened (d) is restricted

4. Modern means of entertainment and communication .... do steet theater.
(a) do not affect (b) help establish
(c) help popularise (d) does not affect

5. Street theatre is .... to stage.
(a) cost-effective (b) not reasonable
(c) nothing (d) costly

Passage 13

When Kalpana Chawla was a student at Tagore Bal Niketan in Karna, She used to fill the drawing - books with sketches of aeroplanes. After high school, her parents were keen that she should study Medicine but she preferred Engineering. She chooses Aeronautics to study more aeroplanes. She was then only seventeen. Eighteen years later, she has become the first Indian woman and the first from any Asian country to travel in space. This happened on 19th November, 1997 - when she was one of the 6 - member crew to get into a space shuttle. Columbia, it was a 15-day adventure in space. "This is a proud moment for India", she said just before her launch into space. Kalpana was a black belt in karate, an expert swimmer, a Bharat Natyam artist and a poet who once wrote about the gipsies of Karnal.

Clerk (Bangalore) 23 Feb 2020

1. Which of the following statements about Kalpana Chawla is wrong?
(a) She was expert swimmer
(b) She wanted to study medicine
(c) She is the first Indian woman in space
(d) She spent her childhood in Kamal

2. The number of people who accompanied kalpana on her space travel were ....
(a) five (b) seven
(c) six (d) three

3. "This is a proud moment for India", "This" here refers to the day ....
(a) When Kalpana travelled in space
(b) When Kalpana got admission in an Engineering college
(c) When Kalpana was selected for space travel
(d) When Kalpana was seventeen years old

4. Kalpana Chawla travelled in space in a vehicle named ....
(a) Kamal (b) Columbia
(c) Gypsy (d) NASA

5. The word that means study the flying aircrafts is ......
(a) Aeronautics (b) Aero - plane
(c) Space (d) Engineering

Passage 14

A king once fell ill and doctors said that only a sudden fright would restore his health but the king was not a man for anyone to play tricks on, except his fool. One day, when the fool was with him in his boat, the fool cleverly pushed the king into the water but he was rescued and put to bed. The fright, the bath and bed rest cured the diseased king, but he was so angry with the fool that he turned him out of the country.

Clerk (Hamirpur) 1 Nov 2020

1. Who played the trick on the king?
   (a) The soldier (b) The boatman
   (c) The fool (d) The doctor
2. When the fool pushed the king into the water they were in ....
   (a) a garden (b) a bed
   (c) a boat (d) the palace
3. What did the doctor say about the king?
   (a) Only a boat trick could cure the king
   (b) Only a sudden fright would restore the king's health
   (c) The king had suffered a sudden fright
   (d) Only the fool would cure the king
4. The fool who cured the king was
   (a) rewarded
   (b) put into jail
   (c) turned out of the country
   (d) thrown into water
5. Who cleverly pushed the king into the water but rescued and put him to bed?
   (a) The fool
   (b) The boatman
   (c) The king
   (d) The Doctor

Answers

Passage 1	1 (b)	2 (a)	3 (a)	4 (a)	5 (b)
Passage 2	1 (a)	2 (d)	3 (a)	4 (d)	5 (d)
Passage 3	1 (d)	2 (b)	3 (d)	4 (d)	5 (b)
Passage 4	1 (d	2 (a)	3 (a)	4 (c)	5 (d)
Passage 5	1 (d)	2 (c)	3 (d)	4 (c)	5 (c)
Passage 6	1 (c)	2 (b)	3 (a)	4 (c)	5 (d)
Passage 7	1 (b)	2 (d)	3 (a)	4 (c)	5 (d)
Passage 8	1 (d)	2 (a)	3 (d)	4 (d)	5 (b)
Passage 9	1 (c)	2 (b)	3 (d)	4 (a)	5 (d)
Passage 10	1 (c)	2 (a)	3 (c)	4 (c)	5 (b)
Passage 11	1 (d)	2 (d)	3 (a)	4 (d)	5 (b)
Passage 12	1 (a)	2 (c)	3 (a)	4 (a)	5 (a)
Passage 13	1 (b)	2 (a)	3 (a)	4 (b)	5 (a)
Passage 14	1 (c)	2 (c)	3 (b)	4 (c)	5 (a)

प्रैक्टिस सेट्स (1-3)

अग्निवीर ऑफिस असिस्टेंट/SKT परीक्षा

भारतीय थल सेना
अग्निवीर

प्रैक्टिस सेट 01

1. अशोक के अभिलेख को सर्वप्रथम किसने पढ़ा?
(a) जेम्स प्रिंसेप (b) जेम्स प्रिंसक
(c) जेम्स विलियम्स (d) जेम्स बॉण्ड

2. सर्वोच्च न्यायालय के न्यायाधीशों को शपथ कौन दिलाता है?
(a) राष्ट्रपति
(b) उप-राष्ट्रपति
(c) महान्यायवादी
(d) सर्वोच्च न्यायालय के मुख्य न्यायाधीश

3. भारत की प्रथम महिला अन्तरिक्ष यात्री कौन थीं?
(a) कल्पना चावला (b) जूही चावला
(c) भूमिका चावला (d) बुला चौधरी

4. नेपाल की संसद को क्या कहा जाता है?
(a) मजलिस-ए-शूरा (b) राष्ट्रीय पंचायत
(c) नेशनल असेम्बली (d) कॉंग्रेस

5. अरुणाचल प्रदेश में निम्नलिखित में से कौन-सी मुख्य क्षेत्रीय भाषा है?
(a) बोडो (b) अंग्रेजी
(c) डोगरी (d) असमिया

6. निम्नलिखित में से ऑक्सीजन मिश्रित वह निष्क्रिय गैस कौन-सी है जो अवरोधित श्वसन से पीड़ित रोगियों को दी जाती है?
(a) आर्गन (b) रेडॉन
(c) हीलियम (d) क्रिप्टॉन

7. निम्न में कौन ऊर्जा का एक अक्षय स्रोत है?
(a) लकड़ी (b) पेट्रोलियम
(c) सौर ऊर्जा (d) प्राकृतिक गैस

8. नाभिक में प्रोटॉनों की संख्या और न्यूट्रॉनों की संख्या के योग को क्या कहते हैं?
(a) अणु भार (b) परमाणु संख्या
(c) तुल्यांकी भार (d) द्रव्यमान संख्या

9. पेप्सिन ………… पाचन करता है।
(a) उदर में प्रोटीनों का
(b) मुँह में कार्बोहाइड्रेटों का
(c) ग्रहणी में वसा का
(d) क्षुदान्त्र में खनिज पदार्थों का

10. एनीमिया नामक रोग किसकी कमी से होता है?
(a) आयोडीन (b) लौह तत्व
(c) कैल्सियम (d) विटामिन

11. निम्न में से कौन-सा आउटपुट डिवाइस है?
(a) मॉनिटर (b) प्रिण्टर
(c) स्पीकर (d) ये सभी

12. निम्न में से कौन-सा एक रैम का प्रकार नहीं है?
(a) 256 MB (b) 512 MB
(c) 746 MB (d) 1 GB

13. CD-ROM का उपयोग निम्न में से किसमें होता है?
(a) कम्पैक्ट डिस्क को रीड करने में
(b) किसी भी सॉफ्टवेयर में
(c) डिजिटल इन्फॉर्मेशन को नियन्त्रित करने में
(d) संगीत सुनने में

14. टिपिकल नेटवर्क में सबसे शक्तिशाली कम्प्यूटर कौन-सा है?
(a) नेटवर्क क्लाइण्ट (b) नेटवर्क स्टेशन
(c) नेटवर्क सर्वर (d) डेस्कटॉप

15. ………… हार्डवेयर और सॉफ्टवेयर का एक कोम्बिनेशन है, जो कम्प्यूटिंग डिवाइसों के बीच सूचना के आदान-प्रदान की सुविधा प्रदान करता है।
(a) नेटवर्क (b) एक्सपेन्शन बोर्ड
(c) पेरिफेरल (d) डिजिटल डिवाइस

16. जब -1 को -1 से 95 बार गुणा किया जाए, तो गुणनफल है
(a) 1 (b) -1 (c) 95 (d) -95

17. $7.7 + 7.77 + 7.777 + 7.7777$ का योग है
(a) 28.2828 (b) 28.2847
(c) 30.0247 (d) 31.0247

18. 84% बराबर है
(a) $\frac{42}{100}$ (b) $\frac{42}{50}$ (c) $\frac{84}{225}$ (d) 8.4

19. एक व्यक्ति किसी दूरी को 12 किमी/घण्टा की चाल से तय करता है और 9 किमी/घण्टा की चाल से वापस लौटता है। यदि उसके द्वारा कुल 2 घण्टे 20 मिनट का समय लगता हो, तो वह दूरी होगी
(a) 18 किमी (b) 14 किमी
(c) 13 किमी (d) 12 किमी

20. किसी घन के एक सतह का क्षेत्रफल 256 वर्ग सेमी है, तो घन के विकर्ण की लम्बाई क्या होगी?
(a) 24 सेमी (b) $16\sqrt{3}$ सेमी
(c) $24\sqrt{3}$ सेमी (d) $256\sqrt{3}$ सेमी

21. एक आयताकार प्लॉट की लम्बाई, इसकी चौड़ाई की चार गुना है। 8 मी भुजा वाला एक वर्गाकार तरणताल इस प्लॉट का $\frac{1}{4}$ भाग घेरता है। प्लॉट की लम्बाई है
(a) 64 मी (b) 32 मी
(c) 16 मी (d) 12 मी

22. ₹ 3500 की राशि 6% वार्षिक ब्याज की दर से कितने वर्षों में साधारण ब्याज पर ₹ 4130 हो जाएगी?
(a) 4 वर्ष (b) 3 वर्ष (c) 6 वर्ष (d) 5 वर्ष

23. किसी वस्तु का अंकित मूल्य ₹ 500 है। दुकानदार 5% की छूट देता है और फिर भी 25% लाभ कमाता है। वस्तु का लागत मूल्य है
(a) ₹ 280 (b) ₹ 225
(c) ₹ 425 (d) ₹ 380

24. 7 और 13 के बीच कितनी परिमेय संख्याएँ होंगी?
(a) 5 (b) 6 (c) अनन्त (d) 7

25. संख्याओं 90, 60, 75 तथा 35 का लघुत्तम समापवर्त्य (ल.स.) है
(a) 2700 (b) 6300 (c) 4250 (d) 2750

Directions (Q. Nos. 26 and 27) *In the following questions, out of the four alternatives, select the alternative which best expresses the meaning of the idiom/phrase.*

26. Making a fresh start
(a) Giving a jumpstart
(b) Starting something in a new and different way
(c) Try every possible way
(d) Grabbing the eyeballs

27. Beat around the bush
(a) To treat a topic, but omit its main points, often intentionally.
(b) Talk bad about a person, often in the absence of that person.
(c) Spend a fun jovial time.
(d) It is wise to ignore hardships and continue with your task.

Directions (Q. Nos. 28 and 29) *Out of the four options given, select the most logical order of the sentences to form a coherent paragraph.*

28. Now I just have to keep my
X. place and not let that scrawny
Y. guy with gelled
Z. hair edge in front of me
(a) YZX (b) XYZ
(c) ZXY (d) XZY

29. The idea of a standard time
X. lives that we often take it for
Y. Zone has become so integral to our
Z. granted and assume it to be a part of natural phenomena
(a) ZYX (b) XYZ
(c) YZX (d) YXZ

Directions (Q. Nos. 30 and 31) *Select the one which best expresses the same sentence in Passive/Active voice.*

30. Varun ate six rotis at dinner.
(a) At dinner, six rotis was ate by Varun.
(b) At dinner, six rotis were eaten by Varun.
(c) At dinner, Varun had eaten six rotis.
(d) At dinner, had Varun eaten six rotis.

31. I will wash the car every Sunday.
(a) The car is washed by me every Sunday.
(b) Every Sunday by me the car is to be washed.
(c) Every Sunday by myself the car is to be washed.
(d) The car will be washed by me every Sunday.

32. Out of the four alternatives suggested, select the one which best expresses the same sentence in Indirect/Direct speech.
"What is your name"? She asked him.
(a) She asked him what his name is.
(b) She asked him what his name has been.
(c) She aksed him what is his name.
(d) She asked him what his name was.

33. Select the word opposite in meaning to the given word.
Vague
(a) Definite (b) Known
(c) Published (d) Popular

34. Choose the one which can be substituted for the given sentence.
A notice of a person's death.
(a) Memorandum (b) Obituary
(c) Reminder (d) Rejoinder

35. Choose the word which best expresses the meaning of the given word.
Pallid
(a) Friendly
(b) Pale
(c) Worthless
(d) Conforming

Directions (Q. Nos. 36-40) *Read the following passage carefully and answer the questions that follow.*

The important thing in life is not what you have been but what you are reaching for and becoming. At my age, when I can see the end of the road more clearly than most, I can sit back and recollect in tranquility the varying vicissitudes of my life and what it has taught me. When I look back, I find that the great and glorious hours of my life were those when I gave a helping hand to others without expecting anything in return and not when I struggled arid succeeded to gain my own ends and I can well imagine and appreciate that in this world those alone live who live for others. I have no regrets for the past. Life has been kind to me. My only regret is that I received more from life than I gave.

36. What stage of life must the author be?
(a) Adolescence (b) Youth
(c) Middle age (d) Old age

37. What feelings does the author harbour about life?
(a) Regret (b) Gratitude
(c) Sadness (d) Ecstasy

38. What, according to the author, were the most fulfilling moments of his life?
(a) When he recollected his life in tranquility
(b) When he succeeded in gaining his own ends
(c) When he managed to struggle through the vicissitudes of life
(d) When he could help others without expecting anything back

39. What, according to the author, is the most important thing in life?
(a) The achievements of one's life
(b) The struggles one has faced in life
(c) The thing one is striving for
(d) The memories one has in life

40. What is the tone of the passage?
(a) Reflective
(b) Argumentative
(c) Opinionated
(d) Satirical

Directions (Q. Nos. 41-43) *Fill in the blanks with appropriate words.*

41. His performance is the .... this year.
(a) good (b) best
(c) better (d) None of these

42. We eat so that we .... live.
(a) may (b) might
(c) can (d) could

43. Write it down ...... you should forget about it.
(a) lest (b) because
(c) for (d) or

44. Change the degree of adjective to positive of the given sentence.
Shakespeare is the most famous of all writers in English.
(a) Shakespeare is the most famous of all writers in English.
(b) Shakespeare is the famous of all writers in English.
(c) No other writer in English is as famous as Shakespeare.
(d) Shakespeare is greater than any other writer in English.

45. Select the correct interrogative sentence of the following sentence.
Kabir goes to school daily.
(a) Does Kabir not go to school daily?
(b) Does Kabir go to school daily?
(c) Does not Kabir goes to school daily?
(d) Has Kabir gone to school daily?

Directions (Q. Nos. 46-50) *Read the passage carefully and answer the questions that follow.*

Fingerprints are the marks made by the ridges on the ends of the fingers and thumbs. These ridges form a pattern that stays the same throughout a person's life. No two persons have ever had the same fingerprints. So, fingerprints are a foolproof way of identifying a person.

A fingerprint record is made in an interesting manner. A small piece of metal is coated with a thin film of ink. Next, a person's finger and thumb tips are pressed against the inked surface. Then, the fingertips are pressed on a white card. The prints are recorded in exact detail.

Fingerprinting is often used to solve crimes. Fingerprints are picked up at the scene of a crime. These are compared with those of a suspect. Millions of fingerprints are kept on files by police departments. Fingerprinting is also used in finding missing persons and identifying unknown dead bodies. It is used to screen people who apply for certain jobs.

It is thought that the Chinese used thumb prints to sign documents a long time before Christ. The system used today was invented by Sir Francis Galton in the 1880's. In 1901, Sir ER Henry found a simple way of grouping fingerprints. His system is used by many law enforcement organisations.

46. Fingerprints are the most .... way of identifying a person.
(a) best
(b) genuine
(c) sincere
(d) accurate

47. The main reason why fingerprinting is used for identification is that
(a) every individual has a unique set of fingerprints
(b) every set of fingerprints falls into a pattern
(c) records of fingerprints can be maintained
(d) fingerprints can be picked even after a crime

48. The fingerprints are stored for record
(a) on a white card
(b) on an inked surface
(c) on paper files
(d) on a small piece of metal

49. Who first evolved a system of using finger impressions to authenticate documents?
(a) Sir Francis Galton
(b) Sir ER Henry
(c) The Chinese
(d) The Britishers

50. The present system of recording fingerprints is around ...... years old.
(a) 2200 (b) 100
(c) 500 (d) 22○

उत्तरमाला

1. (a)	2. (d)	3. (a)	4. (b)	5. (b)	6. (c)	7. (c)	8. (d)	9. (a)	10. (b)
11. (d)	12. (c)	13. (a)	14. (c)	15. (a)	16. (a)	17. (d)	18. (b)	19. (d)	20. (b)
21. (b)	22. (b)	23. (d)	24. (c)	25. (b)	26. (b)	27. (a)	28. (b)	29. (d)	30. (b)
31. (d)	32. (d)	33. (b)	34. (b)	35. (b)	36. (d)	37. (b)	38. (d)	39. (d)	40. (b)
41. (b)	42. (a)	43. (a)	44. (c)	45. (a)	46. (d)	47. (a)	48. (a)	49. (c)	50. (d)

संकेत एवं हल

16. (a) प्रश्नानुसार,
$$-1\times(-1)^{95} = (-1)^{1+95} \quad [\because a^m \times a^n = a^{m+n}]$$
$$= (-1)^{96} = 1 \quad [\because n = \text{सम संख्या}]$$

17. (d)
$$\begin{array}{r} 7.7777 \\ 7.7770 \\ 7.7700 \\ +\ 7.7000 \\ \hline 31.0247 \end{array} = \text{योग}$$
∴ अभीष्ट योग = 31.0247

18. (b) प्रतिशत में दी गई संख्या को साधारण भिन्न में बदलने के लिए 100 से विभाजित करते हैं।
$$84\% = \frac{84}{100} = \frac{42}{50}$$

19. (d) माना दूरी x किमी है
व्यक्ति द्वारा जाने में लगा समय
$$= \frac{\text{दूरी}}{\text{चाल}} = \frac{x}{12} \text{ घण्टे}$$
व्यक्ति द्वारा आने में लगा समय = $\frac{x}{9}$ घण्टे
प्रश्नानुसार,
$$\frac{x}{12} + \frac{x}{9} = 2\frac{20}{60} \quad \left[\because \text{समय} = \frac{\text{दूरी}}{\text{चाल}}\right]$$
$$\Rightarrow \frac{3x + 4x}{36} = \frac{7}{3} \Rightarrow 7x = 84$$
$$\therefore x = 12 \text{ किमी}$$

20. (b) दिया है, घन की एक सतह का क्षेत्रफल = 256 वर्ग सेमी
घन की एक सतह का क्षेत्रफल = भुजा^{2}
$$\Rightarrow 256 = \text{भुजा}^2 \Rightarrow 16^2 = \text{भुजा}^2$$
∴ भुजा = 16 [∵ वर्गमूल करने पर]
अतः घन का विकर्ण = भुजा × $\sqrt{3}$
$= 16\sqrt{3}$ सेमी

21. (b) माना प्लॉट की चौड़ाई = x
तब प्लॉट की लम्बाई = $4x$
तथा वर्ग की भुजा = 8 मी
प्रश्नानुसार,
आयताकार प्लॉट का क्षेत्रफल × $\frac{1}{4}$
= वर्गाकार तरणताल का क्षेत्रफल
$$\Rightarrow \text{लम्बाई} \times \text{चौड़ाई} \times \frac{1}{4} = (\text{भुजा})^2$$
$$\Rightarrow 4x \times x \times \frac{1}{4} = 8 \times 8 \quad \therefore x = 8 \text{ मी}$$
अतः प्लॉट की लम्बाई = 4 × 8 = 32 मी

22. (b) दिया है, मूलधन = ₹ 3500,
दर = 6%, तथा मिश्रधन = ₹ 4130
∴ साधारण ब्याज = मिश्रधन – मूलधन
= 4130 – 3500 = ₹ 630
अब, साधारण ब्याज
$$= \frac{\text{मूलधन} \times \text{दर} \times \text{समय}}{100}$$
$$630 = \frac{3500 \times 6 \times \text{समय}}{100}$$
$$\therefore \text{समय} = \frac{630}{210} = 3 \text{ वर्ष}$$

23. (d) वस्तु का अंकित मूल्य (A) = 500
छूट (r) = 5%, लाभ (R) = 25%
प्रश्नानुसार, अंकित मूल्य × $\frac{(100-r)}{100}$
$$= \text{क्रय मूल्य} \times \frac{(100+R)}{100}$$
$$\Rightarrow 500 \times \frac{(100-5)}{100} = \text{क्रय मूल्य} \times \frac{(100+25)}{100}$$
$$\Rightarrow \frac{5 \times 95 \times 100}{125} = \text{क्रय मूल्य}$$
∴ क्रय मूल्य = ₹ 380

24. (c) 7 तथा 13 के बीच अनन्त परिमेय संख्या होगी।

25. (b) 90, 60, 75, 35 का ल.स.

2	90, 60, 75, 35
3	45, 30, 75, 35
5	15, 10, 25, 35
3	3, 2, 5, 7
	1, 2, 5, 7

= 2 × 3 × 5 × 3 × 2 × 5 × 7 = 6300

प्रैक्टिस सेट 02

1. थार मरुस्थल राजस्थान के कुल क्षेत्रफल के कितने प्रतिशत में स्थित है?
(a) 40% (b) 50% (c) 60% (d) 70%

2. भारत में दशमलव मुद्रा प्रणाली कब से शुरू हुई?
(a) 1 अप्रैल, 1951 (b) 1 अप्रैल, 1955
(c) 1 अप्रैल, 1956 (d) 1 अप्रैल, 1957

3. 'एग्रीकल्चर शॉट' किस खेल से सम्बन्धित है?
(a) फुटबॉल (b) क्रिकेट
(c) हॉकी (d) गोल्फ

4. मुगल गार्डन किस शहर में स्थित है?
(a) नई दिल्ली (b) आगरा
(c) जयपुर (d) श्रीनगर

5. 'अन्तर्राष्ट्रीय मानवाधिकार दिवस' कब मनाया जाता है?
(a) 1 अक्टूबर (b) 10 दिसम्बर
(c) 24 दिसम्बर (d) 31 जनवरी

6. SI इकाई में लेन्स की शक्ति की इकाई क्या है?
(a) वाट (b) ऑप्टर
(c) मीटर (d) डायोप्टर

7. हाइड्रोलिक ब्रेक किस नियम पर आधारित है?
(a) आर्कमिडिज के सिद्धान्त
(b) पॉस्कल के नियम
(c) बॉयल के नियम
(d) उपरोक्त में से कोई नहीं

8. नींबू में कौन-सा अम्ल पाया जाता है?
(a) टार्टरिक एसिड (b) सिट्रिक एसिड
(c) एस्कार्बिक एसिड (d) एसिटिड एसिड

9. निम्न में से कौन अपरम्परागत ऊर्जा का स्रोत है?
(a) पवन (b) बिजली
(c) कोयला (d) पट्रोलियम

10. पित्त का स्राव कौन करता है?
(a) अमाशय (b) यकृत
(c) छोटी आंत (d) फेफड़े

11. टेलीप्रोसेसिंग तथा टाइमशेयरिंग का प्रयोग किस पीढ़ी के कम्प्यूटर में हुआ था?
(a) प्रथम (b) द्वितीय
(c) तृतीय (d) चतुर्थ

12. बाह्य यन्त्रों को जोड़ने के लिए कौन-सा पोर्ट होता है?
(a) पैरेलल पोर्ट (b) नेटवर्क पोर्ट
(c) USB पोर्ट (d) ये सभी

13. www किस प्रोटोकॉल का उपयोग करता है?
(a) FTP (b) MTP
(c) WBC (d) HTTP

14. वेबसाइट एक्सेस करने पर सबसे पहले जो पेज दिखाई पड़ता है, उसे क्या कहते हैं?
(a) First Page (b) Home Page
(c) Master Page (d) Grand Page

15. वर्ड डॉक्यूमेण्ट में एक पैराग्राफ को एक स्थान से दूसरे स्थान पर ले जाने के लिए निम्नलिखित में से किसका प्रयोग किया जाना चाहिए?
(a) कॉपी एण्ड पेस्ट
(b) कट एण्ड पेस्ट
(c) डिलीट एण्ड रिटाइप
(d) फाइल एण्ड रिप्लेस

16. किसी वस्तु का विक्रय मूल्य वस्तु के क्रय मूल्य का 4/3 गुना है, तब प्रतिशत लाभ होगा
(a) 34% (b) $34\frac{1}{3}$% (c) 33% (d) $33\frac{1}{3}$%

17. ₹ 12500 की राशि 4 वर्ष में साधारण ब्याज की दर से ₹ 15500 हो जाती है। ब्याज की दर होगी
(a) 6% (b) 5.5% (c) 5% (d) 4%

18. व्यंजक $x^3 + 2x^2 - 11x - 12$ के गुणनखण्ड हैं
(a) $(x + 1)(x + 3)(x - 4)$
(b) $(x - 1)(x + 4)(x - 3)$
(c) $(x + 1)(x - 3)(x + 4)$
(d) $(x - 1)(x + 3)(x - 4)$

19. एक आयत का क्षेत्रफल $3(x - 4)(x^2 - 9)$ है। इसकी एक भुजा $3(x^2 - 7x + 12)$ है, तो इसकी दूसरी भुजा क्या होगी?
(a) $x - 4$
(b) $x + 4$
(c) $x - 3$
(d) $x + 3$

20. यदि $7x : 63 = 1 : 9$ हो, तो x का मान होगा
(a) 1 (b) 2
(c) 3 (d) –1

21. एक व्यक्ति अपनी सम्पत्ति का आधा भाग अपनी पत्नी को, एक-तिहाई अपने पुत्र को तथा शेष अपनी पुत्री के लिए छोड़ता है। यदि पुत्री का भाग ₹ 15000 हो, तो उसकी पत्नी व पुत्र को मिला धन है
(a) ₹ 45000, ₹ 30000
(b) ₹ 10000, ₹ 15000
(c) ₹ 70000, ₹ 80000
(d) ₹ 40000, ₹ 50000

22. निम्न चित्र में, $\angle POR$ और $\angle QOR$ एक रैखिक युग्म बनाते हैं। यदि $x - y = 40°$ हो, तो x और y के मान हैं

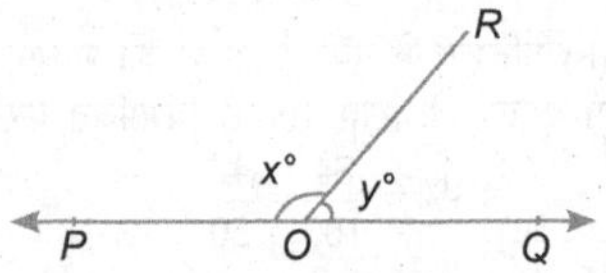

(a) 80°, 100° (b) 90°, 90°
(c) 100°, 80° (d) 110°, 70°

23. यदि एक त्रिभुज के दो कोणों की माप 60° और 75° है, तो तीसरे कोण की माप होगी
(a) 45° (b) 60°
(c) 65° (d) 70°

24. एक घोड़ा 28 मी लम्बी रस्सी द्वारा एक खम्भे से बँधा हुआ है। घोड़े द्वारा घास चर सकने वाले क्षेत्र का क्षेत्रफल है
(a) 246 मी^{2} (b) 2404 मी^{2}
(c) 2464 मी^{2} (d) 2164 मी^{2}

25. किसी घनाभ की लम्बाई, चौड़ाई तथा ऊँचाई का अनुपात 3 : 4 : 6 तथा उसका आयतन 576 घन सेमी है। घनाभ का सम्पूर्ण पृष्ठीय क्षेत्रफल है।
(a) 216 सेमी^{2} (b) 272 सेमी^{2}
(c) 432 सेमी^{2} (d) 544 सेमी^{2}

Directions (Q.Nos. 26-30) *A passage is given with Five questions following it. Read the passage carefully and choose the best answer to each questions out of the four alternatives.*

Until he was ten, young Alexander Fleming attended the nearby Loudoun Moor School. He was then transferred to Darvel School which he attended with his brothers. Alexander learned a good deal about nature during that four mile downhill hike to school and the four mile uphill return trip. He was a quick student and at twelve, the age limit prescribed for Darvel school, he was sent to Kilmarmock Academy. Two years later he joined his brothers John and Robert at the home of his elder brother Thomas, who was to become a successful occultist in London.

However, the economic success of the family was yet to be and Alexander was forced to leave school for economic reasons. When he was sixteen, he obtained a job in a shipping company. Good fortune, however, was on his side and on the side of humanity.

In 1901, he received a share in a legacy which made it possible for him to return to school. He decided to study medicine.

26. Alexander trekked .... miles every day to attend Darvel school.
(a) four (b) eight
(c) twelve (d) sixteen

27. He was a 'quick student' means that Alexander
(a) reached school before his brothers
(b) was a lively student
(c) ran the races
(d) was a fast learner

28. "...... and at twelve, the age limit prescribed for Darvel school ... "in this context means that children were
(a) admitted to school at the age of twelve
(b) allowed to remain in the school only up to the age of twelve
(c) admitted to the school any time after the age of twelve
(d) not admitted to the school before they were twelve

29. Alexander became well off
(a) by working in shipping company
(b) when his brother became a successful occultist
(c) because he studied medicine
(d) by receiving a share in a legacy

30. Alexander left school
(a) to study economics
(b) to work with his brother
(c) to study medicine
(d) due to financial problems

31. Choose the correct meaning of the given idiom.
A storm in a tea cup
(a) steam while having tea
(b) something which encourages
(c) big fuss over a small matter
(d) special positions

Directions (Q. Nos. 32 and 33) *Choose the one which can be substituted for the given sentences.*

32. That which can be believed
(a) Miraculous
(b) Creditable
(c) Credible
(d) Gullible

33. Government or rule by a small group of people
(a) Monarchy (b) Oligarchy
(c) Autocracy (d) Autonomy

Directions (Q. Nos. 34-36) *Improve the bold part of the given sentence with the help of given four alternatives.*

34. Salman and the other actors drove **through** the forest.
(a) in
(b) over
(c) among
(d) No improvement

35. You will not succeed unless you **don't work hard**.
(a) will not work hard
(b) should work hard
(c) work hard
(d) No improvement

36. My friend has a toothache and cannot eat **something**.
(a) anything
(b) things
(c) edibles
(d) No improvement

37. Select the one that best expresses the same sentence in Indirect/Direct Speech.
"By God! I have not cheated", said the boy.
(a) The boy said he will not cheat
(b) The boy exclaimed by God of not cheating.
(c) In the name of God I have not cheated.
(d) The boy swore that he had not cheated.

Directions (Q. Nos. 38-40) *Choose the word nearest in meaning to the given italicised word in the following sentences.*

38. The eyewitness testimony was *incontrovertible*.
(a) debatable (b) unquestionable
(c) unacceptable (d) disputable

39. The invasion forces had no artillery and were completely *annihilated*.
(a) reduced (b) destroyed
(c) dismembered (d) split

40. The novel was so interesting that I was *oblivious* of my surroundings.
(a) indifferent (b) watchful
(c) unmindful (d) precarious

Directions (Q. Nos. 41-43) *Select the word or phrase which is closest to the opposite in meaning of the given italicised word in the following sentences.*

41. It is used to be said that travel *broadens* one's outlook.
(a) Narrows (b) Shrinks
(c) Contracts (d) Restricts

42. The criminal was *detained* by the police
(a) Deterred (b) Released
(c) Dismissed (d) Protected

43. It is *obligatory* for a common citizen to follow the rules.
(a) Advisable (b) Unnecessary
(c) Superfluous (d) Optional

Directions (Q. Nos. 44 and 45) *Select the one which best expresses the same sentence in Passive/Active voice.*

44. Drinking has ruined many people.
(a) Many people has been ruined by drinking.
(b) Many people have been ruined by drinking.
(c) Many people are ruined by drinking.
(d) Many people has ruined drinking.

45. The king mocked at the servant
(a) The servant was mocked at by the king.
(b) The servant was being mocked at by the king.

(c) The servant was to be mocked at by the king.
(d) The servant was mocked by the king.

Directions (Q. Nos. 46-50) *Read the following passage carefully and answer the questions that follow.*

Those of us who already possess knives and use them as a matter of course at our meals can hardly understand the longing of an infant to be given the freedom of so perilous an instrument. Man has been defined as a tool-using animal and there is no another tool that appeals to the imagination so strongly as a knife.

It is through long months and years a forbidden thing and all the more fascinating on that count. There is no glory in using a spoon. There is no honour in holding a fork in the right hand and in taking up on it little squares of meat that have been cut with a knife by some more privileged hand. Fork and spoon are little more than an extension of the fingers and a spoon, at least is so safe that it can be left in the hands of an infant in the cradle but a knife is a danger against which constant warning is necessary-something out of reach and waiting as a prize at the end of a long avenue of years.

46. The 'privileged hand' in this passage refers to
(a) the spoon
(b) expert hand
(c) the adults
(d) the children

47. To the child, there is no glory in handling a spoon because
(a) the child does not find the spoon attractive
(b) for the child it is nothing but the extension of fingers
(c) it is an extremely safe instrument
(d) it is not as exciting as fork

48. Adults cannot understand why a child finds knives so attractive because they
(a) use knives routinely at the dining table
(b) have forgotten their childhood experiences
(c) use the knife to cut tough vegetables
(d) wield power at the time of meals

49. The child
(a) longs to be a tool using animal
(b) desires the freedom to use the perilous instrument
(c) wants to use the knife because he wants to become a soldier
(d) dreams of crime and adventure

50. The knife fascinates a child all the more because it is
(a) out of his reach
(b) a precious prize
(c) a strong weapon to defend oneself with
(d) a very attractive toy

उत्तरमाला

1. (c)	2. (d)	3. (b)	4. (a)	5. (b)	6. (d)	7. (b)	8. (b)	9. (a)	10. (b)
11. (c)	12. (d)	13. (d)	14. (b)	15. (b)	16. (d)	17. (a)	18. (c)	19. (d)	20. (a)
21. (a)	22. (d)	23. (a)	24. (c)	25. (c)	26. (b)	27. (d)	28. (b)	29. (d)	30. (d)
31. (c)	32. (c)	33. (b)	34. (d)	35. (c)	36. (a)	37. (d)	38. (b)	39. (b)	40. (c)
41. (a)	42. (b)	43. (d)	44. (b)	45. (a)	46. (b)	47. (c)	48. (a)	49. (b)	50. (a)

संकेत एवं हल

16. (d) माना वस्तु का क्रय मूल्य = ₹ x

तब, वस्तु का विक्रय मूल्य = ₹ $\frac{4}{3}x$

$\therefore$ वस्तु पर लाभ = विक्रय मूल्य − क्रय मूल्य

$= \frac{4x}{3} - x = ₹\ \frac{x}{3}$

अत: प्रतिशत लाभ = $\frac{\text{लाभ}}{\text{क्रय मूल्य}} \times 100$

$= \frac{x/3}{x} \times 100 = \frac{100}{3}$

$= 33\frac{1}{3}\%$

17. (a) माना ब्याज की दर r% है।

4 वर्ष का ब्याज

$= 15500 - 12500 = ₹\ 3000$

$\because \quad SI = \frac{PRT}{100}$

$\therefore \quad 3000 = \frac{12500 \times r \times 4}{100}$

या $\quad r = \frac{3000}{125 \times 4} = 6\%$

18. (c) $x^3 + 2x^2 - 11x - 12$

$= x^3 + x^2 + x^2 - 11x - 12$

$= x^3 + x^2 + x^2 - 12x + x - 12$

$= x^2(x + 1) + x(x - 12) + 1(x - 12)$

$= x^2(x + 1) + (x - 12)(x + 1)$

$= (x + 1)[x^2 + x - 12]$

$= (x + 1)[x^2 + 4x - 3x - 12]$

$= (x + 1)[x(x + 4) - 3(x + 4)]$

$= (x + 1)[(x + 4)(x - 3)]$

19. (d) दिया है,

आयत का क्षेत्रफल $= 3(x - 4)(x^2 - 9)$

$= 3(x - 4)((x)^2 - (3)^2)$

$= 3(x - 4)(x + 3)(x - 3)$

$[\because a^2 - b^2 = (a + b)(a - b)]$

एक भुजा $= 3(x^2 - 7x + 12)$

$= 3(x^2 - 4x - 3x + 12)$

$= 3(x(x - 4) - 3(x - 4)$

$= 3(x - 4)(x - 3)$

$\because$ आयत का क्षेत्रफल

= एक भुजा × दूसरी भुजा

$\therefore$ दूसरी भुजा

$= \frac{3(x - 4)(x + 3)(x - 3)}{3(x - 4)(x - 3)}$

$= x + 3$

20. (a) $7x : 63 = 1 : 9$

$\Rightarrow \quad \frac{7x}{63} = \frac{1}{9} \Rightarrow 7x = \frac{63}{9}$

$\Rightarrow \quad 7x = 7 \quad \therefore \quad x = 1$

21. (a) माना व्यक्ति की कुल सम्पत्ति = ₹ x

तब, पत्नी का भाग = ₹ $\frac{x}{2}$

पुत्र का भाग = ₹ $\frac{x}{3}$

तथा पुत्री का भाग $= x - \left(\frac{x}{2} + \frac{x}{3}\right)$

$= x - \frac{5x}{6} = ₹\ \frac{x}{6}$

प्रश्नानुसार, $\frac{x}{6} = ₹\ 15000$

$\therefore \quad x = ₹\ 90000$

अत: पत्नी का भाग

$= \frac{x}{2} = \frac{90000}{2}$

= ₹ 45000

तथा पुत्र का भाग $= \frac{x}{3} = \frac{90000}{3}$

= ₹ 30000

22. (d) $\because$ रैखिक युग्म के कोणों का योग = 180°

$\therefore \angle POR + \angle QOR = 180°$

$x + y = 180° \quad \ldots(i)$

तथा दिया है,

$x - y = 40° \quad \ldots(ii)$

समी (i) व (ii) को हल करने पर,

$x = 110, y = 70$

23. (c) त्रिभुज के तीनों कोणों का योग = 180°

तीसरा कोण = 180° − 60° − 75° = 45°

24. (c) घोड़ा 28 मी की त्रिज्या से वृत्ताकार मैदान में चर सकता है। तब, r = 28 मी

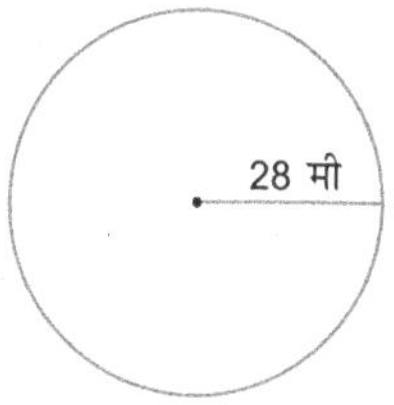

अत: घोड़े द्वारा घास चर सकने वाला क्षेत्रफल

= वृत्ताकार मैदान का क्षेत्रफल

$= \pi r^2 = \frac{22}{7} \times 28 \times 28$

= 2464 मी^{2}

25. (c) माना घनाभ की भुजाएँ क्रमश: $3x$, $4x$ और $6x$ हैं।

घनाभ का आयतन

= लम्बाई × चौड़ाई × ऊँचाई

$576 = 3x \times 4x \times 6x$

$x^3 = \frac{576}{72} = 8$ या $x = 2$

घनाभ की लम्बाई, चौड़ाई और ऊँचाई

= 6 सेमी, 8 सेमी, 12 सेमी

घनाभ के सम्पूर्ण पृष्ठ का क्षेत्रफल

$= 2(l \times b + b \times h + h \times l)$

$= 2(6 \times 8 + 8 \times 12 + 12 \times 6)$

$= 2(48 + 96 + 72)$

$= 2 \times 216$

= 432 वर्ग सेमी

प्रैक्टिस सेट 03

1. भारत के प्रथम लोकसभा अध्यक्ष कौन थे?
(a) सरदार हुकुम सिंह (b) एमए आयंगर
(c) जीएस ढिल्लो (d) जीवी मावलंकर

2. बम्बई स्टॉक मार्केट के स्टॉक मार्केट इण्डेक्स को क्या कहा जाता है?
(a) FTSE (b) SENSEX
(c) NIFTY (d) NYSE

3. अंकोरवाट कहाँ स्थित है?
(a) तिब्बत (b) नेपाल
(c) इण्डोनेशिया (d) कम्बोडिया

4. 'दीनदयाल अन्त्योदय योजना' किस क्षेत्र के साथ जुड़ी हुई है?
(a) महिला सशक्तिकरण
(b) गरीबी उन्मूलन
(c) कौशल विकास
(d) वित्तीय समावेशन

5. ऐप्पल का सम्बन्ध किससे है?
(a) बिल गेट्स (b) जेफ बेजोस
(c) स्टीव जॉब्स (d) मार्क जुकरबर्ग

6. चलती रेलगाड़ी में बैठे व्यक्ति की ऊर्जा होगी
(a) गतिज
(b) शून्य
(c) स्थितिज
(d) गतिज एवं स्थितिज दोनों

7. एक आदर्श अमीटर का प्रतिरोध होता है?
(a) शून्य (b) अनन्त
(c) 100 ओम (d) 150 ओम

8. निम्न में से कौन सहसंयोजी यौगिक का उदाहरण है?
(a) KCl (b) BaO
(c) $CHCl_3$ (d) CaH_2

9. 'नीला थोथा' का रासायनिक नाम है
(a) सोडियम सल्फेट (b) निकेल सल्फेट
(c) कॉपर सल्फेट (d) आयरन सल्फेट

10. लाल रक्त कणिकाओं (RBC) के निर्माण के लिए शरीर का कौन-सा अंग उत्तरदायी है?
(a) मस्तिष्क (b) फेफड़े
(c) अस्थि मज्जा (d) हृदय

11. पाँचवीं पीढ़ी के कम्प्यूटर उपयोग करते थे
(a) निर्वात ट्यूबों (नलिका) का
(b) ट्रांजिस्टरों का
(c) समाकलित सर्किटों का
(d) कृत्रिम बौद्धिक तकनीकों का

12. विश्व का प्रथम सुपरकम्प्यूटर कौन था?
(a) क्रे-1 (b) ग्रे-1
(c) कम्पैक्ट-1 (d) ऐप्पल

13. मॉनिटर के डिस्प्ले आकार को कैसे मापा जाता है?
(a) जिग-जैग (b) हॉरिजॉण्टली
(c) वर्टिकली (d) डायगनली

14. कम्प्यूटर में प्रिण्टेड डायग्राम पाने के लिए उपयोग किया जाने वाला इनपुट डिवाइस है
(a) की-बोर्ड (b) माउस
(c) स्कैनर (d) टचपैड

15. MS ऑफिस को किस कम्पनी ने बनाया?
(a) नॉवेल (b) कोरल
(c) लोटस (d) माइक्रोसॉफ्ट

16. किसी व्यक्ति ने एक साइकिल ₹ 330 में बेची, तो उसे 10% का लाभ हुआ, तब उसने वह साइकिल कितने में खरीदी?
(a) ₹ 200 (b) ₹ 300 (c) ₹ 400 (d) ₹ 500

17. वह छोटी-से-छोटी संख्या बताइए, जो 17 की गुणांक है तथा जब वह 2, 3, 4, 5, 6 और 8 द्वारा विभाजित की जाती है, तो शेष 1 बचता है?
(a) 121 (b) 1921 (c) 361 (d) 1020

18. $x^4 \times \frac{x^4}{x^8} = ?$
(a) 1 (b) 0 (c) 2 (d) 4

19. एक बेलन के आधार की त्रिज्या 6 सेमी तथा ऊर्ध्वाधर ऊँचाई 8 सेमी है। बेलन का आयतन होगा
(a) 288π सेमी^{3} (b) 308π सेमी^{3}
(c) 128π सेमी^{3} (d) 288π सेमी^{2}

20. निम्न समीकरण में x का मान होगा
$$\frac{x-3}{3}+\frac{x-4}{7}=\frac{2x-1}{5}$$
(a) 15 (b) 20 (c) 4 (d) 18

21. यदि 8 आदमी किसी काम को 15 दिनों में करते हैं, तो उसी काम को 20 आदमी कितने दिनों में करेंगे?
(a) 7 दिन (b) 8 दिन
(c) 10 दिन (d) इनमें से कोई नहीं

22. एक गणित लेखक देवबन्द रेलवे स्टेशन पर खड़ा है, वह देखता है कि शताब्दी एक्सप्रेस, जिसकी लम्बाई 250 मी है, उसे 10 सेकण्ड में पार कर जाती है। वह शताब्दी एक्सप्रेस की चाल का क्या मान ज्ञात करेगा?
(a) 72 किमी/घण्टा (b) 90 किमी/घण्टा
(c) 100 किमी/घण्टा (d) 120 किमी/घण्टा

23. $\sqrt{\frac{225}{289}}$ का सरलतम मान है
(a) $\frac{15}{17}$ (b) $\frac{15}{16}$
(c) $\frac{25}{17}$ (d) $\frac{15}{19}$

24. k के किस मान के लिए समीकरण $4x^2 + kx + 9 = 0$ एक वास्तविक बराबर मूल वाला द्विघात समीकरण है?
(a) 12 (b) 10 (c) 14 (d) 16

25. यदि किन्हीं बीस अंकों का औसत 18 है अगर इसमें से हम हर अंक से 3 घटाते हैं, तो नए अंकों का औसत क्या होगा?
(a) 21 (b) 15 (c) 16 (d) 17

Directions (Q.Nos. 26-35) *Read the following passages carefully and answer the questions that follow, with the help of given alternatives.*

Passage-1

The Wright brothers did not have to look far for ideas when building their airplane, they studied birds. The act of copying from nature to address a design problem is not new, but over the last decade the practice has moved from obscure scientific journals to the mainstream.

The term 'biomimicry', popularised by American natural-sciences writer Janine

Benyus in the late 1990, refers to innovation that take their inspiration from flora and fauna. Biomimicry advocates argue that with 3-8 billion years of research and development, evolution has already solved many of the challenges humans now encounter. Although we often see nature as something we mine for resources, biomimicry views nature as a mentor. From all around the globe, there are countless instances where natural sources have serve as inspiration for inventions that promise to transform every sector of society.

One such instance occurred in 1941 when Swiss engineer, George de Mestral was out hunting with his dog one day when he noticed sticky burrs, with their hundreds tiny hooks, had attached themselves to his pants and his dog's fur. These were his inspiration for Velcro.

26. The airplane was inspired by
(a) animals (b) plants
(c) birds (d) flies

27. Biomimicry refers to designs that
(a) are inspired by natural things
(b) transformed society
(c) are based on scientific engineering
(d) arise out of man's creativity

28. Biomimicry views the natural world as a
(a) mine for resources
(b) mine field of ideas
(c) mentor
(d) source of inspiration

29. What has helped solve many of the challenges encountered by man?
(a) Biomimicry (b) Evolution
(c) Innovation (d) Invention

30. The two instances of biomimicry mentioned in the passage are
(a) flora and fauna
(b) birds and burrs
(c) copying and innovating
(d) airplane and Velcro

Passage-2

The megalomaniac differs from the narcissist by the fact that he wishes to be powerful rather than charming, and seeks to be feared rather than loved. To this type belong many lunatics and most of the great men in history. Love of power, like vanity, is a strong element in normal human nature, and as such is to be accepted; it becomes deplorable only when it is excessive or associated with an insufficient sense of reality. Where this occurs, it makes a man unhappy or foolish, if not both. The lunatic who thinks he is crowned head may be, in a sense, happy, but his happiness is not of a kind that any sane person would envy. Alexander the Great was psychologically of the same type as the lunatic, though he possessed the talent to achieve the lunatic's dream.

He could not, however, achieve his own dream, which enlarged his scope as his achievement grew. When it became clear that he was the greatest conqueror known to fame, he decided that he was a God. Was he a happy man ? His drunkenness, his furious rages, his indifference to women, and his claim to divinity, suggest that he was not.

There is no ultimate satisfaction in the cultivation of one element of human nature at the expense of all the others, nor in viewing all the world as raw material for the magnificence of one's own ego.

31. What is the difference between an ordinary megalomaniac and a megalomaniac like Alexander the Great?
(a) The ordinary megalomaniac does not have excessive desire for power which Alexander the Great had
(b) The ordinary megalomaniac does not have the talent to realise his wish which Alexander the Great had
(c) The ordinary megalomaniac is a lunatic while Alexander the Great was not a lunatic
(d) The ordinary megalomaniac is not great while Alexander the Great was great

32. How does a megalomaniac differ from a narcissist?
(a) By wishing to be charming and feared
(b) By wishing to be loved and not feared
(c) By wishing to be powerful and not feared
(d) By wishing to be powerful and feared

33. In "Where this occurs it makes a man..... if not both," 'this' refers to
(a) vanity
(b) lunacy
(c) love of power
(d) excessive lover of power

34. Which among the following is the reason for unhappiness?
(a) Dealing with the raw material of the world
(b) Realising one's dream as a megalomaniac
(c) The nurturing of only one element in human nature
(d) Being indifferent towards women

35. Why has love of power to be accepted?
(a) Because it can become unreal
(b) Because it is an excess in human nature
(c) Because it is a part of human nature
(d) Because it is vanity in human nature

Directions (Q. Nos. 36-40) *Find out which part of the sentence has an error. If there is no error in the given sentence, mark option (d) 'No error' as your answer.*

36. Professor Amartya Sen (a)/is an alumunus of (b)/Presidency College, Kolkata. (c)/No error (d)

37. When I am (a)/sick, it is (b)/her who cures me. (c)/ No error (d)

38. The half first (a)/ of the movie (b)/ was very interesting. (c)/ No error (d)

39. Alvira is waiting (a)/ for Saksham (b)/ for two hours. (c)/ No error (d)

40. Rohan (a)/ Swimmed (b)/ yesterday.
(c) No error

Directions (Q. Nos. 41-45) *Fill in the blanks with suitable words.*

41. He was invited for .... dinner.
(a) an (b) the
(c) a (d) No article

42. Copper is .... useful metal.
(a) an (b) a
(c) the (d) No article

43. I do not like .... of these two magazines.
(a) any (b) one
(c) either (d) some

44. He doesn't have .... money to donate.
(a) many
(b) much
(c) a few
(d) few

45. This pen is .... me ` 20.
(a) costed (b) costs
(c) cost (d) will cost

Directions (Q. Nos. 46 and 47) *Choose the one which can be substituted for the given words / sentence.*

46. The examine one's thoughts and feelings
(a) Meditation
(b) Retrospection
(c) Reflection
(d) Introspection

47. Through which light cannot pass
(a) Dull
(b) Dark
(c) Obscure
(d) Opaque

Directions (Q. Nos. 48-50) *Choose the alternative which best expresses the meaning of the given idiom-phrase.*

48. A shot in the dark
(a) to love to go out on adventures
(b) be able to work very quickly
(c) be very violent
(d) an attempt to guess something

49. A White Elephant
(a) a costly but useless thing
(b) an elephant with white skin
(c) a costly thing
(d) a costly and useful thing

50. Synonym of 'Fertitude' is
(a) Similarity (b) Courage
(c) Protection (d) Safety

उत्तरमाला

1.	(d)	2.	(b)	3.	(d)	4.	(c)	5.	(c)	6.	(d)	7.	(a)	8.	(c)	9.	(c)	10.	(c)
11.	(d)	12.	(a)	13.	(d)	14.	(c)	15.	(d)	16.	(b)	17.	(b)	18.	(a)	19.	(a)	20.	(d)
21.	(d)	22.	(b)	23.	(a)	24.	(a)	25.	(b)	26.	(c)	27.	(a)	28.	(c)	29.	(b)	30.	(d)
31.	(b)	32.	(d)	33.	(d)	34.	(c)	35.	(c)	36.	(d)	37.	(c)	38.	(a)	39.	(a)	40.	(b)
41.	(d)	42.	(b)	43.	(c)	44.	(b)	45.	(c)	46.	(d)	47.	(d)	48.	(d)	49.	(a)	50.	(b)

संकेत एवं हल

16. (b) क्रय मूल्य

$= \text{विक्रय मूल्य} \times \frac{100}{100 + \text{लाभ\%}}$

$= 330 \times \frac{100}{110} = ₹ 300$

17. (b)

2	2, 3, 4, 5, 6, 8
2	1, 3, 2, 5, 3, 4
3	1, 3, 1, 5, 3, 2
	1, 1, 1, 5, 1, 2

∴ 2, 3, 4, 5, 6 और 8 का ल. स.

$= 2 \times 2 \times 3 \times 5 \times 2 = 120$

∴ अभीष्ट संख्या = $n \times$ ल. स + शेष

$= n \times 120 + 1$

$n = 16$ रखने पर,

$= 16 \times 120 + 1 = 1921$

जोकि 17 से पूर्णत: विभाजित है।

18. (a) $? = x^4 \times \frac{x^4}{x^8} = \frac{x^8}{x^8} = 1$

19. (a) बेलन के आधार की त्रिज्या, $r = 6$ सेमी

ऊँचाई $h = 8$ सेमी

∴ बेलन का आयतन $= \pi r^2 h$

$= \pi \times (6)^2 \times 8$

$= 288\pi$ सेमी^{3}

20. (d) $\frac{x-3}{3} + \frac{x-4}{7} = \frac{2x-1}{5}$

$\Rightarrow \frac{7x - 21 + 3x - 12}{21} = \frac{2x-1}{5}$

$\Rightarrow 50x - 165 = 42x - 21$

$\Rightarrow 8x = 144$

$\Rightarrow x = 18$

21. (d) यहाँ, $M_1 = 8, D_1 = 15$

$M_2 = 20, D_2 = ?$

$\therefore M_1 D_1 = M_2 D_2$

$8 \times 15 = 20 \times D_2$

$D_2 = \frac{8 \times 15}{20} = 6$ दिन

22. (b) शताब्दी एक्सप्रेस की चाल

$= \frac{\text{तय की गई दूरी}}{\text{समय}}$

$= \frac{250}{10}$ मी/से

$= 25 \times \frac{18}{5}$ किमी/घण्टा

$= 90$ किमी/घण्टा

23. (a) $\sqrt{\frac{225}{289}} = \sqrt{\frac{3 \times 3 \times 5 \times 5}{17 \times 17}}$

$= \frac{3 \times 5}{17} = \frac{15}{17}$

24. (a) $4x^2 + kx + 9 = 0$ की मानक द्विघात समीकरण $ax^2 + bx + c = 0$ से तुलना करने पर,

$a = 4, b = k, c = 9$

∵ समीकरण के मूल बराबर वास्तविक हैं, तब

$b^2 - 4ac = 0$

$\Rightarrow k^2 - 4 \times 4 \times 9 = 0$

$\Rightarrow k^2 = 144$

$\Rightarrow k = 12$

25. (b) 20 अंकों का योग

$= 20 \times 18 = 360$

$\left[\because \text{औसत} = \frac{\text{पदों का योग}}{\text{पदों की संख्या}}\right]$

प्रत्येक अंक में से 3 घटाने पर नया औसत

$= \frac{360 - 20 \times 3}{20}$

$= \frac{360 - 60}{20} = \frac{300}{20} = 15$